magnum
BIOS und Troubleshooting

**Unser Online-Tipp
für noch mehr Wissen ...**

... aktuelles Fachwissen rund
um die Uhr – zum Probelesen,
Downloaden oder auch auf Papier.

www.InformIT.de

magnum

BIOS und Troubleshooting

KLAUS DEMBOWSKI

Markt+Technik

kompakt
komplett
kompetent

Bibliografische Information Der Deutschen Bibliothek

Die Deutsche Bibliothek verzeichnet diese Publikation in der Deutschen Nationalbibliografie;
detaillierte bibliografische Daten sind im Internet über <http://dnb.ddb.de> abrufbar.

Die Informationen in diesem Buch werden ohne Rücksicht auf einen
eventuellen Patentschutz veröffentlicht.
Warennamen werden ohne Gewährleistung der freien Verwendbarkeit benutzt.
Bei der Zusammenstellung von Texten und Abbildungen wurde mit größter
Sorgfalt vorgegangen.
Trotzdem können Fehler nicht vollständig ausgeschlossen werden.
Verlag, Herausgeber und Autoren können für fehlerhafte Angaben
und deren Folgen weder eine juristische Verantwortung noch
irgendeine Haftung übernehmen.
Für Verbesserungsvorschläge und Hinweise auf Fehler sind Verlag und
Herausgeber dankbar.

Alle Rechte vorbehalten, auch die der fotomechanischen Wiedergabe und der
Speicherung in elektronischen Medien.

Fast alle Hardware- und Softwarebezeichnungen, die in diesem Buch erwähnt werden,
sind gleichzeitig auch eingetragene Warenzeichen oder sollten als solche betrachtet werden.

Umwelthinweis:
Dieses Buch wurde auf chlorfrei gebleichtem Papier gedruckt.

10 9 8 7 6 5 4 3 2 1

06 05 04

ISBN 3-8272-6547-9

© 2004 by Markt+Technik Verlag,
ein Imprint der Pearson Education Deutschland GmbH,
Martin-Kollar-Straße 10–12, D-81829 München/Germany
Alle Rechte vorbehalten
Coverkonzept: independent Medien-Design, Widenmayerstraße 16, 80538 München
Lektorat: Jürgen Bergmoser, jbergmoser@pearson.de
Korrektorat: Metke & Hardt, Köln, cmetke@netcologne.de
Herstellung: Elisabeth Prümm, epruemm@pearson.de
Satz: Michael und Silke Maier, Ingolstadt, www.magus-publishing.de
Druck und Verarbeitung: Bercker, Kevelaer
Printed in Germany

Quickview

Teil 1: Grundlagen

In einem PC stellt das Basic Input Output System – kurz das BIOS – die softwaretechnische Verbindung zwischen dem Betriebssystem und der jeweiligen PC-Hardware her, die maßgeblich vom verwendeten Chipset abhängig ist. Wie dieses Zusammenspiel funktioniert und welche Aufgaben dabei dem BIOS zukommen, wird im ersten Teil dieses Buches behandelt, wobei die grundlegenden BIOS-Setup-Einstellungen hier ebenfalls mit erläutert werden.

Teil 2: Mainboard-Troubleshooting

Das Mainboard stellt mit dem Prozessor, dem Speicher und den Bussystemen das Herzstück eines jeden PC dar. Was dabei im Einzelnen an Optionen für die Konfigurierung, sei es per BIOS oder auch mithilfe vom manuellen Einstellungselementen (Jumper, DIP-Schalter), möglich ist, verrät der zweite Teil des Buches. In der Praxis ist das Mainboard aufgrund seiner Komplexität häufig eine Fehlerquelle, und daher ist es gut zu wissen, wie sich die hier typischen Fehler erkennen und beseitigen lassen.

Teil 3: Laufwerke konfigurieren

Ein PC ist ohne Laufwerke kaum denkbar. Eine Festplatte sowie optische Laufwerke und »Brenner« sind daher immanenter Bestandteil eines jeden handelsüblichen Computers. Obwohl es diese Laufwerke in verschiedenen Ausführungen gibt, sind die hiermit einhergehenden Konfigurationsmaßnahmen und Wege für eine eventuelle Fehlerbeseitigung grundsätzlicher Natur, die man auf jeden Fall kennen sollte. Diskettenlaufwerke werden in zunehmendem Maße von Flash-Drives ersetzt, was eine veränderte Umgehensweise mit wechselbaren Datenträgern bedeutet und auch neue Anwendungsmöglichkeiten eröffnet. Dies ist ebenfalls Bestandteil des dritten Teils.

Teil 4: Optimierung und Fehlerbehebung

Auch wenn ein PC prinzipiell funktioniert, gibt es immer noch einige Optionen für eine optimale Anpassung an die Bedürfnisse des Anwenders, wozu insbesondere das Power Management zu rechnen ist. Daneben kann ein PC durch Aufrüstmaßnahmen (z.B. SCSI, Grafik) und Probleme mit dem BIOS sowie den gespeicherten Setup-Parametern im CMOS-RAM völlig aus dem Tritt geraten, sodass eine Fehlerbehebung notwendig wird, die sich explizit auf das BIOS verschiedener Komponenten und das CMOS-RAM bezieht.

Teil 5: PC-Diagnose und -Analyse

Verschiedene Mechanismen weisen auftretende PC-Systemfehler aus, die auch schwer wiegender Natur sein können, was sich nur mithilfe spezieller Hardware genau analysieren lässt. In diesem Teil sind Erläuterungen zu den unterschiedlichen Fehlercodes zu finden und wie man sie zur Anzeige bringen kann. Des Weiteren werden einige nützliche Schaltungen vorgestellt, die im Handel nicht zu finden sind, aber relativ leicht nachgebaut werden können und eine zuverlässige Hardware-Analyse ermöglichen.

Anhang: Fehlersuchbäume

Der Anhang bietet für die wichtigsten PC-Bestandteile praktische Fehlersuchbäume, mit deren Hilfe es auch dem Einsteiger möglich ist, PC-Fehler ermitteln und beseitigen zu können. Besonderer Wert wurde dabei auf die logische Abfolge der Analysierungsschritte gelegt, wie sie sich letztendlich aus der Praxis ergeben und die daher – bei entsprechender Beachtung – zu einer verlässlichen Diagnose führen.

Inhaltsverzeichnis

	Quickview	5
	Liebe Leserin, lieber Leser,	13
	Schreiben Sie uns!	14

Teil 1 Grundlagen 15

1 Hard- und Software im Zusammenspiel 17
- 1.1 DOS-Boot 17
- 1.2 Traditionelle Windows-Hardware-Unterstützung 24
- 1.2.1 INI-Dateien, DLLs und Festlegungen 25
- 1.3 Windows 9x und die Hardware 30
- 1.3.1 Windows 98 und Upgrades 34
- 1.3.2 Windows 9.x-Installation und -Boot-Vorgang 36
- 1.3.3 Die Datei IO.SYS 36
- 1.3.4 Die verschiedenen Konfigurationsdateien von Windows 9x 38
- 1.3.5 DOS unter Windows 40
- 1.3.6 Wege zum DOS 43
- 1.3.7 Die Datei MSDOS.SYS 46
- 1.3.8 Die Datei WIN.COM und der Windows-Boot 49
- 1.3.9 Ein kurzer Blick in die Registry 53
- 1.3.10 Besonderheiten von Windows Millennium 56
- 1.4 Windows New Technology und die Hardware 59
- 1.4.1 Der Windows NT-Boot-Vorgang 61
- 1.4.2 Die Hardware-Analyse 63
- 1.4.3 Windows 2000/Windows XP und Systemvoraussetzungen 65
- 1.4.4 Windows Plug&Play 74
- 1.4.5 Windows Driver Model 75

2 Aufgaben und Funktionen des BIOS 81
- 2.1 BIOS-Entwicklung 81
- 2.2 Der Power On Self Test – POST 89
- 2.3 Zugang zum BIOS – die BIOS-Interrupts 90
- 2.4 BIOS-Setup im Überblick 94
- 2.5 Hardware-Monitoring 98

3 Grundlegender BIOS-Setup 101
- 3.1 BIOS-Setup Aufruf und die wichtigen Tasten 101
- 3.2 Standard-CMOS-Setup 103
- 3.3 Date und Time 105
- 3.4 Diskettenlaufwerke 106

Inhaltsverzeichnis

3.5	Onboard-Controller	107
3.6	Floppy-Optionen	108
3.6.1	Boot Up Floppy Seek	109
3.6.2	Swap Floppy Drive	109
3.7	Boot Sequence	110
3.8	Hard Disks – Festplatten und ATAPI-Geräte	112
3.8.1	Kapazitätsbeschränkungen bei IDE-Festplatten	116
3.8.2	Die Controllereinstellung	119
3.9	Video	120
3.10	Halt On	121
3.11	Memory und andere Optionen	122
3.12	Speichern und Beenden des BIOS-Setup	123

Teil 2 Mainboard-Troubleshooting 127

4	Grundsätzliche Systemfehler aufdecken	129
4.1	Neu und schon defekt?	129
4.2	Safety first – Vorsicht Spannung!	131
4.3	Anschlussfehler identifizieren	132
4.4	Wackelkarten im PC	134
4.5	Interne PC-Fehler lokalisieren und beseitigen	137
4.6	Das Netzteil	139
4.6.1	Der Netzteilschalter	147
4.6.2	Netzteil-Reparatur	151
5	CPUs konfigurieren	155
5.1	Überprüfung des Prozessors und seines Umfeldes	155
5.1.1	Richtig eingesetzt und befestigt	155
5.1.2	Die optimale Kühlung	163
5.2	CPU-Einstellungen mit Jumpern	173
5.2.1	Pentium- und Performance-Rating	181
5.3	Spannungseinstellungen	182
5.4	Den richtigen CPU-Takt festlegen	186
5.5	BIOS-Setup-Optionen für die CPU	191
5.5.1	Turbo Frequency – Takterhöhung	194
5.5.2	External Clock oder CPU Clock Frequency – CPU-Frequenz	194
5.5.3	K7 CLK-CTL Select: Default/Optimal – Systemtakt	195
5.5.4	Multiplier Factor oder CPU Clock Ratio – Taktfaktor	195
5.5.5	AGPCLK/CPUCLK – AGP- zu CPU-Taktverhältnis	196
5.5.6	Spread Spectrum, Clock Spread Spectrum – Taktoption	196
5.5.7	Speed Error Halt – Stopp bei falscher Einstellung	198
5.5.8	CPU Power Supply oder CPU-Voltage – CPU-Spannung	198
6	Speichereinstellungen	199
6.1	Speichermodule	199
6.1.1	SIP-Module	199
6.1.2	Standard-SIM-Module	200

6.1.3	PS/2-SIM-Module	200
6.1.4	DIM-Module	201
6.1.5	DDR-DIM-Module	204
6.1.6	RIM-Module	205
6.1.7	Automatische Speicherdetektierung und -konfiguration	207
6.2	BIOS-Setup-Parameter für den Speicher	210
6.2.1	Refresh – Speicherauffrischung	214
6.2.2	Adressierung und Modi	215
6.2.3	Burst-Modus	215
6.2.4	Wait States – Wartezyklen	216
6.2.5	Speicherfehler erkennen – Parity und ECC	216
6.2.6	SDRAM-Optionen	217
6.2.7	DDR-SDRAM-Optionen	223
6.2.8	RAMBus-Optionen	224
6.2.9	Allgemeine Speicheroptionen	226
6.3	Der Cache-Speicher	228
6.3.1	Cache-Realisierungen und -Einstellungen	228
6.4	Speicherfehler lokalisieren und beseitigen	232
7	**Bussysteme, Plug&Play und Onboard Devices**	**239**
7.1	ISA-Bus-Einstellungen	239
7.1.1	I/O Recovery Time	239
7.1.2	ISA Bus Clock	240
7.2	PCI-Buseinstellungen	240
7.2.1	PCI-Slot IDE 2nd Channel	240
7.2.2	PCI Bursting	241
7.2.3	PCI Buffer und CPU Buffer	241
7.2.4	Peer Concurrency und PCI Streaming	241
7.2.5	Passive Release	242
7.3	Accelerated Graphics Port	242
7.3.1	AGP-Modi	243
7.3.2	AGP-Einstellungen	247
7.4	Die verschiedenen Takte im Zusammenspiel	250
7.5	Plug&Play-Setup	255
7.5.1	PCI CONFIGURATION SETUP	256
7.5.2	PNP/PCI Configuration	259
7.5.3	Plug&Play-Boot-Optionen und IRQ-Steuerung	264
7.5.4	Extended System CMOS DataRAM – ESCD	268
7.5.5	Optionen	269
7.6	PC-Ressourcen	271
7.6.1	Speicherbereich	274
7.6.2	Ein/Ausgabe-Bereich	276
7.6.3	DMA-Kanäle	281
7.6.4	Interrupt-Kanäle	283
7.6.5	PCI-Interrupts	286
7.6.6	APIC-Modus	288
7.7	Onboard Devices, Integrated Peripherals	292
7.7.1	Parallel-Port	294
7.7.2	Serielle Schnittstellen – Serial Ports	297

7.7.3	IR-Controller	298
7.7.4	USB-Controller	299
7.7.5	Optionale Onboard-Einheiten	304

Teil 3 Laufwerke konfigurieren 309

8 Diskettenlaufwerke und Flash-Drives 311

8.1	Der richtige Anschluss	311
8.2	LS120- und ZIP-Laufwerke	317
8.2.1	ZIP-Laufwerk am Parallel-Port	319
8.3	Flash-Drives	325

9 Die Festplatten-Praxis 331

9.1	Betriebsarten	332
9.2	Ultra-DMA	333
9.3	IDE-BIOS-Einstellungen und Treiber	338
9.3.1	IDE-Optionen	345
9.4	Pflege und Einrichtung	348
9.4.1	Datensicherung	348
9.4.2	Festplattenpflege	349
9.4.3	Fehlerbehebung und Kühlung	350
9.4.4	Die Einrichtung der Festplatte	353

10 Laufwerkskontrolle – CD- und DVD-Laufwerke 361

10.1	Konfigurierung und Anschluss	362
10.2	DVD-Laufwerke und Brenner	365
10.3	Fehlerbehebung	370
10.3.1	Lesefehler beseitigen	370
10.3.2	Mechanische Fehler	371
10.3.3	Laufwerke außer Kontrolle	372
10.3.4	Typische Writer-Probleme	373

Teil 4 Optimierung und Fehlerbehebung 377

11 Features Setup und SCSI 379

11.1	Virus Warning	379
11.2	Gate A20 Option	380
11.3	Keyboard Features	381
11.3.1	Boot Up Num Lock Status	382
11.4	Security Option	382
11.5	Event Log Configuration	383
11.6	SCSI – Small Computer System Interface	384
11.6.1	Zur Orientierung – SCSI-Standards	387
11.6.2	Grundsätzliche Konfiguration	389
11.6.3	BIOS-Einstellungen	394

12 Power Management ... 403
- 12.1 Einfache Stromsparfunktionen ... 405
- 12.2 Advanced Power Management ... 411
- 12.3 Advanced Configuration and Power Management Interface ... 412
- 12.4 BIOS-Optionen für den Power-Management-Setup ... 422
- 12.5 Die Stromsparmodi der Monitore ... 426
  - 12.5.1 Monitor Plug&Play ... 428
- 12.6 Notebook-Besonderheiten ... 430

13 CMOS-RAM- und BIOS-Update ... 437
- 13.1 CMOS-RAM-Bausteine und Akkus ... 445
- 13.2 Löschen des Passworts und des kompletten CMOS-RAMs ... 448
  - 13.2.1 Löschen des Passworts ... 449
  - 13.2.2 Löschen des kompletten CMOS-RAM-Inhalts ... 451
- 13.3 BIOS-Speicherchips ... 452
- 13.4 Shadow-RAM für das BIOS ... 457
- 13.5 BIOS-Identifizierung ... 458
  - 13.5.1 Award-BIOS ... 459
  - 13.5.2 AMI-BIOS ... 466
- 13.6 System-BIOS-Update ... 472
  - 13.6.1 Die Programmierung ... 474
  - 13.6.2 Festhalten der aktuellen BIOS-Setup-Einstellungen ... 476
  - 13.6.3 Desktop Management Interface ... 477
  - 13.6.4 Durchführung des Updates ... 478
  - 13.6.5 Der Neustart ... 482
  - 13.6.6 BIOS-Update bei Mainboards mit Firmware-Hub ... 484
  - 13.6.7 Recovery-Modus ... 486
  - 13.6.8 BIOS-Rettung für Unerschrockene ... 489
- 13.7 Andere BIOS-Chips aktualisieren ... 490

14 Das Grafiksystem ... 497
- 14.1 Kein Bild ... 497
- 14.2 Die richtige Verbindung ... 500
  - 14.2.1 VGA-Anschluss ... 500
  - 14.2.2 BNC-Anschluss ... 504
  - 14.2.3 DVI und TV-Out ... 505
- 14.3 Die passende Grafikeinstellung ... 508
  - 14.3.1 Bildflackern? ... 511
  - 14.3.2 Flachbildschirm-Einstellungen ... 513
- 14.4 Grafik-Troubleshooting ... 515

Inhaltsverzeichnis

Teil 5 PC-Diagnose und -Analyse 523

- 15 Fehlermeldungen analysieren... 525
  - 15.1 Direkte BIOS-Fehlermeldungen 525
  - 15.2 Beep-Fehlermeldungen 535
  - 15.3 POST-Codes 539
    - 15.3.1 AMI-BIOS-Versionen Incorporated 541
    - 15.3.2 Award-BIOS-Versionen 557
    - 15.3.3 Phoenix-BIOS-Versionen 560
- 16 POST-Code-Testkarten 569
  - 16.1 Adressen für den Empfang von POST-Codes 569
  - 16.2 ISA-POST-Code-Karte 570
    - 16.2.1 Schaltungsbeschreibung 572
    - 16.2.2 Bustaktsignal 578
    - 16.2.3 Step-Modus 580
    - 16.2.4 Externe Anzeige 581
    - 16.2.5 Zusammenbau der Karte 582
  - 16.3 ISA-Testkarte mit Mikrocontroller und LCD-Anzeige... 586
  - 16.4 POST-Code-Karten für den PCI-Bus 588
    - 16.4.1 PCI-Bus-Interface 588
    - 16.4.2 Schaltungstechnik für die PCI-POST-Code-Karte 590
    - 16.4.3 Hex-Decoder mit PALs 598
- 17 Analyse-Karten 605
  - 17.1 Analyse-Karte für die Messung der Bustakte 605
    - 17.1.1 Schaltungsbeschreibung 607
    - 17.1.2 Zähler-Betriebsarten 611
    - 17.1.3 Bestückung und Inbetriebnahme 613
  - 17.2 IDE-Analyse-Schaltung 616
    - 17.2.1 Schaltungsbeschreibung 616
    - 17.2.2 Bauelemente und Einsatz 618

Teil 6 621

- A CD-ROM zum Buch 623
- B Fehlersuchbäume 625
  - B.1 Netzteil 626
  - B.2 Mainboard 628
  - B.3 Maus 630
  - B.4 Diskettenlaufwerk 632
  - B.5 IDE-Festplatte 634
  - B.6 SCSI 636
  - B.7 CD-ROM-Laufwerk 638
  - B.8 ZIP-Laufwerk 640
  - B.9 Grafiksystem 642

Stichwortverzeichnis 645

Liebe Leserin, lieber Leser,

dieses Buch befasst sich ausführlich mit dem BIOS von Personal Computern. Ein *Basic Input Output System* ist in jedem PC vorhanden, auch wenn man vielfach keinerlei Notiz davon nimmt, denn es arbeitet gewissermaßen für den Anwender unsichtbar mit dem Mikroprozessor des Computers zusammen. Dieser benötigt – damit er überhaupt starten kann – eine Minimal-Software, die sich in einem speziellen Baustein auf dem Mainboard befindet, was auch als *Firmware* bezeichnet wird. In diesem Buch geht es jedoch nicht um die BIOS-internen Routinen, sondern vielmehr darum, wie ein *BIOS-Setup* optimal auszuführen ist. Die dabei zu tätigenden Einstellungen definieren die jeweilige Ausstattung und Leistungsfähigkeit eines PC und sind von grundlegender und dabei enormer Bedeutung. Ein PC sollte derart eingestellt werden, dass sämtliche PC-Hardware-Einheiten optimal genutzt werden können, was in der Praxis allerdings nicht immer (sofort) funktioniert. Dies kann an fehlenden oder auch fehlerhaften Windows-Treibern liegen oder auch daran, dass die einzelnen PC-Einheiten dem Betriebssystem nicht in korrekter Art und Weise oder überhaupt nicht bekannt gemacht worden sind. Ein korrekter BIOS-Setup ist daher die erste Voraussetzung für einen ordentlich funktionierenden PC, und wenn im BIOS-Setup womöglich ein Laufwerk nicht richtig eingestellt worden ist, wird es auch von Windows nicht erkannt und steht somit nicht zur Verfügung, da kann man noch so viele Windows-Konfigurationsversuche unternehmen.

Der BIOS-Setup – und was im Einzelnen zu konfigurieren ist – wird jedoch nicht isoliert betrachtet, was für die Praxis auch kaum einen Sinn machen würde, denn als Schnittstelle zwischen der Hardware und der Software (dem Betriebssystem) kommt dem BIOS eine überaus wichtige Funktion innerhalb eines PC zu. Aus diesem Grunde beschäftigt sich das Buch ausführlich mit der PC-typischen Hard- und Software, was somit auch das Wechselspiel mit dem BIOS aufzeigt und unmittelbar zum *Troubleshooting* führt, also der Fehlersuche und -beseitigung. Daher soll dieses Buch für die Konfiguration und die Optimierung sowie auch die Fehleranalyse und anschließende Fehlerbehebung ein hilfreicher Leitfaden sein.

Mein Dank gilt an dieser Stelle den zahlreichen Anwendern, die mich laufend mit PC-Problemen konfrontieren, sodass die gelieferten Informationen auch in der Praxis erprobt sind. Danke an Axel Kuwert, einem nimmermüden Mitstreiter, bei der Bewältigung der täglichen PC-Probleme. Danke an Uwe Lehmann für seine Eingebungen bei Notebook- und Festplattenproblemen und nicht zuletzt an meine beiden, mittlerweile doch sehr fortgeschrittenen PC-Anwender, Nicholas und Nina. Insbesondere aktuelle Spiele scheinen hier einerseits ihren Tribut in Form von »abgeschossenen« Monitoren, zu heiß gelaufenen – und damit defekten – Festplatten sowie ständigen Hard- und Software-Updates zu fordern. Anderseits hat Windows XP eben nicht nur Vorteile gegenüber den Vorläuferversionen, weil beispielsweise bestimmte Scanner und Handy-Tools nicht mehr funktionieren. Ohne die Unterstützung von Ute wären weder diese Probleme zu lösen noch in lesbarer Form zu Papier zu bringen gewesen, danke meine Liebe.

Geesthacht, im Juli 2003   Klaus Dembowski

Schreiben Sie uns!

Autor und Verlag sind immer bemüht, Ihnen, unseren Kunden und Lesern, die optimale Information zum Thema zu bieten. Scheuen Sie sich deshalb nicht, uns über Fehler und andere Ärgernisse zu informieren. Nur so können wir laufend an der Verbesserung unserer Bücher arbeiten. Aber auch Lob, Erfolgserlebnisse und Ihre Ergebnisse interessieren uns. Schreiben Sie uns unter `klaus.dembowski@mut.de`. Ihre Mails werden sofort an den Autor weitergeleitet!

Ihr Markt+Technik-Buchlektorat

Jürgen Bergmoser
jbergmoser@pearson.de

magnum

Teil 1

Grundlagen

Das BIOS ist die softwaretechnische Verbindung zwischen dem Betriebssystem und der jeweiligen PC-Hardware. Wie dieses Zusammenspiel funktioniert, welche Aufgaben dabei dem BIOS zukommen und welche grundlegenden Einstellungen notwendig sind, wird im ersten Teil dieses Buches behandelt.

1 Hard- und Software im Zusammenspiel

Nach dem Einschalten des PC laufen eine Reihe verschiedener Vorgänge ab, bis auf dem Monitor das erste Bild erscheint und das Betriebssystem – was heutzutage in den meisten Fällen Windows bedeutet – von der Festplatte geladen werden kann. In diesem Kapitel soll daher zunächst in einzelnen Schritten verdeutlicht werden, was im PC-Inneren vor sich geht, bis Windows einsatzbereit ist. Diese Erläuterungen beziehen sich dabei sowohl auf die älteren Windows-Versionen, die noch auf DOS basieren, als auch auf Windows 2000 und Windows XP, die auf der *New Technology* (NT) basieren. Das Hauptgewicht liegt dabei auf der Verdeutlichung des Zusammenspiels von Hard- und Software, also wie die unterschiedlichen Windows-Versionen die Hardware-Informationen verarbeiten.

Zunächst wird die Hardware initialisiert und ein Selbsttest durchgeführt, was vom BIOS absolviert wird. Die Abkürzung *BIOS* steht für *Basic Input Output System*, was so viel heißt wie grundlegendes Eingabe/Ausgabe-System. Dieser Bestandteil ist neben dem Mikroprozessor letztendlich das wichtigste Teil in einem Personal Computer, ohne den der Mikroprozessor, und damit auch der PC, nicht funktionieren kann. Ein bestimmter Baustein auf der Hauptplatine (Mainboard, Motherboard) enthält dieses *Basic Input Output System*, welches sich aus einer Vielzahl von einzelnen Programmroutinen zusammensetzt und für die grundlegende Kommunikation mit der PC-Hardware zuständig ist. Diese Software wird auch als *Firmware* bezeichnet, weil sie sich in einem Chip befindet und unmittelbar nach dem Einschalten des Systems vom Prozessor ausgeführt wird.

Das Betriebssystem DOS setzt softwaretechnisch betrachtet direkt auf diese BIOS-Routinen auf, während alle anderen bekannten und aktuellen Betriebssysteme – wie die verschiedenen Windows-Varianten oder auch Linux – diese Routinen nur für das *Hochfahren* – den Bootprozess des PC – benötigen und daraufhin eigene, leistungsfähigere Software, die so genannten *Software-Treiber* oder kurz *Treiber* verwenden.

1.1 DOS-Boot

Nach absolviertem, korrektem Selbsttest, der als *POST* (Power On Self Test) bezeichnet wird, wird als letzter Schritt des POST (siehe auch Kapitel 2.2) der Interrupt 19 (Urlader) ausgelöst, der für das folgende Booten des Betriebssystems – im einfachsten Fall DOS – zuständig ist. Der Boot-Record wird vom Laufwerk (z.B. A: Diskette, Spur 0, Sektor 0) in den Speicher übertragen. Er enthält ein Programm zum Laden des DOS sowie Parameter für die Diskette oder die Festplatte. Mithilfe dieser Parameter wird die Position der *FAT* (File Allocation Table) ermittelt, welche vereinfacht dargestellt das Inhaltsverzeichnis und/oder das Dateisystem des Datenträgers repräsentiert.

Daraufhin kann die erste Datei IO.SYS geladen werden, die mit dem Attribut *Versteckt* geführt wird. Dieses Programm ermöglicht im Wesentlichen die Installation zusätzlicher BIOS-Routinen und die Informationsspeicherung über die Laufwerke. Ebenfalls als versteckte Datei kommt daraufhin das Programm MSDOS.SYS ins Spiel, welches für die Umsetzung der DOS-Befehle in BIOS-Aufrufe verantwortlich ist und den eigentlichen Kern des Betriebssystems darstellt.

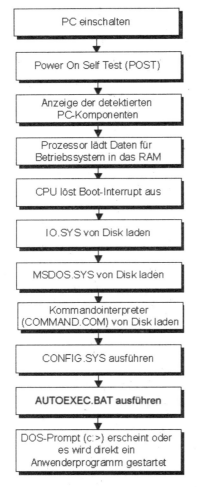

Bild 1.1: Die einzelnen Schritte der PC-Initialisierung

Nach dem Laden des Kommando-Interpreters COMMAND.COM, dem Manager des Betriebssystems, ist der Boot-Vorgang im Prinzip abgeschlossen, und es werden – soweit vorhanden – die Dateien CONFIG.SYS und AUTOEXEC.BAT abgearbeitet. Auf der Festplatte oder Diskette sucht das Betriebssystem zunächst nach der Datei CONFIG.SYS und führt diese aus. In dieser Datei finden sich zusätzliche Angaben zur Einstellung des PC. Sie dient in erster Linie der Installation von Gerätetreibern (erkennbar am Ausdruck DEVICE) und der Installierung der Speichermanager HIMEM.SYS und EMM386.EXE. Das DOS wird mit DOS=HIGH,UMB in den hohen Speicherbereich (über 640 kByte) geladen.

Die einzelnen DOS-Befehle in den beiden Konfigurationsdateien sollen zwar nicht Gegenstand einer ausführlichen Beschreibung sein, gleichwohl werden hier kurz die wichtigsten im Zusammenhang erläutert, wie sie üblicherweise in der CONFIG.SYS und der AUTOEXEC.BAT zu finden sind. Ausführlichere Informationen erhält man zu jedem Befehl über die in DOS integrierte Onlinehilfe, beispielsweise mit dem HELP-Befehl, und einem Aufruf wie *help prompt*, um Informationen über den DOS-Prompt zu erhalten.

Mit dem Device-Befehl werden stets Treiberprogramme in den Arbeitsspeicher geladen, die für spezielle Funktionen oder auch Geräte notwendig sind. Grundsätzlich sollte man auch nur diejenigen Gerätetreiber laden, die auch tatsächlich benötigt werden, da sie alle mehr oder weniger viel Platz im Arbeitsspeicher beanspruchen, der dann nicht mehr für die eigentlichen Programme zur Verfügung steht.

Statt DEVICE kann alternativ – außer bei den beiden Speichermanagereinträgen – auch der Befehl DEVICEHIGH angegeben werden, wodurch die Treiber in den oberen Speicherbereich geladen werden, damit der Hauptspeicher möglichst nicht belegt wird. Standardmäßig wird jedoch meist automatisch, während der DOS- oder auch einer Treiberinstallation (z.B. CD-ROM-Laufwerk), DEVICE eingetragen, und eine entsprechende Veränderung in DEVICEHIGH ist dann manuell vorzunehmen. Es gibt allerdings auch Treiber, die nicht im oberen Speicherbereich funktionieren, sodass man den betreffenden Eintrag dann wieder in DEVICE zurückändern muss.

```
DEVICE=C:\DOS\HIMEM.SYS
DEVICE=C:\DOS\EMM386.EXE
DOS=HIGH,UMB
COUNTRY=049,850,C:\DOS\COUNTRY.SYS
DEVICE=C:\DOS\DISPLAY.SYS CON=(EGA,,1)
FILES= 30
DEVICE=C:\CDROM\ATAPI.SYS /D:MSCD000
LASTDRIVE=Z
```

Bild 1.2: Der Inhalt einer üblichen CONFIG.SYS

Mit der COUNTRY-Zeile wird der länderspezifische Zeichensatz für die Darstellung des Datums, der Uhrzeit, der Dezimalzeichen usw. geladen. In diesem Fall ist es derjenige für Deutschland. Fehlt dieser Eintrag, wird automatisch die englisch/amerikanische Darstellung verwendet.

Der Display-Gerätetreiber ist für den Wechsel von Zeichensatztabellen, die in der AUTOEXEC.BAT angegeben werden, notwendig. Die Zeichensatztabellen erlauben generell eine grafikkartenabhängige (MONO, CGA, EGA, LCD) Zeichendarstellung. In diesem Fall (siehe Bild 1.2) ist EGA angegeben, was den üblichen 640 x 350 Bildpunkten entspricht. Der Grafikkartentyp wird während der DOS-Installation automatisch erkannt und daraus ein entsprechender Eintrag für die CONFIG.SYS erzeugt. In dem hier verwendeten PC ist eine VGA-Karte (640 x 480 Bildpunkte) eingebaut, was für DOS aber keinen Unterschied in der Zeichendarstellung bedeutet. Der EGA-Display-Treiber ist der höchstauflösende, den DOS kennt, und wird grundsätzlich auch für VGA verwendet. Ein Zeichen besteht dann immer aus 8 x 8 oder 8 x 14 Bildpunkten – je nach gewählter Zeichensatztabelle.

Mit der Files-Angabe wird festgelegt, wie viele Dateien gleichzeitig geöffnet sein dürfen. DOS selbst benötigt mindestens fünf Dateien gleichzeitig und jedes gestartete Programm mindestens eine, meist jedoch mehrere gleichzeitig geöffnete Dateien. Bei der Installation eines Anwenderprogramms wird dieser Wert oft automatisch angepasst. Fehlt die Files-Angabe, sind es acht Dateien, maximal dürfen es 255 Dateien sein, was mehr als genug ist. Der Wert sollte generell nicht zu hoch gewählt werden, denn für jeden über acht hinausgehenden Wert werden jeweils 64 Byte vom Hauptspeicher benötigt.

In der vorletzten Zeile der CONFIG.SYS findet sich bei diesem Beispiel der geräteabhängige Treiber für ein ATAPI-CD-ROM-Laufwerk, welches an der IDE-(Festplatten-)Schnittstelle angeschlossen ist. Abschließend findet sich hier die Angabe des letzten Laufwerks (Lastdrive), welche auch die meisten CD-ROM-Laufwerksinstallationsprogramme in die Datei schreiben.

Die Datei CONFIG.SYS wird bei der Installierung des Betriebssystems (DOS) automatisch angelegt und kann mit einem Editor wie EDIT, den DOS mitliefert, verändert werden. Das Gleiche gilt für die nächste Datei, die nun automatisch geladen wird: AUTOEXEC.BAT.

Diese Datei wird auch als Batch-Datei (Stapeldatei) bezeichnet, da hier die Befehle der Reihe nach abgearbeitet werden. Erkennbar ist eine Stapeldatei generell an der Dateinamenerweiterung (Extension) .BAT. In einer Stapeldatei, die – mit Ausnahme von AUTOEXEC.BAT – explizit aufgerufen werden muss, können (fast) alle üblichen DOS-Befehle angegeben werden. AUTOEXEC.BAT wird immer automatisch ausgeführt, wie die Bezeichnung »AUTOmatic EXECute« bereits signalisiert. Eine AUTOEXEC.BAT-Datei kann beispielsweise wie in Bild 1.3 angegeben aussehen.

Die Befehle werden also der Reihe nach ausgeführt und die dazugehörigen Meldungen auf dem Bildschirm angezeigt. Wird dabei keine Anzeige gewünscht, ist @ECHO OFF anzugeben. Damit ECHO OFF selbst nicht auf dem Bildschirm erscheint, wird diesem Befehl der »Klammeraffe« @ vorangestellt. Dies ist üblicherweise auch die Voreinstellung bei einer DOS-Installation.

```
@ECHO OFF
PROMPT $P$G
PATH C:\DOS;C:\PCTOOLS;D:\WORD6
SET TEMP=C:\DOS
MODE CON CODEPAGE PREPARE=((850) C:\DOS\EGA.CPI)
MODE CON CODEPAGE SELECT=850
KEYB GR,,C:\DOS\KEYBOARD.SYS
LOADHIGH GMOUSE
LOADHIGH C:\DOS\MSCDEX /D: MSCD000 /M:12 /L:F
```

Bild 1.3: Der Inhalt einer üblichen AUTOEXEC.BAT

Eine Hilfe zur Orientierung, in welchem Verzeichnis man sich gerade befindet, kann der DOS-Prompt bieten, der verschiedene Formen annehmen kann. Im Allgemeinen lautet der Eintrag PROMPT pg, wodurch immer das jeweils aktuelle Laufwerk und Verzeichnis ($p) sowie das >-Zeichen ($g) angezeigt werden, wenn der Prompt erscheint (z.B. C:\DOS>).

Die PATH-Angabe (Pfadangabe) ist nützlich, damit Programme, die sich hier in den Verzeichnissen DOS und PCTOOLS auf dem Laufwerk C: und Word6 auf dem Laufwerk D: befinden, direkt vom Hauptverzeichnis aus aufrufbar sind.

Die Zeile SET TEMP=C:\DOS bestimmt das Verzeichnis, in dem temporäre Dateien (*.tmp), die einige Programme automatisch erzeugen, abgelegt werden. Nach Beendigung des betreffenden Programms werden die Dateien wieder gelöscht, wenn es korrekt beendet wurde. Wird der PC aber einfach abgeschaltet, bleiben die (ehemals) temporären Daten in diesem Verzeichnis gespeichert, sodass man sie nachträglich manuell löschen muss. Unter DOS passiert es äußerst selten, dass ein Programm einfach abstürzt und deshalb keine automatische Löschung stattfindet. Dies ist bei Windows bekanntlich ganz anders: es ist dort eine regelmäßige Aufgabe, das TEMP-Verzeichnis zu »säubern«.

Mit dem MODE-Befehl können generell recht vielfältige Einstellungen, beispielsweise für die parallele und die serielle Schnittstelle sowie für die Grafikkarte, getroffen werden. Mit MODE CON (Console) ist der Bildschirm oder genauer die Grafikkarte im PC gemeint, die verschiedene Zeichensätze verwenden kann, wie es auch bei Druckern gebräuchlich ist.

Eine Zeichensatztabelle, die einen speziellen Zeichensatz enthält, wird mit CODEPAGE bezeichnet. Bevor sie verwendet werden kann, muss sie erst in den Arbeitsspeicher des PC geladen werden, was mit der zweiten Mode-Zeile in der AUTOEXEC.BAT geschieht. Dies funktioniert jedoch erst dann, wenn sie entsprechend vorbereitet worden ist (CODEPAGE PREPARE), wie es in der ersten Mode-Zeile für den EGA-Bildschirmtreiber angegeben ist.

Es gibt verschiedene Zeichensatztabellen wie 437 für die USA oder 865 für Norwegisch/Dänisch. In Deutschland wird üblicherweise der Zeichensatz »Mehrsprachig, Lateinisch I« eingesetzt, der die Zeichensatznummer 850 hat. Der verwendete Zeichensatz muss aber auch zum jeweiligen – hier dem deutschen – Tastaturtreiber passen, der in der letzten Zeile der AUTOEXEC.BAT mit KEYB "C:\DOS\KEYBOARD.SYS" geladen wird.

Sind in der Datei CONFIG.SYS der COUNTRY- und der DISPLAY-Treiber-Eintrag (DISPLAY.SYS CON=(EGA,,1) angegeben, ist auch in der AUTOEXEC.BAT eine passende Zeichensatztabelle anzugeben, da andernfalls die Tastenbeschriftung nicht mit den auf dem Bildschirm dargestellten Zeichen übereinstimmt und eine Fehlermeldung ausgegeben wird.

In der als Beispiel (siehe Bild 1.3) herangezogenen AUTOEXEC.BAT befinden sich noch zwei optionale Einträge, einmal für eine Maus der Firma Genius (GMOUSE) sowie der Treiber für das in der CONFIG.SYS angegebene CD-ROM-Laufwerk. Optional heißt in diesem Zusammenhang, dass diese Einträge nicht automatisch während einer DOS-Installation hier hineingeschrieben werden, sondern erst durch das Installationsprogramm für die Maus bzw. durch das für das CD-ROM-Laufwerk (nach erfolgter DOS-Installation). Dies gilt dementsprechend auch für weitere Geräte, wie z.B. eine Sound- oder auch Netzwerkkarte, die sich ebenfalls mit speziellen Einträgen in den Konfigurationsdateien bekannt machen. Derartige Treibereinträge können auch manuell – per Editor – direkt in die Konfigurationsdateien hineingeschrieben werden, wobei man natürlich genau wissen muss, was die einzelnen Parameter jeweils bedeuten. Außerdem müssen die einzelnen Treiber zuvor von der Diskette in das entsprechende Verzeichnis auf der Festplatte kopiert worden sein.

Was DEVICEHIGH in der CONFIG.SYS ist LOADHIGH in der AUTOEXEC.BAT. Dies bedeutet, dass durch das Voranstellen dieses Befehls die betreffenden Treiber in den oberen Speicherbereich geladen werden, wie es hier einmal beispielhaft für die Maus und das CD-ROM-Laufwerk praktiziert wurde. Es sei noch einmal darauf hingewiesen, dass die beiden Konfigurationsdateien natürlich auch anders lautende Einträge für optionale Geräte (hier nur Maus und CD-ROM-Laufwerk) enthalten können, und die Anleitungen zu den Geräten oder auch README-Dateien auf den mitgelieferten Disketten sollten die Bedeutung der Treiber und der dazugehörigen Parameter bekannt geben. In den späteren Kapiteln wird bei den einzelnen Geräten hierauf noch genauer eingegangen.

Ist der Selbsttest mit der PC-Initialisierung, dem Laden des Betriebssystems inklusive der Abarbeitung der beiden Konfigurationsdateien ohne eine Fehlermeldung absolviert worden, ist der PC nunmehr unter DOS einsatzbereit, und die Belegung des Speichers stellt sich wie in Tabelle 1.1 angegeben dar.

Adressen/Hex	Verwendung
00000–0003C	allgemeine und Hardware-Interrupt-Vektoren
00040–0007F	BIOS-Interrupt-Vektoren
00080–000FF	DOS-Interrupt-Vektoren
00100–003FF	allgemeine und Hardware-Interrupt-Vektoren
00400–004FF	BIOS-Datenbereich
00500–005FF	DOS-Datenbereich
00600–09FFF	frei für Anwenderprogramme, üblicher Hauptarbeitsspeicher
A0000–BFFFF	VGA-Grafik-RAM
C0000–C7FFF	VGA-BIOS
C8000–C9FFF	RAM oder ROM von Erweiterungen (z.B. BIOS für SCSI)
CA000–DFFFF	RAM (z.B. auch EMS-Fenster) oder BIOS von Erweiterungen
E0000–EFFFF	System-BIOS bei Flash-Speicher oder RAM oder BIOS von Erweiterungen wie BOOT-ROM für Netzwerkkarte und Ähnliches
F0000–FFFFF	System-BIOS-ROM (EPROM-Typ 27512) plus oberer Bereich bei Flash-Memory (Typ 28F001 o. Ä.)
100000–?	RAM bis zur maximalen Speichergröße

Tab. 1.1: Die allgemeine Aufteilung des Speicherbereichs nach der Initialisierung

Zur Ablage verschiedener Schnittstellenparameter wird ein Datenbereich benötigt, der sich ab Adresse 00400h befindet. Unter dieser Adresse findet man diejenige für die erste serielle Schnittstelle. An diesen BIOS-Datenbereich (00400–004FF) schließt sich der DOS-Datenbereich (00500–005FF) an. Hier sind die Daten und Adressen für das Betriebssystem abgelegt.

Die Anwenderprogramme sind ab der Adresse 00600h lokalisiert. Besitzt der PC einem Arbeitsspeicher von mindestens 640 kByte, reicht er bis zur Adresse 09FFFh, der von Windows 95 beispielsweise mit FÜR DIE NUTZUNG DURCH GERÄTE NICHT VERFÜGBAR gekennzeichnet wird. Ab der Adresse A0000h beginnt der Bereich, der inklusive des System-BIOS auch als *Adaptersegment* bezeichnet wird. Ab hier wird der RAM-Bereich der jeweiligen Grafikkarte angesprochen, und ab der Adresse C0000h findet sich das BIOS der VGA-Karte.

Was sich im Einzelnen jeweils ab der Adresse C8000h bis zum System-BIOS befindet, hängt von der jeweiligen PC-Ausstattung ab (z.B. SCSI-Controller, Netzwerkkarte) und kann daher nicht verallgemeinert werden. Nicht benutzte Bereiche können, wie erläutert, für das Hochladen von Treibern (Loadhigh, Devicehigh) verwendet werden, damit der 640 kByte-Arbeitsspeicher nicht unnötigerweise verkleinert wird.

Teilbereiche können hier auch als Shadow-RAM (siehe Kapitel 6.2.9) definiert werden. Für das System-BIOS-, das BIOS der Grafikkarte und gegebenenfalls das BIOS von weiteren Karten, wie von einen SCSI-Controller, ist meist Shadow-RAM per BIOS-Setup einschaltbar. Die Kommunikation mit einem Shadow-RAM, statt mit den vom Inhalt her identischen ROMs, kann schneller erfolgen, da das RAM eine Datenbreite von 32 (486-CPU) oder 64 Bit (Pentium-CPU) statt 8 Bit besitzt, was allerdings meist nur unter DOS spürbare Auswirkungen zeigt.

Die BIOS- und DOS-Routinen des System-BIOS werden von den verschiedenen Windows-Versionen aber kaum noch verwendet, denn diese bringen – mehr oder weniger – viele eigene Routinen mit und benutzen die System-BIOS-Aufrufe nur noch beim Boot und in Ausnahmefällen, wenn beispielsweise keine 32-Bit-Treiber verfügbar sind.

1.2 Traditionelle Windows-Hardware-Unterstützung

Die Windows-Versionen bis hin zu Windows 95 setzen konsequent auf DOS auf, was bedeutet, dass sie ein funktionierendes DOS voraussetzen. Ist das CD-ROM-Laufwerk beispielsweise nicht mithilfe der CONFIG.SYS und der AUTOEXEC.BAT korrekt konfiguriert worden, kennt auch das nach DOS gestartete Windows 3.x kein CD-ROM-Laufwerk, was prinzipiell auch für andere wichtige Hardware-Einheiten gilt. Wie es noch erläutert wird, ist DOS als »Unterbau« auch für die Windows-Versionen 98 und Millennium von Bedeutung, wobei die DOS-Kompatibilität jedoch unterschiedlich ausgeprägt ist.

Beträgt der freie Speicher unter DOS nicht mindestens 430 kByte, wird Windows 3.x aufgrund von Speichermangel nicht starten, obwohl sich im PC vielleicht 32 MByte befinden. Daher sind die zuvor erwähnten Speichermanager (HIMEM.SYS, EMM386) ebenfalls wichtig, denn ohne sie können nur die mit dem Original-PC im Jahre 1981 definierten 640 kByte verwendet werden. Erst wenn Windows 3.x gebootet hat, ist der maximal installierte Speicher auch für Programme nutzbar.

Sind in den beiden DOS-Konfigurationsdateien neben den Standardgeräten wie Tastatur, Maus und CD-ROM-Laufwerk zusätzlich eine Sound-, Netzwerk- und womöglich auch noch ein SCSI-Hostadapter installiert worden, belegen die dazugehörigen Treiber derart viel Platz im Bereich bis 640 kByte, dass ein Windows-Start nicht möglich ist. Oftmals reicht auch das »Nachobenladen« (DEVICEHIGH, LOADHIGH) der Treiber nicht aus, sodass man nie mit allen gewünschten Geräten gleichzeitig arbeiten kann. Dies ist sicherlich ein sehr unerfreulicher Zustand, an dem bereits viele Anwender verzweifelt sind. Abhilfe aus dem Speicherdilemma schafft mitunter ein alternativer Speichermanager (z.B. Qemm von Quarterdeck), der noch Treiber in den letzen freien Speicherlücken im Adaptersegment (640 kByte bis 1 MByte) unterbringen kann.

Bei der Installation von Windows 3.x werden die beiden DOS-Konfigurationsdateien automatisch verändert, was in erster Linie die beiden Einträge für die Speichermanager betrifft, denn Windows 3.x ersetzt sie durch eine jeweils andere Version. Beispielsweise wird DEVICE =C:\DOS\HIMEM.SYS zu DEVICE=C:\WINDOWS\HIMEM.SYS.

1.2.1 INI-Dateien, DLLs und Festlegungen

Nun ist es aber leider nicht so, dass Windows 3.x sich allein auf die Eintragungen in den beiden DOS-Konfigurationsdateien bezieht – was noch recht übersichtlich wäre –, sondern es führt eine Reihe von eigenen Initialisierungsdateien (*.INI) ein. Insbesondere die Dateien SYSTEM.INI und WIN.INI enthalten zahlreiche Eintragungen, die für die Kommunikation mit der Hardware von immanenter Bedeutung sind. Diese Eintragungen werden automatisch durch ein Installationsprogramm, welches zur jeweiligen Hardware-Komponente gehört (z.B. für eine Sound-Karte) oder auch als Standardtreiber zu Windows mitgeliefert wird, in die INI-Datei hineingeschrieben.

Die INI-Dateien sind jeweils in mehrere logische Abschnitte aufgeteilt, die durch eckige Klammern – wie [boot], [keyboard] oder auch [drivers] – die den jeweiligen Abschnitt spezifizieren, voneinander zu unterscheiden sind. Innerhalb eines jeden Abschnittes stehen Einstellungswerte, oftmals gefolgt von einem Gleichheitszeichen, denen Werte zugewiesen werden. Dies können Ausdrücke, Zahlen oder auch Zeichenfolgen sein. Da im Prinzip jedes Programm in diese INI-Dateien hineinschreiben kann, sind Probleme damit eigentlich schon vorprogrammiert.

Wer des Öfteren Programme installiert, wird im Laufe der Zeit geradezu eine Unmenge von INI-Dateien im Windows-Verzeichnis vorfinden, denn fast jedes Programm legt noch eine eigene INI-Datei an. Ein Programm ist schnell installiert, doch die Manipulationen, die das Programm womöglich an den INI-Einträgen vorgenommen hat, wird man nicht wieder los. Zwar können die INI-Dateien auch mit einem Editor manuell bearbeitet werden, allerdings bleibt den meisten Anwendern die Bedeutung der einzelnen Eintragungen völlig schleierhaft, denn es gibt auch derartig viele, dass es schlicht abschreckend wirkt.

Wie erwähnt, sind jedoch die beiden INI-Dateien SYSTEM.INI und WIN.INI die wichtigsten für die grundsätzliche Windows 3.x-Funktion. Darüber hinaus sind in der SYSTEM.INI eine Reihe von Hardware-Festlegungen zu finden. Aus den genannten Gründen wird daher auf jeden Fall angeraten, sich vor der Installation irgendeines Windows 3.x-Programms eine Kopie zumindest dieser beiden Dateien – besser noch aller INI-Dateien – anzufertigen, damit die Kopien im Fehlerfall, wenn womöglich gar nichts mehr geht, über die schadhaften INI-Dateien geschrieben werden können. Ab Windows 95 gibt es zusätzlich zu den

INI-Dateien noch eine Registrierdatenbank (Registry), die wichtige Systemeinstellungen enthält, die dann ebenfalls zu sichern ist, was am einfachsten mit der *Emergency Recovering Unit* (ERU) von Windows 95 funktioniert.

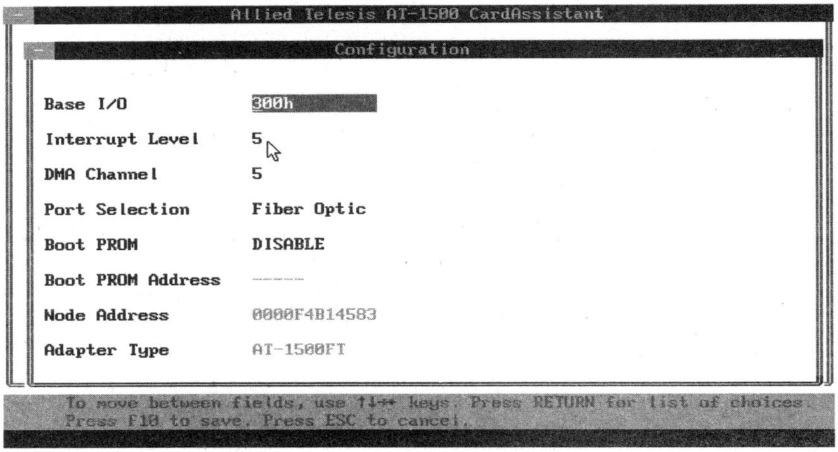

```
┌─────────────────────────────────────────────────────────┐
│           Allied Telesis AT-1500 CardAssistant          │
│  ┌───────────────────────────────────────────────────┐  │
│  │                   Configuration                    │  │
│  │                                                    │  │
│  │   Base I/O              300h                       │  │
│  │   Interrupt Level       5                          │  │
│  │   DMA Channel           5                          │  │
│  │   Port Selection        Fiber Optic                │  │
│  │   Boot PROM             DISABLE                    │  │
│  │   Boot PROM Address     ------                     │  │
│  │   Node Address          0000F4B14583               │  │
│  │   Adapter Type          AT-1500FI                  │  │
│  │                                                    │  │
│  └───────────────────────────────────────────────────┘  │
│  To move between fields, use ↑↓→ keys. Press RETURN for list of choices.│
│  Press F10 to save. Press ESC to cancel.                │
└─────────────────────────────────────────────────────────┘
```

Bild 1.4: Diese ISA-Netzwerkkarte wird zwar per (herstellerspezifischer) Software konfiguriert, allerdings kann Windows 3.x nicht feststellen, welche Parameter für die Karte nun aktiviert worden sind, sodass unter Windows stets die gleichen Einstellungen noch einmal vorzunehmen sind.

Insbesondere bei Windows 3.x, welches von Hause aus auch nicht Plug&Play-fähig ist, bleibt zu beachten, dass die Hardware-Einstellungen (z.B. I/O-Adresse, Interrupt-Kanal), die das Installationsprogramm etwa für eine Einsteckkarte vorsieht, keineswegs mit den tatsächlichen Hardware-Einstellungen übereinstimmen müssen. Bei den alten ISA-Karten werden derartige Einstellungen über Steckbrücken (Jumper) oder Schalter vorgenommen. Die hier getroffenen Festlegungen müssen selbstverständlich mit den Parametern, wie sie letztendlich in Windows (SYSTEM.INI) für die Karte aktiviert werden, übereinstimmen, da es andernfalls zum Nichtfunktionieren der Karte oder zum kompletten Systemabsturz kommen kann.

Eine fehlende Übereinstimmung zwischen den auf einer Karte aktivierten Parametern und denen, die Windows 3.x hierfür verwendet, kann auch dann gegeben sein, wenn eine Karte nicht über Jumper, sondern per Software konfiguriert wird. Diese speziell für die betreffende Karte erstellte Konfigurationssoftware (siehe Bild 1.4) ist dann meist unter DOS auszuführen und schreibt die selektierten Parameter in einen (flüchtigen) Speicherbaustein auf der Karte, was auch mit einem speziellen Eintrag in der CONFIG.SYS einhergehen kann. Der Treiberangabe in der CONFIG.SYS folgen dann einige Ressourcenparameter wie beispielsweise d: (DMA-Kanal), q: (Interrupt-Kanal) und i: (I/O-Adresse), die auch anders lauten können, was vom jeweiligen Treiber abhängt. Falls ein derartiger Eintrag vorhanden ist bzw. durch die Installationssoftware erzeugt wird, werden die hier angegebenen Parameter bei jedem PC-Boot neu geladen und bleiben für die Einheit nur so lange gültig, wie der PC eingeschaltet ist.

Eine andere Möglichkeit ist die Abspeicherung der verwendeten Ressourcen der Karte in einem (nicht flüchtigen) Speicher (EEPROM, Flash) auf der Karte, wobei die jeweiligen Werte hier durch die Setup-Software (siehe Bild 1.4) entsprechend den getätigten Angaben in den Speicherchip geschrieben werden, die hier so lange gültig bleiben, bis ein erneuter Karten-Setup (mit anderen Daten) durchgeführt wird. Beide Verfahren haben aber nichts mit Plug&Play (ISA-Plug&Play, PCI) zu tun, wie es Intel und Microsoft definiert haben, was standardmäßig erst ab Windows 95 zum Einsatz kommt, sondern es sind herstellerspezifische Setup-Mechanismen. Demnach müssen nachfolgend in Windows 3.x auf jeden Fall noch einmal die gleichen Festlegungen für die Karte getroffen werden, wie es mit dem jeweiligen Setup-Programm unter DOS absolviert wurde. Das Gleiche gilt auch für Einheiten, die unter Windows 9x zum Einsatz kommen sollen und für die es keinen Windows 9x-Treiber gibt.

Falls aus irgendeinem Grunde ISA-Plug&Play-fähige Einheiten unter Windows 3.x eingesetzt werden sollen, was gewissermaßen nur die Übergangszeit auf Windows 95 von Bedeutung war, ist ein zusätzliches Programm notwendig: die *ISA Configuration Utility* oder kurz *ICU*, welches von der Firma Intel stammt. Die ICU dient allein der Integration von ISA-Plug&Play-Karten in PCs ohne Plug&Play-BIOS und auch ohne Plug&Play-Betriebssystem.

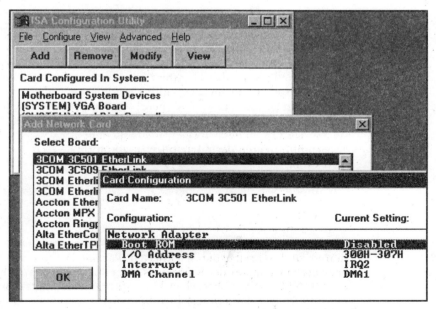

Bild 1.5: Mit der ISA Configuration Utility können ISA-Plug&Play-Karten konfiguriert werden.

Traditionelle Windows-Hardware-Unterstützung

Falls sich ein Plug&Play-fähiges BIOS im PC befindet, ist dieses Tool demnach nicht notwendig, und die ISA-Plug&Play-Karte wird dann wie eine PCI-Karte dem System vom BIOS her bekannt gemacht. Warum es die ICU überhaupt gibt, liegt ganz einfach daran, dass ab Mitte der Neunzigerjahre zwar BIOS-Versionen mit Plug&Play-Funktion realisiert wurden, was sich allerdings nur auf PCI-Einheiten bezog und nicht auf die letzte Generation von ISA-Karten, die nicht mehr per Jumper, sondern nach einem ähnlichen Prinzip wie PCI-Karten automatisch konfiguriert werden. Die per ICU festgelegten Daten werden dann statt im erweiterten CMOS-RAM eines Plug&Play-fähigen PC – oder Windows 95-intern – in einer Datei auf der Festplatte gespeichert und während des Boot-Vorgangs gelesen.

Hierzu ist zunächst im Real-Mode unter DOS das Programm CASSIST.EXE zu starten, welches versucht, die grundlegende PC-Hardware-Ausstattung zu ermitteln (Mainboard-Typ, COM-Ports, IDE, SCSI usw.) und dabei die Datei ICU.NDX anlegt, die für die weitere Verarbeitung benötigt wird. In der CONFIG.SYS ist zuvor jedoch ein speicherresidenter Treiber (wcfgmg.sys) zu laden, der dementsprechend Speicherplatz im RAM belegt. Anschließend wird unter Windows das Programm WINICU gestartet. Hier können die einzelnen Parameter der PC-Einheiten angezeigt und gegebenenfalls angepasst werden. Einige Standard-ISA-Karten unterschiedlicher Kategorien (Netzwerk, Controller usw.) stehen hier auch mit bereits voreingestellten Daten – die natürlich ebenfalls verändert werden können – zum Hinzufügen bereit. Die ICU funktioniert ausschließlich bei einem PC ohne Plug&Play-BIOS und ist auch (wenn überhaupt) nur für Windows 3.x, nicht aber für Windows 95 sinnvoll.

Von Plug&Play jedweder Form einmal unabhängig betrachtet, landen die Einstellungen bei Windows 3.x in INI-Dateien. Dies passiert möglicherweise aber ebenfalls bei den höheren Windows-Versionen, auch wenn ab Windows 95 stattdessen die Registry zum Einsatz kommen sollte. Ob dies so ist oder nicht, hängt von der jeweiligen (Treiber-)Software des Herstellers ab. Es ist durchaus keine Seltenheit, dass eine Eintragung in der SYSTEM.INI statt in der Registry für Probleme mit Hardware-Einheiten verantwortlich ist, sodass man im Grunde genommen bis zu Windows Me an diesen Umstand denken sollte. In Bild 1.6 ist als Beispiel ein Auszug aus einer SYSTEM.INI angegeben. Die Festlegungen für Hardware-Komponenten sind dabei fett markiert. Es sind die Einstellungen für die seriellen Schnittstellen COM3 (I/O-Adresse: 03E8, IRQ4) und COM4 zu erkennen und im letzen Abschnitt die Festlegungen für eine Sound-Karte, zu der auch der Treiber *cs31ba11.386* gehört.

Die bekanntesten Probleme im Zusammenhang mit Hardware-Einstellungen unter Windows 3.x resultieren erst einmal aus der fehlerhaften Konfiguration (Karte ist anders konfiguriert als dies in Windows angegeben wurde). Es ist natürlich auch denkbar, dass mehreren Hardware-Komponenten versehentlich identische PC-Ressourcen (I/O-Adressen, IRQ- und DMA-Kanäle) zugewiesen wurden, denn in Windows 3.x existiert selbst keine Instanz, die dies verhindern würde.

```
[boot]
mouse.drv=mscmouse.drv
oemfonts.fon=vgaoem.fon
.....
[keyboard]
oemansi.bin=
subtype=
type=4
keyboard.dll=kbdgr.dll

[boot.description]
mouse.drv=Genius serielle Maus an COM1
codepage=437
.....
[386Enh]
device=cs31ba11.386
device=tddebug.386
EMMExclude=C800-C8FF
mouse=mscvmd.386
EGA80WOA.FON=EGA80WOA.FON
.....
COM3Irq=4
COM3Base=03E8
COM4Irq=3
COM4Base=02E8
PagingFile=C:\WINDOWS\WIN386.SWP

[network drivers]
devdir=C:\WINDOWS
LoadRMDrivers=No
.....
[PHSoundcard]
Duplex=Full
DMACaptureChannel=1
DMAPlaybackChannel=0
IOBaseAddr=534
IRQ=11
GenericHardware=On
......
```

Bild 1.6: Auch Festlegungen für die Hardware-Einstellungen befinden sich in der Datei SYSTEM.INI.

> **ACHTUNG**
>
> Bei alten ISA-Karten, die über Jumper oder DIP-Schalter konfiguriert werden, kann weder ein Betriebssystem noch ein Testprogramm (z.B. MSD) erkennen, welche Karte welche PC-Ressourcen belegt. Die Testprogramme gewinnen Informationen über die ISA-Hardware aus den Konfigurationsdateien, und es kann vorkommen, dass die Karte anders »gejumpert« ist, als dies bei der Installation oder in den Konfigurationsdateien angegeben ist.

> Erst mit Einsteckkarten, die nach dem ISA-Plug&Play-Standard von Intel und Microsoft entwickelt wurden, und natürlich mit PCI-Karten ist es möglich, dass diese Einheiten automatisch und konfliktfrei durch ein Plug&Play-fähiges Betriebssystem wie Windows 95 eingerichtet werden können.

Des Weiteren sind nicht ausgereifte oder fehlerhafte *.386-Treiber die »Sündenböcke«, die auch in bestimmten Kombinationen mit anderen *.386-Treibern Schwierigkeiten machen. Während man in den beiden ersten Fällen (falsche Kartenparameter, Konflikt mit einer anderen Hardware-Komponente) meist selbst Abhilfe schaffen kann, ist dies bei einem fehlerhaften Treiber nicht möglich. Allen genannten Ursachen ist gemein, dass sie entweder dafür sorgen, dass nur eine bestimmte Einheit nicht funktioniert oder aber dass der PC gar nicht mehr startet. Wenn man Glück hat, erhält man immerhin eine Fehlermeldung, die einen womöglich etwas weiterbringt.

Mit Windows sind *Dynamic Link Libraries* (*DLL*) als wichtige Komponenten (nicht nur) für Hardware-Einheiten eingeführt worden. Eine DLL ist im Prinzip nichts anderes als eine Sammlung von Funktionen oder Prozeduren, die man gemeinhin auch als Bibliotheken bezeichnet. DLLs stellen einen wesentlichen Bestandteil von Windows dar und werden während der Laufzeit eines Programms geladen, also erst zu dem Zeitpunkt, wenn sie benötigt werden (dynamisch). Windows selbst besteht im Wesentlichen aus den *Dynamic Link Libraries* KERNEL.EXE (Speichermanagement), in der sich vorwiegend Systemfunktionen befinden, aus GDI.EXE für die Grafikfunktionen (Zeichnen von Linien), aus USER.EXE für die Benutzerschnittstelle (Menüs) und aus diversen Gerätetreibern (*.DLL, *.DRV).

Leider kann ein beliebiges Programm eine bereits vorhandene DLL durch eine andere (Version) ersetzen, was dazu führen kann, dass das neu installierte Programm zwar funktioniert, jedoch andere nicht, die sich auf die zuvor vorhandene DLL beziehen. Jedes Programm kann auch in den INI-Dateien Eintragungen vornehmen, sei es, dass eine DLL ersetzt wird oder auch Hardware-Einstellungen geändert werden. Dies ist ein altbekanntes Problem, wofür es im Grunde genommen keine adäquate Abhilfe gibt, und erst mit Windows Millennium sowie Windows 2000 hat Microsoft Mechanismen (Systemdateischutz, Systemwiederherstellung) implementiert, die eine Verbesserung aus diesem Dilemma schaffen sollen.

1.3 Windows 9x und die Hardware

Windows 95 und Windows 98 – oder Windows 9x als stellvertretende Bezeichnung für beide Versionen –, bieten gegenüber den Windows 3.x-Versionen Vorteile, die hinlänglich diskutiert worden sind. Der wichtigste Punkt, der in diesem Zusammenhang von Interesse ist, ist die Frage, wie sie mit der Hardware eines PC umgehen. Beide Windows 9x-Versionen, wozu auch Windows Me zu rechnen ist, unterscheiden sich in diesem Punkt nicht wesentlich voneinander, allerdings gibt es starke Unterschiede zu den 3.x-Vorgängerversionen, sodass darauf noch genauer einzugehen ist. Auch wenn allgemein von *Windows 95* gesprochen wird, gibt es hiervon mehrere Versionen mit einer unterschiedlichen Anzahl von Gerätetreibern, verschiedenen Internet Explorer-Versionen und anderen Detailunterschieden, die hier nicht weiter betrachtet werden sollen, zumal sich einige Optionen dieser Weiterentwicklungen auch per Service Pack oder mithilfe separater Microsoft-Tools nachinstallieren lassen.

Mitunter ist man sich gar nicht im Klaren darüber, welche Windows 95-Version auf dem PC installiert worden ist, denn Microsoft führt dabei eine etwas undurchsichtige Kennzeichnung und Nummerierung durch. Es kommt sogar vor, dass sich die Windows 95-Bezeichnung, wie sie durch den Geräte-Manager (Eigenschaften von System-Allgemein) dargestellt wird, anders lautet als diejenige, wie sie mit dem DOS-Kommandos VER von Windows 95 aus angezeigt wird. Tabelle 1.2 gibt eine Orientierung und zeigt die wichtigsten Unterschiede der verschiedenen Windows-Versionen auf, die quasi aus dem ursprünglichen Windows 95 über die Jahre entstanden sind.

Windows-Version	Kennzeichen	Geräte-Manager-Anzeige
Windows 95	Erste Version mit Plug&Play-Funktionalität	4.00.950
Windows 95 OEM Service Release 1	Erste Bugfixes und neue Treiber, Internet Explorer 2.0	4.00.950A
Windows 95 OEM Service Release 2.0	FAT 32, Internet Explorer 3	4.00.950B oder 4.00.1111
Windows 95 OEM Service Release 2.1	Erste USB-Unterstützung	4.00.950B (USB Supplement to OSR2)
Windows 95 OEM Service Release 2.5	Internet Explorer 4, USB-Update	4.00.950C oder 4.00.950B bei nicht installierter USB-Unterstützung
Windows 98	Quasi zweite Vollversion von Windows 95, erste stabile USB-Unterstützung und ACPI	4.10.98

Tab. 1.2: Die verschiedenen Windows 9x-Versionen im Überblick

Windows-Version	Kennzeichen	Geräte-Manager-Anzeige
Windows 98 SE	Second Edition, Internet Explorer 5, Firewire-Unterstützung	4.10.2222 (A)
Windows Me	Internet Explorer 5.5, Systemwiederherstellung	4.90.3000

Tab. 1.2: Die verschiedenen Windows 9x-Versionen im Überblick (Forts.)

Von der ersten Windows 95-Version (4.00.950) gibt es eine Vollversion und eine preiswertere Upgrade-Version, wie es bei Windows 98 genauso der Fall ist. Eine Upgrade-Version setzt eine bereits installierte Windows-Version voraus und kann nicht auf einem »nackten« PC installiert werden. Allerdings ist es mit der Abfrage, ob sich auf dem PC bereits eine Windows-Version befindet, nicht weit her, und falls während der automatischen Suche keine detektiert wird, reicht es aus, beispielsweise die erste Diskette von Windows 3.11 einzulegen, wodurch man zur Installation legitimiert ist. Es ist also nicht nötig, zuvor eine ältere Windows-Version aufzuspielen. Wer meint, dass man mit der Vollversion eigentlich nichts falsch machen kann, der irrt, denn wenn bei der Installation eine bereits installierte Windows-Version festgestellt wird, wird der Vorgang abgebrochen und der Hinweis ausgeben, dass stattdessen eine Upgrade-Version erforderlich ist. Demnach ist die Upgrade-Version, sowohl bei Windows 95 als auch bei Windows 98, eigentlich die bessere Wahl.

Die so genannten *OEM-Versionen* (Original Equipment Manufacturer) von Windows 95 sind im Prinzip nicht einzeln (ohne PC) erhältlich, sondern werden vom PC-Hersteller mitgeliefert, wobei es leider auch übliche Praxis ist, dass im Lieferumfang des PC keine CD enthalten ist, sondern Windows 9x bereits auf dem PC fertig installiert worden ist. In solch einem Fall muss der Anwender selbst entsprechende Windows 9x-Installationsdisketten vom System aus anfertigen, damit er im Fehlerfall ein neues Windows installieren kann.

Von Microsoft her sind auch – wie zuvor erwähnt – Möglichkeiten vorgesehen, ein entsprechendes *Service Release*, ein *Service Pack* oder auch einzelne Programme (z.B. Internet Explorer) auf eine bestehende Windows 95-Version aufzuspielen, damit man in den Genuss der neueren Funktionen und Fehlerkorrekturen (Bugfixes) kommt, die bei PCs mit aktuellerem Windows bereits installiert sind. Der einfachste Weg zu den entsprechenden Updates ergibt sich durch den kostenlosen Download der Software vom Microsoft-Internetserver.

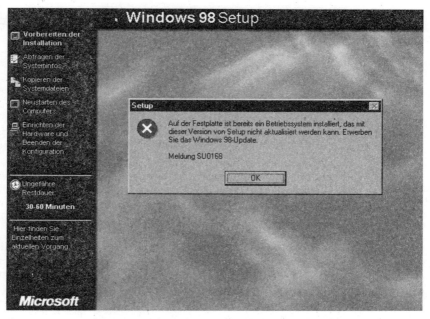

Bild 1.7: Wenn auf dem PC bereits eine Windows-Version installiert wurde, kann mit der Vollversion von Windows 98 keine Installation durchgeführt werden. Dies gilt auch für die Windows 95-Vollversionen bei einem Upgrade von Windows 3.x aus.

Der wesentlichste Unterschied bei den Windows 95-Versionen besteht zwischen Version A und B (OEM Service Release 2.0, siehe Tabelle 1.2). Falls man einen PC mit der Version B erworben hat – denn diese Version ist nicht einzeln erhältlich –, ist Windows 95 sehr wahrscheinlich nicht mit dem Datenformat FAT16 (File Allocation Table), sondern mit FAT32 installiert worden, was einerseits eine bessere Ausnutzung der Festplattenkapazität (kleinere Cluster-Größe) zur Folge hat und auch größere Partitionen (> 2 GByte) erlaubt. Andererseits wird FAT32 ausschließlich von der Windows 95B-Version und keinem anderen Betriebssystem unterstützt. Dies ist stets dann von Bedeutung, wenn Daten plattformübergreifend zwischen verschiedenen Partitionen und Betriebssystemen ausgetauscht werden sollen, was dementsprechend nicht funktioniert, denn Windows 95B kennt ausschließlich die FAT32 und kann anders formatierte Datenträger (z.B. FAT16 von DOS, NTFS von Windows NT) nicht erkennen. Dies bedeutet natürlich nicht, dass zwischen zwei PCs mit unterschiedlichem Dateisystemen keine Daten ausgetauscht werden können, wie z.B. über ein Netzwerk, denn dabei bewegt man sich mit den Daten quasi auf einer anderen Ebene. Bei den üblichen Disketten wird das FAT12-Format verwendet, welches alle PC-Betriebssysteme unterstützen. Ist das FAT32-Dateisystem installiert, steht kein Microsoft-Tool zur Umsetzung auf das FAT16-Format zur Verfügung, sondern Windows 95B muss komplett neu installiert werden, dann natürlich mit der Option FAT16 und nicht mit FAT32. Von anderen Herstellern wie beispielsweise

PowerQuest gibt es jedoch Programme (Partition Magic), die entsprechende Konvertierungen ohne Datenverlust zwischen den verschiedenen Formaten vornehmen können.

Die Windows 95B-Version wartet gegenüber der Vorgängerversion mit einigen bisher unbekannten Eigenschaften auf. Dazu zählt, dass neben Windows 95B kein altes DOS (6.2) verwendet werden kann. Laut Microsoft ist dies auch nicht vorgesehen, denn Windows 95B ist schließlich *das* Betriebssystem, das mit dem betreffenden PC ausgeliefert wird. Hat man jedoch (widerrechtlich) eine Windows 95B-Version (mit FAT32) nach einem alten DOS installiert, gibt es zwar auch hier wie bei der ursprünglichen Windows 95-Version das entsprechende Boot-Menü (über die Taste [F8]) mit dem Punkt 8 »Vorherige MS-DOS-Version« (siehe Bild 1.11), allerdings wird nach dessen Anwahl das DOS zerstört, und nach einem Neuboot ist auch Windows 95B dahin, sodass man gleich alles neu installieren muss.

ACHTUNG

Wird Windows 95B mit FAT32 über das Boot-Menü (Taste [F8]) von Windows 95 gestartet und »Vorherige MS-DOS-Version« (Punkt 8) angewählt, bleibt der PC stehen, und sowohl DOS als auch Windows sind damit zerstört.

Ein weiteres Phänomen der Windows 95B-Version – und zwar nur bei der europäischen, nicht bei der amerikanischen – ist der Umstand, dass der Speichermanager HIMEM.SYS statt 1 kByte einen Speicher von über 40 kByte belegt. Die Folge davon ist, dass einige DOS-Spiele aus Speichermangel nicht mehr unter Windows 95B arbeiten.

Durch eine manuelle Veränderung der Datei IO.SYS lässt sich dieser Fehler jedoch mit einem Hexeditor korrigieren. An der Offsetadresse 51F5h wird die Bytefolge 01 BC 02 einfach durch 01 58 02 ersetzt, woraufhin der Speichermanager wie gewöhnlich nur 1 kByte belegt.

Darüber hinaus ist die Windows 95B-Version in der Praxis, trotz aktuellerer Treiber als bei der Vorgängerversion, nicht besonders stabil, und es können überraschende Phänomene auftreten, insbesondere dann, wenn man mit dem betreffenden PC im Netzwerk arbeitet und möglicherweise einige ältere Windows 3.x-Programme einsetzt. Woran dies im Einzelnen liegt, lässt sich leider nicht zweifelsfrei und allgemein gültig feststellen, da dies naturgemäß vom betreffenden PC, den Peripheriegeräten und den jeweils verwendeten Programmen abhängt (vielleicht macht's der Mix). Aus eigener (leidvoller) Erfahrung, die bei zahlreichen PCs »downgrades« zur Windows 95A-Version notwendig machte, ziehe ich die Windows 95 A-Version der -B-Version auf jeden Fall vor.

1.3.1 Windows 98 und Upgrades

Windows 98 verfügt dagegen über eine bessere Systemstabilität, zumal dies die erste richtige (keine OEM-Version) neue Windows-Version ist, die auch einzeln (ohne PC) erhältlich ist. Möglicherweise ist dies auch der Grund für die bessere Stabilität gegenüber der Windows 95B-Version. Für die einwandfreie Funktion einer OEM-Version, die stets an einen bestimmten PC gekoppelt ist, hat letztendlich der PC-Hersteller Sorge zu tragen und nicht Microsoft selbst, das hierzu keinerlei Support bietet. In Übrigen sollen laut Microsoft über 3000 Bugs von Windows 95 zu Windows 98 entfernt worden sein.

Generell wird empfohlen, kein Upgrade von Windows 3.x auf Windows 95 oder von Windows 95 auf Windows 98 vorzunehmen, sondern das System von Grund auf neu zu installieren, also auch die Festplatte komplett neu zu formatieren. Eventuell vorhandene »Treiberleichen« oder nicht korrekt funktionierende Programme und auch überflüssige Dateien werden bei einem Upgrade mit übernommen, was letztendlich in einem schlechter funktionierenden System als zuvor resultiert. Ein kompletter Neuaufbau des Systems hat zwar zur Folge, dass alle Programme neu zu installieren sind, es ist letztendlich aber der »sauberere« und meist auch der schnellere Weg, was im Übrigen für alle Windows-Updates gilt.

Aus diesem Grunde sollte man sich gut überlegen, ob man auf einem alten PC überhaupt ein Update von Windows 95 auf Windows 98 vornimmt, denn die neue Version bringt im Grunde genommen nichts Neues, verbraucht nur doppelt so viel Platz auf der Festplatte – allein der Internet Explorer 4 bringt es auf über 60 MByte – und ist auf einem PC, auf dem zuvor Windows 95 seinen Dienst tat, auch merklich langsamer. Wer allerdings auf USB- und Firewire-Unterstützung Wert legt, kommt an Windows 98 nicht vorbei.

Bereits Windows 95 beendet glücklicherweise die bei Windows 3.x vorhandenen Speicherquerelen, die mit den Speichermanagern (HIMEM.SYS, EMMM386) einhergehen. Es arbeitet im Protected Mode sowie mit 32-Bit-Treibern und -Programmen. Die Software für die vorherigen Windows-Versionen wurde dagegen nur als 16-Bit-Code ausgeführt, Windows für Workgroups 3.11 ersetzte einige der Treiber durch 32-Bit-Typen, und der Zusatz WIN32S ging noch einen Schritt weiter in Richtung eines zeitgemäßeren 32-Bit-Betriebssystems. Echte 32-Bit-Programme, wie beispielsweise die ersten Versionen des Internet-Browsers MOSAIC, verlangen zur Ausführung die zusätzliche Installation von WIN32S über ein bestehendes Windows 3.x-System. In der Praxis treten mit WIN32S jedoch schwer wiegende Probleme auf, beispielsweise in Form von Systemabstürzen, da die Koexistenz mit Programmen im 16-Bit-Code hier nur unzureichend gelöst ist. Aus Kompatibilitätsgründen zu den Vorgängerversionen muss jedoch auch Windows 9x »alten« Windows-Code verarbeiten können, was immer dann gut funktioniert, wenn der 16-Bit-Code entsprechend der Microsoft-Vorgaben realisiert wurde. Davon kann leider nicht immer ausgegangen werden. Das in Windows 9x integrierte DOS (MS-DOS 7) arbeitet ebenfalls im Protected Mode und ist aus diesem Grunde mit den DOS-Vorgängerversionen nicht binärkompatibel.

1.3.2 Windows 9.x-Installation und -Boot-Vorgang

Windows 9x benötigt zur Installation ein funktionierendes DOS, damit beispielsweise überhaupt die Windows 95-CD gelesen werden kann. Aktuelle PCs können natürlich auch von der CD booten, wobei dann jedoch meist nicht Windows 9x, sondern ein neueres Windows installiert werden soll, sodass dieser Punkt an dieser Stelle dann nicht von Belang ist. Wie bereits beschrieben, ist bei Bedarf eine Boot-Diskette mit den üblichen Treibern ausreichend. Es gibt sowohl eine Voll- als auch eine Update-Version, wobei ein Update im Fall von Windows 98 aus bedeutet, dass sowohl ein Update von Windows 3.1 als auch von Windows 95 aus möglich ist.

Die Vollversion von Windows 98 benötigt kein bereits installiertes System und liefert eine bootfähige Diskette mit den nötigen (DOS-)Treibern, wie z.B. für CD-ROM-Laufwerke, mit. Als CD-Laufwerkstreiber werden aber nur ein universeller ATAPI (IDE) und einer für SCSI-Hostadapter von Adaptec sowie Buslogic angeboten. Ist im PC jedoch ein anderer SCSI-Hostadapter wie die nicht unüblichen von Symbios Logic (NCR) eingebaut, kann man mit der Diskette erst einmal nichts anfangen und muss den Disketteninhalt auf einem anderen PC abändern, also das Boot-Menü und den passenden Treiber ergänzen.

Wird auf der Festplatte eine Partition erkannt, die größer als 2 GByte ist, kann statt FAT16- auch das FAT32-Dateisystem installiert werden, das – wie bereits erläutert – nichts mit FAT16, also DOS und Windows 3.1, anfangen kann. Während der Installation von Windows 9x werden die beiden MSDOS-Dateien IO.SYS sowie MSDOS.SYS durch die neue Datei IO.SYS ersetzt und in den Boot-Sektor geschrieben. Die alten Dateien werden jedoch nicht gelöscht, sondern in IO.DOS und MSDOS.DOS umbenannt und für den DOS-Modus verwendet. Unter DOS erhalten sie dann wieder ihren alten Namen, und die neuen, durch Windows 95 erzeugten Dateien heißen dann WINBOOT.SYS (IO.SYS) und MSDOS.W40 (MSDOS.SYS).

1.3.3 Die Datei IO.SYS

IO.SYS legt die DOS-Systemkonfiguration fest und lädt daraufhin den (neuen) Kommandoprozessor (COMMAND.COM). Des Weiteren werden die Treiber zur Speicherverwaltung geladen und weitere Standardeinstellungen vorgenommen, die in Tabelle 1.3 angegeben sind und nur für DOS-Programme benötigt werden. Diese Einträge waren bei der Vorversion (DOS/Windows 3.x) in der CONFIG.SYS zu finden und sind nun quasi in die Datei IO.SYS gewandert.

Befehl	Funktion
BUFFERS = 30	Die Anzahl der Dateipuffer wird auf 30 festgelegt.
dos = high, umb	Teile des DOS werden in die High Memory Area geladen.
FCBS = 4	Es werden vier File Control Blocks für Netzwerkanwendungen festgelegt.
FILES = 60	Die Anzahl der maximal gleichzeitig zu öffnenden Dateien wird spezifiziert.
himem.sys	Dies ist ein Treiber zur Verwaltung von Extended Memory.
IFSHELP.SYS	Dieser Treiber (Installable File System Helper) startet Dateisysteme und ermöglicht den Windows-Zugriff auf Festplatten und CD-ROM-Laufwerke.
LASTDRIVE = Z	Dieser Befehl legt für das letzte Laufwerk die Bezeichnung »Z« fest. Falls zuvor bereits ein entsprechender Eintrag (z.B. für Novell Netware, Lastdrive = k) existierte, wird er in der Registrierdatenbank abgelegt.
SETVER.EXE	Aus Kompatibilitätsgründen wird die Versionstabelle geladen. Einige Programme arbeiten nur mit einer bestimmten DOS-Version zusammen, und ihnen wird hiermit die Version »vorgegaukelt«, für die sie ursprünglich geschrieben wurden.
SHELL = COMMAND.COM /P	Über diesen Befehl wird der Kommandointerpreter festgelegt, der permanent zu laden ist (/P).
STACKS = 9, 256	Es werden neun Stapelspeicher zu je 256 Byte festgelegt, die für die Verarbeitung von Hardware-Interrupts genutzt werden können.

Tab. 1.3: Die Festlegungen in der Datei IO.SYS

Die Datei IO.SYS enthält ebenfalls einige Festlegungen, die zuvor in der Datei AUTOEXEC.BAT zu finden waren. Standardmäßig lauten die Einträge wie in Bild 1.8 angegeben.

```
tmp=c:\windows\temp
temp=c:\windows\temp
prompt $p$g
path=c:\windows;c:\windows\command
comspec=c:\windows\command\command.com
```

Bild 1.8: Der Inhalt der Datei IO.SYS

Als temporäres Verzeichnis verwendet Windows 9x als Vorgabe immer *c:\windows\temp*. Das Erscheinungsbild des DOS-Prompts wird mit *PROMPT $P* auf das Laufwerk/Verzeichnis und mit *$G* auf das Zeichen > eingestellt. Anschließend folgt die Festlegung der Laufwerkspfade (path) – der Weg zu den jeweiligen Verzeichnissen – sowie die Angabe darüber, in welchem Verzeichnis sich der Kommandointerpreter befindet und wie er heißt (COMMAND.COM).

1.3.4 Die verschiedenen Konfigurationsdateien von Windows 9x

Eine CONFIG.SYS und eine AUTOEXEC.BAT sind im Gegensatz zu IO.SYS, MSDOS.SYS und COMMAND.COM für Windows 9x nicht zwangsläufig notwendig. Dennoch können diese Dateien geführt werden, um hier beispielsweise abweichende Einstellungen gegenüber den Festlegungen in der IO.SYS zu treffen, die damit überschrieben werden.

Des Weiteren sind diese beiden Konfigurationsdateien aus Kompatibilitätsgründen nötig, wenn für bestimmte PC-Komponenten wie ein älteres CD-ROM-Laufwerk oder eine ISDN-Karte keine Protected Mode-Treiber für Windows 9x zur Verfügung stehen und stattdessen Real-Mode-Treiber verwendet werden müssen. Sie werden vom jeweiligen Installationsprogramm automatisch in die Konfigurationsdateien geschrieben. In einigen Fällen müssen diese Einträge auch manuell eingetragen oder verändert werden.

Das Installationsprogramm von Windows 9x erstellt bei Nichtvorhandensein der CONFIG.SYS selbst eine, die die länderspezifischen Einstellungen mittels DISPLAY.SYS und COUNTRY.SYS enthält und von den DOS-Programmen unter Windows 9x verwendet wird. Eine bereits vorhandene CONFIG.SYS wird während der Installation von Windows 9x mit dem Inhalt der IO.SYS verglichen. Falls die dort vorgegebenen Werte die in der CONFIG.SYS angegebenen unterschreiten, werden sie mit einem vorangestellten REM deaktiviert, also als Kommentar markiert.

Dieses Prinzip führt Windows 9x mit allen Treibern in der CONFIG.SYS aus, falls sie durch Protected Mode-Versionen ersetzt werden können. Nicht ersetzbare Treiber bleiben hier jedoch weiterhin gültig. Der Inhalt einer üblichen CONFIG.SYS kann sich nach der Modifizierung durch Windows 9x wie in Bild 1.9 angegeben darstellen. Hier ist zu erkennen, dass die beiden Treiber für die länderspezifische Unterstützung nunmehr aus dem neuen Windows-Verzeichnis (\COMMAND) geladen werden und der Sound-Kartentreiber (PROAUDIO), der einige PC-Ressourcen (z.B. IRQ=7, DMA=7) beansprucht, unverändert übernommen wurde.

```
device=c:\proaudio\mvsound.sys d:7 q:7 s:1,220,1,5
device=c:\windows\command\display.sys con=ega,,1)
country=049,850,c:\windows\command\country.sys
```

Bild 1.9: Der Inhalt einer durch Windows 9x veränderten CONFIG.SYS

Die Vorgehensweise zur Anpassung der AUTOEXEC.BAT ist prinzipiell die gleiche wie bei der CONFIG.SYS:

- Übernehmen der Einstellungen, die über die in der MSDOS.SYS hinausgehen
- Ersetzen der Real-Mode-Treiber durch Protected Mode-Treiber, soweit dies möglich ist
- Überflüssige oder ersetzte Einstellungen mit einem REM als Kommentar versehen
- Übernehmen nicht ersetzbarer Treiber

Bild 1.10 zeigt zur Verdeutlichung eine durch Windows 9x veränderte AUTOEXEC.BAT.

```
rem - By Windows 95 Network - c:\windows\ net start
rem - By Windows 95 Setup - c:\windows\mscdex.exe /s
path C:\windows;c:\windows\command\;c:\dos6;c:\nc; c:\proaudio
set blaster=A220 D1 I5 T3
loadhigh gmouse
mode con codepage prepare=(850)c:\windows\command\ega.cpi)
mode con codepage select=850
keygbr,,c:\windows\command\keyboard.sys
```

Bild 1.10: Der Inhalt einer durch Windows 9x veränderten AUTOEXEC.BAT

Die beiden ersten Einträge (siehe Bild 1.10) sind hier durch die Windows 95-Installation »auskommentiert« worden, da die betreffenden Einheiten durch Protected Mode-Treiber ersetzbar sind. Die Pfadangabe stellt sich gegenüber der in der IO.SYS implementierten durch die zusätzlichen Angaben (NC, PROAUDIO) in einer abweichenden Form dar und wurde daher von der »alten« AUTOEXEC.BAT übernommen. Für die GMOUSE wurde in diesem Fall kein Windows 9x-Treiber gefunden, sodass dieser Eintrag ebenfalls unverändert bleibt.

Sowohl die CODEPAGE- als auch die DISPLAY- und COUNTRY-Einstellungen in der CONFIG.SYS sollten in den Konfigurationsdateien in der gezeigten Form vorhanden sein, da man andernfalls beim Wechsel nach DOS unter Windows 9x oder bei einem Neuboot mit DOS (von Windows 9x aus) eine amerikanische Tastaturbelegung vorfindet und die Bildschirmdarstellung ungewöhnliche Formen (z.B. in Schwarz/Weiß) annehmen kann.

Bei einem optimal eingerichteten Windows 9x dürfen sich keine weiteren Angaben in der CONFIG.SYS befinden als die Display- und Country- sowie die Codepage- und Keyboard-Angabe in der AUTOEXEC.BAT. Sound-Karten-, Maus-, CD-ROM-, Netzwerk- und andere Treiber haben hier nichts zu suchen. Stattdessen sollen die von Windows 9x zur Verfügung stehenden Treiber verwendet werden.

TIPP

Nur im absoluten Notfall, wenn kein Protected Mode-Treiber für die jeweilige Einheit verfügbar ist, darf von diesem Grundsatz abgewichen werden, wobei diese Geräte dann aber nicht im Geräte-Manager erscheinen. Fatal ist es, wenn für eine Einheit sowohl ein Real-Mode-Treiber via CONFIG.SYS bzw. AUTOEXEC.BAT als auch einer in Windows 9x selbst geladen wird, was zu den merkwürdigsten Effekten bei der Kommunikation mit der betreffenden Hardware führen kann.

1.3.5 DOS unter Windows

Bei der Installation von Windows 9x über ein bestehendes DOS/Windows 3.x-System werden die CONFIG.SYS und die AUTOEXEC.BAT – wie erläutert – automatisch analysiert und verändert. Die ursprünglichen Konfigurationsdateien sind damit aber verschwunden, was ebenfalls für den Inhalt des zuvor vorhandenen DOS-Verzeichnisses gilt, in das neue DOS-Befehle hineingeschrieben und in dem die vorherigen gelöscht werden.

Eine Reihe altbekannter Programme ist dadurch (zunächst) nicht mehr verfügbar. Das neue DOS-Verzeichnis enthält – aus Kompatibilitätsgründen – nur noch DOS-Befehle, die nicht als 32-Bit-Version zur Verfügung stehen wie DEFRAG oder DRVSPACE, während sich im Verzeichnis WINDOWS\COMMAND die systemeigenen (neuen) 32-Bit-Programme von Windows 9x befinden, die vorzugsweise statt der alten DOS-Befehle verwendet werden sollten.

Es findet dabei – wie es schon immer unter DOS üblich ist – eine Unterscheidung zwischen externen und internen Befehlen statt. Entweder existiert für den betreffenden Befehl explizit eine Datei wie beispielsweise für ATTRIB oder DISKCOPY oder der Befehl ist Bestandteil des Kommandointerpreters (COMMAND.COM) wie DIR, CD oder auch COPY, der demnach als *intern* zu verstehen ist und nicht als einzelne Datei existiert.

```
1. Standard
2. Protokolliert (\BOOTLOG.TXT)
3. Abgesichert
4. Abgesichert mit Netzwerk
5. Einzelbestätigung
6. Nur Eingabeaufforderung
7. Abgesichert, mit Eingabeaufforderung
8. Vorherige MS-DOS-Version
```

Bild 1.11: Das Boot-Menü von Windows 9x

Wer Wert darauf legt, dass das alte DOS (6.2) weiterhin zur Verfügung steht und im Bedarfsfall mittels der [F4]- oder [F8]-Taste (Windows 9x-Boot-Menü) aufgerufen werden kann, sollte vor der Windows 9x-Installation einige Vorkehrungen treffen: Die Konfigurationsdateien CONFIG.SYS und AUTOEXEC.BAT werden unter einem anderen Namen abgespeichert oder besser noch in einem neuen Verzeichnis gesichert und das DOS-Verzeichnis umbenannt, beispielsweise in DOS62.

Nach der Windows 9x-Installation werden die Konfigurationsdateien dann wieder in das Hauptverzeichnis zurückkopiert. Wichtig ist dabei aber, dass dies im »reinen« MS-DOS-Modus erfolgt und nicht unter Windows 9x, denn dann würde man die Windows 9x-Konfigurationsdateien überschreiben. In den alten Konfigurationsdateien sind nachfolgend die Pfadangaben entsprechend des DOS 6.2-Verzeichnisses anzupassen.

Noch einfacher und ohne Umbenennen der Pfade ist es, den Inhalt des DOS 6.2-Verzeichnisses komplett in das neue DOS-Verzeichnis zu kopieren. In diesem Verzeichnis ist dann ein »Mix« aus alten DOS- und neuen DOS-Dateien vorhanden, was vielleicht etwas verwirrend ist, sich in der Praxis aber nicht als Problem darstellt, wenn lediglich die fehlenden Dateien ergänzt werden.

Das Beibehalten eines alten DOS ist nicht nur deshalb sinnvoll, weil weiterhin alle vertrauten Befehle in bekannter Syntax zur Verfügung stehen, sondern auch, weil es die Verwendung von DOS-Programmen erlaubt, die mitunter ausschließlich in dieser Konstellation funktionieren und mit Windows 9x nicht zum Laufen zu bekommen sind, wie es z.B. bei vielen (älteren) Spielen oder auch Systemtools der Fall ist. Darüber hinaus kann dann auch ein bestehendes Windows 3.x weiterhin wie bisher verwendet werden, wenn für die Windows 9x-Installation nicht das standardmäßig vorgeschlagene Verzeichnis WINDOWS übernommen wird, wodurch der Inhalt von Windows 9x verändert und überschrieben werden würde. Außerdem ist eine Fehleranalyse unter »reinem« DOS viel einfacher als unter Windows 9x oder auch Windows NT. Falls die Komponenten mit DOS funktionieren, kann zumindest ein Hardware-Defekt ausgeschlossen werden.

Es kann immer nur eine einzige CONFIG.SYS und eine einzige AUTOEXEC.BAT geben. Arbeitet man mit einem »alten« DOS und Windows 9x werden diese beiden Dateien – sowie auch MSDOS.SYS und einige andere – automatisch umbenannt, je nachdem, welche Option für den Start ausgewählt wurde. Welchen Namen dann die nicht für den Start verwendeten Konfigurationsdateien tragen, hängt davon ab, ob sie im Windows 9x- oder aber im »reinen« DOS-Mode (MS-DOS 6.2) betrachtet werden. Tabelle 1.4 und Tabelle 1.5 zeigen die gültigen Zusammenhänge.

Name unter Windows 9x (neues DOS)	Name unter altem DOS ($\leq$ DOS 6.2)
CONFIG.SYS	CONFIG.W40
CONFIG.DOS	CONFIG.SYS

Tab. 1.4: Die Bezeichnungen der wichtigen Konfigurationsdateien unter dem DOS von Windows 9x und ihre Entsprechung unter dem »alten« DOS

Name unter Windows 9x (neues DOS)	Name unter altem DOS (≤ DOS 6.2)
AUTOEXEC.BAT	AUTOEXEC.W40
AUTOEXEC.DOS	AUTOEXEC.BAT
MSDOS.SYS	MSDOS.W40

Tab. 1.4: Die Bezeichnungen der wichtigen Konfigurationsdateien unter dem DOS von Windows 9x und ihre Entsprechung unter dem »alten« DOS (Forts.)

Name unter altem DOS (≤ DOS 6.2)	Name unter Windows 9x (neues DOS)
CONFIG.SYS	CONFIG.DOS
CONFIG.W40	CONFIG.SYS
AUTOEXEC.BAT	AUTOEXEC.DOS
AUTOEXEC.W40	AUTOEXEC.BAT
MSDOS.W40	MSDOS.SYS

Tab. 1.5: Die Bezeichnungen der wichtigen Konfigurationsdateien unter dem »alten« DOS und ihre Entsprechung unter dem DOS von Windows 9x

Eingangs wurde erwähnt, was zu tun ist, damit nach der Installation von Windows 9x weiterhin das alte DOS zur Verfügung steht. Falls die Installation jedoch bereits erfolgt ist, kann das DOS nicht einfach nachträglich installiert werden, da in diesem Fall der Boot-Sektor und die Systemdateien verändert werden und Windows 9x zerstört wird. Es gibt jedoch einen Ausweg, wie der folgende Tipp zeigt:

TIPP

1. Es wird ein neues Verzeichnis (z.B. DOS62) erstellt.

2. Die drei DOS-Disketten werden in dieses Verzeichnis kopiert.

3. Mit dem DOS-Befehl EXPAND werden diejenigen Programme dekomprimiert, die man unbedingt (in den beiden Konfigurationsdateien) benötigt, wie beispielsweise den Tastaturtreiber.

4. Die Dateien IO.SYS, MSDOS.SYS und COMMAND.COM werden umbenannt in IO.DOS, MSDOS.DOS und COMMAND.DOS (die Dateien sind mit den Attributen *Nur lesen*, *Versteckt*, *System* versehen, die erst zurückgesetzt werden müssen. Zu diesem Zweck gibt es das DOS-Programm ATTRIB, und das Umbenennen kann mit RENAME ausgeführt werden).

> 5. Diese drei Dateien werden nun in das Windows-Verzeichnis kopiert, und die Attribute sollten wieder gesetzt werden.
> 6. In der Datei MSDOS.SYS wird der Eintrag »BootMulti=1« vorgenommen.
> 7. Windows wird neu gestartet, und nach Betätigung von F8 oder F4 wird das alte DOS geladen.

1.3.6 Wege zum DOS

Es existieren mit Windows 9x verschiedene Wege, um in einen DOS-Modus zu gelangen und DOS-Programme daraufhin ausführen zu können, was des Öfteren aber für Verwirrung und vermeintliche Probleme bei der Kommunikation mit der Hardware sorgt.

1. **Start mit altem – zuvor gesichertem – DOS:** Es werden die »alte« CONFIG.SYS und AUTOEXEC.BAT (DOS 6.2) verwendet. Über die F4-Taste wird initiiert, wenn die MSDOS.SYS den Eintrag »BootMulti=1« enthält, oder durch Betätigung der F8-Taste und Anwahl des Punktes VORHERIGE DOS-VERSION.

2. **Start des DOS von Windows 9x:** Es werden die neue CONFIG.SYS und AUTOEXEC.BAT verwendet (erkennbar z.B. an den Command-Pfaden), ausgelöst durch Betätigung der F8-Taste und Anwahl des Punktes NUR EINGABEAUFFORDERUNG.

3. **Start des DOS durch die MS-DOS-Eingabeaufforderung:** Dies wird über START/PROGRAMME mit MS-DOS-EINGABEAUFFORDERUNG aufgerufen. Der DOS-Modus wird durch die Eingabe von EXIT beendet.

4. **Start des DOS von Windows 9x aus:** Für den Boot wurden die »neue« CONFIG.SYS und AUTOEXEC.BAT verwendet. Aufruf des DOS durch START/BEENDEN/COMPUTER und im MS-DOS-MODUS STARTEN. Dabei wird die eventuell vorhandene Datei DOSSTART.BAT automatisch aufgerufen. Durch die Eingabe von EXIT wird Windows 9x neu gestartet.

Die unter Windows 9x konfigurierten Einheiten wie beispielsweise eine Maus und ein CD-ROM-Laufwerk bei den Punkten 2 und 3 auch im DOS-Modus vorhanden. Falls dies nicht der Fall sein sollte, ist dies auf jeden Fall als ein Fehler der Windows 9x-Konfiguration zu interpretieren. Daraufhin sollten die Einträge in der CONFIG.SYS und AUTOEXEC.BAT kontrolliert werden, ob an dieser Stelle Treiber geladen werden, die nachfolgend auch von Windows 9x zur Verfügung gestellt werden, was zu einem derartigen Fehlverhalten führen kann.

Des Weiteren ist mit dem Geräte-Manager zu überprüfen, ob die betreffenden Geräte korrekt installiert wurden und auch nur jeweils einmal vorhanden sind. Wie bereits erwähnt, erscheinen Geräte, die mit einem Real-Mode-Treiber arbeiten, nicht im Geräte-Manager. Beim Start mit dem *alten* DOS gelten die Festlegungen und Treibereinstellungen, wie sie in den dazugehörigen Konfigurationsdateien angegeben sind.

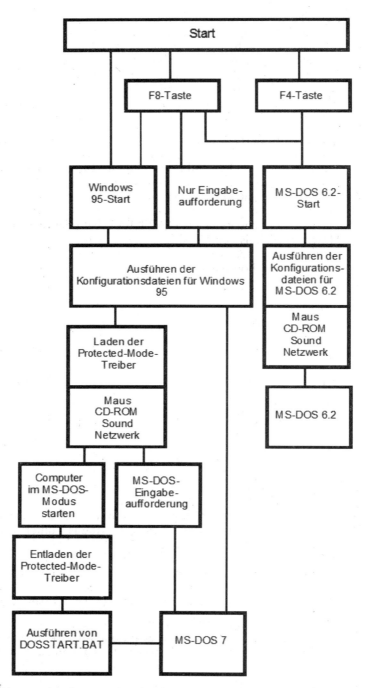

Bild 1.12: Die verschiedenen Wege in einen DOS-Modus und welche Treiber dabei jeweils geladen werden

Beim Start des DOS von Windows 9x aus (siehe Punkt 4) muss eine Besonderheit beachtet werden. Da der Boot hier mit den *neuen* Konfigurationsdateien erfolgt, gelten diese Einstellungen auch für diesen DOS-Betrieb. Die durch Windows 9x zur Verfügung gestellten Treiber sind jedoch aufgrund der Abschaltung von Windows 9x nicht mehr vorhanden. Häufige Problemfälle sind hier meist die Treiber für die Maus und das CD-ROM- oder auch ein ZIP-Laufwerk, die in diesem DOS-Modus dann nicht mehr zur Verfügung stehen.

Windows fertigt aus diesem Grunde die Datei DOSSTART.BAT an, in der die fehlenden Treiber geladen werden, damit sie auch unter DOS vorhanden sind. Leider funktioniert diese automatische Funktion nicht besonders zuverlässig, und mitunter fehlt diese Batchdatei ganz einfach, oder es finden sich hier völlig unsinnige Einträge, was insbesondere die Pfadangaben betrifft und nachfolgend mit Fehlermeldungen quittiert wird. Die Batchdatei DOSSTART.BAT befindet sich in der Regel im Hauptverzeichnis von Windows 9x und wird ebenfalls automatisch ausgeführt. Ist bei der Installation aber ein anderes Verzeichnis als Windows und nicht die Bootpartition (C:) gewählt worden, wird die Datei nicht gefunden.

Wer ohne langes Ausprobieren die notwendigen Treiber laden will, ruft die Datei DOSSTART.BAT einfach manuell auf, wobei sie beispielsweise wie in Bild 1.13 aussehen kann. Hier lädt sie einen Treiber für eine Genius-Maus und MSCDEX für ein CD-ROM-Laufwerk.

```
LH c:\GMOUSE
LH c:\windows\command\mscdex.exe /D:MSCD000
```

Bild 1.13: Der Inhalt einer DOSSTART.BAT-Datei

Es mag auffallen, dass allein das Laden von MSCDEX nicht dazu führt, dass nunmehr auch ein CD-ROM-Laufwerk verfügbar ist, denn der dazugehörige Treiber (z.B. DEVICE=C:\CDROM\ATAPI.SYS) müsste zuvor in einer CONFIG.SYS geladen werden, und die existiert beim Übergang von Windows 9x zu DOS leider nicht. Demnach wird das CD-ROM-Laufwerk auch nicht funktionieren. Abhilfe ist dadurch zu schaffen, dass man die »Eigenschaften von MS-DOS-Modus« unter »Erweitert« entsprechend anpasst, denn an dieser Stelle können sowohl eine CONFIG.SYS als auch eine AUTOEXEC.BAT mit den notwendigen Treibereinträgen hergestellt werden. Wer sich diese Mühe nicht machen will, fährt ohnehin besser, wenn er den PC stattdessen mit dem alten DOS 6.2 startet, denn dann bleibt die ganze Angelegenheit doch übersichtlicher.

Am Rande sei angemerkt, dass Windows 9x grundsätzlich immer einige Daten (z.B. SYSTEM.DAT) auf dem Bootlaufwerk in einem als versteckt gekennzeichneten Verzeichnis speichert, unabhängig davon, welche Partition bzw. welches Laufwerk für die Installation festgelegt worden ist. Der Name des versteckten Verzeichnisses entspricht immer dem, der während der Installation von Windows 9x angegeben wurde (z.B. WIN98). Das Verzeichnis WIN95 existiert dann beispielsweise auf dem Laufwerk D: und ebenfalls auf C:, hier aber versteckt.

1.3.7 Die Datei MSDOS.SYS

Auch unter Windows 9x gibt es eine Datei MSDOS.SYS, die mit den Attributen *System*, *Versteckt* und *Nur lesen* versehen ist. Sie hat jedoch eine vollkommen andere Funktion als unter DOS. Hier handelt es sich lediglich um eine Textdatei, die dementsprechend mit einem üblichen Editor verändert werden kann, wobei zuvor die Attribute zu verändern sind, beispielsweise mit dem DOS-Befehl ATTRIB, damit die Datei gegebenenfalls angepasst werden kann. Der Inhalt dieser Datei beeinflusst den Start von Windows und kann wie in Bild 1.14 gezeigt aussehen.

Besonders wichtig ist der Eintrag AUTOSCAN, der dafür sorgt, dass Windows 9x beim Boot automatisch das Programm SCANDISK ausführt. Dabei kommt es häufig vor, das Windows 9x – insbesondere Windows 95B – hängen bleibt und nicht bootet. Falls Windows 9x zuvor nicht korrekt beendet wurde, tritt dieses Problem besonders häufig auf. In diesem Fall wird AUTOSCAN=0 gesetzt, woraufhin Windows 9x meist klaglos bootet. Anschließend kann SCANDISK (sicherheitshalber) von der Windows 9x-Oberfläche gestartet werden. Der AUTOSCAN-Eintrag ist standardmäßig erst ab Windows 98 eingetragen, bei den Vorgängerversionen fehlt er, was jedoch nicht bedeutet, dass SCANDISK nicht ausgeführt wird.

```
[Paths]
WinDir=C:\WINDOWS
WinBootDir=C:\WINDOWS
HostWinBootDrv=C
UninstallDir=E:\

[Options]
BootMulti=1
BootGUI=1
DoubleBuffer=1
Network=1
;
;The following lines are required for compatibility with other ;programs.
;Do not remove them (MSDOS.SYS needs to be >1024 bytes).
;xxxxxxxxxxxxxxxxxxxxxxxxxxxxxxxxxxxxxxxxxxxxxxxxxxxa
;xxxxxxxxxxxxxxxxxxxxxxxxxxxxxxxxxxxxxxxxxxxxxxxxxxxb
;xxxxxxxxxxxxxxxxxxxxxxxxxxxxxxxxxxxxxxxxxxxxxxxxxxxc
;xxxxxxxxxxxxxxxxxxxxxxxxxxxxxxxxxxxxxxxxxxxxxxxxxxxd
......
AutoScan=1
Windows 4.10.98
```

Bild 1.14: Der Inhalt der Datei MSDOS.SYS

Im Abschnitt [Paths] der MSDOS.SYS sind die Verzeichniseinträge für Windows 9x abgelegt. Interessanter ist die Optionssektion, in der die in Tabelle 1.6 angegebenen Einstellungen vorgenommen werden können. In der MSDOS.SYS-Datei werden Kommentare – wie auch in den INI-Dateien üblich – mit einem vorangestellten Semikolon gekennzeichnet.

Etwas befremdlich wirken vielleicht die x-Zeilen, die jedoch lediglich aus Kompatibilitätsgründen in der Datei geführt werden, damit die Datei über eine Mindestgröße von 1024 kByte verfügt. Bei manuellen Veränderungen an dieser Datei ist diesem Umstand daher Rechnung zu tragen.

Eintrag	Bedeutung und Funktion
AutoScan = 1 oder 0	Das Programm Scandisk wird beim Boot automatisch ausgeführt, wenn sich hier eine »1« befindet, was oftmals dazu führt, dass Windows dabei hängen bleibt.
BootDelay = n	Zum kurzzeitigen Anhalten des Windows 9x-Startvorgangs kann an dieser Stelle ein Wert zur Verzögerung in Sekunden angegeben werden, damit man beispielsweise die Starttasten (F4 , F8) rechtzeitig betätigen kann. BootDelay = 0 oder kein BootDelay-Eintrag in der MSDOS.SYS unterbinden diese Funktion.
BootFailSafe = 1 oder 0	Die BootFailSafe-Funktion aktiviert den *Abgesicherten Modus*, der mit einer »1« grundsätzlich eingeschaltet ist. Ist hier eine »0« eingetragen oder fehlt dieser Eintrag, wird der *Abgesicherte Modus* nur im Fehlerfall von Windows 9x automatisch aktiviert oder bei einer entsprechenden Angabe im Windows 9x-Boot-Menü.
BootGUI = 1 oder 0	Standardmäßig ist hier eine »1« eingetragen, die einen automatischen Windows-Start initiiert. Andernfalls erscheint der DOS-Prompt des Windows 9x-Kerns.
BootKeys = 1 oder 0	Eine »1« sperrt grundsätzlich die Funktion der Starttasten F4 und F8 .
BootMenu = 1 oder 0	Das Auswahlmenü zum Programmstart wird bei einer »1« immer eingeblendet und entbindet somit von der Alternative, rechtzeitig die Taste F8 betätigen zu müssen.
BootMenuDefault = n	Dieser Eintrag erlaubt die automatische Selektierung des entsprechenden Punktes im Startmenü (siehe Bild 1.10).
BootMenuDelay = n	Spezifiziert die Zeit in Sekunden, für die das Bootmenü angezeigt werden soll. Fehlt dieser Eintrag, ist das Menü 30 Sekunden lang auf dem Monitor abgebildet, bevor Windows 9x startet.

Tab. 1.6: Die Einstellungsoptionen in der Datei MSDOS.SYS

Eintrag	Bedeutung und Funktion
BootMulti =1 oder 0	Aktiviert mit einer »1« die Möglichkeit des Dual-Boots. Wird nach der BIOS-Meldung, kurz bevor Windows 9x startet, die F4-Taste betätigt, wird aufgrund eines BootMulti=1-Eintrags das alte DOS statt Windows 9x geladen. Des Weiteren sorgt diese Festlegung für die Einblendung des Boot-Menüs, wenn die Taste F8 vor dem Windows-Start betätigt wird. Bei der Windows 9x Update-Version muss dieser Eintrag manuell auf »1« gesetzt werden, während er bei der Vollversion bereits gesetzt ist.
BootWarn = 1 oder 0	Es wird keine Warnung für den Start des *Abgesicherten Modus* ausgegeben, wenn dieser Eintrag fehlt oder hier eine »1« angegeben ist.
BootWin = 1 oder 0	Beim Fehlen dieses Eintrages oder BootWin = 1 wird standardmäßig Windows gestartet, bei einer »0« hingegen das alte DOS.
DblSpace = 1 oder 0	Dieser Eintrag ist für DoubleSpace-komprimierte Laufwerke notwendig. Bei einer »0« oder einem fehlenden Eintrag wird der dazugehörige Treiber nicht geladen.
DoubleBuffer = 2 oder 1 oder 0	Bei einer »1« ist die Doppelpufferung für SCSI-Hostadapter eingeschaltet, der Wert »2« erzwingt die Doppelpufferung und bei 0 ist sie abgeschaltet. Eine »1« oder »2« ist nur dann einzutragen, wenn es Probleme mit dem Adapter geben sollte. Für IDE-Festplatten hat diese Eintragung keine Bedeutung.
DrvSpace = 1 oder 0	Entsprechend DoubleSpace hat dieser Eintrag Bedeutung für DriveSpace-komprimierte Laufwerke.
LoadTop	COMMAND.COM wird standardmäßig an die obere 640 kByte-Grenze geladen. Falls dies zu Kompatibilitätsproblemen mit (alten) Programmen führen sollte, was eher selten der Fall ist, kann dies mit LoadTop = 0 verhindert werden.
Logo = 1 oder 0	Mit Logo = 0 wird das Windows 9x-Logo beim Start nicht angezeigt, und man kann stattdessen das Laden der Treiber am Bildschirm beobachten. Alternativ kann auch die ESC-Taste während des Startens betätigt werden.
Network = 1 oder 0	Die Netzwerkunterstützung für das Microsoft Network wird bei einer »1« geladen, bei einer »0« hingegen nicht.

Tab. 1.6: Die Einstellungsoptionen in der Datei MSDOS.SYS (Forts.)

1.3.8 Die Datei WIN.COM und der Windows-Boot

Nach dem Laden des Kommandointerpreters und dem Abarbeiten von MSDOS.SYS sowie der beiden Konfigurationsdateien wird Windows 9x aktiviert, indem COMMAND.COM das Programm WIN.COM startet. Auch hier ist es lediglich aus Kompatibilitätsgründen für Windows 3.x-Programme nötig und entspricht dem Real-Mode-Teil von Windows 9x.

Der manuelle Start von WIN.COM lässt die Angabe verschiedener Schalterparameter zu, die bei Startproblemen von Windows 9x ganz hilfreich sein können. In der Datei MSDOS.SYS muss hierfür zunächst der automatische Start mittels der Angabe »BootGui=0« unterdrückt werden, oder man wählt »Nur Eingabeaufforderung« vom Boot-Menü aus. Für den manuellen Aufruf von WIN.COM gilt im Allgemeinen die folgende Syntax:

```
WIN [/D:[F][M][N][S][V][X]]
```

Eine Anzeige der gültigen Schalterparameter und ihre Bedeutung erhält man durch die Angabe WIN /? vom Prompt aus.

WIN.COM lädt grundlegende Windows 9x-Module und aktiviert im letzten Schritt den *Virtual Machine Manager* VMM32.VXD, der wiederum die *Virtual Device Driver* (VxDs) lädt. Dies sind zunächst die statischen VxDs (von Windows 3.x), die aus Kompatibilitätsgründen als 16-Bit-Treiber ausgeführt sind.

VxDs sind in der Regel virtuelle Gerätetreiber. Die Anwendungen greifen nicht direkt – wie z.B. unter DOS – auf bestimmte Hardwareports zu oder verarbeiten die Interrupts direkt, sondern sie arbeiten mit der Information, die ihnen die VxDs jeweils vorspiegeln. Nur dadurch ist es möglich, dass mehrere Anwendungen gleichzeitig auf die Hardware-Einheiten zugreifen können (Multitasking). Das x in der Bezeichnung VxD ist lediglich als Platzhalter zu verstehen, und ein D an seiner Position steht für einen Display-Treiber (VDD) oder ein N für Network (VND). Allerdings halten sich längst nicht alle Hersteller an diese Empfehlung von Microsoft, sodass die betreffenden VxDs nicht immer einfach zu identifizieren sind.

Die statischen VxDs verbleiben im Gegensatz zu den dynamischen im Speicher, auch wenn sie nie benötigt werden, was somit zu einer unnötigen Belastung des Speichers führt, wodurch Programme auf die Festplatte ausgelagert werden müssen (virtueller Speicher). Daher sollte man möglichst wenige dieser älteren VxDs laden, was nur zu verhindern ist, wenn es für die betreffende Hardware stattdessen ein 32-Bit-VxD gibt. Es ist leider keine Seltenheit, dass diese statischen VxDs immer noch zu einer Hardware-Einheit mitgeliefert werden.

Anhand der Datei BOOTLOG.TXT kann leicht festgestellt werden, welche VxDs und weiteren Software-Module während des Boots geladen worden sind. Diese Datei gibt generell Aufschluss über den gesamten Windows 9x-Boot-Vorgang, und bei einem Problemfall kann ein Start via Windows 9x-Boot-Menü (Protokolliert, siehe Bild 1.11) auch explizit initiiert werden.

```
[00117E3A] Loading Device  = C:\WINDOWS\COMMAND\DISPLAY.SYS
[00117E3E] LoadSuccess     = C:\WINDOWS\COMMAND\DISPLAY.SYS
[00117E3F] Loading Device  = C:\WINDOWS\HIMEM.SYS
[00117E42] LoadSuccess     = C:\WINDOWS\HIMEM.SYS
[00117E42] Loading Device  = C:\WINDOWS\IFSHLP.SYS
[00117E44] LoadSuccess     = C:\WINDOWS\IFSHLP.SYS
[00117E44] Loading Device  = C:\WINDOWS\SETVER.EXE
[00117E45] LoadSuccess     = C:\WINDOWS\SETVER.EXE
[00117E53] C:\GMOUSE.COM[00117E53]  starting
[00117E71] C:\WINDOWS\COMMAND\MODE.COM[00117E72]  starting
[00117E78] C:\WINDOWS\COMMAND\MODE.COM[00117E78]  starting
[00117E7C] C:\WINDOWS\COMMAND\KEYB.COM(Logo disabled)
[00117E7D]  starting
[00117E9B] Loading Vxd = VMM
[00117E9C] LoadSuccess = VMM
[00117E9C] Loading Vxd = IOS
[00117E9D] LoadSuccess = IOS
[00117EA1] Loading Vxd = nwlink.vxd
[00117EA3] LoadSuccess = nwlink.vxd
......
[00117EE3] Dynamic load device  pci.vxd
[00117EF0] Dynamic init device  PCI
[00117EF0] Dynamic init success PCI
[00117EF0] Dynamic load success pci.vxd
[00117EF0] Dynamic load device  isapnp.vxd
[00117EF6] Dynamic init device  ISAPNP
[00117EF7] Dynamic init success ISAPNP
[00117EF7] Dynamic load success isapnp.vxd
......
Terminate = Reset Display
EndTerminate = Reset Display
EndTerminate = User
Terminate = KERNEL
Terminate = RIT
EndTerminate = RIT
Terminate = Win32
EndTerminate = Win32
EndTerminate = KERNEL
```

Bild 1.15: Die Datei BOOTLOG.TXT gibt Aufschluss über das Laden von Software-Modulen (z.B. VxDs) und ob die Ladevorgänge erfolgreich durchgeführt wurden (Ausschnitt).

Welche VxDs sich tatsächlich im Speicher befinden, lässt sich beispielsweise mit dem Tool SYSTEMINFO feststellen, das Windows 98 standardmäßig unter PROGRAMME/ZUBEHÖR/SYSTEMPROGRAMME/SYSTEMINFORMATIONEN installiert. Falls ein VxD zu ersetzen ist, wird der Treiber einfach in das Verzeichnis *Windows\System\Vmm32* hineinkopiert, wobei generell die SYSTEM.INI und die Registry unter *HKEY_LOCAL_MACHINE\System\CurrentControlSet\Services\VxD* festlegen, welche VxDs zu laden sind.

Kapitel 1 · Hard- und Software im Zusammenspiel

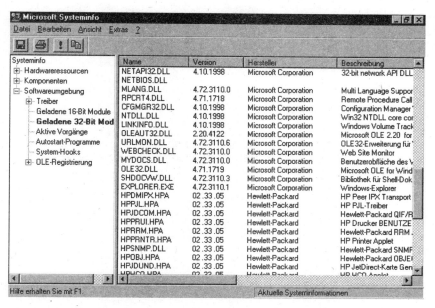

Bild 1.16: Windows 98 bietet mit dem Tool SYSTEMINFO eine genauere Einsicht in die geladenen Module.

Eine weitere Protokolldatei kann zur Überprüfung der Frage, welche Hardware mit welchen PC-Ressourcen verwendet werden mit einem Editor analysiert werden. Dies ist die Datei DETLOG.TXT, die im Grunde genommen ein Abbild der Datei DETCRASH.LOG ist. Die LOG-Datei darf aber weder gelöscht noch manuell bearbeitet werden.

Nach dem Laden der statischen VxDs wird in den Protected Mode umgeschaltet, woraufhin die dynamischen VxDs hinzugefügt werden. Der *VMM* (Virtual Machine Manager) initialisiert im nächsten Schritt die restlichen Windows-9x-Komponenten und virtuellen Maschinen. Der gesamte Boot-Vorgang eines PC vom Einschalten bis zum Erscheinen des Windows 9x-Log-Ins stellt sich wie folgt dar.

- PC einschalten
- Selbsttest (POST)
- BIOS-Parameter laden
- Bildschirmanzeige des BIOS
- Boot-Sektor wird vom BIOS auf dem Laufwerk selektiert
- Ausführen der IO.SYS und Laden des Kommandoprozessors
- MSDOS.SYS (eventuell mit Boot-Menü) ausführen
- Abarbeitung der CONFIG.SYS und der AUTOEXEC.BAT
- Kommandointerpreter startet WIN.COM

- WIN.COM lädt grundlegende Windows 9x-Module und startet den Virtual Machine Manager (VMM32)
- Der Virtual Machine Manager führt daraufhin die folgenden Schritte aus:
  - Laden der Virtual Device Driver (VxDs)
  - Umschalten in den Protected Mode
  - Laden des Windows 9x-Kerns KRNL32.DLL
  - Laden des *Graphics Device Interfaces* (GDI.EXE, GDI32.DLL)
  - Laden der Benutzerinterfaces (USER.EXE, USER32.DLL)
  - Schriften erstellen
  - Untersuchung der Datei WIN.INI auf Abweichungen gegenüber der Registrierdatenbank und darauf folgende Aktualisierung
  - Laden der Benutzeroberfläche (Shell)
  - Windows 9x-Log-In

Genauere Informationen über geladene Treiber, Module und Dienste bietet das Programm MSCONFIG, das sich generell als recht hilfreich für das Troubleshooting erweist, denn es erlaubt nicht nur die Anzeige dieser Daten, sondern auch die Festlegung dessen, was im Einzelnen geladen werden soll. Praktisch ist dabei, dass einzelne Einträge deaktiviert werden können, und falls sich die jeweilige Deaktivierung im Nachhinein als nicht praktikabel erweisen sollte, kann dies nach dem nächsten Boot per Mausklick auch wieder rückgängig gemacht werden. Insbesondere die Einträge unter AUTOSTART sind zu beachten, denn hier finden sich Module und Programme, die beim Start automatisch geladen werden und keineswegs im üblichen Windows-Autostart-Ordner auftauchen. Wer sich wundert, warum der PC so aktiv ist, obwohl man zurzeit (scheinbar) keine Aktion ausführt, sollte sich hier die einzelnen Einträge näher ansehen.

TIPP

Das nützliche Programm MSCONFIG (Windows 98/ME/XP) sollte jeder PC-Anwender kennen, der seinen PC optimieren oder auch Probleme beheben will. Man muss danach allerdings suchen oder es nachträglich von der Windows-CD installieren.

Vielfach werden Programme per AUTOSTART geladen, die man bei Bedarf aber auch manuell starten kann und die dann nicht laufend unnötigerweise PC-Performance »abzapfen«. Außerdem sind einige Programme an dieser Stelle vielfach überflüssig, mitunter werden sie auch gleich mehrmals in den Speicher geladen, was vorkommen kann, weil ein Programm des Öfteren installiert werden musste. Des Weiteren kommt es durchaus vor, dass ein per AUTOSTART geladenes Programm mit einem unter Windows manuell gestartetem (das prinzipiell dasselbe sein kann) kollidiert, was zum Nichtfunktionieren oder auch Systemabsturz führen kann. Erstaunlich mag sein, dass dieses nützliche Tool, obwohl es bereits seit Windows 98 mitgeliefert wird und auch bei Windows Me sowie Windows XP vorhanden ist, bei vielen Anwendern völlig unbekannt ist. Dies liegt möglicherweise daran, dass man danach suchen muss und es nicht standardmäßig unter PROGRAMME zu finden ist.

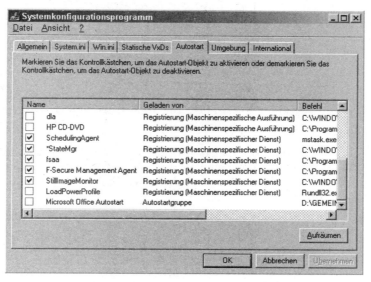

Bild 1.17: Alles, was man nicht unbedingt benötigt, kann man bequem mit MSCONFIG abschalten, was sich insbesondere für die Fehlersuche und Optimierung als nützlich erweisen kann.

1.3.9   Ein kurzer Blick in die Registry

Der komplette zuvor beschriebene Boot-Vorgang ist weitaus komplexer als bei DOS/Windows 3.x, und aus Kompatibilitätsgründen werden auch bei Windows 9x die INI-Dateien weiterhin unterstützt. Programme und Treiber die explizit für Windows 9x geschrieben worden sind, sollten jedoch keine INI-Dateien manipulieren, sondern die Registry verwenden.

Diese mit Windows 95 eingeführte Registrierdatenbank enthält im Grunde genommen alle Angaben der kompletten PC-Konfiguration, wie die eingesetzte Hard- und Software, die festgelegten Einstellungen für das Desktop und das Netzwerk sowie Angaben über die einzelnen User. Es gab zwar auch schon eine Registry bei Windows 3.1, diese wurde jedoch nur von OLE-Applikationen verwendet. Auch Windows NT 4.0 besitzt eine Registry, die allerdings nicht mit der von Windows 9x kompatibel ist.

Mithilfe eines speziellen Editors – REGEDIT – können die Daten in der Registry manipuliert werden, was jedoch nur dann durchgeführt werden sollte, wenn man die Bedeutung der jeweiligen Einträge kennt und genau weiß, was man verändert. Die Daten der Registrierung befinden sich in zwei Binärdateien – statt ASCII-Dateien wie die INI-Files –, der Datei USER.DAT und SYSTEM.DAT, die demnach nicht mit einem ASCII-

Editor, sondern nur mit Regedit lesbar sind. Sie sind mit den Attributen *Schreibgeschützt* (+r), *Versteckt* (+h) und *Systemdatei* (+s) versehen. Diese beiden Dateien befinden sich unter Umständen nicht im selben Verzeichnis, was davon abhängig ist, ob ein Update oder eine Neuinstallation durchgeführt und welches Verzeichnis für Windows 9x vorgesehen wurde. Bei einem Update auf einer Festplatte des Systems, die nicht C: entspricht, kann sich SYSTEM.DAT in einem als *versteckt* gekennzeichneten Verzeichnis befinden, das den gleichen Namen hat wie das Windows-9x-Verzeichnis beispielsweise auf dem Laufwerk D. Bei einer Neuinstallation befinden sich beide im Windows-Verzeichnis.

Es ist aber nicht der Fall, dass sich alle Daten, die mithilfe von Regedit dargestellt werden können, direkt in den DAT-Dateien befinden, denn einige davon existieren ausschließlich im RAM-Speicher und werden von Windows 9x automatisch bei jedem Start neu ermittelt. Der Registry-Schlüssel HKEY_LOCAL_MACHINE ist in diesem Zusammenhang der aufschlussreichste, denn hier sind die Angaben über die Hardware zu finden, die Windows 9x generell zur Verfügung stehen und die nicht vom Benutzer(profil) abhängig sind.

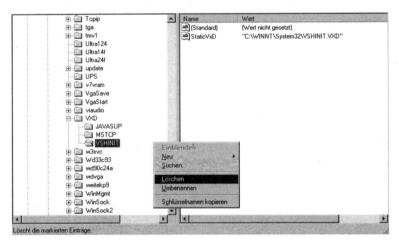

Bild 1.18: Die Registry ist ab Windows 95 das zentrale Element, das sämtliche Konfigurationsdaten des PC enthält. Eine typische Anwendung ist das Löschen unerwünschter Treibereinträge von Hardware-Komponenten, wie in diesem Fall die von einer problematischen ISDN-Karte.

Grundlegende Probleme mit der eingesetzten Hardware lassen sich in der Regel jedoch nicht (allein) durch die Veränderung von Registry-Einträgen beseitigen, auch wenn dieser Eindruck mitunter in bestimmten Publikationen erweckt wird. Eine typische Prozedur, die man mit Regedit in der Registry ausführt, ist daher das Löschen von unerwünschten Hardware-Einträgen, d.h. Einträgen von Geräten, die einmal im PC eingebaut waren und die nach der (korrekt absolvierten) Deinstallation dennoch in der Registry gespeichert bleiben. Dies kann durchaus für Probleme verantwortlich sein, z.B., dass neue Geräte nicht mehr automatisch erkannt werden oder auch schlicht nicht funktionieren wollen. Beispielsweise ist eine Sound-Karte ausgebaut und der dazugehörige Treiber auch aus der Systemsteuerung entfernt worden, gleichwohl wird daraufhin eine neu eingebaute Plug&Play-fähige Sound-Karte nicht mehr automatisch erkannt, was ein Indiz für ein derartiges Registry-Problem ist.

TIPP

> In der Registry bleiben auch nach einer Deinstallation von Hardware möglicherweise die dazugehörigen Einträge gespeichert, was dazu führen kann, dass sich neue Hardware-Komponenten nicht installieren oder ansprechen lassen. Abhilfe ist dadurch zu schaffen, dass die nicht mehr im PC vorhandenen Geräte-Einträge dann manuell gelöscht werden. Zum Aufräumen der Registry gibt es von Microsoft ein Tool mit der Bezeichnung *Regclean*.

Im abgesicherten Modus tauchen in der Systemsteuerung ebenfalls nicht mehr eingesetzte Hardware-Einheiten auf, und vielfach reicht es aus, wenn sie hier im Bedarfsfall gelöscht werden. Erst dann, wenn dies zu keinem Erfolg führt, sollte man sich an die Registry wagen. Ein mehr oder weniger blindes »Herumhacken« in der Registry ist auf jeden Fall zu unterlassen. Daher noch einmal die Warnung, dass man genau wissen sollte, wozu die einzelnen Einträge gehören, wobei es zugegebenermaßen nicht immer einfach ist, die zahlreichen Einträge, die zu einer bestimmten Hardware gehören, auch als solche identifizieren zu können, weil die Namensgebung nicht immer einen Rückschluss auf die jeweilige Einheit zulässt. Durch das Löschen oder Modifizieren eines einzigen Bits an der falschen Stelle in der Registry kann man durchaus das System derart »abschießen«, dass eine komplette Windows-Neuinstallation notwendig wird.

Die Registry wird von Windows automatisch aktualisiert, und Einträge, die zunächst in der SYSTEM.INI gelandet sind, werden beim nächsten Boot in die Registry verschoben, sodass die INI-Dateien von Windows 9x generell weitaus aufgeräumter als die von Windows 3.x aussehen. Hardware-Festlegungen finden sich nur dann noch in der SYSTEM.INI, wenn für die betreffende Hardware-Komponente kein Windows 9x-Treiber installiert wurde, sondern ein alter für Windows 3.x. Auch wenn ein Upgrade von Windows 3.x auf Windows 9x stattgefunden hat, kann es passieren, dass hier Hardware-Parameter verbleiben, die nicht automatisch in die Registry überführt werden, da Windows keinen passenden 32-Bit-Treiber ermitteln konnte. Es kann jedoch durchaus der Fall sein, dass ein 32-Bit-Treiber für die betreffende Hardware-Komponente verfügbar ist und demnach auch installiert werden sollte, was aber nicht automatisch korrekt von Windows 9x absolviert wird, sondern nur dann, wenn die entsprechenden Zeilen in der SYSTEM.INI zuvor manuell gelöscht oder auskommentiert (»;«-Zeichen vor die Zeilen schreiben) wurden.

Leider halten sich auch nicht alle Hardware-Hersteller an die Vorgabe von Microsoft, ausschließlich Eintragungen in der Registry und nicht (mehr) in den INI-Dateien vorzunehmen. Daher kann es vorkommen, dass Hardware-Parameter in der SYSTEM.INI eingetragen werden, was für noch größere Probleme als bei Windows 3.x verantwortlich sein kann, denn es gibt auch noch die Möglichkeit, dass diese Festlegungen mit denen in der Registry kollidieren.

Man kann daher nur empfehlen, möglichst immer Treiber von Hardware-Komponenten zu installieren, für die es auch tatsächlich einen Windows 9x-Treiber gibt. Einen grundsätzlichen Unterschied in der Treiberarchitektur gibt es dabei zwischen Windows 95, Windows 98 und Windows Me nicht, abgesehen davon, dass ab Windows 98 (SE) ein einheitliches Treibermodell (WDM) für den USB, IEEE1394 (Firewire) und einige andere Hardware-Komponenten verwendet wird, das prinzipiell auch für Windows 2000/XP gültig ist.

1.3.10 Besonderheiten von Windows Millennium

Der technologische Nachfolger von Windows 98 ist das Betriebssystem Windows Millennium (Windows Me), das sowohl als Vollversion und auch als Update erhältlich ist, wobei hierfür mindestens Windows 95 notwendig ist. Windows Me bringt wiederum neue Treiber, einen aktualisierten Internet Explorer (Version 5.5) und als Novum erstmalig Funktionen mit, die zusammengefasst unter PC-Health firmieren. Windows Me – und auch Windows 2000/XP – kennen hierfür einen als *Systemdateischutz* bezeichneten Mechanismus, der darüber wacht, ob eine Software versucht, Systemdateien zu überschreiben, was in der Datei *sfplog.txt* protokolliert wird. Falls dieser Fall auftreten sollte, ersetzt Windows die entsprechende Datei umgehend wieder durch die Originaldatei. Gleichwohl können Dateien, die nicht unter *Systemdateien* firmieren, aber nach wie vor ersetzt bzw. überschrieben werden.

Darüber hinaus gibt es nunmehr die *Systemwiederherstellung* als PC-Health-Funktion, die standardmäßig nach der Installation aktiviert wird und dann unter PROGRAMME/ZUBEHÖR/SYSTEMPROGRAMME/SYSTEMWIEDERHERSTELLUNG zu finden ist. Hiermit werden quasi »Schnappschüsse« des Systems (Registry, INI-Dateien usw.) angefertigt, und im Fehlerfall ist es möglich, zum Zeitpunkt (Systemprüfpunkt, Wiederherstellungspunkt) eines vorherigen, abgespeicherten Systemzustandes zurückzukehren. Für diese Schnappschüsse werden mindestens 200 MByte auf der Festplatte reserviert. Spätestens nach 24 Stunden und auch unmittelbar nach der Installation von Software (z.B. Office) wird automatisch ein Wiederherstellungspunkt angelegt. Falls der PC unvermittelt eine rege Festplattenaktivität an den Tag legt, kann dies also daran liegen, dass gerade ein Schnappschuss angefertigt wird, was bei der Arbeit am PC durchaus als störend empfunden werden kann, weil er träger als sonst reagiert. Es ist aber auch möglich, Schnappschüsse manuell auszulösen.

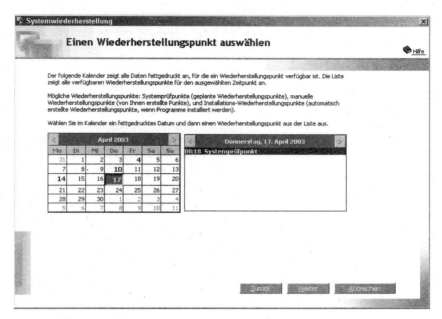

Bild 1.19: Bei der Anwahl eines Wiederherstellungspunktes ist nicht unmittelbar zu erkennen, was dabei eigentlich zurückgeschrieben wird.

Leider ist aber auch die Systemwiederherstellung nicht der Weisheit letzter Schluss, weil zum einen nicht unmittelbar zu erkennen ist, was hier im Einzelnen gesichert und zurückgeschrieben wird, und zum anderen, weil es nicht möglich ist, auf beliebige Wiederherstellungspunkte zugreifen zu können. Immerhin ist die Möglichkeit gegeben, eine (einzige) Wiederherstellung auch wieder rückgängig machen zu können, und die Datei *filelist.xml* enthält prinzipiell (aber schlecht identifizierbar) die Informationen darüber, welche Dateien Bestandteil eines Schnappschusses sind.

Die Schnappschüsse werden so lange gesammelt, bis der hierfür vorgesehene Speicherplatz zur Neige geht. Dabei werden anschließend nicht die Daten der ältesten Prüfpunkte gelöscht, sondern diejenigen, die mehr als 90 % des hierfür reservierten Platzes verbrauchen. Dies kann sich auch auf den zuletzt angelegten Prüfpunkt beziehen. Wie viele Prüfpunkte vom Löschen betroffen sind, ist somit auch nicht unmittelbar ersichtlich, weil das Löschen bis ungefähr zum Erreichen von 50 % freiem Speicherplatz durchgeführt wird. Ein Abschalten der Systemwiederherstellung hat außerdem zur Folge, dass alle bisherigen Prüfpunkte verloren gehen. Demnach ist die Systemwiederherstellung nicht unproblematisch, zumal man prinzipiell auch (unbeabsichtigt) beschädigte oder mit Viren verseuchte Dateien zurückschreiben kann, wodurch das System in einen schlechteren Zustand als zuvor gebracht wird.

Darüber hinaus gibt es auch einige »kosmetische« Veränderungen an der Oberfläche und ein verbessertes Power Management. Windows Me stellt sich im Grunde genommen aber lediglich als ein aktualisiertes Windows

98 dar. Es bringt ein eigenes DOS mit, das jedoch nicht mehr direkt gestartet werden kann, sodass hierfür entweder ein Bootmanager oder ein Boot von einer Diskette notwendig ist, damit ein »reines« DOS zur Verfügung steht.

Ein Problem kann in diesem Zusammenhang auch darin bestehen, dass bei Windows Me zwar ebenfalls eine CONFIG.SYS existiert, doch wer hier spezielle Eintragungen vornehmen muss (beispielsweise für das Build-Tool eines DDKs), kann beim nächsten Boot feststellen, dass diese Einträge in die Registry verschoben worden sind und an dieser Stelle (meist) nicht die Funktion erfüllen, wie es von den entsprechenden Einträgen in einer CONFIG.SYS zu erwarten wäre, wie es z.B. für das Setzen von Umgebungsvariablen gilt.

Windows Me ist die letzte Version, die auf Windows 3.x- bzw. DOS-Technologie setzt und demnach einen Mix aus 16- und 32-Bit-Code verwendet. Windows XP ist hierfür der legitime Nachfolger, der auf *New Technology* – also Windows NT – basiert. Wenn man die aktueller wirkende Erscheinung von Windows Me gegenüber Windows 98 beiseite lässt, gibt es eigentlich keinen Grund dafür, ein Update von Windows 98 auf Windows Me vorzunehmen, zumal Windows 98 SE demgegenüber ressourcensparender ausfällt. Aufgrund seiner »offenen« DOS-Funktion kommt Windows 98 auch besser mit älteren PC-Einheiten und denjenigen Systemtools (Partition Magic, Drive Image usw.) klar, die den direkten DOS-Zugriff benötigen.

Prinzipiell sollten Gerätetreiber, die für Windows 95 oder Windows 98 geschrieben worden sind, auch mit Windows Me funktionieren. Mit den beiden Windows 9x-Versionen gelingt es auch mühelos, dem System per CONFIG.SYS und AUTOEXEC.BAT einen alten 8- oder 16-Bit-Treiber »unterzuschieben«. Wie sinnvoll dies auch sein mag, es ist zumindest ein Ausweg, um spezielle PC-Einheiten (für die es keine passenden Windows-Treiber gibt) weiterhin verwenden zu können. Wie bereits beschrieben, funktioniert dies mit Windows Me nicht ohne weiteres, zumal laut Microsoft spätestens mit Windows Millennium entsprechende Treiber auf dem *Windows Driver Models* (WDM, siehe Kapitel 1.4.5) zum Einsatz kommen sollten. Daran haben sich die Hersteller jedoch nicht konsequent gehalten; sie sind stattdessen weiterhin »zweigleisig gefahren«.

Dies bedeutet einerseits, dass durchaus modifizierte Windows 3.x-Treiber auf den Windows 95-Stand gebracht worden sind und diese dann bis hin zu Windows Me zum Einsatz kommen, während andererseits Windows NT-Treiber von den Herstellern entwickelt wurden. Wie später noch erläutert wird, ist diese Treiberstruktur aber eine völlig andere, die konsequent in 32-Bit-Technologie zu realisieren ist. Da sich diese Parallelentwicklung eigentlich nur große Hersteller leisten können, ist dies auch der Grund dafür, warum preisgünstige Hardware – wie beispielsweise Drucker oder Scanner – oftmals nur mit Windows 9x/Me funktioniert, weil man sich nicht die Mühe gemacht hat, auch einen Treiber für Windows NT zu schreiben.

1.4 Windows New Technology und die Hardware

Auch bei Windows NT kann es aus den bereits erläuterten Gründen sinnvoll sein, ein DOS zu installieren, was vor der Installation von Windows NT 4.0 erfolgen sollte. Windows NT 4.0 verändert nichts an den alten Konfigurationsdateien, wenn es beispielsweise auf einem anderen Laufwerk als DOS installiert wird. Nach dem PC-Start stehen dann automatisch das »alte« DOS und Windows NT als Boot-Auswahlmöglichkeit zur Verfügung. Entsprechendes gilt im Übrigen auch für die Parallelinstallation von Windows 9x/Me und Windows 2000/XP, d.h., dass das NT-basierte Betriebssystem nach der Installation eines DOS-basierten erfolgen sollte, weil NT/2000/XP einen Bootmanager für die Auswahl des zu startenden Systems mitbringt und ihn auf Anfrage automatisch mit installiert.

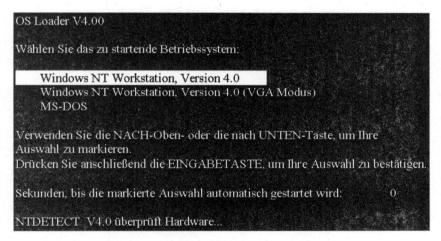

Bild 1.20: Windows NT besitzt standardmäßig ein Boot-Menü, das auch die Auswahl für DOS bietet, wenn es vor Windows NT installiert wurde.

Windows NT 4.0 sieht auf den ersten Blick zwar ähnlich aus wie Windows 95, doch sein Umgang mit der Hardware unterscheidet sich von dem aller anderen Windows-Versionen grundlegend. Windows NT verwendet ausschließlich 32-Bit-Treiber für die Hardware, und daher ist es nicht möglich, beispielsweise einen alten 16-Bit-Treiber von Windows 3.x für eine Hardware-Komponente einzusetzen. Windows NT setzt außerdem nicht auf DOS auf und kennt somit auch keinerlei DOS-Treiber und dazugehörige Einträge in den Konfigurationsdateien. Windows NT kann dennoch alle üblichen DOS- und Windows-Programme ausführen, solange diese nicht direkt auf die Hardware zugreifen. Da Windows 2000 und auch Windows XP ebenfalls auf dieser *New Technology* (NT) basieren, gelten die im Folgenden erläuterten grundlegenden Zusammenhänge auch für diese beiden neueren Systeme.

Auf dem Bootlaufwerk findet sich zunächst die Datei BOOT.INI, die für das Boot-Menü (siehe Bild 1.20) zuständig ist. Des Weiteren sind hier bei zusätzlich installiertem DOS eine DOS-übliche CONFIG.SYS und eine AUTOEXEC.BAT lokalisiert, die – wie erwähnt – aber nicht von Windows NT verwendet werden.

```
boot loader]
timeout=30
default=multi(0)disk(0)rdisk(0)partition(2)\WINNT
[operating systems]
multi(0)disk(0)rdisk(0)partition(2)\WINNT="Windows NT Workstation, Version
4.0"
multi(0)disk(0)rdisk(0)partition(2)\WINNT="Windows NT Workstation, Version 4.0
[VGA-Modus]" /basevideo /sos
C:\ = "MS-DOS"
```

Bild 1.21: In der Datei BOOT.INI finden sich die Angaben für den Start der Betriebssysteme (hier MS-DOS oder Windows NT).

Zur Initialisierung der MS-DOS-Umgebung verwendet Windows NT die beiden Dateien CONFIG.NT und AUTOEXEC.NT, wobei DOS-Anwendungen unter Windows NT stets in einer so genannten *virtuellen DOS-Maschine* laufen. Diese Konfigurationsdateien werden also nicht beim Windows NT-Start, sondern erst mit MS-DOS-EINGABEAUFFORDERUNG unter PROGRAMME ausgeführt.

```
@echo off

REM C:\AUTOEXEC.BAT wird nicht zum Initialisieren der
REM MS-DOS-Umgebung verwendet.
REM Stattdessen wird die Datei AUTOEXEC.NT verwendet,
REM wenn es nicht anders in einer PIF-Datei angegeben wird.

REM Installieren der CD ROM-Erweiterung
lh %SystemRoot%\system32\mscdexnt.exe

REM Installieren des Netzwerk-Redirectors
lh %SystemRoot%\system32\redir

REM Installieren der DPMI-Unterstützung
lh %SystemRoot%\system32\dosx
REM Netzwerk-Redirector installieren
lh %SystemRoot%\system32\nw16
lh %SystemRoot%\system32\vwipxspx
```

Bild 1.22: Die AUTOEXEC.NT wird für DOS-Programme unter Windows NT verwendet.

Auch unter Windows NT existieren wieder eine SYSTEM.INI und eine WIN.INI, die aber ausschließlich für 16-Bit-Applikationen verwendet werden und keinerlei hardwarerelevante Eintragungen führen. Die Verwaltung der Hardware ist bei Windows NT 4.0 im Prinzip einfacher als bei einem anderen Windows (9x/Me), wo an den unterschiedlichsten Stellen Hardware-Treiber unterschiedlicher Auslegung (DOS, Real Mode, Protected Mode) geladen werden können. Entweder gibt es für Windows NT einen 32-Bit-Hardware-Treiber, der stets in der Registry abgelegt wird, oder nicht. In diesem Fall ist die betreffende Hardware nicht unter Windows NT einsetzbar.

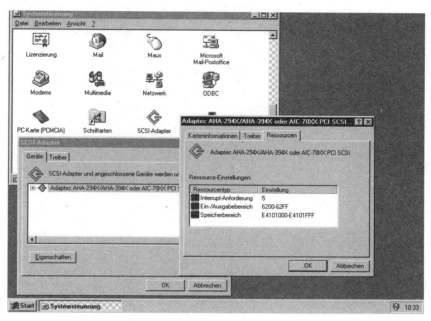

Bild 1.23: Bei Windows NT 4.0 sind die Hardware-Festlegungen nicht zusammengefasst wie unter Windows 9x (Geräte-Manager), sondern sind nach einzelnen Geräten – hier ein SCSI-Hostadapter – sortiert, die stets einen 32-Bit-Treiber verwenden und nur bei Jumper-konfigurierbaren Karten manuelle Eingriffe in die Ressourcen-Konfiguration erlauben.

1.4.1 Der Windows NT-Boot-Vorgang

Der Boot-Vorgang von Windows NT lässt sich in zwei Vorgänge unterteilen, wobei der erste Schritt (Preboot) im Prinzip genauso verläuft wie bei DOS (POST, Boot-Record starten ...), und im darauf folgenden Schritt wird der NTLDR (NT-Loader) aktiviert. Der NT-Loader schaltet in den 32-Bit-Mode und lädt ein Minidateisystem, das Daten auf unterschiedlichen Dateisystemen (FAT, NTFS) lesen und verarbeiten kann. NTLDR liest daraufhin die Datei BOOT.INI und startet nachfolgend das Betriebssystem, wobei zunächst NTDETECT ausgeführt wird.

Datei	lokalisiert auf	Bedeutung und Funktion
BOOT.INI	Boot-Laufwerk	Schreibgeschützte Systemdatei für das Boot-Select-Menü
BOOTSECT.DOS	Boot-Laufwerk	Wird vom NTLDR geladen, wenn ein anderes Betriebssystem als Windows NT ausgewählt wurde
Gerätetreiber	NT-Verzeichnis \SYSTEM32\DRIVERS	Verschiedene Gerätetreiber, die sich in der Systemsteuerung unter GERÄTE wiederfinden lassen
NTDETECT.COM	Boot-Laufwerk	Versteckte und schreibgeschützte Systemdatei, die die Hardware des PC analysiert und die dabei ermittelten Informationen als Liste an NTLDR übergibt. Beim eigentlichen Systemstart werden diese Informationen in die Registry eingetragen.
NTLDR	Boot-Laufwerk	Versteckte und schreibgeschützte Systemdatei (NT-Loader), die das Betriebssystem lädt
NTOSKRNL.EXE	NT-Verzeichnis \SYSTEM32	Der Betriebssystemkern von Windows NT
OSLOADER.EXE	Boot-Laufwerk	Gibt es nur bei anderen Systemen (RISC, Alpha) als x86-PCs und übernimmt dort die Funktion von NTLDR
SYSTEM	NT-Verzeichnis \SYSTEM32\CONFIG	Enthält Informationen über die Konfiguration des PC

Tab. 1.7: Die beim Booten von Windows NT verwendeten Dateien

Daraufhin veranlasst NTLDR den Kernel NTOSKRNT.EXE mit dem *Hardware Abstraction Layer* (HAL) zu laden. Der HAL ist die Windows NT-Schicht, welche die Trennung zwischen Betriebssystem und Plattform realisiert, denn Windows NT kann auch auf anderen Computern – beispielsweise Alpha-Computern von DEC – verwendet werden. Prinzipiell ist Windows NT ab der HAL-Ebene nach oben hin identisch, unabhängig davon, welche CPU-Architektur verwendet wird. Nur nach unten hin zur Hardware sind die plattformspezifischen Treiber zu finden.

Anschließend werden der Schlüssel SYSTEM sowie Treiber und auch Dienste in das RAM geladen, die für den weiteren Boot notwendig sind. Bis zu diesem Punkt kann man den Fortschritt der Initialisierung am Monitor (das blaue Bild mit den laufenden Punkten) beobachten. An dieser Stelle befindet sich auch der erste »Knackpunkt«, bei dem Windows NT die ersten kritischen Fehler detektieren kann, die im Zusammenhang mit Hardware-Treibern stehen, woraufhin im Fehlerfall automatisch ein Neustart mit der letzten funktionierenden Konfiguration stattfindet.

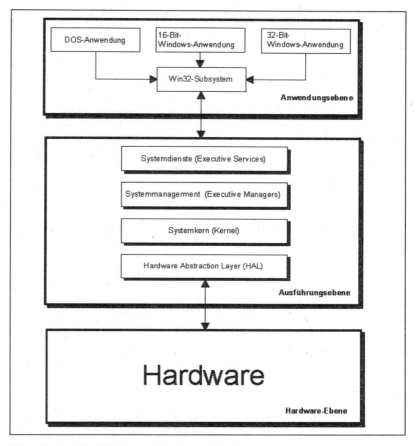

Bild 1.24: Die prinzipielle Windows NT 4.0-Architektur

Weiter geht es mit dem Initialisieren des Kernels, dem Laden von Diensten und dem Start des Win32-Subsystems, das durch das Programm WINLOG.EXE ausgelöst wird. WINLOG.EXE startet die *Local Security Authority* in Form der Datei LSASS.EXE, die das Dialogfenster zur Betätigung der Tasten [Strg]+[Alt]+[Entf] auf den Monitor projiziert. Nach dem Anmelden durchsucht der Service Controller (SCREG.EXE) die Registry nach Diensten und Programmen, die automatisch gestartet werden sollen; und dann ist das System einsatzbereit.

1.4.2 Die Hardware-Analyse

Wie bei den anderen Betriebssystemen auch machen alte ISA-Karten die meisten Probleme, da die Jumper stets so zu setzen sind, wie es bei der Treiberinstallation angegeben ist. PCI- und ISA-Plug&Play-Karten (wenn es schon ISA sein muss) sind auch hier auf jeden Fall zu bevorzugen, denn diese Karten werden bereits durch das Plug&Play-BIOS initialisiert. Windows NT verlässt sich aber darauf, dass nicht etwa bereits an dieser Stelle (im BIOS-Setup) eine fehlerhafte Einstellung vorgenommen wurde, indem beispielsweise ISA-Karten solche IRQs zugeordnet worden sind, die von PCI-Karten benötigt werden. Dies führt dazu, dass die betreffenden Einheiten nicht funktionieren werden oder der PC möglicherweise überhaupt nicht startet.

Im Gegensatz zu Windows 9x besitzt Windows NT 4.0 standardmäßig keine Plug&Play-Funktionalität. Windows 9x verlässt sich nicht allein auf die BIOS-Festlegungen, sondern kann auch selbst die einzelnen Geräte (PCI, ISA Plug&Play) abfragen und die entsprechenden Parameter für die Karten aktivieren, sodass unzulässige Überschneidungen (zwei Karten verwenden die gleichen PC-Ressourcen) automatisch erkannt werden. Windows 9x benötigt aus diesem Grunde auch kein Plug&Play-BIOS, über das jedoch alle PCs ab Baujahr 1996 verfügen (sollten). Die ISA-Plug&Play-Unterstützung muss bei Windows NT 4.0 nachträglich von der CD installiert werden, bietet jedoch nicht den von Windows 9x gebotenen Komfort.

Eine besondere Bedeutung bei Windows NT haben die Service Packs, die vom Microsoft-Server bezogen werden können, da bei Windows NT sehr viel nachgebessert werden muss. Nur mit aktuellen 32-Bit-Treibern für die Hardware und dem neuesten Service Release kann man einigermaßen sicher sein, dass die Hardware auch korrekt funktionieren wird, was insbesondere dann gilt, wenn die Hardware und die dazugehörigen Treiber nach dem Erscheinungstermin von Windows NT 4.0 (1996) hergestellt worden ist, Windows NT die Treiber also nicht »von Hause aus« mitbringt. Die gefürchtete blaue Fehleranzeige (Blue Screen), die einen Auszug von Prozessorregistern präsentiert, bringt den »gewöhnlichen« Anwender keinen Schritt weiter, sie deutet jedoch auf fehlerhafte Treiber hin, die im Grunde genommen nur mit einem Service Pack und/oder einem neueren Treiber vom Hardware-Hersteller zu beheben sind, wenn man eigenes Verschulden (falsche Treiber, beschädigte Registry) beiseite lässt.

Wer genauer analysieren möchte, was bei der Installation und dem Hochfahren von Windows NT im Einzelnen geladen wird, kann sich die Datei SETUP.LOG, die als Protokolldatei zu verstehen ist (wie auch bei Windows 9x), mit einem Editor ansehen.

```
[Paths]
TargetDirectory = "\WINNT"
TargetDevice = "\Device\Harddisk0\partition2"
SystemPartitionDirectory = "\"
SystemPartition = "\Device\Harddisk0\partition1"
[Signature]
Version = "WinNt4.0"
[Files.SystemPartition]
ntldr = "ntldr","281a2"
NTDETECT.COM = "NTDETECT.COM","b69e"
[Files.WinNt]
\WINNT\Help\31users.hlp = "31users.hlp","1a028"
\WINNT\Help\acc_dis.cnt = "acc_dis.cnt","b8da"
\WINNT\Help\acc_dis.hlp = "acc_dis.hlp","10332"
\WINNT\inf\accessor.inf = "accessor.inf","90bb"
```

```
\WINNT\system32\acledit.dll = "acledit.dll","23461"
\WINNT\system32\advapi32.dll = "advapi32.dll","3d67b"
\WINNT\system32\drivers\afd.sys = "afd.sys","178ae"
\WINNT\system32\alrsvc.dll = "alrsvc.dll","b077"
\WINNT\system32\amddlg.dll = "amddlg.dll","12211"
\WINNT\system32\ansi.sys = "ansi.sys","2b29"
\WINNT\Fonts\app850.fon = "app850.fon","14845"
\WINNT\system32\append.exe = "append.exe","6553"
.....
\WINNT\system32\ntoskrnl.exe = "ntoskrnl.exe","d3c90"
\WINNT\system32\hal.dll = "hal.dll","1a0ff"
\WINNT\system32\vga256.dll = "vga256.dll","d456"
\WINNT\system32\vga64k.dll = "vga64k.dll","5ea5"
\WINNT\system32\framebuf.dll = "framebuf.dll","c845"
\WINNT\system32\drivers\mga_mil.sys = "mga_mil.sys","1be0c"
\WINNT\system32\mga.dll = "mga.dll","21337"
\WINNT\system32\drivers\i8042prt.sys = "i8042prt.sys","14363"
\WINNT\system32\drivers\sermouse.sys = "sermouse.sys","ac09"
\WINNT\system32\KBDGR.DLL = "KBDGR.DLL","56ce"
\WINNT\system32\drivers\aic78xx.sys = "aic78xx.sys","dd26"
\WINNT\system32\drivers\mouclass.sys = "mouclass.sys","e951"
.....
\WINNT\System32\DRIVERS\TCPIP.SYS="TCPIP.SYS","fffff"
\WINNT\System32\DRIVERS\NETBIOS.SYS="NETBIOS.SYS","fffff"
\WINNT\System32\DRIVERS\DLC.SYS="DLC.SYS","fffff"
\WINNT\System32\DRIVERS\NDISWAN.SYS="NDISWAN.SYS","fffff"
\WINNT\System32\DRIVERS\RASARP.SYS="RASARP.SYS","fffff"
```

Bild 1.25: In der Protokolldatei SETUP.LOG können die geladenen Treiber und sonstigen Software-Module betrachtet werden.

1.4.3 Windows 2000/Windows XP und Systemvoraussetzungen

Auf die Besonderheiten der Oberflächen sowie auf die neuen Programme und Tools von Windows 2000 und Windows XP soll hier nicht explizit eingegangen werden, vielmehr ist auch hier der Bezug zur Hardware (Treiber) von Bedeutung, was letztendlich Auswirkungen auf die Konfigurierung der Einheiten und damit deren Funktion hat.

Windows 2000 unterstützt nunmehr auch aktuelle Hardware (z.B. AGP, USB, IEEE 1394) und kommt im Erscheinungsbild quasi wie Windows 98/Me daher. Oberflächlich betrachtet könnte man Windows 2000 auf die Formel bringen: Windows 98/Me-Komfort plus Windows New Technology, also ein konsequentes 32-Bit-Design, mit der von Windows NT bekannten Funktionalität und Stabilität. Wie Windows 2000 und auch Windows XP demnach mit der Hardware umgehen, entspricht somit den NT-Gepflogenheiten, wie es im vorherigen Kapitel erläutert worden ist.

Von Windows 2000 gibt es vier verschiedene Versionen. Für Arbeitsplatzcomputer ist *Windows 2000 Professional* vorgesehen, während *Windows 2000 Server*, *Windows 2000 Advanced Server* und *Windows 2000 Datacenter Server* für den Servereinsatz bestimmt sind. Der wesentliche Unterschied in den Server-Versionen besteht darin, dass eine unterschiedliche Anzahl von Mikroprozessoren (Multiprocessing) unterstützt wird. Windows 2000 führt somit die Serverlinie von Windows NT weiter, und für Arbeitsplatzcomputer kommt dann meistens Windows XP zum Einsatz.

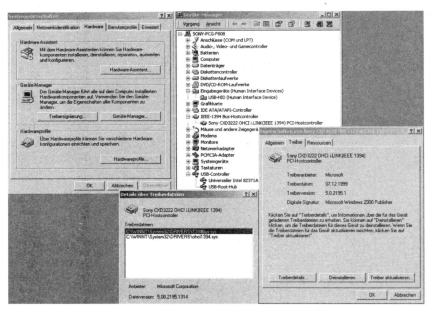

Bild 1.26: Ab Windows 2000 ist die Systemsteuerung nicht nur optisch aufpoliert worden, sondern der hier zu findende Geräte-Manager bietet ausführliche Informationen über die jeweiligen Ressourcen der einzelnen Einheiten und die dazugehörigen Treiber, die an dieser Stelle auch aktualisiert werden können.

Die Systemsteuerung hat gegenüber den vorherigen Versionen zwar ein anderes Erscheinungsbild, wichtig ist aber nach wie vor der Geräte-Manager, um Einstellungen einzusehen und auch Anpassungen vorzunehmen. Neu ist die Treibersignierung, die dafür Sorge tragen soll, dass Gerätetreiber installiert werden, die von Microsoft »abgesegnet« worden sind. Falls eine Einheit keinen derartigen signierten Treiber mitbringt, erscheint bei der Installation eine entsprechende Warnung, die man aber auch wegklicken kann, um den benötigten Treiber dennoch installieren zu können.

Außerdem kann diese Treibersignaturverifizierung auch komplett abgeschaltet werden, sodass noch nicht einmal eine Warnmeldung erscheint, wenn ein nicht signierter Treiber zur Installation ansteht. Die ursprüngliche Idee, ab Windows 2000 nur noch geprüfte Treiber einzusetzen, um damit endlich einen verlässlichen Qualitätsstandard zu schaffen, wird dadurch natürlich nicht konsequent umgesetzt. Die Praxis hat mittlerweile gezeigt, dass selbst große und bekannte Hersteller wie ATI oder Hewlett-Packard keineswegs ausschließlich signierte Treiber für Windows 2000 oder auch Windows XP liefern, sodass die ganze Angelegenheit eigentlich fast ohne Bedeutung ist. Was soll der Anwender schließlich anderes ausrichten, als denjenigen Treiber zu installieren, den der Hersteller zur Verfügung stellt?

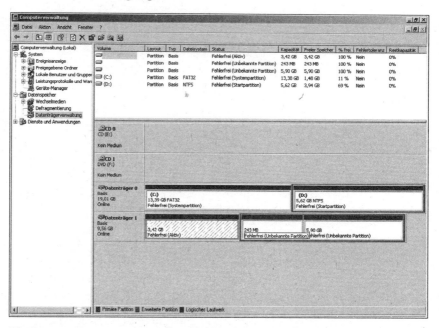

Bild 1.27: Die Datenträgerverwaltung hat ab Windows 2000 das Programm fdisk abgelöst.

Erfreulicherweise wurde mit Windows 2000 das doch etwas antiquiert wirkende *fdisk* durch leistungsfähigere Tools zur Festplatteneinrichtung (Partitionierung) und -pflege (Defragmentierung) ersetzt, was demnach auch auf Windows XP zutrifft. Die COMPUTERVERWALTUNG unter VERWALTUNG in der SYSTEMSTEUERUNG enthält unter DATENSPEICHER Programme für die Defragmentierung und die DATENTRÄGERVERWALTUNG. Bild 1.27 ist zu entnehmen, dass der Datenträger 0 (Festplatte mit 20 GByte) über eine FAT32-Partitition (C:) und eine NTFS-Partition (D:) verfügt, während der Datenträger 1 (10 GByte) drei nicht zugeordnete Partitionen besitzt, wovon zwei über ein *unbekanntes* Format verfügen. Daher ist dieser Festplatte auch noch kein Laufwerksbuchstabe zugewiesen.

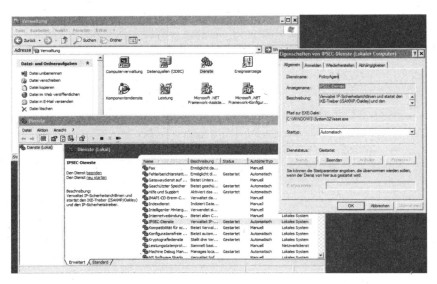

Bild 1.28: Dienste lassen sich einsehen und entsprechend konfigurieren.

Generell bietet die VERWALTUNG wichtige Analyse- und Einstellungsmöglichkeiten an zentraler Stelle, wozu insbesondere auch die Dienste und die Ereignisanzeige zu rechnen sind. Die Programmgruppe Verwaltung ist bei Windows 2000 für alle Administrierungsarbeiten zuständig und bei der Windows 2000 Professional-Version im Gegensatz zu den Server-Versionen nicht automatisch unter PROGRAMME zu finden. Damit sie hier sichtbar wird, geht man über START/EINSTELLUNGEN/TASKLEISTE und STARTMENÜ und aktiviert unter ERWEITERT den letzten Punkt VERWALTUNG ANZEIGEN.

DIENSTE liefert nicht nur eine Übersicht über die verfügbaren Dienste, die entweder automatisch (beim Boot) oder manuell (per Aufruf) gestartet werden können, hier lassen sie sich auch entsprechend festlegen und deaktivieren. An dieser Stelle bietet sich demnach ein passender Ansatzpunkt für optimierende PC-Einstellungen, denn es werden mit ziemlicher Wahrscheinlichkeit bestimmte Dienste (automatisch) gestartet, die man nicht benötigt und die den PC möglicherweise über Gebühr – und vom Anwender unbemerkt – mit Arbeit beanspruchen. Aus den jeweiligen Kurzbeschreibungen kann man ganz gut auf die Funktionen der einzelnen Dienste schließen, was die *Ereignisanzeige* in dieser Deutlichkeit aber nur eingeschränkt zu leisten vermag. Immerhin ist hiermit festzustellen, welches Programm zu welchem Zeitpunkt für ein Problem gesorgt hat.

Schwer wiegende Fehler (z.B. Application Hang) werden durch ein für den Anwender eher nichts sagendes Hex-Dump ausgewiesen, wie man es auch bereits von den gefürchteten »Blue Screens« her kennt. Diese Probleminformation kann man aber auch per Internetverbindung an Microsoft übermitteln, in der Hoffnung, dass eine Lösung dafür gefunden wird. Davon ist bei Application Hangs jedoch nicht auszugehen, denn bei ihnen können der Hardware-Treiber, Applikationssoftware und spezielle Einstellungen involviert sein, was sich kaum voneinander isolieren lässt, sodass der Übeltäter als solches nur schwer zu identifizieren ist. »Richtige« Abstürze, wonach der PC nur noch per Taster neu gestartet werden kann, treten jedoch bei Windows 2000/XP weit seltener auf als bei Windows 9x/Me. In Bild 1.29 ist exemplarisch eine Ereignisanzeige zu erkennen: Der Application Hang ist dabei vom Programm *Picture Publisher* verursacht worden, welches hier Schwierigkeiten mit einem Scanner hatte, der aber nur nicht eingeschaltet war, was man dieser Fehleranzeige (natürlich) nicht entnehmen kann. Bei Problemen kann die Ereignisanzeige dem Anwender dennoch zumindest den richtigen Weg zum Verursacher weisen.

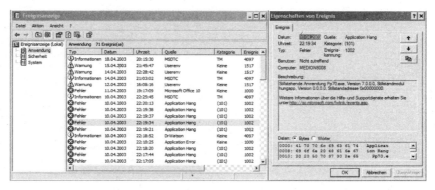

Bild 1.29: Fehler gibt es natürlich auch bei Windows 2000/XP, die jedoch eher selten zu einem kompletten Systemabsturz führen und für eine Analyse protokolliert werden können.

Relativ kurze Zeit nach Windows 2000 ist Windows XP (eXPerience = Erlebnis oder Erfahrung) auf den Markt gekommen. Das Bemerkenswerte ist dabei, dass XP die Nachfolgeversion sowohl von Windows 2000 (und letztendlich NT) als auch von den DOS-basierten Windows-Versionen (95, 98, Me) darstellt. Windows XP gibt es als *Home* und *Professional Edition* mit einem (geringfügig) unterschiedlichen Leistungsumfang, wobei die Unterschiede im Wesentlichen in der Netzwerkfunktionalität bestehen. Updates von Windows 98/Me auf Windows XP sind mit der Home Edition möglich, während nur die Professional-Version ein Update von Windows NT und Windows 2000 aus erlaubt. Der mitgelieferte Treiberumfang ist bei beiden Version der gleiche und ist so großzügig ausgefallen, wie bisher bei keiner anderen Windows-Version. Es scheint so zu sein, dass Microsoft und die (Hardware-)Hersteller seit dem Erscheinen von Windows 2000 ihre Hausaufgaben gemacht haben, denn beim Start von Windows 2000 war es nicht besonders um die Verfügbarkeit von entsprechenden Treibern bestellt.

Als Windows XP noch nicht zur Verfügung stand, wurde *Windows 2000 Professional* eher selten auf üblichen Arbeitsplatz-PCs installiert, sondern stattdessen Windows Me. Dies liegt daran, dass Windows 2000 als »Spieleplattform« eher ungeeignet ist und Kompatibilität (um fast jeden

Windows New Technology und die Hardware

Preis) als eine der Maximen gilt, was aber nicht nur an Microsoft liegt, sondern auch daran, dass die Hersteller ihre Gerätetreiber und Software nicht für die NT-, sondern für die Windows 9x-Plattform erstellt haben. Diese über die Jahre praktizierte Aufteilung in ein Betriebssystem, das entweder für den typischen (Heim-)Anwender vorgesehen ist (Windows 9x/Me) oder aber eher professionellen Ansprüchen genügt (Windows NT/2000) ist erstmalig mit Windows XP beendet worden, das nunmehr beide Anwendungsgebiete optimal abdecken soll. Das »Kunststück«, sowohl den professionellen als auch den Privatanwender (und Spieler) mit XP zufrieden stellen zu können, kann nun nach einiger Erfahrung mit diesem System eigentlich als geglückt bezeichnet werden.

Die Hersteller sind somit einerseits gezwungen, Windows XP-Treiber entwickeln zu müssen, wenn sie ihre Geräte noch verkaufen wollen, andererseits ist aber keine Parallelentwicklung von Treibern mehr notwendig. Gerätetreiber für Windows 9x/Me funktionieren grundsätzlich nicht mit Windows XP. Treiber für Windows 2000 funktionieren vielfach aber auch mit Windows XP, und die Wahrscheinlichkeit, dass Windows NT-Treiber auch unter Windows 2000 und Windows XP einsetzbar sind, ist zwar theoretisch gegeben, in der Praxis ist dies jedoch meist nicht der Fall.

Die generelle Frage, ob ein Update von einer Windows-Version zur folgenden überhaupt notwendig ist, hängt natürlich von den Bedürfnissen des Anwenders ab, und wer mit seiner jeweiligen Windows-Version zufrieden ist, sollte eigentlich auch dabei bleiben. Die immer neuen »Goodies«, die eine aktuellere Windows-Version zur Verfügung stellt, wie einen neuen Internet Explorer oder auch einen Media Player sowie Bildverarbeitungsprogramme usw., sind zum großen Teil auch separat erhältlich, sodass diese Programme für sich allein eigentlich keinen Grund für ein Update oder die Installation einer neueren Windows-Version darstellen. Außerdem verfügen die mit dem System gelieferten Tools in der Regel auch nicht über den Funktionsumfang und Komfort, wie man es von den bekannten Programmen wie z.B. Nero für das Brennen von CDs und DVDs, Picture Publisher für die Bildverarbeitung oder auch Uleads Video Studio für die Videobearbeitung her kennt.

In der Regel ist beim Kauf eines PC eine Windows-Version installiert worden, und die Hardware-Voraussetzungen des PC erfüllen dann auch den jeweiligen Performance-Bedarf des Betriebssystems – jedenfalls sollte der Anbieter den PC derart umsichtig zusammengestellt haben. Natürlich steigen die Systemanforderungen betreffs CPU-Geschwindigkeit, Größe des RAM-Speichers sowie der Festplattenspeicherkapazität von einer Windows-Generation zur nächsten, sodass dies eher ein Argument für oder wider eine neue Systeminstallation sein kann. Tabelle 1.8 zeigt hierzu einige Kenndaten, und es ist zu erkennen, dass die Hardware-Voraussetzungen selbst für neuere Windows-Systeme aus heutiger Sicht eigentlich nicht sonderlich hoch sind. Wer jedoch einen älteren PC besitzt, bei dem es sich aus Kostengründen nicht lohnt, eine Auf- oder Umrüstung vorzunehmen, sollte daher sein installiertes System am besten beibehalten.

Die Zeiten, in denen allein ein Windows-Betriebssystem – ohne Beachtung der zu verwendenden Programme – einen PC leistungstechnisch gesehen ausbremsen konnte, sind aufgrund der mittlerweile gut ausgestatteten PCs zu günstigen Preisen eigentlich vorbei. Aus diesem Grunde spielen für die PC-Ausstattung in erster Linie die zu verwendenden Programme eine Rolle und nicht mehr das Betriebssystem selbst. Videoanwendungen (CD/DVD Rippen, Umkodieren) und aktuelle Spiele einerseits sowie CAD-Anwendungen (z.B. AUTOCAD) und mathematische Simulationen (z.B. MathCAD) andererseits – also der professionelle Bereich – sind beispielsweise diejenigenApplikationen, für die große und schnelle Speichermedien (RAM, Festplatte) und auch schnelle Prozessoren benötigt werden. Für Internet- und Office-Anwendungen ist demnach selbst ein älterer PC mit Windows 98 völlig ausreichend.

Windows	95	98	Me	NT	2000	XP
Ab CPU-Typ	486	Pentium 200 MHz	Pentium 300 MHz	Pentium 200 MHz	Pentium 500 MHz	Pentium 1 GHz
RAM mindestens	4 MByte	16 MByte	32 MByte	16 MByte	64 MByte	64 MByte
RAM empfohlen	16 MByte	64 MByte	64 MByte	64 MByte	128 MByte	256 MByte
Festplattenkapazität mindestens	100 MByte	500 MByte	1 GByte	200 MByte	1 GByte	2 GByte
Festplattenkapazität empfohlen	200 MByte	2 GByte	2 GByte	800 MByte	3 GByte	3 GByte

Tab. 1.8: Systemvoraussetzungen für Windows-Betriebssysteme

Da Windows XP eigentlich die Weiterentwicklung von Windows 2000 darstellt, sind die Gemeinsamkeiten bei diesen beiden Versionen naturgemäß größer als beispielsweise zu den Windows 9x-Versionen und Me. Windows XP ist vom Erscheinungsbild her sicher etwas gewöhnungsbedürftig, und auch wenn sich die Darstellung auf »Windows-Klassisch« einstellen lässt, können der neue Explorer und erst recht die zahlreichen Hilfetexte sowie Assistenten dafür verantwortlich sein, dass man bei den Einstellungen doch eher den Überblick verliert, zumindest dann, wenn eine gewisse »Windows-Vorbelastung« beim Anwender vorhanden sein sollte. Gleichwohl; wer sich an Windows 2000 gewöhnt hat, kommt sicher auch recht schnell mit XP zurecht, solange man stets an die EIGENSCHAFTEN denkt, die nach wie vor mithilfe der rechten Maustaste zutage gefördert werden können, und die SYSTEMSTEUERUNG entdeckt worden ist. Damit der Einstieg und die Orientierung etwas leichter fällt, empfiehlt es sich – zumindest für die vorbelasteten Windows-Anwender –, auf die klassische Darstellung zu wechseln, was durch einen rechten Mausklick (EIGENSCHAFTEN) auf den grünen Start-Button (KLASSISCHES STARTMENÜ) und mit einen rechten Mausklick auf das Desktop

(EIGENSCHAFTEN VON ANZEIGE/DESIGNS/WINDOWS-KLASSISCH) zu erreichen ist. Damit hat man fast eine Umgebung hergestellt, wie sie von Windows 2000 her bekannt ist.

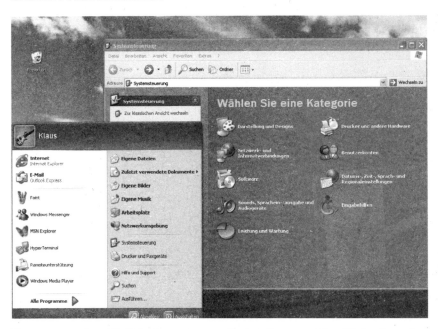

Bild 1.30: Eher ungewohnt für Windows-Anwender ist die neue Oberfläche (Luna) und die Menüsteuerung mit den zahlreichen Assistenten, die einem ständig begegnen.

Windows XP wartet nicht nur beim Erscheinungsbild mit Besonderheiten auf, sondern auch die Pflichtaktivierung bei Microsoft und die Überwachungsfunktionen mit der Eigenart, ständig eine Internet-Verbindung zu Microsoft aufbauen zu wollen, sind bisher doch ungewöhnlich und aus Anwendersicht auch nicht immer erwünscht. Bei zahlreichen Aktionen, wie bei der Detektierung eines Windows-Fehlers und selbst bei dem Abspielen von Audio-Files mit dem Media Player, versucht XP eine Internet-Verbindung zu Microsoft aufzubauen. Die Abstellung dieser lästigen Verbindungen ist vielfach nur durch die manuelle Bearbeitung der Registry möglich, was eine genaue Kenntnis der einzelnen Parameter erfordert. Einfacher geht dies mit einigen Tools (z.B. S.A.D. Antispion), die von verschiedenen Herstellern angeboten werden. Als Shareware bietet sich hierfür das Programm XP-Antispy an, das alle automatischen Internet-Verbindungen zu Microsoft kappen kann.

Windows XP kann nur dann dauerhaft verwendet werden, wenn es innerhalb von 30 Tagen über Microsoft aktiviert wurde. Hierfür errechnet XP aus der Produkt-Seriennummer und den Seriennummern verschiedener Hardware-Komponenten (z.B. CPU, Festplatte, Mainboard, Netzwerkkarte) eine Installations-ID. Diese 50-stellige ID kann dann per Internet an Microsoft gesendet werden, und man erhält eine Microsoft-

Rückmeldung in Form einer neuen 42-stelligen ID, die sich für jeden PC als einmalig darstellt. Diese Prozedur hat zwar einige Datenschützer auf den Plan gerufen, denn dadurch ist prinzipiell jeder PC und damit auch jeder Anwender im Internet eindeutig identifizierbar. Allerdings sollen diese Daten laut Microsoft nicht für derartige Zwecke missbraucht werden, sie sollen keine Rückschlüsse auf einzelne PCs und damit auch Anwender erlauben.

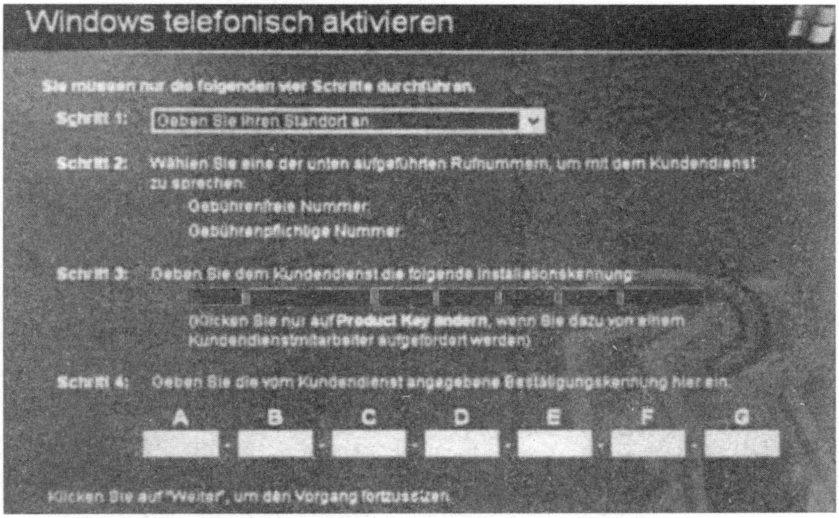

Bild 1.31: Die Aktivierung mit Nummernaustausch per Telefon

Falls der Internet-Zugang (noch) nicht funktionieren sollte, ist die Aktivierung per Telefonanruf bei Microsoft zu absolvieren, indem hier die Installations-ID genannt wird, und dafür erhält man die einzugebende ID vom Microsoft-Mitarbeiter. Dabei können durchaus mehrere Anrufe notwendig werden. Erstens kann der PC seine Arbeit mit XP verweigern, wenn bestimmte Bestandteile eines PC (gleichzeitig) verändert werden. Ist die Festplatte ausgefallen, geht ohnehin nichts mehr, und nach der Windows XP-Neuinstallation muss eine ID von Microsoft her. Wer z.B. einen SCSI-Controller und ein ZIP-Laufwerk neu einbaut, darf sich nach eigener Erfahrung auch gleich an das Telefon schwingen, denn per Internet-Zugriff ist dann keine Kontaktaufnahme mit Microsoft mehr möglich, weil der PC die Arbeit verweigert und auf einer neuen ID besteht. Zweitens kann auch XP derart verkonfiguriert oder mit Viren verseucht werden, dass nichts mehr geht und eine neue ID von Microsoft notwendig wird. Die Produktaktivierung per Telefon scheint die empfehlenswertere Methode zu sein, weil man dabei die ID selbst eingibt und sich diese dann auch wohl irgendwo notiert, damit im Falle eines softwaretechnisch »vermurksten« PC keine neue ID erfragt werden muss.

Demnach hat man es gleich mit drei Nummern bei XP zu tun: Der Produktnummer, die bei der XP-Installation von dem Aufkleber der CD abzulesen ist; der mit den Hardware-Einheiten errechneten Quersumme und letztendlich mit der endgültigen, durch Microsoft zugeteilten ID, die dann für jeden PC einmalig sein sollte. Prinzipiell könnte daher eine Windows XP-Version nach wie vor auf mehreren PCs installiert werden, weil jede PC-Hardware-Einheit eine andere Seriennummer hat.

Die Aktivierung ist in der Regel nur dann notwendig, wenn Windows XP einzeln erworben wurde und nicht bereits auf einem vom Hersteller konfigurierten PC mitgeliefert wird, denn in diesem Fall sollte der PC-Hersteller diese Prozedur bereits absolviert haben. Der Hersteller liefert dann aber nicht immer eine vollwertige XP-Version mit, sondern nur eine Recovery-CD, mit deren Hilfe sich auch nur dieser eine spezielle PC wieder zum Laufen bringen lässt, weil die XP-Version mit dem BIOS gekoppelt ist.

1.4.4 Windows Plug&Play

Der erste Betriebssystem von Microsoft, das Plug&Play unterstützt, ist – wie bereits erläutert – Windows 95 und auch die Weiterentwicklungen davon: Windows 98 und Windows Millennium. Windows NT 4.0 ist demgegenüber nicht (derart) Plug&Play-fähig. USB, Firewire und AGP-Grafik kennt Windows NT nicht, was erst – nebst Plug&Play – von den Nachfolgern Windows 2000 und Windows XP geboten wird.

In Bild 1.32 werden die einzelnen Bestandteile der Hardware-Erkennung für Windows gezeigt. Der eigentliche Kern des Plug&Play-Systems ist der *Configuration Manager,* der alle Phasen des Konfigurationsprozesses steuert und überwacht sowie sämtliche Systemnachrichten verarbeitet und diese gegebenenfalls an die entsprechenden Instanzen, beispielsweise einen Treiber, weiterleitet. Die Treiber werden dynamisch vom Configuration Manager geladen und in den Systemkern integriert.

Ein *Hardware Tree* bezeichnet eine organisierte Informationsstruktur innerhalb der Registry. Die Registry wird bei jedem Neustart neu initialisiert und im Falle von Hot-Plug-In-Geräten (USB, Firewire, Card Bus) auch zur Laufzeit entsprechend angepasst. Der *Hardware Tree* wird vom *Configuration Manager* mithilfe von Bus-Enumeratoren aufgebaut. Ein Bus-Enumerator stellt in Windows eine spezielle Art von Treiber dar. Erkennt der *Configuration Manager* beim Neustart des PC einen PCI-Bus, wird er zunächst den PCI-Bus-Enumerator starten. Dieser wird neben den direkt an den PCI-Bus angeschlossenen Geräten auch eine PCI-USB-Bridge erkennen können und diese Informationen dann an den *Configuration Manager* zurückgeben, der daraufhin den USB-Bus-Enumerator startet. Erst dieser ist in der Lage, die USB-Devices detektieren zu können. Denkbar ist natürlich auch eine weitere Verzweigung der Buskette, und für jedes unterstütze Bussystem gibt es im System einen eigenen Bus-Enumerator, die der Reihe nach »abgeklappert« werden.

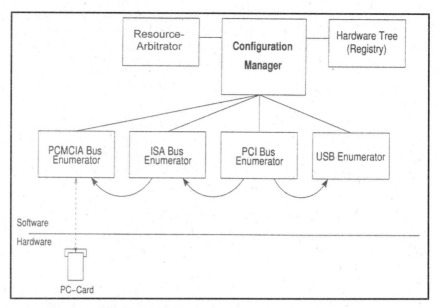

Bild 1.32: Grundsätzliche Windows Plug&Play-Architektur

Mithilfe des *Resource Arbitrators* kann das Betriebssystem die benötigten Ressourcen der einzelnen Geräte erkennen und etwaige Konflikte auch selbstständig beheben. Damit eine Einheit als Windows-Plug&Play-fähig eingestuft werden kann, muss sie mindestens die folgenden Bedingungen erfüllen:

- Sie verfügt über einen Plug&Play-fähigen Treiber.
- Die Ressourcen dürfen nicht fest verdrahtet oder über DIP-Schalter konfigurierbar sein.
- Sie kann sich gegenüber dem System anmelden und die jeweils benötigten Ressourcen bekannt geben.

1.4.5 Windows Driver Model

Die Versionen ab Windows 98 (prinzipiell bereits ab Windows 95B) einerseits und ab Windows 2000 andererseits können das *Windows Driver Model* (WDM) verwenden. Grundlage dieser Entwicklung stellt das von Windows NT bekannte *Device Driver Model* dar, das um Plug&Play- sowie Power Management-Funktionen erweitert worden ist.

Zunächst wurden lediglich Treiber für neuere Einheiten, z.B. für Firewire (IEEE1394) und USB, auf der Basis des WDM in Windows integriert, wobei jedoch nichts dagegen spricht, auch Treiber für andere Hardware-Einheiten WDM-konform zu entwickeln. Eine Treiberentwicklungssoftware mit der Bezeichnung WDM-DDK kann für die Betriebssysteme Windows 98/ME/2000/XP kostenlos von Microsoft bezogen werden. Mithilfe der WDM-DDKs (Device Driver Development Kits) ist es nun erstmals möglich, plattformübergreifende Treiberentwicklungen durchführen zu können, sodass beispielsweise ein Gerätetreiber, der für Windows XP entwickelt wurde, auch unter Windows 98 funktioniert. WDM-Treiber werden von Windows 95 nicht unterstützt, da hier eine vollkommen andere Treiberstruktur zugrunde liegt, die aus den *Virtual Device Drivers* (VXDs) besteht, sodass diese Technologie aktuell auch nicht mehr eingesetzt wird.

Die *Windows New Technology* unterscheidet zwei Ausführungsebenen – User Mode und Kernel Mode – und ist gegenüber Windows 9x daher weitaus restriktiver, denn es verbietet den üblichen Applikationen direkte Zugriffe auf Ports, interne Register oder auch den Speicher. Diese Möglichkeiten sind, nach einem recht komplexen Regelwerk, allein den Treibern vorbehalten, die die Rechte der Privilegstufe 0 (Kernel Mode) nutzen können, während die Anwenderprogramme in der Regel auf der Privilegstufe 3 (User Mode) angesiedelt sind. Ein *Durchschreiben* von entsprechenden Zugriffen ist von der NT-Architektur her nicht vorgesehen, denn dies würde den implementierten Sicherheitsmechanismus verletzen.

Bereits mit dem 286-Prozessor wurden vier Privilegstufen (Hierarchical Protection Levels, PL) für Multitasking-fähige Betriebssysteme definiert, um die einzelnen Prozesse voneinander isolieren und voreinander schützen zu können. Man kann sich diese Stufen als Ringe vorstellen wie Bild 1.33 zeigt. Dabei gilt grundsätzlich Folgendes:

- Auf Daten kann nur von demjenigen Programmcode aus zugegriffen werden, der sich in gleichen oder darüber liegenden Privilegstufen befindet.

- Ein Programmcode kann nur von einen Programm (Task) ausgeführt werden, das sich in der gleichen oder darunter liegenden Privilegstufe befindet.

Die höchste Privilegstufe und somit den Zugriff auf alle weiteren Programme der darüber liegenden Ringe hat der innerste Ring (PL = 0), wo sich das eigentliche Betriebssystem und auch die virtuellen Gerätetreiber (VxDs) befinden. Hier auftretende Fehler können daher das gesamte System zum Absturz bringen. Im Ring 1 können sich Software-Interfaces zur Verbindung des Betriebssystems mit dem Ring 2 befinden, in dem beispielsweise Betriebssystemerweiterungen oder auch Service-Routinen lokalisiert sind, und im Ring 3 liegen dann die eigentlichen (Anwender-)Programme. Im Ring 3 sind beispielsweise auch die wesentlichen Teile der grafischen Windows-Umgebung (GDI, USER, KERNEL) abgelegt, und hier laufen auch die Windows und DOS-Programme ab, was durchaus zu Problemfällen führen kann.

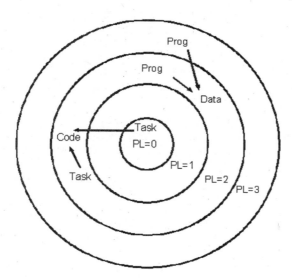

Bild 1.33: Das Prinzip der Privilegstufen (PL= Protection Levels)

Microsoft nutzt aber weder bei der Windows 9x- noch bei der Windows NT-Architektur konsequent diese vier Stufen, sondern beschränkt sich auf die Nutzung der Ringe 3 und 0. Hierfür werden verschiedene Gründe angeführt: Bei Windows 9x wird mit der höheren Geschwindigkeit argumentiert, wenn nicht alle Stufen genutzt werden, und bei Windows NT das Argument, dass Windows NT nicht nur auf der x86-Plattform lauffähig sein soll, sondern auch auf Alpha- oder Power-PCs, die andere Privilegstufen kennen. Diese Argumente sollten mittlerweile zwar als überholt angesehen werden können, gleichwohl ist dies bei Microsoft nach wie vor der Stand der Dinge.

Im User Mode (Ring 3) werden also die Applikationen ausgeführt, während die eigentlichen Systemkomponenten im Kernel Mode (Ring 0) ausgeführt werden. Diese beiden Ebenen unterscheiden sich auch in der Nutzung des Systemspeichers. Die User Mode-Programme werden in der Protected Mode-Umgebung gestartet, und das Betriebssystem übernimmt dabei die Speicherverwaltung. Versucht eine Applikation, auf nicht zugewiesene oder von anderen Programmen verwendete Speicherbereiche zuzugreifen, wird dies durch das Betriebssystem selbst unterbunden. Die Bestandteile des Kernels inklusive der Gerätetreiber sind diesem Schutzmechanismus aber nicht unterworfen. Daher ist eine Treiberentwicklung notwendig, die explizit nach den Microsoft-Vorgaben stattzufinden hat, denn ein falsch programmierter Treiber kann im schlimmsten Fall das gesamte Betriebssystem »lahm legen«.

Windows New Technology und die Hardware

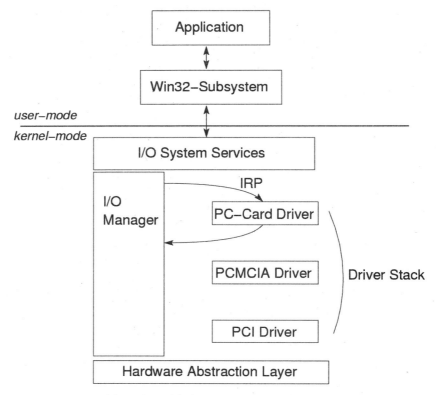

Bild 1.34: Das Zusammenwirken der wichtigsten Komponenten bei der WDM-Architektur

Die Grundlage jeglicher Kommunikation zwischen einer Anwendung auf der Benutzerebene und dem Treiber bilden die *IO Request Packets* (IRPs, siehe Bild 1.34). Dabei handelt es sich vereinfacht dargestellt um eine interne Datenstruktur, die sämtliche Informationen für den Treiber bereithält, um eine I/O- bzw. Systemanfrage bearbeiten zu können. Der als *Driver Stack* bezeichnete Teil gliedert sich dabei in den eigentlichen Gerätetreiber (hier PC Card Driver), der auf den Treiber des jeweiligen Bussystems aufsetzt, an dem die Einheit angeschlossen ist, und der unterste Treiber wird hier durch den PCI-Bustreiber gebildet. Demnach handelt es sich bei diesem Beispiel um eine Realisierung, wie sie im Allgemeinen bei Notebooks zu finden ist, wo eine PC Card (z.B. eine Netzwerkkarte) auf diese Art und Weise im System integriert wird. Alle Treiber greifen auf die gleichen Informationen des IRP-Headers zu. Sie verfügen jedoch über individuelle I/O-Stack-Locations, was dem System ermöglicht, den Informationsgehalt des IRPs dem jeweiligen Treiber anzupassen.

Alle WDM-Gerätetreiber werden mithilfe von INF-Dateien installiert. Ein *Installation Information File* enthält Verweise auf die Treiberdateien sowie Angaben über die notwendigen Registry-Einträge und die einmaligen IDs (Vendor ID, Device ID) der jeweiligen Einheit. Eine INF-Datei ist eine ANSI-Textdatei und kann daher im Prinzip mit jedem üblichen Editor bearbeitet werden. Der Funktionsumfang von INF-Dateien ist über die Jahre stark erweitert worden und die realisierten Erweiterungen gestatten die gezielte Anpassung des Installationsvorganges an das jeweilige Windows-Betriebssystem. Demnach wird nur eine einzige INF-Datei für die Installation des Treibers für verschiedene Windows-Versionen benötigt.

Falls nach dem Hinzufügen neuer Hardware keine automatische Treiberinstallation initiiert wird, kann der Aufruf der jeweiligen INF-Datei und die damit verbundene Installation des Treibers auch manuell ausgelöst werden, d.h., dass die Hardware über den Hardware-Assistenten von Windows zu installieren ist. Nach dem Start des Hardwaremanagers ist die Installation dann über TREIBER ÜBER HARDWARE MANUELL AUS EINER LISTE WÄHLEN einzuleiten, woraufhin man auf den jeweiligen Datenträger wechselt, wo sich der jeweilige SYS-Treiber der Einheit befindet. Dies ist in der Regel der gleiche Ort (Diskette oder CD), von dem aus auch die INF-Datei aufgerufen worden ist.

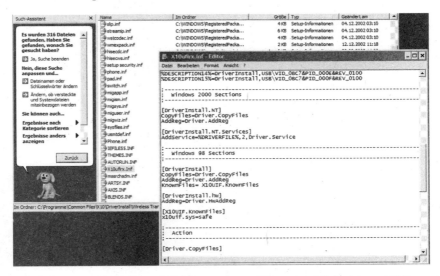

Bild 1.35: Windows XP verfügt je nach PC-Ausstattung über eine Vielzahl von INFiles, die für die Installation von Gerätetreibern notwendig sind und im System in unterschiedlichen Verzeichnissen gespeichert werden.

Die zu den installierten Einheiten gehörenden INFiles werden neben dem Treiber in unterschiedlichen Verzeichnissen unter Windows gespeichert, was von der jeweiligen Windows-Version und dem jeweiligen Treiber-Typ abhängig ist. Zu WDM-konformen Treibern gehören in der Regel INFiles, die über eine Windows 2000- und eine Windows 98-Sektion (siehe Bild 1.35) verfügen. Dies bedeutet, dass der Installationsvorgang in Abhängigkeit vom jeweiligen System absolviert wird und der Treiber dann für beide Systeme vorgesehen ist. Windows XP-Treiber firmieren ebenfalls unter der 2000-Sektion und Windows Me-Treiber unter der 98-Sektion, weil die entsprechenden Treibergegebenheiten hierzu identisch sind.

Windows 95 und Windows NT bleiben aufgrund der hiervon abweichenden Architektur außen vor, auch wenn sie ebenfalls INFiles für die Installation kennen, die jedoch nicht mit den aktuellen kompatibel sind, und die Treiber sind es – wie erläutert – ja ohnehin nicht. Die Tatsache, dass man in den WDM-INFiles an zahlreichen Stellen auf NT-Bezeichnungen stößt, mag daher möglicherweise etwas verwirrend erscheinen. Dies liegt daran, dass Microsoft eine (traditionelle) Einteilung der Systeme in Windows 9x/Me einerseits und Windows NT/2000/XP andererseits vorgenommen hat.

2 Aufgaben und Funktionen des BIOS

Das BIOS bildet die grundlegende Software für die Kommunikation mit der Hardware, die sich von PC zu PC stark voneinander unterscheiden kann. Es sind unterschiedliche Mikroprozessoren und Festplatten, verschiedene Schnittstellen (z.B. seriell, parallel, USB) und weitere Einheiten anzutreffen. Welche Einheiten tatsächlich im PC vorhanden sind, ist per BIOS-Setup festzulegen, und das BIOS verwendet dann hierfür die im BIOS-Chip vorhandenen Routinen. Damit die getätigten BIOS-Festlegungen nicht nach dem Ausschalten des PC verloren gehen, werden sie in einem speziellen Speicherbaustein (CMOS-RAM) auf dem Mainboard, der heutzutage Bestandteil des Chipsets ist (dazu später mehr), gespeichert und bleiben erhalten, weil das CMOS-RAM an einen Akku oder eine Batterie angeschlossen ist.

Das BIOS hat zusammengefasst die folgenden wesentlichen Aufgaben, die in diesem Kapitel noch näher erläutert werden:

- Durchführung des *Power On Self Tests* (POST, Selbsttest): System zurücksetzen und die Hardware überprüfen
- BIOS-Routinen für die Kommunikation mit der Hardware initialisieren
- Bereitstellung des BIOS-Setups: Aufblenden der Meldung und Anwendereingriff zulassen
- Implementierung von Diagnose- und Testfunktionen: beispielsweise die automatische Detektierung der Festplattentypen sowie die fortlaufende Kontrolle von Betriebsspannungen und Temperaturen (Hardware-Monitoring)

Das BIOS eines aktuellen PC ist eng verknüpft mit dem Urahnen aller PCs, dem IBM-PC der Firma *International Business Machines* (IBM), der Anfang der Achtzigerjahre das Licht der Welt erblickte. Als Mikroprozessor wurde ein 8088 (intern 16 Bit, extern 8 Bit) verwendet, der mit 4,7 MHz getaktet wurde, und 256 kByte standen dabei als Arbeitsspeicher (DRAM) zur Verfügung. Diese Kenndaten sind von denen heutiger PCs natürlich meilenweit entfernt, allerdings hat auch damals schon ein BIOS seine Arbeit verrichtet. Die Hardware war zwar eine andere, aber das grundlegende Prinzip: das BIOS bildet die softwaretechnische Schnittstelle zwischen PC-Hardware und Betriebssystem, ist nach wie vor gültig.

2.1 BIOS-Entwicklung

Der ursprüngliche PC besaß noch kein CMOS-RAM, welches die PC-Konfiguration speicherte, und demnach auch keinen BIOS-Setup. Stattdessen wurde der Setup über kleine Schalter (DIP-Schalter) auf dem Mainboard und auch auf den einzelnen PC-Steckkarten (Grafikkarte,

BIOS-Entwicklung

Speicherkarte) durchgeführt. Steht ein bestimmter Schalter in der On-Position, bedeutet dies beispielsweise, dass ein Diskettenlaufwerk vorhanden ist. Ist der Schalter in der Off-Position, ist kein Diskettenlaufwerk vorhanden. Nach dem Einschalten des PC werden vom Mikroprozessor mit den Routinen im BIOS-ROM die jeweiligen Schalterstellungen abgefragt, wodurch die jeweilige PC-Ausstattung festgestellt werden kann.

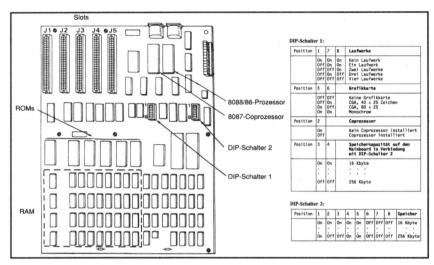

Bild 2.1: Bei den ersten Mainboards gab es noch keinen BIOS-Setup. Die Hardware-Ausstattung wie Laufwerke oder Grafikadapter wurde stattdessen per DIP-Schalter eingestellt.

Dies ist ein fehlerträchtiges und eher unkomfortables Verfahren, doch es wurde trotz aller Weiterentwicklungen der PC-Technik jahrelang weiterpraktiziert, und wer eine Einsteckkarte in ISA-Technik (Industry Standard Architecture) besitzt, wird auch hier kleine Schalter oder Steckbrücken (Jumper) erkennen können, die für die Konfigurierung zuständig sind. Erst mit dem PCI-Standard (Peripheral Component Interconnect), der unter dem Begriff *Plug&Play* firmiert, was so viel heißt wie *Einstecken und Loslegen*, sind diese manuellen Einstellungselemente verschwunden, und eine derartige Einsteckkarte sollte auch automatisch vom BIOS konfiguriert werden können.

Diese manuellen Einstellungselemente (DIP-Schalter, Jumper) lassen sich jedoch auch weiterhin auf fast allen neuen Mainboards finden, und zwar in erster Linie für die Festlegung von Taktfrequenzen und der Betriebsspannung für die CPU (Central Processing Unit, den Mikroprozessor). Stimmen die hiermit festgelegten Parameter für die eingesetzte CPU nicht, kann sie erst gar nicht starten und damit auch nicht mit dem BIOS kommunizieren und das Bild für den BIOS-Setup aufblenden. Dieser wurde mit dem Nachfolger des PC, dem 1984 als AT (Advanced Technology) bezeichneten Computer von IBM eingeführt. Der AT verfügte über eine 80286 CPU (16 Bit intern und extern), die mit maximal 8 MHz lief, der Speicher war auf immerhin 640 kByte angewachsen, und es gab erstmalig auch eine Festplatte mit einer Kapazität von typischerweise 20 MByte.

Das CMOS-RAM wird in einem Baustein mit einer Echtzeituhr kombiniert und von einem Akku gespeist, sodass die Uhr auch bei ausgeschaltetem Computer weiterläuft und die per BIOS-Setup eingestellten Daten erhalten bleiben. Der BIOS-Setup war seinerzeit jedoch noch nicht bei allen 286-PCs im BIOS-ROM integriert, sondern es war zuweilen ein separates Programm auf Diskette (die regelmäßig verloren ging) notwendig. Seit den 80386-PCs ist es gebräuchlich, dass der BIOS-Setup direkt aus dem BIOS-ROM über eine bestimmte Taste oder auch Tastenkombination aufgerufen werden kann.

Die CPUs und weitere wichtige elektronische Einheiten für den IBM-PC wurden von Intel hergestellt, und die Software – bestehend aus BIOS-Routinen und dem darauf aufsetzenden *Disk Operation System* (*DOS*) – wurde von einer bis dahin eher unbekannten kleinen Firma namens Microsoft entwickelt. Microsoft hatte vereinbart, dass das DOS nicht exklusiv für IBM, sondern auch für andere Firmen zur Verfügung stehen sollte, sodass es zwei Versionen gab: PC-DOS (für IBM) und MS-DOS (Microsoft-DOS). Damit war es für andere Firmen prinzipiell kein Problem, ebenfalls einen zum IBM-PC kompatiblen Computer zu bauen, zumal die hierfür benötigten elektronischen Bausteine auch (heute noch) einzeln erhältlich sind und in anderen elektronischen Geräten Verwendung finden.

Das BIOS war allerdings exklusiv für IBM lizenziert worden. Obwohl IBM wichtige Details des PC von vornherein offen legte und sogar Schaltpläne des PC und Listings der BIOS-Routinen in ihren technischen Handbüchern veröffentlichte – was die Entstehung von IBM-kompatiblen PC geradezu herausforderte –, wurde jede Firma verklagt, die das BIOS kopierte oder auch als Basis für eine eigene Version benutzte. Dies führte zu recht beachtlichen Zahlungen an IBM. Firmen wie NEC, Panasonic, Sanyo oder auch Commodore gehörten dabei zu diesen »Übeltätern«. Die Hersteller der PC-Nachbauten, die selbstverständlich kompatibel zum Original sein sollten, mussten demnach eigene BIOS-Versionen entwickeln, was letztendlich das größte Problem beim PC-Design und auch den Schlüssel zur PC-Kompatibilität darstellt.

Damit dies auf legale Weise stattfinden, und IBM nicht doch noch eigene Routinen in einem BIOS eines anderen Herstellers entdecken konnte, wurden von mehreren Firmen beachtliche Anstrengungen unternommen. Eine Heerschar von College-Absolventen, bei denen man sich ziemlich sicher sein konnte, dass sie noch nie ein BIOS analysiert hatten, wurden gewissermaßen in Quarantäne gesteckt, erhielten alles, was sie benötigten, und entwickelten so in einzelnen Schritten eigene BIOS-Routinen, wobei ihnen untereinander nicht unbedingt klar war, wofür sie da eigentlich programmierten. Nur wenige Leute waren eingeweiht und hatten das große Ziel vor Augen: Ein BIOS, welches nichts mit dem IBM-BIOS gemein hat, aber kompatibel ist, sodass ein DOS damit problemlos zurechtkommt.

Die erste bekannte Firma, der dieses Kunststück gelangt, war Compaq, die von drei ehemaligen Mitarbeitern der Firma Texas Instruments gegründet worden war. Texas Instruments hatte zur damaligen Zeit recht erfolgreich programmierbare Taschenrechner (TI58, TI59 usw.) entwickelt. Der *Compaq Portable* aus dem Jahre 1983 enthielt das erste, nicht von IBM »abgekupferte« BIOS, und einer, der daran maßgeblich beteiligt war, ist der Gründer der Firma Phoenix Technologies, die auch heute noch BIOS-Versionen entwickelt. 1984 wurde Phoenix Technologies am Markt recht bekannt, als das *Phoenix PC Compatibility Package* erschien, bestehend aus Quellcode und verschiedenen Software-Werkzeugen zur Erstellung eigener BIOS-Versionen, was daraufhin auch viele andere (Hardware-)Firmen durchführten, die sich nicht vom Preis für dieses Package von $ 290 000 abschrecken ließen.

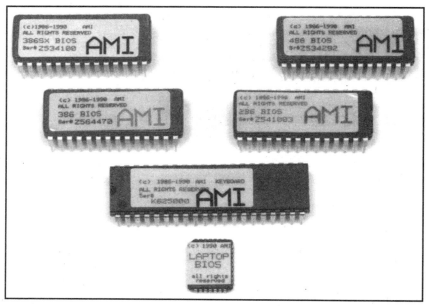

Bild 2.2: Diese Bausteine enthalten ein BIOS der Firma AMI, die Anfang der Neunzigerjahre einen Marktanteil von ca. 80 % hatte.

Zwei Jahre später stellte die Firma AMI (American Megatrends Incorporated) ebenfalls ein eigenes BIOS und ein dazugehöriges Entwicklungs-Kit (BIOS Configuration Package, BCP) vor, welches die Hardware-Hersteller verstärkt zur softwaremäßigen Anpassung ihrer Mainboard-Designs einsetzten. Gegenüber dem Phoenix-Package war es einfacher zu handhaben, und der BIOS-Setup der bekanntesten AMI-BIOS-Version – HiFlex-BIOS – erscheint auch logischer und zudem optisch ansprechender (erstmals farbig). Im Jahre 1991 waren über 80 % aller PCs (80486) mit einem AMI-BIOS ausgestattet.

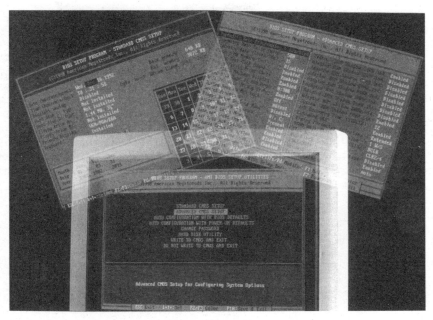

Bild 2.3: Das AMI-HiFlex-BIOS hat im Erscheinungsbild und Bedienungskomfort Maßstäbe gesetzt.

Diese Marktsituation änderte sich jedoch zu Ungunsten von AMI, als der technologische Schritt von reinen ISA- zu ISA/PCI-Designs stattfand, und es erscheint im Nachhinein so, als ob AMI das hiermit verbundene Plug&Play zeitlich etwas »verschlafen« hatte.

```
                AWARD SOFTWARE CMOS SETUP

    DATE (MM/DD/YY)      6/ 4/92
    TIME (HH:MM:SS)      20:34:37

    DISKETTE 1           1.2M
    DISKETTE 2           1.4M
                              CYLS.   HEADS   SECTORS   PRECOMP
    DISK 1                  2   615       4        17       300
    DISK 2               NONE

    VIDEO                EGA/VGA

    BASE MEMORY           640
    EXTENDED MEMORY      1408

    ERROR HALT           HALT ON ALL ERRORS
    SHADOW RAM           DISABLE
    SPEED SELECT         NO CHANGE



       ↑ ↓ ⌐┘  MOVES BETWEEN ITEMS,  → SELECTS VALUES
       F10 RECORDS CHANGES, F1 EXITS, F2 FOR COLOR TOGGLE
```

Bild 2.4: Spartanisch: ein BIOS-Setup der Firma Award in früheren Jahren

Neben Phoenix und AMI war auch die dritte bekannte BIOS-Firma seit Mitte der Achtzigerjahre aktiv – Award. Deren BIOS-Versionen hing aus Anwendersicht – also für den BIOS-Setup – das gleiche Manko an wie den Versionen von Phoenix: Sie waren sehr knapp gehalten oder auch unübersichtlich, die verschiedenen Setup-Seiten uneinheitlich, und von optischer Gestaltung konnte keine Rede sein. Die Firma Award schaffte es jedoch frühzeitig, mit der Einführung von PCI auch ein passendes BIOS zur Verfügung zu haben. Darüber hinaus hatte man von AMI offensichtlich gelernt, denn die BIOS-Setup-Seiten waren von nun an in ihrer optischen Erscheinung an die anwenderfreundlicheren von AMI angelehnt. Im Gegenzug stellte die Firma AMI etwas später ihr WIN-BIOS vor, dessen Oberfläche stark an Windows 3.1 erinnert und sich auch mit einer Maus bedienen lässt.

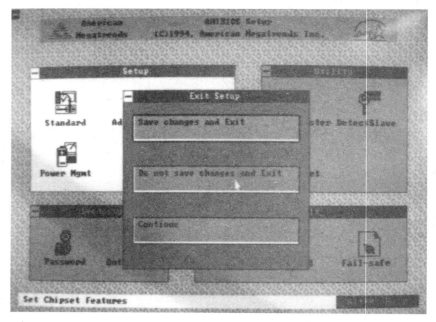

Bild 2.5: Das AMI-WIN-BIOS verfügt über eine grafisch gestaltete Oberfläche und lässt sich auch mit einer Maus bedienen.

Für Chipsets und Mainboards von Intel wurden in den 386/486-Zeiten Award-BIOS-Versionen verwendet, später orientierte sich der Marktführer Intel schwerpunktmäßig an Phoenix und beteiligte sich auch an dieser Firma. Die Firma Award hat im Grunde genommen für fast jedes Chipset rechtzeitig eine BIOS-(Roh-)Version parat gehabt, sodass es nicht verwundert, dass dementsprechend auch so gut wie jeder Mainboard-Hersteller mit einem Award-BIOS arbeitet und dieses (mithilfe des Award BIOS Packages) jeweils an seine Hardware anpassen kann.

Im Jahre 1998 wurde die Firma Award in Phoenix Technologies integriert, sodass es nunmehr als zweiten bekannten BIOS-Hersteller nur noch AMI gibt, dessen Marktbedeutung im Bereich der PC-BIOS-Versionen jedoch immer mehr zu schrumpfen scheint. Interessanterweise sind jedoch neue Mainboards der Firma Intel (z.B. für den Pentium 4) mit einem AMI-BIOS ausgestattet, was nicht immer zu erkennen ist, da das BIOS nicht als AMI- sondern als Intel-Version ausgegeben wird. Phoenix konzentriert sich in den letzten Jahren mehr auf BIOS-Versionen für Notebooks und auch Grafikchips, während die Award-Abteilung weiterhin BIOS-Versionen für alle möglichen Chipsets und Mainboard-Hersteller produziert.

Der Zusammenschluss der Firmen Phoenix und Award hat zur Folge, dass man sich bei der Angabe: *Der PC verfügt über ein Award-BIOS* nicht mehr darauf verlassen kann, dass es sich dabei um das bedienerfreundlichere handelt, denn unter *Award-BIOS* kann nun auch das eher gewöhnungsbedürftigere der Firma Phoenix daherkommen, was bei Award als *Medallion-BIOS* (siehe Bild 2.7) bezeichnet wird. Unter der Bezeichnung Phoenix-BIOS kann umgekehrt auch ein BIOS-Setup wie das klassische, bedienerfreundlichere Award-BIOS (siehe Bild 2.6) aussehen, sodass man aus der Herstellerbezeichnung nun nicht mehr unbedingt auf das BIOS-Setup-Layout schließen kann.

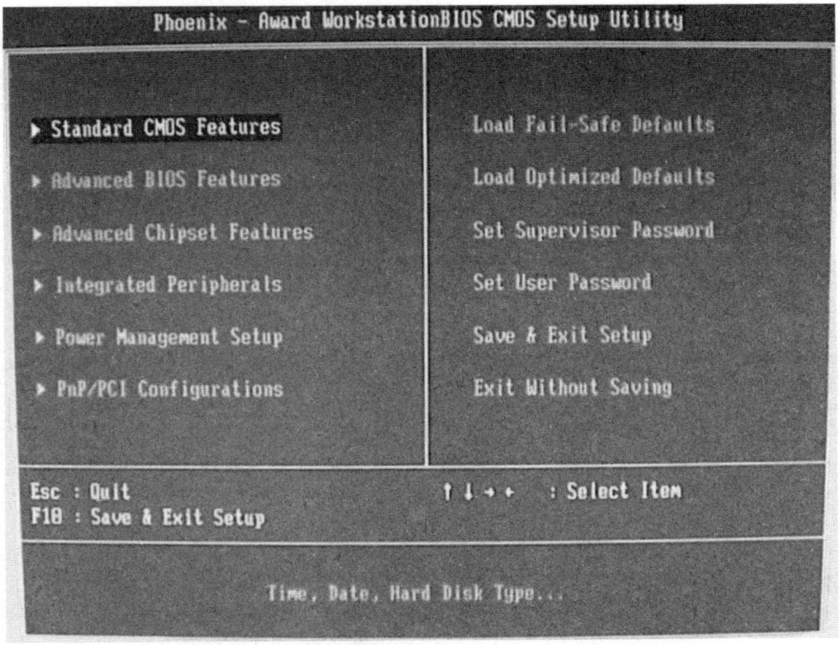

Bild 2.6: Das Eingangsmenü zu den einzelnen Setup-Seiten bei einem aktuellen BIOS-Setup der Firma Phoenix-Award (Award Workstation BIOS)

Von der Funktion und Stabilität her kann man prinzipiell keinen Unterschied bei den BIOS-Versionen der verschiedenen Hersteller ausmachen, und letztendlich ist der Mainboard-Hersteller für die optimale Anpassung an sein Mainboard-Design verantwortlich. Daher ist dieser auch die erste Anlaufstelle bei vermeintlichen BIOS-Problemen, wie man es auch eindruckvoll den jeweiligen Internetseiten entnehmen kann, und nicht etwa der BIOS-Hersteller selbst.

Was im jeweiligen BIOS-Setup an Optionen zur Verfügung steht, unterliegt somit ebenfalls der Verantwortung des Mainboard-Herstellers, wobei man im Allgemeinen aber davon ausgehen kann, dass AMI- und Phoenix-BIOS-Setup-Versionen nicht derart viele Einstellungsmöglichkeiten bieten, wie es bei den Award-Standardversionen der Fall ist. Einerseits kann dies gewissermaßen als Selbstschutz verstanden werden, denn es schränkt Fehleinstellungen durch den Anwender ein, welche durchaus zu einem »toten« PC führen können. Andererseits wird möglicherweise PC-Leistung verschenkt oder bestimmte Hardware-Einheiten sind überhaupt nicht zum Funktionieren zu bewegen. Je mehr sich einstellen lässt, desto größer ist die Gefahr, eine unpassende Option zu aktivieren oder auch eine unglückliche Kombination von Setup-Parametern einzustellen, was die merkwürdigsten PC-Probleme nach sich ziehen kann. Aufgrund praktischer Erfahrungen muss jedoch eingeräumt werden, dass man eigentlich am besten fährt, wenn möglichst viele Optionen vorhanden sind und man auch tatsächlich versteht, was diese im Einzelnen bedeuten und zur Folge haben.

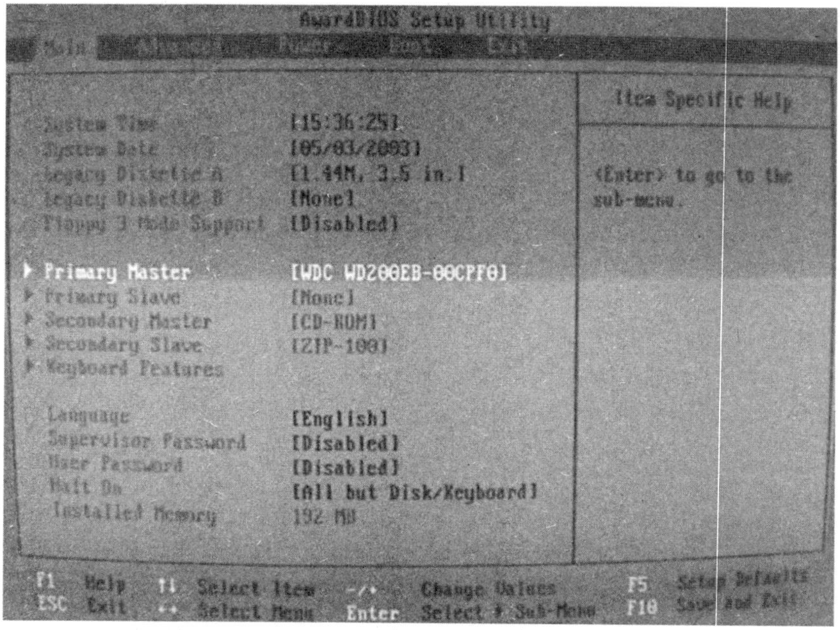

Bild 2.7: Ein Award-BIOS-Setup kann auch mit einem Phoenix-Layout versehen sein, was auch unter Award-Medallion-BIOS firmiert.

Der Vollständigkeit halber sei erwähnt, dass es noch weitere BIOS-Hersteller gibt oder gab (Mr. BIOS, Quadtel, Chips & Technologies), die jedoch gegenüber Award/Phoenix keinerlei Marktbedeutung (mehr) haben. Firmen wie IBM oder Compaq erstellen traditionell eigene BIOS-Versionen, die ausschließlich in ihren eigenen PCs Verwendung finden. Aus diesen Gründen werden sich die Erläuterungen in diesem Buch in erster Linie auf die gebräuchlichsten Award-BIOS-Versionen beziehen.

2.2 Der Power On Self Test – POST

In Kapitel 1 wurde bereits erläutert, was nach dem Einschalten des PC geschieht und wie das Betriebssystem geladen wird. Im Folgenden soll noch etwas näher auf die BIOS-Funktionen eingegangen werden. Der erste Schritt der PC-Initialisierung – der PC-Selbsttest oder POST – überprüft die einzelnen Bestandteile des PC. Wird während dieses Tests ein Fehler festgestellt, sind drei Ausgabemöglichkeiten gegeben, die letztendlich von der »Tragweite« des jeweiligen Fehlers abhängen und somit voraussetzen, dass mehr oder weniger Hardware-Einheiten (bereits) funktionieren:

- Eine direkte BIOS-Fehlermeldung wird ausgegeben, wie beispielsweise *Cache Memory Bad* (Fehler im Cache-Speicher) oder *Parity Error* (nicht lokalisierbarer Speicherfehler).

- Ein Beep-Code wird ausgegeben. Dies ist ein akustisches Signal, das durch eine typische Tonfolge auf einen bestimmten Fehler hinweist. Drei kurze Töne signalisieren beispielsweise einen Fehler im DRAM-Speicher (Arbeitsspeicher).

- Jeder durchgeführte Test einer PC-Einheit wird durch die Ausgabe eines POST-Codes an eine bestimmte I/O-Adresse (meist 80h) quittiert. Zur Anzeige dieser Codes benötigt man eine spezielle Einsteckkarte. Auf einer derartigen Karte befinden sich Leuchtdioden oder Siebensegmentanzeigen, die den jeweiligen Code abbilden. Bleibt auf der Anzeige beispielsweise der Code 49h stehen, bedeutet dies bei einem BIOS der Firma Phoenix/Intel, dass der PCI-Bus nicht initialisiert werden konnte. Die POST-Codes werden von den verschiedenen BIOS-Herstellern definiert und zuweilen den Mainboards in dünnen Heftchen beigelegt. In einigen Fällen, wenn noch nicht einmal der Monitor angesprochen wird und dunkel bleibt – denn die Initialisierung der Grafikkarte erfolgt zu einem recht späten Zeitpunkt in der Initialisierungsabfolge –, ist eine derartige Karte das einzige Hilfsmittel, um Fehlern auf die Spur zu kommen, auch wenn sich letztendlich nur herausstellt, dass ein Speichermodul nicht korrekt eingesteckt war. In Kapitel 16 werden verschiedene POST-Code-Karten beschrieben, die auch leicht selbst gebaut werden können. Die erwähnten Fehlermeldungen, die beim Selbsttest ausgegeben werden, werden in Kapitel 15 genauer erläutert.

Während eines korrekt verlaufenden Selbsttests, werden so genannte *Interrupt-Vektoren* (siehe Kapitel 3) initialisiert, die daraufhin für die softwaretechnische Verbindung von BIOS und Betriebssystem verantwortlich sind, wobei als letzter Schritt des POST der Interrupt 19 (Urlader) ausgelöst wird, der für den folgenden Boot des Betriebssystems zuständig ist.

2.3 Zugang zum BIOS – die BIOS-Interrupts

Die so genannten *Interrupts* stellen in einem PC einen wichtigen Mechanismus dar. Ein Computer hat zahlreiche Aufgaben zu erledigen, die er teilweise scheinbar gleichzeitig bewältigt. Dabei spielt die *Interrupt-Verarbeitung* eine wichtige Rolle. Ohne diese Verarbeitung, müsste der Prozessor stets in einer Programmschleife arbeiten. Er stellt beispielsweise fest, ob eine Taste gedrückt ist, ob eine Schnittstelle etwas sendet oder ob der Monitor etwas anzeigen soll. Dieses Arbeiten wäre sehr ineffektiv, da der Prozessor die meiste Zeit nur »nachschauen« und die eigentlichen Aktionen vielleicht gerade dann ausführen würde, wenn bereits eine andere Aktion an der Reihe ist.

Bei der Interrupt-Verarbeitung hingegen wird der Prozessor in seiner momentanen Arbeit unterbrochen (interrupted). Dies könnte insbesondere beim Darstellen einiger Zeichen auf dem Bildschirm geschehen, damit er stattdessen beispielsweise ein Zeichen von der Tastatur einliest. Beim Betätigen einer Taste wird ein Interrupt ausgelöst, der den Prozessor veranlasst, den Tastencode einzulesen und eine entsprechende Aktion auszuführen. Nach Erledigung dieser Aktion wird das Programm an derjenigen Stelle fortgesetzt, wo es zuvor unterbrochen wurde. Damit der Prozessor weiß, mit welcher Arbeit er vor dem Auftreten des Interrupts beschäftigt war, werden der logische Zustand des Prozessors und die Inhalte der Register zuvor automatisch abgespeichert. Sie werden auf den Stapelspeicher (Stack) gelegt und später wieder eingelesen. Die Interrupt-Verarbeitung kann somit auch als eine asynchrone Unterprogrammverarbeitung angesehen werden. Asynchron deshalb, weil eine Interrupt-Anforderung theoretisch zu jeder beliebigen Zeit auftreten kann.

In einem PC existieren prinzipiell zwei verschiedene Arten von Interrupts: *Hard-* und *Software-Interrupts*. Letztere sind für bestimmte Funktionen (BIOS-, DOS-Interrupts) zuständig, während die Hardware-Interrupts für bestimmte Hardware-Komponenten (z.B. Diskettenlaufwerk) vorgesehen sind. Den Software-Interrupts sind demnach keine Systemkomponenten zugeordnet, sondern festgelegte Funktionen. Beispielsweise wird durch die Betätigung von [Strg]+[Break] auf der Tastatur der Interrupt »23h« ausgelöst, was zu einem Abbruch einer Programmbearbeitung führt. Gleichwohl werden die Hardware-Interrupts ebenfalls über Software-Interrupts abgebildet.

Das BIOS besteht aus einzelnen Modulen, auf die nicht mithilfe einer direkten Adresse zugegriffen wird, sondern aus Gründen der Kompatibilität über Software-Interrupt-Einsprünge. Die Adressen dieser Einsprünge werden während des Boots als Tabelle (Interrupt Vektor Table) in das RAM des PC in der Regel im Bereich von 0000h–03FFh geladen (siehe Tabelle 2.1).

Im Speicherbereich von 00000h–0003Ch befinden sich die *allgemeinen Interrupts*, beispielsweise unter der Adresse 00014h der Interrupt für die Print-Screen-Funktion. Zu den allgemeinen Interrupts zählen außerdem derjenige für den Diskettentyp (Adresse 00100h, Interrupt 40h) oder auch die Hardware-Interrupts (IRQ8–IRQ15) sowie ab der Adresse

001C0h der Interrupt 70h für die Echtzeituhr/CMOS-RAM. Ab der Adresse 00020H lassen sich diejenigen Interrupts finden, die sich auf Hardware-Komponenten beziehen (IRQ0–IRQ7). So befindet sich der Interrupt IRQ 7 für die erste parallele Schnittstelle (Interrupt 0Fh) unter der Adresse 003Ch.

Die BIOS-Interrupt-Vektoren sind ab Adresse 00040h bis maximal Adresse 0007Fh abgelegt. Der wichtigste ist der BIOS-Urlader-Interrupt (Interrupt 19h). Er befindet sich unter der Adresse 00064h. Beim Aufruf dieses Interrupts wird versucht, das Betriebssystem von Diskette oder Festplatte zu laden. Der Datentransfer vom Programm zum BIOS-Interrupt erfolgt dabei über die Prozessorregister. In der Tabelle 2.1 sind die BIOS-Interrupts zur Übersicht angegeben.

BIOS-Interrupt	Funktion
INT 00h	Divisionsfehler
INT 01h	Einzelschrittmodus
INT 02h	Non Maskable Interrupt, NMI
INT 03h	Unterbrechung, Breakpoint
INT 04h	CPU-Überlauf
INT 05h	Print Screen
INT 06h	ungültiger Opcode
INT 07h	für CPU
INT 08h	IRQ 0, System Timer
INT 09h	IRQ 1, Tastaturdaten verfügbar
INT 0Ah	IRQ 2, Drucker 2, IRQ 9
INT 0Bh	IRQ 3, COM2
INT 0Ch	IRQ 4, COM1
INT 0Dh	IRQ 5, Festplatte
INT 0Eh	IRQ 6, Diskettenlaufwerk
INT 0Fh	IRQ 7, Drucker 1
INT 10h	Grafik
INT 11h	Systemkonfigurationstest
INT 12h	Speichergröße

Tab. 2.1: BIOS-Interrupts im Überblick

BIOS-Interrupt	Funktion
INT 13h	Laufwerke
INT 14h	serielle Schnittstellen
INT 15h	diverses, System-Service, ACPI
INT 16h	Tastatur
INT 17h	Drucker
INT 18h	Boot-Fehler, sekundärer Urlader
INT 19h	Primärer Urlader, Bootstrab Loader
INT 1Ah	Echtzeituhr mit Kalender (RTC), PCI-I/O-Funktionen
INT 1Bh	Control Break
INT 1Ch	System-Timer
INT 1Dh	Grafik-Parameter
INT 1Eh	Parameter für Diskettenlaufwerk
INT 1Fh	Grafikzeichen (Character)
INT 40h	Diskettenlaufwerkstyp
INT 41h	Parameter der ersten Festplatte
INT 46h	Parameter der zweiten Festplatte
INT 4Ah	User Clock Alarm, RTC
INT 70h	IRQ 8, Real Time Clock
INT 71h	IRQ 9
INT 74h	IRQ 12, P/S 2-Maus
INT 75h	IRQ 13, mathematischer Coprozessor
INT 75h	IRQ 14, erster Festplattencontroller
INT 77h	IRQ 15, zweiter Festplattencontroller; kann bei AMI auch Power-Down-Interrupt sein
INT 78h-FFh	Unterschiedliche Verwendung, DOS- und Treiber-Interrupts

Tab. 2.1: BIOS-Interrupts im Überblick (Forts.)

Neben den BIOS-Software-Interrupts gibt es die DOS-Interrupt-Vektoren, die im Prinzip genauso wie die BIOS-Interrupts geladen und eingesetzt werden. Sie beziehen sich nicht direkt auf das BIOS, sondern auf DOS-Funktionen. Zu den DOS-Interrupt-Vektoren (00080h–000FFh) gehört beispielsweise der Aufruf für das Beenden eines DOS-Programms (Interrupt 20h) unter der Adresse 00080h.

Zur Ablage verschiedener Schnittstellenparameter wird ein BIOS-Datenbereich benötigt, der sich ab Adresse 00400h befindet. Unter dieser Adresse findet man diejenige für die erste serielle Schnittstelle. An diesen BIOS-Datenbereich (00400h–004FFh) schließt sich der DOS-Datenbereich (00500h–005FFh) an. Hier befinden sich die Daten und Adressen für das DOS-Betriebssystem.

Die einzelnen BIOS-Interrupts mit ihrer Vielzahl an Funktionen sollen hier nicht detailliert behandelt werden. Wie man programmtechnisch die Ansteuerung der Grafikkarte mithilfe des Interrupt 10h durchführen kann, soll jedoch als kurzes Beispiel zur Verdeutlichung des Funktionsprinzips angegeben werden.

Enthält das Prozessorregister AH = 2, ist dies die Funktion zum Positionieren des Cursors. Mit den Registern DH und DL wird der Cursor an die gewünschte Stelle auf derjenigen Seite gesetzt, welche durch den Inhalt des Registers BH bestimmt wird.

```
MOV AH, 2; Setze-Cursor-Funktion
MOV BH, 0; Seite 0
MOV DH, 2; Zweite Reihe
MOV DL,12; Zwölfte Spalte
INT 10H; Interrupt 10h
```

Es wird deutlich, dass man ohne die genaue Kenntnis der Prozessorregister und BIOS-Funktionen mit ihren zahlreichen Parametern kaum einen Zugang zu den BIOS-Interna erlangen wird, ganz davon abgesehen, dass diese Art der Programmierung ein eher mühsamer Weg ist und der Umgang mit einem Assembler (Programmiersprache für Maschinenbefehle, siehe vorangegangenes Listing) auch gelernt sein will. In früheren Zeiten wurden die BIOS- und DOS-Interrupts intensiv von den Programmierern eingesetzt. Da DOS-Programme jedoch mittlerweile keine Rolle mehr für Neuentwicklungen spielen, wird ein Windows- oder auch Linux-Programmierer in der Regel die jeweils systemeigenen Softwareschnittstellen einsetzen und keine BIOS-Routinen. Der PC-Anwender hat demnach mit den BIOS-Routinen direkt nichts zu tun und muss sich letztendlich darauf verlassen können, dass sie ihre vorgesehene Funktion erfüllen, was in der Praxis mitunter jedoch nicht der Fall ist, sodass ein BIOS-Update (vom Mainboard-Hersteller) angeraten wird.

Jeder PC-Anwender sollte sich jedoch mit dem *BIOS-Setup* auskennen, was gewissermaßen die Anwenderseite des BIOS darstellt. *Setup* bedeutet *einstellen*, und jeder, der Windows schon einmal installiert hat (Windows-Setup) oder dem System auch nur eine zusätzliche Einheit bekannt machen musste, weiß, was damit gemeint ist. Das System ist so einzustellen, dass alle PC-Hardware-Einheiten optimal genutzt werden können, was in der Praxis allerdings nicht immer (sofort) funktioniert.

Dies kann an fehlerhaften Windows-Treibern liegen oder auch daran, dass die PC-Einheiten, die im PC stecken, dem Betriebssystem nicht in korrekter Art und Weise oder auch überhaupt nicht bekannt gemacht worden sind.

2.4 BIOS-Setup im Überblick

Da der BIOS-Setup in diesem Buch noch ausführlich behandelt wird, werden nachfolgend unter dem Gesichtspunkt *Aufgaben und Funktionen des BIOS* einige allgemeinere Erläuterungen aufgeführt. Keine grundlegende PC-Hardware, wie z.B. die Laufwerke, wird funktionieren, wenn hierfür kein (korrekter) Eintrag im CMOS-RAM vorhanden ist. Mithilfe des BIOS-Setup-Programms, das durch eine bestimmte Taste oder auch Tastenkombination aufgerufen wird, sind die entsprechenden Hardware-Einstellungen vorzunehmen, die anschließend im CMOS-RAM abgespeichert werden. Die dabei einzustellenden Daten müssen stets mit der tatsächlichen Hardware-Ausstattung des PC übereinstimmen.

Bevor das Betriebssystem bootet, wird üblicherweise ein Monitorbild aufgeblendet, welches den Hersteller des BIOS anzeigt und angibt, mit welcher Taste man in den BIOS-Setup gelangt. Hierfür ist normalerweise die [Entf]- bzw. [Del]-Taste zu betätigen. Bei einer anders lautenden Taste oder auch Tastenkombination wird diese in der Regel auch kurzzeitig aufgeblendet.

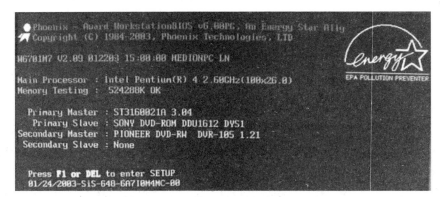

Bild 2.8: Vor dem Boot des Betriebssystems kann der BIOS-Setup aufgerufen werden.

Wie der nun erscheinende Setup-Bildschirm aussieht und was im Einzelnen konfiguriert werden kann, hängt vom PC-Typ, der eingebauten Hardware und auch dem BIOS-Hersteller ab. Was im BIOS-Setup an Optionen vorgesehen ist, hängt letztendlich auch davon ab, was der Mainboard-Hersteller jeweils für die Konfigurierung (durch den Anwender) freigegeben hat. So kann es durchaus passieren, dass sich bei baugleichen Mainboards, beispielsweise der Firma Asus und Gigabyte, unterschiedliche Möglichkeiten finden lassen. Falls die Mainboards tatsächlich baugleich sind, kann es daher durchaus Sinn machen, auf einen anderen BIOS-Hersteller auszuweichen, wie im Kapitel zum BIOS-Update näher erläutert ist.

Die Mainboard-Hersteller erhalten vom BIOS-Hersteller für den betreffenden Chipsatz eine BIOS-Version, bei der alle möglichen Einstellungen vorgenommen werden können. Daraufhin werden nur diejenigen Optionen freigegeben – und erscheinen somit auch als konfigurierbare Einträge im Setup –, die der jeweilige Mainboard-Hersteller für nötig gehalten hat.

Die Durchführung des BIOS-Setups ist durchaus auch mit Gefahren verbunden, wobei sich die kritischeren Optionen im *Advanced-* oder *Chipset-Setup* finden lassen (dazu später mehr). Hat man es tatsächlich einmal geschafft, dass der PC aufgrund nicht zutreffender Festlegungen überhaupt nicht mehr funktioniert, und kommt man auch nicht mehr an den BIOS-Setup heran, ist im schlimmsten Fall das CMOS-RAM komplett zu löschen. Wie dabei vorzugehen ist, wird in Kapitel 13 beschrieben. Wenn man Glück im Unglück hat, ist auf dem Mainboard ein Jumper zu finden, der umzusetzen ist, woraufhin die ungefährlichen BIOS-Voreinstellungen (Default) automatisch aktiviert werden. Dieser Jumper ist danach natürlich wieder in die Normalstellung zu setzen.

Nachdem eine BIOS-Anzeige (siehe Bild 2.9) erschienen ist, ist es jedoch für den BIOS-Setup schon zu spät, und man muss einen Reset ausführen, was durch die Tastenkombination [Strg]+[Alt]+[Entf] oder einen Reset-Taster am PC ausgelöst wird. Dieser sollte jedoch möglichst nicht gerade dann ausgelöst werden, wenn Windows sich bereits im Boot-Prozess befindet, da im ungünstigsten Fall (aktuell geöffnete) Dateien beschädigt werden könnten.

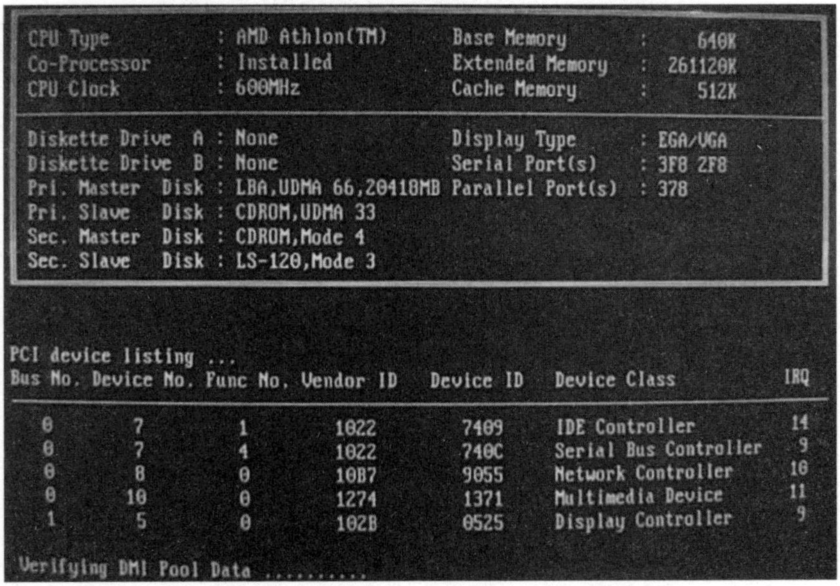

Bild 2.9: Die BIOS-Anzeige der aktuellen Konfiguration beim PC-Boot

BIOS-Setup im Überblick

Ein BIOS-Setup erstreckt sich in den meisten Fällen über mehrere Bildschirmseiten. Die grundlegenden Einstellungen finden sich im *Standard CMOS Setup*. Je nach PC-Typ existieren erweiterte Setup-Funktionen im *Advanced CMOS Setup*, wie er bei AMI bezeichnet, oder im *BIOS Features Setup*, wie er bei Award genannt wird.

Chipsatz-spezifische Festlegungen, die sich entsprechend dem verwendeten Chipsatz auf dem Mainboard voneinander unterscheiden, werden unter dem *Advanced Chipset Setup* (AMI) bzw. unter *Chipset Features Setup* (Award) angeboten. Des Weiteren finden sich bei PCI-PCs hierfür noch spezielle Einstellungsmöglichkeiten, für die es entweder eine spezielle Seite gibt oder die in einem *Advanced Setup* mit abgelegt sind.

Die BIOS-Setup-Optionen unterscheiden sich in erster Linie jedoch nicht dadurch, welche CPU jeweils verwendet wird, sondern durch die Optionen, die der jeweilige Mainboard- bzw. BIOS-Hersteller vorgesehen hat, und diese sind letztendlich wieder durch den Chipset vorgegeben. CPU-spezifische Einstellungen haben einen eher geringen Anteil bei den im BIOS-Setup einzustellenden Daten. Ob ein Pentium-MMX, Pentium 4 oder ein Athlon zum Einsatz kommt, spielt daher eher eine untergeordnete Rolle.

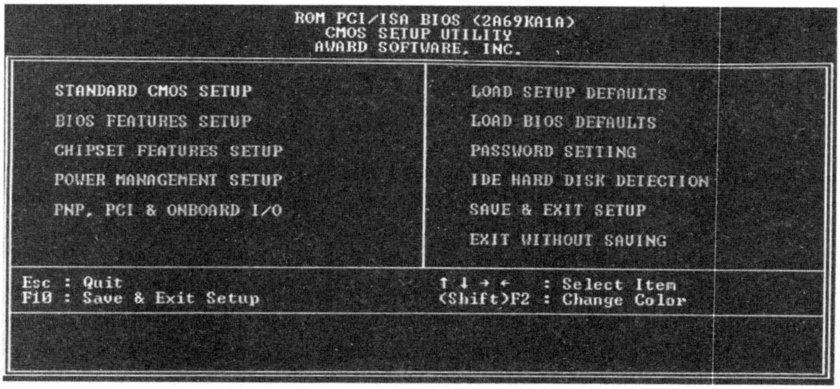

Bild 2.10: Der Setup-Hauptbildschirm bei einem PC mit Award-BIOS

In Bild 2.10 ist ein typisches Eingangsmenü zu den einzelnen BIOS-Setup-Seiten dargestellt, wobei hier – je nach Version – auch weitere Optionen möglich sein können, wie *CPU Soft Menu* oder *Integrated Peripherals*. Vielfach verstecken sich diese Optionen möglicherweise auch im *Chipset Features Setup*, eine allgemeine Regelung gibt es hierfür nicht. Daher wird an dieser Stelle zunächst nur auf die grundsätzlichen Funktionen des BIOS-Setups eingegangen; eine detailliertere Beschreibung erfolgt in den nachfolgenden Kapiteln.

Mit welchen Tasten man sich in den Setup-Seiten bewegt und die Einstellungen verändert, ist üblicherweise auf den einzelnen Seiten angegeben. Mit den Pfeiltasten der Tastatur werden meist die einzelnen Einträge selektiert, über die Bildtasten werden die vorgegebenen Parameter aktiviert, und mit der ⎡Esc⎤-Taste gelangt man zum BIOS-Setup-Hauptmenü oder verlässt den Setup.

- **Standard CMOS Setup:** grundlegende Einstellungen
- **BIOS Features Setup:** erweiterte Einstellungen
- **Chipset Features Setup:** spezielle, Chipsatz-spezifische Einstellungen
- **Power Management Setup:** Einstellungen für die Stromsparfunktionen
- **PCI Configuration Setup:** Einstellungen für den PCI-Bus und möglicherweise auch für das Zusammenspiel mit den anderen Bussystemen (AGP, ISA) des PC
- **Load Setup/BIOS Defaults:** Laden von BIOS-Setup-Voreinstellungen, die im Notfall zu aktivieren sind, wenn man alles »verkonfiguriert« hat. Es werden lediglich einige grundlegende Einheiten – mitunter auch falsch – aktiviert. Eine manuelle Nachbesserung ist danach unbedingt durchzuführen.
- **Password Setting:** Vergabe eines Passworts, um den PC vor fremden Zugriffen zu schützen. Ob die Passwortabfrage nach jedem Einschalten des PC oder nur nach dem Aufruf des BIOS-Setup stattfinden soll, wird unter *Security Option* im *BIOS Features Setup* festgelegt.
- **IDE Hard Disk Detection:** Automatische Ermittlung der Festplattenparameter, die vom *Standard CMOS Setup* übernommen werden. Diese nützliche Funktion ist oftmals auch unter *Hard Disk Utility* zu finden. Diese Funktion lässt sich den im BIOS integrierten Diagnose- und Testfunktionen zuordnen. Bei aktuellen BIOS-Setups werden über eine *Auto Detection* auch alle anderen IDE-Einheiten (z.B. CD/DVD-Laufwerke) detektiert und automatisch eingetragen. Mitunter ist in einem BIOS-Setup, wie z.B. beim Award-Medallion-BIOS (siehe Bild 2.7), keinerlei manuell auszulösende automatische Laufwerksdetektierung zu finden. Gleichwohl ist sie dennoch vorhanden – sie taucht nur nicht als extra Menüpunkt auf –, und die Laufwerke werden unmittelbar auf der Standard-CMOS-Setup-Seite angezeigt. Falls dies nicht funktionieren sollte, ist ein Anschluss- oder Konfigurationsfehler (Master/Slave-Zuordnung) zu vermuten.
- **Hard Disk Utility:** Dieses Menü ist bei dem hier als Beispiel betrachteten BIOS-Setup zwar nicht vorhanden, kann aber bei anderen, meist älteren Versionen implementiert sein und gehört ebenfalls zu den integrierten Diagnose- und Testfunktionen eines BIOS. Es enthält einige »gefährliche« und mitunter auch nicht mehr zeitgemäße Funktionen. Die hier oftmals abgelegte Funktion zur Low-Level-Formatierung von Festplatten sollte nur dann angewendet werden, wenn an der Festplatte ohnehin nichts mehr verdorben werden kann. Die üblichen (E)IDE-Festplatten sollten grundsätzlich nicht Low-Level formatiert werden, da die bei der Festplattenherstellung als *defekt* markierten und gesperrten Plattenbereiche dadurch wieder freigegeben werden könnten. Bei einem späteren Zugriff (eventuell nach

Monaten, je nach Datenaufkommen) auf diese Bereiche können dann erhebliche Datenfehler auftreten, was so weit gehen kann, dass die Festplatte komplett ihren Dienst verweigert. Nur falls der Festplattenhersteller nicht explizit den Gebrauch der Low-Level-Format-Funktion erlaubt und/oder die Festplatte nicht anderweitig (Disc Doctor Utilities u.Ä.) wieder zum Laufen zu bringen ist, sollte diese Funktion verwendet werden.

- **Save & Exit Setup:** Die festgelegten BIOS-Setup-Daten im CMOS-RAM sichern und den Setup verlassen. Zusätzlich wird eine Bestätigung mit der Taste [Z] für Y(es) verlangt, da der deutsche Tastaturtreiber im Setup nicht geladen ist.

- **Exit without Saving:** Setup verlassen ohne die getätigten Änderungen zu speichern

2.5 Hardware-Monitoring

Zuvor wurden bereits zwei integrierte Funktionen der BIOS-Sektion *Diagnose- und Testfunktionen* erwähnt, die im Grunde genommen nur einmal beim BIOS-Setup angewendet werden und ansonsten im BIOS in Ruhe verweilen. Anders sieht es mit dem Hardware-Monitoring aus, welches fast alle aktuellen Mainboards bieten, denn es finden sich hierfür ein oder auch mehrere Bausteine, die für die Überwachung von Spannungen, die Kontrolle der Lüfteraktivität und für die Messung verschiedener Temperaturen (CPU, interne Umgebung) vorgesehen sind.

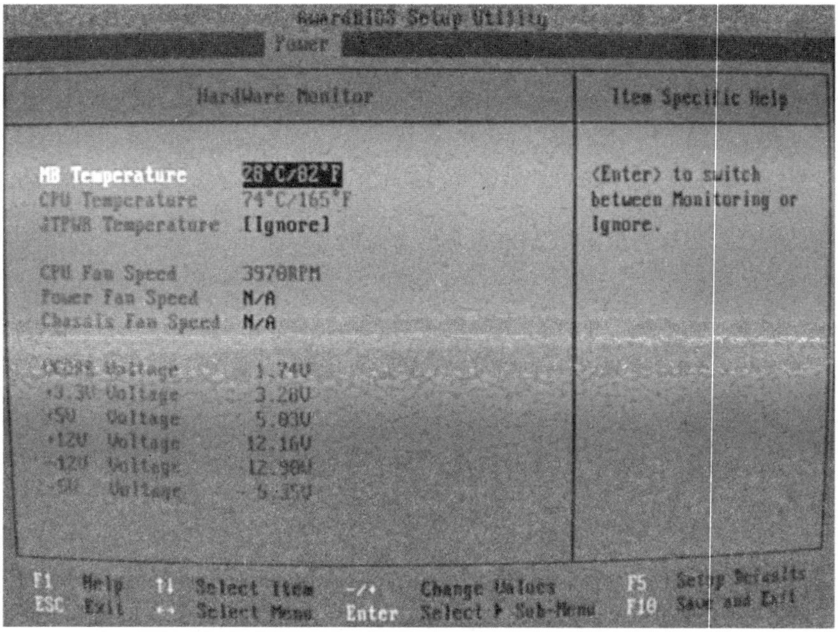

Bild 2.11: Hardware-Monitoring bei einem Award-Medallion-BIOS

Diese speziellen Bausteine werden gemeinhin als *System-Monitoring-*, *Supervisory-* oder auch als *System-Health-Chips* bezeichnet. Ein entsprechendes BIOS bietet zur Festlegung von Grenzwerten für die zu überwachenden Parameter meist eine extra Setup-Seite oder die Einstellungsmöglichkeiten finden sich mit anderen zusammen auf einer Seite wie z.B. im *Chipset Features Setup-Menü* (siehe Bild 2.12). Im BIOS sind entsprechende Routinen implementiert, die ständig durchlaufen werden und die gemessenen Werte dem BIOS selbst oder auch einem speziellen (Windows-)Programm zur Verfügung stellen können.

> **ACHTUNG**
>
> Einige Mainboard-Hersteller haben im BIOS bestimmte Grenzwerte für die mindestens erforderliche Lüfterdrehzahl oder auch die maximal zulässige CPU-Temperatur festgelegt. Wenn diese Werte nicht von vornherein erfüllt werden – also unmittelbar nach dem Einschalten des PC –, startet der PC erst gar nicht.

Was sich an einzelnen Werten festlegen oder auch nur betrachten lässt, obliegt ebenfalls dem Mainboard-Hersteller, wobei es durchaus BIOS-Versionen gibt, bei denen außer einer Abschaltung bei Erreichen einer bestimmten CPU-Temperatur nichts weiter zu manipulieren ist. Derart knapp gehaltene Konfigurationsmöglichkeiten können aber durchaus für Probleme sorgen, wenn das BIOS beispielsweise eine bestimmte Lüfterdrehzahl für den CPU-Kühler voraussetzt und ein anderer Lüfter eingesetzt wird, der zwar die notwendige Leistung erbringt, sich dabei jedoch langsamer dreht. Dies veranlasst das BIOS dazu, dass der PC erst gar nicht startet, sondern mit einem Signalton stehen bleibt. Bei einigen Mainboards der Firma Shuttle tritt dieses Phänomen beispielsweise auf. Außerdem kommt es auch vor, dass sich Sensoren im BIOS-Setup einschalten lassen, die jedoch gar nicht vorhanden sind, und wer sie (scheinbar) aktiviert, erlebt beim nächsten Einschalten eine böse Überraschung: Der PC will daraufhin nicht mehr starten, und in den BIOS-Setup kommt man auch nicht mehr, um diesen Fehler wieder korrigieren zu können. Als einziger Ausweg bleibt dann nur noch das Löschen des CMOS-RAMs, was meist durch das Umsetzen eines Jumpers auf dem Mainboard zu bewerkstelligen ist.

Hardware-Monitoring

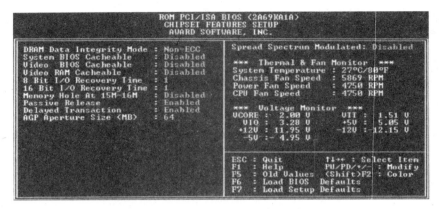

Bild 2.12: Im rechten Teil werden auf dieser BIOS-Setup-Seite die Grenzwerte für das Hardware-Monitoring festgelegt.

Zu Mainboards, die mit einem Supervisory-Chip ausgestattet sind, gehört vielfach auch ein entsprechender Treiber und eine mehr oder weniger komfortable Software (z.B. SIV, System Information Viewer) zur Konfigurierung und Anzeige der einzelnen Überwachungsdaten unter Windows. Zu einigen Boards wird beispielsweise eine Software auf der Basis des Intel LAN-Desk-Managers mitgeliefert (LDCM), die es zudem ermöglicht, die Daten des PC auch über ein Netzwerk abzufragen. Im Fehlerfall wird dann ein entsprechender Alarm über das Netzwerk gesendet.

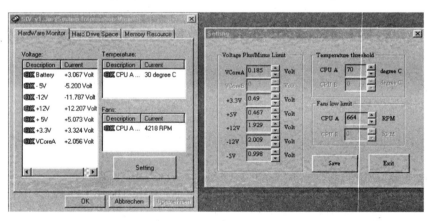

Bild 2.13: Die Kontrolle der PC-Spannungen und weiterer wichtiger PC-Betriebsdaten unter Windows mit dem Hardware-Monitor des System-Information-Viewers

3 Grundlegender BIOS-Setup

In diesem Kapitel geht es um diejenigen Einstellungen, die notwendig sind, damit der PC grundlegend funktionieren kann. Dabei gehen die Erläuterungen teilweise – wo es sinnvoll erscheint – über die Optionen des Standard-CMOS-Setups hinaus, denn auch Controller-Einstellungen, die sich auf verschiedenen BIOS-Setup-Seiten befinden, sind nun einmal für die Funktionstüchtigkeit eines PC notwendig. Im Standard-CMOS-Setup stehen die grundlegenden Einstellungsmöglichkeiten für den PC zur Verfügung. Dabei ist es für die korrekte Funktion unabdingbar, dass die hier getroffenen Festlegungen mit der tatsächlichen Hardware-Ausstattung des Computers übereinstimmen. In Teil 3 des Buches (Laufwerke konfigurieren) wird näher auf die Problematik eingegangen, was zu tun ist, wenn trotz (scheinbar) korrekter BIOS-Einstellung die verschiedenen Laufwerke im PC nicht so funktionieren, wie es gedacht ist.

An dieser Stelle sei zunächst vorausgesetzt, dass die Betriebsdaten (Takt, Core-Spannung) für die eingesetzte CPU korrekt sind, was über Jumper auf dem Mainboard oder auch per *BIOS-CPU Soft Menu* durchzuführen ist. Andernfalls würde man erst gar nicht in den BIOS-Setup gelangen – der PC startet nicht und der Monitor bleibt dunkel. Wie im nachfolgenden Abschnitt erläutert wird, sind auch für Mainboards, bei denen sich die Einstellungen für den Mikroprozessor mit einem *CPU Soft Menu* im BIOS verändern lassen, bestimmte Grundvoraussetzungen zu erfüllen, denn andernfalls verweigert er seinen Dienst.

3.1 BIOS-Setup Aufruf und die wichtigen Tasten

Der BIOS-Setup kann nach der Aufblendung einer BIOS-Meldung wie *Press DEL to enter Setup* oder ähnlich aufgerufen werden. Die [Del]-Taste entspricht dabei der [Entf]-Taste auf einer deutschen Tastatur. Je nach BIOS-Hersteller sind auch andere Tasten bzw. Tastenkombinationen möglich, um in den BIOS-Setup zu gelangen, was zwar vielfach auch angezeigt wird, verlassen kann man sich darauf aber nicht. Insbesondere bei PCs von Markenherstellern (IBM, Compaq, Dell) und Notebooks erscheint mitunter überhaupt keine derartige Anzeige. Außerdem kann sich diese Anzeige via BIOS-Setup auch unterdrücken lassen, und bei einigen Mainboards (z.B. von Intel) ist auch zunächst ein Jumper umzusetzen, damit ein BIOS-Setup-Aufruf überhaupt möglich ist. Tabelle 3.1 zeigt die gebräuchlichsten Tasten bzw. Tastenkombinationen, um den BIOS-Setup aufzurufen.

BIOS-Setup Aufruf und die wichtigen Tasten

Taste(n)	Hersteller
`Alt` + `F1`	diverse
`Alt` + `↵`	diverse
`Alt` + `Strg` + `F1`	diverse
`Entf`	Award, AMI, Phoenix
`F1`	AMI
`F2`	Phoenix
`F10`	diverse
`Strg` + `↵`	diverse
`Strg` + `Alt` + `E`	Award
`Strg` + `Alt` + `Esc`	Phoenix
`Strg` + `Alt` + `S`	Award, Phoenix
`Strg` + `Alt` + `↵`	diverse

Tab. 3.1: Gebräuchliche Tasten(-kombinationen) für den Aufruf des BIOS-Setup

Welche Tasten für die Navigation im jeweiligen BIOS-Setup vorgesehen sind, ist meist offensichtlich (siehe Bild 3.1, unterste Bildzeile). Man sollte aber daran denken, dass im BIOS-Setup noch kein deutscher Tastaturtreiber (via CONFIG.SYS) geladen ist und einige Tasten dadurch nicht ihrer deutschen Beschriftung entsprechen, sondern der englisch/amerikanischen. Hierfür können die Angaben in Tabelle 3.2 die notwendige Orientierung bieten.

Bezeichnung im BIOS-Setup	Entspricht bei deutscher Tastatur
Ctrl	`Strg`
Del	`Entf`
Home	`Pos1`
Ins	`Einfg`
PD	`Bild↓`
PU	`Bild↑`

Tab. 3.2: Im BIOS-Setup haben einige Tasten eine andere Bedeutung als ihre Beschriftung angibt.

Bezeichnung im BIOS-Setup	Entspricht bei deutscher Tastatur
Y	[Z]
–	[?]

Tab. 3.2: Im BIOS-Setup haben einige Tasten eine andere Bedeutung als ihre Beschriftung angibt. (Forts.)

3.2 Standard-CMOS-Setup

Ist eine BIOS-Setup-Hauptseite gemäß klassischem Award-Design vorhanden, ist der Standard-CMOS-Setup der erste oder auch zweite (bei vorhandenem CPU Soft Menu) Menüpunkt auf der Hauptseite (siehe Bild 2.5). Falls keine derartige Seite implementiert ist – wie bei den BIOS-Versionen im Phoenix-Layout –, gelangt man unmittelbar auf die Seite *Main*, wo die angeschlossenen Laufwerke sich ebenfalls als wesentliche Optionen bestimmen lassen.

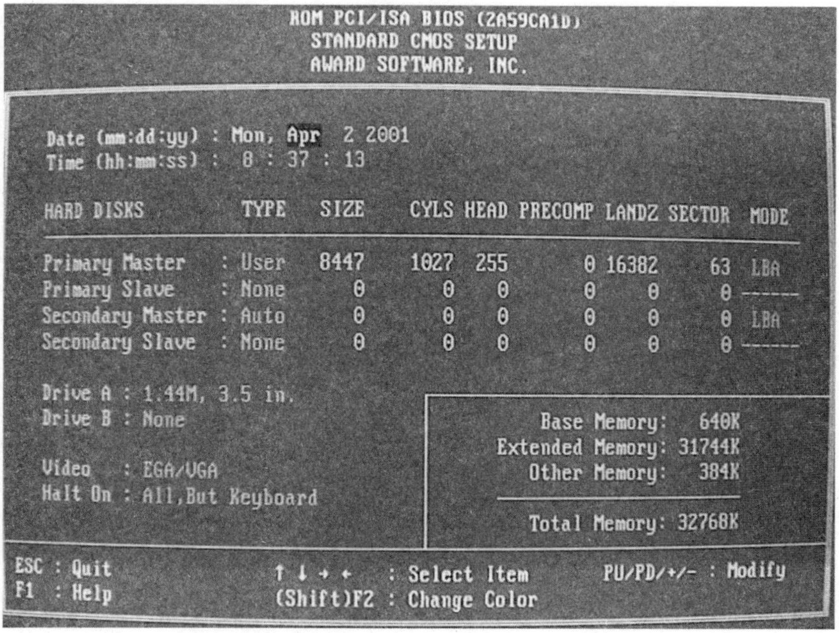

```
                    ROM PCI/ISA BIOS (2A59CA1D)
                         STANDARD CMOS SETUP
                         AWARD SOFTWARE, INC.

  Date (mm:dd:yy) : Mon, Apr 2 2001
  Time (hh:mm:ss) : 8 : 37 : 13

  HARD DISKS         TYPE    SIZE   CYLS HEAD PRECOMP LANDZ SECTOR  MODE
  Primary Master   : User    8447   1027 255     0    16382   63    LBA
  Primary Slave    : None     0      0    0      0      0      0    ----
  Secondary Master : Auto     0      0    0      0      0      0    LBA
  Secondary Slave  : None     0      0    0      0      0      0    ----

  Drive A : 1.44M, 3.5 in.
  Drive B : None                         Base Memory:     640K
                                     Extended Memory:   31744K
  Video   : EGA/VGA                      Other Memory:    384K
  Halt On : All,But Keyboard
                                        Total Memory:   32768K

  ESC : Quit         ↑↓→←    : Select Item   PU/PD/+/- : Modify
  F1  : Help         (Shift)F2 : Change Color
```

Bild 3.1: Eine typische Anzeige im Standard-CMOS-Setup

Wie bereits in Kapitel 2 kurz erläutert wurde, trifft man heutzutage meistens auf ein Award-BIOS, welches jedoch unterschiedlich aufgebaut sein kann: entweder *Award-klassisch* oder aber *Award im Phoenix-Design*, welches dann auch unter Award-Medallion-BIOS firmiert. Hier gibt es üblicherweise die im Folgenden genannten Menüpunkte, wobei die Optionen zwar prinzipiell denen entsprechen, die in Kapitel 2.4 für das klassische Award-BIOS-Setup angegeben sind, allerdings ist die Menüstruktur eine andere, und man sucht die passenden Einstellungen möglicherweise an den falschen Stellen.

- **Main:** grundlegende Einstellungen für Zeit/Datum und die Laufwerke

- **Advanced:** erweiterte Einstellungen für Speicher, Onboard-Devices, Bussysteme und gegebenenfalls die CPU

- **Power:** Stromsparfunktionen und möglicherweise auch Optionen für das Hardware-Monitoring

- **Boot:** Festlegungen für die Laufwerke, von denen gebootet werden soll, und verschiedene Boot-Optionen (Boot Virus Detection, Boot Up Floppy Seek usw.)

- **Exit:** Beenden des Setups mit oder ohne Speichern der Änderungen. Möglicherweise können an dieser Stelle auch BIOS-Voreinstellungen geladen werden.

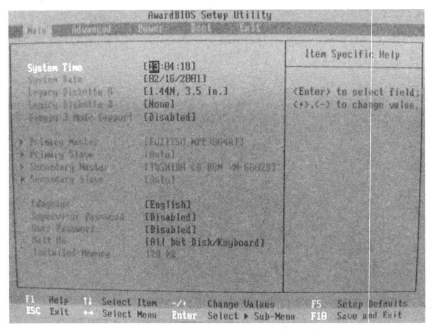

Bild 3.2: Ein BIOS-Setup im Phoenix-Layout

In allen aktuellen BIOS-Versionen finden sich Menüpunkte wie *Load Setup Defaults* (Award) oder *Auto Configuration with Optimal Settings* (AMI) sowie auch *Load BIOS Defaults* (Award) bzw. *Auto Configuration with Fail Save* (AMI). Beide Punkte halten allerdings in der Regel nicht das, was sie versprechen. Sie implementieren eine Automatik, die vom Mainboard-Hersteller im BIOS untergebracht worden ist, und eine weitere, die mehr oder weniger direkt vom BIOS-Hersteller stammt.

Zuweilen unterscheiden sich beide Einstellungsmechanismen nur minimal oder auch überhaupt nicht voneinander.

Gemein ist diesen Automatiken, dass sie BIOS-Standardeinstellungen vornehmen, damit der PC schon einmal grundlegend funktioniert. Die Ergebnisse fallen jedoch nur dann positiv aus, wenn der BIOS-Setup mal völlig missraten scheint und es keinen anderen Ausweg gibt. Bestimmte Einheiten (z.B. USB, spezielle Laufwerke) werden danach möglicherweise überhaupt nicht funktionieren, und wer zuvor etwa eine ausgeklügelte Ressourcenbelegung (Interrupts für PCI, AGP und ISA-Einheiten) hergestellt hat, die auch mit Windows prima funktionierte, wird sie danach neu erstellen können. Demnach sollten diese Automatiken tatsächlich nur im Notfall angewendet werden. Bei einem BIOS-Setup im Phoenix-Layout findet man derartige Optionen zumeist im Exit-Menü, während diese beim klassischen Award-Setup direkt auf der Menühauptseite angewählt werden können.

TIPP

> In einigen BIOS-Setup-Versionen (z.B. von AMI) gibt es die Möglichkeit (im Exit Menu), die aktuelle BIOS-Setup-Konfiguration unter einem Punkt wie *Save Custom Defaults* abzuspeichern und mit *Load Custom Defaults* wieder laden zu können.

Bei allen manuellen BIOS-Einstellungen sollte man die Empfehlung beherzigen, möglichst immer nur eine einzige Einstellung zu verändern und dann neu zu booten, um das Ergebnis begutachten zu können. Insbesondere bei den spezielleren BIOS-Setup-Seiten (BIOS Features, Chipset Features) läuft man andernfalls Gefahr, keine Rückschlüsse mehr darauf ziehen zu können, welche Einstellung nun für das Funktionieren oder auch Nichtfunktionieren verantwortlich war.

3.3 Date und Time

Das Datum und die Uhrzeit sollten mit den tatsächlichen Zeiten übereinstimmen, da diese Angaben zusammen mit Daten und Programmen gespeichert werden und sich jedes Programm, welches in irgendeiner Form Zeitinformationen verarbeitet, auf die Echtzeituhr des PC bezieht, die über *Date* und *Time* mit direkten Zahlenangaben gestellt wird.

Bild 3.3: Dieser Baustein enthält das CMOS-RAM, die Uhr und auch die Batterie. Bei neueren Mainboards wird kein spezieller Baustein als CMOS/Clock-Chip zu entdecken sein, denn in diesen Fällen ist er im Chipsatz selbst integriert.

In diesem Zusammenhang wurde das Y2K-Problem (Jahr 2000-Übergang) oftmals genannt, wenn das BIOS nicht dazu in der Lage ist, *Date* und *Time* entsprechend umzuschalten. Dies ist jedoch ein eher unbedeutendes Y2K-Problem und lässt sich im Prinzip bereits durch einen Treibereintrag in der CONFIG.SYS beheben. Außerdem kann auch Windows 9x den Datums-Bug korrigieren. Welche BIOS-Version nun korrekt umgeschaltet hat oder nicht, wird man festgestellt haben, und es ist sicher erstaunlich, dass einerseits einige Versionen für eine 286-CPU damit überhaupt keine Probleme hatten und andererseits Pentium-Mainboards damit auf die »Nase gefallen« sind.

3.4 Diskettenlaufwerke

Für zwei Diskettenlaufwerke A und B können meist die im Folgenden angegebenen Einstellungen im Standard-CMOS-Setup gewählt werden, wobei sich für das erste Diskettenlaufwerk Bezeichnungen wie *Legacy Diskette A* oder *Drive A* oder auch *Floppy A:* finden lassen. Das zweite Diskettenlaufwerk wird dagegen mit einem B: ausgewiesen. Genau genommen sind an dieser Stelle aber keine Disketten oder Floppys gemeint – wie diese Datenträger traditionell im Amerikanischen bezeichnet werden –, sondern die Laufwerke, was vielleicht als etwas spitzfindig aufgefasst werden kann. Allerdings tauchen an anderen Stellen im BIOS-Setup ebenfalls Floppy-Bezeichnungen auf, wobei die dazugehörige (genauere) Bezeichnung wie *Controller* oder *Drive* oder auch *Disk* mitunter auch weggelassen wird, sodass nicht immer deutlich wird, was damit eigentlich gemeint ist. *Floppy* ist auf jeden Fall ein Indiz für ein Diskettenlaufwerk, das Medium selbst oder auch den dazugehörigen Controller, wie sich aus den folgenden Erläuterungen genauer entnehmen lässt.

- 360 kByte 5.25"
- 720 kByte 3.5"
- 1.2 MByte 5.25"
- 1.44 MByte 3.5"
- 2.88 MByte 3.5"
- None oder Not Installed

Der gebräuchlichste Diskettenlaufwerkstyp ist nach wie vor ein 1.44 MByte-Laufwerk. Der 2.88 MByte-Laufwerkstyp hat sich nicht am Markt durchgesetzt, und die großen 5.25"-Laufwerke sind nur noch bei älteren PCs eingebaut. Falls kein zweites Diskettenlaufwerk installiert ist, muss hierfür natürlich *NONE* oder manchmal auch *Not Installed* selektiert werden.

Der mitunter zu findende Punkt *Floppy 3 Mode Support* ist ausschließlich für spezielle japanische Diskettenlaufwerke vorgesehen, die mit 300 U/min statt den üblichen 360 U/min arbeiten. Daher wird dieser Punkt auf *Disabled* geschaltet.

An dieser Stelle des BIOS-Setups würde man vielleicht auch eine Möglichkeit zur Festlegung eines ZIP- oder LS120-Laufwerks erwarten, dem ist aber nicht so, denn diese Laufwerke werden als ATAPI-Devices (am EIDE-Port) und nicht als Diskettenlaufwerke angemeldet und demnach auch so verwendet.

3.5 Onboard-Controller

Ist das Diskettenlaufwerk im BIOS-Setup korrekt angemeldet und auch angeschlossen worden, müsste es bei einem Neuboot des PC am Bildschirm angezeigt werden, was jedoch nicht bei allen BIOS-Versionen der Fall ist, da sich diese Anzeige auch abschalten lässt. Voraussetzung für das Funktionieren des angeschlossenen Diskettenlaufwerks ist allerdings, dass der Diskettenlaufwerk-Controller nicht etwa im BIOS-Setup abgeschaltet worden ist. An welcher Stelle diese Möglichkeit vorgesehen ist, kann aber unterschiedlich ausgeführt sein, sodass man möglicherweise die erweiterten BIOS-Setup-Seiten danach durchsuchen muss. Auf Seiten, die die Begriffe *On Board Devices* oder *Integrated Peripherals* führen, wird man meist fündig. Dort lassen sich auch die IDE-Controller und weitere Onboard-Einheiten ein- und ausschalten. Diese Möglichkeit ist in Bild 3.4 für den Diskettenlaufwerk-Controller als *Onboard FDD Controller: Enabled* (rechts oben) erkennbar.

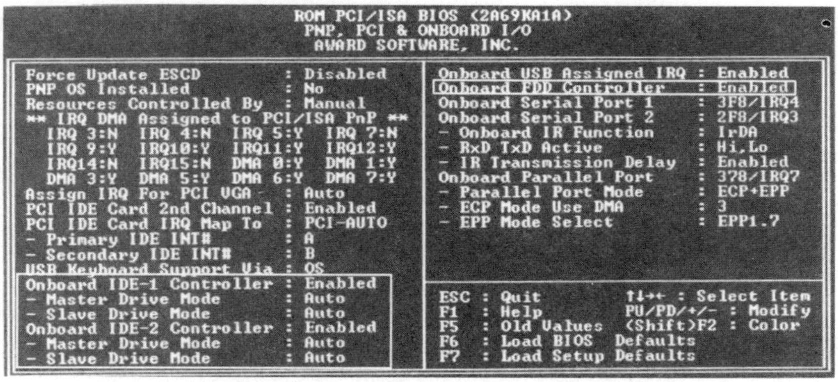

Bild 3.4: Auf dieser Seite lassen sich der Floppy Disk Controller (FDC) sowie auch die IDE- und weitere Onboard-Controller abschalten.

Prinzipiell mag zunächst nichts dagegen sprechen, alle zur Verfügung stehenden Controller einzuschalten, was jedoch mit gravierenden Problemen einhergehen kann, wenn man diese Einheiten eigentlich gar nicht benötigt. Zum einen wird durch die Abschaltung von nicht zu verwendenden Onboard-Controllern etwas Zeit beim Booten eingespart. Ist beispielsweise der zweite IDE-Controller eingeschaltet und kein Laufwerk angeschlossen, versucht das BIOS dennoch Laufwerke zu detektieren, was eine gewisse Zeit in Anspruch nimmt.

Wichtiger erscheint hingegen, dass die Controller generell PC-Ressourcen beanspruchen, wie Interrupts, Adressen und möglicherweise auch

DMA-Kanäle. Insbesondere dann, wenn der PC mit zusätzlichen Einsteckkarten ausgestattet ist, reichen die zur Verfügung stehenden Interrupts (IRQs) nicht mehr aus, sodass sich dann (später unter Windows) nicht alle Einheiten verwenden lassen, was im Geräte-Manager mit einem Fehler (gelbes Ausrufezeichen) bei der jeweiligen Einheit ausgewiesen wird. Aktuelle PC-Einheiten bzw. die dazugehörigen Gerätetreiber sollten zwar das Interrupt-Sharing beherrschen, d.h., mehrere Einheiten können dann denselben IRQ verwenden, darauf verlassen kann man sich aber nicht. In der Praxis sollte man daher von vornherein alle nicht benötigen Controller im BIOS-Setup abschalten, damit Rangeleien um die Interrupts möglichst vermieden werden.

TIPP

> Nicht benötigte Controller bzw. Onboard-Einheiten sollten im BIOS-Setup erst gar nicht eingeschaltet werden, weil sie wertvolle PC-Ressourcen belegen, die möglicherweise für andere Einheiten notwendig sind.

3.6 Floppy-Optionen

Es gibt durchaus BIOS-Versionen, bei denen es nicht möglich ist, bestimmte Onboard-Einheiten abzuschalten, wie etwa den Diskettenlaufwerk-Controller (Floppy Disk Controller: FDC) bei einem Award-Medallion-BIOS. Oftmals wird er bei aktuellen PCs aus Mangel eines entsprechenden Diskettenlaufwerkes eigentlich auch gar nicht mehr benötigt. Wer noch nicht auf ein Diskettenlaufwerk verzichten kann, ist jedoch dadurch in der Lage, problemloseines nachrüsten zu können.

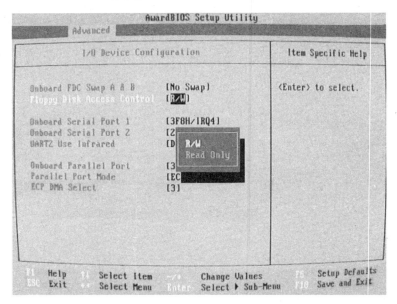

Bild 3.5: Floppy-Optionen und Controller-Einstellungen beim Award-Medallion-BIOS

Bei den meisten BIOS-Versionen sind die Optionen für Diskettenlaufwerke über die einzelnen Setup-Seiten recht verstreut. Unter *Advanced* und *I/O Device Configuration* sind beim Award-Medallion-BIOS jedenfalls (einige) Einstellungsmöglichkeiten für Onboard-Controller lokalisiert sowie *Onboard FDC Swap A&B* (siehe Kapitel 3.6.2) und *Floppy Disk Access Control*. Mit der letzteren Option (siehe Bild 3.5) kann durch die Einschaltung von *Read Only* dafür gesorgt werden, dass zwar von einer Diskette gelesen, aber nicht darauf geschrieben werden kann.

3.6.1 Boot Up Floppy Seek

Auf einer weiteren BIOS-Setup-Seite (z.B. *BIOS Features Setup* beim klassischen Award-BIOS, siehe Bild 3.6) gibt es oftmals den Punkt *Boot Up Floppy Seek*, der zunächst auf *Enabled* zu schalten ist, denn dann muss das Diskettenlaufwerk bei der PC-Initialisierung auf jeden Fall »rappeln« und die am Laufwerk befindliche Leuchtdiode kurz aufleuchten, auch wenn die Laufwerksparameter nicht richtig sein sollten. Später kann man diesen Punkt wieder auf *Disabled* zurückschalten, denn dadurch wird wieder etwas Zeit beim Boot eingespart, weil dieser Test eigentlich nur für die Detektierung eines alten 360 kByte-Diskettenlaufwerks von Belang ist.

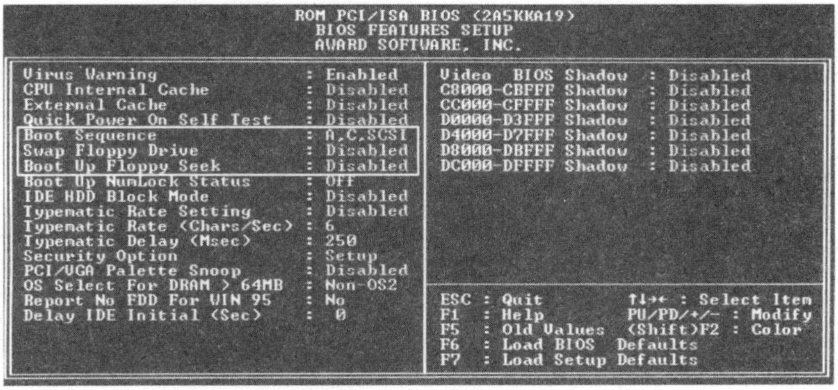

Bild 3.6: Auch im BIOS Features Setup finden sich noch Optionen (Boot Sequence, Swap Floppy Drive, Boot Up Floppy Seek) für Diskettenlaufwerke.

3.6.2 Swap Floppy Drive

Traditionell entspricht das Diskettenlaufwerk A dem 3,5"-Typ und das Diskettenlaufwerk B dem möglicherweise vorhandenen älteren 5,25"-Typ. Diese Reihenfolge ist durch den Anschluss am Controller festgelegt, wobei Diskettenlaufwerk A ein Kabel mit gedrehten Kontakten verwendet. Soll diese Zuordnung vertauscht werden (swap), weil beispielsweise eine 5,25"-Diskette für eine Programminstallation im Laufwerk A erwartet wird, muss lediglich dieser Menüpunkt aktiviert und nicht wie in früheren Zeiten die Verkabelung geändert zu werden. Generell kann diese Option also auch dafür genutzt werden, wenn das Laufwerk A:

nicht mit dem gedrehten Kabelende des Floppy-Kabels verbunden ist. Auch diese Option findet sich bei den verschiedenen Setups an unterschiedlichen Stellen, wie in Bild 3.5 und Bild 3.6 zu sehen ist.

3.7 Boot Sequence

Hier wird festgelegt, in welcher Reihenfolge das BIOS auf den Laufwerken nach dem Betriebssystem suchen soll. Ist eine Festplatte eingebaut, sollte hier C, A angegeben werden. Damit wird gleich von der Festplatte aus gebootet, und erst wenn dies aus irgendwelchen Gründen fehlschlägt, wird auf das Diskettenlaufwerk A: zugegriffen, um dann das System von diesem Laufwerk aus zu laden. Ein CD-ROM-Laufwerk kann bei allen aktuellen PCs hier ebenfalls als Boot-Quelle festgelegt werden. Die CD muss aber speziell hierfür ausgelegt, d.h. bootfähig, sein. Ein LS120- oder ein ZIP-Laufwerk (ATAPI) ist an dieser Stelle möglicherweise ebenfalls als Boot-Laufwerk zu selektieren. Bei einem Award-BIOS (siehe Bild 3.7) finden sich mindestens die folgenden Optionen, die hier, wie generell üblich, mit den PU/PD-Tasten ([Bild↑], [Bild↓]) zu selektieren sind:

- A, C, SCSI
- C, A, SCSI
- C, CDROM, A
- CDROM, C, A
- C Only
- LS/ZIP, C, A

Je nach BIOS-Typ und -Version sind auch andere Kombinationen möglich, und in letzter Zeit findet sich hier auch des Öfteren die Möglichkeit, von einem Card-Reader mit Flash-Cards booten zu können, wie etwa bei dem 2,6 GHz-Aldi-PC vom Frühjahr 2003. Die entsprechende Software (Medion Flash XL MkBOOT), um die verschiedenen Cards (SD/MMC, Memory Stick, Compact Flash, Smart Media) mit der Boot-Funktionalität auszustatten, befindet sich dabei im Lieferumfang des Systems.

Kapitel 3 · Grundlegender BIOS-Setup

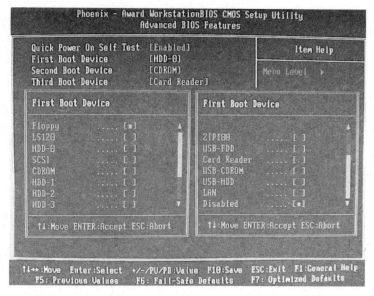

Bild 3.7: Boot-Devices in Hülle und Fülle bietet das BIOS des Aldi-PC im Advanced BIOS Features Setup.

Es mag nicht verwunderlich sein, dass die Art und Weise der Festlegung für die Boot-Devices bei den verschiedenen BIOS-Setups unterschiedlich ausfällt, und zwar nicht nur bezüglich der unterstützten Laufwerke, sondern auch im Layout. Mit dem Phoenix-BIOS – auch unter der Award-Bezeichnung – hat es sich eingebürgert, dass diese Einstellung auf einer extra Boot-Seite erfolgt. In Bild 3.8 ist zu erkennen, dass hier verschiedene Boot-Devices in einer Vierer-Reihenfolge unterstützt werden. Mithilfe der Taste [+] wird die Reihenfolge dabei verändert.

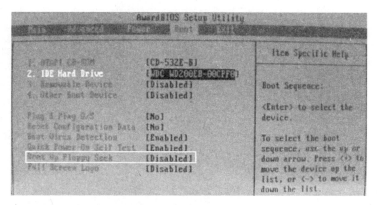

Bild 3.8: Damit die Festplatte als erstes Boot-Device festgelegt wird, ist der dazugehörige Eintrag (IDE Hard Drive) zu selektieren. Durch die Betätigung der [+]-Taste rutscht dieser Eintrag an die erste Stelle in der Boot-Reihenfolge, wo nun das CD-ROM-Laufwerk angegeben ist.

111

3.8 Hard Disks – Festplatten und ATAPI-Geräte

Heute bietet jeder übliche PC mit der Enhanced IDE-Schnittstelle, die als EIDE oder auch nur als IDE bezeichnet wird, zwei Ports, die zumeist mit *primary* und *secondary* an den entsprechenden Anschlüssen auf dem Mainbord gekennzeichnet sind. An jedem Port können sich jeweils eine Master- und eine Slave-Einheit befinden, die entsprechend zu jumpern, d.h. per Steckbrücken zu konfigurieren sind. Üblicherweise sind die jeweiligen Jumper-Stellungen direkt an den Laufwerken angegeben, oder es ist (hoffentlich) ein Zettel beim Laufwerk dabei, der über die passenden Jumper-Stellungen genauen Aufschluss bietet.

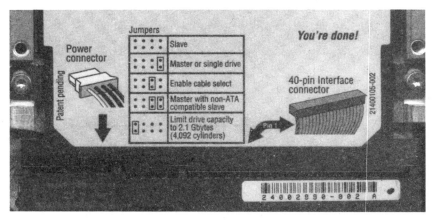

Bild 3.9: Auf einer Festplatte sollte aufgedruckt sein, wie die Jumper zu setzen sind. Befindet sich eine einzige Festplatte an einem IDE-Port, ist die zweite Stellung »Master« zu selektieren. Beim Einsatz als Slave-Festplatte ist demgegenüber kein Jumper zu stecken.

Traditionell ist die IDE-Schnittstelle für den Anschluss von Festplatten vorgesehen, wofür die ATA-Standards von Bedeutung sind, die in Teil 3 genauer erläutert werden. Da die Funktionalität dieser Schnittstelle laufend erweitert wurde, ist es auch möglich, CD- und DVD-Laufwerke oder andere Laufwerke (LS120, ZIP, Flash-Drives), die auch allgemein als *ATAPI-Devices* (Advanced Technology Attachment Packet Interface) bezeichnet werden, mit dem IDE-Interface zu verbinden.

Die Master/Slave-Konstellation gilt dabei für alle Einheiten, die an einem IDE-Port ihren Anschluss finden, sei es für Festplatten laut ATA oder auch für alle anderen Laufwerke laut ATAPI. Für ATAPI-Einheiten sind jedoch keine Parametereinstellungen in den BIOS-Setups vorgesehen, während es für Festplatten verschiedene Möglichkeiten gibt, die teilweise noch aus traditionellen Gründen in den Setups implementiert sind. Dazu zählt eine implementierte Liste mit verschiedenen Festplattentypen. Hier kann man sich den passenden Typ heraussuchen, der mit der im PC eingebauten Festplatte übereinstimmt, und diesen dann mit der Eingabetaste bestätigen. Selbst bei einigen Pentium-PCs findet man zuweilen noch diese veralteten Listen, obwohl die dort vorgeschlagenen Typen nicht mehr den heutigen Ansprüchen an die Speicherkapazität (10 bis 100 MByte) einer Festplatte genügen, sodass darauf auch nicht näher eingegangen wird. Diese Liste der vorgegebenen Festplattentypen ist im Prinzip nur für die alten MFM- und RLL-Festplatten und nicht für die IDE-Typen von Bedeutung. Gleichwohl ist mit dieser Liste auch ein Standardtyp eingeführt worden, der so genannte *USER-Typ*, der sich oftmals auch unter der Nummer 47 befindet und bei dem die Festplattenparameter manuell angegeben werden können. Die einzelnen Parameter haben dabei die folgenden Bedeutungen:

- **CYLS, Cylinder:** Angabe der Zylinder
- **HEAD:** Angabe der Köpfe
- **PRECOMP:** Write-Precompensation – Angabe des Zylinders, ab dem die Schreibvorkompensation für die Festplatte wirken soll. Die zu schreibenden Daten werden so umgesetzt, dass möglichst wenige Flusswechsel auf der magnetischen Schicht der Festplatte stattfinden, was die Datensicherheit für die alten MFM-Festplatten erhöht. Sofern vom Festplattenhersteller nicht anders angegeben, ist bei IDE keine Angabe nötig, da sie mit einem anderen Verfahren (Zone-Bit-Recording) arbeiten.
- **LANDZ, Landing Zone:** Die *Landezone* ist die Parkzone, auf die die Festplatte nach dem Abschalten abgesenkt wird. Bei IDE-Festplatten ist hier ebenfalls keine Eintragung nötig bzw. die BIOS-Setup-Automatik stellt als Landing Zone automatisch den zweithöchsten Wert der maximal möglichen Zylinderanzahl ein.
- **SECTOR:** Angabe der Sektorenanzahl. Aus den Angabe zur Zylinderanzahl, zu den Köpfen und zu den Sektoren wird mit der Sektorgröße von 512 Bytes automatisch die verfügbare Speicherkapazität der Festplatte errechnet und unter *Size* dargestellt.

In der Regel muss man die einzelnen Festplattenparameter aber nicht kennen, denn durch einen Menüpunkt des BIOS wie *IDE HDD AUTO DETECTION* auf der BIOS-Hauptmenüseite können die Parameter auch aus der Elektronik der Festplatte herausgelesen werden, die dann automatisch für die *Hard Disks-Einstellung* übernommen werden. Falls dies nicht funktionieren sollte, ist die Festplatte nicht richtig angeschlossen, der Jumper ist nicht korrekt gesetzt, oder die Festplatte ist defekt. Falls sich an einem IDE-Port ein älteres IDE-Laufwerk oder auch zwei Einheiten befinden, gibt es aber noch weitere Ursachen für ein Nichterkennen von Laufwerken im BIOS-Setup. Dies wird in Kapitel 9 ausführlich behandelt.

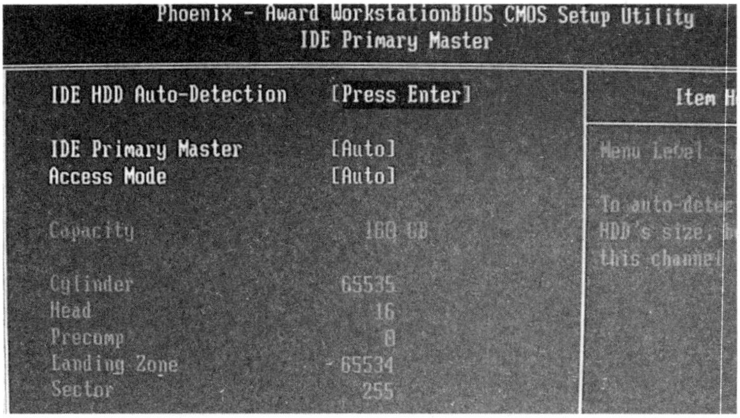

Hard Disks – Festplatten und ATAPI-Geräte

Bild 3.10: Die Festplattenparameter werden durch die Auto-Detection-Funktion korrekt ermittelt, womit die Festplatte einsatzbereit ist.

Alle aktuellen BIOS-Setup-Versionen bieten die Funktionalität der automatischen IDE-Laufwerkserkennung, und zwar nicht nur für Festplatten, sondern auch für andere gebräuchliche Laufwerke, die nach der Selektierung des AUTO-Modus direkt im BIOS-Setup oder auch erst beim Boot angezeigt werden. Möglicherweise funktioniert diese Automatik jedoch nicht wie gewünscht. In diesem Fall kann man dem BIOS-Setup auf die Sprünge helfen, indem man Laufwerkstypen oder auch Festplattenparameter, die natürlich bekannt sein müssen, einzeln angibt. Auf den Internetseiten der jeweiligen Festplattenhersteller finden sich die entsprechenden Daten.

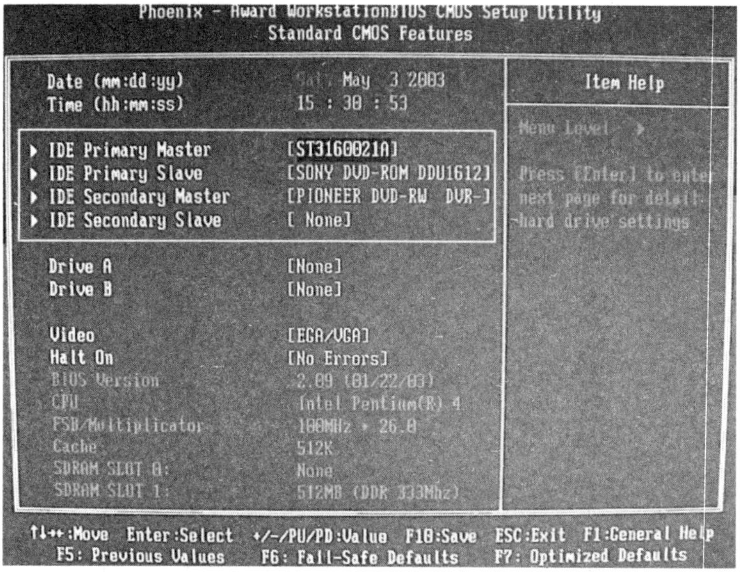

Bild 3.11: Alle angeschlossenen IDE-Laufwerke wurden automatisch erkannt.

Prinzipiell können jedoch (fast) beliebige Kombinationen aus CYLS, HEAD und SECTOR eingestellt werden. Wichtig ist dabei nur, dass die maximale Anzahl der *Logischen Sektoren* insgesamt nicht überschritten wird, die sich durch die Multiplikation der einzelnen Werte ergibt. Die IDE-Festplatten verwenden einen *Translation Mode*, der die logischen Daten in physikalische (tatsächliche) umsetzt. Die bestmögliche Ausnutzung der Kapazität ergibt sich allerdings bei der Verwendung der vom Hersteller spezifizierten Daten. Sind diese aus irgendeinem Grunde aber bei der Erstinstallation der Festplatte nicht verwendet worden, kann man theoretisch bis in alle Ewigkeit herumprobieren, um die zugrunde gelegten Daten zu ermitteln. Unter Umständen kann die Festplatte zwar auch mit abweichenden Werten verwendet werden, aber man kann nicht von ihr booten. Es gibt durchaus PC-Händler, die dieses Verfahren praktizieren, damit der Kunde seinen »verkonfigurierten« PC im Geschäft wieder reparieren lassen muss.

Der Enhanced IDE-Standard (EIDE) erlaubt im Gegensatz zum Vorläufer IDE die Unterstützung von Festplatten mit einer Kapazität, die größer als 528 MByte ist. Heutzutage entspricht jede IDE-Festplatte und jeder IDE-Adapter dem EIDE-Standard, auch wenn das »E« nicht mehr in der Bezeichnung geführt wird. Hierfür gibt es im BIOS-Setup verschiedene Möglichkeiten für die Einstellung des jeweiligen Modus:

- **Normal oder Standard CHS** (Cylinder Heads Sectors): Dieser Modus ist für Festplatten mit einer maximalen Kapazität kleiner als 528 MByte.

- **Large oder Extended CHS** (ECHS): Diese Einstellung ist für Festplatten mit einer Kapazität größer als 528 MByte, die den LBA-Mode nicht unterstützen. Diese Betriebsart ist eher ungewöhnlich und ausschließlich für DOS vorgesehen.

- **LBA oder Logical Block**: Logical Block Addressing ist der Standard-Mode für Festplatten mit einer Kapazität größer als 528 MByte.

- **Auto:** Die Festplatte wird automatisch konfiguriert und der optimale (maximal unterstützte) Mode ebenfalls eingestellt. Bei älteren IDE-Festplatten kann diese Einstellung zu Problemen führen – HD wird nicht oder falsch erkannt –, sodass stattdessen der CHS- oder LBA-Mode verwendet werden sollte.

In der Einstellung AUTO werden die Laufwerksdaten bei jedem Boot neu ermittelt, was etwas Zeit in Anspruch nimmt, und wer diese einsparen möchte, sollte nach der automatischen Detektierung die eingestellte Betriebsart noch einmal im Standard-CMOS-Setup kontrollieren und sie hier gegebenenfalls manuell korrigieren (z.B. von AUTO auf LBA). Wenn an einem IDE-Port kein Gerät angeschlossen ist, muss die Einstellung NONE gewählt werden, was ebenfalls für den Einsatz bei SCSI-Festplatten gilt, die an einem eigenen SCSI-Controller und nicht an einem IDE-Controller betrieben werden.

Hard Disks – Festplatten und ATAPI-Geräte

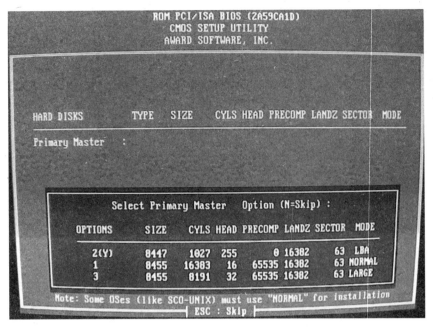

Bild 3.12: Während der automatischen Detektierung der Festplattendaten werden bei diesem (älteren) BIOS verschiedene Modi vorgeschlagen, in denen die Festplatte betrieben werden kann. LBA ist dabei der bevorzugte Mode.

Für CD/DVD-, ZIP und LS-120-Laufwerke (ATAPI-Devices) ist vorzugsweise AUTO festzulegen, damit sie ebenfalls beim Boot angezeigt werden. Bei einigen BIOS-Versionen (AMI) kann statt AUTO oder NONE auch explizit ein CD-ROM oder ein LS-120-Laufwerk eingetragen werden. Vielfach spielt es aber keine Rolle, welche Option am jeweiligen IDE-Port für ATAPI-Devices angegeben wird, sie werden trotzdem erkannt – also auch bei der Einstellung NONE. Dies gilt jedoch nicht generell, daher ist die AUTO-Einstellung die sicherste Methode, die immer funktionieren sollte. Im AMI-BIOS-Setup gibt es möglicherweise unter *Type* auch die Option *ARMD* (ATAPI Removable Media Device), wenn sie vom Mainboard-Hersteller zur Verfügung gestellt wird. Mit diesem Begriff sind gewissermaßen alle ATAPI-Devices gemeint.

3.8.1 Kapazitätsbeschränkungen bei IDE-Festplatten

Leider hat es im Laufe der Zeit immer wieder Limitierungen im Zusammenspiel des BIOS mit Festplatten gegeben, die über eine hohe Kapazität verfügen, und zwar nicht nur bei der magischen Grenze von 528 MByte. Je nach BIOS-Alter kann es eine weitere Grenze jeweils bei 2, 8, 32 und 128 MByte geben, was bedeutet, dass sich die maximale Kapazität einer IDE-Festplatte nicht ausnutzen lässt. Hierfür sind jedoch verschiedene Lösungen (siehe Kapitel 9) verfügbar, und das Einfachste ist es, wenn der

Hersteller des Mainboards ein BIOS-Update parat hat, womit die im BIOS implementierte Kapazitätsbegrenzung zu beseitigen ist.

Aufgrund traditioneller Gegebenheiten (Rückwärtskompatibilität zum Controller-Vorgänger) ist die maximale Speicherkapazität einer IDE-Festplatte zunächst auf 528 MByte begrenzt. Sie errechnet sich aus der maximalen Anzahl der Zylinder (1024), Köpfe (16), Sektoren (63) und der Kapazität eines Sektors, der üblicherweise 512 Bytes beträgt. Diese Daten ergeben miteinander multipliziert 528 MByte oder auch (richtiger) 504 MByte, wenn man mit »echten« Bytes rechnet (1 MByte = 1024 x 1024 Byte).

Parameter	BIOS	IDE (ATA)	LBA (EIDE)	CHS (IDE)
Sektorgröße	512 Byte	512 Byte	512 Byte	512 Byte
Sektorenanzahl	63	255	63	63
Zylinderanzahl	1024	65 535	1024	1024
Kopfanzahl	255	16	255	16
Maximale Kapazität	7,8 GByte	128 GByte	7,8 GByte	504 MByte

Tab. 3.3: Die maximalen Speicherkapazitäten (in echten Bytes) von Festplatten, die durch das PC-BIOS und die IDE-Standards gegeben sind

Im Jahre 1993 erschien daher die Enhanced-IDE-Spezifikation, die eine maximale Speicherkapazität von 8,4 GByte (oder 7,8 GByte in echten Bytes gerechnet) für IDE-Festplatten ermöglicht, indem nicht 16, sondern 255 Köpfe verwaltet werden. Dies entspricht der maximalen Anzahl an Köpfen (siehe Tabelle 3.3), die über den BIOS-Interrupt 13 unter DOS abgewickelt werden können. Die Erhöhung der Speicherkapazität wird durch das *Logical Block Addressing* (LBA) erreicht. Die Kapazität einer IDE-Festplatte, welche LBA unterstützt, wird beim Booten über das Identify-Kommando (ATA-Kommando) vom BIOS ermittelt. Es setzt die Kapazität dann in eine bestimmte Anzahl logischer Blöcke um, die an das Betriebssystem in Form eines CHS-Formates übermittelt werden. CHS steht dabei für *Cylinder*, *Heads* und *Sectors* und kennzeichnet die Standardbetriebsart einer IDE-Festplatte.

Ein seinerzeit aktuelles BIOS passte mit diesen Daten damit genau zum IDE-Standard mit LBA, wobei diese Spezifikation (ATA) jedoch mit 65 535 Zylindern und 255 Sektoren noch darüber hinausgeht, auf der anderen Seite jedoch nur für 16 Köpfe ausgelegt ist, was zusammengenommen zu einer maximalen Kapazität von 128 GByte führt. Es wäre schön gewesen, wenn die BIOS-Hersteller die notwendige Parameterumsetzung gleich komplett für maximal 128 GByte implementiert hätten, was jedoch leider nicht praktiziert worden ist. Mithilfe der logischen Blockadressierung ist diese Kapazität durchaus nutzbar, jedoch aufgrund der Limitierung, dass das BIOS traditionell nur mit maximal 1024 Zylin-

Hard Disks – Festplatten und ATAPI-Geräte

dern umgehen kann, ist dies nur mit speziellen Treibern möglich, die aber automatisch durch aktuelle Betriebssysteme (Windows 9x usw.) zur Verfügung gestellt werden.

> **ACHTUNG**
> Bei Festplatten mit einer Kapazität größer als 8 GByte lässt sich deren Kapazität nicht mehr über die CHS-Parameter ermitteln. Das BIOS und die Festplatte müssen die entsprechenden ATA-Befehle unterstützen, damit die jeweilige Kapazität ermittelt werden kann und die Festplatte daraufhin voll nutzbar ist.

Wenn man sich einmal die Angaben zu einer aktuellen Festplatte ansieht, wird man feststellen können, dass unabhängig davon, ob die Festplatte nun über 40, 80 oder 160 GByte verfügt, für CHS (Cylinders, Heads, Sectors) stets die IDE-Maximalwerte (siehe Bild 3.10) zu finden sind, die dann unter *Logical CHS* firmieren – also logischen und nicht physikalischen Angaben entsprechen.

Die geschilderte Art der Kapazitätsberechnung einer Festplatte funktioniert nur bis zu einer Größe von 8 GByte. Die internen Werte einer Festplatte sind demnach spätestens ab einer Größe von 8 GByte für die Ermittlung der Kapazität nicht mehr relevant, und es ist letztendlich ein optimales Zusammenspiel von BIOS und Festplatte notwendig, damit die maximale Kapazität einer Festplatte genutzt werden kann. Manuelle Konfigurationsversuche mit der Angabe der einzelnen CHS-Parameter sind daher oftmals zum Scheitern verurteilt. Hat das BIOS – automatisch oder auch manuell ausgelöst – die BIOS-Maximalwerte für eine Festplatte festgestellt, versucht es, die Daten der Festplatte über die ATA-Kommandos zu ermitteln.

Darüber hinaus kann Tabelle 3.3 entnommen werden, dass die ATA-Spezifikation eine Unterstützung von Festplatten mit einer maximalen Kapazität von 128 MByte vorsieht, sodass bei größeren Kapazitäten wieder eine Erweiterung notwendig wird. Der neueste ATA-Standard schreibt daher eine Sektor-Adressierung mit 48 Bit statt wie bisher 28 Bit ($2^{28} \times 512 = 128$ GByte) vor, womit theoretisch eine Festplatte mit 128 Petabyte eingesetzt werden könnte. Die 48-Bit-Adressierung wird dadurch ermöglicht, dass das IDE-Adressregister zweimal hintereinander gelesen wird; erst der höherwertige, dann der niederwertige Teil der Sektornummer, wofür neue ATA-Kommandos implementiert werden, aber keinerlei elektrische Veränderungen am IDE-Interface notwendig sind. Demnach könnte auch hier ein BIOS-Update für die Verwendung von Festplatten mit einer Kapazität von über 128 GByte sorgen. Das Betriebssystem muss diese Adressierungsart allerdings ebenfalls unterstützen, was erstmalig Windows XP mit Service Pack 1 zu leisten vermag. Mainboards, die den Ultra DMA 6-Mode mit 133 MByte/s bieten, sollten standardmäßig auch mit der 48-Bit-Adressierung umgehen können.

3.8.2 Die Controllereinstellung

Es kann durchaus der Fall sein, dass überhaupt kein Laufwerk an einem IDE-Port Funktionieren will. In diesem Fall ist wahrscheinlich der zuständige Controller im BIOS-Setup abgeschaltet. Die passende Einstellung hierfür befindet sich üblicherweise auf einer Seite mit einer Bezeichnung wie *Integrated Peripherals*, *Onboard Devices* oder auch unter *PNP, PCI & Onboard I/O* (siehe Bild 3.4), was wieder von der jeweiligen BIOS-Version abhängig ist. An dieser Stelle lassen sich dann meist auch verschiedene Modi wie *PIO* oder *Ultra DMA* bestimmen (mehr dazu in Kapitel 9). Für den grundlegenden Setup sollte es zunächst ausreichen, dass die Controller eingeschaltet sind und im Zweifelsfall der AUTO-Mode aktiviert wird. Bei älteren IDE-Festplatten sollte mindestens ein PIO-Mode für eine korrekte Detektierung der Festplatte Sorge tragen können.

```
          Phoenix - Award WorkstationBIOS CMOS Setup Utility
                      SIS OnChip IDE Device

   Internal PCI/IDE              [Both]                    Item Help
   IDE Primary Master  PIO       [Auto]
   IDE Primary Slave   PIO       [Auto]              Menu Level    ▶▶
   IDE Secondary Master PIO      [Auto]
   IDE Secondary Slave  PIO      [Auto]
   Primary Master   UltraDMA     [Auto]
   Primary Slave    UltraDMA     [Auto]
   Secondary MasterUltraDMA      [Auto]
   Secondary Slave  UltraDMA     [Auto]
   IDE DMA transfer access       [Enabled]
   IDE Burst Mode                [Enabled]
   IDE HDD Block Mode            [Enabled]
```

Bild 3.13: Die beiden IDE-Controller sind eingeschaltet, die jeweiligen Modi werden automatisch ermittelt, und alle weiteren IDE-Optionen sind ebenfalls aktiviert. Dies ist nicht unbedingt optimal, empfiehlt sich jedoch zunächst für die grundlegende Funktion aktueller IDE-Laufwerke.

Bei BIOS-Versionen im Phoenix-Layout ist der für die IDE-Controller zuständige Punkt nicht immer unmittelbar zu finden, meist trifft man jedoch über *Advanced* und *Chip Configuration* auf diesen wichtigen Eintrag (siehe Bild 3.14). Der hier ebenfalls anzutreffende Eintrag *Onboard PCI ATA Chip-Enable* betrifft nicht die beiden Standard-IDE-Controller, sondern einen extra Chip – typischerweise der Firma Promise –, der zwei zusätzliche IDE-Ports für Festplatten zur Verfügung stellt, was sich möglicherweise auch für eine RAID-Realisierung verwenden lässt. Wer diese Ports nicht verwendet, tut gut daran, hier DISABLED einzuschalten, weil die Suche nach Festplatten an diesen Ports den Boot-Vorgang erheblich verzögert.

Video

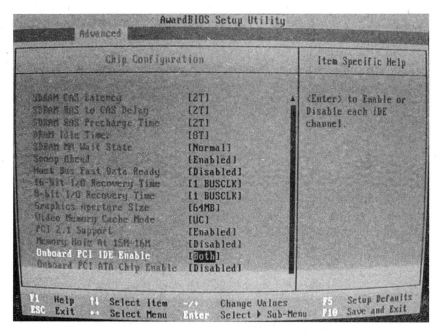

Bild 3.14: Nicht immer leicht zu finden: Die Einschaltung der IDE-Controller bei BIOS-Versionen im Phoenix-Layout.

3.9 Video

Für den Grafikadapter und nicht etwa eine Videokarte, wie es die Bezeichnung dieser BIOS-Option vermuten lässt, sind üblicherweise die folgenden Einstellungen im Standard-CMOS-Setup möglich. Dabei spielt es keine Rolle, um welchen Typ (Onboard, ISA, PCI, AGP) es sich handelt:

- Monochrome(Hercules, MDA)
- Color 40 x 25(CGA40)
- Color 80 x 25(CGA80)
- VGA/PGA/EGA(Farbe)
- Not Installed ...(keine Karte installiert)

Der angegebene Video-Typ ist lediglich für die Initialisierung nötig und bedeutet keineswegs, dass die Grafikkarte daraufhin etwa nur als Standard-VGA-Karte (640 x 480 Bildpunkte) verwendet werden kann, wenn diese hier selektiert worden ist. VGA ist an dieser Stelle aber gewissermaßen die leistungsfähigste Option und bietet das Maximum dessen, was direkt unter DOS ohne zusätzliche Treiber (VESA) nutzbar ist. Im Nachhinein – sobald Windows initialisiert wird – werden sicherlich leistungsfähigere Grafikkartentreiber geladen und falls dies aus irgendeinem Grunde nicht korrekt funktionieren sollte, bleibt es bei Standard-VGA.

Im Grunde genommen ist diese Option nur noch aus traditionellen Gründen in den BIOS-Setups zu finden und wird daher beim Award-Medallion-BIOS beispielsweise auch gar nicht mehr zur Konfigurierung angeboten.

3.10 Halt On

Der PC hält während der Initialisierung bei der Detektierung eines jeden Fehlers, der jedoch nicht schwer wiegender Natur sein darf, mit einer Fehlermeldung an, wenn *All Errors* eingestellt ist. Es kommt aber durchaus vor, dass eine Tastatur oder ein Diskettenlaufwerk fälschlicherweise als defekt detektiert wird und nach dem Boot-Vorgang dennoch einwandfrei funktioniert. In diesem Fall kann man eine entsprechende Umschaltung vornehmen, wodurch die Fehlermeldung unterdrückt wird und der PC dennoch gestartet werden kann.

- All Erros
- No Errors
- All, But Keyboard
- All, But Diskette
- All, But Disk/Key

Üblicherweise sollte jedoch *All Errors* eingestellt werden. Es kann aber auch sinnvoll sein (Schutz vor Vireneinschleusung), dass der PC nicht startet, wenn das Diskettenlaufwerk verriegelt ist – sich im Laufwerk A also eine Diskette befindet. Die betreffende Einstellung lautet dann *All, But Disk/Key*.

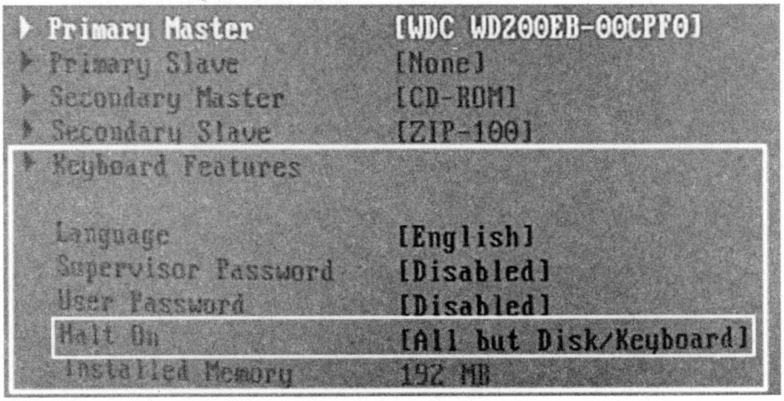

Bild 3.15: Das Award-Medallion-BIOS bietet unter »Main«, was letztendlich dem Standard-CMOS-Setup entspricht, noch einige weitere Konfigurationsmöglichkeiten.

3.11 Memory und andere Optionen

Die Angaben über den Speicher im BIOS-Setup-Progamm lassen sich nicht verändern, die jeweilige Größe wird vom BIOS automatisch ermittelt, wobei die Summe der einzelnen Memory-Einträge (Base, Extended, Other) die gesamte installierte DRAM-Größe (Total Memory) ergeben muss. Diese Art der Speicheraufteilung ist wie so vieles beim PC traditionell bedingt und ergibt sich aus der ursprünglichen maximalen Größe des Arbeitsspeichers von 640 kByte (DOS), plus dem Adapterbereich (Other) ab 640 kByte bis 1 MByte (384 kByte) und dem Extended-Memory-Bereich, der den Speicher ab 1 MByte bis hin zur installierten Größe (siehe Bild 3.16) kennzeichnet.

- Base Memory: typisch 640 kByte
- Extended Memory: z.B. 31 744 kByte
- Other Memory: typisch 384 kByte
- Total Memory: 32 768 kByte (= 32 MByte, da 1 kByte = 1024 Byte sind)

Die Art der Memory-Anzeige kann aber wieder von der BIOS-Version und dem BIOS-Hersteller abhängig sein, sodass mittlerweile auch vielfach (quasi ab dem Medallion-BIOS) auf diese veraltete Darstellung des Speichers verzichtet wird und der gesamte Speicher unter dem BIOS-Eintrag *Installed Memory* (siehe Bild 3.15) dargestellt wird, ohne diesen weiter zu unterteilen.

Bild 3.16: Darstellung des Speichers sowie der beiden typischen Grafik- und Fehler-Optionen bei einem älteren Award-BIOS

Beim Boot des PC wird der Speicher üblicherweise getestet und »hochgezählt«, was mit einem akustischen Tickgeräusch einhergeht und zum gleichen Ergebnis wie im BIOS-Setup führen muss. Falls sich eine Unstimmigkeit zwischen der tatsächlich installierten und der angezeigten RAM-Kapazität ergeben sollte, kann in einem erweiterten Setup (z.B. Chipset Features Setup) zumindest versucht werden, die Festlegungen für die DRAMs auf unkritischere Werte einzustellen (z.B. DRAM Wait State, DRAM Burst Timing). Bewirkt dies nach einem Neuboot keine Veränderung an der Memory-Anzeige, kann nur noch ein Tausch der Speichermodule weiterhelfen. Generell ist das Zusammenspiel der Mainboards mit den eingesetzten Modulen nicht ganz unkritisch und auch eine der häufigsten PC-Fehlerquellen. Dies wird in Kapitel 6.2 detaillierter ausgeführt. Zuweilen ergibt sich auch eine scheinbare Unstimmigkeit in der Anzeige der Gesamtkapazität, wenn für bestimmte Bereiche Shadow-RAM eingeschaltet ist.

Bild 3.17 zeigt eine aktuelle Darstellung des Speichers bei einem Award-BIOS. Hier sieht man, welche Speicher-Slots mit welchen Modulen bestückt sind, was zusammengefasst den nutzbaren DRAM-Arbeitsspeicher ergibt. Die SDRAM-Angaben sind dabei wie diejenigen für die CPU grau geschaltet und daher nicht durch den Anwender zu manipulieren. Man muss sich also darauf verlassen können, dass das BIOS die Module und natürlich auch den Prozessor korrekt erkennt.

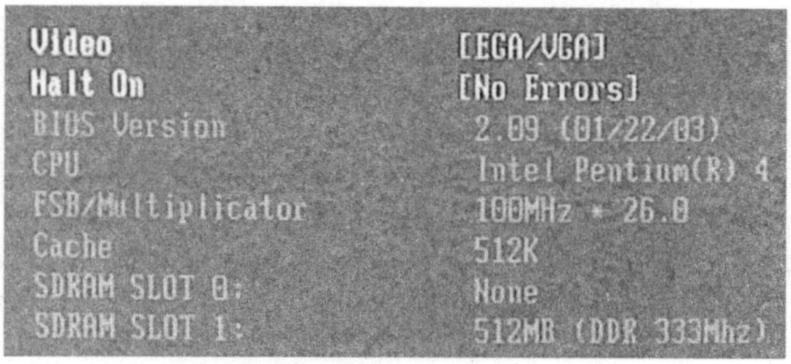

```
Video                [EGA/VGA]
Halt On              [No Errors]
BIOS Version         2.09 (01/22/03)
CPU                  Intel Pentium(R) 4
FSB/Multiplicator    100MHz * 26.0
Cache                512K
SDRAM SLOT 0:        None
SDRAM SLOT 1:        512MB (DDR 333Mhz)
```

Bild 3.17: Aktuelle Darstellung der Speicher- und CPU-Daten bei einem Award-Setup

Im Standard-CMOS-Setup und insbesondere auf der Seite »Main« bei den BIOS-Versionen im Phoenix-Layout sind mitunter noch einige weitere Dinge (siehe Bild 3.15) einzustellen, wie *Keyboard Features* (Tastaturanpassung) sowie Passwörter für den Zugriff auf den BIOS-Setup (*Supervisor Password*) und für den Start des PC (*User Password*). Diese Optionen sind jedoch zunächst – für den grundlegenden BIOS-Setup – ohne Bedeutung, was in meisten Fällen auch für die Umschaltung der Sprache (*Language*) gilt, denn selbst wenn sich dieser Eintrag auf *German* umschalten lassen sollte, tragen die eingedeutschten BIOS-Setup-Begriffe oftmals eher zur Verwirrung bei, als dass sie die Sachlage erhellen. Vielfach fördert *Language* ohnehin nur Englisch zutage.

3.12 Speichern und Beenden des BIOS-Setup

In den meisten Fällen ist es möglich, durch die Betätigung der ⌈Esc⌉-Taste den BIOS-Setup zu beenden bzw. ihn damit zu verlassen, woraufhin ein Neuboot des PC stattfindet. Beim Award-Standard-BIOS kann man mithilfe dieser Taste quasi jederzeit und aus jedem Menüpunkt heraus auf die Hauptseite springen und hier SAVE & EXIT SETUP (speichern und verlassen) oder EXIT WITHOUT SAVING (verlassen ohne zu speichern) selektieren. Also eine einfache Sache, wobei man es sich aussuchen kann, ob die getätigten Änderungen im CMOS-RAM bei dieser Gelegenheit gespeichert werden sollen oder nicht. Die in diesem Kapitel erläuterten grundlegenden Einstellungen sind dabei relativ ungefährlich, d.h., selbst bei falschen Eingaben ist es eher selten, dass der PC daraufhin völlig versagt und kein Bild mehr auf den Monitor produzieren kann, es lassen sich nur bestimmte Einheiten nicht korrekt nutzen. Bei den Speicher- und CPU-Einstellungen, die in den nächsten Kapiteln an der Reihe sind, ist die Sachlage weitaus kritischer, und es ist dabei durchaus möglich, den PC mit unpassenden Einstellungen komplett lahm zu legen.

Gleichwohl sollte stets beherzigt werden, nicht (aus Panik) aus den Menüs herauszuspringen, ohne die genannten Optionen kontrolliert zu haben. Der Überblick geht außerdem schnell verloren, wenn gleich mehrere Parameter in einem Rutsch verändert werden, sodass es sich empfiehlt, die neue Konfiguration zunächst zu speichern und einen Neuboot zur Kontrolle auszuführen, was insbesondere Anfängern in dieser Thematik geraten sei, die für die optimale Konfiguration dann mehrere BIOS-Setup-Durchgänge benötigen.

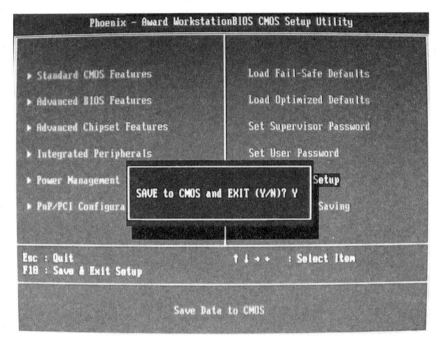

Bild 3.18: Speichern der Konfiguration und Verlassen des Setup

Beim Award-Medallion-BIOS gelangt man über die [Esc]-Taste stets auf die Exit-Seite, wo sich weitere Möglichkeiten für das Abspeichern, das Verlassen und auch das Laden von Setup-Einstellungen (Load Setup Defaults) bieten. Wie bereits eingangs erwähnt, führen die implementierten Default-Einstellungen (vom BIOS- und/oder Mainboard-Hersteller) zwar nicht zu einem optimal eingestellten PC, allerdings können sie einen Rettungsanker bieten, falls der PC völlig verstellt worden ist. Wie die Bild 3.18 und Bild 3.19 zeigen, sind verschiedene Default-Einstellungen möglich, die von ihrer grundsätzlichen Funktion her identisch sind, auch wenn sie sich – je nach BIOS-Version – von unterschiedlichen Seiten aus aufrufen lassen.

Kapitel 3 · Grundlegender BIOS-Setup

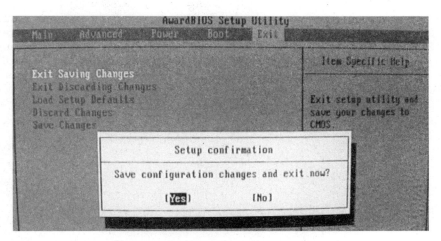

Bild 3.19: Beenden des Setup bei einem Award-Medallion-BIOS

Mit *Exit Discarding Changes* wird der Setup ohne die Speicherung der neu getätigten Eingaben verlassen, *Discard Changes* verwirft alle Veränderungen seit dem Aufruf des Setups, und über *Save Changes* werden diese explizit gespeichert, bevor man vielleicht noch weitere Eingaben tätigen will.

magnum

Teil 2

Mainboard-Troubleshooting

Das Mainboard stellt das Herzstück eines jeden PC dar. Was dabei im Einzelnen an Optionen für die Konfigurierung, sei es per BIOS oder auch mithilfe von manuellen Einstellungselementen (Jumper, DIP-Schalter), möglich ist, verrät der zweite Teil des Buches.

4 Grundsätzliche Systemfehler aufdecken

Der PC wird eingeschaltet, und es passiert rein gar nichts, der Monitor und die Anzeigen am PC-Gehäuse (Power, Festplatte) bleiben dunkel, es erschallt weder ein vertrautes Geräusch vom Lüfter noch von den Laufwerken. Das Netzteil eines PC ist diejenige Einheit, welche die einzelnen PC-Einheiten mit Strom versorgt und kommt in einem derartigen Fall zunächst als Fehlerquelle in Betracht. Einerseits muss jedoch nicht gleich das Netzteil defekt sein, sondern es kann auch an ganz profanen Dingen liegen. Andererseits ist es möglich, dass das PC-Netzteil auch dann der »Übeltäter« ist, wenn nur eines der zuvor genannten Phänomene auftritt. Diese Thematik soll in diesem Kapitel näher erläutert werden.

Die erste Frage, die man sich stellen sollte, ist die, wie es zu diesem Fehler gekommen sein kann, denn es ist durchaus möglich, dass der Fehler bei einem neuen PC, den man gerade ausgepackt hat, auftritt oder dass der Fehler urplötzlich (gestern ging der PC doch noch) in Erscheinung tritt oder dass man zuvor irgendwelche hardwaretechnischen Änderungen am System vorgenommen hat. Die folgenden Kapitel behandeln alle drei Punkte gleichermaßen.

4.1 Neu und schon defekt?

Ist der PC gerade frisch ausgepackt worden, ist ein Transportschaden denkbar, was möglicherweise auch an einem beschädigten Gehäuse erkennbar ist. Sind äußerlich keinerlei derartige Anzeichen zu entdecken, müsste man den PC als Nächstes aufschrauben. Bei komplett erworbenen PCs verweigern jedoch einige Anbieter eine kostenlose Reparatur, wenn beispielsweise ein angebrachtes Garantiesiegel oder der Schraubensicherungslack beschädigt wird.

Solche Gewährleistungsausschlüsse sind bei einem PC leider nicht unüblich. Obwohl ein PC konzeptionell auf Erweiterbarkeit ausgelegt ist und der Einbau einer Steckkarte oder das Erweitern des RAM-Speichers nun einmal nicht ohne das Öffnen des Gehäuses möglich ist, kann der Kunde durch das Aufschrauben in die Lage kommen, beweisen zu müssen, dass nicht er selbst einen Fehler verursacht hat. Aus diesem Grunde sollte man sich genau überlegen, ob der PC nicht gleich an den Händler retourniert werden sollte.

War der PC originalverpackt, ist der erste Blick stets auf die Rückseite des PC zu richten (siehe Bild 4.1), dorthin, wo sich das Netzteil befindet, was durch das Lüftergitter leicht zu lokalisieren ist. Hier befindet sich meist ein Schiebe- oder auch Drehschalter, mit dem die landesübliche Netzspannung festgelegt wird. 230V sind in Europa üblich und 110V in den USA. Steht der Schalter auf 110V und der PC wird eingeschaltet, ist damit möglicherweise das frühzeitige Ende des Netzteiles gekommen, und nur wenn man Glück hat, löst lediglich eine (netzteilinterne) Sicherung aus.

Bei einigen Netzteilen findet sich statt der Angabe 230V auch 220V, 240V oder 220–260V, was jedoch stets dasselbe bedeutet: die in Deutschland übliche Netzspannung, die über die Jahre von den Elektrizitätswerken von 220V auf 240V gesteigert wurde. Eine Wahlmöglichkeit zwischen 220V und beispielsweise 240V gibt es bei elektrischen Geräten im Allgemeinen nicht.

Selbstverständlich ist auch bei einem einzeln erworbenen Netzteil als Erstes zu überprüfen, ob der Netzspannungswahlschalter in der richtigen Stellung steht, denn bekanntlich gehen die Netzteile in aller Herren Länder, und man kann keineswegs sicher sein, dass der Importeur jeweils die korrekte Spannung eingestellt hat.

Bild 4.1: Der Wahlschalter für die Netzspannung muss auf 230V stehen und keinesfalls auf 110V.

Der zweite Blick gilt dem Netzkabel, denn selbst erfahrene Anwender bringen es mitunter fertig, den Kaltgerätestecker am Netzteil nicht richtig einzustecken, was zuweilen auch etwas schwer geht, sodass der Stecker dann nur lose in der Buchse sitzt und sich kein richtiger Kontakt ergeben kann. Leider passiert es immer wieder, dass das Netzkabel dem Komplett-PC nicht beiliegt. Selbstverständlich sollte man hier keineswegs anfangen, aus irgendwelchen (alten) Verlängerungskabeln oder Steckern/Buchsen ein Netzkabel »zusammenzustricken«.

Ein passendes Netzkabel sollte sicherheitshalber immer parat sein, welches im Fehlerfall auch als Ersatz für das mitgelieferte herhalten kann, obwohl es eher selten passiert, dass ein derartiges Kabel defekt ist. Ein stark geknicktes Netzkabel – der Stuhl steht aus Versehen auf dem Kabel – oder angebrochene Stecker und Buchsen sind auf jeden Fall ein Warnzeichen dafür, dass das Netzkabel möglicherweise nicht in Ordnung ist. Bei PCs in den üblichen Mini-Tower-Gehäusen, die ihren Platz zumeist auf dem Schreibtisch finden, kommt es jedoch recht häufig vor, dass das Gehäuse zu dicht an die Wand geschoben wird, und da der Netzstecker meist der am weitesten herausragende Anschluss ist, kann das Kabel direkt am Stecker doch recht stark geknickt werden oder die Buchse im Netzteil erleidet dabei sogar einen mechanischen Schaden, was sich (später) als Wackelkontakt herausstellen kann. Ein übliches Netzkabel verfügt zwar über einen so genannten *Knickschutz* (siehe Bild 4.2), was vor einer mechanischen Beschädigung schützen soll, gleichwohl kann es dennoch über Gebühr strapaziert worden sein und wird dann genau an dieser Stelle beschädigt. Im Handel sind jedoch auch gewinkelte Gerätenetzstecker verfügbar, damit der Anschluss nicht zu weit aus dem Gerät herausragt.

4.2 Safety first – Vorsicht Spannung!

Bevor es weiter um den PC und das PC-Netzteil geht, eine dringende Warnung vorweg: 230V sind absolut lebensgefährlich, und niemals sollte ein PC aufgeschraubt – oder schlimmer noch – ein Netzteil geöffnet werden, wenn das Netzkabel am PC eingesteckt ist! Den Stecker stattdessen aus der Steckdose zu ziehen, führt zwar ebenfalls zu einem »stromlosen« PC, allerdings kann es in der Hektik schon einmal passieren, dass man das falsche Kabel – vielleicht das vom Monitor oder Drucker – erwischt, und der PC liegt immer noch an der gefährlichen Netzspannung.

> **ACHTUNG**
> Den PC oder gar das Netzteil nie öffnen, wenn das Netzkabel am PC nicht herausgezogen ist!

Gefährlich für die PC-Elektronik kann elektrostatische Ladung werden, wie man es beispielsweise von der Rolltreppe im Kaufhaus her kennt, bei deren Berührung man einen leichten elektrischen (ungefährlichen) Schlag erleiden kann, weil man selbst aufgeladen ist, was von der jeweiligen Kleidung oder auch dem Fußbodenbelag herrührt. Diese Energie kann durchaus elektronische Bauteile zerstören, wozu in erster Linie die CPU und die Speicherbausteine zu rechnen sind. Aus diesem Grunde sollten die Kontakte von elektronischen Bauelementen nie direkt berührt werden. Bei Arbeiten an den PC-Innereien entlädt man sich daher am besten, indem ein metallischer und geerdeter Gegenstand wie z.B. eine Schreibtischlampe angefasst wird. Im PC-Zubehörhandel gibt es auch spezielle Metallarmbänder, die man sich umlegen kann und die mit der »Erde« zu verbinden sind, damit die Auflagung hierüber abgeleitet wird. Wer jedoch nicht selbst elektronische Schaltungen entwickelt und aufbaut, kann getrost auf diese Ausgabe verzichten, wenn stets bedacht wird, sich durch die Berührung eines geerdeten metallischen Gegenstandes sicherheitshalber zu entladen. PC-Techniker und selbst Schaltungsentwickler verwenden diese Armbänder meist auch nicht, weil sie die Bewegungsfreiheit einschränken und außerdem eine vermeintliche Sicherheit suggerieren, denn möglicherweise ist das Armband nicht korrekt geerdet.

Im Grunde genommen sind diese Armbänder für die üblichen PC-Arbeiten schlichtweg überflüssig, und wer als Profi tatsächlich Umgang mit empfindlichen CMOS-Chips hat, benötigt ohnehin komplette antistatische Arbeitsplätze mit speziellen Tischen, Stühlen und geerdeten Gerätschaften, wie es in den Entwicklungslabors der Fall ist und nicht in einer PC-Werkstatt.

4.3 Anschlussfehler identifizieren

Der Wechselspannungswahlschalter am PC-Netzteil steht auf 230V, die Haussicherung ist in Ordnung, aus der Steckdose kommt tatsächlich eine Spannung (die Steckdosenleiste ist nicht ausgeschaltet), das Netzkabel ist in Ordnung und fest in der Buchse des PC eingesteckt, doch der PC ist immer noch stumm.

Als nächstes sollten alle Verbindungen zu den externen Geräten wie Tastatur, Drucker, Modem und Monitor abgezogen werden. Besondere Aufmerksamkeit verdient dabei der Monitor, wenn er über eine Netzanschlussbuchse – über die einige Modelle verfügen – am PC mit den 230V versorgt wird. Im Zuge der gesetzlichen Regelung der elektromagnetischen Verträglichkeit (EMV) und der Einführung des CE-Zeichens wird diese zusätzliche Buchse für den Monitor jedoch oftmals nicht mehr eingebaut oder durch ein zusätzliches Blech verdeckt. Es haben sich schon Fälle ereignet, in denen ein Monitor (z.B. der Firma Yakumo) die externe Abschaltung der Netzspannung – über das PC-Netzteil – nicht verträgt, da die Unterdrückung für den Leuchtpunkt im Monitor nur funktioniert, wenn der Power-Schalter am Monitor selbst betätigt wird. Falls man also den Monitor selbst nicht ausschaltet, sondern dies immer über den PC erledigt, kann der Monitor dabei auf Dauer ernsthaft Schaden nehmen, sodass man die Buchse am Netzteil für den Monitoranschluss (sicherheitshalber) nicht verwenden sollte. Diese Buchse ist andererseits jedoch ganz praktisch, um hier Steckernetzteile von externen Geräten wie einem ZIP-Laufwerk oder Lautsprechern anzuschließen, damit diese bei ausgeschaltetem PC keinen Strom verbrauchen.

Bild 4.2: Einige – meist ältere – PCs besitzen eine geschaltete Netzbuchse (oben) für den Netzanschluss eines Monitors, wobei die Verwendung dieser Buchse nicht unproblematisch ist.

Ist der Monitor defekt, kann er im ungünstigsten Fall auch das PC-Netzteil »mit sich ziehen«. Die 230V werden zwar nur über die Netzleitung in das Netzteil eingespeist und am Anschluss für den Monitor wieder ausgegeben, allerdings liegt – eventuell über eine Sicherung – der Schalter des Netzteils in diesem Leitungsweg, der aufgrund einer unzulässig hohen Stromaufnahme, ausgelöst durch den defekten Monitor, durchgebrannt sein kann. Näheres zum Netzteilschalter ist in Kapitel 4.6.1 zu finden.

Ist der PC nach dem Abziehen der externen Geräteanschlüsse zum Leben erwacht, steckte einer der Anschlüsse in der falschen Buchse oder eines der angeschlossenen Geräte selbst ist ebenfalls defekt. Bei einer zu hohen Stromaufnahme oder einem Kurzschluss schaltet sich das PC-Netzteil nämlich komplett ab, was dazu führt, dass gar nichts mehr geht. In der Praxis ist ein derartiger Fall, dass sich ein externes Gerät, wie ein Modem oder ein Drucker, für das Abschalten des PC-Netzteils verantwortlich zeichnet, jedoch relativ selten, denn es müsste den hohen Strom über die PC-Anschlussbuchsen ziehen, was mit ziemlicher Sicherheit an verschmorten Kabeln oder Anschlüssen zu erkennen wäre. Dies würde man spätestens nach dem Abziehen der Verbindungen feststellen können.

Bild 4.3: Relativ verwechslungssicher und übersichtlich sind die externen Anschlüsse erst mit dem ATX-Standard geworden, dem fast alle aktuellen PCs entsprechen.

Bei den älteren PC-Modellen nach *BAT-Standard* (*Baby Advanced Technology*) werden die Verbindungen zwischen den Buchsen an der PC-Gehäuserückseite und dem Mainboard über einzelne Kabel hergestellt, weil sich die Buchsen hier nicht direkt auf dem Mainboard (Onboard) befinden, wie es bei den ATX-Modellen (siehe Bild 4.3) der Fall ist. Demnach sind auch diese Verbindungswege bei der Fehlersuche mit einzubeziehen.

Der Falschanschluss von externen Geräten müsste sich aufgrund einer übersichtlichen Beschriftung der einzelnen Buchsen am PC und der Beschreibung in den Handbüchern zu den einzelnen Peripherie-Einheiten eigentlich vermeiden lassen, es können jedoch auch die Verbindungsleitungen zwischen dem PC und dem externen Gerät defekt sein und womöglich einen Kurzschluss bilden. Durch das schrittweise Wiederanschließen der Geräte müsste sich nunmehr das fehlerhafte Gerät ermitteln lassen und der PC daraufhin starten.

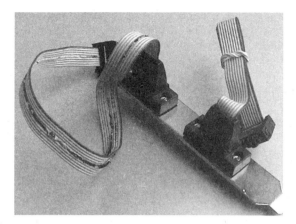

Bild 4.4: Das defekte, an diese serielle Schnittstelle angeschlossene Modem hat derartig viel Strom gezogen, dass eine Leitung des Verbindungskabels weggebrannt ist. Glücklicherweise hat sich das PC-Netzteil rechtzeitig abgeschaltet, sodass kein größerer Schaden entstanden ist.

4.4 Wackelkarten im PC

Nach der Kontrolle der externen Anschlüsse geht es zwangsläufig in das PC-Innere, denn auch hier können einzelne Komponenten dafür sorgen, dass sich das PC-Netzteil abgeschaltet hat. Was für die externe Peripherie zutrifft, gilt im verstärkten Maße für die interne, denn hier gibt es weitaus mehr Möglichkeiten, dass ein Teil defekt oder falsch angeschlossen ist.

Der Sitz der Einsteckkarten in den Steckplätzen (Slots) verdient zunächst einen prüfenden Blick. Die Karten können bei einer unzureichenden Befestigung (teilweise) aus dem Slot gerutscht sein und einen Kurzschluss verursachen. Insbesondere einige ältere ISA-Karten unterliegen derartigen Fertigungstoleranzen, dass sie sich sogar im Slot um Millimeter hin und her schieben lassen.

Alle Karten sollten unverrückbar in den Slots sitzen, was erst einmal dadurch gekennzeichnet ist, dass sie am Slot-Blech fest angeschraubt sind. Außerdem müssen die Platinenkontakte einer Karte 1:1 auf die Kontakte im Slot treffen, und sie dürfen dabei auch nicht schief im Slot sitzen. Der Abstand sowohl vorn als auch hinten von der Karte zum Slot hin muss exakt der gleiche sein, dennoch müssen sich dabei die elektrischen Verbindungen zum Slot ergeben. Diese drei Punkte sind mitunter aber nicht optimal zu erreichen, was in Fertigungstoleranzen, sowohl bei den Gehäuse- als auch den Kartenherstellern, begründet liegt und eigentlich nicht vorkommen sollte.

Kapitel 4 · Grundsätzliche Systemfehler aufdecken

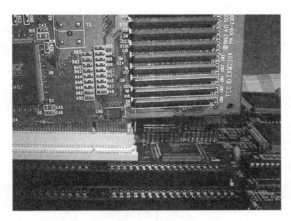

Bild 4.5: Entweder funktioniert nur diese Karte nicht, oder sie bildet sogar einen Kurzschluss, wenn sie derart schief im Slot sitzt.

Wenn die Slot-Blechschraube einer Einsteckkarte am Gehäuse »richtig« angezogen wird, kann die Karte dadurch (leicht) hinten aus dem Slot gehebelt werden, und schon ist ein Kurzschluss möglich. Dieses Phänomen, welches noch nicht einmal selten vorkommt, ergibt sich auch dadurch, dass das Mainboard nicht in der richtigen Höhe eingebaut wurde oder sich durchbiegt, was durch nicht passendes Montagematerial oder schlichte Schlamperei beim Zusammenbau eines PC verursacht worden sein kann.

Bild 4.6: Bei einigen PCs werden die Karten nicht mit einzelnen Schrauben, sondern mit einer speziellen Klammer befestigt, was jedoch nicht zwangsläufig sicherstellt, dass die Karte auch fest und tief genug im Slot sitzt.

Wer sich ganz sicher sein will, dass der PC nicht aufgrund einer Einsteckkarte – aus welchen Gründen auch immer, sie könnte ja auch defekt sein – seinen Dienst verweigert, sollte im Problemfall alle Karten aus dem Mainboard entfernen. Mitunter reicht es schon aus, sie dann der Reihe nach wieder korrekt einzubauen, damit der PC funktioniert. Dabei sollten die Karten zunächst wieder in den ursprünglichen Slot eingebaut werden. Falls dies nicht befolgt wird, wird Windows beim nächsten Boot neue PC-Einheiten detektieren und hierfür die passenden Treiber einrichten wollen. Es sind zwar die gleichen Einheiten wie zuvor, allerdings wurde durch den »Kartentausch« die Konfiguration des PC verändert, was Windows dazu veranlasst, die neue Hardware-Umgebung einzurichten.

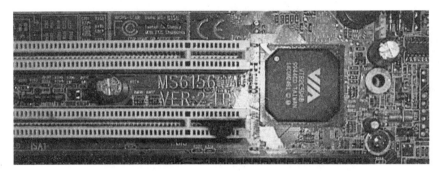

Bild 4.7: Nach dem Herausziehen der PCI-Karte offenbart sich das Problem: Die defekte Karte hat den Slot und damit auch die Mainboard-Elektronik durchbrennen lassen. Hier war eine Netzwerkkarte montiert, die über das Netzwerkkabel einer Überspannung ausgesetzt war.

Als problematisch haben sich eine Zeit lang insbesondere AGP-Grafikkarten erwiesen, die nach einiger Zeit (scheinbar ohne besonderen Grund) aus dem Slot rutschen, was immer dann passieren kann, wenn hier keine zusätzliche Halterung für die AGP-Karte vorgesehen ist. Zunächst wurde eine zusätzliche Befestigung mit einer Art Kabelbinder (Klammer) realisiert, der die Karte hinten im Slot halten soll, was zwar besser ist als gar keine zusätzliche Befestigung, allerdings wird diese Klammer oftmals beim Ein- oder Umbau vergessen.

Bild 4.8: Der Bleistift zeigt auf die AGP-Kartenhalterung, die der Befestigung mit einem Kabelbinder ähnelt.

Eine aus dem Slot herausgerutschte AGP-Karte ist gewissermaßen ein Standardfehler, der recht häufig vorkommt, wobei sich der PC bzw. das Netzteil komplett abschaltet, wenn die Karte einen Kurzschluss verursacht, oder es wird nur kein Bild auf dem Monitor produziert, und das Netzteil läuft weiterhin. Dabei ist jedoch auf jeden Fall Gefahr im Verzug, denn die Karte kann (mit Geruch und Qualm) mehr oder weniger unscheinbar vor sich »hinschmoren« (siehe Bild 4.7). Eine irreparable Beschädigung der Mainboard- und/oder der AGP-Grafikkarte ist dabei recht wahrscheinlich.

Erst bei neueren Mainboards und AGP-Grafikkarten gibt es eine optimale Befestigung in Form eines Stößels am AGP-Slot, der in die entsprechende Aussparung bei der AGP-Karte einrasten muss, ein Prinzip, das man auch von den Speichermodulen her kennt und das für eine unverrückbare Befestigung Sorge trägt.

Bild 4.9: Der Stößel muss in die Aussparung der AGP-Karte einrasten, andernfalls sitzt die Karte nicht korrekt im Slot und wird nicht funktionieren.

Ob das PC-Netzteil alle notwendigen Spannungen für die PC-Slots generiert, lässt sich natürlich mit einem Multimeter nachmessen. Viel einfacher erfolgt die Überprüfung jedoch mit einer PC-Testkarte, wie den in Teil 5 beschriebenen POST-Code-Karten, die mithilfe von Leuchtdioden anzeigen, ob alle notwendigen Spannungen vorhanden sind.

4.5 Interne PC-Fehler lokalisieren und beseitigen

Nachdem die externen Anschlüsse und die Einsteckkarten als Fehlerquellen ausgeschieden sind, sollten (schrittweise) alle Spannungsanschlüsse, die vom Netzteil an die Laufwerke gehen, abgezogen werden (der PC ist natürlich schon längst von der Netzspannung getrennt worden!). Wenn der PC nun immer noch »tot« ist, wird mit dem Spannungsanschluss für das Mainboard ebenso verfahren. Nicht zu vergessen sind dabei auch Spannungsanschlüsse, die weder an ein Laufwerk noch an das Mainboard gehen, sondern an ein Anzeigepanel für die Leuchtdioden an der Frontplatte oder zu verschiedenen Kühlern/Lüftern. Einige Grafikkarten sind außerdem zusätzlich mit einem Spannungsanschluss für ihre Stromversorgung (nicht ihren Lüfter) versehen, was ebenfalls zu beachten ist.

Bei vielen aktuellen PCs gibt es möglicherweise eine ganze Reihe von zusätzlichen Lüftern, wie auf dem Kühlkörper der Grafikkarte und mitunter auch auf einem Chip des Mainboards (Northbridge). Wenn das Mainboard und die Grafikkarte noch in Betrieb sind, darf natürlich auf keinen Fall einer von diesen Lüftern zum Test abgeklemmt werden, was ebenso für die CPU gilt, die ohne ausreichende Kühlung sofort den Hitzetod sterben kann.

> **ACHTUNG** Für den Test dürfen auf keinen Fall die Lüfter von den noch in Betrieb befindlichen Einheiten (CPU, Grafikkarte, Mainboard) von der Spannungsversorgung getrennt werden.

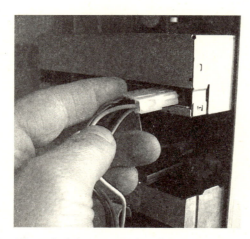

Bild 4.10: Alle Kabel des Netzteils sollten schrittweise von den Laufwerken und auch vom Mainboard abgezogen werden, um eine kurzschlussverursachende Einheit zu ermitteln.

Hängen nach der Absolvierung der einzelnen Schritte mittlerweile alle (internen) Leitungen des Netzteils in der Luft, ist das Netzteil mit ziemlicher Wahrscheinlichkeit defekt, wenn es sich dadurch nicht zur Arbeit hat bewegen lassen. Probeweise sollte das Netzteil jedoch noch einmal mit der Festplatte verbunden werden, denn einige Netzteile funktionieren nicht, wenn nicht eine gewisse Grundlast an Strom gezogen wird. Das Messen der PC-Netzteilspannungen mit einem Multimeter kann somit durchaus zu einer falschen Diagnose führen (Netzteil defekt), nur weil die erwartete Spannung nicht ansteht, und diese wird vom Netzteil nicht generiert, weil kein Strom fließt.

An dieser Stelle sollte nunmehr folgende Diagnose möglich sein: Entweder ist das Netzteil defekt oder eine interne PC-Einheit (z.B. Mainboard, Laufwerk bzw. auch deren Anschlusskabel), die in den weiteren Kapiteln ausführlich behandelt werden, während es in dem folgenden Kapitel noch etwas genauer um das PC-Netzteil geht.

4.6 Das Netzteil

Für PCs existieren verschiedene Netzteiltypen, die sich im Wesentlichen in ihrer Bauform und ihrer Leistung voneinander unterscheiden, was spätestens dann relevant wird, wenn ein defektes Netzteil ausgetauscht werden muss. Es sollte natürlich versucht werden, das defekte Netzteil durch ein möglichst identisches zu ersetzen, was jedoch bei älteren PCs zum Problem werden kann, da der betreffende Typ nicht mehr erhältlich ist.

Der jeweilige Hersteller des Netzteils spielt dabei keine große Rolle, denn es gibt davon eine Vielzahl. Es darf aber kein Netzteil mit einer geringeren Leistung als das ursprünglich im PC vorhandene eingebaut werden, und es muss auch genau so wie das alte in den PC passen und entsprechend eingebaut werden können. Von mechanischen Arbeiten – wie z.B. zusätzliche Bohrungen am Gehäuse und/oder Netzteil vorzunehmen – ist dringend abzuraten, denn erstens sind dann weitere Probleme zu erwarten, wie z.B., dass die Laufwerke auch nicht mehr richtig passen und die Gehäusestabilität nicht mehr gegeben ist, und zweitens kann die elektrische Sicherheit (Erdung) dabei auf der Strecke bleiben.

Eine grobe Unterteilung der Netzteiltypen kann anhand des Gehäusetyps erfolgen. Bei einem großen Gehäusetyp wie dem *Tower* ist das Netzteil grundsätzlich für eine höhere Leistung ausgelegt, als es in einem Desktop oder Slim-Line-Gehäuse der Fall ist, da man bei diesem Typ davon ausgeht, dass zusätzliche Komponenten wie Laufwerke und andere Peripherie eingebaut werden, welche natürlich ebenfalls mit Strom versorgt werden müssen. Je größer das Gehäuse, desto leistungsfähiger und somit größer ist auch das integrierte Netzteil ausgelegt. »Je größer, desto besser« kann man hier jedoch nicht allgemein konstatieren, denn die damit einhergehende Geräuschentwicklung des Lüfters im Netzteil kann als sehr störend empfunden werden.

Temperaturgesteuerte Lüfter, die sich erst dann einschalten, wenn eine bestimmte Temperatur im Netzteil überschritten worden ist, und einem nicht ständig auf die Nerven fallen, sind leider immer noch nicht standardmäßig vorgesehen. Daher kann man davon ausgehen, dass bei größeren (leistungsfähigeren) Netzteilen eher mit störenden Lüftergeräuschen zu rechnen ist als bei kleineren. Ist der Austausch des Netzteils notwendig, sollte daher – wenn möglich – eines gewählt werden, welches über einen temperaturgesteuerten Lüfter verfügt.

Problematisch beim Ersatz eines Netzteils sind stets herstellerspezifische PCs wie beispielsweise von den Firmen Compaq oder Hewlett-Packard, bei denen die Netzteile zum einen meist übertreuert und zum anderen auch nicht immer leicht zu beschaffen sind.

Eine weitere Unterteilung der Netzteiltypen ergibt sich dadurch, ob sie für BAT-, ATX- oder auch NLX-Gehäuse vorgesehen sind. Diese drei Standards definieren unterschiedliche Formfaktoren für das Gehäuse, das Mainboard und auch das Netzteil. Bild 4.11 zeigt zunächst zwei übliche PC-Netzteile nach dem Baby-AT-Standard (BAT), wobei für das linke – und relativ alte – heute kaum mehr Ersatz zu finden ist. In diesem

Fall bleibt einem meist nichts anderes übrig, als ein neues Gehäuse mit Netzteil zu erwerben, was leider mit dem Umbau des gesamten PC verbunden ist und sich in den meisten Fällen aus Kostengründen nicht mehr lohnt.

Der Netzschalter

Bild 4.11: Zwei ältere BAT-Netzteile unterschiedlicher Bauform. Das rechte Netzteil besitzt den üblichen externen Netzschalter, der meist an der PC-Gehäusefront montiert ist, während der Schalter beim linken Netzteil direkt angebracht ist.

Von einem Netzteil nach dem BAT-Standard werden generell die Spannungen +5V, –5V, +12V und –12V geliefert. Wie viel Strom die einzelnen Ausgänge abgeben können, hängt von der angegebenen Wattzahl (W) des Netzteils ab. Sie errechnet sich aus der Multiplikation der jeweiligen Spannung mit dem entsprechenden Strom und der Addition aller Wattangaben.

Spannung	Strom	Watt	Kabelfarbe
+5 V	20 A	100	rot
–5 V	0,5 A	2,5	weiß
+12 V	8 A	96	gelb
–12 V	0,5 A	6	blau

Tab. 4.1: Die Daten und die Farbkennzeichnung eines 200 W-Netzteils, die für alle PC-Netzteile nach dem BAT-Standard üblich sind

Die schwarzen Leitungen des Netzteils sind die Masseleitungen (GND, Ground). Für die Laufwerke und möglicherweise auch das Anzeige/Bedienpanel sind die anderen Leitungen des Netzteils mit den Farben Gelb, Schwarz und Rot vorgesehen. Sie sind zusammengefasst an großen und kleinen Steckern befestigt.

Die Anschlüsse sind dabei so konfektioniert, dass Verwechslungen eigentlich ausgeschlossen sind und nur dann mit Gewalt hervorgerufen werden können, wenn versucht wird, den Verpolungsschutz zu überwinden. Es empfiehlt sich daher, an diesen Kabeln keine Änderungen vorzunehmen. Adapterkabel, die von einem großen Anschluss, der für Festplattenlaufwerke vorgesehen ist, den Übergang zu einem kleinen schaffen, der vorwiegend für 3,5"-Disketten-Laufwerke eingesetzt wird, sind im Handel für ein paar Euro zu haben.

Der Spannungsanschluss für ein BAT-Mainboard besteht – wie in Bild 4.12 zu sehen ist – aus den beiden Steckern P8 und P9, die nie vertauscht werden dürfen, da dies die Mainboard-Elektronik zerstören würde. Entweder merkt man sich, dass sich die schwarzen Leitungen der beiden Stecker immer innen gegenüberstehen müssen oder man bringt hier eine Markierung an.

Bild 4.12: Die Stecker für den Spannungsanschluss eines BAT-Mainboards sind mit P8 und P9 bezeichnet und dürfen nie verwechselt werden.

Ein Kabel am P8/P9-Anschluss, das üblicherweise *orange* ist, führt das Power-Good-Signal, welches über Pin 1 an P8 signalisiert, dass sich die Spannungen im vorgeschriebenen Toleranzbereich (siehe Tabelle 4.2) befinden. Die +12 V werden vorwiegend für die Laufwerke verwendet, während die 5 V für das Mainboard und ebenfalls für die Laufwerke eingesetzt werden. Die negativen Spannungen werden nur für bestimmte Peripherie, wie Modem- oder Datenerfassungskarten, benötigt, sodass diese Ausgänge oftmals auch nur einen maximalen Strom von typischerweise 0,5 A liefern können.

Die Ausgänge sind gegen zu hohe Spannungen oder einen zu hohen Strom bei Kurzschluss und gegen Übertemperatur geschützt, was einen Schutz bei einem Kurzschluss oder auch einer Einsteckkarte, die sich nicht richtig im Slot befindet, bieten soll. Eine Überspannung ist erreicht, wenn der +5 V- oder der +12 V-Ausgang seinen Wert um 200 % überschreitet, ein Überstrom dann, wenn einer der Ausgänge den Nennwert um 130 % überschreitet. Wird einer dieser Zustände erreicht, schaltet das Netzteil sofort ab und kann erst dann wieder eingeschaltet werden, wenn die Fehlerquelle beseitigt worden ist.

Spannung	unterer Wert	oberer Wert
+5 V	+4,0 V	+5,9 V
−5 V	−4,0 V	−5,9 V
+12 V	+ 9,6 V	+14,2 V
−12 V	−9,6 V	−14,2 V

Tab. 4.2: Die definierten Toleranzbereiche für die Versorgungsspannungen eines BAT-PC-Netzteils

Die Toleranzbereiche stellen sich in der Praxis mitunter doch als zu lasch dar, denn bei einem »richtigen« Kurzschluss wird das PC-Netzteil zwar abschalten, gleichwohl sind »Schmorvorgänge« im PC (siehe Bild 4.7) durchaus denkbar, was schlimmstenfalls bis hin zu einem Wohnungsbrand führen kann. Außerdem ist selbst bei der Einhaltung der angegebenen Mindestspannungen, die mit einem Voltmeter im vermeintlichen Fehlerfall leicht nachgemessen werden können, keineswegs sichergestellt, dass alle PC-Einheiten damit auch einwandfrei funktionieren. Die durch eine relativ hohe Belastung – es sind viele Einheiten, wie z.B. »stromfressende« Festplatten, angeschlossen – hervorgerufene geringere Ausgangsspannung kann zur Folge haben, dass ein Modem ständig eine Verbindung abbricht oder eine Sound-Karte beim Samplen »Knacker« produziert. In einem derartigen Fall – es sind noch zahlreiche weitere denkbar – sollten einige Laufwerke versuchsweise abgehängt werden. Falls sich die Situation dadurch gebessert hat, sollte ein Netzteil mit einer höheren Ausgangsleistung erworben werden.

Bei allen aktuellen PCs wird kein Netzteil nach BAT-, sondern nach *ATX-Standard* (AT eXtended) oder auch ein Ableger davon verwendet. Etwaige Unterschiede zwischen den ATX-, LPX- oder auch den NLX-Varianten sind in diesem Zusammenhang nicht von Bedeutung. Die Bezeichnung ATX wird im Folgenden als Synonym für diese PC-Netzteiltypen verwendet.

Wichtig ist aber, dass es hier einen anderen Mainboard-Anschluss gibt und dass diese Netzteile durch einen logischen Pegel bzw. einen Impuls ein- und ausgeschaltet werden. Hierfür befindet sich an der PC-Frontplatte ein Taster und kein netztrennender Schalter, wie es bei den BAT-Netzteilen der Fall ist. Durch einen Tastendruck wird dabei das Signal

PS-ON (auch als *Power On* oder ähnlich bezeichnet) auf Masse gezogen. Dabei muss der Taster in der Regel bis zu drei Sekunden lang gedrückt werden, andernfalls wird das Netzteil und damit der PC nicht eingeschaltet. Auf dieses Phänomen kann man leicht hereinfallen, da fälschlicherweise vermutet wird, dass der PC defekt ist, weil das Netzteil nicht sofort angesprungen ist. Mitunter kann durch die zeitliche Dauer der Tastenbetätigung und in Abhängigkeit vom jeweiligen Systemzustand (Standby, Sleep) auch das Power Management beeinflusst werden, was hier jedoch keine Rolle spielen soll, zumal diese Funktion vom jeweiligen PC abhängig und nicht allgemein gültig ist.

Ein Netzschalter – falls vorhanden – ist bei ATX stets im Netzteil selbst eingebaut (siehe Bild 4.1). Leider gibt es aber durchaus ATX-Systeme, die keinen netztrennenden Schalter auf der PC-Rückseite besitzen, was dazu führt, dass der PC ständig Strom verbraucht, auch wenn er von der PC-Frontplatte her ausgeschaltet erscheint. Eine geschaltete Netzbuchse für den Anschluss eines Monitors, wie es bei einigen PCs nach BAT-Standard gegeben ist, gibt es bei ATX-Systemen nicht. Aus diesem Grund empfiehlt sich der Einsatz einer schaltbaren Steckdosenleiste, wo der PC und die Peripherie-Einheiten angeschlossen werden. Diese – wie z.B. Modems oder Scanner – benötigen oftmals ein externes Steckernetzteil; demnach gibt es hier ebenfalls keinen netztrennenden Schalter, und es wird bei eingestecktem Steckernetzteil auch bei ausgeschaltetem Gerät unnötigerweise Strom verbraucht.

Bild 4.13: Der ATX-Mainboard-Anschluss

Der nicht vertauschungssichere Anschluss für die Spannungsversorgung des Mainboards, bestehend aus zwei Steckern (P8, P9), wurde bei ATX durch einen einzigen ersetzt. Neben den üblichen Spannungen von +5V, –5V, +12V und –12V, mehreren Masseleitungen (COM = common = gemeinsam) und dem Power-Good-Signal (PW-OK) sind nunmehr auch 3,3V vorhanden sowie die Signale Power-On (PS-ON) und 5V-Standby (5VSB).

Pin-Nr.	Kabelfarbe	Funktion	Pin-Nr.	Kabelfarbe	Funktion
11	orange	3,3 V	1	orange	3,3 V
12	blau	3,3 V	2	orange	–12 V
13	schwarz	COM	3	schwarz	COM
14	grün	5 V	4	rot	PS-ON
15	schwarz	COM	5	schwarz	COM
16	schwarz	5 V	6	rot	COM
17	schwarz	COM	7	schwarz	COM
18	weiß	PW-OK	8	grau	–5 V
19	rot	5VSB	9	lila	5 V
20	rot	12 V	10	gelb	5 V

Tab. 4.3: Die Signale des ATX-Mainboard-Anschlusses mit den Farben der einzelnen Leitungen

Nur relativ wenige ATX-Netzteile und Mainboards bieten den Power-Anschluss in zwei Varianten (P8, P9 und ATX), wobei es sich jedoch generell empfiehlt, keine Kombination von Baby-AT- und ATX-Komponenten vorzusehen, denn auch das Gehäuse ist im Standard mit einbezogen, und mit dieser Komponente kann es (mechanische) Schwierigkeiten beim Einbau des Mainboards geben.

Bild 4.14: Dieses BAT-Mainboard wird entweder über den BAT- (unten) oder den ATX-Connector (oben) mit dem passenden Netzteil verbunden.

Die Spannungsanschlüsse für die Laufwerke sind die gleichen geblieben wie beim BAT-Standard, während die Toleranzbereiche der Spannungen etwas strenger gefasst sind, als dies beim BAT-Standard üblich ist, was jedoch gleichermaßen – wie bereits erwähnt – zu Problemen führen kann.

Spannung	unterer Wert	oberer Wert
+5 V	+ 4,75 V	+5,25 V
–5 V	–4,75 V	–5,25 V
+12 V	+11,4 V	+12,6 V
–12 V	–11,4 V	–12,6 V
+3,3 V	+3,17 V	+3,43 V
+5VSB	+4,75 V	+5,25 V

Tab. 4.4: Zulässige Toleranzbereiche der Spannungen bei ATX-Netzteilen

Mit den Pentium 4-Mainboards ist der ATX-Standard um zusätzliche Spannungsanschlüsse erweitert worden, um dem erhöhten Stromverbrauch dieser CPU Rechnung tragen zu können. Dementsprechend sind auch hierfür passende Netzteile notwendig, die einen zusätzlichen ATX12V- und einen AUX-Anschluss für 3,3V und 5V bieten. Ab der zweiten Pentium 4-Generation mit 478-Pins (µPGA-Sockel), die gegenüber der ersten eine geringere Stromaufnahme hat, ist der AUX-Anschluss aber nicht mehr explizit vorgeschrieben, weil die CPU nunmehr allein aus den 12V gespeist werden soll. Über Spannungsregler auf dem Mainboard wird diese Spannung dann auf die für die jeweilige Pentium 4-CPU notwendige Spannung (Bereich 1,1V–1,6V) stabilisiert. Der AUX-Anschluss hat im Übrigen das Layout für einen P8/P9-Stecker, der hier keinesfalls angeschlossen werden darf, es gibt ihn jedoch nur – wie erläutert – bei BAT-Netzteilen. Der ATX12V-Anschluss ist für Pentium 4-Systeme aber nach wie vor notwendig und wird daher eigentlich von allen aktuellen P4-Mainboards vorausgesetzt, weil der übliche ATX-Anschluss nur für maximal 6A spezifiziert ist und eine Pentium 4-CPU leicht 8A aufnehmen kann.

Bild 4.15: Der zusätzliche ATX12V-Anschluss bei Pentium 4-Mainboards mit einem Teil der Stabilisierungselektronik (Kondensatoren, Regler mit Kühlkörper)

Ähnliche Probleme mit der hohen CPU-Stromaufnahme gibt es auch bei Athlon-Systemen von AMD, wobei bisher jedoch keine allgemein gültige Standardisierung für einen zusätzlichen Spannungsanschluss zu erkennen ist, was nebenbei bemerkt auch auf Dual- oder Multiprozessor-Boards zutrifft. Die Firma AMD pflegt auf ihren Internetseiten mehrere Listen für passende Mainboards, Netzteiltypen und auch Lüfter, die bei der (Ersatz-)Beschaffung unbedingt konsultiert werden sollten. Viele Athlon-Mainboards weisen als zusätzlichen Anschluss eine Buchse auf, wie sie auch bei den üblichen Laufwerken zum Einsatz kommt, und demnach kann hiermit ein Laufwerksspannungsanschlusskabel des ATX-Netzteils verbunden werden. Leider wird aus den Unterlagen zum Mainboard nicht immer deutlich, dass dies auch tatsächlich so ist und der zusätzliche Anschluss nicht möglicherweise für ein ganz spezielles Netzteil ausgelegt ist, wie es bei den so genannten Marken-PCs (HP/Compaq, Dell) durchaus vorkommt.

> **ACHTUNG** Bei aktuellen PC-Netzteilen wird oftmals unterschieden, ob hiermit ein Pentium 4- oder ein Athlon-System versorgt werden soll, wofür unterschiedliche Anschlüsse neben dem ATX-Standard-Connector für das Mainboard vorgesehen sind.

Außerdem wird nicht immer ersichtlich, ob der zusätzliche Mainboard-Anschluss tatsächlich zwingend genutzt werden muss oder ob er nur für eine optionale Funktion (z.B. für Power Management) benötigt wird. Es kann durchaus passieren, dass eine etwas ältere Athlon- oder Duron-CPU klaglos mit der Versorgung über den standardisierten ATX-Connector funktioniert und beim Einsatz einer neueren Athlon-XP-CPU nicht, weil sie demgegenüber einen erhöhten Stromverbrauch hat, der nur über den zusätzlichen Anschluss bewältigt werden kann.

4.6.1 Der Netzteilschalter

Ist das Netzteil derart als Fehlerquelle entlarvt worden, dass die Netzspannung definitiv auf den Netzteilanschluss gelangt und dennoch keine Spannung aus dem Netzteil herauskommt, muss es nicht unbedingt gleich defekt sein, sondern bei BAT-Netzteilen kommt auch der Netzteilschalter als »Übeltäter« in Frage. Wie bereits erwähnt, ist der Schalter auch für das Durchschalten der Netzspannung auf eine möglicherweise vorhandene Netzbuchse zuständig, wo oftmals ein Monitor oder auch Steckernetzteile von externen Geräten angeschlossen werden. Dieser Schalter, der meist an der Frontplatte des PC montiert ist und der die vom Netzanschluss eingespeisten 230 V auf den Eingang des Netzteils (und gegebenenfalls auf die Netzbuchse) schaltet, kann defekt oder auch nicht richtig angeschlossen sein. Der Netzschalter sollte daher auch stets in Augenschein genommen werden, was nicht immer ganz einfach ist, weil man möglicherweise die Frontblende oder auch eine davor liegende Festplatte ausbauen muss.

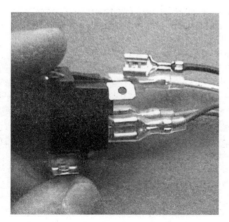

Bild 4.16: Der Netzschalter des Netzteils befindet sich bei PCs (BAT) üblicherweise an der Frontplatte. Falls ein Netzkabel keinen richtigen Kontakt hat oder sich einfach selbst gelöst hat, kann natürlich auch nichts im PC funktionieren.

Ein nicht angeschlossenes Kabel, wie es in Bild 4.16 gezeigt ist, lässt sich mühelos feststellen. Ob aber der Schalter und die Verbindungen in Ordnung sind, lässt sich am einfachsten ermitteln, wenn (probeweise) der Monitor an die vorhandene Netzbuchse angeschlossen (erst PC einschalten, dann den Monitor, nachfolgend erst den Monitor, dann den PC ausschalten) und somit überprüft wird, ob die Netzspannung auf den Monitor gelangt. Ist dies der Fall, kann eigentlich nur noch das Netzteil defekt sein. Selbstverständlich könnte die Netzspannung an der geschalteten Buchse auch mit einem Voltmeter nachgemessen werden, allerdings wird man dabei gewissermaßen direkt mit den 230V konfrontiert, und davon sollte jeder (elektrisch unerfahrene) Anwender unbedingt Abstand nehmen (Lebensgefahr!).

Etwas schwieriger wird es, wenn keine zusätzliche Spannungsbuchse am Netzteil vorhanden ist. In diesem Fall muss man die einwandfreie Funktion des Schalters mit einem Durchgangsprüfer oder einem einfachen Messgerät (Multimeter, Ohmmeter) ermitteln. Zuvor sind natürlich alle vier Kabel vom Schalter abzuziehen. *Schalter gedrückt = Kontakte geschlossen, Schalter nicht gedrückt = Kontakte offen*, ist zwar die einfache Formel für den Netzschalter, gleichwohl gibt es hier unterschiedliche Schaltertypen, was bedeutet, dass es keineswegs einheitlich ist, wie der »Schaltweg« aussieht. Üblicher ist es zwar, dass die Signale von den beiden Kontakten von vorn nach hinten (wenn man den Schaltknopf vor sich liegen hat) geschaltet werden, verlassen kann man sich aber nicht darauf, denn es gibt auch Typen, bei denen der Schaltweg von links nach rechts verläuft.

ACHTUNG

Die externen Netzteilschalter haben – je nach Typ – eine unterschiedliche Schaltrichtung, d.h., es ist nicht standardisiert, welche der vier Kontakte in welcher Schaltposition geschlossen werden. Wird das interne Netzkabel nicht dem Schalter entsprechend angeschlossen, gibt es einen Kurzschluss!

Aus diesem Grund ist es wichtig, genau zu wissen, welche Kontakte beim Einschalten geschlossen werden, denn falls die Kabel falsch angeschlossen sind, kommt es beim Einschalten des PC zu einem Kurzschluss, und die Haussicherung wird auslösen. Insbesondere, wenn man den Schalter ersetzen oder ein (neues) Netzteil erst mit einem Schalter versehen muss, sollte unbedingt die Schaltrichtung des Netzschalters ermittelt und erst dann die vier Kabel angeschlossen werden. Auf dem Gehäuse eines PC-Netzteils ist oftmals angegeben, welche Leitungen wie zu schalten sind. Ein Fehler an dieser Stelle hat schon vielen Anwendern, die ihren PC selbst reparieren oder zusammenbauen, einen gehörigen Schrecken eingejagt, da der Kurzschluss mit einem gehörigen Knall verbunden sein kann: Das Netzteil wird diesen Unfall aber meist überstehen, da der Kurzschluss vor dem Netzteil – am Schalter – produziert wurde.

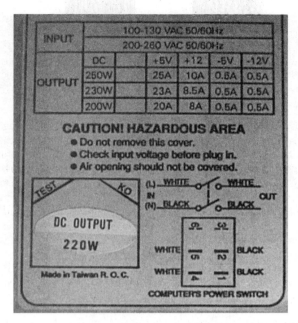

Bild 4.17: Auf diesem PC-Netzteil ist aufgedruckt, welche Kabel wie zu schalten sind. Für diesen Typ bedeutet dies, dass jeweils die beiden weißen und schwarzen Leitungen über den Schalter verbunden werden müssen. Ob der verwendete Schalter von 1 auf 2 und von 4 auf 5 (hier quasi von vorn nach hinten) schaltet, ist aber nicht standardisiert und hängt vom jeweiligen Typ ab.

Bei ATX-Netzteilen ist ein netztrennender Schalter im Netzteil selbst eingebaut, sodass das Netzteil für die Funktionskontrolle des Schalters zu zerlegen ist, wovon dem eher unerfahrenen PC-Bastler dringend abzuraten ist. Gleichwohl kann der ATX-Netzteilschalter genauso einen Schaden aufweisen wie ein BAT-Netzteil, was jedoch im Allgemeinen seltener vorkommt.

Im Fehlerfall sind bei ATX daher der Anschluss und die Funktion des Tasters und nicht die eines netztrennenden Schalters zu überprüfen. Die Tasterfunktion kann einfach mit einem Durchgangsprüfer kontrolliert werden. Ein ATX-Mainboard besitzt wie ein BAT-Board eine Reihe von Pfostensteckern für den Anschluss der externen Bedien- und Anzeigeelemente (LEDs, Reset-Taster), die sich an der Frontplatte des PC befinden. In diesem Zusammenhang – ATX-PC startet nicht – ist jedoch nur das PS-ON-Signal von Interesse, um den Fehler dem Taster bzw. der Verbindung zum Mainboard, dem Mainboard selbst oder dem ATX-Netzteil zuordnen zu können. Hierfür sollten alle Verbindungen entfernt werden, die vom Mainboard zur Frontplatte und möglicherweise zu den Einsteckkarten führen. Dabei sollte man sich natürlich merken, wie die Anschlüsse jeweils auf dem Mainboard gesessen haben, indem man sich eine kleine Skizze anfertigt, denn vielfach sind die Anschlussbeschriftungen – wenn überhaupt vorhanden – nur schwer zu erkennen.

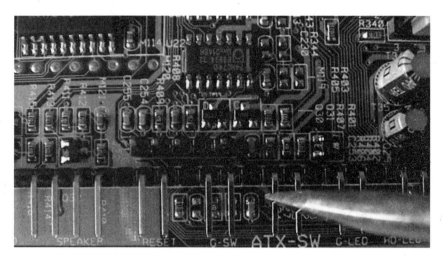

Bild 4.18: Das Überbrücken der ATX-SW-Kontakte mit einem Schraubendreher muss dazu führen, dass das ATX-Netzteil anläuft.

Als Nächstes wird einfach mit der Spitze eines Schraubendrehers kurzzeitig eine Brücke zwischen den beiden Kontakten hergestellt, an denen der PS-ON-Taster angeschlossen war. Falls sich das Netzteil damit »aus dem Schlaf erwecken« lässt, ist der Taster oder die Kabelverbindung zum Mainboard defekt, bzw. diese Verbindung ist nicht korrekt verdrahtet. Falls jedoch nichts passiert, kann das Mainboard oder das Netzteil defekt sein, und es bleibt einem nichts anderes übrig, als diese Komponenten mit einem anderen PC auszutesten. Prinzipiell könnte man auch eine entsprechende kurzzeitige Verbindung zwischen den Anschlüssen 3 und 4 (siehe Tabelle 4.3) direkt am ATX-Netzteilanschluss herstellen. Wenn das Netzteil nun anläuft, ist das Mainboard »der Schuldige«. Allerdings sollte dieses Verfahren sicherheitshalber nicht zur Anwendung kommen, weil hiermit der direkte Kontakt des Anwenders zum Netzteil gegeben ist, was doch gefährlich erscheint, denn wer sich dabei vertut, nutzt das PC-Netzteil möglicherweise als Elektroschweißgerät, weil es schließlich einen ganz beachtlichen Strom liefern kann.

ACHTUNG

> Die Bezeichnung der beiden Signalkontakte für das Ein- bzw. Ausschalten des ATX-Netzteils ist bei Mainboards nicht einheitlich, und man findet hierfür Kennzeichnungen wie PS-ON, Pwr-On, ATX-SW und andere, wobei das Handbuch zum Mainboard zweifelsfrei darüber Auskunft geben sollte, welche Kontakte es nun sind.

Auf jeden Fall wird das PC-Netzteil gewissermaßen über das Mainboard eingeschaltet, denn hier ist der dazugehörige Taster angeschlossen. Da das Mainboard natürlich selbst über das Netzteil versorgt wird, liefert ein ATX-Netzteil auch im (scheinbar) ausgeschalteten Zustand Spannungen, da es andernfalls nicht über die Tasterkontakte am Mainboard zu aktivieren wäre. Das Signal PS-ON dient – wie bereits erwähnt – der An- und Abschaltung des Netzteils und befindet sich üblicherweise mithilfe einer

Zusatzschaltung auf dem Mainboard auf High-Potential. Wird das Signal auf Masse gezogen, werden damit die Spannungen des Netzteils aktiviert. Ein ATX-Netzteil ist deswegen auch nicht völlig abgeschaltet, wenn nicht der netztrennende Schalter auf der Gehäuserückwand ausgeschaltet ist. Das PS-ON-Signal wird meist auch dazu genutzt, den PC – z.B. nach dem Herunterfahren von Windows – automatisch abzuschalten.

Die 5V-Standby-Leitung (5VSB) ist ebenfalls nicht spannungslos, wenn der PC nicht via Netzschalter oder schaltbarer Steckdosenleiste – die sehr empfehlenswert ist, falls der Schalter am PC nicht vorhanden sein sollte –, ausgeschaltet ist. Die 5VSB-Leitung wird unterschiedlich oder auch gar nicht verwendet. Eine typische Anwendung ist das Einschalten des PC mithilfe eines Fax-Modems, welches eingehende Anrufe auch bei ausgeschaltetem PC erkennen und das Hochfahren des PC initiieren kann. Entsprechendes kann auch mit einer Netzwerkkarte praktiziert werden, die hierfür ebenfalls einen entsprechenden Anschluss besitzen muss, der dort auch als *Wake On LAN* bezeichnet wird. Laut der ersten ATX-Spezifikation muss die 5V-StandBy-Schaltung lediglich maximal 10mA liefern können, was jedoch nicht immer ausreicht, um ein FAX-Modem oder eine Netzwerkkarte zu versorgen. Dies führt dazu, dass die Wake On (LAN)-Funktion nicht arbeitet. In der neueren ATX-Spezifikation ist aus diesem Grunde ein Strom von mindestens 720 mA definiert, wobei sich die jeweilige Angabe auf dem ATX-Netzteil finden lassen sollte.

4.6.2 Netzteil-Reparatur

Zunächst ist es durchaus sinnvoll, dem PC-Netzteil eine gewisse Pflege zukommen zu lassen, um späterem Schaden vorzubeugen, was eigentlich genauso für das Innenleben des PC selbst gilt. Im Laufe der Zeit sammelt sich im Innern ein Menge Staub an, was von außen oftmals am Lüfterrad des Netzteils zu erkennen ist. Im Zusammenspiel mit Wärme und anderen Umwelteinflüssen (z.B. Zigarettenqualm) kann der Staub zu einer recht zähen Masse werden, die das Netzteil gewissermaßen verstopft. Dies kann zu einem Wärmestau führen und das Netzteil durchbrennen lassen. Am besten nimmt man für die Reinigung des PC-Netzteils einen Pinsel, wobei aber vorsichtig zu Werke zu gehen ist, damit die elektronischen Bauelemente nicht mechanisch beschädigt werden. Wer das Aufschrauben des Netzteils scheut, kann immerhin von außen versuchen, das Lüfterrad freizupinseln, oder man setzt hier einen Staubsauger an, der das Rad dabei auf Touren bringt, was ebenfalls mit etwas Gefühl zu handhaben ist. Dieses Verfahren kann natürlich auch mit allen anderen Lüftern im PC angewendet werden.

Bild 4.19: Lüfter ziehen Staub an und sollten nach einiger Zeit gesäubert werden.

Bei einem defekten PC-Netzteil ist dringend anzuraten, sich allein auf die Lokalisierung und den möglicherweise notwendigen Ersatz einer Sicherung zu beschränken. Bereits der Austausch eines defekten Lüfters ist nicht jedermanns Sache, weil hierfür unter Umständen Erfahrung beim Löten notwendig ist und je nach Typ und Position des Lüfters doch einiges an Arbeit ansteht. Außerdem sollte natürlich ein vergleichbarer Lüftertyp montiert werden, wobei am defekten Lüfter nicht immer abzulesen ist, welcher dies denn nun genau zu sein hat. Es gibt eine Vielzahl von Lüftern, und wer einen nicht optimal mechanisch und elektrisch passenden einbaut, begibt sich dabei auf einen gefährliches Gebiet. Gleichwohl kann sich der Austausch eines defekten Netzteillüfters durchaus rechnen. Wenn er aber erst einmal ausgefallen ist, dies nicht rechtzeitig bemerkt wird und das Netzteil deswegen defekt ist, macht es natürlich keinen Sinn mehr.

Selbst erfahrene Bastler sollten keine weiteren Arbeiten im Netzteil vornehmen, denn es handelt sich dabei um ein Schaltstromnetzteil, welches intern mit weitaus höheren Spannungen als 230V arbeitet. Diesem so genannten *Schaltnetzteil* liegt eine recht komplizierte Schaltung zugrunde, wobei das Wechselspiel der einzelnen Bauelemente untereinander nur schwer zu durchschauen ist. Ohne einen Schaltplan, der ohnehin meist nicht erhältlich ist, ist ein Reparaturerfolg äußerst unwahrscheinlich.

> **ACHTUNG** Die elektrische Reparatur eines PC-Netzteils lohnt sich aus Kostengründen meist nicht. Darüber hinaus ist es eine recht gefährliche Angelegenheit, sodass lediglich der Ersatz einer defekten Sicherung sinnvoll erscheint.

Demnach bringt es einen auch nicht weiter, wenn beispielsweise ein verkohlter Widerstand oder ein explodierter Kondensator – ein Defekt ist dabei immerhin unmittelbar zu erkennen – ersetzt wird, denn beim nächsten Einschalten wird mit großer Wahrscheinlichkeit an der gleichen oder auch an anderer Stelle ein Bauelement »sterben«, was auch mit Krach und Qualm sowie dem Herausfliegen der Haussicherung verbunden sein kann. Wem dies schon einmal passiert ist, der wird mit ziemlicher Sicherheit keine weiteren Reparaturversuche am PC-Netzteil ausführen wollen.

Bild 4.20: Reparatur zwecklos: Der linke Kondensator im PC-Netzteil ist durchgebrannt.

Es empfiehlt sich also generell, allein eine Kontrolle der Netzteilsicherung vorzunehmen. In einigen Fällen ist sie in einer Schraubfassung auf der PC-Rückseite eingebaut, was jedoch eher selten vorkommt. Meist befindet sie sich intern im Netzteil, was bedeutet, dass es zunächst aufzuschrauben ist. Je nach Netzteiltyp sind hier vier bis sechs Schrauben zu lösen, die einfach zu lokalisieren sind. Daraufhin wird der Deckel vorsichtig abgehoben. Bei ATX-Netzteilen ist zu beachten, dass der interne Lüfter oftmals mit am Deckel befestigt ist. Daher muss man vorsichtig sein, um kein Kabel abzureißen.

Ob die Sicherung durchgebrannt ist, lässt sich oftmals auf einen Blick feststellen: wenn der in der Sicherung befindliche Draht unterbrochen ist, was jedoch nur dann zu erkennen ist, wenn die Sicherung eine Glashülse besitzt, demnach also durchsichtig ist. Andernfalls wird ein Multimeter (Ohmmeter) oder ein Durchgangsprüfer zum Test benötigt.

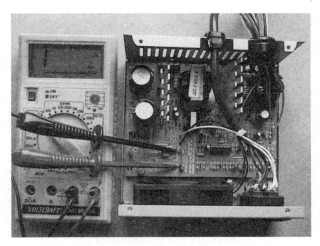

Bild 4.21: Die Kontrolle einer Sicherung mit einem Multimeter, wobei hier die Funktion eines Durchgangsprüfers verwendet wird (Durchgang = Sicherung OK = akustisches Signal)

Die Sicherung ist bei dem Netzteil in Bild 4.21 auf der Platine festgelötet, während sie sich bei anderen Modellen in einer Halterung befindet, was generell von Vorteil ist, da die Sicherung zum Test herausgenommen und auch ohne Löten ersetzt werden kann. Verbleibt die Sicherung beim Test in der Schaltung, kann dies zu einer Fehldiagnose führen, und die Sicherung wird als in Ordnung angesehen, obwohl sie tatsächlich defekt ist. Der Signaldurchgang wird dann über die »dahinter liegende« Netzteilelektronik hergestellt. Aus diesem Grunde sollte die Sicherung zum Test aus der Halterung entfernt oder zumindest ein Anschlussende aus der Halterung gezogen werden, damit nur die Sicherung geprüft wird (und nicht die Schaltung).

Ist die Sicherung eingelötet, geht dies nicht so einfach. Meist ist die Sicherung in einem derartigen Fall jedoch durchsichtig, sodass der interne Draht zu erkennen ist. Ohne Löten ist eine defekte Sicherung, die sich nicht in einer Halterung befindet, nicht zu ersetzten, wobei der ungeübte Löter jedoch aufpassen muss, dass die Sicherung beim Löten nicht zu heiß wird, denn dadurch kann der interne Draht wieder durchbrennen, was sowohl beim Ausbau für den Test als auch beim Einlöten einer neuen Sicherung zu beachten ist. Beim Austausch einer Sicherung – es gibt in einem PC-Netzteil mitunter bis zu drei – muss auf jeden Fall darauf geachtet werden, dass derselbe Typ hinsichtlich Stromstärke und Auslösecharakteristik (meist träge) verwendet wird. Fliegt die neue Sicherung wieder heraus, ist man mit der Reparatur des Netzteils am Ende, und es lohnt sich im Prinzip schon aus Kostengründen nicht, dann noch weitere Versuche zu unternehmen.

5 CPUs konfigurieren

Ab diesem Kapitel soll es an die komplizierteren und damit auch etwas problematischeren Einstellungen im BIOS-Setup gehen, denn es kann bei falschen Einstellungen durchaus der Fall eintreten, dass der PC danach überhaupt nicht mehr funktioniert. Erreicht werden soll aber vielmehr, dass der PC nach diesen Einstellungen stabil arbeitet und gleichzeitig auch das Optimum an Leistung zur Verfügung steht. Dreh- und Angelpunkt sind dabei die Einstellungen für die CPU (Spannung, Takte) und den Speicher.

Je nach BIOS-Version sind die passenden Einträge wieder an unterschiedlichen Stellen im BIOS-Setup zu finden, wie später noch erläutert wird. Dieses Kapitel befasst sich zunächst ausführlich mit dem Mikroprozessor – der *Central Processing Unit* (CPU) – des PC und den hierzu passenden Einstellungen.

5.1 Überprüfung des Prozessors und seines Umfeldes

Unabhängig von der jeweiligen CPU und dem Mainboard-Typ sollten generell einige Dinge überprüft werden, um hier grundlegende Probleme zu vermeiden, d.h., der PC startet womöglich erst gar nicht, und es erscheint kein Bild auf dem Monitor. Ob dies nun bei einem neuen Komplett-PC passiert, ob man zuvor die CPU oder auch eine andere Einheit im PC gewechselt oder ob man gerade einen PC selbst zusammengesetzt hat, spielt dabei keine Rolle, denn es sind (fast) immer die gleichen Ursachen, die sich relativ leicht anhand der folgenden Fragen überprüfen lassen.

- Läuft überhaupt das PC-Netzteil?
- Sitzt die Grafikkarte fest im Slot?
- Sitzt die CPU korrekt im Sockel bzw. im Slot?
- Wird die CPU ausreichend gekühlt?
- Stimmen die Jumper- bzw. BIOS-Einstellungen für die CPU?
- Ist der Speicher der für das Mainboard passende und ist er auch richtig eingebaut?

5.1.1 Richtig eingesetzt und befestigt

Die oben gestellten Fragen mögen vielfach selbstverständlich mit *Ja* beantwortet werden, die Praxis zeigt aber, dass genau an diesen Stellen die Fehlerquellen lauern, auch wenn ganz andere Ursachen vermutet werden. So ist es z.B. keine Seltenheit, dass nur nach einem Transport des PC die CPU aus der Fassung gerutscht ist, was insbesondere häufig bei Mikroprozessoren mit Slot (1 bzw. A) vorkommt. Dies liegt oftmals an der mangelhaften Halterung der CPU, denn der mehr oder weniger gewaltige Kühlkörper der CPU kann nicht von allen Halterungen des Mainboards ausreichend fixiert werden, was für das Herausrutschen der CPU samt Kühlkörper aus dem Slot sorgt.

Bei Slot-CPUs kann die ganze Befestigung durchaus eine wackelige Angelegenheit sein, wobei dies nicht immer einfach zu erkennen ist. Daher empfiehlt es sich im Verdachtsfall, die CPU komplett aus dem Slot zu ziehen und sie wieder erneut einzusetzen, wobei mitunter etwas Gewalt angewendet werden muss, damit sie auch richtig tief in den Slot hineinfasst. Mir sind schon Fälle untergekommen, wo der PC definitiv nicht von der Stelle bewegt worden ist und sich die Slot-CPU dennoch langsam aus dem Slot herausbewegt hat. Als (wahrscheinliche) Ursache dafür konnte das Herein- und Herausfahren des Schlittens des CD-ROM-Laufwerks ausgemacht werden, denn der PC wurde dabei stets mechanisch arg geschüttelt.

Es ist also extrem wichtig, dass die CPU richtig tief im Slot sitzt und mechanisch auch gut befestigt ist, was zugegebenermaßen nicht immer ganz einfach ist, da vom Pentium II über den Celeron bis hin zum Pentium III die Form der Cartridge bzw. der CPU-Platine (Celeron) des Öfteren von Intel geändert worden ist. Dies hat auch unterschiedliche Halterungen zur Folge, die dem Mainboard beiliegen sollten. Einem Mainboard für den Pentium II hat aber natürlich keine Halterung für einen Celeron (da er später erschienen ist) beigelegen.

Der ursprüngliche Pentium II im SECC2-Gehäuse verwendet zur Kühlung einen ziemlich großen Kühlblock mit einem Lüfter. Die Montage der Pentium II-CPU erscheint gewissermaßen als kleiner Bausatz. Der Kühlblock wird mithilfe eines Plastikrahmens und einer Klammer am Pentium II-Modul befestigt. Zum Pentium II-Mainboard gehört eine spezielle Halterung, die für einen festen Sitz des CPU-Moduls mit dem Kühlblock sorgt. Der gesamte »Pentium II-Klotz« benötigt aufgrund seiner Ausmaße und seines Gewichts diese Halterung dringend.

Bild 5.1: Der Slot 1 und die montierten Halterungen für einen Pentium II

Der Pentium II-Ableger *Celeron* im Slot 1-Design wird nicht als verschlossenes Modul, sondern quasi als Platine ohne Deckel geliefert. Der Kühlkörper wird hier mit einer Klammer direkt auf der CPU des Moduls befestigt und verwendet nicht die aufwändigere Halterung des Pentium II. Aus diesem Grunde benötigen der Pentium II, Pentium III und der Celeron unterschiedliche Halterungen und Kühlkörper, was bedeutet, dass der Mainboard-Hersteller verschiedene Halterungen mitliefern müsste.

Bild 5.2: Der montierte Kühler bei einem Celeron im Slot 1-Design

In der Praxis kann man außerdem auf allerlei mechanische Probleme stoßen, z.B., dass der Kühlkörper oder auch die Befestigungsklammer elektronische Bauteile auf dem Mainboard berührt, was zum vorzeitigen Ende desselben führen kann. Derartige Montageprobleme treten in der Regel dann auf, wenn in ein etwas älteres Slot-1-Mainboard eine aktuellere CPU eingesetzt werden soll, womöglich unter Verwendung einer Slot-1-to-370-Pin-Adapterplatine.

Bild 5.3: Die Klammer für den Kühlkörper des Celerons berührt unzulässigerweise die Kondensatoren auf dem Mainboard, was die unmittelbare Zerstörung von CPU und Mainboard zur Folge haben kann.

Des Weiteren kommt hinzu, dass für aktuellere Pentium II- und Pentium III-CPUs das aufwändige Cartridge-Design (SECC 2 statt SECC1) vereinfacht wurde, und auch hierfür gibt es wieder andere Kühlkörper und Halterungen. Aus diesem Grunde ist es dringend anzuraten, sich genau darüber zu informieren, inwieweit die CPU, der Kühlkörper und das Mainboard mechanisch gesehen zusammenpassen. Selbst bei bekannten PC-Herstellern wird hier oftmals keine optimale Abstimmung der Komponenten realisiert, was dazu führt, dass der PC bereits beim ersten Einschalten nicht funktioniert. Laut Intel sollte für die Halterung der verschiedenen Slot-CPUs ein *Universal Retention Modul* (URM) zum Einsatz kommen, welches für alle erschienenen Slot-One-CPUs geeignet sein und ihnen einen sicheren Halt bieten soll.

Die Slot-1-CPUs sind mit einem etwas größeren Kraftaufwand in den Slot hineinzudrücken, und es sollte unbedingt kontrolliert werden, ob die Kontakte auch tatsächlich tief genug im Sockel zu liegen kommen und die CPU nebst Kühler dann richtig fest in den jeweiligen Halterungen sitzt.

Bild 5.4: Der ursprüngliche Athlon für den Slot-A mit dem hinten montierten Kühlkörper ist ein wahrer Klotz, was die richtige Montage etwas schwierig gestalten kann.

Die Montage eines Athlons für den Slot-A ist im Prinzip genauso durchzuführen wie die einer Pentium-CPU für den Slot-1, d.h., zunächst sollte die Halterung auf dem Mainboard montiert und dann der Kühlkörper am CPU-Modul befestigt werden. Der ganze Block wird dann vorsichtig in den Slot eingesetzt, wobei man darauf achten muss, dass er auch richtig in die Plastikhalterungen fasst.

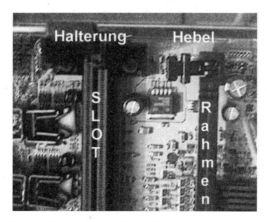

Bild 5.5: Der rechte Rahmen ist unbedingt zu montieren, da der Hebel nach dem Einsetzen des Athlons richtig über die »Beine« des CPU-Blocks fassen muss, andernfalls sitzt er nicht richtig fest und kann leicht aus dem Slot herausrutschen.

Diese Halterung besteht aus drei Teilen, und zwar den beiden kleineren, die an den beiden Seiten des Slots in das Mainboard gesetzt werden, und einem Rahmen, der dem Slot gegenüberliegt und der das Modul abstützt. Dieser Rahmen wird leider auch nicht immer korrekt montiert oder auch gleich ganz weggelassen, denn er passt nur in einer Richtung in das Mainboard, welches hierfür zwei verschieden große Löcher besitzt, damit später die beiden kleinen Befestigungshebel des Rahmens auch für den richtigen Halt des CPU-Moduls sorgen können. Eine weitere Gefahr lauert bei der Montage des Kühlkörpers, denn die Befestigungsklammer kann den Anschlüssen der CPU äußerst nah kommen, und wenn sich diese berühren sollten, wäre der Athlon mit ziemlicher Wahrscheinlichkeit defekt. Aus diesem Grunde sollte man bei der Montage des Kühlkörpers stets äußerste Vorsicht walten lassen.

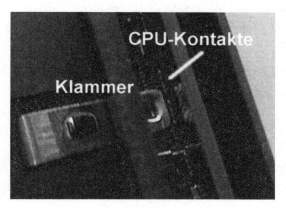

Bild 5.6: Die Klammer eines Kühlkörpers kann den Athlon-Kontakten recht nahe kommen, was sein vorzeitige Ende bedeuten kann.

Man sollte sich diese kurze Beschreibung der Probleme, wie sie allein bei der Montage einer Slot-CPU auf einem Mainboard auftreten können, vergegenwärtigen, bevor man daran geht, am PC eine Optimierung vorzunehmen, wie z.B. den Einsatz einer schnelleren CPU, die dann partout nicht funktionieren will. Wobei falsche Betriebsdaten bisher noch gar nicht mit ins Kalkül gezogen worden sind.

Wichtig ist es, generell auf eine gute Kühlung der CPU zu achten, denn wie zu sehen sein wird, kann man per Jumper oder im *CPU Soft Menu* eine CPU auch übertakten, was bedeutet, dass sie mit Parametern betrieben wird, die der Hersteller für die betreffende CPU nicht vorgesehen hat. Davon kann man halten, was man will – eine stabil funktionierende CPU sollte einem eigentlich lieber sein als eine schnellere, die für Systemabstürze sorgt –, allerdings »lebt« eine aktuelle CPU ohne Kühlung mitunter nur ein paar Sekunden.

Bild 5.7: Der 370-polige Celeron, bei dem der Pin 1 vielfach keine Markierung besitzt, lässt sich mit Gewalt auch falsch herum in den Sockel einsetzen.

Der Einsatz von gesockelten CPUs – sei es für den Sockel 7 oder für einen der neueren (ab 370-polig) – bereitet in der Praxis zumindest nicht derartige mechanische Probleme wie der von Slot-CPUs. Bei Sockel-CPUs wird ein Sockel verwendet, an dessen Seite sich ein kleiner Hebel befindet, der nach oben zu ziehen ist, damit die Kontakte im Sockel freigegeben werden. Dann kann eine CPU eingesetzt oder herausgenommen werden. Die CPU-Anschlüsse sollten dabei keinesfalls mit den Fingern berührt werden, und wenn der Hebel wieder heruntergedrückt wird, sitzt die CPU fest. Danach ist es fast unmöglich, dass sich der Prozessor durch Erschütterungen aus dem Sockel bewegen kann.

Es muss beim Einsetzen unbedingt beachtet werden, wo sich der Pin 1 befindet – die CPU besitzt an dieser Stelle eine abgeschrägte Ecke oder Markierung. Mit Gewalt schafft man es im Übrigen auch, eine Sockel-CPU falsch herum einzusetzen, selbst wenn der Sockel dies aufgrund der mechanischen Gegebenheiten prinzipiell verhindern sollte.

Bild 5.8: Kühler aus Plastik sind zwar billig, jedoch nicht empfehlenswert.

Beim Aufsetzen des CPU-Kühlers, was nach der Montage im Sockel vorgenommen wird, ist besondere Vorsicht geboten. Es gibt hier verschiedene Typen, die unterschiedlich zu montieren sind. In einigen Fällen wird der Kühlkörper mithilfe eines Plastikrahmens oder kleiner Plastikstöpsel zwischen CPU-Gehäuse und Sockel gehaltert. Falls dieser Rahmen nicht richtig unter der CPU sitzt, kann aufgrund eines zu großen Abstandes zwischen CPU und Sockel kein richtiger und somit wärmeabführender Kontakt hergestellt werden. Derartige (billige) Kühler sollten generell nicht verwendet werden, in vielen Komplett-PCs der bekannten PC-Handelsketten ist dies jedoch der Fall. Durch die von der CPU erzeugte Wärme wird das Plastik mit der Zeit zudem brüchig, wodurch der Kühlkörper auch abfallen kann, was insbesondere bei einem PC mit Tower-Gehäuse tragisch ist, weil der für die CPU lebenswichtige Kühlkörper nun irgendwo im Gehäuse baumelt und keinerlei CPU-Berührung mehr hat.

Bild 5.9: Ein besserer Kühlkörper für Sockel-CPUs zeichnet sich dadurch aus, dass er mit federnden Metallklammern am Sockel befestigt wird und dass der Lüfter kugelgelagert ist.

Zum Einsatz einer Sockel-CPU, wie eines Celerons oder Pentium III in einen Slot-1, gibt es die bereits erwähnten Adapterplatinen (siehe Bild 5.10). Für Mainboards mit Slot-A (für Athlons) ist keine derartige universelle Adapterlösung verfügbar, da die gesockelten Athlons ein von den Slot-A-Signalen abweichendes elektrisches Interface besitzen und demnach nicht funktionieren würden. Die Adapterplatinen verfügen teilweise über mehrere Jumper: Für den Systemtakt, den Multiplikator und mitunter auch für die CPU-Core-Spannung. Näheres hierzu ist in Kapitel 5.3 nachzulesen. Die Montage ist in der Regel nicht weiter problematisch, wie es auch die beiden folgenden Bilder zeigen.

Überprüfung des Prozessors und seines Umfeldes

Bild 5.10: CPU-Adapterplatinen verfügen meist über mehrere Jumper (rechts). Auf die Orientierung des Pin 1 ist beim Einsatz der CPU wieder genau zu achten.

Bild 5.11: Beim Einschieben der Adapterplatine sind für einen besseren Halt im Slot unbedingt die notwendigen Plastikhalterungen zu verwenden.

5.1.2 Die optimale Kühlung

Alle aktuellen CPUs lassen sich aufgrund der verwendeten Sockel relativ einfach montieren. Der Pentium 4 benötigt jedoch eine zusätzliche Halterung in Form eines Rahmens, wo der riesige Kühlkörper zusätzlichen Halt findet. Für die ersten Pentium 4-CPUs mit 423 Pins im PPGA-Gehäuse ist außerdem vorgeschrieben, dass der Kühlkörper mit dem ATX-Gehäuseboden zu verschrauben ist, d.h., das Gehäuse muss explizit für den Pentium 4 ausgelegt sein. Für den kurz darauf erschienenen Pentium 4 im 478-Pin-Gehäuse (µPGA), welches trotz der höheren Anschlussanzahl kleiner ausfällt, ist dies nicht mehr notwendig, sodass hierfür auch die üblichen ATX-Gehäuse verwendet werden können. Eine Aufrüstung eines Pentium 4-Systems der ersten Generation mit einer aktuelleren Pentium 4-CPU ist im Übrigen nicht möglich. Bis hin zu einer Taktfrequenz von 2 GHz kann eine Pentium 4-CPU sowohl für den älteren als auch für den neueren Sockel ausgelegt sein, wobei alle aktuellen P4-Prozessoren natürlich den neueren 478-poligen (siehe Bild 5.12) voraussetzen.

Bild 5.12: Der Pentium 4-Kühlkörper findet seinen Halt auf dem montierten Rahmen.

Bekanntermaßen geht der allgemeine Trend bei den CPUs zu immer höheren Taktraten, was immer leistungsfähigere – und damit meist gewaltigere – Kühlkörper erfordert. Um den Pentium 4-Prozessor mit dem Kühlkörper wurde erstmalig eine »Keepout Area« für Mainboards definiert, damit die Hersteller ihre Kondensatoren und weiteren Bauelemente nicht derart platzieren, dass der Kühlkörper, der über den Rahmen ragen kann, nicht zu montieren ist, wie dies in ähnlicher Form auch bei den älteren CPUs (siehe Bild 5.3) und auch aktuellen Athlon-CPUs passieren kann.

In der Praxis gibt es dabei jedoch durchaus Probleme, und nicht jeder geeignet erscheinende Kühlkörper lässt sich derart montieren, dass er die Elektronik nicht berührt, oder er lässt sich möglicherweise auch gleich von vornherein nicht aufsetzen, weil Bauelemente des Mainboards hier im Weg sind. Sowohl AMD als auch Intel spezifizieren zwar passende Kühlkörper (und auch Mainboards) für ihre aktuellen CPUs, wobei die Kühlkörper laut ihren Internetseiten mitunter jedoch gar nicht in Deutschland erhältlich sind. Stattdessen wird daher oftmals auf die Kühlkörper im einschlägigen PC-Handel zurückgegriffen, und selbst wenn einer explizit für einen Athlon-XP oder einen Pentium 4 ausgewiesen wird, bedeutet dies noch lange nicht, dass er sich auch auf dem jeweiligen Mainboard korrekt montieren lässt.

Bild 5.13: Kühler, die für alle möglichen gesockelten CPUs vorgesehen sind, passen nicht immer auf das jeweilige Mainboard.

Dem Thema *CPU-Kühlung* kommt demnach eine bedeutende Rolle zu, wie man es in dieser Form von den älteren Prozessoren her nicht kennt, und zwar nicht nur aus den erwähnten mechanischen Gesichtspunkten, sondern gewissermaßen auch aus physikalischen, d.h., der jeweilige Kühlkörper mit dem Wärmeleit-Pad oder auch -paste (dazu später mehr) muss die entstehende Wärme laut Spezifikation des Prozessorherstellers zufrieden stellend ableiten können.

Zur Sicherheit werden von den Herstellern verschiedene Mechanismen in den CPUs, den Chipsets und somit auch dem BIOS implementiert, was auch unter *Hardware-Monitoring* (siehe Kapitel 2.5) firmiert. Da man im BIOS-Setup prinzipiell aber auch unsinnige und damit für die CPU gefährliche Überwachungsparameter festlegen kann, reicht dies nicht unbedingt aus, um die CPU vor dem Durchbrennen zu schützen.

Kapitel 5 · CPUs konfigurieren

Bild 5.14: Die Information des Temperaturfühlers im Sockelzwischenraum wird je nach Mainboard und BIOS unterschiedlich ausgewertet.

Bereits bei einigen Mainboards mit Sockel 7 (Pentium I) befindet sich ein Temperaturfühler im Sockelzwischenraum (siehe Bild 5.14), der eine entsprechende Information über den Chipset zum BIOS signalisiert, wodurch im Fall einer unzulässig hohen CPU-Temperatur eine Abschaltung des Systems erfolgen kann, und zwar möglicherweise auch unabhängig von etwaigen Monitoring-Einstellungen. Bei SEP-, PPGA- und FC-PGA-CPU-Gehäusen muss ebenfalls ein externer Temperatursensor zum Einsatz kommen, während CPUs im FC-PGA 2-Gehäuse für den 370-poligen Sockel (Pentium III, Celeron) diesen bereits integriert haben, was zu einer weitaus zuverlässigeren Messung führt, als dies mit einem externen Sensor der Fall sein kann.

ACHTUNG

> Da die Abschaltung der Spannungsversorgung bei einer nicht ausreichenden Kühlung der CPU auf unterschiedlichen Prinzipien beruht, wie der Kontrolle der Lüfterdrehzahl, der Messung der Temperatur mit einem externen Sensor oder aber auch einem CPU-internen (Thermal-Diode), gibt es im Zusammenspiel mit der jeweiligen Mainboard-Elektronik und dem BIOS eine ganze Reihe von möglichen Problemfällen, die bereits den Start des PC verhindern können.

Der Pentium 4 verfügt ebenfalls über einen im Chip (On Die) integrierten Temperatursensor, und AMD hat es erst mit dem Athlon XP (Palomino-Kern) geschafft, eine entsprechende Thermal-Diode mit zu integrieren. Leider verfahren die Mainboard- bzw. BIOS-Hersteller jedoch unterschiedlich mit dieser Temperatur-Information. Mitunter wird sie überhaupt nicht zur direkten Deaktivierung des Systems bei Übertemperatur ausgewertet und erscheint möglicherweise nur als Monitoring-Funktion im BIOS-Setup. Zudem gibt es BIOS-Versionen, wo sich zwar Abschaltbedingungen festlegen lassen, allerdings sind die hierfür notwendigen Sensoren gar nicht eingebaut, und nach dem Einschalten einer derartigen Option kann der PC beim nächsten Boot seine Arbeit komplett verweigern.

Daher kann es auch passieren, dass nach Aktivierung der CPU-Überwachung per Thermal-Diode bei einem Athlon mit einem älteren Kern (Thunderbird), der keinen Temperatursensor »On Die« besitzt, kein Neuboot mehr möglich ist. Insbesondere bei Athlon-Mainboards gibt es des Öfteren Probleme. Weil die AMD-CPUs generell recht empfindlich bei einer nicht ausreichenden Kühlung reagieren, haben die Hersteller hierfür unterschiedlich (gut) wirkende Schutzmechanismen realisiert. Dreht sich der CPU-Kühler beispielsweise nicht mit der im BIOS (nicht veränderbaren) Drehzahl, startet der PC möglicherweise erst gar nicht. Um falsche Einstellungen, die einen PC-Start und somit auch den Zugang zum BIOS-Setup verhindern, wieder rückgängig machen zu können, bleibt einem meist nichts anderes übrig, als den Inhalt des CMOS-RAM-Chips zu löschen. Dies wird in Kapitel 13 näher erläutert.

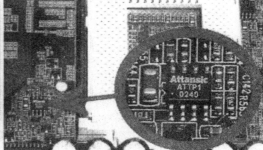

Bild 5.15: Auf diesem Mainboard für Athlon-XP-CPUs ist mit dem Chip der Firma Attansic eine vom BIOS unabhängige Überhitzungsschutzschaltung realisiert. Wenn diese ausgelöst hat, ist dies an der kleinen Leuchtdiode (LED3) zu erkennen.

Bei einigen Mainboards für Athlon-CPUs wie beispielsweise dem AKN39N (siehe Bild 5.15) der Firma Shuttle findet sich eine vom BIOS unabhängige Schutzschaltung für die Athlon XP-Prozessoren, die direkt die Prozessor-Die-Temperatur auswertet. Wenn die Temperatur zu hoch ist, stürzt der PC unmittelbar mit einem dreimaligen Piepton ab, wodurch die CPU zwar geschützt wurde, was jedoch Windows bekanntermaßen nicht behagt und daher beim nächsten Mal im abgesicherten Modus startet. Glücklicherweise ist bei diesem Mainboard eine extra LED (an recht ungünstiger Stelle) angebracht, die die Auslösung dieses Schutzmechanismus signalisiert, sodass man tatsächlich den Grund für die Systemabschaltung erkennen kann, was aber leider nicht bei allen Mainboards der Fall ist, die über eine derartige CPU-Schutzfunktion verfügen. Dass bei dieser radikalen Abschaltmethode, die permanent aktiv ist, Programme und Dateien beschädigt werden können, ist gewissermaßen der »Wermutstropfen« der Sicherheit. Die CPU-Überhitzungsabschaltung reagiert zumindest bei dem AKN39N außerdem recht empfindlich, d.h., wer mit seiner Athlon-CPU und dem passenden Kühler in einem anderen Mainboard bisher keinerlei Schwierigkeiten hatte, kann beim Umzug auf dieses Mainboard eine Überraschung erleben. Die Abschaltelektronik verhindert bei einem Systemtakt von 133 MHz (für den die CPU ausgelegt ist) gleich den PC-Start, und bei 100 MHz Bustakt dauert es – je nach Anwendung – Minuten bis Stunden, bevor die CPU »brutal« abgeschaltet wird. Hier schaffte der Ersatz des Kühlers durch ein leistungsfähigeres Modell erst Abhilfe, wobei der bisher verwendete laut AMD für die eingesetzte CPU aber völlig ausreichend war.

Für Pentium 4-CPUs ist auf dem Mainboard keine separate Abschaltelektronik notwendig, denn diese befindet sich ebenfalls mit im Chip. Aus diesem Grunde ist bei Pentium 4-Systemen eher seltener mit Problemen bei der Überhitzungsabschaltung zu rechnen, als dies bei Athlon-Systemen der Fall ist; ein passender Kühler ist natürlich immer Voraussetzung für eine möglichst optimale Wärmeableitung.

Bild 5.16: Der Pentium 4-Kühlturm im 2,6 GHz-Aldi-PC erstreckt sich über die gesamte Breite des Gehäuses, welches an der linken Seite (hier oben) eine Öffnung für den Luftaustritt aufweist.

Die Wärme muss von der CPU möglichst optimal an den montierten Kühlkörper abgeleitet werden können. Wie gut dies funktioniert, hängt auch von der Bauform des CPU-Chips selbst ab. In Bild 5.17 ist der Unterschied zwischen FC-PGA2 und dem Vorläufer FC-PGA für Intel-CPUs erkennbar, und es wird deutlich, dass unterschiedliche Kühlbleche (mit Lüfter) notwendig sind, die genau auf den Chip passen müssen.

Bild 5.17: Die Wärmeableitung ist bei FC-PGA2 besser möglich als bei FC-PGA, und der Chip ist durch den IHS (links) auch besser vor mechanischen Beschädigungen geschützt.

Der Die sitzt bei FC-PGA2 unter einem so genannten *Integrated Head Spreader* (IHS, ein Wärmeverteilblech), was nicht nur für eine bessere Wärmeabfuhr sorgt, sondern den Chip auch vor mechanischer Beschädigung schützt, wenn beispielsweise der Kühlkörper montiert wird. Bei FC-PGA muss man daher bei der Montage besonders sorgfältig vorgehen, da der Chip hier relativ ungeschützt hervorragt.

Dies trifft nach wie vor auch auf Athlon-CPUs (Athlon, Duron) zu. Hier muss der Kühlkörper auf jeden Fall auf den vier »Polstern« der CPU zu liegen kommen. Es ist schon des Öfteren vorgekommen, dass bei einer Verkantung eine Ecke der CPU abgebrochen ist, wodurch der Prozessor unwiederbringlich »dahin ist«. Der eigentliche Chip ist zudem auch recht ungeschützt und kann bei der Kühlkörper-Montage leicht unglücklich angestoßen werden, was ebenfalls das schnelle Ende der CPU bedeuten kann. Es wäre sicher keine schlechte Idee, wenn AMD wie Intel ebenfalls einen Heat Spreader (Hitzeverteilungsblech) bei der Fertigung vorsehen würde, was nicht nur gegen mechanische Beschädigungen des Die einen gewissen Schutz bieten, sondern auch für eine bessere Wärmeabfuhr Sorge tragen würde. Bei der AMD-K6-CPU ist schließlich ebenfalls ein entsprechender »Metalldeckel« aufgeklebt.

Sowohl für die Die-ungeschützten Intel- als auch die Athlon-CPUs gibt es als Zubehör zwar entsprechende Heat Spreader (Spacer) als einzelne Kupferbleche, die zwischen CPU-Gehäuse und Kühlkörper gelegt werden können, allerdings sind sie meist recht schwer zu beschaffen und müssen zudem explizit für die jeweilige CPU-Version ausgelegt sein, weil sich die jeweilige Die-Größe unterscheiden kann und entsprechende Aussparungen für die Bauelemente auf der CPU-Oberseite vorhanden sein müssen.

Bild 5.18: Der Kühlkörper muss bei den Athlon-CPUs auf den vier Polstern aufliegen.

Wie der Kühlkörper auf die CPU aufzusetzen ist, kann man oftmals noch leicht erkennen, denn die Bügel des Kühlkörpers müssen einerseits in die beiden Nasen am Rande des Sockels einrasten können, und andererseits muss der Kühlkörper auf der gesamten CPU-Gehäusefläche aufliegen. Bei den mittlerweile doch recht voluminösen Kühlkörpern, die ziemlich unhandlich wirken und zuweilen auch über den Rand des Sockels ragen (müssen), wird die korrekte Montage möglicherweise etwas schwieriger. Zum einen, weil sich nicht alle Mainboard-Hersteller an die *Keepout Area* rund um den CPU-Sockel halten und zum anderen, weil man doch sehr genau hinsehen muss, ob der Körper tatsächlich richtig auf der CPU zu liegen kommt, denn selbst wenn er sich problemlos aufsetzen und befestigen lässt, kann er dennoch falsch montiert sein. Die größeren Kühlkörper müssen auf der einen Seite auf dem Rand des Sockels (wo sich die Beschriftung befindet) aufliegen und besitzen daher an einer Seite eine Aussparung, also ein anderes Niveau.

Bild 5.19: Der Kühlkörper besitzt an einer Seite eine Aussparung, die auf dem höheren Rand des Sockels zu liegen kommen muss.

Das grundlegende Befestigungsprinzip ist zwar bei allen Sockel-CPUs (z.B. Sockel 7, Sockel 462) das gleiche, allerdings sind die Befestigungsmechanismen mittlerweile doch recht unterschiedlich, sodass man sich das jeweilige Prinzip genauestens ansehen sollte. Wenn man sich sicher ist, wie der Kühlkörper zu befestigen ist, wird nur noch etwas Kraft benötigt, um den Bügel, der meist aus Metall besteht, festzusetzen, wenn er an der einen »Nase« des Sockels eingehakt ist. Dies ist vielfach aber leichter gesagt als getan, denn möglicherweise funktioniert dies nur mit relativ hohem Kraftaufwand, und aufgrund der Enge im Gehäuse ist die ganze Prozedur doch eine recht »fummelige« Angelegenheit. Hier wird oftmals der Tipp angeführt, einen Schraubendreher für das Herunterdrücken des Bügels einzusetzen, und jeder der dabei schon einmal abgerutscht ist und den Schaubendreher in die Leiterbahnen des Mainboards gerammt hat, wird diesem Tipp doch eher skeptisch gegenüberstehen. Der Einsatz einer Flachzange erscheint ungefährlicher, was auch für das Lösen des Bügels gilt, falls der Schaubendreher im Bügel keinen festen Halt finden sollte.

Bild 5.20: Vorsicht ist bei der Befestigung des Kühlkörpers angebracht, denn, falls der Schraubendreher nicht wie hier einen guten Halt in der Kerbe des Metallbügels findet, kann man sehr leicht abrutschen.

Nicht zu vergessen ist die Verwendung von Wärmeleitpaste, die nicht zu dick auf den Chip aufzutragen ist, um einen besseren Wärmeübergang zu gewährleisten. Alternativ gibt es auch so genannte Wärmeableit-Pads, die vielfach bereits an der Unterseite des geeigneten Kühlkörpers aufgeklebt sind, was sowohl Intel als auch AMD für ihre aktuellen Prozessoren als beste Lösung ausweisen, denn selbst für Wärmeleitpaste schreibt zumindest AMD ganz bestimmte Sorten vor. Am besten erwirbt man eine *CPU in a Box*, denn derartige *Bundles* enthalten neben der CPU den passenden Kühlkörper und –falls hier keine Wärmeableitschicht am Körper angebracht ist – auch noch die notwendige Wärmeleitpaste.

Insbesondere bei den gesockelten AMD-CPUs wird zuweilen vergessen, die Schutzfolie, die sich unter dem Kühlkörper über der Wärmeableitschicht befindet, vorher zu entfernen. Die mit dem Streifen verdeckte Fläche passt genau auf den Chip des Prozessorgehäuses, was für die CPU absolut lebenswichtig ist. Verbleibt die Folie auf dem Kühlkörper, isoliert sie sehr schön, und es findet keine ausreichende Wärmeabfuhr statt. Die mit der Folie verdeckte Fläche besteht aus einem speziellen Material, wie es in ähnlicher Form auch als Wärmeleitpaste zu haben ist.

Mitunter kann man bei einem Kühlkörper nicht sofort erkennen, ob die Wärmeableitschicht durch eine Schutzfolie abgedeckt ist oder nicht, und die jeweilige Verpackung gibt oftmals auch keinen Hinweis darauf. Wer mit dem Fingernagel irrtümlicherweise versucht, die (nicht vorhandene) Schutzfolie abzuziehen, beschädigt dabei die Wärmeableitschicht, was die Leitfähigkeit maßgeblich reduzieren und die CPU später zum »Abrauchen« bringen kann. Üblicherweise ist bei allen aktuellen Kühlkörpern mit einer aufgebrachten Schicht entweder eine Abdeckfolie vorhanden, oder die untere Hälfte des Kühlkörpers ist mit einer (durchsichtigen) Plastikverpackung (Blisterverpackung) abgedeckt.

Ist der Kühlkörper einmal auf die CPU aufgesetzt worden und wird dann wieder entfernt, ist die Wärmeableitfläche beschädigt, was bei erneuter Verwendung ebenfalls zu einem schlechten Wärmeübergang führt; dies sollte unbedingt vermieden werden. In diesem Fall empfiehlt es sich, diese Fläche komplett von der Schicht zu befreien und stattdessen etwas Wärmeleitpaste aufzutragen, aber nur in dem Bereich, der auf die Erhebung der CPU zu liegen kommen soll.

Bild 5.21: Nach dem Abnehmen des Kühlkörpers ist bei einer in Betrieb gewesenen CPU die Wärmeleitfläche beschädigt. Als Ersatz sollte etwas Wärmeleitpaste aufgetragen werden.

Um die Wichtigkeit eines guten Wärmeübergangs zu verdeutlichen, sei noch erwähnt, dass Anwender, die vergessen haben, die Schutzfolie vom Kühlkörper zu entfernen, selbst einen Athlon mit (nur) 1,3 GHz innerhalb weniger Minuten in den Hitzetod geschickt haben. Einige Anwender schaffen das sogar gleich mehrmals hintereinander, weil ein ganz anderer Fehler vermutet und die eher unscheinbare Schutzfolie gar nicht wahrgenommen wurde. Generell überlebt eine aktuelle CPU ohne ausreichende Kühlung nur ein paar Sekunden bis Minuten, wobei die ungekühlte Lebensdauer je kürzer ist, desto höher der CPU-Takt ist.

Bild 5.22: Die Anschlüsse auf einem Mainboard für verschiedene Lüfter sollten nicht vertauscht werden. Der CPU-Kühler ist auf jeden Fall mit CPU_FAN zu verbinden.

Natürlich sollte nicht vergessen werden, den Lüfter des Kühlkörpers mit dem entsprechenden Anschluss (mit CPU_Fan o. ä. bezeichnet) des Mainboards zu verbinden. Nur bei älteren PC-Modellen wird der Lüfter direkt mit einem Kabel des Netzteils verbunden, der dann mit Sicherheit nicht der Kontrolle durch das BIOS (Monitoring) unterliegt. Ob der jeweilige Mainboard-Anschluss für den Lüfter eine Kontrolle der Umdrehungszahl ermöglicht, ist vereinfacht daran zu erkennen, dass nicht zwei, sondern mindestens drei Anschlusskontakte vorhanden sind (12V, Masse, Tachometerausgang). Darüber hinaus darf der Lüfter selbstverständlich nicht nur zwei Anschlüsse aufweisen, auch wenn der Stecker mechanisch auf den Mainboard-Anschluss passen sollte.

Bild 5.23: Dieser Lüfter verfügt über einen Tachometerausgang (grünes Kabel) für die Kontrolle der Drehzahl.

Bei aktuellen Mainboards gibt es gleich mehrere Lüfteranschlüsse, die mechanisch identisch ausgeführt sind, was bedeutet, dass es durchaus möglich ist, den CPU-Kühler fälschlicherweise mit dem Anschluss für den Kühler der Northbridge oder einen optional vorgesehenen Kühler zu verbinden. Der Lüfter wird dann zwar funktionieren, allerdings wird nicht immer deutlich, ob und wie die Lüfteranschlüsse eines Mainboards mithilfe des BIOS oder einer separaten Schutzschaltung kontrolliert werden. Im BIOS sind in der Regel unterschiedliche Umdrehungszahlen für die verschiedenen Lüfter implementiert, und wenn die Überwachungsfunktion den Northbridge-Lüfter als CPU-Lüfter interpretiert, startet der PC möglicherweise erst gar nicht, weil dieser Kühler zu langsam läuft. Außerdem wird – je nach Mainboard und BIOS – unter Umständen vorausgesetzt, dass mehrere Lüfteranschlüsse belegt sein müssen, damit der PC seine Arbeit aufnehmen kann.

5.2 CPU-Einstellungen mit Jumpern

Für den Betrieb einer CPU sind die folgenden drei Dinge festzulegen, wobei man hier auf unterschiedliche Bezeichnungen stößt:

- CPU-Spannung: Core Voltage
- Systemtakt: System Clock, System Bus Clock, Bus Frequency, Operating Frequency Setting
- Faktor (Multiplikator), der, mit dem Systemtakt multipliziert, die spezifizierte CPU-Frequenz ergibt: Core/BusRatio, CPU Clock Multiplier, CPU Clock Ratio

Diese Festlegungen erfolgen bei älteren Mainboards über Steckbrücken oder DIP-Schalter und bei neueren im BIOS-Setup, die in vielen Fällen aber dennoch über manuelle Einstellungselemente verfügen (können). Die Praxis zeigt mitunter, dass die manuelle Einstellung auch bei aktuellen Systemen, insbesondere mit Athlon-CPUs, die sicherere Methode zu sein scheint, wenn eine einmal falsch getätigte Einstellung dafür sorgt, dass kein Neuboot mehr möglich ist, denn nicht alle BIOS-Versionen kennen eine Fail-Safe-Funktion. Diese sorgt bei der Detektierung einer scheinbar nicht passenden CPU-Einstellung dafür, dass der PC dennoch startet, wenn auch mit einem geringeren Takt als mit dem für den die CPU eigentlich ausgelegt ist, gleichwohl kommt man dadurch wieder in den BIOS-Setup und kann eine entsprechende Korrektur vornehmen.

Die ersten Pentium-Prozessoren mit Frequenzen von 60 und 66 MHz arbeiten mit einer Betriebsspannung von 5V in einem Sockel Nummer 4 (273 Pins) ohne Taktvervielfachung. Auf derartigen Mainboards sind per Jumper daher lediglich 60 oder 66 MHz für die CPU festzulegen und nichts weiter. Im BIOS-Setup gibt es demnach auch keine Einstellungsmöglichkeiten für CPU-Takt und -Spannung, was gleichermaßen für alle Vorläufer gilt, wie beispielsweise die 486- und die 386-Prozessoren.

Die Pentium-CPUs ab 75 MHz benötigen 3,3V und einen Sockel Nummer 5 oder 7 (mit zweiter Spannungsversorgung für MMX), die jeweils über

320 Anschlüsse verfügen, wodurch auch kein direkter Upgrade-Pfad von einem Pentium-System der ersten Generation zu einem der folgenden möglich ist. Außerdem arbeiten die Pentium-CPUs der zweiten Generation stets mit einer internen Taktvervielfachung, was bei den ersten Versionen nicht der Fall ist.

Demnach sind zwei Einstellungen für den Takt durchzuführen: erstens für den Systemtakt, mit dem die Mainboard-Elektronik betrieben wird, sodass hierfür auch die Bezeichnung *Mainboard-Takt* zu finden ist und zweitens für die Festlegung eines Faktors, d.h. »Systemtakt multipliziert mit CPU-Takt«, wie beispielsweise multipliziert mit 1,5, 2, 3 usw. In den Manuals zu den Mainboards ist diese Taktfestlegung mitunter auch als *Core/BusRatio* angegeben, also »CPU-Takt dividiert durch Mainboard-Takt«, was aber auf das Gleiche hinausläuft. Bei einer 100 MHz Pentium-CPU ist bei einem Mainboard-Takt von 66 MHz demnach ein *Core/BusRatio* von 3/2 festzulegen, was somit 66 MHz x 1,5 = 100 MHz ergibt.

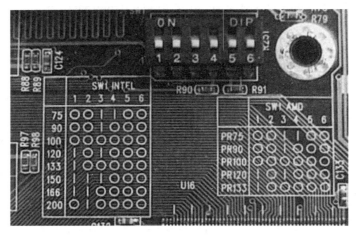

Bild 5.24: Der DIP-Schalter mit der Beschriftung für die jeweilige CPU-Einstellung auf einem Sockel 7-Mainboard

Diese Einstellungen werden bei Sockel 7-Systemen direkt auf dem Mainboard entweder per Jumper oder DIP-Schalter vorgenommen. In Bild 5.24 ist zu erkennen, dass hier für die beiden notwendigen Einstellungen nur ein DIP-Schalter verwendet wird und der Systemtakt sowie der Faktor dabei entsprechend der unterstützen Prozessoren direkt als CPU-Typ angegeben ist, was die Angelegenheit etwas vereinfacht.

Die extern angelegte Frequenz (Systemtakt) wird von den CPUs intern entsprechend vervielfacht. Um welchen Faktor dies geschehen soll, erkennt die CPU über so genannte *BF-Pins* (Bus Frequency), die mit den Jumpern elektrisch verbunden sind.

BF2	BF1	BF0	Faktor
0	0	0	x 4,5
0	0	1	x 5
0	1	0	x 4
0	1	1	x 5,5
1	0	0	x 2,5
1	0	1	x 3 (?)
1	1	0	x 2
1	1	1	x 1,5 (3,5)

Tab. 5.1: Die (theoretisch) gegebenen BF-Jumper-Stellungen, die den Taktfaktor für die CPU bestimmen

Der Sockel 5 kennt lediglich einen einzigen BF-Jumper, womit zwei Einstellungen (x1,5 und x2) möglich sind, beim Sockel 7 sind ein BF0- und ein BF1-Anschluss vorhanden, was demgegenüber vier unterschiedliche Einstellungen (x1,5, x2, x2,5 und x3) erlaubt. Der so genannte *Super-Sockel 7* bietet außerdem einen verdrahteten BF2-Anschluss, womit sich dann zusätzlich auch die Faktoren x4, x4,5, x 5 und x5,5 jumpern lassen. Die Intel-Pentium-CPUs für den Sockel 7 sind alle für einen maximalen externen Takt von 66 MHz ausgelegt, während Hersteller wie AMD, Cyrix und IBM für den Sockel 7 die leistungsfähigeren Modelle hergestellt haben, was auch zur Definition des *Super-Sockels 7* geführt hat.

Der *Super-Sockel 7* sieht genauso aus wie der Sockel 7. Die Super Sockel 7-Definition ändert nichts an der Mechanik oder an der Signalbelegung des Sockels, selbst in dem Fall, wenn ältere Pentium-CPUs wie beispielsweise ein Pentium-133 hier nicht mehr funktionieren würden. Vielmehr impliziert *Super 7* – wie es auch bezeichnet wird –, dass ein Mainboard-Takt von 100 MHz statt wie bisher maximal 66 MHz zum Standard erhoben wird. Zu beachten ist bei Super 7-Mainboards, ob sie auch einen Mainboard-Takt von 95 MHz bieten, denn diesen benötigen die AMD-CPUs vom Typ AMD-K6-II mit 333 MHz (95 MHz x 3,5) und 380 MHz (95 MHz x 4), wenn man gedenkt, solch einen Typ einzusetzen.

Bei den Super Sockel 7-Mainboards ist mitunter auch ein AUTO-Modus für die CPU per Jumper auf dem Mainboard zu selektieren. Außerdem gibt es hier möglicherweise eine *Auto Detect Function* für die Einstellung der CPU-Spannung, die jedoch nicht immer korrekt funktioniert, was daran liegen mag, dass dieser Sockel eine ungeheurere Vielzahl an kompatiblen Pentium-CPUs aufnehmen kann. Die automatische CPU-Detektierung – hier per Auslesen der CPU-Kennung durch das BIOS – und die jeweils zu aktivierenden Parameter sind somit auch von der BIOS-Revision abhängig. Man fährt daher meist besser, wenn die Parameter manuell festgelegt werden.

CPU-Einstellungen mit Jumpern

Bild 5.25: Ein Mainboard laut Super 7-Standard kann eine Vielzahl unterschiedlicher Pentium-(kompatibler) CPUs verwenden.

Leider interpretieren die verschiedenen (Pentium-kompatiblen) CPUs diese Jumperstellungen unterschiedlich, wie es auch in Tabelle 5.2 angegeben ist. Der logische Pegel »0« entspricht der in den Mainboard-Manuals üblicherweise angegebenen Schalterposition ON und der Pegel »1« dementsprechend der Position OFF.

Durch die Schalterstellung ON bzw. durch einen gesteckten Jumper wird der entsprechende BF-Pin der CPU auf Masse geschaltet, und ein offener Anschluss wirkt als ein High, wie es in der TTLogik üblich ist. Dabei werden meist vom jeweiligen BF-Pin entsprechende Widerstände mit einem typischen Wert von 3,3-4,7 kΩ entweder an Masse (Pull-down) oder Vcc (Pull-up) geschaltet, je nachdem, ob der betreffende BF-Pin auf Low oder High liegen soll.

BF2	BF1	BF0	Pentium	Pentium MMX	Cyrix, IBM 6x86	Cyrix, IBM M2	AMD K5	AMD K6	IDT C6 Win Chip
0	0	0	-	-	-	-	-	4,5x	-
0	0	1	-	-	-	-	-	5x	5x
0	1	0	-	-	-	-	-	4x	4x
0	1	1	-	-	-	-	-	5,5x	-
1	0	0	2,5x	2,5x	1x	2,5x	1,75x	2,5x	-
1	0	1	3x	3x	4x	3x	-	3x	3x
1	1	0	2x	2x	2x	2x	1,5x	2x	2x
1	1	1	1,5x	3,5x	3x	3,5x	-	3,5x	4x

Tab. 5.2: Die BF-Jumper für die Einstellung des Verhältnisses von externem zu internem Takt werden von den verschiedenen Mikroprozessoren unterschiedlich interpretiert. Der BF2-Jumper wird von Intel-Pentium-CPUs nicht ausgewertet und ist bei einigen Mainboards auch gar nicht verdrahtet.

Die Einstellung mit den BF-Signalen wäre eigentlich eine recht einfache und logische Sache, wenn sich nur alle Mainboard-Hersteller konsequent daran halten würden, was in der Praxis bedeutet, dass die Festlegung der Taktfrequenzen oftmals eine etwas undurchsichtige Angelegenheit ist und nicht immer alle im Prinzip möglichen BF-Verbindungen (korrekt) auf dem Mainboard »verdrahtet« werden.

Es ist demnach leider kein Verlass darauf, dass beispielsweise ein Sockel 7-Mainboard auch die Stellung x3 bietet oder ein Super-Sockel-7-Mainboard die Stellung x5,5, was schaltungstechnisch gesehen kein Problem wäre. Interessanterweise lässt sich etwa der letzte Intel-Vertreter im Sockel 7-Design – der Pentium MMX-233 – in einem Sockel 7-Mainboard gar nicht optimal (66 MHz x3.5) jumpern, da bei einem derartigen Mainboard maximal nur der Faktor x3 eingestellt werden kann.

Alternativ lassen sich für den Mainboard-Takt möglicherweise 75 MHz festlegen, wenn das jeweilige Mainboard hierfür geeignet ist. Die CPU läuft dann mit 75 MHz x 3 = 225 MHz, bleibt somit also unter ihrem maximal möglichen Wert. Standard für den Mainboard-Takt waren eine Zeit lang maximal 66 MHz. Für einige Pentium-(kompatible-)CPUs werden jedoch auch 75 MHz (z.B. Cyrix MII PR366), 83 MHz oder 100 MHz (AMD K6-3-450) als Systemtakt benötigt. Dabei lassen sich verschiedene Kombinationen bei der Einstellung des Systemtaktes und des Faktors festlegen.

Denkbar wäre beispielsweise der Betrieb einer 266-MHz-CPU mit einem Systemtakt von 66 MHz und dem Multiplikationsfaktor von 4 (ergibt 264), wobei man ebenfalls auf 266 MHz (genauer 262) kommt, wenn ein Systemtakt von 75 MHz und ein Multiplikationsfaktor von 3,5 eingestellt werden. Generell ist es anzustreben, mit einem höheren Systemtakt zu arbeiten, denn die Mainboard-Elektronik (Chipset, Speicher, Cache) arbeitet dann ebenfalls schneller, was Geschwindigkeitsvorteile mit sich bringen kann. Der CPU ist es im Prinzip »egal«, wie der benötigte Takt letztendlich zustande kommt.

Ab einem Systemtakt von 75 MHz ist es empfehlenswert und ab 100 MHz unabdingbar, dass die Speicherbausteine (PC100 SDRAMs) auch explizit hierfür ausgelegt sind, denn DRAMs, die bei 66 MHz problemlos funktionieren, können bereits bei 75 MHz streiken, sodass der PC noch nicht einmal startet. Entsprechendes gilt für andere Schaltungselemente des Mainboards und für die Bussysteme (AGP, ISA, PCI), welche für die Einsteckkarten verwendet werden, denn ein höherer Systemtakt bedeutet mitunter auch einen höheren Bustakt, und den können Einsteckkarten vielfach nicht verarbeiten, wie beispielsweise einige SCSI-Hostadapter (z.B. Adaptec 2940) oder auch Grafikkarten.

Möglicherweise muss eine CPU mit einem niedrigeren Takt betrieben werden als mit demjenigen, der für sie maximal vorgesehen ist, was natürlich zulässig ist und keine Probleme bereitet, während das »Höhertakten«, was immer wieder gern als Tuning-Empfehlung aus dem Hut gezaubert wird, stets mit Vorsicht zu interpretieren ist. Im Allgemeinen lässt sich feststellen, dass Pentium-kompatible Prozessoren der Firmen AMD, Cyrix/IBM und IDT selbst moderate Takterhöhungen um eine Stufe oftmals nicht verkraften, was nachfolgend die merkwürdigsten Phänomene hervorrufen kann (Abstürze, Programme lassen sich nicht installieren usw.), falls der PC überhaupt startet. Intel-CPUs sind demgegenüber mit ihrer angegebenen Maximalfrequenz meist noch nicht am Ende und lassen hier eher ein »Übertakten« zu, wenn man es nicht gleich übertreibt. Dabei ist es gängige Intel-Praxis, dass bei einigen Typen ein »Übertaktungsschutz« eingebaut ist, was sich durchaus von einer Fertigungscharge zur nächsten geändert haben kann.

TIPP

> Wichtig für die Beurteilung, ob sich eine bestimmte CPU in einem Mainboard verwenden lässt, sind CPU-Spannung, Systemtakt und Multiplikator. Unter Beachtung dieser Parameter lassen sich auch CPUs in Mainboards einsetzen, die im Handbuch zum Board gar nicht angegeben sind.

In den Manuals zu den Mainboards oder auch direkt als Aufdruck auf der Mainboard-Platine finden sich entsprechende Angaben darüber, wie die Werte für bestimmte CPUs eingestellt werden müssen. Diese Angaben beziehen sich auf diejenigen CPU-Typen, die beim Herstellungszeitpunkt des Mainboards aktuell bzw. überhaupt bekannt sind, was bedeutet, dass sich hier keine Angaben über CPUs finden lassen, die zeitlich später auf dem Markt erscheinen. Dadurch sollte man sich aber nicht beirren lassen, denn wichtig sind die drei genannten Punkte (Spannung, Systemtakt,

Multiplikator), damit eine CPU einzusetzen ist, wobei es dann eher eine untergeordnete Rolle spielt, welche konkreten Taktraten das Manual zum Mainboard preisgibt. Bild 5.26 zeigt als Beispiel aus einem Manual die per DIP-Schalter festzulegenden Einstellungen für unterschiedliche Pentium(-kompatible) CPUs für ein Mainboard der Firma DFI (P5BV3+).

Intel SW1: 1-6		IBM SW1: 1-6		AMD SW1: 1-6		Voltage	JP5	SW1: 7-10
MMX166MHz - 66MHz - 2.5x		6x86MX-PR200 - 66MHz - 2.5x		K6-200 - 66MHz - 3x		2.1V		
MMX200MHz - 66MHz - 3x		6x86MX-PR233 - 75MHz - 2.5x		K6-233 - 66MHz - 3.5x		2.2V		
MMX233MHz - 66MHz - 3.5x		6x86MX-PR266 - 83MHz - 2.5x		K6-266 - 66MHz - 4x		2.5V		
Cyrix SW1: 1-6		6x86MX-PR300 - 75MHz - 3x		K6-2/266 - 66MHz - 4x		2.8V		
6x86MX-PR200 - 66MHz - 2.5x		6x86MX-PR333 - 83MHz - 3x		K6-300 - 66MHz - 4.5x		2.9V		
6x86MX-PR233 - 75MHz - 2.5x		IDT SW1: 1-6		K6-2/250 - 100MHz - 2.5x		3.2V		
6x86MX-PR266 - 83MHz - 2.5x		C6-180 - 60MHz - 3x		K6-2/300 - 100MHz - 3x		3.3V		
M II-300 - 75MHz - 3x		C6-200 - 66MHz - 3x				3.5V		
M II-333 - 83MHz - 3x		WINCHIP2-200 - 66MHz - 3x						
M II-350 - 100MHz - 3x		C6-225 - 75MHz - 3x						
M II-400 - 100MHz - 3.5x								

Bild 5.26: Die Einstellungen bei einem Super-Socket-7-Mainboard und welche CPUs laut Manual unterstützt werden

Die Angaben in den Handbüchern (siehe Bild 5.26) oder auch der Aufdruck bei einem Mainboard (siehe Bild 5.24) sollen es dem Anwender erleichtern, den richtigen Takt explizit für eine bestimmte CPU (z.B. AMD K6-2, 300 MHz) einstellen zu können. Dabei ist oftmals nicht unmittelbar zu erkennen, welche einzelnen DIP-Schalter nun den Systemtakt und welche den Faktor festlegen, sodass die Herstellervorgaben etwas genauer betrachtet werden müssen, damit auch eine CPU richtig eingestellt werden kann, die nicht im Handbuch angeführt ist.

Als Beispiel sollen hierfür die Angaben in Bild 5.26 dienen. Wie es ein Vergleich der einzelnen DIP-Schalterstellungen zeigt, bestimmen die drei ersten DIP-Schalterstellungen offensichtlich den Systemtakt und die Positionen 4, 5, 6 den Faktor. Wenn diese einzelnen Stellungen aufgeschlüsselt werden, ergeben sich die Zuordnungen laut Tabelle 5.3. Dabei ist zu beachten, dass die verschiedenen CPUs die einzelnen Stellungen durchaus unterschiedlich interpretieren, wie es auch in Tabelle 5.2 angegeben ist.

DIP-Schalter:

1	2	3	Systemtakt
OFF	OFF	OFF	60 MHz
ON	OFF	OFF	66 MHz
OFF	OFF	ON	75 MHz
ON	OFF	ON	83 MHz
ON	ON	ON	100 MHz

DIP-Schalter:

4 (BF0)	5 (BF1)	6 (BF0)	Faktor
OFF	OFF	ON	x 2,5
OnN	OFF	ON	x 3
ON	ON	ON	x 3,5
OFF	ON	OFF	x 4

DIP-Schalter:

4 (BF0)	5 (BF1)	6 (BF0)	Faktor
OFF	OFF	OFF	x 4,5
ON	OFF	OFF	x 5
ON	ON	OFF	x 5,5

Tab. 5.3: Die Aufschlüsselung der DIP-Schalterstellungen fördert auch undokumentierte Einstellungsmöglichkeiten zutage.

Durch die Anwendung dieser Analysemethode (die BF-Pins bestimmen stets den Faktor) und mithilfe der Tabellen lässt sich genau feststellen, welche Einstellungen das jeweilige Mainboard bietet, obwohl das Handbuch die einzusetzende CPU möglicherweise gar nicht anführt. CPUs wie etwa ein AMD-K6-3/450 lassen sich somit trotz fehlender Angabe mit diesem als Beispiel herangezogenen Mainboard betreiben, da sowohl ein Systemtakt von 100 MHz als auch der Faktor 4,5 einstellbar sind. Das gleiche Prinzip greift natürlich auch bei allen aktuellen Mainboards, die über DIP-Schalter konfiguriert werden können.

5.2.1 Pentium- und Performance-Rating

Die CPU muss für denjenigen Takt gejumpert werden, für den sie spezifiziert ist. Die entsprechende Frequenzangabe ist entweder oben oder auch unten auf dem Chipgehäuse aufgedruckt. Die Einstellung des Systemtaktes und die Festlegung des Multiplikationsfaktors sind hierfür zunächst die beiden einfachen Schritte, wie es bereits erläutert wurde. Was oftmals für Verwirrung sorgt, ist der Umstand, dass einige CPUs abweichend von ihrer Bezeichnung zu jumpern sind.

Der Grund hierfür ist das *Pentium-Rating* oder kurz P-Rating. Zur Beurteilung und damit zum Vergleich der Leistungsfähigkeit diverser Mikroprozessoren gibt es verschiedene Benchmark-Programme (Maßstab), die aus einer Sammlung typischer Applikationen bestehen, wie Textverarbeitung, Grafik, Tabellenkalkulation, Desktop-Publishing usw. AMD, Cyrix, IBM und SGS haben sich gemeinsam auf ein Benchmark-Programm (Winstone von Ziff Davis) geeinigt, welches die Gleichrangigkeit zum *Original-Intel-Pentium* bewertet und wonach sich die Bezeichnung ergibt – das P-Rating. Beispielsweise soll dementsprechend der mit 250 MHz getaktete Cyrix-Prozessor MII-PR333 so leistungsfähig sein wie ein Pentium von Intel, der mit 333 MHz getaktet wird.

Bild 5.27: Die Pentium-kompatiblen CPUs von Cyrix und IBM werden laut P-Rating (PR) spezifiziert und daher abweichend von ihrer Typbezeichnung gejumpert.

Die Angaben des P-Ratings finden sich traditionell bei den Prozessoren 6x86 (Cyrix, IBM), 6x86MX (MMX-CPUs), M II (Cyrix, IBM) und dem AMD-K5. Diese Typen verdienen daher besondere Aufmerksamkeit bei der Jumperung.

Mit dem Athlon XP hat AMD das Prinzip des P-Ratings, welches nunmehr auch als *Performance Rating* oder auch *Quanti Speed Technology* bezeichnet wird, wieder aufgegriffen, um hiermit eine vergleichbare Leistung zu einem Intel Pentium 4 auszuweisen. Ein Athlon XP 1500+ arbeitet beispielsweise mit einem tatsächlichen Takt von 1,3 GHz und ein Athlon XP 2200+ mit einem Takt von 1,8 GHz (siehe auch Tabelle 5.6). Im Gegensatz zu den nicht immer stimmigen Leistungsgegenüberstellungen bei den älteren CPUs mithilfe des P-Ratings kann man bei den *Athlon XP zu-Pentium 4-Ratings* bisher von realistischen Angaben ausgehen, wobei die jeweiligen Leistungsmessungen bei einigen Disziplinen – es sind ca. 30

– einen Athlon und bei anderen wiederum einen Pentium 4 als Sieger hervorgehen lassen, sodass man im Grunde genommen hiermit auch nur die »Rundumleistung« von Intel und AMD-Prozessoren gegenüberstellt.

5.3 Spannungseinstellungen

Die Pentium-Prozessoren mit *MMX* (Multi Media eXtension) benötigen neben der Betriebsspannung von 3,3V eine weitere von 2,8V. Der CPU-Kern wird bei diesen Typen mit 2,8V, die CPU-Ausgangstreiber (I/O zum Chipset) werden mit 3,3V betrieben. Mainboards mit einem Sockel Nummer 7 verfügen in den meisten Fällen über eine Dual-Voltage-Versorgung. Ab Super- Sockel-7-Mainboards ist dies auf jeden Fall gegeben, und demnach gilt dies auch für alle technologischen Nachfolger.

Die Betriebsspannung kann sich bei einem im Prinzip identischen CPU-Typ von einer Fertigungscharge zur darauf folgenden durchaus geändert haben, was nicht immer seinen entsprechenden Niederschlag in den Angaben (siehe Bild 5.26) zum jeweiligen Mainboard findet. Daher sind auf jeden Fall die Angaben auf der CPU und weniger die in den Mainboard-Handbüchern von Bedeutung. Eine allgemein gültige Kennzeichnung für die Betriebsspannung gibt es nicht, und jeder CPU-Hersteller führt hier gewissermaßen eine eigene Nomenklatur. In Bild 5.28 sind einige übliche Kennzeichnungsmethoden für Sockel 7-Prozessoren angegeben, und mitunter ist die Spannung auch direkt oben auf das Prozessorgehäuse gedruckt.

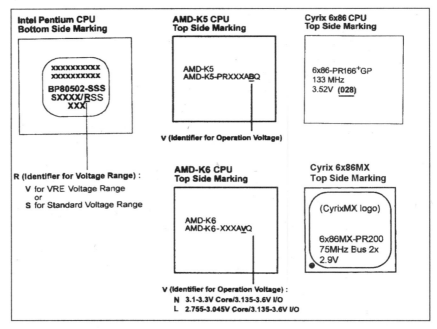

Bild 5.28: Die Werte für die Betriebspannung werden bei verschiedenen Herstellern unterschiedlich angegeben.

Die Problematik der richtigen Einstellung der CPU-Versorgungsspannung hat sich ab dem Pentium II entschärft, denn diese CPU kann erstmalig dem Chipsatz über spezielle Pins (VID[4:0], Voltage Identification) ihre jeweils benötigte Versorgungsspannung signalisieren, und der Chipsatz schaltet diese daraufhin automatisch ein. Alle aktuellen CPUs verfügen über eine derartige Automatik, die der Chipset und das BIOS dementsprechend für die jeweilige CPU unterstützen können müssen.

Dabei muss das BIOS zunächst die CPU mit einer *ungefährlichen* Spannung starten, damit diese überhaupt reagieren kann und daraufhin die richtige Einstellung zu aktivieren ist. Hier kann ein Problem zutage treten, denn die Definition der passenden Startspannung kann sich bei den verschiedenen BIOS-Versionen durchaus voneinander unterscheiden, was nicht unbedingt verwunderlich ist, wenn man bedenkt, dass es selbst innerhalb einer bestimmten CPU-Familie (z.B. Pentium II, Pentium III, Celeron) eine Vielzahl unterschiedlicher Typen gibt, die mit unterschiedlichen Spannungen betrieben werden wollen. Ein derartiges Problem kann insbesondere also immer dann auftreten, wenn sich die CPU für das BIOS als zu *neu* herausstellen sollte.

VID4	VID3	VID2	VID1	VID0	Vcc-Core
0	0	0	0	0	1,850V
0	0	0	0	1	1,825V
0	0	0	1	0	1,800V
0	0	0	1	1	1,775V
0	0	1	0	0	1,750V
0	0	1	0	1	1,725V
0	0	1	1	0	1,700V
0	0	1	1	1	1,675V
0	1	0	0	0	1,650V
0	1	0	0	1	1,625V
0	1	0	1	0	1,600V
0	1	0	1	1	1,575V
0	1	1	0	0	1,550V
0	1	1	0	1	1,525V

Tab. 5.4: Die VID-Signale für die Core-Spannung bei den sockelbasierten Athlons

Spannungseinstellungen

VID4	VID3	VID2	VID1	VID0	Vcc-Core
0	1	1	1	0	1,500V
0	1	1	1	1	1,475V
1	0	0	0	0	1,450V
1	0	0	0	1	1,425V
1	0	0	1	0	1,400V
1	0	0	1	1	1,375V
1	0	1	0	0	1,350V
1	0	1	0	1	1,325V
1	0	1	1	0	1,300V
1	0	1	1	1	1,275V
1	1	0	0	0	1,250V
1	1	0	0	1	1,225V
1	1	0	1	0	1,200V
1	1	0	1	1	1,175V
1	1	1	0	0	1,150V
1	1	1	0	1	1,125V
1	1	1	1	0	1,100V
1	1	1	1	1	keine CPU

Tab. 5.4: Die VID-Signale für die Core-Spannung bei den sockelbasierten Athlons

Die BIOS-Hersteller können (oder wollen vielleicht auch) nicht im Voraus wissen, mit welchen Daten eine CPU, die nach dem Erstellungsdatum des BIOS erschienen ist, versorgt werden will. Ein BIOS-Update kann dabei nicht einfach durchgeführt werden, wenn die CPU erst gar nicht startet. Allerdings lassen sich in der Regel auch per Jumper oder auch im *CPU Soft Menu* manuelle Einstellungen für die CPU-Core-Spannung vornehmen, sodass man sich nicht allein auf eine funktionierende Automatik verlassen muss. In vielen Fällen kann auf dem Mainboard per DIP-Schalter auf diese Automatik geschaltet werden, oder die Spannung lässt sich genau vorgeben, wobei man mit einer falschen Einstellung die CPU durchaus zerstören kann.

Kapitel 5 · CPUs konfigurieren

> **ACHTUNG**
> Die Einstellung der richtigen CPU-Spannung ist mit äußerster Sorgfalt vorzunehmen, denn eine zu hohe Spannung kann die CPU durchaus zerstören. Letztendlich sind die Daten relevant, die auf der CPU aufgedruckt sind, und daran muss man sich halten.

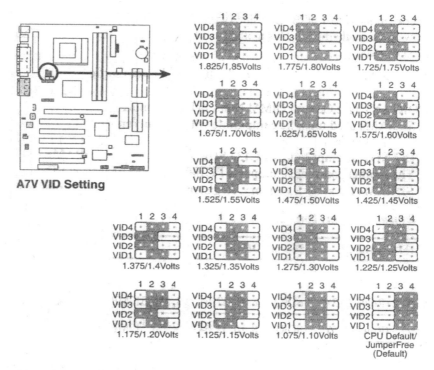

Bild 5.29: Die Festlegung der CPU-Spannung kann bei diesem Mainboard der Firma ASUS für Athlon-CPUs mithilfe der Automatik-Stellung (rechts unten, alle Jumper rechts gesetzt, CPU default) erfolgen, oder die Spannung wird manuell vorgegeben.

Bei den meisten Mainboards lässt sich lediglich die Core-Spannung und nicht die I/O-Spannung variieren, wobei diese – je nach CPU- und Chipset-Typ – entweder 3,3V oder auch 3,45V beträgt. Bei einigen älteren Boards ist sie jedoch zwischen diesen beiden Werten per Jumper umzuschalten. Üblicherweise verbleibt dieser Jumper aber in der Default-Stellung, und nur falls die CPU übertaktet wird, ist eine derartige Spannungsveränderung mitunter notwendig, falls das System nicht stabil laufen sollte. Aus diesem Umstand ergibt sich auch eine leicht veränderte Core-Spannung, wie es jeweils der zweite Wert bei den einzelnen Jumper-Stellungen in Bild 5.29 kennzeichnet.

5.4 Den richtigen CPU-Takt festlegen

Die Firma AMD hat für die Athlon-CPUs von vornherein auch für den Faktor spezielle Pins (FID[3:0], Frequency Identification) vorgesehen, die der Mainboard-Elektronik den jeweils notwendigen Multiplikator signalisieren. Dabei hat man als Maximum aber nur den Faktor x12,5 definiert, was demnach zu maximal 1,25 GHz bei einem Systemtakt von 100 MHz oder 1,66 GHz bei einem Systemtakt von 133 MHz führen würde.

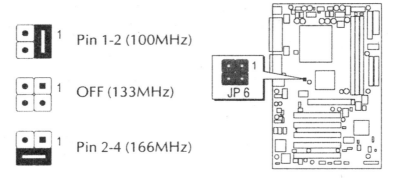

Bild 5.30: Die Festlegung des Systemtaktes erfolgt bei vielen aktuellen Athlon-Mainboards per Jumper.

Auch wenn AMD den Systemtakt mittlerweile auf 166 MHz und für den Athlon XP-3200 sogar auf 200 MHz erhöht hat, reicht dies bereits für einige Modelle (ab Athlon XP-2100) nicht mehr aus. Aus diesem Grunde, und weil man andernfalls einen weiteren CPU-Anschluss benötigen würde, hat AMD die mittlerweile als unwichtig erscheinende kleineren Multiplikatoren umdefiniert.

Dies ist also ein Prinzip, welches auch schon bei den alten Pentium-MMX-Prozessoren angewendet wurde und das damit einhergeht, dass bestimmte Faktoren von verschiedenen CPUs unterschiedlich interpretiert werden, was immer wieder für Überraschungen sorgen kann, wenn die Mainboard- und BIOS-Hersteller hier nicht laufend Anpassungen vornehmen.

FID3	FID2	FID1	FID0	Faktor
0	0	0	0	x11
0	0	0	1	x11,5
0	0	1	0	x12
0	0	1	1	x12,5
0	1	0	0	x5 (x13)*

Tab. 5.5: Die FID-Signale bei den Athlons bestimmen den jeweiligen Faktor.

FID3	FID2	FID1	FID0	Faktor
0	1	0	1	x5,5 (x13,5)*
0	1	1	0	x6 (x14)*
0	1	1	1	x6,5 (x14,5)*
1	0	0	0	x7 (x15)*
1	0	0	1	x7,5 (x15,5)*
1	0	1	0	x8 (x16)*
1	0	1	1	x8,5 (x16,5)*
1	1	0	0	x9 (x17)*
1	1	0	1	x9,5 (x17,5)*
1	1	1	0	x10 (x18)*
1	1	1	1	x10,5 (x18,5)*

Tab. 5.5: Die FID-Signale bei den Athlons bestimmen den jeweiligen Faktor. (Forts.)

In Tabelle 5.5 sind die Bedeutungen der FID-Signale für Athlon- und Duron-CPUs angegeben, wobei die mit einem »*« gekennzeichneten Einstellungen für Athlon-XP-CPUs gelten, die einen höheren Faktor als x12 benötigen. Inwieweit ein Mainboard tatsächlich eine derartige Interpretation der »XP-Faktoren« vornimmt und ob auch tatsächlich eine vollständige Unterstützung bis zum Multiplikator von x18,5 gegeben ist, lässt sich eigentlich nur beim Mainboard-Hersteller in Erfahrung bringen. Tabelle 5.6 zeigt die Einstellungsdaten für Athlon und Duron-CPUs auf einen Blick.

ACHTUNG

Für Athlon-CPUs, die einen höheren Faktor als x12,5 benötigen, ist ein Mainboard mit einem BIOS notwendig, welches die traditionellen FID-Signale umdefiniert.

Je nach BIOS-Version und Mainboard wird jedoch nicht die komplette Palette an theoretisch einsetzbaren CPUs einer Familie unterstützt, sondern nur bestimmte, d.h., ein älteres Board kennt keine neueren CPUs, was noch logisch erscheint. Ein neueres Board unterstützt möglicherweise aber auch keine älteren CPUs einer CPU-Familie. Dies liegt nicht nur an den unterschiedlichen Core-Spannungen, die das eine Board bieten kann, das andere jedoch nicht, sondern auch an den jeweils einstellbaren Faktoren.

Prozessor-Typ	Mainboard (Systemtakt)	interner Takt	Faktor	Core-Spannung
Athlon 500 MHz	100 MHz	500 MHz	x5	1,6 V
Athlon 550 MHz	100 MHz	550 MHz	x5,5	1,6 V
Athlon 600 MHz	100 MHz	600 MHz	x6	1,6 V
Athlon 650 MHz	100 MHz	650 MHz	x6,5	1,6 V
Athlon 700 MHz	100 MHz	700 MHz	x7	1,6 V
Athlon 800 MHz	100 MHz	800 MHz	x8	1,6 V
Athlon 900 MHz	100 MHz	900 MHz	x9	1,75V
Athlon 1 GHz	100 MHz 133 MHz	1 GHz 1 GHz	x10 x7,5	1,75V
Athlon 1,3 GHz	133 MHz	1,3 GHz	x10	1,75V
Athlon 1,4 GHz	133 MHz	1,4 GHz	x10,5	1,75V
Athlon XP 1500+	133 MHz	1,33 GHz	x10	1,75V
Athlon XP 1600+	133 MHz	1,4 GHz	x10,5	1,75V
Athlon XP 1700+	133 MHz	1,46 GHz	x11	1,75V
Athlon XP 1800+	133 MHz	1,53 GHz	x11,5	1,75V
Athlon XP 1900+	133 MHz	1,66 GHz	x12	1,75V
Athlon XP 2000+	133 MHz	1,66 GHz	x12,5	1,75V
Athlon XP 2100+	133 MHz	1,73 GHz	x13	1,75V
Athlon XP 2200+	133 MHz	1,8 GHz	x13,5	1,65V
Athlon XP 2400+	133 MHz	2 GHz	x15	1,65V
Athlon XP 2500+	166 MHz	1,83 GHz	x11	1,65V
Athlon XP 2600+	133 MHz	2,08 GHz	x15,5	1,65V
Athlon XP 2700+	166 MHz	2,16 GHz	x13,5	1,65V
Athlon XP 2800+	166 MHz	2,08 GHz	x12,5	1,65V
Athlon XP 3000+	166 MHz	2,16 GHz	x13	1,775V
Athlon XP 3200+	200 MHz	2,2 GHz	x11	1,775V
Duron 600 MHz	100 MHz	600 MHz	x6	1,5V

Tab. 5.6: Einstellungsdaten für Athlon- und Duron-CPUs

Prozessor-Typ	Mainboard (Systemtakt)	interner Takt	Faktor	Core-Spannung
Duron 650 MHz	100 MHz	650 MHz	x6,5	1,5V
Duron 700 MHz	100 MHz	700 MHz	x7	1,5V
Duron 850 MHz	100 MHz	850 MHz	x8,5	1,75V
Duron 900 MHz	100 MHz	900 MHz	x9	1,75V
Duron 1 GHz	100 MHz	1 GHz	x10	1,75V
Duron 1,2 GHz	100 MHz	1,2 GHz	x12	1,75V
Duron 1,3 GHz	100 MHz	1,3 GHz	x13	1,75V

Tab. 5.6: Einstellungsdaten für Athlon- und Duron-CPUs (Forts.)

Ein Athlon benötigt mindestens einen Systemtakt von 100 MHz, der auf beiden Taktflanken arbeitet, was als *Double Data Rate* (DDR) bezeichnet wird und somit 200 MHz aus der klassischen Sicht der Datenübertragung entspricht. Der Pentium 4 überträgt pro Takt gleich vier Datenpakete, was als *Quad Data Rate* (QDR) gekennzeichnet wird und bei einem Systemtakt von 100 MHz dann oftmals zu der Angabe von *400 MHz* führt.

Durch diese unterschiedliche Nomenklatur, die in den BIOS-Setups mitunter auch Anlass zur Verwirrung bietet, sollte man sich aber nicht beirren lassen. Alle aktuellen CPUs verwenden einen Takt von 100 MHz, 133 MHz, 166 MHz (Athlon ab 2 GHz) oder auch 200 MHz, der gewissermaßen nur unterschiedlich interpretiert wird. Der Systembus wird auch als *Front Size Bus* (FSB) bezeichnet und mit einer angehängten Zahl versehen, die damit den jeweiligen *Transfertakt* – und nicht die tatsächliche Frequenz – ausweist, wie es in Tabelle 5.7 für aktuelle und gebräuchliche Prozessoren von Intel und AMD angegeben ist.

CPUs	Bezeichnung	Frequenz
AMD Athlon	FSB200, FSB266	100 MHz, 133 MHz
AMD Athlon XP	FSB266	133 MHz
AMD Athlon XP ab 2500+	FSB333	166 MHz
AMD Athlon XP ab 3200+	FSB400	200 MHz
AMD Duron	FSB200	100 MHz
Intel Celeron ab 1,6 GHz (P4)	FSB400	100 MHz

Tab. 5.7: Der Zusammenhang und die Bezeichnungen bei den Taktangaben

CPUs	Bezeichnung	Frequenz
Intel Celeron ab 800 MHz bis 1,6 GHz	FSB100	100 MHz
Intel Celeron bis 766 MHz	FSB66	66 MHz
Intel Pentium 4 ab 2,26 GHz	FSB400, FSB533	133 MHz
Intel Pentium 4 ab 3 GHz	FSB800	200 MHz
Intel Pentium 4 bis 2,2 GHz	FSB400	100 MHz
Intel Pentium II ab 350 MHz	FSB100	100 MHz
Intel Pentium II bis 333 MHz	FSB66	66 MHz
Intel Pentium III 1,13 GHz bis 1,4 GHz	FSB133	133 MHz
Intel Pentium III bis 1,1 GHz	FSB100, FSB133	100 MHz, 133 MHz

Tab. 5.7: Der Zusammenhang und die Bezeichnungen bei den Taktangaben (Forts.)

Ein Athlon mit 1,2 GHz kann entweder mit 100 MHz (DDR-Takt = 200 MHz) und dem Faktor 12 oder bevorzugt mit einem Systemtakt von 133 MHz verwendet werden, wofür ein Faktor von 9 festzulegen ist. Bei einem Pentium 4 mit 1,4 GHz ist ebenfalls ein Systemtakt von 100 MHz (QDR-Takt = 400 MHz) notwendig und ein Multiplikator von 14.

Bei den Intel-Pentium-4-CPUs sind keine FID-Pins vorgesehen, stattdessen ist der Multiplikator in der CPU fest eingestellt und kann nicht verändert werden, was bedeutet, dass vorhandene DIP-Schaltereinstellungen oder auch BIOS-Festlegungen hierfür in der Regel nicht greifen. Allein für die Variation des Systemtaktes sind beim Pentium 4 und den Vorläufern entsprechende Anschlüsse (BCLK[1:0]) vorhanden, die beim Mainboard möglicherweise auf Jumper gelegt worden sind.

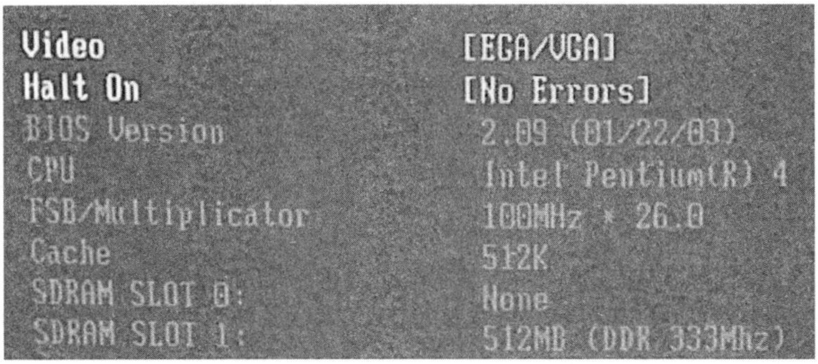

Bild 5.31: Im BIOS-Setup sind hier die Festlegungen für den Pentium 4 grau hinterlegt und können demnach nicht vom Anwender manipuliert werden, was ebenfalls für die Speicher gilt.

Bei Pentium II/III-CPUs gibt es prinzipiell ebenfalls die Möglichkeit der Beeinflussung des Multiplikators, wofür auch anderweitig verwendete Anschlüsse (z.B. NMI, LINT) zum Einsatz kommen. Dabei ist im Allgemeinen allerdings kaum feststellbar, bei welchem Typ dies möglich ist und bei welchem nicht, denn dies hängt sogar von der jeweiligen Fertigungscharge ab. Die preisgünstigen Ableger wie der Celeron vom Pentium II/III oder vom Pentium 4 sowie der Duron vom Athlon verweigern aufgrund fest im Prozessor eingestellter Bustakte und Faktoren mit großer Wahrscheinlichkeit Übertaktungsversuche, zumal sie gegenüber ihren leistungsfähigeren Brüdern meist nur mit einen geringeren Systemtakt umgehen können. Dass es dennoch verschiedene Möglichkeiten gibt, CPU-interne Taktsperren aufzuhebe(l)n, soll hier nicht Gegenstand der weiteren Betrachtungen sein, da bei derartig schwer wiegenden Eingriffen auf jeden Fall die Funktionsgarantie des Herstellers erlischt und zumeist auch die Systemstabilität auf der Strecke bleibt. »*Trouble*« wollen wir ja gerade vermeiden.

5.5 BIOS-Setup-Optionen für die CPU

CPU-Einstellmöglichkeiten im BIOS-Setup sind ab den Intel-CPUs für den Slot 1 bzw. den AMD-CPUs für den Slot A und damit auch für alle folgenden Modelle möglich, wie Pentium III, Pentium 4 sowie für die verschiedenen Athlon- und Duron-Prozessoren von AMD. Üblicherweise sind diese Einstellungen im *Chipset Features Setup* oder unter *Advanced* (Phoenix) zu finden. Oder es gibt hierfür auch eine extra Seite: *CPU Soft Menu*. Bei einigen Mainboards ist der Eintrag für das *CPU Soft Menu* zwar im BIOS-Setup vorhanden, allerdings ist er so lange nicht selektierbar, bis auf dem Mainboard ein spezieller Jumper mit einer Bezeichnung wie *Configure Mode* (siehe Bild 5.32 und Bild 5.33) und/oder bestimmte DIP-Schalterstellungen eingestellt werden. Dies ist durchaus ein sinnvoller Schutz, damit der Anwender sich auch bewusst wird, dass diese Einstellungen mit Bedacht vorzunehmen sind, denn die CPU kann bei falschen Werten durchaus zerstört werden.

> **ACHTUNG** Auch bei Mainboards, die das Attribut *Jumperless Configuration* führen, findet man vielfach Jumper für CPU-Takt und -Spannungseinstellungen, und daher sind die in den vorherigen Kapiteln erläuterten Konfigurationsmöglichkeiten auch dabei zu beachten. *Jumperless* bedeutet daher oftmals, dass es für die CPU-Einstellungen einen Automatik-Modus gibt, der sich möglicherweise ein- oder ausschalten lässt.

Es wird immer wieder gern versucht, die vorhandene CPU mit einem höheren Takt zu betreiben als mit dem für sie spezifizierten. Wenn sich die CPU-Parameter komfortabel per BIOS-Setup »optimieren« lassen, ist man gemeinhin eher geneigt, eine andere Einstellung auszuprobieren, als wenn man den PC erst aufschrauben und nach den passenden Jumpern auf dem Mainboard suchen muss.

Bei einem Mainboard, welches die CPU-Parameter per BIOS festlegen kann, besteht noch eine weitere Gefahr, denn falls eine ungültige Takteinstellung vorgenommen worden ist, kann der PC möglicherweise keinen Neuboot mehr ausführen, und ein erneuter BIOS-Setup – zur Korrektur – ist dann nicht mehr möglich. Bei einem Jumper-konfigurierbaren Mainboard ist dies hingegen kein Problem, denn hier können die Jumper einfach wieder zurückgesetzt werden.

```
                    AwardBIOS Setup Utility
     Main   Advanced   Power    Boot    Exit

                                              Item Specific Help
     CPU Speed                  [1000MHz]
     CPU Core:Bus Freq. Multiple [10.0x]
     CPU Bus/PCI Freq. (MHz)    [100.3/33.43]    To make changes to the
     CPU Vcore                  [1.75V]          first 4 fields, the
     CPU Level 1 Cache          [Enabled]        motherboard must be set
     CPU Level 2 Cache          [Enabled]        to jumperfree mode.
     CPU Level 2 Cache ECC Check [Disabled]
```

Bild 5.32: Die Einstellung der CPU-Parameter erfolgt automatisch. Wie es rechts geschrieben steht, muss das Mainboard in den Jumperfree-Modus geschaltet werden, damit sich die Werte hier verändern lassen.

Wichtig ist daher, dass nach einer Veränderung der CPU-Daten per BIOS-Setup nicht der Reset-Taster betätigt oder der PC einfach ausgeschaltet wird. Stattdessen sollte der BIOS-Setup korrekt beendet und ein PC-Neuboot abgewartet werden. Falls der PC dann nicht korrekt startet, kommt man meist – bei vorhandener *BIOS Fail Safe-Funktion* – wieder in den BIOS-Setup und kann eine erneute Einstellung durchführen. Falls aber der gefürchtete Fall auftreten sollte, dass der PC aufgrund einer zu »optimistischen« Takteinstellung keinen »Mucks« mehr von sich gibt, kann man nur durch wiederholtes Ein- und Ausschalten (typisch 3–4 mal) des PC hoffen, dass das BIOS automatisch die Voreinstellungen aktiviert und sich nachfolgend wieder die passenden CPU-Parameter einstellen lassen.

Bei einigen Mainboards beispielsweise von Intel gibt es zur Einstellung der Default-Werte immerhin einen speziellen Jumper (mit Recovery o. ä. bezeichnet). Die Firma Gigabyte hat außerdem Mainboards in ihrem Lieferprogramm, die mit zwei BIOS-Chips (Dual BIOS) ausgestattet sind, und falls mit dem einen nicht gestartet werden kann, übernimmt das zweite diese Aufgabe. Falls keine dieser »Rettungsmaßnahmen« gegeben ist, müsste man sich entweder eine CPU beschaffen, die mit den eingestellten Daten funktioniert, oder ein neues Mainboard, was sicher äußerst ärgerlich wäre. Daher sollte man beim Einstellen der CPU-Parameter per BIOS-Setup stets mit Bedacht vorgehen.

TIPP
Idealerweise sind für die CPU-Konfiguration beide Möglichkeiten gegeben, also Einstellung der CPU per BIOS-Setup und per Schalter auf dem Mainboard, was sich in der Praxis als die flexibelste Lösung erwiesen hat, damit im Notfall eine funktionierende Einstellung mit Schaltern herzustellen ist.

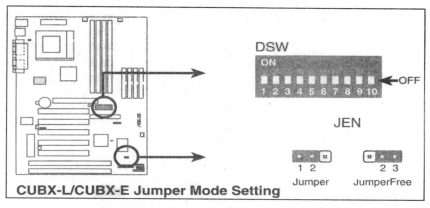

Bild 5.33: Für den Jumperfree-Mode ist ein Jumper umzusetzen, und die DIP-Schalter sind allesamt in die OFF-Position zu schieben.

Was sich im Einzelnen im *CPU Soft Menu* oder auch im *Soft Menu* einstellen lässt, ist wieder einmal recht unterschiedlich. An dieser Stelle soll es jedoch in erster Linie um die CPU-Daten gehen, während die möglicherweise ebenfalls zu findenden Einstellungsmöglichkeiten für andere Takte (Bussysteme, Speicher) in den folgenden Kapiteln näher behandelt werden. Die Hersteller empfehlen, sich auf die automatische CPU-Parametereinstellung zu verlassen, was jedoch nicht immer korrekt funktioniert, sodass für die manuelle Festlegung ein Punkt wie *CPU Operating Speed* auf *User Define* einzustellen und außerdem zu kontrollieren ist, ob auf dem Mainboard nicht doch Jumper (z.B. Activate Soft Menue, Automatic Off) zu stecken sind.

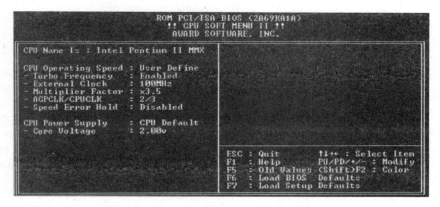

Bild 5.34: Bei einer manuellen Festlegung der CPU-Betriebsdaten sollte man stets besondere Vorsicht walten lassen.

5.5.1 Turbo Frequency – Takterhöhung

Die Option *Turbo Frequency* kann, wenn sie vorhanden ist, in der Regel eingeschaltet werden, wodurch der Prozessor mit einem erhöhten Takt von ca. 2,5 % betrieben wird, was zwar außerhalb seiner Spezifikation liegt, aufgrund der geringen Takterhöhung jedoch üblicherweise funktioniert und für die Praxis eigentlich nicht relevant ist.

5.5.2 External Clock oder CPU Clock Frequency – CPU-Frequenz

Hier wird der Systemtakt von üblicherweise 66, 100 oder 133 MHz eingestellt. Zwischenwerte wie 75 MHz, 83 MHz oder auch 122 MHz entsprechen nicht dem Standard, und wer denkt, dass eine eher geringe Erhöhung von 66 MHz auf 75 MHz wohl funktionieren wird, befindet sich oftmals im Irrtum, denn die Takterhöhung kann sich auch auf den PCI-, AGP- und ISA-Takt auswirken, was beispielsweise bei einem Mainboard der Firma Gigabyte (GA-6BXE) dazu führt, dass der PCI-Bustakt 37,5 MHz, der AGP-Takt 75 MHz und der ISA-Takt 9,3 MHz beträgt und der PC nicht mehr funktioniert, weil die PC-Einsteckkarten »aussteigen« und nicht etwa der Speicher oder die CPU.

Diese Taktverbindungen können sich bei den einzelnen Mainboards jedoch voneinander unterscheiden. Es gibt Typen – wie beispielsweise das BXE-Mainboard von Abit – bei denen der PCI-, der AGP- und der ISA-Takt stets den Spezifikationen entsprechen (PCI: 33 MHz, AGP: 66 MHz, ISA:8 MHz), und zwar unabhängig von der jeweiligen Systemtakteinstellung. Bei einer Erhöhung wird sich der Takt daher »nur« auf die CPU und den Speicher (SDRAM) auswirken, und für das SDRAM ist dann möglicherweise noch eine extra Einstellung (z.B. DIMM/PCIClk im Chipset Features Setup) vorhanden, die sich auf den Systemtakt bezieht.

> **ACHTUNG** Bei der Einstellung des Systemtaktes sollte man sich an die Standardwerte (66, 100, 133, 200 MHz) halten. Zwischenwerte haben bei – meist etwas älteren Mainboards – auch unzulässige Bustakte (PCI, AGP) zur Folge.

Bei dem als Beispiel herangezogenen Mainboard von Gigabyte gibt es genau nur zwei Einstellungen, bei denen die Takte den Spezifikationen entsprechen, und zwar 66 MHz und 100 MHz, d.h., statt mit 75 MHz oder 83 MHz ist es bei einer Einstellung von 100 MHz weitaus aussichtsreicher, dass das System auch mit einem erhöhten Takt funktioniert. Generell ist anzumerken, dass in den BIOS-Versionen eine Vielzahl unsinniger Einstellungsmöglichkeiten für den Systemtakt lauern, die für einen instabilen Betrieb verantwortlich sein können.

5.5.3 K7 CLK-CTL Select: Default/Optimal – Systemtakt

Diese Option gibt es nur bei Athlon-Systemen. In der Default-Einstellung wird vom BIOS automatisch festgestellt, für welchen externen Takt die eingesetzte Athlon-CPU jeweils spezifiziert ist, und er wird auch dementsprechend eingestellt. Die Einstellung *Optimal* ist etwas unklar, weil nicht deutlich wird, was sie eigentlich bewirkt. Bei vielen Boards ändert *Optimal* überhaupt nichts gegenüber der Default-Einstellung, bei anderen hingegen wird der Systemtakt von 100 MHz (bei Default) auf 133 MHz umgeschaltet, wenn sich die CPU hierfür als geeignet erweist, denn ein Athlon mit beispielsweise 1 GHz kann mit beiden Systemtakten umgehen, und der Faktor wird dementsprechend (automatisch vom BIOS) angepasst.

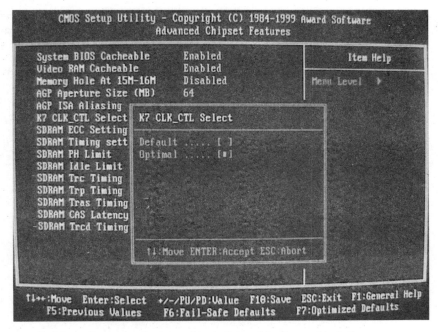

Bild 5.35: Für die Einstellung des Systemtaktes gibt es hier kaum Variationsmöglichkeiten.

5.5.4 Multiplier Factor oder CPU Clock Ratio – Taktfaktor

Dies ist der Faktor (Multiplikator), mit dem der Systemtakt multipliziert wird, um die Frequenz zu erhalten, für den die eingesetzte CPU spezifiziert ist. Im Prinzip spielt es für die CPU selbst keine Rolle, aus welcher Kombination von *Systemtakt und Faktor* sich der notwendige Takt ergibt, es hat gewissermaßen nur Auswirkungen auf den Speicher und möglicherweise (siehe *External Clock*) auch die Bustakte. Je nach »Baudatum« des Mainboards bzw. der BIOS-Version wird man unterschiedliche Faktoren im BIOS-Setup finden, und auch wenn das Manual zum Mainboard die einzusetzende CPU nicht explizit aufführt, kann diese mit einer entsprechenden Kombination von *Systemtakt und Multiplikationsfaktor* eingesetzt werden, wie bereits erläutert. Optimal ist es jedoch, wenn der Systemtakt möglichst hoch gewählt werden kann. Durch ein BIOS-Update ist es mitunter möglich, dass ein nicht im BIOS-Setup vorhandener, aber benötigter Faktor »nachgerüstet« werden kann.

Außerdem ist man nie vor Überraschungen sicher. Beispielsweise funktioniert die automatische CPU-Einstellung bei bestimmten Kombinationen von Mainboard (BIOS-Version) und CPU einfach nicht, und der Bildschirm bleibt dann von vornherein dunkel. In diesem Fall sind die Jumper auf dem Mainboard zu kontrollieren, und hiermit ist dann eine manuelle Einstellung vorzunehmen. Wie bereits erwähnt, ist diese Möglichkeit aber nicht bei allen Mainboards vorhanden. Interessanterweise ist bei einem ASUS-Mainboard (A7V) mit 100 MHz-Systemtakt eine Duron-CPU mit 700 MHz als 800 MHz (x8) einzustellen, damit sie sich auch als 700 MHz-Typ korrekt zu erkennen gibt und daraufhin einwandfrei funktioniert. Wird bei diesem Mainboard hingegen eine 700 MHz-Athlon-CPU eingesetzt, ist 700 MHz (x7) tatsächlich die passende Einstellung. Zumindest bei diesem ASUS-Mainboard ist der Faktor für eine Duron-CPU stets manuell so festzulegen, dass sie (scheinbar) um 100 MHz schneller ist als ausgewiesen. Immerhin ist dieses Phänomen – beide CPUs verlangen schließlich 100 MHz als Systemtakt (siehe Tabelle 5.6) – im Handbuch zum Mainboard dokumentiert, auch wenn nicht einzusehen ist, warum dies so ist. Es handelt sich vermutlich um einen Layoutfehler, der durch das BIOS wieder »ausgebügelt« wird.

5.5.5 AGPCLK/CPUCLK – AGP- zu CPU-Taktverhältnis

Dieser Menüpunkt ist nicht bei allen BIOS-Setups vorhanden. Er erlaubt die Festlegung des AGP-Taktes in Abhängigkeit vom externen CPU-Takt, also dem Systemtakt oder FSB-Takt (Front Size Bus), wie er auch mitunter bezeichnet wird. Bei einem Systemtakt von 100 MHz und der in Bild 5.34 gezeigten Einstellung AGPCLK/CPUCLK: 2/3 beträgt der AGP-Takt die spezifizierten 66 MHz.

5.5.6 Spread Spectrum, Clock Spread Spectrum – Taktoption

Diese Option gehört eigentlich nicht zu den CPU-Einstellungen, findet sich jedoch oftmals auf der entsprechenden BIOS-Setup-Seite (Frequency/Voltage Control). Generell können sich die mehr oder weniger direkt auf die CPU beziehenden Setup-Optionen auch recht verstreut auf verschiedenen Seiten befinden. *Spread Spectrum* oder auch *Clock Spread Spectrum* ist eine Option für den auf dem Mainboard befindlichen Taktgenerator und erlaubt die Einstellung, dass der Takt um einen bestimmten Prozentanteil verlangsamt (down) werden kann, was der Einstellung einer Frequenzmodulation entspricht.

Das Einschalten verringert die Störabstrahlung des Mainboards, was somit Auswirkungen für Geräte (Verstärker, Radio, Fernseher) haben kann, die sich in unmittelbarer Nähe des PC befinden und möglicherweise vom PC gestört werden könnten. Demnach sollte diese Option ruhig eingeschaltet werden; der Nachteil kann allerdings darin liegen, dass der PC aufgrund des leicht schwankenden Taktes mit einigen Einheiten nicht zurechtkommt. In der Regel schadet es aber auch nichts, diese Option einfach abzuschalten, zumal ein Monitor die Umgebung ohnehin weitaus mehr stören kann, als ein Mainboard in einem abgeschirmtem Metallgehäuse.

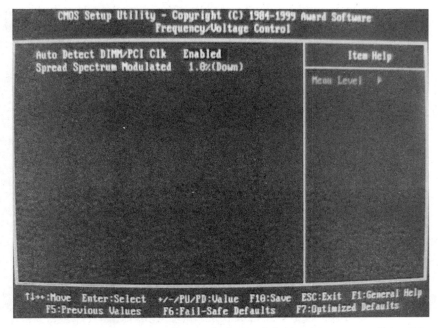

Bild 5.36: Die Option Spread Spectrum hat meist keinerlei Auswirkungen auf den PC-Betrieb.

Bei dem in Bild 5.36 gezeigten Menü lässt sich außerdem festlegen, ob die Geschwindigkeit für die Speichermodule (DIMM) automatisch detektiert werden soll, was weitaus wichtiger erscheint. Was der PCI-Takt damit zu tun haben soll, ist allerdings nicht klar, den er hat laut Standard stets 33 MHz zu betragen.

5.5.7 Speed Error Halt – Stopp bei falscher Einstellung

Diese Einstellung sorgt bei *Enabled* für eine Unterbrechung des Boot-Vorgangs, wenn das BIOS feststellt, dass die vorgenommene Takteinstellung für die CPU nicht mit derjenigen übereinstimmt, für die sie spezifiziert ist. Wie bereits erläutert, kann man sich nicht unbedingt darauf verlassen, dass das BIOS den eingesetzten Typ automatisch korrekt erkennt, und bei *Disabled* werden die festgelegten Einstellungen ohne Überprüfung übernommen, was auch dazu führen kann, dass der PC nicht mehr startet, weil der Prozessor mit der Taktfestlegung nicht zurechtkommt. Diese Option ist gewissermaßen etwas zwiespältig: Soll man sich auf die Automatik verlassen oder weiß man es als »Tuning-Experte« besser als das BIOS und riskiert auch einen Totalausfall?

5.5.8 CPU Power Supply oder CPU-Voltage – CPU-Spannung

Die automatische Erkennung der von der CPU benötigten Versorgungsspannung funktioniert weitaus zuverlässiger als die Takterkennung, weil die CPUs hierfür die erläuterten *Voltage Identification Pins* (VID) besitzen, sodass man sich in der Regel auf die CPU-Default-Einstellung verlassen kann und diese Voreinstellung auch beibehält. Wer es besser weiß als die Automatik und die Spannung erhöht, riskiert hier mit größerer Wahrscheinlichkeit eine Zerstörung der CPU, als wenn der Takt zu hoch gewählt worden ist. Welche Spannungen überhaupt zur Verfügung stehen, ist wieder vom Mainboard-Typ bzw. dem BIOS abhängig.

Insbesondere bei der Pentium II-Serie (Celeron-, die verschiedene Pentium III-Typen) sind die benötigten Core-Spannungen recht unterschiedlich, was eine besondere Aufmerksamkeit bei einer gewünschten CPU-Aufrüstung erfordert. Der Mainboard-Hersteller sollte (per Internetseite) genau darüber informieren, welche Typen (Spannung, Takt, Core-Typ usw.) sich in dem betreffenden Mainboard verwenden lassen. Während man sich bei den Taktzuordnungen noch über manuelle Einstellungen behelfen kann, funktioniert dies bei einer nicht zur Verfügung stehenden Core-Spannung nicht. Mitunter ist genau aus diesem Grund ein neues Mainboard notwendig, damit sich die neuere CPU verwenden lässt, was sich aus Kosten/Nutzen-Sicht meist aber nicht lohnt, außer vielleicht die Anschaffung eines Zwischensockels, der einen entsprechenden Spannungsregler bietet.

Es kann vorkommen, dass eine CPU nicht stabil läuft, weil die Spannung zu gering ist. Dies tritt insbesondere dann auf, wenn die CPU »übertaktet« wird. Eine Erhöhung der Spannung schafft dann meist Abhilfe. Falls eine manuelle Spannungseinstellung notwendig sein sollte, ist die Spannung stets in den kleinstmöglichen Schritten zu variieren, denn die Gefahr des »Abrauchens« besteht dabei durchaus. Daher ist eine gute Kühlung der CPU absolut notwendig.

6 Speichereinstellungen

Was sich im BIOS-Setup an Speicher-Einstellungsmöglichkeiten finden lässt, hängt zunächst einmal davon ab, welcher Speichertyp im PC eingebaut ist. Für den PC-Arbeitsspeicher werden grundsätzlich *DRAMs* (Dynamic Random Access Memories) verwendet. Bei PCs kommen diese Chips auf Speichermodulen zum Einsatz, die in spezielle Modulfassungen auf dem Mainboard gesteckt werden. Nur bei alten Mainboards – 386 CPU und älter – setzt sich der Speicher aus einzelnen Bausteinen (DRAM-Chips) zusammen, die in zahlreichen Fassungen auf dem Mainboard selbst ihren Platz finden.

6.1 Speichermodule

Die Module werden entsprechend ihrer Auslegung als SIPs, SIMMs, PS/2-SIMMs, DIMMs, DDR-DIMMs und RIMMs bezeichnet, wie es in der Tabelle 6.1 angegeben ist.

Bezeichnung	Bedeutung	Kontakte, Ausführung	Breite
SIP	Single In Line Memory Package	30-polig, Stiftkontakte	8 Bit
SIMM	Single In Line Memory Module	30-polig, Platinenkontakte	8 Bit
PS/2-SIMM	Personal System 2-SIMM	72-polig, Platinenkontakte	32 Bit
DIMM	Double In Line Memory Module	168-polig, Platinenkontakte	64 Bit
RIMM	Rambus In Line Memory Module	184-polig, Platinenkontakte	64 Bit
DDR-DIMM	Double Data Rate DIMM	184-polig, Platinenkontakte	64 Bit

Tab. 6.1: Kennzeichnungen und Ausführungen der verschiedenen Speichermodule

6.1.1 SIP-Module

Die SIPs unterscheiden sich von den SIMMs nur durch ihren elektrischen Anschluss und besitzen statt Kontaktflächen herausgeführte Anschlussbeinchen, die direkt von oben in eine entsprechende SIP-Fassung auf dem Mainboard hineingesteckt werden. Die SIPs sind praktisch mit der Einführung der 486-Mainboards ausgestorben und nur noch in 286- und 386-PCs zu finden.

6.1.2 Standard-SIM-Module

Die DRAMs und daher auch die Speichermodule (SIMMs) werden grundsätzlich in so genannten *Bänken* organisiert, wobei immer eine komplette Bank auf dem Mainboard bestückt werden muss. Eine Speicherbank setzt sich – je nach Bit-Breite des eingesetzten Prozessors – aus einem oder auch aus mehreren Modulen zusammen. Eine »Bank-Teilbestückung« ist generell nicht zulässig und führt während des Speichertests nach dem Einschalten des PC zu einem Nichterkennen (Memory Error) der teilbestückten Bank oder auch des gesamten Speichers.

Der Speicher auf Mainboards mit einem 286-Prozessor wird in 16-Bit-Breite und der bei einem Mainboard mit mindestens einem 386-Prozessor in 32-Bit-Breite angesprochen. Die SIMMs mit den 30-poligen Anschlüssen sind in 8-Bit-Breite organisiert und üblich ist für ein derartiges Modul eine maximale Speicherkapazität von 4 MByte, wobei in der Mehrzahl der Fälle jedoch die gebräuchlicheren 1 MByte-Module zum Einsatz gekommen sind.

Bei Mainboards mit mindestens einem 386-Prozessor sind vielfach nicht nur zwei Bänke (vier Module), sondern insgesamt maximal vier, also sechzehn SIMM-Steckplätze, verfügbar. Da der Speicher hier in 32-Bit-Breite angesprochen wird, beträgt die Maximalkapazität damit 64 MByte, wofür sechzehn 4-MByte-Module notwendig sind.

Standard-SIMM

PS/2-SIMM

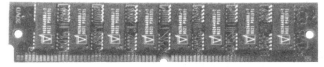

Bild 6.1: Die älteren SIM-Module

6.1.3 PS/2-SIM-Module

Mainboards mit einem Pentium-(Sockel 7) oder auch bereits mit einem 486-Prozessor können oftmals mit mehr als 64 MByte-RAM bestückt werden, wobei dann die 32-Bit breiten Big-SIMMs – auch PS/2-SIMMs genannt – Verwendung finden. Die Bezeichnung *PS/2* stammt dabei vom *Personal System 2*, dem von IBM als PC-Nachfolger vorgestellten Computer, der sich jedoch nicht am Markt durchsetzen konnte. Bei diesem System wurden erstmalig diese *großen SIMMs* verwendet, die daher auch ihren Namen haben, was im Übrigen auch für die PS/2-Anschlüsse zutrifft, die für eine PS/2-Maus oder die PS/2-Tastatur verwendet werden, wie sie bei ATX-Mainboards üblich sind.

Gebräuchliche Speichergrößen für PS/2-SIMMs sind 1 MByte, 2 MByte, 4 MByte, 8 MByte, 16 MByte und 32 MByte, wodurch zahlreiche Speicherkonfigurationen möglich sind. Weniger verbreitet sind 64 MByte- und 128 MByte-Module, die von einigen Mainboards ab Baujahr 1997 unterstützt werden.

Bei Mainboards ab einem Pentium-Prozessor, der extern über eine Datenbusbreite von 64 Byte verfügt, sind mindestens zwei (PS/2-)Module notwendig, wodurch sich prinzipiell keine Änderung gegenüber den Bestückungsmöglichkeiten eines 486-Mainboards ergibt, welches auch immer mindestens zwei Module benötigt. Pentium-Mainboards besitzen üblicherweise vier PS/2-SIMM-Steckplätze, was zwei Bänken entspricht, die dann meist auch mit den 128 MByte-Modulen bestückbar sind. Dies erlaubt einen maximalen Speicherausbau von 512 MByte.

6.1.4 DIM-Module

Die *DIMMs* (Double In Line Memory Module) sind mit 168 Anschlüssen versehen, und da sie über eine Breite von 64 Bit verfügen, bildet ein DIMM auch jeweils auch eine Speicherbank. DIMMs werden ab Sockel 7-Mainboards (Pentium) eingesetzt, und viele derartige Mainboards besitzen hierfür zwei Steckplätze sowie zuweilen noch vier PS/2-SIMM-Steckplätze, die dann zwei Bänken entsprechen. Eine gemischte Bestückung von PS/2-SIMMs und DIMMs ist dann zwar meist zulässig, wenn man sich immer an die Komplettbestückung einer Bank hält. Allerdings ist es bei vielen Mainboards nicht möglich, dass sowohl alle PS/2-SIMM- als auch die beiden DIMM-Steckplätze gleichzeitig verwendet werden können. Es müssen entweder zwei SIMM- oder ein DIMM-Steckplatz freibleiben, sodass der Speicherausbau nicht in der theoretisch möglichen Größe erfolgen kann.

Bild 6.2: Dieses Pentium-Mainboard kann sowohl vier PS/2-SIMMs als auch zwei DIMMs (½) aufnehmen.

Auf einem DIM-Modul können sich zwei verschieden arbeitende Speicher-Chip-Typen befinden: EDO oder SDRAM, sodass ein Mainboard vielfach nur mit EDO- oder nur mit SDRAM-DIMMs umgehen kann, was auf alle neueren Mainboards zutrifft, die stattdessen keine DDR-DIMMs oder RIMMs verlangen. Module laut *Extended Data Out* (EDO) stellen prinzipiell eine konsequente Weiterentwicklung der klassischen DRAMs dar, wie sie auch auf den älteren Modulen zur Anwendung kommen. EDOs bieten gegenüber den älteren DRAMs insbesondere einen Geschwindigkeitsvorteil beim Lesen von Daten, und sie werden typischerweise bis zu einer Taktfrequenz von 66 MHz eingesetzt.

DIMMs mit SDRAMs (Synchronous DRAM) gelten als Standard, seitdem Taktfrequenzen von 100 MHz und mehr für Speichermodule notwendig erscheinen. Intern entspricht ein SDRAM einem (üblichen) DRAM, wobei es sich aber aus mehreren DRAM-Bänken zusammensetzt. Außerdem arbeitet ein SDRAM-Modul extern synchron – daher »synchronous« – mit dem Systemtakt von beispielsweise 100 MHz, während EDOs und die Vorläufer ein unterschiedliches RAS- und CAS-Timing vom Chipset her verlangen, um die Speicherzelle einer Reihe (Row Adress Strobe) und einer Spalte (Column Adress Strobe) selektieren zu können.

SDRAM-Module benötigen als Spannung 3,3V, sie sind spezifiziert für 66 MHz (PC66), 100 MHz (PC100) bis hin zu typischerweise 133 MHz (PC133), wobei – wie erwähnt – auch DIMMs existieren, die nicht mit SDRAMs, sondern mit EDO-RAMs bestückt sind, und diese benötigen eine Spannung von 5V. Nach einem fälschlichen Betrieb mit 5V sind die SDRAMs meist defekt, während die EDO-DIMMs mit 3,3V überhaupt nicht oder nur fehlerhaft arbeiten, dabei jedoch nicht zerstört werden.

Auf einigen Mainboards befindet sich ein Jumper, der eine entsprechende Einstellung der Spannung erlaubt. Die letzte Generation des EDOs ist aber ebenfalls in 3,3-V-Technik realisiert, sodass diese Spannungseinstellungsmöglichkeit dann auf Mainboards auch nicht mehr vorgesehen ist, sondern stattdessen eine *mechanische Kennung* (siehe Bild 6.3) am Modul und am Steckplatz realisiert wird, die eine »Falschbestückung« verhindern soll.

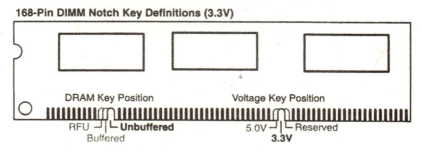

Bild 6.3: Die DIMMs besitzen zwei Einkerbungen, die das Einstecken von nicht geeigneten Modulen bei einem Mainboard verhindern sollen.

Die »größten« DIM-Module mit SDRAMs besitzen eine Kapazität von maximal 512 MByte, wobei aber nicht jedes als geeignet erscheinende Mainboard diese Module unterstützt, sondern vielleicht nur Module mit 256 oder 128 MByte. Für Mainboards mit lediglich drei DIMM-Steckplätzen kommen üblicherweise *Unbuffered SDRAMs* zum Einsatz, und ab vier Steckplätzen können – müssen aber nicht zwangsläufig – *Buffered SDRAMs* vorgeschrieben sein, was im Manual zum Mainboard angegeben sein sollte. Die *Buffered SDRAMs* besitzen intern einen »Pufferverstärker«, weil andernfalls die elektrische Belastung des Speicherbus zu groß werden würde.

Aktuelle DIM-Module besitzen an ihrer Anschlussseite zwei kleine Kerben, die sowohl eine Buffered/Unbufferd- als auch 5V/3.3V-Kennung darstellen. Die Speichersteckplätze sollten bei Mainboards mechanisch derart ausgelegt sein, dass das Einstecken eines für das Mainboard nicht korrekten Moduls nicht möglich ist. Leider kann man sich aber nicht darauf verlassen, denn es gibt einfach zu viele mögliche Kombinationsmöglichkeiten aus Mainboard-Typ und Speichermodul.

Mit der Einführung der SDRAM-DIMMs sollte die automatische Speicherkonfigurierung verbessert werden, denn Intel sah ab dem PC100-Typ einen speziellen Speicherbaustein auf den DIM-Modulen vor. Dieses elektrisch lösch- und prinzipiell wieder beschreibbare serielle EEPROM wird als *Serial Presence Detect EEPROM* (SPD) bezeichnet und ist elektrisch mit dem *System Management Bus* (SMB) auf dem Mainboard verbunden. Dieser ist als ein serieller Bus mit einem Daten- und einem Taktsignal realisiert und entspricht funktionell dem I^{2}C-Bus, der ursprünglich von der Firma Philips für Geräte der Unterhaltungselektronik entwickelt wurde.

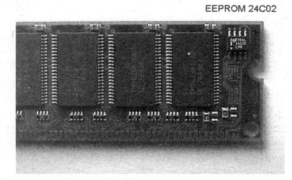

Bild 6.4: Das EEPROM enthält die Daten der Speicherchips für die automatische Konfigurierung.

Im SPD-EEPROM sollen alle Parameter, die die auf dem Modul befindlichen Chips kennzeichnen, vom Modulhersteller abgelegt worden sein, sodass das BIOS in der Lage ist, eine automatische Konfigurierung vorzunehmen. In der Praxis zeigt sich jedoch des Öfteren, dass die Speicherkonfigurierung dadurch nicht immer einfacher geworden ist. Die Hauptgründe hierfür in Bezug auf die Module liegen darin, dass die Modulhersteller das EEPROM nicht mit den korrekten Daten beschreiben, die Daten zuweilen unvollständig sind und das BIOS auf der anderen Seite die Daten auch falsch interpretieren kann, was letztendlich zur Folge hat, dass sich der Anwender dann nach wie vor um die richtigen BIOS-Setup-Einstellungen für den Speicher kümmern muss.

Am SMB des PC sind des Weiteren Einheiten wie die Chips für die Überwachung der Temperaturen sowie der Lüfteraktivität (System Monitoring) und auch der Clock-Chip für die Einstellung der Takte angeschlossen. Mit entsprechender Software ist es demnach möglich, Daten des SMBus zu lesen und auch zu schreiben, wie es das BIOS für die Einstellung des Taktes mithilfe des Clock-Chips praktiziert oder auch für die Einstellung von Monitoring-Werten. Das Schreiben von Daten in die EEPROMs der Speichermodule ist nach ihrer Herstellung hingegen nicht mehr möglich, da sie als »schreibgeschützt« verdrahtet sind.

Die Preisunterschiede sind auch bei identisch erscheinenden Speichermodulen oftmals beträchtlich, wobei die Wahrscheinlichkeit, dass das jeweilige Modul ein laut Standard programmiertes EEPROM besitzt, bei Markenmodulen von Firmen wie Micron, Kingston oder auch Infineon immerhin höher ist. Eine Garantie dafür, dass das BIOS den Speicher daraufhin auch korrekt konfiguriert, ist dies aber leider auch nicht immer.

6.1.5 DDR-DIM-Module

Mit den Chipsets der Firma VIA für sockelbasierte Athlons sind die *Double Data Rate SDRAMs* (DDR-SDRAM) eingeführt worden, die ebenfalls in einer DIMM-Bauform hergestellt werden. Wie es beim Athlon in Kapitel 5 erläutert ist, werden die Daten bei DDR auf steigender und auf fallender Taktflanke übertragen und nicht nur auf der ansteigenden, wie es bei den klassischen SDRAMs der Fall ist, die nun auch als *SDR*, *Single Data RAM* bezeichnet werden. Ein DDR-DIMM, welches mit 133 MHz Takt zu betreiben ist, wird daher als DDR266 ausgewiesen, es wird also stets der doppelte Wert der (tatsächlichen) Taktfrequenz mit in der Bezeichnung integriert.

Die DDR-Speichertechnik ist insbesondere durch VIA als konkurrierende Lösung zum RAMBus vorangetrieben worden, und selbst Intel musste nach einiger Zeit einsehen, dass wohl kein Weg am DDR-SDRAM vorbeiführt und bietet daher neben den Pentium 4-Chipsets für RAMBus mittlerweile auch welche für DDR-SDRAM an.

DDR-DIM-Module besitzen 184 Anschlüsse im Gegensatz zu den bisher üblichen SDRAM-DIMMs mit 168 Pins. Die meisten Mainboards mit DDR-Unterstützung verfügen meist nur über 184-polige Modulslots, sodass man hier auch nur DDR-DIMMs und keine SDRAM-DIMMs mehr bestücken kann, obwohl einige der VIA-Chipsets prinzipiell beide Speichervarianten unterstützen und die Unterschiede beider Typen eher geringfügiger Art sind. Wie es mit den SDRAM-DIMMs eingeführt wurde, besitzen auch die DDR-DIM-Module ein EEPROM für die Speicherdetektierung und somit die automatische Konfigurationsmöglichkeit.

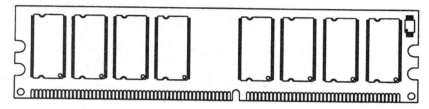

Bild 6.5: Die DDR-DIMMs verfügen über 184 Anschlüsse und sind nicht kompatibel zu den SDRAM-DIMMs.

Mit den Speichertypen, die die Daten auf beiden Taktflanken übertragen können, hat es sich eingebürgert, die Speichermodule nicht nur nach ihrer Taktfrequenz wie *PC133* (133 MHz) oder *DDR266* (133 x 2) zu kennzeichnen, sondern auch nach Geschwindigkeitsklassen (Speed Grade) zu unterteilen, was wohl als Reaktion auf die hohen Modulbezeichnungen bei den RIMMs eingeführt wurde.

Ein DDR-DIMM laut Kennzeichnung *PC1600* erreicht (theoretisch) bei einem Takt von 100 MHz eine Datenübertragungsrate von 1,6 GByte/s (8 Bit x 100 MHz x 2 = 1600 MByte/s). Bei einem *PC2100-DDR-DIMM*, welches mit 133 MHz betrieben wird, sind dies dementsprechend 2,1 GByte/s (8 Bit x 133 MHz x 2 = 2100 MByte/s).

6.1.6 RIM-Module

Intel hat mit dem Pentium 4 als neue PC-Speichertechnologie den RAM-Bus eingeführt, während die Konkurrenz stattdessen DDR-SDRAM favorisiert. RAMBus-Module werden als *RIMMs* (Rambus Inline Memory Module) bezeichnet, sie verfügen wie die DDR-DIMMs über 184 Anschlüsse, und es gibt sie in Kapazitäten von 64 MByte bis hin zu 512 MByte. Ein SPD-EEPROM ist auch hierfür vorgeschrieben.

Das Besondere bei RAMBus ist, dass sich – wie es die Bezeichnung *Bus* impliziert – die gesamte Speicherarchitektur als ein Bussystem darstellt. Auf der einen Seite der Elektronik befindet sich der Controller, dazwischen sitzen die Speicherchips (RDRAMs) und an dem anderen Ende eine Terminierung (der Busabschluss). Die Implementierung *Direct RAMBus* kann maximal 32 RDRAM-Chips verwenden, d.h., die mögliche Speicherbegrenzung entsteht nicht durch die Anzahl der vorhandenen Steckplätze, sondern vielmehr muss man die Chips, die sich auf den vorhandenen Modulen befinden (sollen), durchzählen – mehr als 32 dürfen es nicht sein. Außerdem darf kein RIM-Steckplatz freibleiben, denn sonst würde der Bus unterbrochen werden, und es funktioniert dann gar nichts mehr. Zur Abhilfe gibt es die *CRIMM-Steckplatinen* (Continuity RIMM), die keinerlei Elektronik beinhalten, sondern nur für das elektrische »Durchschleifen« der Signale über die Modulsteckplätze benötigt werden.

Bild 6.6: Ein RIMM der Firma Kingston

Mit dem Pentium 4 ist der Begriff der *Quad Data Rate* (QDR) eingeführt geworden, womit signalisiert wird, dass pro Taktschritt nicht nur ein (single, SDR) oder zwei (double, DDR), sondern gleich vier Datenpakete übertragen werden. Es finden sich Taktangaben für den Pentium 4-Systembus wie FSB400 oder auch FSB533, wobei als Systemtakt auf dem Mainboard aber 100 MHz bzw. 133 MHz verwendet werden, wie es auch in Kapitel 5.4 erläutert ist. Der Trick bei DDR sowie QDR ist also nicht eine einfache Takterhöhung, sondern vielmehr die geschickte Verschachtelung mehrerer Taktsignale.

QDR bezieht sich dabei auf den System- und nicht auf den Speicherbus, wie es vergleichbar auch für den Athlon-Systembus gilt, der demgegenüber mit DDR arbeitet und dessen Speicherbus nicht zwangsläufig ebenfalls in DDR-Technik, sondern auch in SDR-Technik realisiert sein kann. Technisch betrachtet bietet sich es jedoch an, sowohl den System- als auch den Speicherbus in DDR-Technologie auszulegen, wie es bei allen aktuellen Athlon-Systemen praktiziert wird. Der RAMBus-Speicher arbeitet standardmäßig aber nicht in QDR-, sondern in DDR-Manier, wodurch man quasi Bandbreite verschenkt, und als Abhilfe wird das Speicher-Interface dann zweikanalig ausgeführt. RAMBus ist gewissermaßen als »zweikanalige DDR-Technologie« zu verstehen, wobei bei aktuellen Chipsets für DDR-SDRAM der Speicherbus aber ebenfalls zweikanalig realisiert wird, was unter *Dual Channel DDR* firmiert. Je nach Chipset kommt der Speicher demnach erst dann richtig in Fahrt, wenn auch beide *Channels* mit einem Modul bestückt sind.

Es gibt also auch beim RAMBus-Speicher eine Kopplung mit dem Systemtakt. Im BIOS-Setup ist hierfür meist eine AUTO-Einstellung implementiert, und diese Einstellung sollte die korrekten Betriebsparameter für die eingesetzten RIMMs zur Folge haben. Der mitunter auch manuell einzustellende Multiplikator bezieht sich dabei auf den Systemtakt, der je nach Betrachtungsweise 100 MHz oder 133 MHz bzw. 400 MHz oder 533 MHz entspricht. Die Bezeichnung eines RIMMs gibt Auskunft darüber, mit welchem Takt und Multiplikator das Modul zu betreiben ist, wobei der RAMBus-Takt stets der Hälfte von dem entspricht, was ein RIMM aus seiner Bezeichnung herleiten lässt. Ein RIMM vom Typ PC800 wird demnach mit »richtigen« 400 MHz und eines vom Typ PC1066 mit »richtigen« 533 MHz betrieben, was jeweils der FSB-Angabe entspricht und unter Beachtung des DDR-Verfahrens dann zu einer theoretischen Transferrate von 1,6 GByte/s bzw. 2,1 GByte/s führt. Bei einem zweikanaligen Betrieb verdoppeln sich diese Werte dementsprechend, zumindest ist dies theoretisch der Fall, denn das jeweilige (optimale) Timing zwischen den Modulen und dem Chipset sowie auftretende Latenzzeiten reduzieren diese Werte in der Praxis.

RIMM-Typ	Systemtakt FSB	Faktor	RAMBus-Takt (Faktor * FSB/2)	max. Datenrate (RAMBus-Takt * 4)
PC600	133 MHz	x4	266 MHz	1,066 GByte/s
PC600	100 MHz	x6	300 MHz	1,2 GByte/s
PC700	133 MHz	x4	266 MHz	1,066 GByte/s
PC700	100 MHz	x6	300 MHz	1,2 GByte/s
PC700	133 MHz	x5,33	356 MHz	1,42 GByte/s
PC800	133 MHz	x4	266 MHz	1,066 GByte/s
PC800	100 MHz	x6	300 MHz	1,2 GByte/s
PC800	133 MHz	x5,33	356 MHz	1,42 GByte/s
PC800	133 MHz	x6	400 MHz	1,6 GByte/s
PC800	100 MHz	x8	400 MHz	1,6 GByte/s
PC1066	133 MHz	x8	533 MHz	2,1 GByte/s

Tab. 6.2: Der RAMBus ist an den Systemtakt gekoppelt, was in Abhängigkeit vom Modultyp verschiedene maximale Datenübertragungsraten zur Folge hat.

Obwohl Intel lange Zeit an der RAMBus-Technologie festgehalten hat, ist man bei aktuellen Pentium 4-Chipsets mittlerweile ebenfalls zu DDR-Speicherlösungen umgeschwenkt, weil sich die RIMMs im Verhältnis zu vergleichbaren DDR-DIMMs als zu teuer erwiesen haben und die RAM-Bus-Technologie ohnehin recht aufwändig erscheint. Zwei DDR-Kanäle mit PC2100-DIMMs erbringen die gleiche Transferleistung (2 x 2,1 GByte/s) wie die PC1066-RIMMs, womit ein aktueller Pentium 4 von der Speicherseite her nicht ausgebremst wird.

6.1.7 Automatische Speicherdetektierung und -konfiguration

Bereits ab den PS/2-SIMMs gibt es eine mehr oder weniger komfortable Automatik für die Speichereinstellung, was mithilfe von so genannten *Presence Detect-Signalen* erfolgt, die die Module an ihrem Anschluss führen. Hiermit kann der Mainboard-Elektronik und somit dem BIOS signalisiert werden, wie die DRAMs organisiert sind und über welche Zugriffszeit in Nanosekunden (ns) sie verfügen, wie es Tabelle 6.3 anhand einiger Beispiele zeigt.

Speichermodule

PDB4	PDB3	PDB2	PDB1	PS/2-Typ
NC	NC	NC	NC	8 MB, 60 ns
NC	NC	NC	GND	1 MB, 120 ns
NC	NC	GND	NC	2 MB, 120 ns
NC	NC	GND	GND	2 MB, 70 ns
NC	GND	NC	NC	8 MB, 70 ns
NC	GND	NC	GND	1 MB oder 16 MB, 70 ns
NC	GND	GND	NC	2 MB, 80 ns
NC	GND	GND	GND	8 MB, 80 ns
GND	NC	NC	NC	reserviert
GND	NC	NC	GND	1 MB, 85 ns
GND	NC	GND	NC	2 MB oder 32 MB, 80 ns
GND	NC	GND	GND	4 MB, 70 ns
GND	GND	NC	NC	4 MB, 85 ns
GND	GND	NC	GND	1 MB, 100 ns
GND	GND	GND	NC	2 MB, 100 ns
GND	GND	GND	GND	4 MB oder 64 MB, 50 oder 100 ns

Tab. 6.3: Funktion und Bedeutung der Presence Detect-Signale

Nur wenn das BIOS und das Mainboard die Presence Detect-Signale auswerten, ist im BIOS-Setup auch die AUTOMATIC-Funktion für das optimale DRAM-Timing korrekt anwendbar. Gleichwohl ist dies leider nicht immer der Fall, was auch an den SIMMs liegen kann, und dann müssen die optimalen Werte – der PC läuft einerseits stabil, aber andererseits auch mit maximaler Geschwindigkeit – manuell festgelegt werden.

ACHTUNG

Trotz der Möglichkeit, mithilfe der SPD-Signale oder des SPD-EEPROMs eine automatische Speichereinstellung zu realisieren, hapert es hiermit in der Praxis (noch) recht oft, sodass oftmals nur die manuelle Speicherkonfigurierung zu befriedigenden Ergebnissen führt.

Wie in Kapitel 6.1.4 erläutert, ist ab den DIMMs mit SDRAM ein SPD-EEPROM für die Module vorgeschrieben, welches gewissermaßen statt der Presence Detect-Signale die automatische und optimale Einstellung für den Speicher ermöglichen soll. Die Firma Intel hat sich die SPD-Spezifikation ursprünglich ausgedacht und zunächst die entsprechenden

SDRAM-Module mit PC66, PC100, PC133 ausgewiesen, die auch über einen Aufdruck oder Aufkleber verfügen sollen, der unmittelbar die wichtigsten Moduldaten preisgibt. Die Praxis zeigt jedoch etwas anderes, und viele Hersteller geben die Daten überhaupt nicht auf dem Modul oder auch in einer von Intel abweichenden Nomenklatur an. Laut Intel ist die Kennzeichnung für SDRAM-Module jedoch wie folgt:

PCX-abc-def
X: Taktfrequenz in MHz (typisch: 66 oder 100 oder 133)

- a: CAS Latency in Taktzyklen (typisch: 2 oder 3)
- b: RAS to CAS Delay in Taktzyklen (typisch: 2 oder 3)
- c: RAS Precharge Time in Taktzyklen (typisch: 2 oder 3)
- d: Output valid from Clock, Zugriffszeit des Moduls (typisch 6 ns bei PC100, 5,4 ns bei PC133)
- e: SPD-Revision (typisch 1 oder 2)
- f: Reserviert (0) oder auch herstellerspezifisch

Besitzt ein Speichermodul kein EEPROM, sind die optimalen Werte weiterhin – mehr oder weniger manuell – im BIOS-Setup einzustellen. Bei allen aktuellen Modulen mit SDR-SDRAM, DDR-SDRAM und auch RDRAM ist jedoch ein entsprechendes EEPROM vorgeschrieben und im Nachhinein wurde dieses Prinzip auch auf ältere Module (Fast Page Mode, EDO) ausgedehnt, die mit dieser Funktionalität jedoch am PC-Markt keine Bedeutung (mehr) erlangt haben.

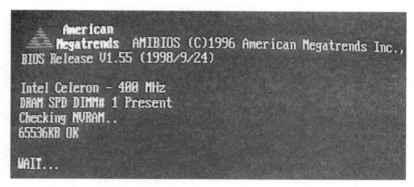

Bild 6.7: Das AMI-BIOS zeigt die Detektierung eines DIM-Moduls mit SPD-EEPROM an.

Die von Intel initiierte SPD-Spezifikation wird mittlerweile von der JEDEC (Standardisierungsgremium für Speicher und andere elektronische Bauelemente) anerkannt, was sich auch bei den Herstellern herumgesprochen haben sollte, die zum Teil schließlich selbst Mitglieder in diesem Gremium sind. Von einem einheitlichen Standard kann man jedoch keineswegs ausgehen, denn einige Festlegungen sind nur als optional definiert, und man kommt mit der Standardisierung auch kaum mehr hinterher, weil laufend neue Module entwickelt werden und die Vorschriften sich zudem als lückenhaft erweisen. Daher mag es nicht verwundern, dass die Chip- und Modulhersteller teilweise eigene Wege für die Identifizierung der unterschiedlichen Module gehen und mitunter auch nur einen Teil der SPD-Parameter korrekt im EEPROM abspeichern. Letztendlich führt dies in der Praxis dazu, dass eine optimale Einstellung der Parameter nicht automatisch erfolgt und man sich im Zweifelsfall nach wie vor im BIOS-Setup selbst damit beschäftigen muss.

Bild 6.8: Durch die Aktivierung der SPD-Configuration werden hier bei einem Award-BIOS die Speicherparameter automatisch eingestellt und lassen sich dann nicht manuell verändern.

Im Allgemeinen ist aber das Zusammenspiel zwischen der Mainboard-Elektronik, der CPU und dem Speicher eine der häufigsten Fehlerquellen in einem PC. Wer hier Problemen möglichst aus dem Weg gehen will, sollte diese drei Komponenten von einem einzigen Händler erwerben, damit beim Nichtfunktionieren auch nur ein einziger Ansprechpartner nötig ist und man sich nicht mit mehreren Händler auseinander setzen muss, die sich dann gegenseitig die Schuld zuschieben können. Vielfach ist keine der drei Komponenten tatsächlich defekt, sie funktionieren nur in bestimmten Kombinationen nicht. Auch wenn der PC startet, ist dies keine Garantie dafür, dass nicht doch noch Datenfehler und Programmabstürze auftreten, die dann von falschen BIOS-Einstellungen für die Speicher herrühren.

6.2 BIOS-Setup-Parameter für den Speicher

Ein wesentliches Kriterium für *Extended Data Out-Module* (EDO) und auch die Vorläufer wie *Fast Page Mode* (FPM) ist zunächst die Zugriffzeit. Diese geht vielfach direkt aus der Bezeichnung der auf den Modulen verwendeten DRAM-Bausteine – aus der letzten Zahl – hervor. Hier findet man beispielsweise eine Beschriftung auf den Bausteinen wie 514100-70 oder 4C1004-7, wobei die *70* für 70 ns steht und beim zweiten Beispiel nicht etwa für 7 ns, sondern ebenfalls für 70 ns, weil die Bezeichnung leider vom jeweiligen Hersteller der Chips abhängig ist. Entsprechendes gilt für die Bezeichnung der Bausteine mit einer Zugriffszeit von 60 oder auch 80 ns.

Bei der Aufrüstung des Speichers ist auf jeden Fall darauf zu achten, dass alle Module möglichst dieselbe Zugriffszeit aufweisen, da es andernfalls zu Speicherfehlern wie *Memory Error* oder *Parity Error* kommen kann. Dies tritt entgegen der landläufigen Theorie in einigen Fällen auch dann auf, wenn die neuen Module schneller sind als die bereits vorhandenen und hängt vom Chipsatz des Mainboards ab.

```
                    ROM PCI/ISA BIOS
                  CHIPSET FEATURES SETUP
                   AWARD SOFTWARE, INC.

 Auto Configuration     : Enabled    PCI Bursting            : Enabled
 DRAM Speed Selection   : 60 ns      PCI-Slot IDE 2nd Channel: Disabled
 DRAM Precharge Wait State : 0
 DRAM Wait State        : 0          Peer Concurrency        : Enabled
 DRAM Read Burst Timing : x2222      PCI Streaming           : Enabled
 DRAM Write Burst Timing: x2222      Passive Release         : Enabled
 Memory Hole At 15M-16M : Disabled

 ISA Bus Clock          : PCICLK/3   AGP Aperture Size(MB)   : 4
 8 Bit I/O Recovery Time: 0
 16 Bit I/O Recovery Time: 0         CPU Clock Ratio         : 4.0x
                                     CPU Clock Frequency     : 66 MHz
 SDRAM RAS-to-CAS Delay : Slow
 SDRAM RAS Precharge Time: Slow
 Auto Detect DIMM/PCI CLK: Enabled
                                     ESC : Quit        ↓→↑← :Select Item
                                     F1  : Help        PU/PD/+/- :Modify
                                     F5  : Old Values  (Shift)F2 :Color
                                     F7  : Load Setup Defaults
```

Bild 6.9: Dieses BIOS unterstützt sowohl DRAMs (FPM, EDO) als auch SDRAMs.

In einem BIOS-Setup findet man für FPM- und EDO-Typen, und im Grunde genommen für alle Typen aus der Zeit vor den SDRAMs, die dann im Setup üblicherweise unter der Bezeichnung *DRAM* geführt werden, verschiedene Optionen vor, wobei jedoch nicht alle, die in Tabelle 6.7 angeführt sind, auch im BIOS-Setup vorhanden sein müssen. Außerdem sagen einige unterschiedlich benannte Parameter schlicht das Gleiche aus, was wieder vom BIOS-Hersteller abhängig ist. Darüber hinaus schließen sich einige Einstellungen auch gegenseitig aus. Tabelle 6.4 zeigt zunächst die Einstellungsmöglichkeiten für klassische DRAM-Module, die vom Typ SIP, SIMM, PS/2 oder auch DIMM sein können.

BIOS-Setup-Eintrag	Bedeutung/Funktion	bevorzugte Einstellung
Auto Configuration	Automatik-Modus ein- oder ausschalten	je nach Situation
Decoupled Refresh	Abkopplung des Refreshs von den CPU-Zugriffen	Enabled
DRAM CAS Timing Delay	Wartezyklen für den Zugriff zwischen den Speicherspalten und -zeilen	möglichst niedrig

Tab. 6.4: Die typischen Optionen für DRAMs in den BIOS-Setups

BIOS-Setup-Eintrag	Bedeutung/Funktion	bevorzugte Einstellung
DRAM Idle Timer	Zusätzliche Wartezyklen	möglichst niedrig
DRAM Integrity Mode	Fehlerkorrekturmechanismus bestimmen	Enabled ECC
DRAM Page Mode	Aktivierung des Page Mode	Enabled
DRAM Precharge Wait State	Vorladezeit für den Refresh	Disabled oder möglichst niedrig
DRAM R/W Leadoff Timing	Reduzierung der Taktzyklen beim ersten Zugriff einer Blockübertragung	möglichst niedrig
DRAM RAS to CAS Delay	Verzögerung zwischen Speicherzeilen und Speicherspaltenzugriff	möglichst niedrig
DRAM RAS# Precharge Time	Vorladezeit für Speicherzeilenzugriff	möglichst niedrig
DRAM Read	Zugriffsweise für Lesezugriffe	Fast
DRAM Read Burst Timing	Taktzyklen für zu lesende Blockübertragung	möglichst niedrig
DRAM Read Pipeline	Aktivierung eines Zwischenspeichers	Enabled
DRAM Read WS Options	Wartezyklen für Lesezugriffe	möglichst niedrig
DRAM Refresh Rate	Häufigkeit der Refresh-Ausführung	Disabled oder möglichst hoch
DRAM Speculative Leadoff	Blockübertragung beschleunigen	Disabled
DRAM R/W Leadoff Timing	Blockübertragung beschleunigen	Enabled
DRAM Speed Selection	Auswahl des eingesetzten Speichertyps in ns	»Fast« oder möglichst niedrig bei ns-Angabe
DRAM Timing	Auswahl des eingesetzten Speichertyps in ns	möglichst niedrig
DRAM Wait State	allgemeine Wartezyklen festlegen	möglichst niedrig

Tab. 6.4: Die typischen Optionen für DRAMs in den BIOS-Setups (Forts.)

BIOS-Setup-Eintrag	Bedeutung/Funktion	bevorzugte Einstellung
DRAM Write	Zugriffsweise für Schreibzugriffe	Fast
DRAM Write Burst Timing	Taktzyklen für zu lesende Blockübertragung	möglichst niedrig
DRAM Write WS Options	Wartezyklen für Schreibzugriffe	möglichst niedrig
Fast EDO Leadoff	Reduzierung der Taktzyklen beim ersten Zugriff einer Blockübertragung	Enabled
Hidden Refresh	Refresh wird vom Modul selbst ausgeführt, wenn kein Speicherzugriff erfolgt	Enabled
RAS Active Time	Anzahl der Takte für das automatische Schließen einer Speicherbank	möglichst hoch
Read Around Write	Zugriff auf zwischengespeicherte Daten ermöglichen	Enabled
Refresh RAS# Assertion	zusätzliche Taktzyklen für den Refresh	möglichst niedrig
Turbo Read Leadoff	Reduzierung der Taktzyklen beim ersten Zugriff einer Blockübertragung	Enabled
Turn-Around Insertion	zusätzlichen Wartezyklus einschalten	Disabled

Tab. 6.4: Die typischen Optionen für DRAMs in den BIOS-Setups (Forts.)

Zum »DRAM-Finetuning« sind meist gleich mehrere Einträge im *Chipset Features Setup* oder *Advanced Chipset Features* zu finden. Je nach unterstützten und eingebauten Speichermodulen (Fast Page, EDO, SDRAM) sind die hier vorhandenen Optionen unterschiedlich. Im einfachsten Fall wird – soweit vorhanden – der Menüpunkt *Auto Configuration* auf *Enabled* gesetzt, wobei bei einigen BIOS-Versionen möglicherweise noch die Zugriffszeit der eingesetzten DRAMs (50, 60, 70 ns) anzugeben ist. Alle weiteren Einstellungen für die Speicher werden daraufhin automatisch vom BIOS erledigt.

Manuelle Veränderungen an den Timing-Parametern sollten nur dann vorgenommen werden, falls der PC mit den Speichermodulen nicht zurechtkommt (unvermittelte Systemabstürze, Memory Error u. Ä.) oder das letzte Stück an Leistung aus dem PC »herausgekitzelt« werden soll. Der PC muss dabei jedoch auch noch stabil funktionieren, und falls man hier eine Optimierung vorgenommen hat, sollte die Software über eine längere Zeit hinweg ausprobiert werden, wobei man diese Einstellungen im Hinterkopf behalten sollte. Ein auftretender unvermittelter »Systemhänger« ist oftmals ein Hinweis auf eine zu optimistische Speichereinstellung.

6.2.1 Refresh – Speicherauffrischung

Für das Verständnis der Speicherarbeitsweise und damit der Einstellungsmöglichkeiten ist die Kenntnis einiger grundlegender Dinge notwendig. Eine DRAM-Speicherzelle ist relativ einfach aufgebaut, wobei es zunächst keinen Unterschied macht, ob es sich um ein Speichermodul vom Typ Fast Page-, Extended Data Out- oder Synchronous-DRAM handelt. Die Zelle besteht im Wesentlichen aus einem Transistor und einem Kondensator, der bei einem High geladen und bei einem Low entladen ist. Aufgrund der Selbstentladung eines Kondensators muss dieser in regelmäßigen Zeitabständen mit einem Impuls *aufgefrischt* (refresh) werden, was bei SDRAMs ungefähr alle 64 ms stattzufinden hat, andernfalls gehen die Daten verloren. Dies ist auch das grundlegende Unterscheidungsmerkmal zwischen dynamischen RAMs (DRAMs) und statischen RAMs (SRAMs), die demgegenüber keinen Refresh benötigen, da sie intern komplizierter aufgebaut (mindestens sechs statt zwei Bauelemente pro Speicherzelle) und demnach auch teurer sind. Der Cache-Speicher (siehe Kapitel 6.3) entspricht beispielsweise einem statischem Speicher.

Für DRAMs ist zum Refresh eine spezielle Schaltung notwendig, die diesen Impuls entsprechend generiert. Der Memory-Controller (Northbridge) auf dem Mainboard steuert diesen Vorgang automatisch, und neuere Module können den Controller derart unterstützen, dass sie den Refresh in bestimmten Situationen – wie z.B. im Standby-Modus, wenn kein Datenzugriff erfolgt –, selbst ausführen können. Generell benötigen sie jedoch einen Anstoß durch den Memory-Controller. Im BIOS-Setup sind Einstellungsmöglichkeiten für die Refresh-Einstellung wie *Hidden Refresh*, *Refresh RAS# Assertion*, *DRAM Refresh Rate* oder auch *Decoupled Refresh* (siehe Tabelle 6.4) zu finden.

Zu den Refresh-Optionen kann man auch Einstellungen für die *Precharge-Time* (Vorladezeit) rechnen, die einem unter Begriffen wie *DRAM RAS# Precharge Time* oder *DRAM Precharge Wait State* in einem BIOS-Setup begegnen kann. Generell kennzeichnet *Precharge*, wie lange das RAS-Signal (Zeilensignal) an der Speicherzelle anliegen muss, damit der Kondensator vollständig aufgeladen ist.

6.2.2 Adressierung und Modi

Ein RAM-Baustein wird durch Adressleitungen adressiert. Die Speicherzellen im Innern sind dabei in Spalten und Zeilen angeordnet. Zum Adressieren einer bestimmten Zelle werden zwei Adressen – eine für die Zeile und eine für die Spalte – benötigt. Um die Anzahl der Anschlüsse am RAM-Baustein gering zu halten, werden die Adressen über gemeinsame Anschlüsse gesendet. Die Unterscheidung in Zeile und Spalte erfolgt mit Signalen, die die Bezeichnung *RAS* (Row Address Strobe) und *CAS* (Column Address Strobe) führen. In internen Zwischenspeichern (Buffers) werden die beiden Teiladressen gespeichert und adressieren somit das Memory-Array.

Es gibt prinzipiell zwei Möglichkeiten, wie Speicherzugriffe erfolgen können: Einmal im *Normal-Modus*, der sich dadurch auszeichnet, dass von der CPU eine Adresse angelegt und dann ein Datenbyte (Einzeltransfer) geschrieben oder gelesen wird. Daneben gibt es den schnelleren *Burst-Modus*, bei dem nur eine einzige Adresse von der CPU zu schreiben ist, woraufhin gleich ein kompletter Datenblock folgt. Die darauf folgenden Adressen werden vom Speicher selbstständig generiert. In welcher Form der Speicherzugriff nun gerade durchgeführt wird, kann weder vom Programm noch vom Anwender in irgendeiner Art und Weise beeinflusst werden, denn es hängt davon ab, welche Daten gerade benötigt werden, und die können direkt hintereinander (Burst) oder aber auch verstreut im Speicher liegen, was dann Einzeltransfers erfordert. Ein Burst ist so gesehen der Idealfall einer Übertragung, und wenn es um die Kennzeichnung von Datenübertragungsraten geht, wird dabei oftmals vom Burst-Modus ausgegangen, auch wenn dies nicht angegeben wird.

6.2.3 Burst-Modus

Einstellungen im BIOS-Setup wie *DRAM Read Burst Timing*, *DRAM Write Burst Timing* oder *DRAM R/W Leadoff Timing* betreffen den erläuterten Burst-Modus, und im Setup findet man dann Angaben wie X-3-3-3 oder X-2-2-2. Je nach BIOS-Typ sind getrennte oder auch gemeinsame Einstellungen für den Schreib- und Lesemodus möglich. Die Zahlenfolgen geben die benötigten Taktzyklen für einen Burst Access (Blockzugriff) an, der stets aus vier Zugriffen wie X-3-3-3 besteht.

Das X steht dabei für den so genannten *Lead Off*, der nicht direkt veränderbar ist und diejenige Zeit kennzeichnet, die für den ersten Zugriff im Burst-Modus auf den Speicher notwendig ist. Optionen wie *Turbo Read Leadoff*, *Fast EDO Leadoff*, *DRAM R/W Leadoff Timing* oder auch *DRAM Speculative Leadoff* erlauben bei einigen BIOS-Versionen eine Einflussnahme auf diesen Leadoff. Welche minimalen Taktzyklen mit den verschiedenen Speichermodulen prinzipiell möglich sind zeigt Tabelle 6.5, wobei dies jedoch Idealwerte sind, die sich in der Praxis aufgrund von Bauteil- und Timing-Toleranzen nicht (immer) einstellen lassen werden.

Modul-Typ	Taktzyklen
FastPage	5-3-3-3
EDO	5-2-2-2
SDRAM	5-1-1-1

Tab. 6.5: Die verschiedenen Speichertypen benötigen unterschiedlich lange Taktzyklen.

Einstellungen wie *Turbo*, *Fast* oder auch die Festlegung des im Setup vorgesehenen kleinstmöglichen Zahlenwertes sorgen einerseits für den schnellstmöglichen Modus, andererseits kann aber auch der Fall eintreten, dass diese Werte zu optimistisch sind, d.h. der Speicher nicht mehr dem Timing folgen kann und Datenverluste oder auch ein völliges Versagen auftreten. Diese »Zweischneidigkeit« begleitet im Grunde genommen die gesamte Speicherkonfigurierung, und eine Option wie *DRAM Speculative Leadoff* kann eine Verbesserung oder auch eine Verschlechterung der Speicherleistung zur Folge haben. Die dabei auf Verdacht (spekulativ) ausgeführte Adressierung – in der Hoffnung, dass die folgenden Daten unter der angenommenen Adresse zu finden sind – kann zutreffen oder auch nicht, was dann wieder einen zusätzlichen Zyklus erfordern würde.

6.2.4 Wait States – Wartezyklen

In einem BIOS-Setup findet sich oftmals die Möglichkeit, *Wartezyklen* (Wait States) und *Verzögerungen* (Delays) einstellen zu können, wofür verschieden lautende Bezeichnungen verwendet werden. Das Prinzip ist jedoch stets das gleiche, denn die Speicherleistung ist dann am höchsten, wenn überhaupt keine derartigen zusätzlichen Wartemechanismen für den Speicher notwendig wären. Die *Wait States* stellen gewissermaßen eine zusätzliche Option dar, denn falls alle anderen BIOS-Einstellungen für den Speicher optimal getroffen worden sind, sind auch keine *zusätzlichen* Verzögerungen notwendig, wie beispielsweise bei einer Option wie *SDRAM MA Wait State*. Wohlgemerkt keine zusätzlichen, denn bei einigen Einstellungsmöglichkeiten wie z.B. *DRAM RAS to CAS Delay* ist das »Delay« ein fester Bestandteil der Option und kann daher auch nur minimal und nicht auf null gesetzt werden.

6.2.5 Speicherfehler erkennen – Parity und ECC

Neben der Zugriffszeit ist das zweite wichtige Kriterium für den Einsatz von Speichermodulen, ob das Mainboard Speichermodule mit oder ohne Parity-Funktion verlangt. Diese Funktion ist zur Detektierung von Speicherfehlern vorgesehen, wird jedoch im Allgemeinen nicht mehr unterstützt, sodass man, wenn im Handbuch zum Mainboard nicht etwas anderes angemerkt ist, meist zu den (preiswerteren) Modulen ohne diese Funktion greifen kann. Für ältere Boards, die 30-polige SIMMs verlangen, sind in der Regel jedoch SIMMs mit Parity-Verarbeitung notwendig.

In den Manuals zum Mainboard findet man zur Kennzeichnung, dass das Modul als Parity-fähig ausgelegt sein muss, beispielsweise eine Angabe wie 8 x 36 (8 MByte x 36 Bit). Ein vergleichbares Modul ohne Parity-Funktion wird demgegenüber mit 8 x 32 (8 MByte x 32 Bit) angegeben. Die vier zusätzlichen Bits des ersten Moduls sind die Parity-Signale, wobei immer für 8 Bit (1 Byte) ein Parity-Bit vorgesehen ist.

Wenn es sich nicht um ein geschlossenes Speichermodul handelt, kann man meist selbst feststellen, ob das betreffende Modul die Parity-Funktion unterstützt oder nicht. Man zählt dabei einfach die vorhandenen Bausteine. Vereinfacht kann man daher feststellen, dass ein Modul mit Parity-Funktion über 9 (8 Chips = 32 Byte + 1 Parity), 12 (8 Chips = 32 Byte + 4 Parity) oder 36 (32 Chips = 32 Byte + 4 Parity) Bausteine, eines ohne Parity hingegen über 8, 16 oder 32 Bausteine verfügt.

> **ACHTUNG**
>
> Speicherfehlererkennung und -korrekturverfahren wie Parity und ECC werden in der Regel von einem Betriebssystem unzureichend oder auch überhaupt nicht unterstützt. Bei einem auftretenden Fehler, der anhand dieser beiden Mechanismen detektiert wurde, stürzt der PC – eventuell mit einer BIOS-Meldung – komplett ab, sodass diese Verfahren in der Praxis eher nur einen theoretischen Nutzen haben.

Eine effektivere Speicherfehlererkennung und auch -korrektur bieten Module mit der *ECC-Funktion* (Error Correction Code), die ab Pentium Pro-Mainboards unterstützt wird, und auch hierfür sollte sich im Manual zum Mainboard eine entsprechende Angabe über die Anforderungen an die Module finden lassen. In der Regel können die Mainboards mit beiden Typen umgehen, und diese Option lässt sich im BIOS-Setup mitunter auch ein- und ausschalten (siehe Bild 6.14). Mit ECC können 1-Bit-Fehler erkannt und auch automatisch korrigiert werden, während 2-Bit-Fehler nur detektiert werden können. Zur Auswahl stehen in einigen Setups die Einstellungen EC und ECC, wobei in der ersten Position keinerlei Korrekturen erfolgen, sondern lediglich Speicherfehler an das Betriebssystem gesendet werden.

6.2.6 SDRAM-Optionen

Ab Pentium II-Mainboards finden sich neben den Einstellungen für EDO-RAM auch welche für SDRAM. Letztere sind bei Mainboards als Standardmodule anzusehen, sodass man dort auf keine EDO-RAM-Optionen mehr stoßen wird.

Zunächst ist die grundsätzliche Arbeitsweise von SDRAMs nicht anders als die von den zuvor erläuterten DRAMs. Allerdings erfordern SDRAMs bei der Konfigurierung mehr Aufmerksamkeit, da hier nicht allein das Mainboard für die Parametereinstellung zuständig ist. SDRAMs werden vom BIOS während des Boot-Vorgangs mit verschiedenen Betriebswerten programmiert, die es dem SPD-EEPROM (siehe Kapitel 6.1.7) entnehmen soll. Die hier vom Hersteller abzulegenden Daten sind in den entsprechenden Standards zwar genau definiert, allerdings gehen die Hersteller dabei oftmals nicht mit der nötigen Sorgfalt vor, sodass die richtige Konfigurierung von SDRAMs mitunter sogar noch komplizierter ausfällt als dies bei den älteren Typen (FPM, EDO) der Fall ist.

Ein Menüpunkt wie *SDRAM Configuration: By SPD* (siehe Bild 6.8) ist meist vorhanden und entsprechend einzuschalten, womit die Speichereinstellung auch schon erledigt wäre. Vielfach funktioniert dies leider überhaupt nicht oder auch nicht zufrieden stellend, wobei das Problem auf Modul- oder BIOS-Seite und auch im Zusammenspiel liegen kann. Hier ist nach wie vor manuelle Einstellungsarbeit notwendig. Was bei SDRAMs meist einwandfrei funktioniert, ist ein Punkt wie *Auto Detect DIMM/ PCI Clk,* der bei Aktivierung den optimalen Takt für die SDRAMs einstellt, welcher üblicherweise dem Systemtakt (66, 100, 133 MHz) entspricht.

Bild 6.10: Bei einigen Mainboards muss der BIOS-Config-Jumper umgesetzt werden, bevor man an die Speicher- und CPU-Einstellungen gelangen kann.

Bei einigen Mainboards wird man keine Möglichkeit finden, im BIOS-Setup irgendwelche Speichereinstellungen manipulieren zu können. Diese treten erst dann – beispielsweise im Maintenance-Menü beim Award-Medallion-BIOS des BIOS-Setups – in Erscheinung, wenn zuvor auf dem Mainboard ein Jumper umgesetzt worden ist. Das Gleiche gilt im Übrigen für die CPU-Einstellungen, wie es in Kapitel 5.4 erläutert ist.

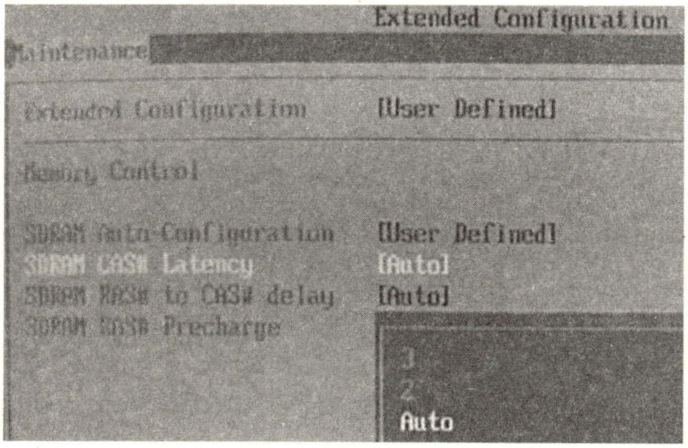

Bild 6.11: Unter »Extended Configuration« im Maintenance-Menü, welches erst nach dem Umstecken eines Jumpers auf dem Mainboard erscheint, lassen sich nach der Aktivierung von »User Defined« auch die Speicherparameter verändern.

Wie bei den DRAMs werden zwei Adressen (RAS:Zeile, CAS:Spalte) zum Speicher gesendet, und zwischen den beiden Zugriffen muss eine bestimmte Zeit verstreichen, bis die gewünschte Zeile im Speicherchip komplett eingelesen worden ist. Diese Zeit wird als *RAS to CAS Delay* (t_{rcd}) bezeichnet und als Anzahl der Taktzyklen (2 oder 3 Takte) angegeben. Danach muss noch die so genannte CAS-Latenzzeit (*CAS Latency, CL*) abgewartet werden, die ebenfalls als Anzahl der Taktzyklen angegeben wird, bis die Daten am Ausgang des SDRAMs zur Verfügung stehen.

Bild 6.12: Bei diesem Modul laut PC133-Standard ist lediglich die CAS Latency (CL = 3) angegeben, während die beiden anderen wichtigen Parameter fehlen.

Der dritte wichtige SDRAM-Parameter ist die *RAS Precharge Time* (t_{rp}), die dafür benötigt wird, um auf eine neue Zeile umzuschalten. Diese Zeit entfällt, wenn keine neue Zeile angesteuert werden muss, weil sich die Daten innerhalb einer Seite (Page) befinden. Diese drei Parameter (CL, t_{rcd}, t_{rp}) sollen sich laut Standard auf einem SDRAM-Speichermodul befinden, also beispielsweise als *PC100 333*, was bedeutet, dass dieser Typ jeweils drei Taktzyklen für die erläuterten Zugriffe benötigt. Ein Modul laut *PC100 222* ist demnach der schnellere Typ.

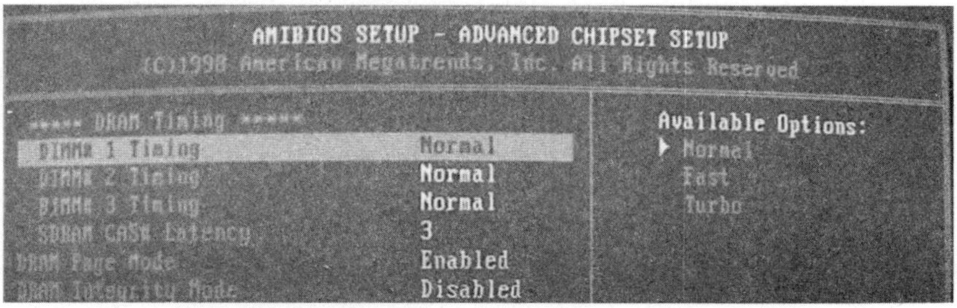

Bild 6.13: Bei diesem AMI-BIOS lassen sich die Parameter für die DIMMs einzeln bestimmen, und »Normal« sollte eine stabile funktionierende Speichereinstellung zur Folge haben.

BIOS-Setup-Parameter für den Speicher

Je nach Plattform und BIOS gibt es noch weitere Parameter, die sich in den BIOS-Setups zur Konfigurierung anbieten, wobei sich insbesondere bei Athlon-Mainboards teilweise recht verwirrende Optionen finden lassen. Man sollte sich dabei auch nicht durch die Bezeichnung DRAM statt SDRAM oder erwarteter DDR-SDRAM-Bezeichnung in den Setups irritieren lassen, weil DRAM von den BIOS-Herstellern oftmals nur als Synonym für den Speicher genommen wird.

BIOS-Setup-Eintrag	Bedeutung/Funktion	bevorzugte Einstellung
1T Command Rate	Modul-Option für optimierten SDRAM-Kommandozugriff	Disabled, ohnehin nur wirksam bei einem einzigen eingesetzten Modul
Bank Interleaving	versetzter, zeitlich überlappender und damit schnellerer Zugriff auf Speicherbänke	Enabled
Bank x/y DRAM Timing	unterschiedliches Timing für die verschiedenen Speicherbänke bei VIA-Chipsets konfigurieren	Auto
DRAM Burst Refresh	Zwischenspeichern von bis zu vier Refresh-Zyklen	Enabled
Page Idle Timer	Angabe, nach wie vielen Takten eine angewählte Page geschlossen werden soll	8–32, je nach Speichergröße, je kleiner desto besser
Precharge Time	RAS Precharge Time für das Umschalten auf eine neue Zeile	möglichst niedrig
RAS Active Time	Anzahl der Takte für das automatische Schließen einer Speicherbank	7 (schnell), 2 (langsam)
RAS-to-CAS Delay	Zeit, bis die Zeile im Speicherchip komplett eingelesen worden ist	möglichst niedrig
SDRAM CAS Latency	CAS-Latenzzeit bis die Daten am Speicherausgang zur Verfügung stehen	möglichst niedrig
SDRAM Configuration by SPD	Automatik-Modus ein- oder ausschalten	je nach Situation

Tab. 6.6: Die typischen Optionen für SDRAMs in den BIOS-Setups

Kapitel 6 · Speichereinstellungen

BIOS-Setup-Eintrag	Bedeutung/Funktion	bevorzugte Einstellung
SDRAM Cycle Length	CAS-Latenzzeit, bis die Daten am Speicherausgang zur Verfügung stehen	möglichst niedrig
SDRAM ECC Setting	Fehlerkorrekturmechanismus bestimmen	Enabled ECC
SDRAM Idle (Cycle) Limit	Angabe, nach wie vielen Takten eine angewählte Page geschlossen werden soll	8–32, je nach Speichergröße
SDRAM MA Wait State	zusätzlichen Wartezyklus festlegen	0 Clock oder Fast
SDRAM PH Limit	Pause zur Auffrischung der Zeilenadresse	64 Cycles
SDRAM RAS Precharge Time	Zeit für das Umschalten auf eine neue Zeile	möglichst niedrig
SDRAM RAS to CAS Delay	Zeit, bis die Zeile im Speicherchip komplett eingelesen worden ist	möglichst niedrig
SDRAM RAS# Timing	Angabe der drei Werte für CL, t_{rcd} und t_{rp}	möglichst niedrig
SDRAM Tras Timing	Anzahl der Takte für das automatische Schließen einer Speicherbank	7 (schnell), 2 (langsam)
SDRAM Trcd Timing	Zeit, bis die Zeile im Speicherchip komplett eingelesen worden ist	Möglichst niedrig
SDRAM TRP SRAS Precharge	RAS Precharge Time für das Umschalten auf eine neue Zeile	Möglichst niedrig
SDRAM Trp Timing	RAS Precharge Time für das Umschalten auf eine neue Zeile	Möglichst niedrig

Tab. 6.6: Die typischen Optionen für SDRAMs in den BIOS-Setups (Forts.)

BIOS-Setup-Eintrag	Bedeutung/Funktion	bevorzugte Einstellung
TRAS Timing	Anzahl der Takte für das automatische Schließen einer Speicherbank	7 (schnell), 2 (langsam)
TRCD Timing	Zeit, bis die Zeile im Speicherchip komplett eingelesen worden ist	Möglichst niedrig

Tab. 6.6: Die typischen Optionen für SDRAMs in den BIOS-Setups (Forts.)

Insbesondere bei einigen Systemen mit VIA-Chipset gibt es noch eine Option wie *Bank x/y DRAM* Timing. Sie erlaubt die Einstellung eines unterschiedlichen Timings für die verschiedenen Speicherbänke (DIMM-Steckplätze), und in der Regel sollte hier die Auto-Funktion optimal greifen. Alternative Einstellungen sind *Normal*, *Turbo* sowie *SDRAM 8ns* und *SDRAM 10ns*, wobei eigentlich nur die beiden letzteren, die sich nach dem jeweils eingesetzten Modul richten, einen eindeutigen Bezug haben, während bei *Normal* und *Turbo* nicht zweifelsfrei vorhergesagt werden kann, was dies für das Timing zur Folge hat, außer dass *Turbo* wohl eine Beschleunigung gegenüber *Normal* hat (siehe Bild 6.13).

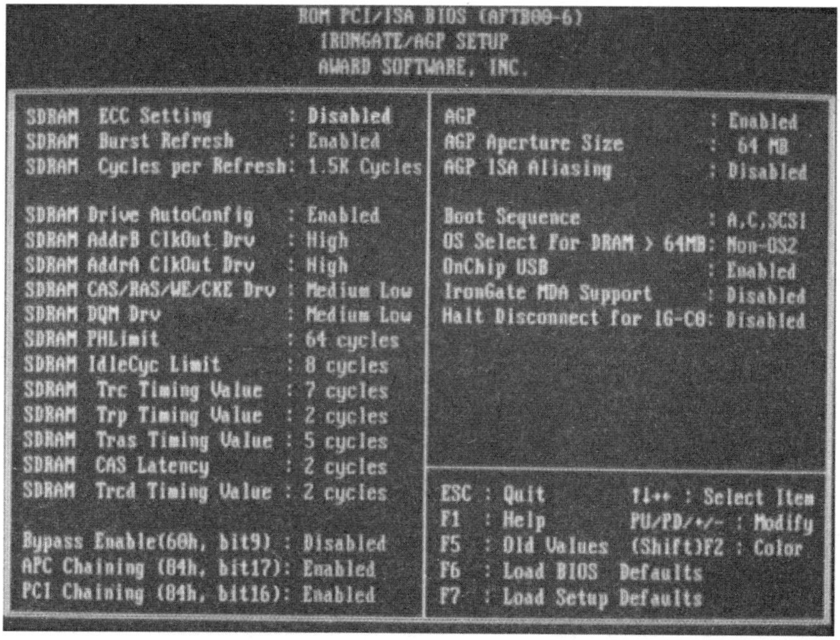

Bild 6.14: In den BIOS-Setups von Athlon-Mainboards findet sich mitunter eine Vielzahl an Optionen für die Speicherkonfigurierung.

Die Option *PH-Limit*, die eigentlich nur bei Athlon-Mainboards existiert, nennt sich *Page Hit Limit* und sorgt nach einer festgelegten Anzahl von Page-Hit-Zugriffen – also wenn sich die benötigten Daten in einer einzigen Page befinden – für eine Pause zur Auffrischung der Zeilenadresse. Demnach ist der Speicherzugriff (theoretisch) umso schneller, je größer dieser Wert gewählt wird, und falls hier *SDRAM PH Limit: 1 Cycle* festgelegt wird, findet bereits nach jedem Zyklus ein Refresh statt. Üblicherweise sollten die PC100-DIMMs mit einem Wert von 64 Cycles zurechtkommen. Bei einem Speicherproblem setzt man ihn im schlimmsten Fall auf 32 Cycles, und falls dies immer noch nicht richtig funktioniert, kann es eigentlich nur an den Speichermodulen liegen.

Das BIOS in Bild 6.14 überrascht geradezu mit einer Vielzahl an Speicheroptionen, wie es bei den ersten Athlon-Mainboards häufig der Fall ist, wo sich das Timing von Chipset und den Speichermodulen generell als etwas problematisch erwiesen hat, sodass die BIOS-Hersteller – gewissermaßen sicherheitshalber – alle möglichen Parameter für den Anwender als einstellbar »freigelegt« haben. Mittlerweile sind derartig ausführliche SDRAM-Einstellungen aber eher selten zu finden, da das Zusammenspiel von CPU-Chipset-BIOS und Speicher auch bei Athlon-Systemen einen hohen Reifungsgrad erreicht hat, sodass klar ist, welche Optionen man als sicher annehmen kann und nicht mehr im BIOS zur Konfigurierung anbieten muss. Die Einträge mit dem Kürzel *Drv* (*Drive*) in Bild 6.14 erlauben sogar eine Manipulierung der Signalstärke für die Leitungstreiber, wofür man am besten *SDRAM Drive AutoConfig:Enabled* wählt, denn eine Leistungsoptimierung lässt sich hiermit nicht erreichen, sondern nur ein stabiler oder ein instabiler Betrieb.

6.2.7 DDR-SDRAM-Optionen

Bei Mainboards, die mit DDR-SDRAM arbeiten, können im Prinzip die gleichen Optionen im BIOS-Setup wie bei den gebräuchlichen SDRAMs auftauchen, sodass hierfür ebenfalls die vorhergehenden Erläuterungen zutreffen. Die leistungshemmenden Latenzzeiten unterscheiden sich zwischen beiden Typen nur unwesentlich voneinander. Tabelle 6.7 zeigt die festzulegenden Werte, für den Fall, dass man hier eine manuelle Einstellung vornehmen möchte, weil die AUTO-Einstellung kein befriedigendes Ergebnis liefert.

Modul-typ	Takt	Speed-Klasse	CAS Latency	RAS to CAS Delay	RAS Precharge Time
DDR200	100 MHz	PC1600	2 Takte	2 Takte	2 Takte
DDR266A	100 MHz	PC2100	2 Takte	2 Takte	2 Takte
DDR266A	133 MHz	PC2100	2 Takte	3 Takte	3 Takte
DDR266B	100 MHz	PC2100	2 Takte	2 Takte	2 Takte
DDR266B	133 MHz	PC2100	2,5 Takte	3 Takte	3 Takte
DDR333	166 MHz	PC2700	2,5 Takte	3 Takte	3 Takte
DDR400	200 MHz	PC3200	2,5 Takte	3 Takte	3 Takte

Tab. 6.7: Die für DDR-SDRAMs spezifizierten Werte, wie sie sich in den BIOS-Setups einstellen lassen sollten

Ein (theoretisches) Maximum für die Speichertransferleistung ist dann gegeben, wenn der Speichertakt dem Systemtakt (FSB) entspricht, was für ein PC3200-Modul (DDR400) bei einem Pentium 4 mit 3 GHz einem FSB800 und bei einem Athlon XP3200+ einem FSB400 gleichkommt. Beides bedeutet »echte« 200 MHz, was laut QDR-Definition (x4) zur Angabe von FSB800 und laut DDR-Definition zu FSB400 führt. Ein schnelleres Modul sollte auch mit einem demgegenüber langsamer arbeitenden Takt umgehen können, wobei natürlich Leistung verschenkt wird, umgekehrt (z.B. DDR333 mit 200 MHz Takt) funktioniert dies natürlich nicht. Auch eine Mischbestückung ist nicht unproblematisch, weil die Speichereinstellungen sich dann am langsamsten Modul orientieren müssen, was ganz allgemein gilt, wenn der BIOS-Setup keine separaten Einstellungsoptionen für einzelne Module bietet. Außerdem ist es fraglich, ob nicht durch ein unterschiedliches Modul- bzw. Bank-Timing derartige »Reibungsverluste« beim Speicherzugriff entstehen, dass sich demgegenüber eine langsamere – aber für alle Module identische Einstellung – als stabiler und letztendlich auch optimaler erweist. Die Verwendung identischer Module ist nach wie vor die beste Lösung, was im verstärkten Maße für Dual-Channel-DDR-Speicherlösungen gilt, wofür die Speicherhersteller (z.B. Corsair) auch speziell getestete Module im »Doppelpack« anbieten.

6.2.8 RAMBus-Optionen

Im Gegensatz zu Mainboards mit SDRAM-Speicher, bei denen das BIOS mit einer Vielzahl an Optionen für die Speichereinstellung aufwarten kann, geht es bei der Verwendung des RAMBus-Speichers vergleichsweise übersichtlich in den BIOS-Setups zu. RAS-, CAS- sowie Timing-Optionen gibt es hier nicht, und im Grunde genommen ist der jeweils eingesetzte Typ das entscheidende Kriterium, was die Speicherkonfigurierung einfach hält.

Kapitel 6 · Speichereinstellungen

Der typischerweise im *Advanced Chipset Features* zu findende Eintrag *RIMM Module Used* ist zunächst der wichtigste, denn hier kann möglicherweise manuell einer der vier Typen PC600, PC700, PC800, PC1066 angegeben werden, wobei diese Einstellung mit Bedacht gewählt werden sollte, wie es in Tabelle 6.2 auch angegeben ist, denn es gibt hier eine direkte Kopplung zwischen dem System- und dem Speichertakt. Eine AUTO-Einstellung sollte an dieser Stelle die korrekten Werte zur Folge haben, und es ist ziemlich aussichtslos, manuell ein PC1066-Modul statt eines PC800-Moduls anzugeben, denn es wird mit ziemlicher Sicherheit nicht stabil funktionieren. Ob tatsächlich manuelle Einstellungsmöglichkeiten und auch alle vier RIMM-Typen im BIOS-Setup auftauchen, hängt (wie immer) vom Mainboard- bzw. BIOS-Hersteller ab, und natürlich werden ältere Pentium 4-Boards nicht mit einem 1066-RIMM umgehen können und neuere Mainboards möglicherweise aber auch nicht mit älteren RIMMs (PC600, PC700).

Für RIMMs stehen prinzipiell die Fehlererkennungs- und -korrekturmechanismen zur Verfügung wie bei den SDRAMs (siehe Kapitel 6.2.5), und daher werden sie in einem Setup auch für die Konfigurierung angeboten. Üblicherweise wird man hier *H/W-ECC* (*Hardware Error Correction Codes*) wählen, damit 1-Bit-Fehler automatisch korrigiert werden können. Es sei erwähnt, dass es RIMMs mit und ohne ECC gibt, und das Handbuch zum Mainboard sollte hier Auskunft geben, welche Typen jeweils benötigt werden.

BIOS-Setup-Eintrag	Bedeutung/Funktion	bevorzugte Einstellung
RIMM Module Used	Angabe des Modultyps	Auto
RDRAM Device Napdown	zurzeit nicht verwendete Chips in Energiesparmodus schalten	Nap oder Standby in Abhängigkeit von der Chipanzahl
RDRAM pool B state	zurzeit nicht verwendete Chips in Energiesparmodus schalten	Nap oder Standby in Abhängigkeit von der Chipanzahl
DRAM Integrity Mode	Fehlererkennungsmechanismus bestimmen	H/W-ECC
Direct RAMBus Clock	Takt für den RAMBus	Auto

Tab. 6.8: Gebräuchliche Optionen für RAMBus-Speicher

Die einzig neue Option für RAMBus-Speicher befindet sich unter einem Eintrag wie *RDRAM pool B state* oder auch *RDRAM Device Napdown*. Hiermit wird die Möglichkeit angeboten, zwei verschiedene Betriebsarten einstellen zu können: Standby oder NAP. Der Standby-Modus ist dabei die übliche Betriebsart, während im NAP-Modus die zurzeit nicht angesprochenen RAMBus-Chips in einem so genannten *B-Pool* zusammengefasst und dann in einen energiesparenden Modus geschaltet werden. Dies ist weniger aus Energiespargründen interessant, sondern weil die RAMBus-Chips während des Betriebs recht heiß werden können, was letztendlich zu Temperaturproblemen und damit Instabilitäten führen kann. Aus diesem Grunde sind die RAMBus-Module meist auch mit einem Blech als Kühlkörper oder sogar mit einem Lüfter versehen. Es hängt von der Anzahl der Chips ab, ob man einige in den NAP-Modus schicken sollte oder nicht. Welche dies dann jeweils sein werden, wird – je nach Systemauslastung – automatisch durchgeführt. Bei einem einzigen RIM-Modul kann man jedoch beim Standby-Modus bleiben, zumal der Zugriff dann auch schneller ausgeführt wird.

6.2.9 Allgemeine Speicheroptionen

Neben den modulspezifischen Optionen gibt es noch einige weitere, die quasi bei jedem Speichertyp auftauchen (können) und daher auch in recht vielen BIOS-Setups zur Verfügung stehen. Teilweise scheinen sie mittlerweile auch nicht mehr ganz zeitgemäß zu sein und sind vielfach als überflüssig anzusehen. Dennoch ist es gut zu wissen, was sie eigentlich bedeuten.

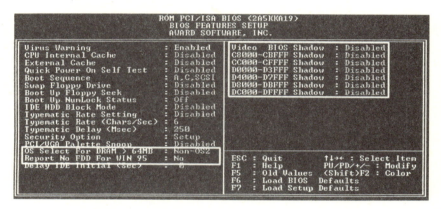

Bild 6.15: Einige BIOS-Setup-Optionen für den Speicher scheinen nicht mehr ganz zeitgemäß zu sein.

Memory Hole At 15M-16M – Speicherloch?

Dieser Punkt bleibt in den meisten Fällen auf *Disabled* stehen, da andernfalls im Speicherbereich von 15–16 MByte ein »Loch« festgelegt wird, wodurch der Hauptspeicher über 15 MByte nicht verwendet werden kann. Es gibt auch nur wenige (ISA-)Karten (spezielle Controller, Videokarten, ältere ATI-Grafikkarten), die diese Funktion überhaupt benötigen.

OS Select for DRAM > 64 MB – mehr als 64 MByte-Speicher?

Bei der Verwendung von mehr als 64 MByte-DRAM mit dem Operating System OS/2 bis zur Version 3.0 (Warp, Fix Level 3) ist diese Option, die auch als *OS/2 Onboard Memory > 64 M* bezeichnet wird, einzuschalten, da dieses OS/2 andernfalls keinen installierten Speicher oberhalb 64 MByte verwenden kann. Für Windows ist diese Einstellung nicht von Bedeutung und sollte daher auf *Non-OS2* bzw. *Disabled* geschaltet werden.

Report No FDD For Win 95 – Option für Windows 9x

Eine eigentlich überflüssige Einstellungsmöglichkeit, die nur dann auf *Yes* zu stellen ist, falls kein Diskettenlaufwerk (FDD = Floppy Disc Drive) vorhanden ist und Windows 9x zum Einsatz kommt.

Shadow-RAM – BIOS-Kopie im RAM

Sowohl für das BIOS der Grafikkarte (Video BIOS) als auch für andere Bereiche im Adaptersegment kann *Shadow-RAM* festgelegt werden. Ist der jeweilige Bereich, in dem sich das BIOS einer Erweiterungskarte oder auch das des Systems (System-BIOS-Shadow) befindet, auf *Enabled* geschaltet, werden die BIOS-Routinen vom lediglich 8-Bit breiten BIOS-ROM in den entsprechenden RAM-Bereich kopiert.

Dieser sorgt aufgrund seiner 32-Bit-Architektur (ab 386-CPU) und den kürzeren Zugriffszeiten der DRAMs gegenüber den EEPROMs- oder auch Flash-PROMs für einen schnelleren Zugriff. Wichtig ist dabei, dass der als Shadow-RAM festgelegte Bereich schreibgeschützt ist und nicht als üblicher RAM-Bereich verwendet werden kann. Lediglich bei älteren PCs ist hierfür zusätzlich ein Menüpunkt vorgesehen, alle anderen erledigen dies bei Aktivierung von Shadow-RAM automatisch.

Der Bereich für das Grafik-BIOS ist in den meisten Fällen ab C0000h und/oder auch C4000h festgelegt, und das System-BIOS befindet sich ab der Adresse F0000h. SCSI-Adapter (typisch ab DC000h) und auch Netzwerkkarten (typisch D8000h) können prinzipiell ebenfalls Shadow-RAM verwenden, was jedoch nicht auf jeden Kartentyp zutrifft, da beispielsweise einige Adapter generell nicht mit Shadow-RAM funktionieren. In den meisten Fällen wird daher lediglich für das Grafik-BIOS (Video-BIOS) zusätzlich Shadow-RAM aktiviert, und alle anderen Bereiche bleiben auf *Disabled*.

Bild 6.16: Auch wenn hier die beiden Bereiche für das System- und das Video-BIOS als »Cacheable« bezeichnet werden, bedeutet es die Festlegung von Shadow-RAM.

Die Shadow-RAM-Funktion ist spätestens seit Windows 95 generell performancetechnisch nicht mehr von Belang, da hier eigene Gerätetreiber statt der BIOS-Routinen zum Einsatz kommen. Außerdem verwenden PCI-Karten »variable« Adressen, die automatisch vom Plug&Play-BIOS vergeben werden. Diese liegen somit nicht fest und können auch nicht manuell in einen Shadow-RAM-Bereich verlagert werden.

6.3 Der Cache-Speicher

Bereits ab 386DX-PCs mit einer Taktfrequenz von 25 MHz ist zusätzlich zum Hauptspeicher ein Cache-RAM (Zwischenspeicher) zu finden, weil die »normalen« DRAMs im Verhältnis zur CPU-Taktfrequenz zu langsam sind und die CPU in zusätzlichen Wartezyklen verharren müsste, um auf die Daten aus dem DRAM zu warten. Aus diesem Grunde wird quasi zwischen dem DRAM und der CPU ein schneller statischer Speicher (SRAM) realisiert. Die Steigerung der Prozessorleistung von einer Generation zur nächsten ist – neben einer stetigen Erhöhung des CPU-Taktes – vielfach nur einem vergrößerten Cache-Speicher zu verdanken und eher weniger anderen neuen Features (MMX, ISSE2, Hyperthreading), die bei der Programmierung entsprechend eingesetzt werden müssen, damit sie überhaupt irgendetwas zur Performance-Steigerung beitragen können.

6.3.1 Cache-Realisierungen und -Einstellungen

In einem 80486DX-Prozessor sind ein 8-kByte großer Cache-Speicher und der dafür notwendige Controller gleich mit in der CPU eingebaut. Dieser interne Cache-Speicher arbeitet mit dem CPU-Takt und wird als *First-Level-Cache* (1-Level, L1-Cache) bezeichnet. Er verfügt je nach CPU-Typ über eine unterschiedliche Kapazität. Ab einer Intel-Pentium-CPU mit MMX-Unterstützung besitzt der L1-Cache eine Kapazität von insgesamt 32 kByte, wobei jeweils 16 kByte für Daten und 16 kByte für Befehle zur Verfügung stehen, was auch beim Pentium III der Fall ist.

Es gibt noch einen weiteren Cache-Speicher, der als *Second Level Cache* (L2-Cache) bezeichnet und bei Sockel 7-Systemen extern auf dem Mainboard realisiert wird. Der PentiumPro verfügt als erster CPU-Typ auch über einen integrierten *Second Level Cache* (Pipelined Burst) mit einer Kapazität von 256 oder auch 512 kByte, der mit dem vollen CPU-Takt arbeitet, was die Performance gegenüber einem Pentium-Prozessor maßgeblich steigert.

Der L2-Cache befindet sich beim PentiumPro mit auf dem gleichen Chip (On Die) wie die eigentliche CPU, was fertigungstechnisch einige Probleme aufwarf, sodass beim Nachfolger Pentium II der L2-Cache mit einzelnen Chips realisiert und daher das Slot-1-Design notwendig wurde. Davon konnte man sich erst wieder trennen und zu einem Sockel-Design zurückkehren, als es technologisch und dabei kostengünstig möglich war, den L2-Cache wieder On-Die zu realisieren, wie es heute allgemeiner Standard bei Intel und AMD ist.

CPU-Typ	L1-Cache	L2-Cache (typisch bzw. maximal)	L2-Cache-Takt
486DX	8 kByte	extern, 128 kByte	externer CPU-Takt, max. 50 MHz
Pentium	16 kByte	extern, 256 kByte	externer CPU-Takt, max. 66 MHz
Pentium MMX	32 kByte	extern, 256 kByte	externer CPU-Takt, max. 66 MHz
Pentium Pro	16 kByte	256 oder 512 kByte	CPU-Takt
Pentium II	32 kByte	512 kByte	halber CPU-Takt
AMD-K6-II	64 kByte	extern, 256 kByte	externer CPU-Takt, max. 100 MHz
AMD-K6-III	64 kByte	256 kByte	CPU-Takt, L3-Cache möglich
Celeron 266, 300 MHz	32 kByte	keiner	keiner
Celeron	32 kByte	128 kByte	CPU-Takt
Pentium III	32 kByte	512 kByte	halber CPU-Takt
Pentium III	32 kByte	256 kByte	CPU-Takt
Pentium 4	32 kByte	256 kByte	CPU-Takt
Athlon, Modell 1	128 kByte	512 kByte	je nach CPU-Takt (:2, :2,5, :3)
Athlon, ab Thunderbird	128 kByte	256 kByte	CPU-Takt
Duron	128 kByte	64 kByte	CPU-Takt

Tab. 6.9: Die Cache-Speicherdaten bei den verschiedenen CPUs

Prinzipiell sind zwei verschiedene Cache-Betriebsarten möglich: *Write Through* und *Write Back*. In der ersten Betriebsart werden die Daten vom Mikroprozessor sowohl in das DRAM als auch gleichzeitig in den Cache geschrieben (durchschreiben = write through).

Beim Lesen der Daten überprüft der Cache-Controller dann anhand eines Vergleichs der im DRAM abgelegten Adressen mit denen im Cache-Tag-RAM, ob sich die Daten bereits im Cache befinden. Ist dies der Fall (Cache Hit) – wobei die Wahrscheinlichkeit bis zu 95 % betragen kann –, erfolgt ein schneller Lesezugriff aus dem Cache-RAM, andernfalls werden die Daten aus dem langsameren DRAM gelesen (Cache Miss). Mithilfe des Cache-Tag-RAMs bestimmt der Cache-Controller generell, ob ein *Cache Hit* oder ein *Cache Miss* vorliegt. Das TAG-RAM enthält gewissermaßen das Inhaltsverzeichnis der Cache-Belegung.

Bei der zweiten Cache-Arbeitsweise *Write Back* wird die Leseoperation im Prinzip wie beim *Write Through Cache* absolviert. Bei einer Schreiboperation hingegen werden zuerst die Daten im Cache aktualisiert, nicht aber automatisch die im Hauptspeicher. Der Cache-Controller merkt sich in einem Dirty-Bit, dass der Cache-Inhalt verändert wurde und nicht mehr mit dem Inhalt der Hauptspeichers übereinstimmt. *Dirty* bedeutet demnach, dass keine Übereinstimmung zwischen DRAM und Cache gegeben ist, und nur in diesem Fall werden nachfolgend auch die Daten für den Hauptspeicher aktualisiert. Ein *Write Back Cache* ist demnach einem *Write Through Cache* überlegen, da die Zeit für Schreibzugriffe minimiert wird und nur dann Daten aktualisiert werden, wenn sie sich auch verändert haben.

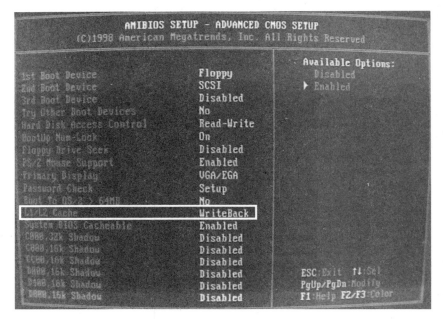

Bild 6.17: Write Back ist die bevorzugt zu wählende Cache-Einstellung.

Ob ein PC ausschließlich im Write-Through- oder auch im Write Back-Modus arbeiten kann, hängt von mehreren Faktoren ab: von der verwendeten CPU, vom Aufbau des externen Caches, vom Chipsatz des Mainboards und vom BIOS des PC. Standardmäßig kann bereits eine Pentium-CPU (Sockel 7) im leistungsfähigeren Write-Back-Modus arbeiten, und im BIOS-Setup sollte dann – wenn möglich – auch *Write Back* eingestellt werden.

Die Größe des L2-Cache-Speichers orientiert sich an der installierten Größe des DRAMs, damit ein entsprechend großer DRAM-Bereich zu »cachen« ist. Probleme mit unzureichend ausgelegten *Cacheable Areas* und unterschiedlichen Typen gibt es glücklicherweise nicht mehr, seitdem sich auch der L2-Cache in der CPU selbst befindet. Die Chipsets

Kapitel 6 · Speichereinstellungen

sind entsprechend darauf ausgelegt, dass die *Cacheable Area* (2 GByte ab AMD 640-Chipset) die maximale DRAM-Bestückung überdecken kann.

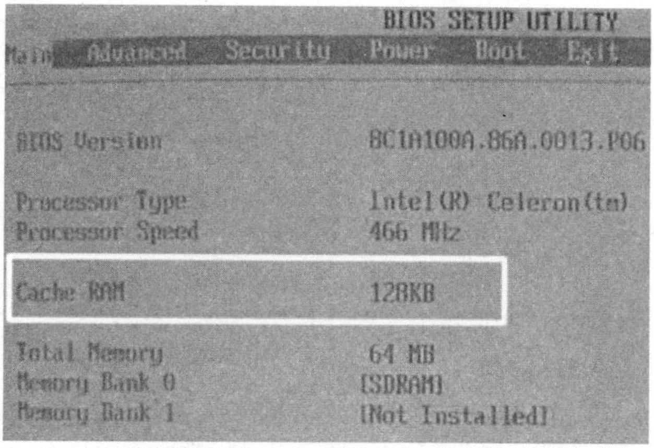

Bild 6.18: Bei diesem Setup der Firma AMI für ein Intel-Mainboard mit 810-Chipset wird der L2-Cache der Celeron-CPU nur detektiert, und es gibt keinerlei Einstellungsmöglichkeiten.

Bei allen aktuellen Mainboards werden die vorhandene Cache-Speichergröße und der eingesetzte Typ automatisch erkannt. Im BIOS-Setup ist der L2-Level-Cache – wie meist auch der L1-Cache – an- oder abzuschalten. Die Abschaltung der für die PC-Leistung enorm wichtigen Cache-Speicher ist eigentlich nur für Testzwecke von Bedeutung. Falls unvermittelte Systemabstürze auftreten, sollte man dies einmal ausprobieren, um festzustellen, ob sich daraufhin ein stabileres System ergibt. Wenn dies tatsächlich der Fall sein sollte ist, kann es auch daran liegen, dass der CPU-Takt zu hoch eingestellt worden ist, denn beim Übertakten einer CPU mit integriertem L2-Cache steigt der L2-Cache meist vor der eigentlichen CPU aus.

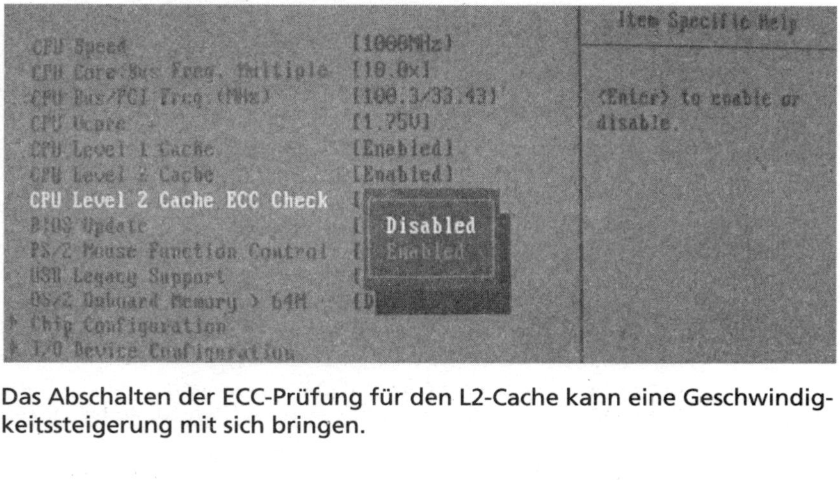

Bild 6.19: Das Abschalten der ECC-Prüfung für den L2-Cache kann eine Geschwindigkeitssteigerung mit sich bringen.

Je nach BIOS-Version lässt sich auch der Fehlererkennungsmechanismus (ECC) abschalten, der bei allen aktuellen CPUs für den integrierten L2-Cache zuständig ist, was durchaus mit einem Leistungsvorteil verbunden ist, denn die ECC-Prüfung geht auf Kosten der Geschwindigkeit. Dies mag Spielernaturen erfreuen, Anwender, die sichergehen wollen, lassen die ECC-Funktion lieber angeschaltet. Des Weiteren ist auch eine Umschaltung zwischen Write Through- und Write Back-Betriebsart für den L1- und L2-Cache möglich, wobei die letztere Option – wie zuvor erläutert – auf jeden Fall zu bevorzugen ist.

> **ACHTUNG**
> In den BIOS-Setups lassen die Caches vielfach nur ein- oder ausschalten und es lässt sich keine weitere Optionen einstellen, wobei die Bezeichnungen hierfür oftmals missverständlich sind, wenn etwa der in der CPU integrierte L2-Cache als »External« bezeichnet wird.

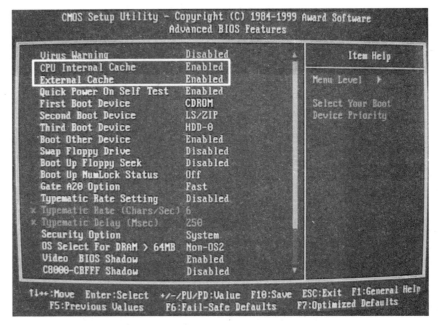

Bild 6.20: Sowohl der L1-Cache (CPU Internal Cache) als auch der L2-Cache (External Cache) sind im Advanced-BIOS-Features-Setup für die Athlon-CPU eingeschaltet. Beide Caches sind natürlich in der CPU integriert, auch wenn dies von der Bezeichnung »External Cache« her nicht zu vermuten ist.

6.4 Speicherfehler lokalisieren und beseitigen

Mit *Speicherfehlern* ist hier keineswegs gemeint, dass irgendein Programm aus Speichermangel nicht starten kann oder Ähnliches, sondern vielmehr, dass ein grundsätzlicher Fehler im DRAM (Hauptspeicher) oder auch Cache-Speicher des PC vorliegt. Treten im laufenden PC-

Betrieb des Öfteren Systemabstürze auf oder bleibt der PC einfach stehen, kann dies durchaus am DRAM-Speicher liegen. Der erste Schritt zu mehr Klarheit besteht darin, im BIOS-Setup die Parameter für den DRAM-Speicher auf unkritischere Werte einzustellen (z.B. DRAM Speed minimal, Wait States maximal) und probeweise mit diesen langsamen Einstellungen zu arbeiten. In diesem Zusammenhang sollte auch daran gedacht werden, ob der Systemtakt nicht beispielsweise zu hoch festgelegt wurde, woraufhin er dann probeweise reduziert werden sollte.

Grundsätzlich sollten die Unterlagen zum Mainboard (Manual, Internetseite) dahingehend überprüft werden, welche Module für das Board geeignet sind. Intel, VIA, AMD und andere Hersteller spezifizieren hier die einzusetzenden Modultypen teilweise sehr genau. Ein Mix aus verschiedenen Modulen ist oftmals zum Scheitern verurteilt, was umso wahrscheinlicher ist, je neuer das Mainboard ist, weil die hohen Taktraten ein äußerst präzises Timing erfordern.

Ein DRAM-Fehler kann auch zur Folge haben, dass der PC den Boot-Vorgang mit einer BIOS- oder einer (späteren) anderen Fehlermeldung abbricht. Leider kommt es auch vor, dass es noch nicht einmal zu einer Fehlermeldung kommt und überhaupt kein Bild erscheint. In diesem einem Fall ist – wie schon so oft – eine POST-Code-Karte das einzige Hilfsmittel, welches die Fehlerlage erhellen kann.

Für ein Versagen des DRAM-Speichers gibt es die folgenden triftigen Gründe:

- Die Module geben in den Fassungen keinen richtigen Kontakt.
- Es werden Module verwendet, die in ihrer Zugriffszeit nicht zum Systemtakt des Mainboards passen.
- Es wurde eine unzulässige Typenmischung vorgenommen, beispielsweise werden FPM- und EDO-DRAMs zusammen eingesetzt.
- Man hat sich nicht an den Grundsatz gehalten, Speicherbänke grundsätzlich immer voll zu bestücken.
- Die Einstellung für die DRAM-Betriebsspannung (SDRAM) stimmt nicht.
- Es wurde eine unzulässige Kombination von PS/2- und DIM-Modulen hergestellt.
- Ein oder auch mehrere Speichermodule sind defekt.

Ein nicht richtig eingesetztes Speichermodul sollte man per optischer Kontrolle ausmachen können, was jedoch aufgrund der Enge einiger Gehäuse nicht immer ganz leicht vonstatten geht. Im Zweifelsfall – sitzt es nun richtig und bietet den Kontakt zum Sockel? – sollten die Module vorzugsweise komplett aus- und dann wieder eingebaut werden.

Für die SIM- und die größeren PS/2-Module werden Stecksockel auf dem Mainboard verwendet, und an den beiden Seiten befinden sich jeweils kleine Plastik- oder besser noch Metallklammern, die die Module festhalten. In den Modulplatinen sind an den beiden Seiten Löcher angebracht, die genau in die Stößel des Sockeln treffen müssen. Ist dies nicht der Fall, kann hiermit bereits das Speicherproblem lokalisiert sein. Beim Herausnehmen der Module müssen die (Metallhalte-)Klammern nach außen gedrückt werden, was manchmal etwas schwer geht und nicht mit beiden Daumen bewerkstelligt werden kann. Dann ist ein kleiner Schraubendreher zur Hilfe zu nehmen und das Modul nach hinten zu klappen, damit es sich schräg herausnehmen lässt.

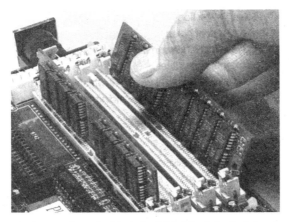

Bild 6.21: Ein SIM- oder wie hier ein PS/2-Modul wird durch zwei Metallklammern im Sockel festgehalten, wobei die beiden Plastikstößel genau in die Löcher am Rand des Moduls treffen müssen.

Sind die Module allesamt entfernt worden, macht es zunächst Sinn, die Steckfassungen und Module näher auf mechanische Schäden hin zu untersuchen. Mitunter sind die Fassungen auf dem Mainboard aus nicht besonders stabilem Plastik und können angebrochen sein. Falls dies der Fall sein sollte und das Modul dadurch im Sockel nicht richtig fest sitzen kann, hat man zunächst schlechte Karten. Glück im Unglück, wenn man auf einen anderen – noch nicht belegten – Steckplatz ausweichen kann (Bankzuordnung beachten!).

Mitunter hilft jedoch ein Trick, um ein wackeliges Modul doch noch zu befestigen. Es wird einfach ein Stück Plastik stramm zwischen die anderen Module geklemmt, wodurch das »Wackelmodul« den nötigen Halt gewinnen kann. Dies ist zwar keine besonders schöne Lösung, funktioniert jedoch meistens. Die Alternative wäre schließlich ein neues Mainboard.

Auch die Speichermodule sollten näher in Augenschein genommen werden, und zwar insbesondere die (vergoldeten) Kontaktflächen. Bei etwas älteren PCs ist es schon vorgekommen, dass sich im PC-Gehäuse eine Menge Staub angesammelt hat und sich dadurch im Laufe der Zeit (und durch Temperatureinflüsse) zwischen den Klemmen der Sockel und den Flächen am Modul kein einwandfreier Kontakt mehr ergeben kann. Ein mit Kontaktspray oder auch mit üblichem Spiritus benetzter Lappen, mit dem die Platinenanschlüsse der Module abgerieben werden, hat schon

kleine Wunder bewirkt. Möglicherweise wird der Lappen dabei recht
schwarz, was schon anzeigt, dass sich hier Schmutz abgelagert hat.

In diesem Zusammenhang soll auch nicht unerwähnt bleiben, dass die
Kontaktflächen von Speichermodulen manchmal auch bereits ab Werk
mit (irgendwelchen) chemischen Substanzen verunreinigt sind, die der
Kontaktaufnahme nicht förderlich sind. Durch eine Reinigung der
Modulkontaktflächen und der Kontakte in den Sockeln (mit einem Pinsel) sollten sich diese Kontaktprobleme beseitigen lassen.

Bild 6.22: Ein DIM-Modul sitzt nur dann richtig im Sockel, wenn sich die Plastikverriegelung nach oben schiebt, was mitunter auch recht schwer gehen kann. Rechts neben den beiden DIMM-Sockeln sind noch zwei Sockel für PS/2-SIMMs zu erkennen.

Die DIM-Module (EDO, SDRAM) verwenden eine andere mechanische
Halterung. Die Module werden hier ohne Schräglage aus den Sockeln
herausgenommen und auch hineingesteckt. Ist ein derartiges Modul richtig eingerastet, schnappt die Plastikverriegelung automatisch nach oben,
wie in Bild 6.22 zu erkennen ist. Die DIMMs besitzen am Platinenrand
keine Löcher wie die SIMMs, und ein falsches Einstecken wird durch die
Sockel bzw. Module – durch die Aussparungen in der Kontaktreihe –
selbst verhindert.

Bei DDR-DIMMs und den RIMMs, die als 184-polige Module ausgeführt sind, geht das Einsetzen der Module meist noch einfacher vonstatten, da hier die Orientierung, wie herum das Modul in den Sockel gehört,
leichter fällt. Bei Licht betrachtet ist es generell kein Problem, die richtige
Lage eines Speichermoduls festzustellen, weil es die Kerben und die Aussparungen bei einem Modul gibt und demnach nur eine einzige passende
Position, bei der auch hier die Stößel am Modulrand einrasten müssen.

Probleme mit dem auf dem Mainboard integrierten Cache-Speicher (2nd
Level Cache, externer Cache) sind gegenüber DRAM-Fehlern weitaus
seltener und führen meist auch nicht dazu, dass der PC keinen »Mucks«
mehr von sich gibt. Ab einem Pentium II ist der 2nd Level Cache ohnehin
in der CPU eingebaut, was bedeutet, dass bei einem schwer wiegenden
Cache-Fehler gleich eine neue CPU benötigt wird.

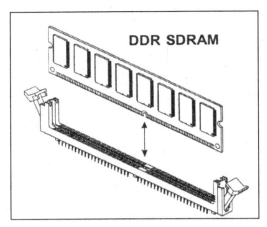

Bild 6.23: Auch DDR-SDRAM-Module passen mechanisch nur in einer Richtung in den Sockel.

Ob der Cache für ein PC-Fehlverhalten im laufenden Betrieb verantwortlich ist, was sich wie beim DRAM ebenfalls in unvermittelt auftretenden Systemabstürzen bemerkbar machen kann, lässt sich jedoch relativ einfach dadurch feststellen, dass beide Caches (intern, extern) im BIOS-Setup probeweise abgeschaltet werden. Übliche Testprogramme, von denen sich auch einige auf der beiliegenden CD befinden, können genauere Auskunft über den Zustand des Cache- und auch des DRAM-Speichers geben.

ACHTUNG

> Die Reparatur eines externen Cache-Speichers erscheint schon aus Kosten/Nutzen-Sicht nicht mehr sinnvoll, zumal passende einzelne SRAM-Chips nur schwer zu beschaffen sind, was ebenfalls für die COAST-Module gilt.

Bei einem externen L2-Cache kann ein SRAM-Chip defekt sein, der sich in der Regel aber nicht mehr ersetzen lässt. Treten Fehler bei einem System mit externem L2-Cache erst nach einiger Betriebszeit auf, sollte ein Temperaturproblem mit ins Kalkül gezogen werden, denn besonders die älteren Cache-RAMs können während des Betriebs recht warm werden, was mit Datenausfällen einhergehen kann. Ein zusätzlicher Lüfter, der über die Cache-Elektronik »weht«, kann dann noch Abhilfe schaffen. Die SRAMs für den L2-Cache sind nur bei den 386/486-Mainboards im DIP-Gehäuse realisiert und befinden sich in entsprechenden Fassungen, während die Cache-Chips ab Pentium-Boards im PLCC- oder auch TQFP-Gehäuse gefertigt sind und direkt auf das Mainboard gelötet werden, was somit einen erforderlichen Austausch oder eine Erweiterung unmöglich macht.

Kapitel 6 · Speichereinstellungen

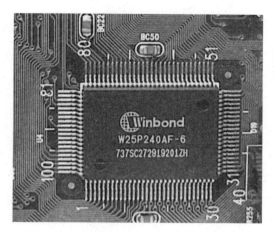

Bild 6.24: Auf Sockel 7-Mainboards der letzten Generation ist der L2-Cache-Speicher direkt auf das Mainboard gelötet und kann weder um- noch aufgerüstet werden. Mitunter wird er im laufenden Betrieb recht heiß, sodass ein Kühlkörper oder ein Lüfter für Abhilfe sorgen kann, damit er auch nach längerer Zeit noch stabil läuft.

Eine Zeit lang wurde der L2-Cache für Sockel 7-Mainboards auch auf einem PS/2-SIMM-ähnlichen Modul (160 Pin-DIMM) realisiert, welches dort in einen *COAST-Sockel* (Cache On A Stick) gesteckt wird. Prinzipiell ist dieses Cache-Modul bei einem Fehler durch ein neues zu ersetzen, wobei es heutzutage aber nur schwer zu beschaffen ist, und außerdem gibt es auch noch verschiedene Ausführungen von COAST-Modulen, die nicht miteinander kompatibel sind. Ein Herausziehen – beispielsweise das Säubern der Kontaktflächen – kann aber auch hier wie bei den DRAM-Speichern mitunter den L2-Cache wieder zur korrekten Funktion bewegen.

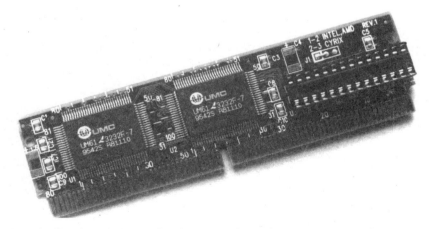

Bild 6.25: Das Pipelined Burst-SRAM für den L2-Cache befindet sich hier auf einem COAST-Modul.

7 Bussysteme, Plug&Play und Onboard Devices

In einem PC gibt es unterschiedliche Bussysteme, die als Slots auf dem Mainboard zur Verfügung stehen und entsprechende Einsteckkarten aufnehmen können. Hierfür lassen sich mehr oder weniger viele Optionen im BIOS-Setup etwa auf der Seite *Chipset Features Setup* finden. Für diese Einstellungen sollte man sich die Takte der verschiedenen Bussysteme und wie sie jeweils miteinander zusammenhängen, vergegenwärtigen. Dies wird in Kapitel 7.4 näher erläutert.

7.1 ISA-Bus-Einstellungen

Um die Einstellungen für den ISA-Bus muss man sich eigentlich nur dann kümmern, wenn sich im PC ISA-Karten befinden, was bei neueren Mainboards teilweise schon deswegen nicht mehr möglich ist, weil auf den Mainboards gar keine ISA-Bus-Slots mehr vorhanden sind.

Allerdings sind mit dem ISA-Standard eine Reihe von Festlegungen getroffen worden, die auch bei aktuellen PCs noch Gültigkeit haben, wozu in erster Linie die Verwendung der PC-Ressourcen (siehe Kapitel 7.6) zu rechnen ist, die zumindest für die Onboard Devices nach wie vor gelten.

7.1.1 I/O Recovery Time

Für die Verwendung von älteren ISA-Karten in einem PCI-PC gibt es oftmals zwei festzulegende Einstellungen für die *I/O Recovery Time*, die getrennt für 8- und 16-Bit-Zugriffe konfigurierbar ist. Derartige zusätzliche Verzögerungen sind aber nur dann nötig, falls die Karten nicht stabil funktionieren, was beispielsweise für einige ältere NE2000-kompatible Netzwerkkarten notwendig ist. Ansonsten legt man hier den geringstmöglichen Wert fest.

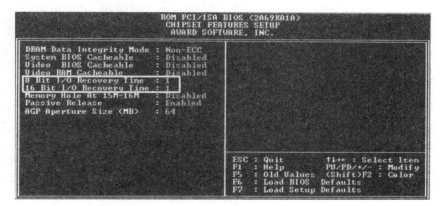

Bild 7.1: Optionen für ISA-Karten sind mitunter nicht eindeutig als solche zu erkennen.

7.1.2 ISA Bus Clock

Eine Konfigurationsmöglichkeit für den ISA-Bustakt (ISA Bus Clock, ISA Clock Divisor) gibt es im BIOS-Setup üblicherweise nur bei Mainboards, die keinen Chipsatz von Intel verwenden, wie es beispielsweise bei VIA- oder SiS-Chipsätzen der Fall ist. Der ISA-Bustakt beträgt standardmäßig PCICLK/4, was 8,25 MHz entspricht. Je nach Chipsatz und BIOS-Typ kann der ISA-Bustakt erhöht werden, was natürlich nicht so weit führen darf, dass die ISA-Karten dann nicht mehr funktionieren. Die meisten ISA-Karten vertragen aber durchaus einen ISA-Takt von 10 MHz (PCICLK/3) und mehr.

7.2 PCI-Buseinstellungen

In Bild 7.2 des *Chipset Features Setup* sind für den PCI-Bus mehrere Optionen zur Einstellung vorgesehen, die mitunter auch auf einer Seite mit der Bezeichnung *PCI Configuration* oder *PNP/PCI Configuration* zu finden sind.

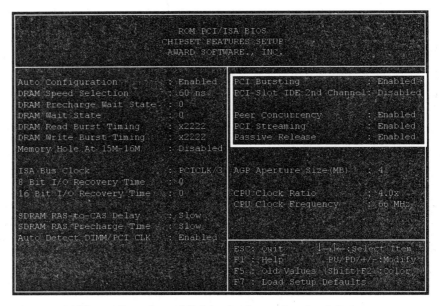

Bild 7.2: Dieses BIOS bietet die gebräuchlichen Optionen für den PCI-Bus.

7.2.1 PCI-Slot IDE 2nd Channel

Dieser Punkt ist in den meisten Fällen abgeschaltet und nur dann von Bedeutung, wenn sich in einem PCI-Slot eine zusätzliche IDE-Controllerkarte befindet, die entsprechend mit *Enabled* aktiviert wird.

7.2.2 PCI Bursting

Für die Datenübertragung zwischen PCI-Komponenten und dem Speicher des PC kann der schnelle Burst Mode ein- oder ausgeschaltet werden. Aus Performance-Gründen ist es natürlich empfehlenswert, den Burst Mode einzusetzen, es kommt jedoch vor, dass einige Grafikkarten insbesondere der ersten PCI-Generation damit nicht zurechtkommen und daher eine Abschaltung des *Burst Write-Modus* vorgenommen werden muss.

Einige PCs lassen weitere PCI-Optimierungsoptionen zu, die bei anderen Pentium-Systemen »von Hause aus« festgelegt sind und daher auch nicht im Setup erscheinen. Zu den wichtigsten Optionen gehören die im Folgenden erläuterten Buffer-Einstellungen.

7.2.3 PCI Buffer und CPU Buffer

Diese Zwischenspeicher dienen der Kommunikation zwischen der CPU, dem RAM und den PCI-Komponenten untereinander und sollten nach Möglichkeit eingeschaltet werden.

- CPU To DRAM Write Buffer: Zwischenspeicher für die Daten von der CPU zum DRAM

- CPU To PCI Write Buffer: Zwischenspeicher für die Daten von der CPU zum PCI-Bus

- PCI To DRAM Write Buffer: Zwischenspeicher für die Daten vom PCI-Bus zum DRAM

- PCI Posted Write Buffer: Zwischenspeicher für die PCI-Bus-Kommunikation

Soll die CPU beispielsweise Daten zum PCI-Bus senden, legt sie die Daten im dazugehörigen Write-Buffer (CPU To PCI Write Buffer) ab und kann sofort weiterarbeiten, ohne darauf warten zu müssen, dass die Daten auch vom PCI-Device (z.B. Grafikkarte, SCSI-Controller) übernommen worden sind. Dies erledigt die PCI-Einheit dann selbstständig.

7.2.4 Peer Concurrency und PCI Streaming

Der Punkt *Peer Concurrency* ist in der Regel auf *Enabled* zu schalten und bewirkt, dass die CPU auch dann auf den Speicher und den L2-Cache zugreifen kann, wenn ein PCI-Busmaster gerade Daten (zu einem Target) überträgt. Andernfalls (Disabled) werden die Daten nicht verschachtelt, sondern hintereinander übertragen, was einen – eher geringen – Performance-Verlust zur Folge hat.

Bei einigen PCI-Karten (meist älteren) kann die Aktivierung der *Peer Concurrency* jedoch auch dazu führen, dass die Datenübertragung, beispielsweise von einem SCSI-Controller (z.B. von NCR), plötzlich hängen bleibt. In derartigen Fällen ist diese Option zu deaktivieren, was in ähnlicher Weise auch auf den eventuell vorhandenen Eintrag *PCI Streaming* zutrifft. Bei Deaktivierung werden Datenzugriffe dann nicht direkt hintereinander ausgeführt, sondern dazwischen wird eine Pause (Wait State) eingelegt.

7.2.5 Passive Release

Diese Einstellung sorgt mit der Voreinstellung *Enabled* dafür, dass ein ISA-Busmaster keinen PCI-Transfer unterbrechen und/oder blockieren kann, was zunächst sinnvoll erscheint. Ist der PC ausschließlich mit PCI-Karten bestückt, spricht im Prinzip nichts dagegen, diese Option einzuschalten, allerdings kann dies jedoch im Zusammenhang mit ISA-Karten zu Problemen führen.

Busmaster-fähige ISA-Netzwerkkarten – wie z.B. der Typ AT-1500 der Firma Allied Telesyn oder auch der Adaptec AHA1542-SCSI-ISA-Hostadapter – beginnen zwar eine Übertragung, sie wird jedoch nie zu Ende geführt, sodass der PC unvermittelt »hängen bleibt«. Nach der Einstellung von *Disabled* bleibt der PCI-Bus so lange gesperrt, bis die ISA-Übertragung beendet worden ist, was der Performance zwar nicht förderlich ist, aber immerhin für ein Funktionieren der ISA-Karten sorgt.

TIPP

Falls eine Busmaster-fähige ISA-Karte in einem PCI-PC betrieben werden soll, ist unbedingt darauf zu achten, dass der Punkt *Passive Release* auch im *Chipset Features Setup* erscheint, denn es kann durchaus der Fall sein, dass er bei einigen Versionen vorhanden ist und bei anderen – auch wenn sie den gleichen Chipsatz verwenden – nicht.

7.3 Accelerated Graphics Port

Der AGP-Steckplatz ist weder in elektrischer noch in mechanischer Hinsicht zum PCI-Slot kompatibel und ein ganzes Stück kleiner. Trotz dieser Unterschiede werden einige PCI-Signale ebenfalls vom AGP verwendet, und die Initialisierung einer AGP-Grafikkarte wird zunächst komplett über PCI abgewickelt, bevor der AGP überhaupt in Aktion tritt. Der AGP ist als Bridge im Chipsatz integriert und von der CPU des PC unabhängig, was somit einen Parallelbetrieb von CPU und Grafikchip, der als Busmaster arbeitet, ermöglicht und daher insbesondere für 3D-Anwendungen (Spiele) von Bedeutung ist.

Die eigentlichen AGP-Funktionen werden also nicht durch das BIOS, sondern durch das Betriebssystem (z.B. mit Direct Draw) aktiviert. Beim AGP bedeutet dies, dass die AGP-Karte »nur« als PCI-Karte arbeitet, falls die softwaretechnische Initialisierung aus irgendeinem Grund nicht korrekt funktionieren sollte.

TIPP

Eine AGP-Grafikkarte verlangt – im Gegensatz zu einer PCI-Grafikkarte – für die 3D-Funktionen stets auch einen Interrupt-Kanal (IRQ), der im BIOS-Setup hierfür reserviert werden kann.

Vom Betriebssystem her wird der AGP erst ab Windows 98 unterstützt, während es bei Windows 95 eine AGP-Unterstützung ab Version OSR 2.1 gibt, die sich in der Praxis jedoch als recht fehlerträchtig erwiesen hat. Damit Windows 95 (OSR 2.1, Version 950B mit Service Pack 2.1) mit dem AGP arbeiten kann, muss die USB-Unterstützung (USBSUPP.EXE) installiert werden. Dies muss auch dann erfolgen, wenn man keine USB-

Geräte verwenden will, denn bei der USB-Installation wird ein neuer Speichermanager (VMM32.VXD) installiert, der auch für den AGP notwendig ist. Des Weiteren sind der GART-Treiber (Graphics Address Remapping Table), der üblicherweise zur AGP-Karte mitgeliefert wird, und mindestens DirectX Version 6 sowie der eigentliche Grafikkartentreiber zu installieren. Windows NT 4.0 kann nicht mit dem AGP und auch nicht mit dem USB umgehen und ist von Windows 2000 abgelöst worden, welches die entsprechende Bussystemunterstützung bietet.

Im Lieferumfang einer AGP-Grafikkarte befinden sich in der Regel die entsprechenden Treiber, und die Installationssoftware sollte die jeweils benötigten Dateien ohne großes Zutun des Anwenders im jeweiligen Betriebssystem installieren. Damit dies auch funktioniert, muss zuvor aber erst der zum Mainboard passende AGP-Treiber installiert werden. Obwohl Windows – je nach Version – möglicherweise bereits automatisch einen zur Verfügung stellt, fährt man meist besser, wenn die aktuellste Version von der Internetseite des Mainboard-Herstellers bezogen wird.

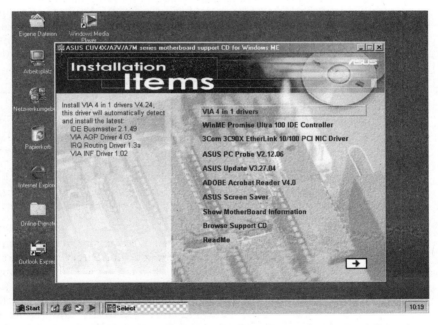

Bild 7.3: Pflichtübung: Die Installation der passenden Treiber für das Mainboard, wobei der AGP-Treiber bei den VIA-Chipsets meist im Paket (4 in 1 drivers) mit anderen installiert wird.

7.3.1 AGP-Modi

Mittlerweile gibt es verschiedene AGP-Betriebsarten, die nur bedingt zueinander kompatibel sind, d.h., die Mainboard-Elektronik – und selbstverständlich auch das BIOS – muss gewissermaßen mit der jeweiligen AGP-Grafikkarte »harmonieren«, und zwar nicht nur im softwaretechnischen, sondern sogar im elektrischen Sinne, was die ganze Angelegenheit etwas komplizierter macht und den Betrieb bestimmter AGP-Grafikkarten auf bestimmten Mainboards von vornherein ausschließt.

Der erste Standard-AGP-Transfermode wird als 1x bezeichnet, und alle älteren AGP-Grafikkarten unterstützen auch nur diesen Mode, während die zweite Generation den 2x-Mode bietet und diese Option dementsprechend im BIOS dann auch einzuschalten ist. Modelle ab dem Jahr 1999 unterstützen auch den 4x-Mode, und 2002 wurde der 8x-Mode eingeführt, der laut Intel aber die letzte AGP-Version in dieser Form darstellen soll.

Die erste Generation von AGP-Grafikkarten ist für eine Betriebsspannung von 3,3V ausgelegt und beherrscht den 1x- und möglicherweise auch den 2x-Mode. Neuere Modelle, die den 4x- oder sogar den 8x-Mode bieten, arbeiten demgegenüber mit 1,5V. Die folgende Tabelle zeigt die jeweilige Zuordnung zu den AGP-Standards und was sie im Wesentlichen definieren. Dass mit den verschiedenen Standards einzelne Signale am Slot hinzugekommen bzw. auch umdefiniert worden sind, soll hier nicht weiter von Belang sein. Wichtig ist vielmehr, dass sich nicht nur die Betriebsspannungen unterscheiden, sondern auch der jeweilige I/O-Level, also der logische Pegel, der zwischen der Mainboard-Elektronik und der AGP-Karte für den Datenaustausch sorgt, und der muss natürlich auf beiden »Seiten« der gleiche sein.

Standard	AGP 1.0	AGP 2.0	AGP 3.0
Modi	1x, 2x	1x, 2x, 4x	4x, 8x
Transferrate in MByte/s	266, 532	266, 532, 1064	1064, 2100
I/O-Level	3,3V	1,5V	0,8V
Kartentyp, Betriebsspannung	3,3V	1,5V und Universal (3,3V und 1,5V)	1,5V und Universal (1,5V und 0,8V)

Tab. 7.1: Die AGP-Standards legen verschiedene Betriebsarten und -spannungen fest.

Damit die jeweiligen AGP-Karten nicht fälschlicherweise in einen ungeeigneten AGP-Slot eingesteckt werden können, befinden sich im Slot entsprechende *Keys*, die dies mechanisch verhindern sollen. Bis auf diese Einkerbungen in den AGP-Karten bzw. den Stegen in den Slots, die zusammengefasst als Keys bezeichnet werden, gibt es keinen weiteren mechanischen Unterschied zwischen den verschiedenen AGP-Varianten. Demnach kann in einem AGP-Universal-Slot sowohl eine AGP-Karte verwendet werden, die mit 3,3V arbeitet, als auch eine, die eine Betriebsspannung von 1,5V benötigt, weil hier beide Spannungen gleichermaßen geführt werden.

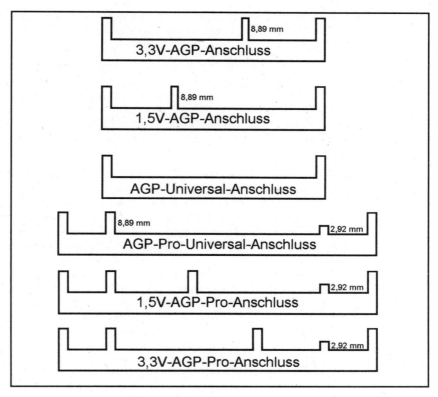

Bild 7.4: Die verschiedenen AGP-Varianten

Der 8x-Mode ist im AGP-Standard 3.0 (siehe Tabelle 7.1) definiert, der einige Signal-technische Veränderungen gegenüber dem Vorgänger AGP 2.0 mit den bereits bekannten Modi 2x und 4x zur Folge hat. Der AGP-Takt beträgt aber weiterhin 66 MHz, und es gibt 1,5V- sowie Universal-Slots, die von außen prinzipiell keinerlei Veränderungen gegenüber den älteren AGP-Slots erkennen lassen. Die Keys sorgen auch hier, wie bei der vorherigen 1,5V-Slot-Version, für den Einsatz der passenden Karten, die nicht zwangsläufig den 8x-Mode unterstützen müssen, sondern auch vom 4x-Typ sein können. Karten mit 1x- und 2x-Modus können allerdings nicht in Slots laut AGP-Standard 3.0 verwendet werden, da die I/O-Interface-Spannung von 3,3V nicht mehr zur Verfügung steht.

Der I/O-Level beträgt für AGP 3.0 nur noch 0,8V, was jedoch kein Problem sein soll, da auch weiterhin der 1,5V-Level unterstützt wird. Das Mainboard muss hierfür aber einen Universal-Slot (ohne Keys) laut AGP 3.0 bieten, sodass das Timing und die Signale zwischen AGP 2.0- und AGP 3.0-konformer Betriebsart entsprechend umgeschaltet werden können.

Leider ist es aber keine Seltenheit, dass die Keys nicht laut Standard ausgeführt werden oder ein Universal-Slot mit der einen oder anderen Karte nicht funktionieren will, was schlimmstenfalls sogar zum »Abrauchen« einer Grafikkarte oder der Mainboard-Elektronik führen kann.

ACHTUNG
Für den Einsatz einer AGP-Karte ist nicht nur der jeweilige Mode (1x, 2x, 4x, 8x), den das Mainboard bzw. das BIOS unterstützen muss, von Bedeutung, sondern auch die Betriebsspannung (3,3V oder 1,5V) und der jeweilige I/O-Level (3,3V, 1,5V, 0,8V). Selbst wenn eine AGP-Karte mechanisch in den Slot passen sollte, ist dies noch keine Garantie dafür, dass der I/O-Level auch der passende ist, weil sich sowohl einige Mainboard- als auch diverse Grafikkartenhersteller nicht immer konsequent genug an den AGP-Standard halten.

Immer wieder als problematisch stellen sich in der Praxis diejenigen Modi dar, die in einem älteren Standard als maximale Betriebsart und im folgenden Standard (siehe Tabelle 7.1) ebenfalls definiert sind; also der 2x-Modus (AGP 1.0 und AGP 2.0) und der 4x-Modus (AGP 2.0 und AGP 3.0). In beiden Fällen ist die betreffende Betriebsart prinzipiell mit zwei unterschiedlichen I/O-Spannungen (I/O-Level) und nicht nur mit zwei unterschiedlichen Vorsorgungsspannungen möglich. Hier lauert die eigentliche Falle, in die auch schon viele Hersteller getappt sind. Die Keys mögen vielleicht korrekt ausgeführt sein, allerdings schaltet die Interface-Spannung (I/O-Level) nicht um bzw. ist fest auf einen Wert gelegt, was zu den häufigsten Fehlerursachen im Zusammenhang mit dem AGP zu rechnen ist, die der Anwender meist nicht beheben kann. Möglicherweise ist ein BIOS-Update hilfreich, solange der Fehler nicht in der Elektronik selbst, sondern nur in den BIOS-Routinen begründet liegt. Viele aktuelle Mainboards – insbesondere für eine Pentium 4-CPU mit Intel-Chipset – kennen nur einen I/O-Level von 0,8V, was daher den Einsatz von einigen 4x-AGP-Grafikkarten (Voodoo) nicht erlaubt und den der Vorgängerversionen ohnehin nicht.

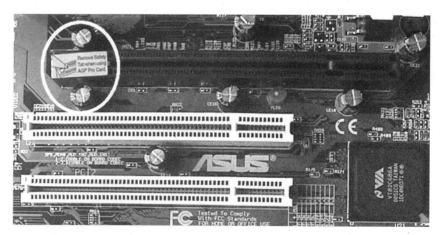

Bild 7.5: Der Aufkleber am AGP-Slot ist als Warnung vorgesehen, damit eine AGP-Karte nicht falsch in den AGP-Pro-Steckplatz eingesetzt wird. Der Aufkleber ist nur dann zu entfernen, wenn auch eine AGP-Pro-Grafikkarte zum Einsatz kommt.

Einige AGP-Karten verbrauchen derartig viel Strom (10A), der nicht über die üblichen Kontakte des AGP-Slots zu Verfügung gestellt werden kann, dass eine Erweiterung namens *AGP-Pro* nötig wurde, die auf einigen aktuellen Mainboards implementiert ist. Ein AGP-Pro-Slot besitzt an den beiden Seiten des üblichen AGP-Slots 28 zusätzliche Kontakte, was laut Spezifikation für eine Leistung von bis zu 110W vorgesehen ist. Die Praxis hat mittlerweile allerdings gezeigt, dass die bekanntesten Grafikkartenhersteller wie beispielsweise ATI und Nvidia statt der AGP-Pro-Implementierung lieber einen zusätzlichen Spannungsanschluss auf der Grafikkarte zur Verfügung stellen, der mit einem üblichen Stromversorgungskabel, wie es auch für die Laufwerke verwendet wird, zu verbinden ist.

7.3.2 AGP-Einstellungen

Unterstützt das Mainboard AGP-Grafik, sei es, dass sich der AGP-Grafikchip direkt auf dem Board befindet oder aber ein AGP-Slot vorhanden ist, der eine entsprechende AGP-Grafikkarte aufnehmen kann, existiert mindestens eine Einstellungsmöglichkeit im BIOS: die *AGP Aperture Size* oder die *Graphics Aperture Size* oder auch beim Phoenix-BIOS als *AGP-Blendengröße* bezeichnet. Ob und welche Transfermodi sich einstellen lassen, ist – wie zuvor erläutert – unterschiedlich, und der AGP-1x-Modus bleibt auf jeden Fall bei allen aktuellen AGP-Imlementierungen außen vor.

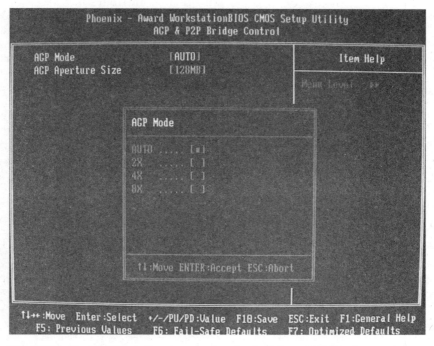

Bild 7.6: Die AUTO-Einstellung sollte den maximal möglichen AGP-Modus einschalten.

AGP-Mode

Der Standard-AGP-Transfermode wird als 1x bezeichnet, und alle älteren AGP-Grafkkarten unterstützen auch nur diese Betriebsart, während die folgende Generation den 2x-Mode bietet und diese Option dementsprechend im BIOS einzuschalten ist. Modelle ab Baujahr 1999 unterstützen auch den 4x-Mode, der sich dann in den BIOS-Setups aktivieren lassen sollte, denn andernfalls kann der 4x-Mode nicht genutzt werden, was gleichermaßen für den 8x-Mode gilt. Welche AGP-Mode-Einstellungen im BIOS-Setup auftauchen, ist auch von der jeweils eingesetzten Karte abhängig, sodass möglicherweise gar keine Umschaltung möglich ist.

Idealerweise ist der AGP laut AGP 3.0-Standard und außerdem zu AGP 2.0 abwärtskompatibel implementiert, sodass dann 2x bis hin zu 4x (theoretisch, I/O-Level?) möglich sind. Zumeist ist dann auch ein AUTO-Modus verfügbar, der die eingesetzte AGP-Karte erkennt und den Maximal-Modus daraufhin aktivieren sollte. Ob dies tatsächlich der Fall ist, lässt sich allerdings nicht ohne weiteres feststellen. Möglicherweise fördern die *Eigenschaften der Grafikkarte* unter Windows die jeweils aktive Betriebsart zutage, verlassen kann man sich darauf allerdings nicht, sodass hier nur ein übliches Testprogramm genaueren Aufschluss bieten kann.

Im Grunde genommen profitieren allerdings nur diejenigen Applikationen von einem schnelleren AGP-Modus, die laufend große Datenmengen aus dem DRAM des PC für den Grafikaufbau benötigen. Inwieweit diese oder jene Applikation (welches Spiel?) tatsächlich darauf angewiesen ist, lässt sich eigentlich nur durch einen Test anhand konkreter Beispiele ermitteln. Denn letztlich hängt es auch davon ab, wie die Applikation programmiert worden ist und welche Größe der lokale Speicher auf der AGP-Grafikkarte aufweist. Daher kommt es in der Praxis durchaus vor, dass sich durch die Steigerung des AGP-Modes überhaupt keine merkliche Leistungsverbesserung ergibt oder eine 2x-Grafikkarte mit relativ großem und schnellem lokalen Speicher einer 4x-Grafikkarte überlegen ist, die demgegenüber über einen kleineren und vielleicht auch langsameren lokalen Speicher verfügt.

AGP Aperture Size (MB) oder Graphics Aperture Size

Mithilfe dieser Option wird eine maximale Speichergröße in MByte im »normalen« DRAM festgelegt, die von der AGP-Grafikkarte für die Texturen verwendet werden kann. Die Größe kann üblicherweise auf 4, 8, 16, 32, 64, 128 oder 256 MByte festgelegt werden, wobei sie davon abhängt, ob die AGP-Karte einen eigenen Texturenspeicher besitzt und wie groß dessen Kapazität ist.

Die hier festgelegte Speichergröße wird dynamisch verwendet, was bedeutet, dass der Bereich dem jeweiligen Datenaufkommen angepasst wird und keineswegs konstant 4 oder 256 MByte beträgt, sondern nur maximal. In der Praxis lässt sich der optimale Wert meist nur experimentell ermitteln, weil dies von der jeweils eingesetzten Software abhängt.

```
                ROM PCI/ISA BIOS (P2B-DS)
                   CHIPSET FEATURES SETUP
                      AWARD SOFTWARE, INC.

 SDRAM Configuration      : By SPD     Onboard FDC Controller  : Enabled
 SDRAM CAS Latency        : 2T         Onboard FDC Swap A & B  : No Swap
 SDRAM RAS to CAS Delay   : 3T         Onboard Serial Port 1   : 3F8H/IRQ4
 SDRAM RAS Precharge Time : 3T         Onboard Serial Port 2   : 2F8H/IRQ3
 DRAM Idle Timer          : 16T        Onboard Parallel Port   : 378H/IRQ7
 SDRAM MA Wait State      : Normal     Parallel Port Mode      : ECP+EPP
 Snoop Ahead              : Enabled    ECP DMA Select          : 3
 Host Bus Fast Data Ready : Enabled    UART2 Use Infrared      : Disabled
 16-bit I/O Recovery Time : 1 BUSCLK   Onboard PCI IDE Enable  : Both
 8-bit I/O Recovery Time  : 1 BUSCLK   IDE Ultra DMA Mode      : Auto
 Graphics Aperture Size   : 64MB       IDE0 Master PIO/DMA Mode: Auto
 Video Memory Cache Mode  : UC         IDE0 Slave  PIO/DMA Mode: Auto
 PCI 2.1 Support          : Enabled    IDE1 Master PIO/DMA Mode: Auto
 Memory Hole At 15M-16M   : Disabled   IDE1 Slave  PIO/DMA Mode: Auto
```

Bild 7.7: Die AGP-Optionen gehen manchmal bei der Vielzahl an Optionen im Setup unter.

AGP Fast Write

Das Einschalten dieser Option hat zur Folge, dass die CPU die Daten mit maximaler Geschwindigkeit beim 2x- und beim 4x-Modus in den Speicher der AGP-Karte schreiben kann, sodass hier meist *Enabled* zu stehen hat. Nur ältere AGP-Karten haben mit dieser Funktion Probleme (Bildfehler), so dassdiese Option dann abzuschalten ist.

AGP Master 1 WS Write: Disabled/Enabled

Mit dieser Option wird für die AGP-Grafikkarte (den Master) ein zusätzlicher Wartezyklus (WS = Wait State) für Schreiboperationen festgelegt.

AGP Master 1 WS Read: Disabled/Enabled

Hier wird ein Wartezyklus für die AGP-Leseoperationen festgelegt. Beide Optionen (Write, Read) sollten nur dann eingeschaltet werden, wenn sich beim Betrieb der AGP-Karte Probleme in Form von Pixel- oder Bildfehlern im Allgemeinen bemerkbar machen sollten. Üblicherweise ist aber kein Wartezyklus festzulegen. Bei derartigen Problemen kann auch ein zu hoher AGP-Takt (66 MHz ist Standard) oder ein falscher AGP-Modus die Ursache sein.

Video Memory Cache Mode

In Bild 7.7 ist der Punkt *Video Memory Cache Mode* zu erkennen, mit dessen Hilfe sich festlegen lässt, wie der Chipsatz den auf der AGP-Grafikkarte vorhandenen Speicher ansprechen soll. Die Einstellung *UC* (UnCached) bewirkt, dass der Chipsatz den Grafikkartenspeicher ohne

»Zwischenspeicherung« verwendet, während die Option *USWC* (Uncached Speculative Write Combining) zur Folge hat, dass der Chipsatz aufeinander folgende 16-Bit-Schreibzugriffe bündeln kann, damit sie schneller zu verarbeiten sind. Welche der beiden Optionen man letztlich aktiviert, spielt im Grunde genommen keine Rolle, wenn Windows zum Einsatz kommt, da es das *Write Combining* – wenn möglich – automatisch aktiviert. Voraussetzung hierfür ist, dass die jeweilige Windows-Version den passenden Treiber parat hat, der sich auf der zum Mainboard beiliegenden CD befinden sollte.

7.4 Die verschiedenen Takte im Zusammenspiel

Je nach Chipset, Mainboard und BIOS lassen sich verschiedene Takte festlegen, die für die Leistung eines PC von ausschlaggebender Bedeutung sind, wie es insbesondere in Kapitel 5 (CPUs konfigurieren) im Zusammenhang mit dem CPU-Takt erläutert ist. An dieser Stelle – Bussysteme – soll noch etwas genauer auf die Taktverarbeitung eingegangen werden, weil die verschiedenen Takte nicht unabhängig voneinander sind, was somit auch einen maßgeblichen Einfluss auf die Bussysteme haben und zu Problemfällen führen kann.

Auf jedem Mainboard gibt es einen Takt-Oszillator oder Schwingquarz (meist in einem silberglänzenden Gehäuse) mit einer Frequenz von 14,318 MHz, der auf dem Mainboard in unmittelbarer Nähe eines *PLL-Chips* (Phase Locked Loop) zu finden ist, wovon es verschiedene Typen von unterschiedlichen Herstellern gibt, was aber hier keine Rolle spielen soll. Die grundsätzliche Aufgabe dieser PLL-Chips besteht darin, aus der Eingangsfrequenz von 14,318 MHz eine höhere zu erzeugen: den *Systemtakt*.

Bild 7.8: Ein PLL-Chip der Firma ICS und der takterzeugende Quarz (links) auf einem Mainboard

Der PLL-Chip hat mehrere Konfigurationseingänge, die mit Jumpern oder DIP-Schaltern oder auch mit einem *Hilfsbus* (*GPIO*) des Chipsets verbunden sind. Alle neueren Clock-Chips lassen sich in der Regel über den *System Management Bus* (SMB, I^{2}C-Bus) des Chipsets ansteuern. Die jeweils auszugebende Frequenz hängt von der Schalterstellung bzw. den Daten auf dem Bus ab. In letzteren Fall wird man eine entsprechende Einstellung im BIOS-Setup vornehmen können, und es gibt auch entsprechende Programme (auf CD), mit deren Hilfe sich die Takte manipulieren lassen.

> **ACHTUNG**
>
> Die standardisierten Bustakt-Frequenzen lauten wie folgt:
>
> ISA = 8,25 MHz
> PCI = 33 MHz
> AGP = 66 MHz
>
> Für PCI in der 64-Bit-Ausführung ist ein maximaler Takt von 66 MHz definiert. PCI-X erlaubt gegenüber PCI-64 bei einem Takt von 66 MHz vier statt nur zwei Slots. Bei einem Takt von 100 MHz sind zwei und bei 133 MHz bisher nur ein einziger PCI-X-Slot auf dem Mainboard gestattet. Üblicherweise finden sich hierfür aber keine Einstellungsmöglichkeiten im BIOS-Setup, sondern die passende Betriebsart wird vom BIOS in Abhängigkeit von den eingesetzten Karten automatisch festgelegt. Eine in einem 64-Bit-Slot eingesetzte (konventionelle) PCI-Karte (32 Bit) sorgt dafür, dass dieses Bussegment im hierzu kompatiblen Mode (32 Bit, 33 MHz-Takt) betrieben wird.

Was in diesem Buch als *Systemtakt* (System Clock) bezeichnet wird, ist derjenige Takt, mit dem die CPU extern getaktet wird. Vielfach ist er identisch mit dem Takt (Memory Clock), der für den Speicher (z.B. SDRAM) notwendig ist. Insbesondere bei den VIA-Chipsets ist es aber möglich, dass sich beide Takte voneinander unterscheiden können. Der Systemtakt beeinflusst nicht nur den Takt für den Prozessor und den Speicher (DRAM, Cache), sondern hat möglicherweise auch einen Einfluss auf den PCI-, den AGP- und den ISA-Bustakt. Leider gehen hier die Mainboard-Hersteller recht unterschiedliche Wege.

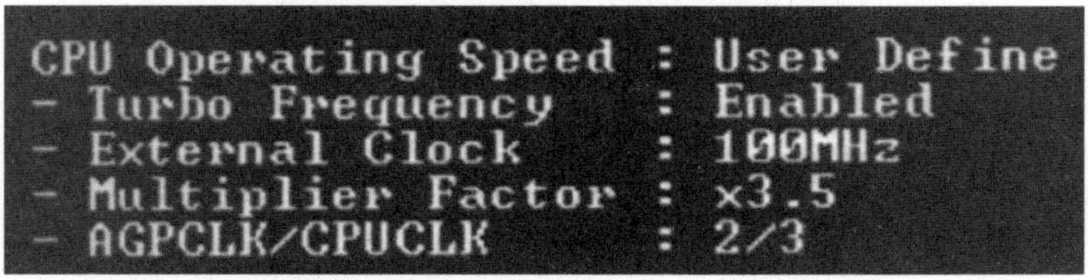

```
CPU Operating Speed   : User Define
- Turbo Frequency     : Enabled
- External Clock      : 100MHz
- Multiplier Factor   : x3.5
- AGPCLK/CPUCLK       : 2/3
```

Bild 7.9: Der AGP-Takt steht bei diesem BIOS in einem bestimmten Verhältnis zum System- und zum CPU-Takt.

Die verschiedenen Takte im Zusammenspiel magnum

In Bild 7.9 ist zu erkennen, dass der AGP-Takt 2/3 des CPU-Taktes entspricht (dem externen wohlgemerkt, demnach wäre hier die Angabe *External Clock* eher angebracht als *CPUCLK*). Für dieses Beispiel beträgt der AGP-Takt demnach 66 MHz, wie es auch der Standard verlangt. Gleichwohl kann man an dieser Stelle auch den größten Unsinn einstellen und den AGP-Takt bis zu maximal 88,6 MHz »hochschrauben«, womit die AGP-Karte mit ziemlicher Sicherheit nicht klarkommen und der PC auch kein Bild auf dem Monitor produzieren würde. Bei diesem als Beispiel betrachteten Mainboard hat die Einstellung der *External Clock* (Mainboard-Takt) allerdings keinen Einfluss auf die Taktfrequenz des PCI- und des ISA-Bustaktes. Der PCI-Bus arbeitet stets mit 33 MHz und der ISA-Bus, der üblicherweise durch Division mit 4 aus dem PCI-Takt gewonnen wird, mit 8,25 MHz, was auch den jeweils standardisierten Werten entspricht.

> **ACHTUNG**
> Wie die Takte für die Bussysteme auf einem Mainboard generiert und ob sie direkt vom Systemtakt abgeleitet werden, ist recht unterschiedlich. Bei aktuellen Mainboards sollte die Systemtakteinstellung keinen Einfluss auf die Bustakte haben, verlassen kann man sich aber nicht darauf.

Bei einem anderen Mainboard kann die Taktzuordnung allerdings hiervon abweichend realisiert sein. Beispielsweise gibt es beim Typ GA-6BXE der Firma Gigabyte eindeutige Beziehungen zwischen den verschiedenen Takten, in Abhängigkeit vom jeweils eingestellten Systemtakt, wie in Tabelle 7.2 gezeigt ist.

Mainboard-Takt (Clock)	PCI-Takt =	AGP-Takt (= PCI-Takt x2)	ISA-Takt (= PCI-Takt/4)
66 MHz	Clock/2: 33 MHz	66 MHz	8,25 MHz
75 MHz	Clock/2: 37,5 MHz	75 MHz	9,375 MHz
83 MHz	Clock/2: 41,6 MHz	83 MHz	10,35 MHz
100 MHz	Clock/3: 33 MHz	66 MHz	8,25 MHz
112 MHz	Clock/3: 37,5 MHz	75 MHz	9,375 MHz
124 MHz	Clock/3: 41,3 MHz	82,6 MHz	10,35 MHz
133 MHz	Clock/3: 44,4 MHz	88,6 MHz	11,1 MHz
133 MHz	Clock/4: 33,3 MHz	66 MHz	8,25 MHz

Tab. 7.2: Der Zusammenhang der einzelnen Bustakte in Abhängigkeit vom Mainboard-Takt, hier am Beispiel des GA-6BXE-Mainboards der Firma Gigabyte

Demnach gibt es nur zwei Stellungen, bei denen alles »stimmig« ist, und zwar bei einem Mainboard-Takt von 66 und bei 100 MHz. Mit einem 133 MHz-Mainboard-Takt kommt der PC100-Speicher nicht mehr klar, sodass der PC bei dieser Einstellung auch nicht funktionieren wird. Dieser Zusammenhang macht deutlich, warum ein PC mit einer (geringfügigen) Anhebung der Taktfrequenz von beispielsweise 66 MHz auf 75 MHz seinen Dienst verweigern kann. Dies passiert nicht etwa, weil die CPU oder das SDRAM dies nicht vertragen, sondern weil die in den Bussystemen eingesetzten Einsteckkarten (Grafik, SCSI) nicht mehr »mitkommen«. Diese starre Kopplung der verschiedenen Takte ist ab 100 MHz im Prinzip nicht mehr praktikabel, und daher wird auf einigen Mainboards – meist mit VIA-Chipset – mit einem so genannten *pseudosynchronen Takt* gearbeitet. Dies bedeutet, dass der PCI- und der AGP-Takt durch Dividieren und anschließendes Multiplizieren aus dem Systemtakt generiert werden. Zur Einstellung kommt demnach ein weiterer *Teiler* ins Spiel, der per Jumper oder BIOS-Setup festgelegt werden und die Werte laut Tabelle 7.3 annehmen kann.

Systemtakt	Teiler	PCI-Bus	AGPort
60 MHz	2	30 MHz	60 MHz
66 MHz	2	33 MHz	66 MHz
75 MHz	2,5	30 MHz	60 MHz
83 MHz	2,5	33 MHz	66 MHz
90 MHz	3	30 MHz	60 MHz
100 MHz	3	33 MHz	66 MHz
133 MHz	4	33 MHz	66 MHz

Tab. 7.3: Bei einigen Mainbords kann ein Teiler für den PCI-Bus- und den AGPort-Takt festgelegt werden.

Bei aktuellen Mainboards wird man nicht bei allen Modellen auf diesen *Teiler* stoßen. Es gibt hierfür leider recht unterschiedliche Bezeichnungen, und es ist durchaus üblich, dass ein Takt für den SDRAM-Speicher (SDRAM CLK) festzulegen ist, der sich aus dem Systemtakt (gegebenenfalls durch Teilung) ableitet und durch Teilung den AGP-Takt und daraus wieder den PCI-Takt generiert. Eine gewisse starre Kopplung ist somit wieder gegeben, wobei stets zu beachten ist, dass sich einerseits der Systemtakt und der Multiplikationsfaktor für die CPU und andererseits – (möglichst) unabhängig davon –, die spezifizierten Bustakte ergeben. Der Chipset mit dem jeweiligen Clock-Chip bestimmt hier letztendlich die

Die verschiedenen Takte im Zusammenspiel

Art der Taktkopplung – also inwieweit sich bestimmte Abhängigkeiten ergeben. Die folgende Tabelle zeigt am Beispiel des W83194R-81 der Firma Winbond, deren Clock-Chips sich auf vielen Mainboards befinden lassen, welche Takte sich bei den verschiedenen Eingangsdaten (SSEL3-SSEL0) ergeben, die per Jumper oder auch per I^2C-Bus festgelegt werden.

SSEL3	SSEL2	SSEL1	SSEL0	CPU (MHz)	SDRAM (MHz)	PCI (MHz)	REF (MHz) IOAPIC
0	0	0	0	66.70	100.05	33.35	14.318
0	0	0	1	90	90	30	14.318
0	0	1	0	95.25	63.4	31.7	14.318
0	0	1	1	100.2	66.8	33.4	14.318
0	1	0	0	100	75	30	14.318
0	1	0	1	112	74.7	37.3	14.318
0	1	1	0	124	82.7	31	14.318
0	1	1	1	133.3	88.9	33.3	14.318
1	0	0	0	66.8	66.8	33.4	14.318
1	0	0	1	75	75	30	14.318
1	0	1	0	83.3	83.3	33.32	14.318
1	0	1	1	95.25	95.25	31.7	14.318
1	1	0	0	100.2	100.2	33.4	14.318
1	1	0	1	112	112	37.3	14.318
1	1	1	0	124	124	31	14.318
1	1	1	1	133.3	133.3	33.3	14.318

Tab. 7.4: Der Clock-Chip auf dem Mainboard bestimmt die möglichen Takteinstellungen.

Es sollte deutlich geworden sein, dass bei Problemen mit Einsteckkarten auch an den jeweiligen Bustakt gedacht werden sollte, der keinesfalls über den standardisierten Werten (siehe zuvor genannten Tipp) liegen darf. Das Problem in der Praxis besteht allerdings darin, wie man den jeweiligen Takt zweifelsfrei ermitteln kann, da dies in Abhängigkeit vom Mainboard und vom BIOS-Setup unterschiedlich realisiert wird. In den Manuals zu den Mainboards findet man entsprechende Angaben eher selten, und auch Windows sowie Testprogramme bieten über Bustakte keinerlei Informationen. Aus diesem Grunde wurde eine Testkarte entwickelt, die den ISA-, den PCI- und den AGP-Takt messen kann und auf einer Siebensegmentanzeige darstellt. Eine genaue Beschreibung hierzu findet sich in Teil 5 dieses Buches.

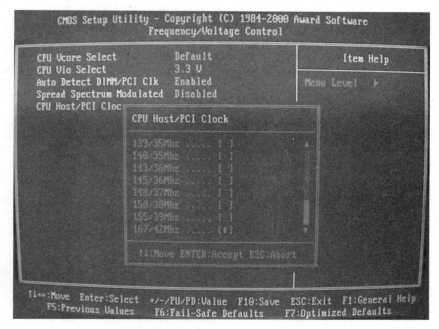

Bild 7.10: In einigen BIOS-Setups skaliert der PCI-Bus-Takt direkt mit dem Systemtakt, was auch völlig unsinnige Einstellungen erlaubt, sodass z.B. bei einem PCI-Bus-Takt von 42 MHz keine PCI-Karte mehr funktioniert.

7.5 Plug&Play-Setup

Zunächst mag es etwas widersinnig erscheinen, dass es für Plug&Play überhaupt einen BIOS-Setup gibt, denn »Einstecken und Loslegen« suggeriert eigentlich eine Automatik, die den Anwender davon entbinden soll, dass er sich mit I/O-Adresssen sowie Interrupt- und DMA-Kanälen – den PC-Ressourcen – befassen muss. Obwohl der Trend bei aktuellen PCs dahin geht, dass der Plug&Play-Setup immer mehr beschnitten oder auch überhaupt nicht mehr implementiert wird, soll dennoch näher hierauf eingegangen werden, denn die Mehrzahl aller PCs bietet verschiedene Plug&Play-Optionen, die sich an unterschiedlichen Stellen im BIOS-Setup finden lassen. Meist gibt es hierfür aber eine extra Seite, oder diese Einstellungen sind mit anderen, wie für die *Onboard Devices* – auch als *Onboard I/O* bezeichnet –, auf einer speziellen Seite zusammengefasst, wobei auch hier wieder unterschiedliche Menübezeichnungen anzutreffen sind. Beim Phoenix-BIOS ist der *PCI Configuration Setup* beispielsweise (etwas versteckt) im *Advanced Setup* zu finden:

- PCI CONFIGURATION SETUP
- PNP/PCI CONFIGURATION
- PNP AND PCI SETUP
- PNP, PCI & ONBOARD I/O

7.5.1 PCI CONFIGURATION SETUP

Als die ersten PCs mit PCI-Bus auf den Markt kamen, war der *PCI Configuration Setup* noch recht übersichtlich. Dies änderte sich erst im Laufe der Zeit, denn es wurden immer mehr Optionen – insbesondere mit Rücksicht auf ISA-Karten – vorgesehen, sodass man sich damit eigentlich immer mehr vom Grundsatz des Plug&Play entfernt hat.

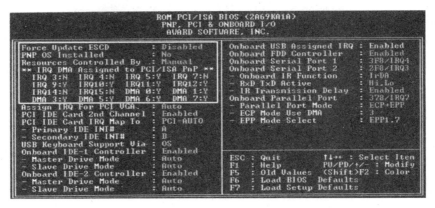

Bild 7.11: Bei diesem BIOS-Setup sind die Einstellungen für die Verwendung der PC-Ressourcen mit denen für die Onboard Devices zusammengefasst, was nicht gerade zur Übersichtlichkeit beiträgt.

Es gibt durchaus PCs mit Plug&Play-BIOS, welche keine ISA-Plug&Play-Unterstützung bieten, und demnach wird man im BIOS-Setup auch keine Einstellungsmöglichkeiten hierfür finden, sondern nur eine *PCI Configuration Setup-Seite*, was ja eigentlich nicht weiter schlimm ist, wenn mindestens Windows 95 zum Einsatz kommt, denn dieses Betriebssystem bringt eine eigene Plug&Play-Funktionalität mit und ist nicht auf die Ressourcenverteilung per BIOS angewiesen.

Was bei derartigen (älteren) BIOS-Versionen schwerer wiegt, ist die Tatsache, dass man sich hier oftmals mit speziellen PCI-spezifischen Einstellungen beschäftigen muss und möglicherweise auf dem Mainboard noch Jumper für die PCI-Interrupt-Zuordnung zu den einzelnen Slots zu setzen sind, die mit den Einstellungen im BIOS-Setup korrespondieren müssen. Auf einigen PCI-Karten befinden sich ebenfalls Jumper für die PCI-Interrupt-Zuteilung, was die ganze Angelegenheit etwas schwierig gestaltet.

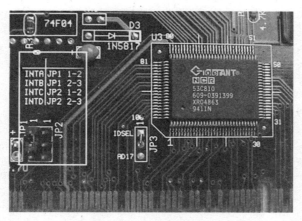

Bild 7.12: Auf dieser PCI-Karte sind für die PCI-Interrupt-Zuordnung Jumper zu stecken. Der gleiche INT muss vom jeweiligen PCI-Slot verwendet werden, und außerdem ist dieser INT dann einem ISA-Interrupt per BIOS und/oder Jumper zuzuweisen.

Auf einem PCI-Mainboard sind üblicherweise drei oder auch mehr PCI-Steckplätze für Einsteckkarten vorhanden. Bei älteren PCI-Designs ist mindestens ein Slot masterfähig, die anderen sind ausschließlich für Slave-Karten vorgesehen. Ein Master kann generell anstelle des Mikroprozessors auf dem Mainboard die Systemsteuerung übernehmen. Beispiele hierfür sind SCSI-Hostadapter oder auch einige Netzwerkkarten. Alle Designs ab dem Triton-Chipsatz erlauben hingegen in allen vier Slots eine masterfähige PCI-Karte, was die Konfigurierung erheblich vereinfacht, zumal dann auch keine Jumper mehr auf dem Mainboard zu stecken sind.

Die PCI-Interrupts werden über die ISA-Interrupts im System abgebildet. Welche Kanäle hierfür im Einzelnen vorgesehen sind, hängt leider vom jeweiligen Design des Mainboards ab, obwohl es hierfür eigentlich einen verbindlichen PCI-Standard gibt. Entweder werden die IRQs als Standard-ISA-Interrupts oder indirekt für die PCI-Interrupts verwendet, welche üblicherweise als INTA#-INTD# bezeichnet werden.

Einige PCI-Karten – wie beispielsweise Grafikkarten – müssen nicht zwangsläufig einen Interrupt-Kanal verwenden. Aktuelle Grafikkarten benötigen allerdings einen für die 3D-Beschleunigung, was damit ebenfalls für AGP-Grafikkarten gilt. Eine Grafikkarte braucht nur in einen beliebigen PCI-Slot eingesteckt zu werden, woraufhin sie automatisch vom BIOS erkannt wird. Problematisch kann es erst dann werden, wenn sich mehrere PCI-Karten – wie Controller- und Netzwerkkarten für den PCI-Bus – bei der Zuweisung der einzelnen Interrupt-Kanäle »ins Gehege« kommen.

Plug&Play-Setup

```
         ROM PCI/ISA BIOS (P/I-SP3G)
              CMOS SETUP UTILITY
              PCI CONFIGURATION SETUP

Slot 1 (RIGHT)                        Note :
   Latency Timer : 80 PCI Clock       All of PCI adapters should use INTA.
   Using IRQ     : 10                 BIOS will route each INTA# to
   Trigger Method: Level (Auto)       corresponding IRQ automaticalley.

Slot 2 (MIDDLE)
   Latency Timer : 80 PCI Clock
   Using IRQ     : 11
   Trigger Method: Level (Auto)

Slot 3 (LEFT)
   Latency Timer : 80 PCI Clock
   Using IRQ     : 15
   Trigger Method: Level (Auto)

NCR Latency Timer: 80 PCI Clock       ESC: Quit        ↓→↑←:Select Item
NCR Using IRQ    : 9                  F1 : Help        PU/PD/+/-:Modify
                                      F5 : Old Values  (Shift)F2 :Color
                                      F7 : Load Setup Defaults
```

Bild 7.13: Ein PCI Configuration Setup einer BIOS-Version ohne ISA-Plug&Play-Unterstützung. Hier lassen sich sowohl die Interrupt- als auch die PCI-Slot-spezifischen Daten festlegen.

In Bild 7.13 ist eine beispielhafte Zuordnung der Interrupts zu erkennen. Hier ist gegenüber den PCI-PCs der ersten Generation eine Vereinfachung der Konfigurierung vorgenommen worden, denn für alle PCI-Devices (z.B. Grafik-, Netzwerkkarte) wird standardmäßig der PCI-Interrupt INTA# verwendet, der sich wiederum unterschiedlicher ISA-Interrupts bedienen kann. Bei einigen älteren PCI-Designs kann per BIOS und/oder Jumper jeder PCI-Slot einem bestimmten PCI-Interrupt zugeordnet werden, was sich als ein heilloses Durcheinander herausgestellt hat, weil es auch einige PCI-Karten (siehe Bild 7.12) gibt, die per Jumper auf einen der PCI-Interupts zu jumpern sind.

Diese Vereinfachung ist möglich, weil die PCI-Interrupts im Gegensatz zu den ISA-Interrupts mit einer Pegel- (Level) statt mit einer Flankentriggerung (Edge Triggering) arbeiten und daher mehrere Interrupts über ein und denselben PCI-Interrupt (z.B. INTA) abgebildet werden können.

Als Triggermethode ist standardmäßig *Level* voreingestellt, und den PCI-Slots sind die IRQs 10, 11 und 15 zugeordnet. Soll hingegen eine Flankentriggerung für die Interrupts erfolgen, ist der entsprechende Menüpunkt auf *Edge* einzustellen. Die Flankentriggerung ist jedoch für PCI-Karten völlig ungewöhnlich, sodass man die üblichen Voreinstellungen übernehmen sollte.

Für jeden der PCI-Slots und auch für den eventuell vorhandenen SCSI-Controller auf dem Mainboard kann jeweils ein Wert für den *Latency Timer* (theoretisch 0–255 Takte) festgelegt werden. Die *Latency Time* spezifiziert diejenige Zeit, für die ein PCI-Device den Bus beansprucht kann, obwohl der Bus bereits von einer anderen Einheit anfordert wird. Hier ist weder der maximale noch der minimale Wert sinnvoll, sondern typischerweise 32 Takte. Damit ist sichergestellt, dass die aktive Datenübertragung beendet werden kann und die vom anderen Device folgende nicht unnötig in Warteschleifen verharren muss. Ein zu geringer Wert – womöglich Null – würde dazu führen, dass ein ständiges Umschalten stattfinden würde und dann keine Aktion zum Ende kommt, ein zu hoher Wert würde eine übermäßige Verzögerung zur Folge haben, bis das Device gar nicht mehr antworten kann.

7.5.2 PNP/PCI Configuration

Bei den PCs, die neben PCI- auch ISA-Plug&Play-Karten unterstützen, ist die PCI Configuration-Seite um ISA-Einstellungen erweitert worden. Die PC-Ressourcen (IRQ- und DMA-Kanäle) lassen sich hiermit entweder den Plug&Play-fähigen Karten (PCI, ISA-Plug&Play) oder den mit Jumper zu konfigurierenden ISA-Einheiten zuordnen.

Im einfachsten Fall wird ein vorhandener Eintrag wie *PnP BIOS Auto-Config* oder *Resources Controlled By:* auf *Enabled* bzw. *Auto* geschaltet, und die Interrupt-Zuordnung erfolgt dann automatisch durch das BIOS, ohne dass man zunächst erkennen kann, welcher IRQ von welcher Einheit verwendet wird. Dies wird möglicherweise erst beim Boot des PC auf dem Monitor angezeigt. Falls alle Karten mit dieser Einstellung funktionieren, sollte man sich mit dieser Einstellung zufrieden geben.

Dies klappt aber nur dann konfliktfrei, wenn alle im PC verwendeten Karten Plug&Play-fähig sind. In den meisten Fällen werden die Interrupts für Plug&Play-Einheiten in einer bestimmten Reihenfolge vom BIOS vorgegeben (siehe Bild 7.14), wenn *PnP BIOS Auto-Config* auf *Disabled* geschaltet wird. Im nächsten Schritt kann diese Zuordnung manuell verändert werden.

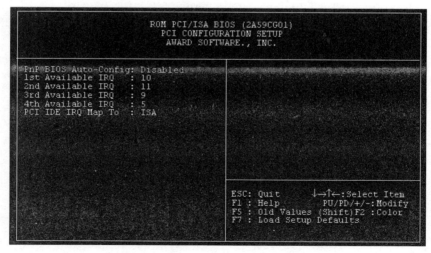

Bild 7.14: Wenn »PnP BIOS Auto-Config« ausgeschaltet ist, kann die Interrupt-Zuordnung manuell durchgeführt werden.

Ein Beispiel mag verdeutlichen, was bei der Vergabe der PC-Ressourcen zu beachten ist, damit es nicht unabsichtlich zu Konflikten kommt. Es wird angenommen, dass die automatische Vergabe aktiviert worden ist und sich im PC eine ISA-Standard-Sound-Karte mit »gejumpertem« IRQ 10 und eine einzige Plug&Play-fähige Karte befinden, z.B. eine Netzwerkkarte. Der Netzwerkkarte wird dann automatisch der IRQ 10 (1st Available IRQ: 10) zugeordnet, und aufgrund dieses nun bestehenden Konfliktes wird keine der beiden Karten zu verwenden sein. Unter Windows wird sich dieses Problem nicht lösen lassen, denn der Geräte-Manager zeigt noch nicht einmal einen Fehler an, da ihm die »gejumperte« Stellung verborgen bleibt.

In solch einem Fall müssen die IRQs im Setup daher manuell vergeben werden. Diese *PnP BIOS Auto-Config-Funktion* bezieht sich nur auf (Plug&Play-fähige) ISA-Karten und hat nichts mit der Vergabe der Interrupts für PCI-Devices zu tun. Diese stehen hier nicht zur Disposition und werden automatisch mittels INTA über einem beliebigen, noch freien IRQ abgebildet, ohne dass der Anwender dies beeinflussen kann. Sind in einem PC ausschließlich PCI-Karten vorhanden, klappt die automatische Konfigurierung meist einwandfrei.

Erst der »Kartenmix« aus den drei unterschiedlichen Typen sorgt letztendlich für Probleme, und aus diesem Grunde sind manuelle Plug&Play-Einstellungen vorzunehmen. In diesem Zusammenhang sollte man auch daran denken, dass möglicherweise in der SYSTEM.INI von Windows Interrupt-Zuordnungen getroffen worden sind, weil sich eine (alte) ISA-Karte mit Jumpern über diesen Eintrag in das System einbringt. Ein typischer Fall ist folgender: In der SYSTEM.INI ist der Interrupt 9 dem MID-Interface einer Sound-Karte zugewiesen worden, und als *1st Available IRQ* ist im BIOS-Setup ebenfalls der IRQ 9 angeben, der der Grafikkarte bei der Initialisierung automatisch zugeteilt wird. Dies führt unweigerlich dazu, dass der PC zunächst mit Windows korrekt bootet, doch in dem Augenblick ein schwarzes Bild auf dem Monitor erscheint, in dem die Einstellungen der SYSTEM.INI gelesen werden. Abhilfe ist in diesem Fall leicht möglich, wenn *1st Available IRQ* dann beispielsweise auf 10 gesetzt wird, der natürlich ebenfalls nicht von einer anderen Einheit verwendet werden darf.

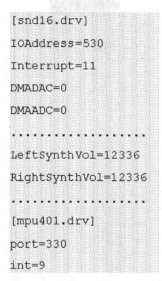

Bild 7.15: Trotz Plug&Play sollte die SYSTEM.INI nicht vergessen werden, in der sich möglicherweise Hardware-Eintragungen finden lassen, die von PCI-Sound-Karten aus Kompatibilitätsgründen (Soundblaster) vorgenommen werden und die letztlich für Probleme mit Windows 9x verantwortlich sind.

Ein weiteres Beispiel für einen *PNP/PCI Configuration Setup* ist in Bild 7.16 gezeigt. Hier können neben den Interrupt-Kanälen auch noch die DMA-Kanäle entweder dem automatischen Konfigurationsmechanismus (PCI/ISA PnP) überlassen werden oder den Legacy ISA-Karten.

PCI-Karten verwenden gar keinen DMA-Kanal, so dass diese Einstellung für PCI-Karten auch keine Rolle spielt. Eine Ausnahme gibt es auch hier aus Kompatibilitätsgründen für Soundblaster-Karten unter DOS. Wer beispielsweise unter reinem DOS (nicht aus Windows heraus) ein Spielchen wagen will, muss hierfür einen Legacy-Interrupt- und einen Legacy-DMA-Kanal (meist IRQ: 5, DMA: 0) reservieren, obwohl es sich um eine PCI-Sound-Karte handelt, wie z.B. die *PCI-128* oder die *Soundblaster Live*. Natürlich verwendet die PCI-Sound-Karte daneben auch PCI-Ressourcen.

Plug&Play-Setup

```
        ROM PCI/ISA BIOS (2A59GG0A)
          PNP/PCI CONFIGURATION
            AWARD SOFTWARE, INC.

Resources Controlled By : Manual
Reset Configuration Data : Disabled

IRQ-3   assigned to : PCI/ISA PnP
IRQ-4   assigned to : PCI/ISA PnP
IRQ-5   assigned to : Legacy ISA
IRQ-7   assigned to : PCI/ISA PnP
IRQ-9   assigned to : PCI/ISA PnP
IRQ-10  assigned to : PCI/ISA PnP
IRQ-11  assigned to : Legacy ISA
IRQ-12  assigned to : PCI/ISA PnP
IRQ-14  assigned to : PCI/ISA PnP
IRQ-15  assigned to : PCI/ISA PnP
DMA-0   assigned to : PCI/ISA PnP
DMA-1   assigned to : PCI/ISA PnP
DMA-3   assigned to : PCI/ISA PnP      ESC : Quit         ↑↓→← : Select Item
DMA-5   assigned to : Legacy ISA       F1  : Help         PU/PD/+/- : Modify
DMA-6   assigned to : PCI/ISA PnP      F5  : Old Values   (Shift)F2 : Color
DMA-7   assigned to : PCI/ISA PnP      F7  : Load Setup Defaults
```

Bild 7.16: Die PC-Ressourcen können hier explizit den Plug&Play-fähigen Einheiten oder den älteren ISA-Karten (Legacy ISA) zugeordnet werden.

ACHTUNG

Obwohl sich unter Umständen keine ISA-Karte im PC befindet, werden aus Kompatibilitätsgründen möglicherweise dennoch ISA-Ressourcen benötigt, z.B. für PCI-Soundblaster-Karten. Auch wenn man hierauf (DOS-Kompatibilität) eigentlich keinen Wert legt, besteht der Treiber der Sound-Karte auf eine entsprechende Zuordnung, andernfalls fordert Windows bei jedem Neuboot den Treiber an und/oder meldet eine fehlerhafte Konfiguration, was mit einer entsprechenden Markierung im Geräte-Manager einhergeht.

Als wenn der Plug&Play-BIOS-Setup nicht schon kompliziert und uneinheitlich genug wäre, findet man bei einigen Mainboards ab Baujahr Ende 1999 (z.B. dem P2B-D von Asus) noch weitere Einstellungsmöglichkeiten. Den PCI-Slots können bestimmte IRQs explizit zugeordnet werden, und außerdem können jetzt auch noch ISA-Speicherbereiche (ISA MEM Block Base) reserviert werden. Lediglich ältere ISA-Netzwerk- und auch einige ISDN-Karten benötigen einen Speicherbereich, wofür zumeist Bereiche zwischen C8000–DC000 zur Verfügung stehen, die entsprechend der »Jumperung« der jeweiligen Karte hier im Setup angegeben werden können, damit diese Bereiche vom Plug&Play-Mechanismus ausgeschlossen werden. Im Grunde genommen ist dies eine überflüssige Option, denn erstens verwenden PCI-Karten die erwähnten Bereiche in der Regel gar nicht, und zweitens kann eine entsprechende Reservierung bzw. Ressourcen-Zuordnung auch unter Windows (9x) erfolgen.

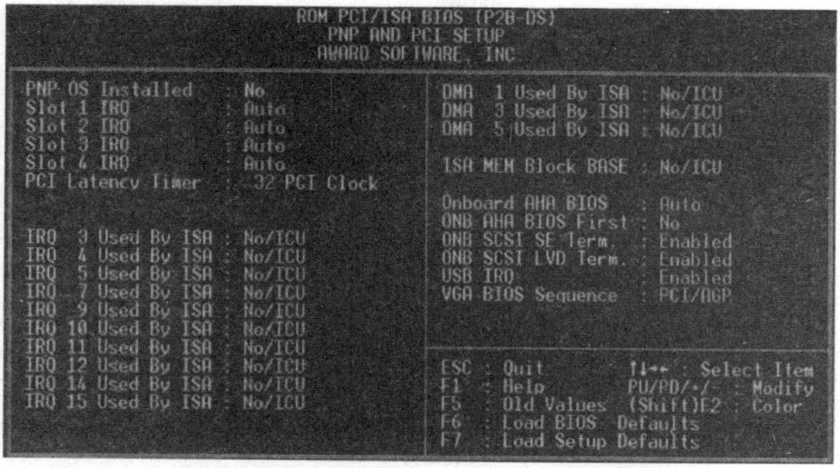

Bild 7.17: Bei einigen BIOS-Versionen können den PCI-Slots IRQs (5, 7, 9, 10, 11, 12, 14 oder 15) fest zugeordnet werden. Darüber hinaus gibt es eine Einstellung für den Latency Timer, und es können sogar ISA-Speicherblöcke festgelegt werden.

Es kann durchaus der Fall eintreten, dass man bei einem PC nicht genügend Interrupt-Kanäle für die einzelnen Einheiten zur Verfügung hat, weil das BIOS auf eine bestimmte IRQ-Zuordnung besteht, die sich nicht nach Wunsch verändern lässt. In diesem Fall kann aber ein Trick weiterhelfen: Man ordnet möglichst viele Kanäle *Legacy ISA* zu, wodurch das BIOS automatisch mehreren PCI-Einheiten den gleichen IRQ zuordnen muss, da PCI die IRQ-Level-Triggerung verwendet, was bedeutet, dass sich mehrere PCI-Einheiten einen Interrupt-Kanal teilen können (Shared Interrupt), wie es dann auch beim BIOS-Boot am Monitor zu erkennen ist.

Der zur jeweiligen Hardware-Einheit gehörende Windows-Treiber muss allerdings ebenfalls das Interrupt-Sharing beherrschen. Ob er dies nun kann oder nicht, bleibt dem Anwender zunächst verborgen, und man merkt es erst dann, wenn dies unter Windows zu einem Gerätekonflikt führt. In diesem Fall hilft nur noch Ausprobieren weiter. Bei aktuellen PCs (auch ohne ISA-Slots) sollte man davon ausgehen können, dass das Interrupt-Sharing funktioniert. Vielfach ist dies von vornherein eine notwendige Voraussetzung, damit die zahlreichen Onboard-Einheiten überhaupt einsetzbar sind.

Plug&Play-Setup

```
Diskette Drive A  : 1.44M, 3.5 in.        Display Type       : EGA/VGA
Diskette Drive B  : None                  Serial Port(s)     : 3F8 2F8
Pri. Master Disk  : LBA,ATA 100,  80GB    Parallel Port(s)   : 378
Pri. Slave  Disk  : DVD,ATA 33            SDRAM at Row(s)    : 2
Sec. Master Disk  : CD-RW,PIO 4
Sec. Slave  Disk  : None


PCI device listing ...
Bus No. Device No. Func No.  Vendor/Device Class  Device Class           IRQ

   0        31         1       8086   244B   0101  IDE Cntrlr             14
   0        31         2       8086   2442   0C03  Serial Bus Cntrlr      11
   0        31         3       8086   2443   0C05  SMBus Cntrlr           11
   0        31         4       8086   2444   0C03  Serial Bus Cntrlr      11
   1         0         0       10DE   0201   0300  Display Cntrlr         11
   2         0         0       9004   7178   0100  Mass Storage Cntrlr    11
   2         2         0       1106   3044   0C00  Serial Bus Cntrlr      11
   2         3         0       1813   4000   0780  Simple COMM. Cntrlr     5
   2         6         0       10EC   8139   0200  Network Cntrlr         11
   2         7         0       13F6   0111   0401  Multimedia Device      11
                                                   ACPI Controller         9
```

Bild 7.18: Der Interrupt 11 wird hier (Aldi PC mit 1,8 GHz) von acht Einheiten gemeinsam verwendet.

7.5.3 Plug&Play-Boot-Optionen und IRQ-Steuerung

Wie eingangs bereits erwähnt, werden die Optionen im *PnP/PCI Configuration Setup* mittlerweile wieder im Funktionsumfang reduziert, weil kaum noch Mainboards mit ISA-Slots hergestellt werden, sodass hierauf auch keine besondere Rücksicht mehr zu nehmen ist, zumindest nicht an dieser Stelle, denn Onboard Devices belegen durchaus ISA-Ressourcen (siehe Onboard Devices). Bild 7.19 zeigt, welche Optionen in der Regel bei einem aktuellen PC auf einer *PnP/PCI Configuration Setup*-Seite zu finden sind. Bei den beiden ersten Optionen handelt es sich um die wichtigen; sie werden im Folgenden beschrieben.

Außerdem erlaubt dieses BIOS auch noch die Interrupt-Einschaltung für den USB und die Grafikkarte (VGA). Der IRQ für den USB ist üblicherweise zu aktivieren, wobei die VGA-IRQ- und die Palette Snoop-Option bei aktuellen PCs meistens aber nicht benötigt wird. Die beiden Optionen beziehen sich auf eine eingesetzte PCI-Grafikkarte und nicht auf eine AGP-Grafikkarte, die stattdessen als Standard anzusehen ist.

PCI/VGA Palette Snoop ist dafür gedacht, dass I/O-Zugriffe auf Farb-Palettenregister auch auf dem PCI-Bus für die PCI-Grafikkarte abgebildet werden. Diese Register sind typischerweise bei TV-Tuner- und Video-Grabber-Karten vorhanden, und mithilfe dieser Option werden die jeweiligen Farbinformationen für die korrekte Darstellung an die PCI-Grafikkarte weitergeleitet. Falls sich keine TV-Tuner- oder Grabber-Karte im PC befindet, ist diese Option demnach auch nicht zu aktivieren, zumal es Unterschiede in der Behandlung der Palettenregister gibt und dieses Verfahren, welches ursprünglich für Kartenverbindungen per Feature Connector eingeführt wurde, heutzutage eigentlich keine große Bedeutung mehr hat.

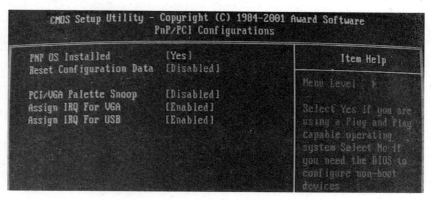

Bild 7.19: »PnP/PCI Configuration Setup« eines aktuellen PC, wobei eigentlich nur noch die beiden ersten Optionen von Bedeutung sind

Bei den meisten BIOS-Versionen gibt es im Plug&Play-BIOS-Setup (zumindest) eine Option mit einer Bezeichnung wie *PNP OS Installed: No* (oder *Yes*) oder auch *Plug&Play Aware OS*. Mit OS ist das Betriebssystem (Operating System) gemeint, was bedeutet, dass hier festzulegen ist, ob ein Plug&Play-fähiges Betriebssystem verwendet wird oder nicht.

Mit der Festlegung von *No* werden alle Plug&Play-fähigen Karten (ISA-PnP, PCI, AGP) durch das BIOS konfiguriert, bei einem *Yes* hingegen lediglich diejenigen, die für den Boot benötigt werden, wie die Grafikkarte und der IDE-Controller für die Festplatte. Die Ressourcenverteilung für alle anderen Einheiten (Modem, Sound, Netzwerk) findet daraufhin durch das Betriebssystem statt. Möglicherweise gibt es noch weitere Plug&Play-Boot-Optionen, beispielsweise bei BIOS-Versionen der Firma AMI, die unter dem Punkt *Configuration Mode* zu finden sind. Diese Optionen lauten wie folgt:

- **Use ICU:** Werden im PC neben den PnP-ISA-Karten konventionelle ISA-Karten verwendet, erhält das BIOS keine Information darüber, welche PC-Ressourcen von diesen Karten belegt werden. Daher werden mit einer ISA Configuration Utility (ICU) entsprechende Festlegungen getroffen. Ist *Use ICU* im Setup eingeschaltet, sucht das BIOS auf der Festplatte nach den entsprechenden Konfigurationsdateien, die mit einem Konfigurationsmanager verwaltet werden.

- **Use Setup Utility:** Dies ist die Voreinstellung für die automatische Konfigurierung der Plug&Play-Einheiten. Es wird keine ICU und auch kein Konfigurationsmanager verwendet. Befinden sich im PC auch konventionelle – keine explizit als P&P ausgewiesenen – Karten, ist dies ebenfalls die richtige Einstellung, und die Vergabe der hierfür nötigen IRQs erfolgt manuell.

Plug&Play-Setup

■ **Boot With P&P OS:** Diese Option kann auf *Enabled* oder *Disabled* geschaltet werden (siehe Bild 7.17). Ist er aktiviert, werden nur diejenigen Komponenten (Grafikkarte, Festplatte) aktiviert, die zum Booten des Plug&Play-Betriebssystems (Windows 9x, Windows 2000/XP) nötig sind. Die weitere Konfigurierung wird dann durch das Betriebssystem durchgeführt. Diese Einstellung ist sowohl mit *Use Setup Utility* als auch mit *Use ICU* möglich.

Die Zuteilung der PC-Ressourcen mithilfe des BIOS (PnP OS Installed: No) hat sich in der Praxis eigentlich bewährt, um beispielsweise die Interrupts eindeutig festzulegen, weil es mit der Zuteilung per Plug&Play-fähigem Betriebssystem des Öfteren zu Schwierigkeiten kommt. Einige Linux-Versionen – und DOS ohnehin – sind beispielsweise auf eine korrekte Zuteilung per BIOS-Setup angewiesen.

Ab der Windows-95B-Version OSR2 ist es möglich, dass die per BIOS-Setup erstellte IRQ-Zuteilung jedoch wieder zunichte gemacht werden kann, da Windows einen eigenen Interrupt-Verteilungsmechanismus besitzt, der als *PCI Bus IRQ Steering* (Interrupt Steuerung) bezeichnet wird.

Im Geräte-Manager finden sich dann Einträge wie *IRQ-Holder für PCI-Steuerung* und unter *PCI-Bus-Eigenschaften* von *PCI-Bus-IRQ-Steuerung* die Möglichkeit, verschiedene IRQ-Zuordnungstabellen zu aktivieren oder diese Funktion abschalten zu können. Dies empfiehlt sich immer dann, wenn die per BIOS-Setup hergestellte Zuordnung nicht über den »Haufen geworfen werden soll«, weil sich andernfalls bestimmte Einheiten nicht verwenden lassen wollen. Typische Problemfälle sind hier wieder der Soundblaster-Karten, die oftmals mit den verwendeten Parametern der Onboard Devices kollidieren. Was laut BIOS-Anzeige in Ordnung zu sein scheint, wird dann beispielsweise beim Laden von Windows mit einer Fehlermeldung wie *Routing Error for Device xyz* quittiert.

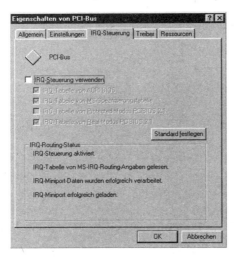

Bild 7.20: Im Problemfall sollten die Routing-Tabellen unter Windows abgeschaltet werden.

Aktuelle Mainboards verwenden ein BIOS, welches das *Advanced Configuration and Power Management Interface* (ACPI) unterstützt (siehe Kapitel 12.3). Hierfür ist ebenfalls ein spezielle Routing-Tabelle für die Interrupts ab Windows 98 und auch in Windows 2000/XP implementiert. Ist ACPI aktiviert, wird hierfür ein einziger Interrupt reserviert, der dann unter Windows die ACPI-Funktionen für alle Einheiten (gemeinsam) unterstützt. Probleme mit dieser Funktion treten in der Praxis des Öfteren auf, und zwar insbesondere dann, wenn ein PC erweitert oder umgerüstet worden ist, weil die zuvor funktionierende ACPI-Konfiguration – z.B. durch den Austausch der AGP-Grafikkarte – modifiziert wird, und dann braucht nur der neue Treiber der AGP-Grafikkarte nicht mitzuspielen. Bei einem neu erworbenen Komplett-PC sollte man allerdings auf ein einwandfrei funktionierendes ACPI bestehen, damit sich auch die zweifellos praktischen Funktionen wie beispielsweise der Windows-Ruhezustand (Suspend to Disk) nutzen lässt. Zufrieden stellend funktioniert dies aber eigentlich erst mit Windows XP und den hierfür vorgesehenen Treibern der Hardware-Hersteller.

Unter Windows 98 ist zwar ein manueller Eingriff in die Ressourcenverteilung möglich, nicht jedoch ab Windows 2000, solange ACPI aktiv ist. Um dies zu ändern, muss der PC von ACPI- auf Standard-PC umgeschaltet werden, wodurch man einige der Stromsparfunktionen aber deaktiviert, wie beispielsweise *Suspend to RAM*. Dies erreicht man mit einem rechten Mausklick auf *Arbeitsplatz* und dem Aufruf von *Verwalten*. Im Geräte-Manager ist der Eintrag *Computer* zu selektieren und auf *Standard-PC* umzuschalten. Anschließend ist auch hier die Abschaltung der IRQ-Steuerung möglich.

Bild 7.21: Die Abschaltung der IRQ-Steuerung ist bei Windows 2000 nur im Standard-PC-Modus möglich.

Dieses Verfahren funktioniert jedoch nicht bei allen PCs mit installiertem Windows 2000/XP, denn es hängt vom PCI-Bus (*Eigenschaften von*) und somit vom Chipset ab, ob sich hier überhaupt eine entsprechende Option finden lässt, was insbesondere bei spezielleren PCs (z.B. Notebooks) nicht der Fall ist.

Dann ist es (fast) unmöglich, ACPI wieder loszuwerden, und vielfach ist eine Windows 2000-Neuinstallation das einzig probate Mittel, um spätere Probleme mit ACPI zu vermeiden. Während der Installation ist dann zu dem Zeitpunkt, an dem für die Installation von SCSI/RAID-Treibern die [F6]-Taste betätigt werden soll, stattdessen die [F5]-Taste zu drücken. Daraufhin wird Windows in einem späteren Schritt eine Liste mit verschiedenen Computertypen aufblenden, und an dieser Stelle ist *Standard-PC* zu selektieren, was die ACPI-Installation verhindert.

7.5.4 Extended System CMOS DataRAM – ESCD

Ein weiterer für die Plug&Play-Konfiguration wichtiger Punkt ist *Force Update ESCD* oder *Reset Configuration Data*. (siehe Bild 7.19). Das *Extended System CMOS DataRAM* (*ESCD*) enthält die Ressourcen-Informationen über die verwendeten Plug&Play-Devices und befindet sich als eigener Bereich mit im Flash-PROM, der auch das System-BIOS enthält.

Normalerweise ist diese Option auf *Disabled* zu schalten, sonst werden die Plug&Play-Daten nachfolgend beim Neuboot und in Abhängigkeit von den jeweils eingesetzten Plug&Play-Devices wieder automatisch neu geschrieben. Beim Update des ESCD-Bereiches werden sowohl die automatisch festgestellten Parameter der einzelnen Karten berücksichtigt als auch eventuell im BIOS-Setup manuell festgelegte Parameter und ebenfalls unter Windows getroffene Parameterfestlegungen für die betreffenden Hardware-Komponenten. Dieser Update-Vorgang lässt sich meistens am Monitor durch die Meldung *Updating ESCD* beobachten.

Allerdings sollte diese Art der Plug&Play-Konfigurierung nur in Notfällen vorgenommen werden, wenn sich mit keiner anderen Methode bestimmte Plug&Play-Hardware-Komponenten im PC einsetzen lassen, denn bereits funktionierende Einheiten können dabei derart mit falschen Daten beschrieben werden (weil eine andere Karte defekt ist), dass sie nachfolgend nicht mehr einzusetzen sind. Dieser etwas gefährliche Punkt ist erst bei neueren BIOS-Versionen vorhanden und war zuvor lediglich in den Flash Writer-Programmen (siehe BIOS-Update) implementiert.

Gleichwohl kann es für die Ausführung dieser Funktion auch gute Gründe geben. Stellt sich bei einem PC tatsächlich ein Problem mit einer Plug&Play-Komponente heraus, ist es sinnvoll, eine *Isolierung* vorzunehmen, um den »Übeltäter« leichter feststellen zu können und um die Angelegenheit nicht zusätzlich zu verschlimmern. Es werden zunächst nur diejenigen Plug&Play-Karten in den PC eingebaut, die für den Boot absolut notwendig sind. Daraufhin wird bei fehlerfreier Funktion ein Update des ESCD initiiert. Anschließend kommt die nächste Karte wieder hinzu, sie wird ebenfalls auf fehlerfreie Funktion hin überprüft, und es wird erneut ein Update ausgeführt usw., bis das Problem wieder auftaucht. Damit hat man auch die fehlerhafte Karte herausgefunden, mit der man natürlich kein ESCD-Update ausführen darf, denn dann beginnt der ganze Ärger wieder von vorne.

Es kann durchaus nach dem Einbau einer neuen PCI-Karte und dem ersten Boot-Versuch eine Fehlermeldung wie *ERROR UPDATING ESCD...* auftreten, woraufhin der PC unmittelbar zum Stillstand kommt. Woran dies im Einzelnen liegen mag, lässt sich im Allgemeinen kaum feststellen. Die neu hinzugefügte Karte muss keineswegs defekt sein und kann in einem anderen PC problemlos funktionieren. Es liegt dann wie so oft an einem bestimmten »Karten-Mix«, mit dem das BIOS nicht umgehen kann. Ein BIOS-Update kann hier durchaus Abhilfe schaffen, allerdings ist es schon passiert, dass der PC nach dem Entfernen der neuen Karte weiterhin und trotz *Updating ESCD Enable-Einstellung* mit der zuvor genannten Fehlermeldung wieder hängen bleibt. In diesem Fall ist natürlich auch kein BIOS-Update durchführbar. Eine mögliche Lösung besteht darin, im BIOS-Setup möglichst viele Onboard-Einheiten (z.B. USB, COM-Ports) abzuschalten, damit das BIOS eine möglichst von der vorherigen Konfigurierung abweichende Ressourcenzuteilung vornehmen kann und der PC daraufhin korrekt bootet. Nach dem Neuschreiben der ESCD-Daten lassen sich die abgeschalteten Einheiten auch wieder – am besten schrittweise – einschalten.

7.5.5 Optionen

Je nach Mainboard- und BIOS-Typ finden sich noch weitere unterschiedliche Optionen im Plug&Play-Setup, wovon die üblichsten mit den bereits erläuterten in Tabelle 7.5 kurz zusammengefasst angegeben sind.

BIOS-Setup-Eintrag	Bedeutung/Funktion	bevorzugte Einstellung
1st available IRQ 4th available IRQ	Reihenfolge der IRQ-Zuordnung bestimmen	je nach PC-Ausstattung
Allocate IRQ to PCI VGA	Interrupt für die PCI-Grafikkarte erlauben	Enabled
Assign IRQ to VGA	Zuweisung eines Interrupts für die Grafikkarte	Enabled
Clear NVRAM	Neuschreiben der ESCD-Daten erlauben	Disabled
Clear NVRAM on Every Boot	Neuschreiben der ESCD-Daten bei jedem Boot erlauben	Disabled
DMAx used by ISA	Zuteilung eines bestimmten DMA-Kanals zu einer nicht PnP-fähigen ISA-Karte	»No« bzw. »Disabled« bei PCs ohne ältere ISA-Karten
Force Update ESCD	Neuschreiben der ESCD-Daten erlauben	Disabled

Tab. 7.5: Gebräuchliche Optionen für den PCI- und PnP-BIOS-Setup

BIOS-Setup-Eintrag	Bedeutung/Funktion	bevorzugte Einstellung
IRQx used by ISA	Zuteilung eines bestimmten IRQs zu einer nicht PnP-fähigen ISA-Karte	»No« bzw. »Disabled« bei PCs ohne ältere ISA-Karten
ISA MEM Block Base	Basisadresse eines Speicherbereiches für eine ältere ISA-Karte bestimmen	»No« bei aktuellen PCs
Latency Timer	Wartezyklen für PCI-Bus-Einheiten festlegen	hoch: sicher, niedrig: schneller
Memory Resource	Basisadresse eines Speicherbereiches für eine ältere ISA-Karte bestimmen	»No« bei aktuellen PCs
NCR xyz	Optionen für integrierten SCSI-Controller der Firma NCR (Symbios Logic) bestimmen	nur bei vorhandenen SCSI-Einheiten
Offboard PCI IDE Card	Angabe des PCI-Slots, in dem sich eine zweite IDE-Controller-Karte befindet	»Auto«, »Disabled« bei keiner zusätzlichen IDE-Controller-Karte
Onboard AHA BIOS	Optionen für integrierten SCSI-Controller der Firma Adaptec einstellen	nur bei vorhandenen SCSI-Einheiten
PCI IDE IRQ Map To	Interrupt-Kanal für den Onboard-IDE-Controller zuweisen	standardmäßig IRQ14 für den ersten und IRQ15 für den zweiten Anschluss
PCI Interrupt Mapping	automatische oder manuelle Ressourcenverteilung festlegen	»Manual« oder »Auto«, je nach PC-Ausstattung
Plug&Play Aware OS	Ressourcenverteilung per BIOS oder per Betriebssystem ermöglichen	No
PnP BIOS Auto-Config	Automatische oder manuelle Ressourcenverteilung festlegen	»Manual« oder »Auto«, je nach PC-Ausstattung
PnP OS Installed	Ressourcenverteilung per BIOS oder per Betriebssystem ermöglichen	No
Primary Graphics Adapter	PCI- oder AGP-Grafikkarte als erste Grafikkarte festlegen	AGP bei Verwendung eines AGP-Adapters
Reserved ISA Card Memory Adress	Basisadresse eines Speicherbereiches für eine ältere ISA-Karte bestimmen	»No« bei aktuellen PCs

Tab. 7.5: Gebräuchliche Optionen für den PCI- und PnP-BIOS-Setup (Forts.)

BIOS-Setup-Eintrag	Bedeutung/Funktion	bevorzugte Einstellung
Reset Configuration Data	Neuschreiben der ESCD-Daten	Disabled
Resources controlled by	automatische oder manuelle Ressourcenverteilung	»Manual« oder »Auto«, je nach PC-Ausstattung
Slot x (using) IRQ	Zuordnung eines bestimmten Interrupts zu einem Slot	»Auto« bei aktuellen PCs
Slot x using INT#, Right/Middle/Left	Zuordnung eines bestimmten Interrupts zu einem Slot	»Auto« bei aktuellen PCs
Symbios SCSI BIOS	Optionen für integrierten SCSI-Controller der Firma Symbios Logic einstellen	nur bei vorhandenen SCSI-Einheiten
Trigger Method	Festlegung des Interrupt-Auslösemechanismus	Level

Tab. 7.5: Gebräuchliche Optionen für den PCI- und PnP-BIOS-Setup (Forts.)

7.6 PC-Ressourcen

In den vorherigen Kapiteln sind des Öfteren die PC-Ressourcen erwähnt worden, auf die nun explizit eingegangen werden soll. Die üblichen (konfigurierbaren) PC-Ressourcen sind dabei die folgenden:

- Speicherbereich
- Ein/Ausgabe-Bereich
- DMA-Kanäle
- Interrupt-Kanäle

Bei aktuellen PCs, die über Onboard-Einheiten, über PCI-Slots und einen AGP-Slot verfügen, sollte man davon ausgehen können, dass keinerlei manuelle Einstellungen für die Reservierung von Adressen und Kanälen notwendig sind, wofür aber aktuelle und für das jeweilige Betriebssystem passende Treiber eine grundlegende Voraussetzung sind. Lediglich die Interrupts stellen sich in der Praxis mitunter immer noch als problematisch dar, sodass diese etwas ausführlicher behandelt und die anderen drei Ressourcen-Typen hier nur zur Übersicht und für das grundsätzliche Verständnis erläutert werden.

[PC-Ressourcen]

Bild 7.22: Der Windows-Geräte-Manager zeigt die erkannten Geräte in einer baumartigen Struktur an. Eine Übersicht über die verwendeten PC-Ressourcen erhält man über »Eigenschaften«.

Ab Windows 95 kann man sich die Vergabe der Ressourcen im *Geräte-Manager* (START/EINSTELLUNGEN/SYSTEMSTEUERUNG/SYSTEM) näher ansehen. Bei den einzelnen Geräte-Einträgen kennzeichnet ein rotes Kreuz einen schwer wiegenden Gerätefehler, beispielsweise, dass die Einheit mit einer anderen eine Ressourcenüberschneidung aufweist. Ein gelbes Ausrufezeichen kennzeichnet einen minder schweren Gerätefehler, wie beispielsweise das Fehlen des dazugehörigen Software-Treibers. Diese Art der Darstellung und Konfiguration von Hardware-Einheiten wurde weder bei Windows 98 noch bei Windows Millennium (Me) verändert. Lediglich Windows NT bildet hier eine Ausnahme, wobei sich die Nachfolger Windows 2000 und Windows XP bei der Darstellung der Hardware ebenfalls an Windows 9x orientieren, auch wenn die Treiber sich hierfür grundsätzlich von denen der anderen Windows-Versionen unterscheiden.

Bild 7.23: Die Ressourcenbelegung findet sich bei Windows NT 4.0 neben anderen Angaben unter »Windows NT-Diagnose«.

Bei Windows NT 4.0 gibt es dagegen keine derartige Geräte-Manager-Anzeige, sondern die *NT-Diagnose*, welche entsprechende Hardware-Informationen anzeigen kann. Der NT-Nachfolger Windows 2000 bietet aber wie die Windows 98-Versionen nunmehr auch eine aktuelle Plug&Play-Implementierung sowie die Unterstützung für USB, AGP und fortschrittliches Power Management (ACPI), was gleichermaßen für Windows XP gilt. Auch bei Windows 2000/XP existiert nun ein Geräte-Manager, der sich über SYSTEMSTEUERUNG/SYSTEM/HARDWARE/GERÄTE-MANAGER aufrufen lässt und die von Windows 95 her bekannte Art und Weise der Hardware- und Ressourcen-Anzeige bietet.

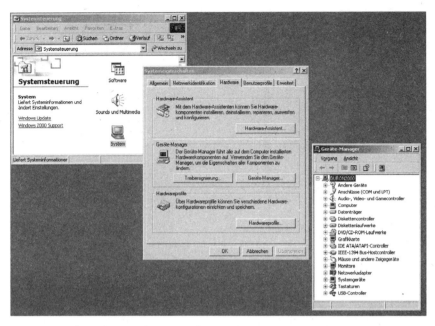

Bild 7.24: Die Darstellung der Hardware-Einheiten kann unter Windows 2000/XP mit dem Geräte-Manager erfolgen.

7.6.1 Speicherbereich

Zu den häufigsten speicherkonfigurierbaren ISA-Karten gehören Netzwerkkarten, und zwar nur diejenigen, die über ein eigenes RAM und/oder ein Boot-PROM verfügen. Des Weiteren belegen SCSI-Controller einen Teilbereich im Speichersegment. Die Grafikkarten kann man hier nicht dazurechnen, da deren Adressen standardisiert und nicht veränderbar sind. Alle anderen üblichen ISA-Karten wie Sound- oder auch Modem-Karten verwenden keine Adressen im Speicherbereich. Allgemein kann man feststellen: Wenn eine gebräuchliche ISA-Karte weder über ein BIOS noch über ein RAM verfügt, verwendet sie auch keinen Bereich im Speicher des PC. Anders sieht es hingegen bei den PCI-Karten aus, die generell einen Teil des Speicherbereichs (> 1 MByte bis 4 GByte) beanspruchen. PCI-Karten werden bekanntermaßen jedoch nicht manuell, sondern automatisch mithilfe des BIOS konfiguriert. Der Anwender hat daher üblicherweise keinen Einfluss darauf, welcher Speicherteilbereich jeweils von einer Einheit verwendet wird.

Dank PCI-Plug&Play sind bei aktuellen PCI-Karten kaum Probleme bei der Belegung der Speicherbereiche zu erwarten, lediglich die alten ISA-Karten können hier für Ärger sorgen. ISA-Karten mit Plug&Play-Funktion (ISA PnP) benötigen keinen Platz im Speicherbereich, sofern es sich nicht um eine Netzwerk- oder SCSI-Controller-Karte mit eigenem BIOS und/oder RAM handelt, wie es auch für die (alten) ISA-Karten zutrifft.

Kapitel 7 · Bussysteme, Plug&Play und Onboard Devices

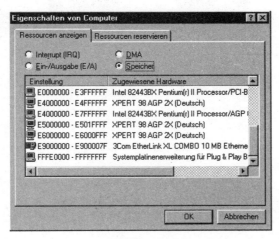

Bild 7.25: Der Geräte-Manager gibt Auskunft über die Belegung des Speicherbereichs, der insbesondere von der Grafikkarte (ATI XPERT) verwendet wird.

Es gibt aber durchaus einige ältere PCI-Karten, bei denen sich Adressbereiche unzulässigerweise überlappen können, wie es beispielsweise mit einer Hercules Dynamite-Grafikkarte und einem NCR-SCSI-Controller passieren kann. Die Grafikkarte ist dann nur im Standard-VGA-Modus zu betreiben, weil sich die Adressenüberlappung erst bei höheren Auflösungen einstellt. Der Anwender kann bei derartigen Problemen leider nicht mehr viel ausrichten – z.B. den passenden Jumper stecken – und nur auf Treiber hoffen, die den Fehler ausmerzen, wobei auch das BIOS (Update?), das Chipset oder eine unglückliche Gerätekombination an einem derartigen Problem schuld sein kann. Die jeweiligen Einheiten selbst mögen zwar (scheinbar) in Ordnung sein und funktionieren in einem anderen PC möglicherweise ohne Probleme, nur nicht in dem dafür vorgesehenen PC. Eine Ausweg aus einem derartigen Dilemma ist nicht ganz einfach und meist nur durch Ausprobieren zu bewältigen, indem man beispielsweise zunächst alle nicht unbedingt notwendigen Karten aus dem PC entfernt, um den »Übeltäter« somit zweifelsfrei ermitteln zu können. Bestimmte Speicherbereiche lassen sich im Fehlerfall außerdem über die Funktion RESSOURCEN RESERVIEREN (Bild 7.25) vom Plug&Play-Mechanismus ausschließen.

PC-Ressourcen

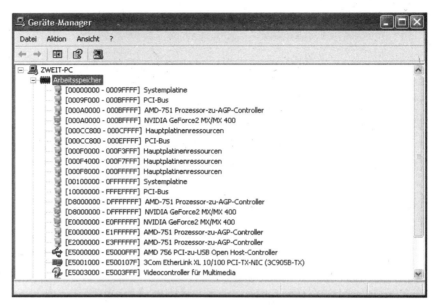

Bild 7.26: Die Anzeige der Speicheradressen firmiert bei Windows XP unter »Arbeitsspeicher« und ist recht aufschlussreich, denn hier existiert offensichtlich ein Problem mit dem »Videocontroller für Multimedia«.

7.6.2 Ein/Ausgabe-Bereich

Jeder PC-Typ verfügt über einen Ein/Ausgabe-Bereich (E/A oder I/O = Input/Output), der praktisch parallel zum Speicherbereich liegt und mithilfe spezieller Steuer- und Adressleitungen adressiert wird. Er reicht unabhängig vom PC-Typ bis zur Adresse FFFFh (64 kByte) und ist insbesondere für die Kommunikation mit Mainboardkomponenten und (alten) ISA-Einsteckkarten von Bedeutung.

Der Bereich bis 01FFh ist für die grundlegenden Komponenten des Mainboards vorgesehen und steht für Einsteckkarten generell nicht zur Verfügung. Auf allen aktuellen Mainboards sind auch die Standardschnittstellen wie für die PS/2-Maus, ein oder zwei RS232-Schnittstellen, der Druckerport (Centronics, IEEE1284) und der *Universal Serial Bus* (USB), nebst den entsprechenden Anschlüssen für die Disketten- und Festplattenlaufwerke, mit integriert. Dies vereinfacht ihre Konfigurierung insoweit, als hierfür keine E/A-Adressen per Steckbrücke (Jumper) zu vergeben sind, da diese festliegen. Die einzelnen Einheiten können als *aktiviert* oder *deaktiviert* mit einigen Optionen (siehe *Onboard Devices*) komplett per BIOS-Setup eingestellt werden.

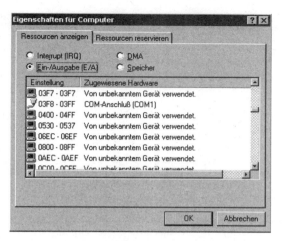

Bild 7.27: Die Angabe »Von unbekanntem Gerät verwendet« muss bei Windows 9x nicht unbedingt bedeuten, dass tatsächlich ein Gerät oder eine Systemeinheit diesen Adressbereich verwendet.

Die Ressourcenvergabe kann man sich bei Windows 9x wieder mithilfe des Geräte-Managers näher ansehen, und insbesondere bei den E/A-Adressen trifft man womöglich auf einen Eintrag *Von unbekanntem Gerät verwendet*. Diese Angabe kann bedeuten, dass tatsächlich ein Gerät oder eine Systemeinheit diesen Adressbereich verwendet oder aber auch nicht. Bei den (alten) ISA-Karten existiert nämlich kein Mechanismus, der es gestattet, die ihnen zugeteilten Ressourcen zu erkennen. Windows 9x kann in diesen Fällen lediglich die üblichen Konfigurationsdateien wie CONFIG.SYS, AUTOEXEC.BAT und die Windows INI-Dateien nach entsprechenden Eintragungen wie SET BLASTER A220 I5 D1 und ähnlichem »abklappern«, um die Verwendung der Ressourcen zu ermitteln. Dabei können auf den Karten jedoch davon abweichende Einstellungen getätigt worden sein, was Windows 9x (und die Testprogramme) somit zu fälschlichen Aussagen bezüglich der E/A-, Speicher-, Interrupt- und DMA-Belegung veranlasst. Sind die Karten aber erst einmal von Windows 9x akzeptiert worden, sind die ihnen zugeteilten Ressourcen nicht mehr für andere verwendbar.

Zwischen den in der folgenden Tabelle angegebenen E/A-Adressen können sich spezielle Konfigurationsregister für den jeweiligen auf dem Mainboard verwendeten Chipsatz befinden. In der Regel kann man jedoch davon ausgehen, dass die Adressen wie in Tabelle 7.6 angegeben verwendet werden und der Bereich von 200h bis FFFFh – in Abhängigkeit von den bereits installierten Karten – für Erweiterungen eingesetzt werden kann, von denen in der Tabelle gleich einige übliche für ISA-Netzwerk- und -Sound-Karten (Legacy ISA) mit angegeben sind.

PC-Ressourcen

Adresse in Hex	Verwendung
0000–001F	erster DMA-Controller (Master)
0020–0021	erster Interrupt-Controller (Master)
0022	Chipset-Data-Port (Index)
0023	Chipset-Data-Port (Data)
0026	Power Management-Port (Index)
0027	Power Management-Port (Data)
0040–005F	Timer (Systemzeitgeber)
0060–006F	Tastatur-Controller und Systemlautsprecher (61h)
0070–007F	CMOS-RAM und Real Time Clock 70h: Index-Port, 71h: Data Port
0080–008F	DMA-Seitenregister (Page Register)
0090–0097	meist frei
00A0–00A1	zweiter Interrupt-Controller (Slave)
00C0–00DF	zweiter DMA-Controller (Slave)
00F0–00FF	mathematischer Coprozessor
0100–016F	meist frei
0170–0177	zweiter Festplatten-Controller, IDE
0178	Powermanagement-Port (Index)
0179	Power Management-Port (Data)
01F0–01F7	erster Festplatten-Controller, IDE
01F8	Gate-A20-Control
01F9-01FF	meist frei
0200-020F	Game-Port (Joystick)
0210-0217	Erweiterungseinheit (z.B. Docking Station), meist frei
0220-022F	typischerweise Soundblaster-Karte
0230-023F	meist frei
0240-025F	typischerweise Netzwerkkarte

Tab. 7.6: Die I/O-Adressen und wofür sie üblicherweise verwendet werden

Adresse in Hex	Verwendung
0260-0277	meist frei
0278-027A	zweite Druckerschnittstelle
0280–02E7	typischerweise Netzwerkkarte (NE2000-kompatibel) oder frei
02E8–02EF	vierte serielle Schnittstelle (COM4) oder frei
02F8–02FF	zweite serielle Schnittstelle (COM2)
0300–031F	Netzwerk- oder Prototypkarte
0320–032F	meist frei
0330–0337	MPU401 (MIDI-Standard) oder auch SCSI-Controller
0338–0377	frei
0378–037A	erste Druckerschnittstelle
0380–0387	frei
0388–038B	FM-Sound-Chip, AdLib-Standard
038C–03AF	frei
03B0–03DF	monochrome Grafikkarte
03E0–03E7	frei
03E8–03EF	dritte serielle Schnittstelle (COM3) oder frei
03F0–03F7	Controller für Diskettenlaufwerke
03F8–3FF	erste serielle Schnittstelle (COM1)
0400–FFFF	nicht näher spezifiziert, Plug&Play-Einheiten

Tab. 7.6: Die I/O-Adressen und wofür sie üblicherweise verwendet werden (Forts.)

Für den E/A-Bereich oberhalb 03FFh sind keine allgemein gültigen Festlegungen getroffen worden, sodass sich hier im Grunde genommen alles Mögliche befinden kann. Insbesondere ISA-Sound-Karten machen vom Bereich oberhalb 3FFh regen Gebrauch, wobei jedoch ab 0400h generell der Plug&Play-Bereich beginnt, der vorwiegend von PCI-Einheiten verwendet wird, was von der jeweiligen PC-Ausstattung abhängig ist.

Unter Windows NT 4.0 funktioniert die Anzeige der verwendeten PC-Ressourcen zuverlässiger als unter Windows 9x, weil für jede Komponente ein entsprechender Windows NT 4.0-Treiber nötig und daher kein »Treibermix« aus DOS-, Windows 3.x- und Windows 95-Treibern möglich ist. Die entsprechende Ressourcenanzeige ist über PROGRAMME/VERWALTUNG (ALLGEMEIN)/WINDOWS NT-DIAGNOSE zu selektieren.

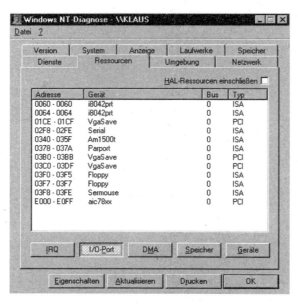

Bild 7.28: Die Darstellung der I/O-Adressen lässt unter Windows NT keinen Zweifel an deren jeweiliger Verwendung.

In der Systemsteuerung von Windows NT 4.0 existiert die von Windows 95 her bekannte baumartige Darstellung der einzelnen Hardware-Komponenten (Systemeigenschaften für System) mithilfe des Geräte-Managers nicht. Daher können an dieser Stelle auch keine Änderungen an den einzelnen Kartenparametern vorgenommen werden. Dies geschieht stattdessen über das jeweilige Symbol (SCSI, Multimedia, Netzwerk) in der Systemsteuerung. Dabei hängt es vom Kartentyp (ISA, PCI) und dem dazugehörigen Treiber ab, ob hier überhaupt Änderungsmöglichkeiten vorgesehen sind. Windows NT 4.0 zeigt sich so gesehen weitaus »rigider« als Windows 9x, wenn es um die Ressourcenbehandlung geht, und lässt den Anwender keine unsinnigen Einstellungen vornehmen, was somit der Stabilität des Systems zugute kommt. Entsprechendes trifft auf die Nachfolger Windows 2000 und Windows XP zu.

Kapitel 7 · Bussysteme, Plug&Play und Onboard Devices

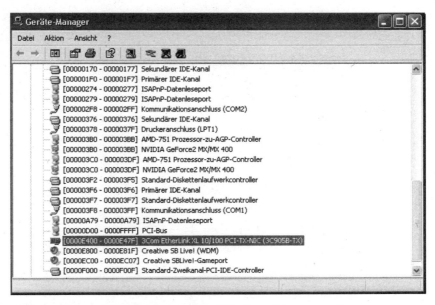

Bild 7.29: Die Darstellung der E/A-Adressen bei Windows XP

7.6.3 DMA-Kanäle

In jedem PC ist ein spezieller Baustein für den Datentransfer zwischen Speicher und Peripherie vorhanden. Dieser Baustein versetzt den Computer in die Lage, Daten mit *relativ* hohen Geschwindigkeiten zu übertragen. Diese Betriebsart wird als *Direct Memory Access* (direkter Speicherzugriff) bezeichnet. Die Datenübertragung erfolgt daher (quasi) unabhängig von der CPU, und nicht mehr der Prozessor hat den Zugriff auf die Daten-, Adress- und Steuerleitungen (den Systembus), sondern der DMA-Controller. Ein Geschwindigkeitszuwachs durch die DMA-Übertragung ergibt sich allerdings nur bei den älteren PC-Modellen, denn bereits 486-CPUs können im Polling-Mode höhere Geschwindigkeiten bieten. Im Polling-Mode, wie er beispielsweise für IDE-Festplatten (PIO-Modes) durchgeführt wird, ist demgegenüber die CPU allein für die Datenübertragung zuständig. Aus diesem Grunde liegt der Vorteil der DMA-Betriebsart nicht im Zuwachs an Geschwindigkeit, sondern in der »ungestörten« Übertragung von definierten Datenblöcken (64 oder 128 kByte bei ISA), die nicht durch andere Aktionen unterbrochen werden kann. Die CPU kann sich außerdem während einer laufenden DMA-Übertragung anderen Aufgaben widmen.

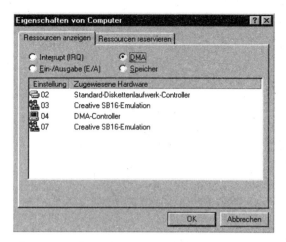

Bild 7.30: Die verwendeten DMA-Kanäle bei einem PC mit Windows 9x. Aus Kompatibilitätsgründen werden hier auch von einer PCI-Sound-Karte (Soundblaster Live) ISA-Ressourcen belegt.

Da der PCI-Bus keine DMA-Übertragung kennt, sondern stattdessen mit Burst-Übertragungen arbeitet, sind hierfür auch keine speziellen Kanäle zu reservieren, und die Vergabe der DMA-Kanäle ist lediglich für die vorhandenen ISA-Karten zu beachten. Eine Ausnahme bilden Sound-Karten für die Soundblaster-Emulation unter DOS, wo sich auch eine PCI-Karte aus Kompatibilitätsgründen als ISA-Karte ausgeben muss, sodass sie dann auch mindestens einen DMA-Kanal benötigt. Ab einem AT-Computer (286-CPU) sind zwei dieser DMA-Controller-Bausteine auf dem Mainboard enthalten und somit acht Kanäle verfügbar, was auch dem aktuellen Standard entspricht. Der erste DMA-Controller wird wie bei den Interrupt-Controllern (siehe Kapitel 7.6.4) als *Master*, der zweite als *Slave* bezeichnet, und beide sind entsprechend verschaltet. Das Prinzip ist hier das gleiche wie bei den Interrupt-Kanälen, und die DMA-Chips befinden sich ebenfalls in der Southbridge des Chipsatzes.

DMA-Kanal	Verwendung
0	frei
1	frei
2	Controller für Diskettenlaufwerke
3	Enhanced Parallel Port, Druckerport laut IEEE1284
4	Kaskadierung, nicht zu verwenden

Tab. 7.7: Die Verwendung der DMA-Kanäle

DMA-Kanal	Verwendung
5	IDE-Controller, zweiter Kanal
6	frei
7	IDE-Controller, erster Kanal

Tab. 7.7: Die Verwendung der DMA-Kanäle (Forts.)

Welcher DMA-Kanal für den Festplatten-Controller verwendet wird, ist nicht eindeutig definiert. In den meisten Fällen wird es jedoch der DMA-Kanal 7 und für den zweiten Kanal eines IDE-Controllers der Kanal 5 sein. Mittlerweile wird aber überhaupt kein DMA-Kanal vom Festplatten-Controller mehr belegt, wie es bei allen neueren PC-Designs der Fall ist, weil ein PIO-Mode ohnehin kein DMA nutzt und weil für UDMA (Ultra DMA oder Ultra ATA) die IDE-Interface-Elektronik verändert wurde, sodass IDE als Busmaster mit einem speziellen Treiber des Betriebssystems arbeitet.

Bild 7.31: Der Diskettenlaufwerk-Controller kommt auch unter Windows XP als ISA-Device daher, und der Kanal 4 dient der Kaskadierung für den »zweiten« DMA-Controller.

Falls im BIOS-Setup für die Druckerschnittstelle der EPP-Mode (IEEE1284) eingestellt ist, kommt üblicherweise auch hierfür ein DMA-Kanal – meist der Kanal 3 – zum Einsatz. Da den einzelnen DMA-Kanälen wie bei der Interrupt-Verarbeitung eine bestimmte Priorität zugeordnet ist, wird zunächst die Anforderung mit der höchsten Priorität verarbeitet. DRQ0 hat die höchste, DRQ7 hat dabei die niedrigste Priorität.

7.6.4 Interrupt-Kanäle

Ein Computer hat zahlreiche Aufgaben zu bewältigen, die er teilweise scheinbar gleichzeitig erledigt. Eine wichtige Rolle spielt dabei die Interrupt-Verarbeitung, und Hardware-Einheiten, die diese Funktionen verwenden können, benötigen entsprechende PC-Ressourcen – in diesem

Fall einen oder auch mehrere Interrupt-Kanäle. Wenn es keine Interrupt-Verarbeitung gäbe, müsste der Prozessor stets in einer Programmschleife arbeiten. In diesem Fall stellt er beispielsweise entweder fest, ob eine Taste gedrückt ist, ob eine Schnittstelle etwas sendet oder ob der Monitor etwas anzeigen soll. Dieses Arbeiten ist sehr ineffektiv, da der Prozessor die meiste Zeit nur »nachschaut« und die eigentlichen Aktionen vielleicht gerade dann ausführt, wenn bereits eine andere Aktion an der Reihe ist. Bei der Interrupt-Verarbeitung hingegen wird der Prozessor in seiner momentanen Arbeit unterbrochen (interrupted). Dies könnte gerade beim Darstellen einiger Zeichen auf dem Bildschirm geschehen, damit er stattdessen beispielsweise ein Zeichen von der Tastatur einliest. Beim Betätigen einer Taste wird ein Interrupt (Interrupt Request, IRQ) ausgelöst, der den Prozessor veranlasst, den Tastencode einzulesen und eine entsprechende Aktion auszuführen.

Aus traditionellen Gründen gibt es im PC zwei Interrupt-Controller. Der »Urvater-PC« verfügt nur über 8 Interrupt-Kanäle, wofür ein einziger Interrupt-Controller verwendet wird. Mit dem AT (ab 286-CPU) ist ein zweiter Baustein für weitere 8 Kanäle eingeführt worden, wobei einer den *Master-Controller* und der andere (der neue) den *Slave-Controller* darstellt. Mithilfe des Interrupt-Kanals 2 spricht der erste Controller (Master) den zweiten Controller (Slave) an. Der ursprüngliche Interrupt 2 wird dabei auf den Interrupt 9 des Slave-Controllers umgeleitet. An der ursprünglichen Prioritätenreihenfolge hat sich dadurch nichts verändert, da die neuen Interrupts vor den »alten« Interrupt 3 platziert werden, wie es in Tabelle 7.8 gezeigt ist. Als einzelne Bausteine sind die beiden Interrupt-Controller schon seit langem nicht mehr in PCs zu finden. Ihre Aufgabe wird von einem Schaltungsteil (z.B. Southbridge) des Chipsatzes ausgeführt, damit aber alles schön kompatibel bleibt, wird einfach die alte Konstruktion nachgebildet. Der Interrupt 13 diente damals der Kommunikation des mathematischen Coprozessors mit der CPU. Der Coprozessor ist ab einer 486-CPU im Chip mit integriert, sodass dieser IRQ eigentlich in dieser Form nicht mehr notwendig ist, er ist jedoch weiterhin aus Kompatibilitätsgründen nach dem klassischen Muster implementiert.

IRQ	Verwendung
0	Timer, reserviert für Mainboard-Elektronik
1	Tastatur, reserviert für Mainboard-Elektronik
2	Kaskadierung für zweiten Controller, reserviert
8	Echtzeituhr, reserviert für Mainboard-Elektronik
9	frei oder auch SCSI- oder USB-Controller, PCI-Mainboard
10	frei

Tab. 7.8: Die Hardware-Interrupts

IRQ	Verwendung
11	frei
12	PS/2-Maus-Port
13	mathematischer Coprozessor, Fehlerübermittlung
14	erster IDE-Festplatten-Controller
15	zweiter IDE-Festplatten-Controller
3	COM2, zweite serielle Schnittstelle
4	COM1, erste serielle Schnittstelle
5	frei oder auch LPT2, zweite Druckerschnittstelle
6	Controller für die Diskettenlaufwerke
7	LPT1, erste Druckerschnittstelle

Tab. 7.8: Die Hardware-Interrupts (Forts.)

In einem PC gibt es also insgesamt 16 Interrupt-Kanäle, die (zunächst) auch immer nur einer Einheit zugewiesen werden dürfen. In der Praxis passiert es jedoch oftmals, dass beispielsweise der IRQ7, der standardmäßig für die erste Druckerschnittstelle vorgesehen ist, auch als Voreinstellung für eine Soundblaster-Karte verwendet wird. Probleme sind im Prinzip nur dann zu erwarten, wenn versucht wird, während der Sound-Ausgabe zu drucken. Sicherheitshalber sollte man bei älteren PCs von derartigen Interrupt-Konstellationen jedoch Abstand nehmen.

Die meisten PC-Einheiten lassen ein *Interrupt-Sharing* zu, was bedeutet, dass mehrere PCI-Karten (aber keine ISA-Karten!) ein und denselben Interrupt-Kanal verwenden können. Dies ist recht hilfreich, weil es in Anbetracht der zahlreichen PC-Einheiten doch recht knapp mit 16 Kanälen werden kann, zumal einige von vornherein für Mainboard-Einheiten festgelegt sind, was sich auch nicht verändern lässt. Die Software-Treiber für die Geräte müssen diese Funktion allerdings ebenfalls unterstützen und gewissermaßen selbst herausfinden, welches Gerät den Interrupt ausgelöst hat, was zusätzliche Verarbeitungszeit nach sich zieht und keineswegs mit jeder PC-Einheit funktioniert.

Wie bei den E/A-Adressen kurz erläutert, existiert für die per Jumper konfigurierbaren ISA-Karten kein Mechanismus zur Ermittlung der von einer Karte verwendeten Parameter, und daher gilt auch für Interrupts und deren Anzeige vom Geräte-Manager, dass man sich auf die dort gezeigten Angaben nicht verlassen kann. Dies gilt sowohl für die Angabe *Von unbekanntem Gerät verwendet* als auch für eine nicht vorhandene Interrupt-Angabe. Eine Überprüfung dahingehend, ob nun ein Interrupt-Kanal verwendet wird oder nicht, ist nur durch eigenes Nachforschen und mithilfe der Tabelle 7.8 möglich.

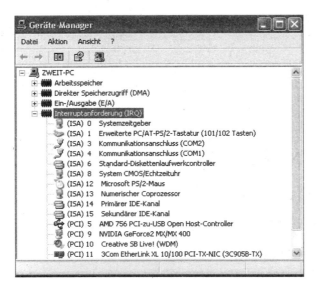

Bild 7.32: Auch wenn der PC überhaupt keine ISA-Slots mehr besitzt, die traditionellen PC-Einheiten werden auch unter Windows XP als ISA-Devices geführt und belegen Interrupt-Kanäle.

Die höchste Priorität hat in der Regel der *nicht maskierbare Interrupt* (NMI). Er kann nicht wie die anderen Interrupts durch eine Maskierung per Software gesperrt werden und wird beispielsweise bei einem Paritätsfehler ausgelöst. Die Stromsparfunktionen eines PC sind von der Priorität her noch über dem NMI angeordnet. Die zweithöchste Priorität (IRQ0) hat der Timer (Systemzeitgeber) auf dem Mainboard, während die erste parallele Schnittstelle (Drucker) die niedrigste (IRQ7) innehat. Wie Tabelle 7.8 zu entnehmen ist, sind bei einem PC die Interrupts – je nach Ausstattung – begrenzt (frei sind Nr. 10 und Nr. 11), was zu Problemen bei der Integration von Einsteckkarten führen kann.

7.6.5 PCI-Interrupts

Die klassische Verwendung der Interrupts (siehe Tabelle 7.8 und Bild 7.32), wie sie ursprünglich für ISA-PCs definiert worden war, gilt auch für PCI- und ISA-Plug&Play-Einheiten, wobei mit PCI aber keine Erweiterung dieses Schemas stattgefunden hat. PCI selbst definiert zwar vier Interrupts (INTA#-INTD#), diese werden jedoch über die ISA-Interrupt-Kanäle abgebildet, wie es anhand des *PnP/PCI Configuration Setups* in Kapitel 7.5.2 erläutert ist. Dies reduziert letztendlich die Anzahl der prinzipiell zur Verfügung stehenden IRQs.

Bei älteren Mainboards sind für die Zuordnung der INTs zu den IRQs auf einem Mainboard Jumper zu stecken. Bei aktuellen PCs wird diese Zuordnung mithilfe der Southbridge, die sich im BIOS-Setup innerhalb bestimmter Kombinationen hierfür manuell konfigurieren lässt, durchgeführt.

Wie die vier PCI-Interrupts mit den einzelnen Steckplätzen (AGP, PCI) und den *Onboard Devices* verbunden sein sollen, ist in der PCI-Spezifikation zwar vorgeschrieben, allerdings gehen die Mainboard-Hersteller hier durchaus eigene Wege, sodass es hier eine ganze Reihe verschiedener Möglichkeiten der elektrischen Verdrahtung gibt, die nicht veränderbar ist. Leider veröffentlichen aber die wenigsten Mainboard-Hersteller das auf dem Mainboard realisierte Routing der PCI-Interrupts. Dies stellt sich immer dann als Problem dar, wenn eine PCI-Karte nur bei Erhalt eines exklusiven PCI-Interrupts richtig funktioniert, sie das Interrupt-Sharing also nicht korrekt beherrscht, was aber durchaus im Gerätetreiber begründet sein kann und sich dann durch eine Treiberaktualisierung beheben lässt.

Tabelle 7.9 zeigt, wie die Zuordnung laut PCI-Standard aussehen sollte. Daraus wird ersichtlich, dass alle vier PCI-Interrupts an alle PCI-Slots geführt werden, eine AGP-Grafikkarte lediglich den INTA# oder den INTB# verwenden kann und die Onboard-Einheiten den INTC# oder auch den INTD#. Beispielsweise kommt der INTA# sowohl für den AGP, den ersten PCI-Slot als auch den fünften zum Einsatz, was sich immer dann als problematisch erweisen kann, wenn die hierfür notwendigen Gerätetreiber das Interrupt-Sharing nicht korrekt beherrschen.

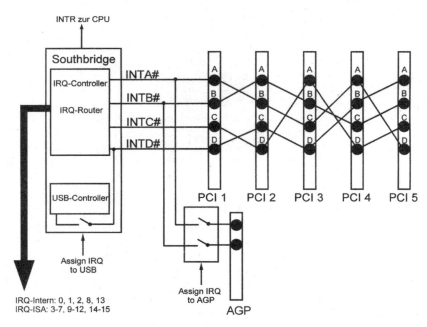

Bild 7.33: Die Organisation der PCI-Interrupts, wie sie in der PCI-Spezifikation definiert ist

In diesem Fall ist einer »widerwilligen« PCI-Karte ein INT# exklusiv zuzuordnen, was aber nur durch das Umstecken der Karte in einen anderen Slot zu erreichen ist, da die INTs fest verdrahtet sind. Um bei der

Zuordnung laut der Tabelle 7.9 zu bleiben, bedeutet dies beispielsweise: Der INTA# wird von der AGP-Karte verwendet, der INTC# vom Onboard Soundchip und der INTD# vom USB-Controller. Für die Karte bleibt lediglich der INTB# übrig, der exklusiv zum Einsatz kommen kann, wenn sich die Karte im PCI-Slot 2 befindet.

Slot/Device	1. Leitung	2. Leitung	3. Leitung	4. Leitung
AGP-Slot	INTA#	INTB#	-	-
PCI-Slot 1	INTA#	INTB#	INTC#	INTD#
PCI-Slot 2	INTB#	INTC#	INTD#	INTA#
PCI-Slot 3	INTC#	INTD#	INTA#	INTB#
PCI-Slot 4	INTD#	INTA#	INTB#	INTC#
PCI-Slot 5	INTA#	INTB#	INTC#	INTD#
PCI-Slot 6	INTB#	INTC#	INTD#	INTA#
Onboard USB	INTD#	-	-	-
Onboard Sound	INTC#	-	-	-

Tab. 7.9: Diese Zuordnung der vier PCI-Interrupts zu den Slots und den Onboard-Devices ist in der PCI-Spezifikation definiert.

7.6.6 APIC-Modus

Die Interrupt-Verarbeitung und die Anzahl der möglichen Interrupt-Kanäle hat sich seit dem 80286-Prozessor im Grunde genommen nicht verändert, und durch die PCI-Einheiten (Einsteckkarten, Onboard Devices) hat sich die hier vorhandene Ressouren-Knappheit in der Praxis sogar noch verschärft.

Für Multiprozessor-Systeme wurde damals mit dem PentiumPro ein *Advanced Programmable Interrupt Controller* (APIC) mit in den Chip integriert. Über den hiermit realisierbaren APIC-Bus kommunizieren die CPUs untereinander und stellen sich gegenüber dem Interrupt-Controller im Chipset so dar, als wenn es sich um eine einzige CPU handeln würde. Im Chipset ist dementsprechend die Unterstützung für den APIC-Modus notwendig, die üblicherweise mit in der Southbridge (z.B. PIIX4) in Form der *I/O APIC Logic* untergebracht ist und sich auch von Single-Prozessorsystemen nutzen lässt.

TIPP

Der ursprünglich für Multiprozessor-Systeme entwickelte APIC-Modus erlaubt bei allen aktuellen PCs die Nutzung von 24 Interrupt-Kanälen, was die immer wieder problematische Interrupt-Zuordnung entschärfen kann.

Der APIC-Bus besteht aus drei Signalen (APICCLK, APICD0, APICD1), einem Takt- sowie zwei Datensignalen und dient der Verteilung der Interrupt-Ereignisse. Dabei handelt es sich aber nicht um die klassische Art der (zuvor geschilderten) Interrupt-Verarbeitung, sondern die Kommunikation findet in einem hierfür reservierten Speicherbereich (4 kByte) des PC statt. Interrupts werden dabei über den APIC-Bus gesendet, ohne dass ein Interrupt-Achnowledge-Zyklus absolviert werden muss, wobei die Priorität der Anforderung unabhängig von der jeweiligen Interrupt-Nummer ist. Jedem Interrupt-Kanal wird per Software (Betriebssystem) ein eigener Vektor zugeordnet, und die Kommunikation findet mithilfe spezifizierter Nachrichten (Messages) statt.

Der im Chipset integrierte I/O-APIC kann in zwei Modi arbeiten: entweder im kompatiblen Modus (Legacy Dual 8259) mit 15 Kanälen oder im APIC-Modus, wodurch 24 Interrupt-Kanäle nutzbar sind. Die aus Kompatibilitätsgründen vorhandenen Legacy-Interrupts können dabei ebenfalls (per Redirection Table) über den I/O-APIC abgewickelt werden, sodass sich bei der Nutzung des APIC-Modus für die Verwendung und die Darstellung (z.B. im Windows Geräte-Manager) der klassischen Interrupts keine Veränderungen gegenüber dem Legacy-Modus ergibt.

Das BIOS und das Betriebssystem (z.B. Linux, Windows XP) müssen den APIC-Modus allerdings explizit unterstützen, und nicht bei allen BIOS-Versionen ist dieser Modus im Setup aktivierbar, obwohl die entsprechende Funktionalität im Chipset bereits implementiert ist. Windows XP interpretiert ein APIC-fähiges System als »ACPI Uniprocessor PC«, was etwas missverständlich erscheint, weil dies nicht unmittelbar etwas mit dem *Advanced Configuration and Power Management Interface* (ACPI) zu tun hat. Gleichwohl kann hiermit das Problem beseitigt werden, dass alle PCI-Einheiten gemeinsam einen einzigen Interrupt-Kanal im ACPI-Modus nutzen müssen.

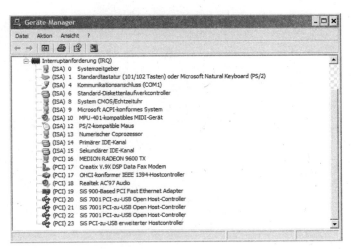

Bild 7.34: Die Verwendung der Interrupt-Kanäle im APIC-Modus beim Aldi-PC (2,6 GHz)

Der (alte) kompatible Modus ist immer verwendbar, unabhängig vom jeweiligen Chipset und der eingesetzten CPU, während der APIC-Modus sowohl vom BIOS als auch vom Betriebssystem unterstützt werden muss. Es mag verwunderlich sein, dass der APIC-Modus offenbar – trotz der bereits seit Jahren zur Verfügung stehenden, aber brachliegenden Unterstützung – erst neuerdings zum allgemeinen Einsatz kommt. Während Linux (z.B. Red Hat 7.2) schon eine ganze Weile hierzu in der Lage ist, bietet erst Windows XP diese Möglichkeit. Bei Linux geht die automatische APIC-Modus-Unterstützung vielfach vom Anwender (fast) unbemerkt vonstatten, wenn z.B. bei der Installation eines SCSI-Controllers der APIC-Modus einfach aktiviert wird, weil der Controller beispielsweise mehrere Interrupt-Kanäle benötigt und/oder die üblichen IRQs bereits belegt sind.

Das BIOS muss aber auf jeden Fall den APIC-Modus zur Verfügung stellen, was eigentlich bei allen aktuellen Mainboards möglich sein sollte. Eine entsprechende Einstellungsoption ist nicht immer leicht zu finden, da sie wieder einmal an unterschiedlichen Stellen – meist aber unter *Advanced BIOS Features* – im BIOS-Setup abgelegt sein kann. Auch wenn keine APIC-Einstellung im BIOS-Setup zu entdecken sein sollte, kann sie dennoch implementiert sein und automatisch (bei Bedarf vom Betriebssystem her) aktiviert werden.

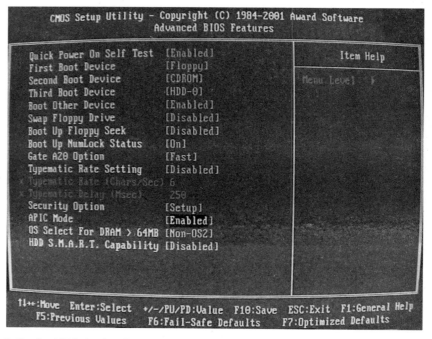

Bild 7.35: Falls die APIC-Option im BIOS-Setup erscheint, sollte sie auch eingeschaltet werden.

Tabelle 7.10 zeigt die Verwendung der 24 Interrupts, wie sie über die Redirection-Tabelle (Umleitung) verwendet werden sollten, denn auch hier können die Hersteller durchaus andere Zuordnungen (siehe Bild 7.34) treffen, was sich in der Praxis jedoch nicht als Problem darstellt. Die IRQs 0-15 können prinzipiell, wie bisher üblich, im alten 8259-Mode eingesetzt werden; teilweise sind sie jedoch auch als SERIRQ und für die damit verbundenen PCI-Messages vorgesehen.

APIC-IRQ	Verbindung	Funktion/Typ
0	IRQ0	Kaskadierung, 8259-Kompatibilität
1	IRQ1	SERIRQ, PCI-Message
2	IRQ2	Timer/Counter
3	IRQ3	SERIRQ, PCI-Message
4	IRQ4	SERIRQ, PCI-Message
5	IRQ5	SERIRQ, PCI-Message
6	IRQ6	SERIRQ, PCI-Message
7	IRQ7	SERIRQ, PCI-Message
8	IRQ8	Echtzeituhr
9	IRQ9	SERIRQ, PCI-Message
10	IRQ10	SERIRQ, PCI-Message
11	IRQ11	SERIRQ, PCI-Message
12	IRQ12	SERIRQ, PCI-Message
13	IRQ13	Floating Point Error
14	IRQ14	SERIRQ, PCI-Message, IDE
15	IRQ15	SERIRQ, PCI-Message, IDE
16	INTA	PCI Interrupt A
17	INTB	PCI Interrupt B, AC97, SMB
18	INTC	PCI Interrupt C
19	INTD	PCI Interrupt D, USB1
20	INTE, GPIO	PCI Interrupt E, LAN, universell
21	INTF, GPIO	PCI Interrupt F, universell

Tab. 7.10: Die Verwendung der Interrupts im APIC-Modus

APIC-IRQ	Verbindung	Funktion/Typ
22	INTG, GPIO	PCI Interrupt G, universell
23	INTH, GPIO	PCI Interrupt H, USB2, universell

Tab. 7.10: Die Verwendung der Interrupts im APIC-Modus (Forts.)

Der serielle Interrupt-Mechanismus (SERIRQ) wird durch eine Wired-OR-Verknüpfung der Einheiten realisiert, arbeitet synchron zum PCI-Bustakt und erlaubt die Verarbeitung von 21 Anforderungen (Requests), die daraufhin über definierte PCI-Messages verarbeitet werden. Welche Einheit welchen IRQ belegt, spielt somit keine Rolle, und es ist eine – je nach PC-Ausstattung – flexible Zuordnungsmöglichkeit gegeben.

Die IRQs 0, 2, 8, 13 sowie die PCI-Interrupts 16-9 (INTA-INTD) sind nicht für den SERIRQ nutzbar, sondern (wie bisher auch) den jeweiligen Einheiten fest zugeordnet, was ebenfalls auf die IRQs 14 und 15 zutrifft, die für die beiden IDE-Kanäle reserviert sind. Falls die IDE-Interfaces nicht zum Einsatz kommen, lassen sich diese beiden IRQs jedoch ebenfalls für den seriellen Interrupt-Mechanismus verwenden. Die PCI-Interrupts 16-19 (INTA-INTD) sind den PCI-Einheiten vorbehalten, und in Tabelle 7.10 sind einige Onboard-Einheiten mit angegeben, die diese Kanäle typischerweise nutzen (sollten).

Die Interrupts 20-23 sind als universell zu verwendende PCI-Interrupts (GPIO = Generell Purpose Input Output) vorgesehen, und es hängt vom Mainboard-Design ab, welche Einheiten hiermit umzugehen haben. Intel und AMD unterbreiten beim IOCH2, IOCH4 bzw. beim Chipset AMD 760 (768 Southbridge) verschiedene Vorschläge, wie dies auszusehen hat. Gemein ist diesen Interrupts jedoch, dass sie nicht dem seriellen Interrupt-Mechanismus unterliegen, sondern für bestimmte Einheiten zu reservieren sind, was bisher jedoch kein allgemeiner Standard ist und daher auch unterschiedlich gehandhabt wird.

7.7 Onboard Devices, Integrated Peripherals

Ab den PCI-Mainboards ist es üblich, dass sich zahlreiche Einheiten, die früher über Einsteckkarten im System integriert wurden, gleich mit auf dem Mainboard befinden. Zu diesen *Onboard Devices*, die in einigen Setups auch unter *Integrated Peripherals* firmieren, gehören die folgenden typischen Einheiten:

- **Floppy Disk Controller:** Diskettenlaufwerk-Controller für den Anschluss von zwei Diskettenlaufwerken an eine 34-polige Steckerleiste auf dem Mainboard.

- **IDE Controller:** Controller für Festplatten und ATAPI-Einheiten, wie CD-ROM- oder ZIP-Laufwerk. Das Mainboard verfügt in der Regel über zwei Ports (40-polige Steckerleisten), wobei jeweils ein Gerät als Master und eines als Slave per Jumper zu konfigurieren ist.

- **Parallel Port:** Schnittstelle an der PC-Rückseite für Drucker, Scanner und andere Einheiten mit paralleler Schnittstelle. Sie ist als 25-polige DSUB-Buchse ausgeführt.

- **Serial Ports:** zwei serielle Schnittstellen für Maus, Modem und andere serielle Einheiten. Sie sind an der PC-Rückseite als 9-poliger Stecker ausgeführt.

- **USB Controller:** Controller für den *Universal Serial Bus* zum Anschluss von USB-Geräten wie Maus, Scanner oder auch Modem. Es handelt sich um einen 4-poligen Anschluss an der PC-Rückseite und möglicherweise auch an der Frontplatte sowie zusätzlich auf dem Mainboard als Steckerleiste für die Verbindung mit einem USB-Anschluss an einem (zusätzlichen) Slotblech.

In Kapitel 3 sind die grundlegenden Dinge für die beiden ersten Controller (FDC, IDE) der Liste erläutert. Aufgrund der zahlreichen Optionen für den IDE-Controller wird hierauf noch gesondert in Teil 3 (Laufwerke konfigurieren) eingegangen. Bis auf den USB-Controller verwenden alle anderen Onboard-Einheiten klassische ISA-Ressourcen, wie es im vorherigen Kapitel erläutert ist. Bei etwas älteren Mainboards kann auch der USB-Controller ebenfalls einen ISA-IRQ belegen (häufig Kanal 9 oder 11). Bei allen Setup-Einträgen für Onboard-Komponenten empfiehlt es sich, generell nur diejenigen einzuschalten, die auch tatsächlich verwendet werden sollen, da andernfalls unnötigerweise Ressourcen (E/A-Adressen, Interrupt- und auch DMA-Kanäle) belegt werden, die man womöglich anderweitig benötigt.

TIPP

Mitunter finden sich auf den Setup-Seiten für Onboard Devices derart viele Einträge, dass diese nicht alle gleichzeitig auf einer Bildschirmseite abgebildet werden können. In diesem Fall muss die Seite anhand der Optionen heruntergeblättert werden. Oftmals treten dadurch bislang vermisste Einträge (Sound, LAN) zutage.

Die Möglichkeit des Abschaltens einzelner Einheiten ist außerdem ganz nützlich, damit im Fehlerfall nicht gleich ein neues Mainboard nötig ist, sondern die fehlerhafte Komponente im BIOS-Setup abgeschaltet und dann per extra Einsteckkarte ersetzt werden kann. Diese Funktion ist jedoch nicht bei allen Mainboards bzw. BIOS-Versionen gegeben, und in einigen Fällen (meist älteren PCs) muss auf dem Mainboard dafür noch ein entsprechender Jumper umgesteckt werden.

Onboard Devices, Integrated Peripherals

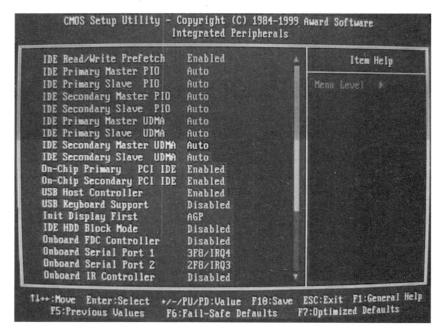

Bild 7.36: Einstellungen für die Onboard-Einheiten finden sich entweder – wie hier – auf einer extra Seite, im Chipset Feature Setup oder unter »Advanced«.

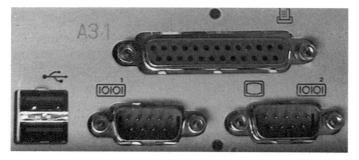

Bild 7.37: Auf der PC-Rückseite finden sich hier ein Parallel-Port (½), zwei USB-Anschlüsse (æ) und zwei serielle Ports.

7.7.1 Parallel-Port

Standardmäßig dient der Parallel- oder LPT- oder auch Centronics-Port zur Steuerung eines Druckers. Die Bezeichnung *Centronics* stammt vom gleichnamigen Druckerhersteller, der diese Schnittstelle in den Achtzigerjahren entwickelt hat. Sie funktionierte ursprünglich nur in einer Richtung (unidirektional), und zwar vom PC zum Drucker. 1994 wurden unter der Bezeichnung IEEE1284 eine Reihe verschiedener Betriebsarten für die parallele Schnittstelle in dieser Norm verbindlich definiert, die die alte Centronics-Implementierung abwärtskompatibel erweitern. Auf den Mainboards ist der Chip für den Parallel-Port mit anderen Schaltungselementen (serielle Ports, Floppy-Port, IrDa) in einem Baustein (z.B. PC87307) zusammengefasst, der auch als *Super IO-Controller* bezeichnet wird und prinzipiell eine Ergänzung zur Southbridge (z.B. PIIX4) des Chipsets darstellt.

Falls das BIOS des PC die IEEE1284-Erweiterungen unterstützt, finden sich im Setup in der Regel die folgenden Einstellungsmöglichkeiten:

- **Compatible Mode:** definiert zur Rückwärtskompatibilität den (alten) unidirektionalen Mode (Centronics), wird auch als SPP (Standard Parallel Port) oder *Normal Mode* bezeichnet. Mitunter wird der Eintrag für diesen Mode auch mit *Output Only* bezeichnet.

- **Nibble Mode:** definiert die Mindestanforderung an die parallele Schnittstelle. Die Datenübertragung erfolgt Nibble-weise, d.h. in vier Bit-Breite. Die Option ist in einigen BIOS-Versionen nicht explizit angegeben, aber dennoch nutzbar, wenn SPP eingestellt ist.

- **Byte Mode:** bidirektionaler Centronics-Mode in acht Bit-Breite, der auch als *Bi-directional* bezeichnet wird.

- **Extended Parallel Port (EPP):** bidirektionale Übertragung von Daten und auch Adressen für maximal 256 Einheiten.

- **Enhanced Capability Mode (ECP):** im Prinzip wie EPP, aber mit Datenkomprimierung, FIFO und Kommandozyklen.

Die erweiterten Funktionen der parallelen Schnittstelle sind für den Anwender nicht immer leicht zu durchschauen, da hier die unterschiedlichsten Vorstellungen der verschiedenen Hersteller wie Microsoft und auch Intel eingeflossen sind. Die wichtigste Neuerung gegenüber der Centronics-Schnittstelle ist zunächst, dass sie bidirektional ausgeführt ist, also in beiden Richtungen funktioniert, wie es beispielsweise für einen Scanner notwendig ist, der hier angeschlossen werden soll.

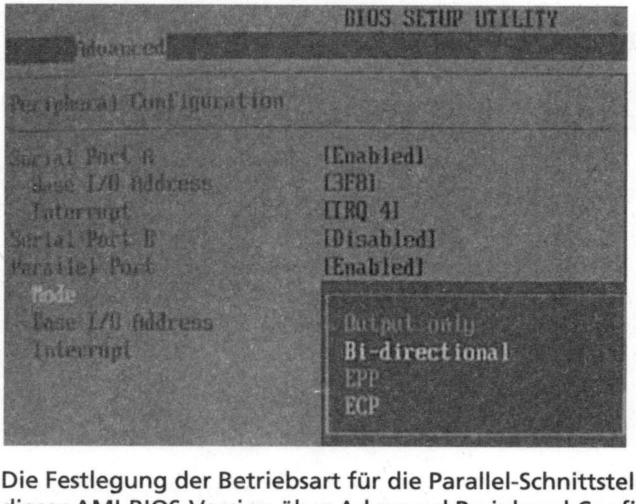

Bild 7.38: Die Festlegung der Betriebsart für die Parallel-Schnittstelle erfolgt bei dieser AMI-BIOS-Version über Advanced Peripheral Configuration.

Idealerweise ist im Handbuch zur Peripherie angegeben, welche Betriebsart jeweils notwendig ist, was aber leider nicht immer der Fall ist. Bewährt hat sich die Einstellung *EPP+ECP*, mit der die unterschiedlichsten Geräte klarkommen sollten. Im einfachsten oder auch im Problemfall wird dieser Punkt auf *Normal* (SPP bzw. Compatible Mode) geschaltet, womit zumindest alle Drucker unidirektional anzusprechen sind, was eigentlich immer funktioniert. Anschließend kann man sich an eine andere Einstellung (EPP und/oder ECP) wagen, die demgegenüber eine höhere Datenübertragungsrate bietet.

Bei der Verbindung von mehreren Geräten und einem Parallel-Port kommt es durchaus vor, dass kein Gerät mehr richtig funktioniert. Wird beispielsweise ein paralleles ZIP-Laufwerk an den Parallel-Port angeschlossen, ist der Drucker mit dem ZIP-Laufwerk zu verbinden, was bedeutet, dass die Signale des Parallel-Ports durch das ZIP-Laufwerk hindurchgeschleift werden. Dies vertragen z.B. einige Drucker der Firma Hewlett-Packard nicht und verweigern daraufhin ihren Dienst.

Bei einem Scanner und einem Drucker am Parallel-Port kann dies ebenfalls passieren. In diesem Fall muss ein Modus gefunden werden, bei dem alle angeschlossenen Geräte funktionieren, was gewissermaßen den kleinsten gemeinsamen Nenner darstellt, der beim BIOS-Setup erstaunlicherweise vielfach im SPP-Mode liegt. Unter der entsprechenden Windows-Version sind anschließend die Optimierungen – wie z.B. die Mode-Umschaltung – wie zuvor beim ZIP-Laufwerk durchzuführen.

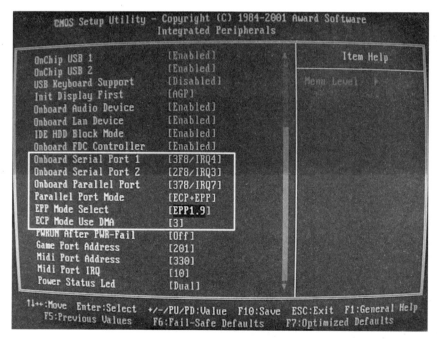

Bild 7.39: Alle Onboard Devices werden hier auf einer Seite konfiguriert, die »herunterzublättern« ist.

Bei einigen BIOS-Versionen ist außerdem die Festlegung der I/O-Basis-Adresse und des zu verwendenden Interrupts für den Parallel-Port möglich, wobei eigentlich kaum ein Grund dafür besteht, die standardisierte Voreinstellung von 378h und IRQ 7 zu verändern, es sei denn, irgendeine andere Einheit (z.B. Sound-Karte, spezielle Messkarte) besteht auf diese Ressourcen und bietet keine Möglichkeit einer hiervon abweichenden Einstellung.

7.7.2 Serielle Schnittstellen – Serial Ports

Ein typischer PC besitzt zwei serielle Schnittstellen, die auch als COM-Ports bezeichnet werden. Wie die anderen Onboard-Optionen sind diese Einheiten im BIOS-Setup bei Nichtbedarf abschaltbar (Disabled), und wie beim Parallel-Port lassen sich auch hier die jeweilige I/O-Basisadresse und ein Interrupt (siehe Bild 7.39) einstellen. Das BIOS des PC unterstützt maximal vier COM-Ports. Tabelle 7.11 zeigt die dabei übliche Zuordnung der Adressen und Interrupt-Kanäle:

Port	Basisadresse	IRQ-Kanal
COM1	3F8h	4
COM2	2F8h	3
COM3	3E8h	4
COM4	2E8h	3

Tab. 7.11: Die üblichen Basisadressen und Interrupt-Kanäle für die COM-Ports

COM1 wird oftmals für den Anschluss einer Maus und COM2 für ein Modem verwendet, was durch die übliche Zuordnung auf den Interrupt-Kanal 4 bzw. 3 auch zu keinen Ressourcenkonflikten führen kann. Diese können sich erst dann ergeben, wenn weitere COM-Ports eingesetzt werden wie beispielsweise eine Modemkarte, die ebenfalls einen eigenen COM-Port mitbringt. Der IRQ4 ist standardmäßig für COM1 und auch COM3 zuständig, was somit zu einem Problem führen kann.

Es hängt jedoch von der verwendeten Software ab, ob überhaupt eine Interrupt-Verarbeitung und nicht nur der Polling-Betrieb ausgeführt wird, für den kein Interrupt-Kanal festzulegen ist. Der Maustreiber und auch die übliche Modem-Software setzen jedoch die Benutzung eines Interrupt-Kanals voraus. Bei einigen Grafikkarten – beispielsweise mit S3-Chip – kommt es bei der Verwendung eines dritten oder vierten COM-Ports zu einem Ressourcenkonflikt, der nur durch die Veränderung der Adresse des COM-Ports zu beseitigen ist. Nur in derartigen Fällen sollten die Parameter geändert werden, ansonsten übernimmt man am besten einfach die Voreinstellungen.

7.7.3 IR-Controller

Die drahtlose Datenübertragung per Infrarotlicht findet insbesondere mit Notebooks, Personal Digital Assistants (PDA), Druckern und Digitalkameras statt. Bei einigen PCs ist eine entsprechende Unterstützung zwar gegeben, oftmals jedoch nur in Form einer Pfostenleiste auf dem Mainboard, die mit einem zusätzlich zu erwerbenden Infrarotmodul zu verbinden ist. Im BIOS-Setup findet sich dann die Möglichkeit, den Infrarot-Port explizit einzuschalten und möglicherweise auch verschiedene Modi für die Datenübertragung festlegen zu können. Schaltungstechnisch betrachtet – vom Mainboard her – stellt sich dieser Port wie eine RS232-Schnittstelle dar. Die Einschaltung der Infrarotschnittstelle hat bei einigen BIOS-Versionen daher auch zur Folge, dass der zweite serielle Port dann nicht mehr zur Verfügung steht, da dieser nunmehr für die Steuerung des Infrarot-Ports zum Einsatz kommt.

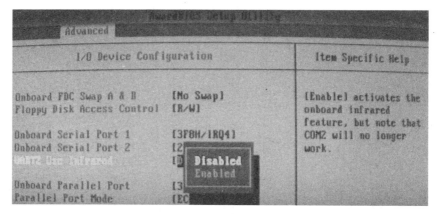

Bild 7.40: Die Optionen für die Onboard-Einheiten beim Award-Medallion-BIOS erlauben hier auch die Einschaltung des Infrarot-Ports.

In der ersten Version IrDA 1.0 ist eine maximale Datenrate von 115,2 kBit/s definiert, während die darauf folgende Spezifikation (IrDA 1.1, Fast IrDA) aus dem Jahre 1995 eine maximale Datenübertragungsrate von 4 MBit/s zulässt. Die *Super I/O-Controller* aktueller PC-Mainboards bieten hierfür standardmäßig die passende Unterstützung, und im BIOS-Setup findet sich dann üblicherweise die Umschaltungsmöglichkeit zwischen SIR für *IrDA 1.0* und FIR für *Fast IrDA*, welches auch als ASK IR (Amplitude Shift Keyed IR) bezeichnet wird. Beide Geräte, die per Infrarot kommunizieren sollen, sollten möglichst auf den gleichen Mode geschaltet werden. Im Standard ist allerdings definiert, dass sich die Geräte über die maximal mögliche Datenrate automatisch einstellen sollten (FIR ist abwärtskompatibel), was in der Praxis jedoch nicht immer funktioniert. Darüber hinaus muss eine »Sichtverbindung« von ca. einem Meter gegeben sein.

Die letzte IrDA-Standardisierung stammt aus dem Jahre 1999 und wird als VFIR (Very Fast Infrared) bezeichnet, womit Datenraten bis maximal 16 MBit/s möglich sind und Distanzen von bis zu acht Metern überbrückt werden können. Die Übertragungsgeschwindigkeit sinkt dabei mit steigender Entfernung, sodass bei einem Abstand von vier Metern nur noch Fast-IrDA-Raten von 4 MBit/s realisierbar sind.

Bild 7.41: Ein externer Infrarot-Adapter, der einfach an einen COM-Port angeschlossen wird

Trotz höherer Datenraten stellt IrDA 1.0 aber immer noch den gebräuchlichsten Standard dar, mit dem die unterschiedlichsten Geräte umgehen können. Mittlerweile wird eine Infrarot-Unterstützung bei Mainboards aber immer seltener zur Verfügung gestellt, und wer hierauf nicht verzichten möchte, ist am besten mit einem externen Infrarot-Adapter bedient, der an einen COM-Port angeschlossen wird. Dieser entspricht meist dem IrDa 1.0-Standard, und spezielle Einstellungen sind hierfür nicht notwendig.

7.7.4 USB-Controller

Einen Controller für den *Universal Serial Bus* (USB) bieten bereits Mainboards ab dem Jahre 1995, wobei es eine geraume Zeit gedauert hat, bis auch entsprechende USB-Einheiten auf dem Markt erschienen sind. Mittlerweile gibt es aber eine Vielzahl von Geräten mit einem entsprechenden USB-Anschluss, wie Tastaturen, Mäuse, Joysticks, Scanner, Drucker, Fax/Modem, Lautsprecher und verschiedene Laufwerke.

Der USB ist keine einfache Schnittstelle wie der Parallel- oder der Serial-Port, an den sich nur ein einziges Gerät anschließen lässt, sondern es lassen sich maximal 126 Einheiten mithilfe entsprechender Verteiler (Hubs) und Kabel verbinden, die jeweils eine maximale Länge von fünf Metern aufweisen dürfen.

Bereits der ursprüngliche USB (Standard 1.1) ist auch für die Übertragung von Audio- und (komprimierten) MPEG 2-Daten vorgesehen; die maximale Datenübertragungsrate beträgt allerdings nur 12 MBit/s (Bit nicht Byte!). Falls ein USB-Lautsprechersystem und weitere Geräte wie ein Scanner oder eine Kamera mit dem USB betrieben werden, kann der Datenfluss bereits merklich ins Stocken geraten, weil sich die gesamte zur Verfügung stehende Bandbreite auf die aktiven USB-Einheiten aufteilt.

Abhilfe schafft hier der neueren USB 2.0-Standard, der demgegenüber maximal 480 MBit/s zu leisten vermag. Der USB unterstützt damit drei Geschwindigkeitsklassen:

- **Low-Speed:** maximal 1,5 MBit/s
- **Medium-Speed/Full-Speed:** maximal 12 MBit/s
- **High-Speed:** maximal 480 MBit/s

Für den Modus mit 12 MBit/s findet man mitunter zwei unterschiedliche Bezeichnungen: *Medium-Speed* und *Full-Speed*. Da High-Speed erst mit dem USB 2.0-Standard eingeführt wurde, ist die vorherige Zuordnung (Low und Medium) von einigen Herstellern »aufgeweicht« worden, und Full-Speed kennzeichnet somit die »volle Geschwindigkeit«, die die erste USB-Version bieten kann. Als USB-Einheiten können laut der USB-Spezifikation 1.1 Low-Speed- (1,5 MBit/s) oder auch Full-Speed-Geräte mit 12 MBit/s verwendet werden. Einheiten wie Maus, Tastatur oder Joystick gehören zur ersten Kategorie, während Scanner, ISDN- und Audio-Einheiten der zweiten zuzurechnen sind.

Die High-Speed-Version ist abwärtskompatibel zu USB 1.1, und für langsamere Geräte (Low, Full) wird hier automatisch eine entsprechende Umschaltung durchgeführt. Die Verbindung zwischen einem Hub und einer Einheit findet stets mit derjenigen Bandbreite statt, die beide Einheiten unterstützt.

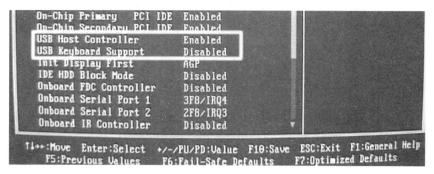

Bild 7.42: Im BIOS-Setup wird der USB-Host-Controller eingeschaltet, und falls keine USB-Tastatur angeschlossen ist, braucht diese Option nicht aktiviert zu werden.

Der USB-steuernde Teil ist der *USB Host Controller*, der sich in der Southbridge aktueller Chipsets befindet. Er wird im BIOS-Setup bei Bedarf aktiviert, und je nach BIOS-Version findet man hier auch weitere USB-Optionen wie beispielsweise den *USB-Keyboard Support*.

USB-Tastaturen und auch -Mäuse können generell etwas problematisch sein, denn möglicherweise gelangt man überhaupt nicht in den BIOS-Setup, um beispielsweise den *Host Controller* einzuschalten, sodass es keine Seltenheit ist, dass an einem PC neben den USB-Eingabegeräten auch noch Tastatur und Maus in konventioneller Ausführung angeschlossen sind, damit der PC quasi betriebssystem-unabhängig zu verwenden ist. Weder DOS noch Windows NT 4.0 können etwas mit USB-Geräten anfangen. Das erste Betriebssystem, welches USB-Geräte verwenden kann, ist Windows 95 Version C (OSR 2.5), womit es jedoch derartig viele Probleme gibt, dass selbst Microsoft mittlerweile offiziell davon abrät und auf Windows 98 oder auf eine Nachfolgeversion verweist.

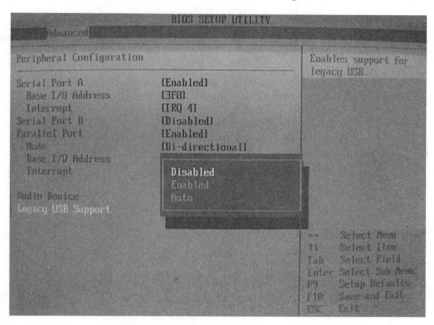

Bild 7.43: Der Legacy USB Support sollte dann eingeschaltet werden, wenn die Unterstützung einer USB-Tastatur und einer USB-Maus auch unter DOS bzw. dem Boot-Vorgang gegeben sein soll.

Der USB-Keyboard-Support sowie bei einigen BIOS-Versionen auch der vorhandene USB-Mouse-Support sollen ebenfalls die Unterstützung dieser grundlegenden USB-Devices (USB Legacy Device Support) für andere Betriebssysteme (DOS) ermöglichen. Mitunter ist der Eintrag *USB Keyboard Support Via BIOS* zu finden, der auf OS (Operation System) umgeschaltet werden kann, sodass der Support für DOS nicht mehr gegeben ist, sondern durch das (Windows-) Betriebssystem zur Verfügung gestellt wird. Andere USB-Geräte bleiben dabei jedoch außen vor. Bei BIOS-Versionen mit USB-Legacy-Unterstützung gelingt es aber auch bei abgeschalteten USB-BIOS-Optionen, den BIOS-Setup per USB-Tastatur zu aktivieren.

TIPP

Damit man auch mit einer USB-Tastatur und einer USB-Maus unter DOS etwas anfangen kann, muss das BIOS diese Einheiten explizit unterstützen. Andernfalls werden (daneben) konventionelle Eingabegeräte (PS/2) benötigt, da man andernfalls noch nicht einmal den BIOS-Setup mit der Tastatur aufrufen kann.

Bild 7.44: Die beiden üblichen USB-Einträge unter Windows für den Host-Controller und den Root-Hub

Die erste Voraussetzung für den Betrieb von USB-Geräten ist, dass für den USB-Host ein entsprechender Treiber installiert wurde, was Windows 9x automatisch erledigt, wenn es einen entsprechenden Controller detektiert. Solange dieser Treiber in Kombination mit dem dazugehörigen Root-Hub-Treiber nicht korrekt (ohne Ausrufezeichen) von Windows 9x angenommen wurde, ist kein USB-Gerät einsetzbar, dessen Treiberinstallation Windows-üblich abläuft. Geräte wie Tastatur, Maus, Joystick oder auch die Einstellungsoption für einen Monitor per USB werden unter Windows dann unter *Human Interface Devices* (*HID*) geführt. Andere USB-Einheiten werden in Abhängigkeit von der jeweiligen Windows-Version und dem betreffenden Gerätetyp unter den jeweiligen Windows-Kategorien wie beispielsweise *Drucker*, *Bildverarbeitungsgeräte* (Scanner, Kameras) oder *Laufwerke* dargestellt.

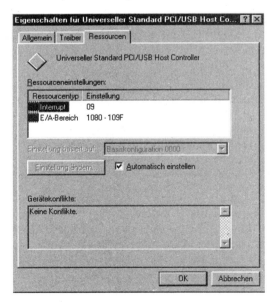

Bild 7.45: Die Ressourcenverwendung des USB-Host-Controllers, wobei der USB-Root-Hub keine weiteren PC-Ressourcen belegt

Eine Option für die Einschaltung des Controllers gemäß USB 1.1- oder USB 2.0-Standard gibt es in den BIOS-Setups in der Regel nicht, sondern lediglich die Möglichkeit, den Controller aktivieren oder deaktivieren zu können. Der Schlüssel für die Unterscheidung zwischen USB-1- und USB-2-Einheiten liegt im Hub, der beide Varianten unterstützen können muss. Der Betrieb eines Gerätes, welches High-Speed unterstützt, ist an einem USB-1-Adapter natürlich nicht mit 480 MBit/s möglich, und das Gerät wird nur als Full-Speed-Gerät erkannt und daraufhin auch verwendet. Probleme können daher also erst bei einem Mischbetrieb von »alten« und »neuen« USB-Einheiten auftreten, was der Hub entsprechend zu regeln hat. Er muss in der Lage sein, zwischen schnellen und langsamen Übertragungen vermitteln zu können, sie also entsprechend umsetzen, damit der USB nicht blockiert werden kann. Eine High-Speed-Übertragung ist beispielsweise in mehrere Full-Speed-Transfers aufzuteilen. Wichtig ist es daher, dass ein »High-Speed-Strang« nicht durch ein Full-Speed-Gerät läuft, weil dadurch eine unnötige Umsetzung stattfindet, die das High-Speed-Gerät »ausbremst«.

> **ACHTUNG** Der Anschluss von USB-Einheiten sollte derart erfolgen, dass eine Aufteilung in Full-Speed- (gegebenenfalls auch in Low- und Medium-Speed) und High-Speed-Einheiten stattfindet, damit die maximale Transferrate ohne Datenumsetzung ausgenutzt werden kann.

Von Bedeutung für den optimalen Anschluss von USB-Einheiten ist weiterhin, wie viele USB-Controller mit den dazugehörigen Root-Hubs im Chipset integriert sind, und wie die USB-Konnektoren des PC hiermit verbunden sind. Bei aktuellen PCs sind typischerweise maximal vier voneinander unabhängige Controller und Hubs laut USB-2.0 integriert, deren Signale jeweils auf eine Buchse geführt werden, sodass sich dadurch die vorhandenen USB-Einheiten entsprechend ihrer Speed-Klassen – ohne einen externen USB-Hub – sinnvoll aufteilen (verkabeln) lassen. Bei älteren PCs gibt es oftmals nur einen USB-Controller und auch nur einen Root-Hub (laut Standard 1.1, siehe Bild 7.44), dessen Signale an zwei Buchsen zur Verfügung gestellt werden. Demnach müssen sich die an diesen Buchsen angeschlossenen Einheiten bereits hier die 12 MBit/s entsprechend teilen, was durch einen externen Hub mit den dort verbundenen Einheiten natürlich eine weitere Reduzierung der möglichen Datentransferrate zur Folge hat.

Onboard Devices, Integrated Peripherals

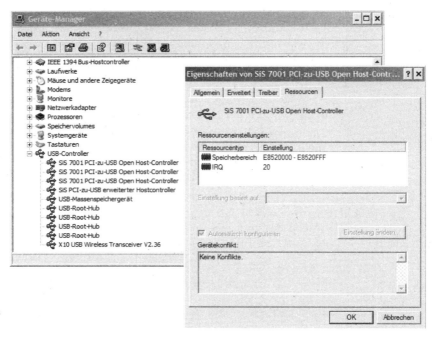

Bild 7.46: Der Aldi-PC (2,6 GHz) verfügt über vier USB-Controller/Hubs laut 2.0-Standard. Der Card-Reader fungiert dabei als USB-Massenspeichergerät, und außerdem ist die Fernbedienung (Wireless Transceiver) per USB angeschlossen.

7.7.5 Optionale Onboard-Einheiten

Neben den bisher erläuterten Onboard-Einheiten können noch die folgenden Einheiten dazugerechnet werden, was vom jeweilgen Mainboard-Typ abhängig ist:

- **LAN-Controller:** Netzwerkanschluss (Local Area Network) für einen RJ45-Stecker mit Twisted-Pair-Kabel (CAT5) laut Fast-Ethernet (100 MBit/s), der meist auch mit Standard-Ethernet (10 MBit/s) arbeiten kann.

- **Modem-Controller:** Anschluss für einen RJ11-Stecker, der die Verbindung mit der TAE-Dose (TAE-N-codiert) der Telekom herstellt, um eine Internet-Verbindung oder allgemein eine Modem-Verbindung herstellen zu können.

- **Grafik-Controller:** Der Grafik-Controller ist ein auf dem Mainboard integrierter Grafikchip, der als Grafikspeicher zumeist einen Teil des üblichen DRAMs des PC verwendet. Die jeweilige Grafikspeichergröße lässt sich mitunter im BIOS-Setup bestimmen. Der Anschluss für den Monitor ist in der Regel als 15-poliger DSUB-Anschluss ausgeführt. Möglicherweise gibt es auch noch einen digitalen Anschluss (DVI, Digital Visual Interface) für TFT-Bildschirme, der 24-polig oder 29-polig ausgeführt sein kann, wobei letzterer auch die analoge Signale für einen üblichen Monitor führt.

- **IEEE1394-Controller:** Dieser Controller firmiert auch unter *Firewire* oder *i.Link* (Sony) und ist insbesondere für die Verbindung mit Camcordern mit einer Datenübertragungsrate von typischerweise 400 MBit/s geeignet. Ist als 4- oder auch (größere) 6-polige Buchse an der PC-Rück- und/oder -Vorderseite ausgeführt. Firewire wird im Gegensatz zum USB aber eher seltener im Chipset bzw. auf dem Mainboard mit integriert, weil diese Technologie von Apple und nicht vom »USB-Verfechter« Intel stammt. Firewire hat sich in der Übertragung von Video-Daten als etablierter Standard erwiesen und kann außerdem auch als Netzwerkverbindung (LAN) eingesetzt werden.

- **SCSI-Controller:** Einen SCSI-Controller (Small Computer System Interface) findet man heutzutage fast nur noch auf Serverboards für den Anschluss von SCSI-Festplatten und anderen SCSI-Laufwerken. Hierfür gibt es unterschiedliche Standards (z.B. Fast, Ultra 2, Ultra 320) mit verschiedenen Konnektoren (8 Bit = 50-polig, 16 Bit = 68-polig). SCSI ist sowohl für interne (Laufwerke) als auch für externe Verbindungen (z.B. Scanner) geeignet. Wichtig ist dabei generell, dass jeweils das erste und das letzte Gerät am SCSI-Bus zu terminieren – mit einem Busabschluss zu versehen – ist, was direkt an den Einheiten per DIP-Schalter über steckbare Terminatoren (Adapter, Widerstands-Arrays) oder auch im BIOS-Setup (für den Hostadapter) zu erfolgen hat.

- **Sound-Controller:** Onboard-Sound gilt als Standard für alle Anwendungen, die keine speziellen Ansprüche an die Audioqualität stellen. Von der Qualität her (Sampling, Frequenzgang, Störabstand) sind die Onboard-Sound-Lösungen den separaten Einsteckkarten meist unterlegen, was für Onboard-Grafik vergleichsweise genauso gilt. Je nach Typ stehen verschiedene analoge Audio-Eingänge (Mikrofon, Line-In) und -Ausgänge (Lautsprecher, Line-Out) in Form von Cinch-Anschlüssen zur Verfügung, wobei hier mittlerweile auch digitale Verbindungen laut SPDIF-Standard (Sony Philips Digital Interface) üblich sind, die zumeist über spezielle »optische« Verbindungsleitungen (Glasfaser) hergestellt werden.

Diese Einheiten können natürlich auch allesamt als übliche Einsteckkarten (PCI) im System integriert sein. In diesem Fall sind hierfür jedoch keine Einträge im BIOS-Setup zu finden. Bei Onboard Devices beschränken sich die Optionen oftmals allein darauf, dass die jeweilige Einheit im BIOS-Setup deaktiviert oder aktiviert werden kann. Die hierfür notwendigen Ressourcen lassen sich dabei meist nicht verändern.

Onboard Devices, Integrated Peripherals   **magnum**

```
        Phoenix - Award WorkstationBIOS CMOS Setup Utility
                      SIS OnChip PCI Device

    OnBoard USB Function      [Enabled]              Item Help
    USB Keyboard Support      [Enabled]
    OnBoard Sound Function    [Enabled]          Menu Level    ▶▶
    OnBoard Lan Function      [Enabled]
    OnBoard 1394 Function     [Enabled]
```

Bild 7.47: Neben dem USB gibt es hier beim SiS-Chipset auch Onboard-Sound, -LAN und -Firewire (1394 Function), die sich lediglich aktivieren oder deaktivieren lassen.

Je nach Chipset und BIOS-Version ist es möglich, dass nicht nur auf der Onboard Devices-, OnChip- oder der Integrated Peripherals-Seite Einstellungsmöglichkeiten für die integrierten Controller abgelegt sind, sondern – wie bereits erwähnt – auch unter *Advanced* oder sogar in einem separaten Menü, wenn der Hersteller beispielsweise eine Aufteilung für die Chipset-eigenen Funktionen und für diejenigen Funktionen vorgenommen hat, die für die Legacy Devices über einen Super I/O-Controller integriert werden. Je nach Mainboard-Version wird dieser Controller auch weggelassen, weil er nur für die traditionellen Schnittstellen und Funktionen benötigt wird, auf die man insbesondere dank USB immer häufiger verzichten kann.

```
        Phoenix - Award WorkstationBIOS CMOS Setup Utility
                      Onboard SuperIO Device

    Onboard FDC Controller    [Enabled]              Item Help
    Onboard Serial Port 1     [3F8/IRQ4]
    Onboard Parallel Port     [378/IRQ7]         Menu Level    ▶▶
    Parallel Port Mode        [ECP+EPP]
    EPP Mode Select           [EPP1.9]
    ECP Mode Use DMA          [3]
    Game Port Address         [201]
    Midi Port Address         [330]
    Midi Port IRQ             [10]
```

Bild 7.48: Der Super I/O-Controller ist für die traditionellen PC-Einheiten vorgesehen, wobei es hier aber auch Optionen für den Gameport (Anschluss für einen Joystick) und das MID-Interface gibt, welches für die Kommunikation mit externen MIDI-Geräten (Klaviatur, Drum Machine usw.) von Bedeutung ist. In der Mehrzahl der Fälle können hierfür die jeweiligen Voreinstellungen übernommen werden.

Interessanterweise begegnet man in den BIOS-Setups durchaus der Möglichkeit, Onboard-Einheiten aktivieren zu können, die sich aber gar nicht auf dem Mainboard befinden, was darin begründet sein mag, dass Mainboards in verschiedenen Versionen hergestellt werden und der Hersteller sich nicht die Mühe gemacht hat, das BIOS entsprechend anzupassen. Der Anwender sollte sich daher genau im Klaren darüber sein, was tatsächlich auf dem Mainboard an Hardware vorhanden ist und was nicht. Wird beispielsweise *Onboard Sound* fälschlicherweise aktiviert, sind die Ressourcen hierfür erst einmal verschwendet, und was das daraufhin startende Windows nun veranstaltet, ist nicht eindeutig vorhersagbar. Im günstigsten Falle detektiert es einfach kein Gerät und lädt auch keinen Treiber, im ungünstigsten Falle ruiniert man sich dadurch seine Windows-Installation.

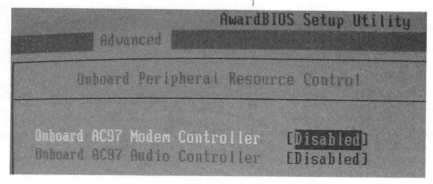

Bild 7.49: Bei einigen BIOS-Versionen lassen sich durchaus Einheiten einschalten, die sich nicht auf dem Mainboard befinden, was man keinesfalls durchführen sollte.

Zu den Onboard-Einheiten sind prinzipiell aber auch Einsteckkarten zu rechnen, die über spezielle Slots (AMR, CNR, ACR) im System integriert werden, was auch unter *Riser-Lösungen* firmiert, die nicht miteinander kompatibel sind. Diese Karten (z.B. Softaudio, Softmodem, AC97) enthalten nur eine Minimal-Elektronik, und die CPU vollzieht gewissermaßen in der Software die Audio- und die Modemfunktionen (Codierung). Es sind demnach keine vollwertigen Einsteckkarten wie z.B. PCI-Karten, und der Hersteller des Mainboards oder des PC ist hier für die korrekte Einbindung der jeweiligen Riser-Karte verantwortlich. Prinzipiell muss man diese Einheiten daher eigentlich als (unveränderliche) Mainboard-Einheiten ansehen, sodass im BIOS-Setup hierfür auch entsprechende Optionen auftauchen können.

ACHTUNG

Vom Nachrüsten eines Mainboards mit einer AMR-, CNR- oder ACR-Karte ist abzuraten, weil dies in der Praxis mit zahlreichen Problemen einhergehen kann, denn es handelt sich dabei keineswegs um vollwertige, universell einsetzbare Einsteckkarten. Sie funktionieren meist nur in demjenigen Mainboard, in das sie von vornherein eingebaut sind.

Universell einsetzbar sind AMR, CNR und ACR demnach nicht, sie funktionieren meist nur in dem jeweiligen Mainboard. Da es zusätzlich auch herstellerspezifische Ausführungen gibt (z.B. von Gigabyte und

Asus) und sich der Treibersupport häufig nur auf Windows-Versionen beschränkt, treten in der Praxis allerlei Probleme auf, sodass es ratsam ist entweder auf eine tatsächliche Onboard-Lösung oder übliche PCI-Karten zu setzen.

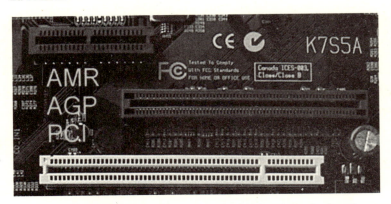

Bild 7.50: Dieses Mainboard verfügt über einen AMR-Slot (oben), der eine entsprechende AMR-Karte aufnehmen kann. Diese firmiert dann möglicherweise unter Onboard-Device.

magnum

Teil 3

Laufwerke konfigurieren

Kein PC ohne Laufwerke! Die Vielfalt der Laufwerke bedingt unterschiedlichste Einstellungs- und Konfigurationsmöglichkeiten. Trotzdem sind die meisten Maßnahmen und Wege für eine eventuelle Fehlerbeseitigung grundsätzlicher Natur.

8 Diskettenlaufwerke und Flash-Drives

Für Diskettenlaufwerke ist im BIOS-Setup nicht viel einzustellen, was vermuten lässt, dass bei diesem Laufwerk eher seltener mit Problemen zu rechnen ist.

In der Praxis kommt es natürlich auch mit Disketten und den passenden Laufwerken zu Fehlfunktionen. Wie sich diese Fehler aufdecken und beseitigen lassen, wird in diesem Kapitel näher erläutert. Dabei wird vorausgesetzt, dass das Diskettenlaufwerk (1,44 MByte-Typ) korrekt im BIOS-Setup angemeldet ist und die hierfür möglicherweise im BIOS-Setup vorhandenen Optionen entsprechend eingestellt worden sind, wozu natürlich auch die Aktivierung des *Floppy Disk Controllers* (FDC) zu rechnen ist. Was es dabei im Einzelnen zu beachten gilt, ist in Kapitel 3.6 erläutert.

Bei den meisten BIOS-Versionen werden beim Hochfahren des PC die wichtigsten – die grundlegenden – erkannten Geräte am Monitor angezeigt, und dazu gehört üblicherweise auch das Diskettenlaufwerk oder derer sogar zwei, natürlich nur dann, wenn auch zwei Diskettenlaufwerke im PC eingebaut und entsprechend im BIOS-Setup angegeben worden sind. Falls trotz korrekter Konfigurierung im BIOS-Setup bei der Disketten-Drive-Anzeige *None* erscheinen sollte, ist der Anschluss des Laufwerks zu überprüfen. Das Gleiche gilt auch für den Fall, dass zwar das Diskettenlaufwerk detektiert wird, aber kein Zugriff hierauf möglich ist, was völlig unabhängig vom verwendeten Betriebssystem ist.

8.1 Der richtige Anschluss

An ein Diskettenlaufwerk werden zwei Kabel angeschlossen, eines für die Spannungsversorgung und eines für die Datenverbindung mit dem Controller. Die Kabel für die Spannungsversorgung der Laufwerke kommen im Allgemeinen vom Netzteil und sind in zwei Ausführungen vorhanden – mit einem großen und mit einem kleinen Stecker. Das Netzteil bietet gleich mehrere dieser Kabel, die in die passenden Buchsen der Laufwerke einzustecken sind. Üblicherweise kommt der kleine Anschluss nur für die 3,5-Zoll-Diskettenlaufwerke zum Einsatz, während der große in den Anschluss des 5,25-Zoll-Laufwerkes sowie in den für Festplatten-, CD-ROM- und andere Laufwerke passt.

Mit den Anschlusskabeln für die Spannungsversorgung der Laufwerke kann man im Grunde genommen nichts verkehrt machen, da sie sich nur mit äußerster Gewalt falsch aufstecken lassen. Sie müssen allerdings auch fest sitzen, denn durch einen rauen Transport kann das Kabel schon mal abrutschen und dadurch keinen oder nur einen sporadischen Kontakt herstellen (siehe Bild 8.1).

Bild 8.1: Wenn der Spannungsanschluss am Diskettenlaufwerk abgerutscht ist, kann es natürlich auch nicht funktionieren.

Etwas schwieriger kann sich der Anschluss des Controller-Kabels darstellen. Es ist als ein 34-poliges Flachbandkabel ausgeführt und kann mehrere Anschlüsse (bis zu fünf) aufweisen. Neben den zwei Anschlüssen für ein 3,5-Zoll-Laufwerk besitzen ältere Floppy-Kabel oftmals auch noch zwei für 5,25-Zoll-Diskettenlaufwerke und natürlich noch einen Anschluss, der an den Laufwerkscontroller gehört.

Welches Diskettenlaufwerk als A: und welches als B: – also als erstes oder zweites des Systems – verwendet werden kann, entscheidet üblicherweise das Anschlusskabel. Der Grund dafür ist in der Tatsache zu sehen, dass die Einstellungsmöglichkeiten – die Jumper-Einstellung – auf den Diskettenlaufwerken von Hersteller zu Hersteller unterschiedlich sind und ein Datenblatt zum Laufwerk meist auch nicht mitgeliefert wird. Daher kann man meist auch nicht zweifelsfrei erkennen, was die Jumper bedeuten sollen, und vielfach sind bei aktuellen 3,5-Zoll-Diskettenlaufwerken auch überhaupt keine mehr vorhanden. Es ist daher üblicher Standard, dass jedes Diskettenlaufwerk immer als »erstes Laufwerk« festgelegt und in dieser Form auch ausgeliefert (und eingebaut) wird. Das Laufwerk B: ist in den meisten Fällen 1:1 mit dem Controller-Anschluss verbunden, während in dem Kabelende zum Laufwerk A: einige Kabelstränge (Leitungen 10–16) verdreht sind, wie es in Bild 8.2 gezeigt ist.

Der Anschlusspin 1 ist am Kabel, am Diskettenlaufwerk und auch am Controller-Anschluss (Einsteckkarte, Mainboard) üblicherweise markiert, was bei einem Verdacht auf einen falschen Anschluss hin unbedingt zu überprüfen ist.

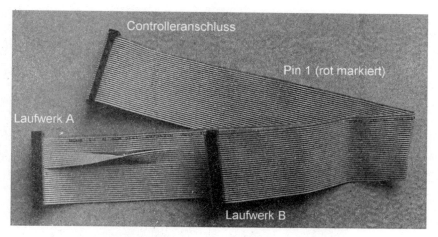

Bild 8.2: Das gedrehte Kabelende gehört stets an das erste Diskettenlaufwerk (A:).

Die Regel *Pin 1 ist am Laufwerk immer zur Laufwerkselektronik hin, nach innen lokalisiert* stimmt zwar meistens, doch leider nicht immer, sodass man stets die erwähnte Markierung (siehe Bild 8.2) zur Hilfe nehmen sollte. Diese Zuordnung ist natürlich nur dann zutreffend, wenn der Stecker auf der anderen Seite – zum Controller hin – ebenfalls in dieser Weise aufgesteckt wurde. Hin und wieder tauchen im Handel auch Diskettenlaufwerke auf, bei denen sich der Pin 1 nach außen hin befindet, wie beispielsweise beim Typ SFD-321B der Firma Samsung. Wenn der Pin 1 dann noch nicht einmal am Laufwerk markiert ist, hilft nur ein Ausprobieren; es gibt ja nur zwei Möglichkeiten. Eine Beschädigung der Elektronik ist bei einem Falschanschluss außerdem nicht zu befürchten. Falls die LED am Laufwerk ständig (und nicht nur beim Laufwerkszugriff) leuchtet, ist dies ein ziemlich eindeutiges Indiz dafür, dass das Laufwerkskabel falsch herum aufgesteckt worden ist. In den meisten Fällen wird es vom BIOS und auch vom Betriebssystem dennoch erkannt, gleichwohl ist natürlich kein Zugriff darauf möglich.

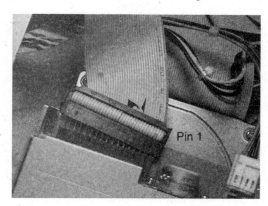

Bild 8.3: Auch dies kann nicht gut gehen: Der Stecker wurde nicht fest genug aufgesteckt.

Der Controller-Anschluss für die Diskettenlaufwerke befindet sich entweder auf einer Einsteckkarte oder direkt auf dem Mainboard, wie es bei den heute üblichen Mainboards allgemeiner Standard ist. Meist ist er mit *Floppy* oder *FDC* (Floppy Disc Controller) bezeichnet. Mit anderen Anschlüssen, wie beispielsweise denen für die Festplatte, ist er nicht zu verwechseln, da dies der einzige mit 34 Kontakten ist. Allerdings ist es bei einigen Controller-Anschlüssen durchaus möglich, dass sich das Kabel auch falsch herum aufstecken lässt, da dies nicht mechanisch durch eine Aussparung verhindert wird. Bei fast allen aktuellen Mainboards umgeben Plastikrahmen mit einer entsprechenden Aussparung die Kontakte, sodass es hier im Gegensatz zu Anschlüssen, die lediglich als Steckposten auf dem Board ausgeführt sind, eigentlich keinen Falschanschluss geben kann.

Bild 8.4: Diese Controller-Anschlüsse auf einem Mainboard besitzen entsprechende Aussparungen im Plastikrahmen, sodass die Kabel (oben zweimal IDE, unten für das Diskettenlaufwerk) auch nicht falsch herum aufzustecken sind.

Die einzelnen Anschlusspins sowohl am Controller-Anschluss (siehe Bild 8.4) und insbesondere am Diskettenlaufwerk (siehe Bild 8.3) können durch eine unsachgemäße Behandlung auch verbogen oder angebrochen sein, was man bei der Kontrolle der Laufwerksanschlüsse auch noch unbedingt beachten sollte. Ist das Diskettenlaufwerk richtig angeschlossen worden und im BIOS-Setup angemeldet, müsste es nunmehr auch zur Verfügung stehen und bei einem Neuboot des PC am Bildschirm angezeigt werden. Dies ist jedoch nicht bei allen BIOS-Versionen der Fall, die möglicherweise nur eine kurze BIOS-Meldung aufblenden. Vielfach ist im BIOS-Setup jedoch eine ausführliche BIOS-Anzeige optional einzuschalten, was sich zumindest für die Fehlersuche empfiehlt. Eingeschaltete Optionen wie *Quiet Boot* oder *Quick Boot* oder auch *Quick Power On Self Test* haben vielfach zur Folge, dass das Diskettenlaufwerk (und auch andere Einheiten) beim Boot nicht angezeigt wird.

Natürlich kann das Diskettenlaufwerk auch tatsächlich defekt sein, was am einfachsten herauszufinden ist, wenn ein zweiter PC zur Verfügung steht, mit dem man es einmal ausprobieren kann. In dieser glücklichen

Lage ist bekanntlich nicht jeder Anwender, und daher gibt es in diesem Buch, wie für die meisten anderen Problemfälle auch, einen Fehlerbaum (siehe Anhang), der weiterhelfen kann.

Insbesondere Diskettenlaufwerke, die bereits länger im Einsatz sind, können mitunter nur Disketten lesen, die sie selbst formatiert und beschrieben haben, auf einem anderen Diskettenlaufwerk gleichen Typs sind diese hingegen nicht zu lesen. Dies resultiert meist aus einer Dejustage des Schreib/Lesekopfes oder auch der Mechanik, wobei es sich nicht lohnt, das Laufwerk wieder zu justieren, was in früheren Zeiten noch angebracht erschien, als die Diskettenlaufwerke noch wesentlich teurer waren.

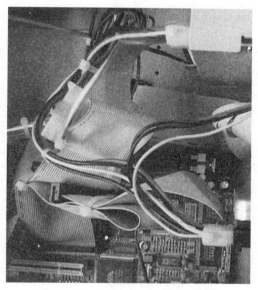

Bild 8.5: Zu stramm mit Kabelbindern gequetschte Laufwerkskabel, die auch noch mit anderen zu einem Bündel zusammengefasst sind, können durchaus für Laufwerksprobleme verantwortlich sein.

Darüber hinaus gibt es einige – zugegebenermaßen seltenere – Probleme mit Diskettenlaufwerken, die mir jedoch schon des Öfteren untergekommen sind und auf die deshalb noch kurz eingegangen werden soll. Beispielsweise funktioniert das Diskettenlaufwerk nicht immer, sondern nur sporadisch. Das Controller-Kabel ist, wie andere Flachbandkabel auch, nicht besonders gegen elektrische Einstreuungen vom PC-Netzteil oder von der Grafikkarte gefeit, was zur Folge hat, dass das Diskettenlaufwerk nicht arbeitet, obwohl es beim Boot womöglich sogar angezeigt wurde. Probeweise sollte das Kabel dann im PC anders geführt werden (weg vom Netzteil), und die Kabelbinder, die das Kabel möglicherweise bündeln oder sogar unzulässigerweise auch noch quetschen, sollten abgeschnitten werden. Eine Kabelbündelung, d.h. das Zusammenfassen unterschiedlicher Leitungen wie beispielsweise von Diskettenlaufwerk, Festplatte und CD-ROM-Laufwerk, lässt das Innenleben eines PC zwar etwas aufgeräumter aussehen, gleichwohl kann es dabei zu gegenseitigem Signalübersprechen kommen, was auch zum Versagen der anderen Laufwerke führen kann. Bei einem derartigen Verdacht verlegt man die Leitungen zum Test einfach völlig ungeordnet im PC.

Auch die insbesondere durch das *Case Modding* beliebten Rundkabel für Laufwerke unterliegen prinzipiell den gleichen Störeinflüssen, denn üblicherweise sind dies keine richtigen Rundkabel (mit einer umfassenden Abschirmung), sondern das Flachbandkabel ist gewissermaßen nur aufgeschnitten, zusammengrollt und in einen Schlauch hineingezogen worden. Daher können diese Kabel sogar noch störempfindlicher sein als konventionelle Flachbandkabel. Der Vorteil dieser Rundkabel besteht jedoch darin, dass das PC-Innenleben aufgeräumter wirkt und die Luftzirkulation innerhalb des PC weniger ungünstig beeinflusst wird.

Es kommt außerdem vor, dass die Länge des Controller-Kabels für ein Nichtfunktionieren verantwortlich ist. Daher sollte zum Test stets das kürzeste Kabel eingesetzt werden, welches verfügbar ist. Irgendwelche selbst gebastelten Kabelverlängerungen haben in einem PC generell nichts zu suchen. Des Weiteren gibt es immer wieder Mainboards – wie eine Serie der Firma Gigabyte (Typ GA586 ATV) – bei denen sporadische Fehler beim Diskettenlaufwerk-Controller auftreten und das Diskettenlaufwerk mal funktioniert und mal auch wieder nicht. Abhilfe war in diesem Fall nur durch ein neues Mainboard möglich, und glücklicherweise wurde der Fehler noch während der Garantiezeit bemerkt. Bei anderen Mainboard-Herstellern hat es auch schon ähnliche Probleme gegeben, und falls sie sich durch ein BIOS-Update aus der Welt schaffen lassen, wird man auf der Internetseite des Herstellers hoffentlich einen entsprechenden Hinweis finden.

Scheint der Controller tatsächlich eine »Macke« zu haben, kann man sich möglicherweise nur noch dadurch behelfen, indem man den Controller im BIOS-Setup abschaltet und stattdessen eine externe Controller-Karte einsetzt. Bei älteren Mainboards muss für die Abschaltung des integrierten FD-Controllers oftmals noch ein entsprechender Jumper umgesetzt werden. Controller-Karten für Diskettenlaufwerke sind meist mit anderen Schnittstellen kombiniert, was dazu führen kann, dass sich diese mit den anderen Onboard-Devices »beharken«. Einmal davon abgesehen, dass derartige Controller-Karten mittlerweile eher selten im Handel zu finden sind und man vielfach auch auf ein Diskettenlaufwerk verzichten kann, ist man fein raus, wenn der PC dann noch über einen ISA-Slot verfügt, der eine alte ISA-Controller-Karte aufnehmen kann und bei der sich die einzelnen Schnittstellen auch zweifelsfrei per Jumper ein- und ausschalten lassen. Für aktuelle PCs scheidet dieses »Ersetzungsverfahren« natürlich aus, aber es gibt auch externe Diskettenlaufwerke, die sich an den USB anschließen lassen, und wenn das BIOS mitspielt (USB-FDD als Boot Device), kann hiermit im Notfall sogar von der Diskette gebootet werden.

Im Gegensatz zu IDE-Festplatten und anderen Laufwerken gibt es mit einem üblichen Diskettenlaufwerk unter Windows eigentlich keine Treiberquerelen und Konfigurationsprobleme. Als PC-Ressourcen verwendet der Diskettenlaufwerk-Controller standardmäßig den Interrupt 6 (IRQ) und den DMA-Kanal 2, und dementsprechend findet man diese Angaben bei Windows 9x unter den EIGENSCHAFTEN FÜR SYSTEM-GERÄTEMANAGER, die eigentlich nicht mit anderen Einstellungen kollidieren (können).

Bild 8.6: Sind für ein und dasselbe Diskettenlaufwerk (Generic NEC Floppy Disk) zwei Einträge vorhanden, werden beide gelöscht, damit beim Neuboot automatisch nur das tatsächlich vorhandene erkannt wird.

Das einzige, was bei diesen Betriebssystemen zum Nichtfunktionieren von Diskettenlaufwerken führen kann, ist ein generelles Problem, welches im Grunde genommen auf alle Hardware-Einheiten bei Windows 9x zutrifft. Durch Konfigurationsversuche oder beispielsweise Starts mit aktiviertem (vom BIOS her) und ohne aktiviertes Diskettenlaufwerk kann es passieren, dass im Geräte-Manager mehrere Diskettenlaufwerke auftauchen, obwohl definitiv nur eines eingebaut worden ist, was zu Problemen beim Zugriff führen kann. In diesem Fall, der auch für andere Laufwerke zutrifft, werden einfach alle betreffenden Laufwerke im Geräte-Manager gelöscht, und nach einem Neuboot werden sie wieder automatisch erkannt, diesmal jedoch nur die tatsächlich vorhandenen.

8.2 LS120- und ZIP-Laufwerke

Neben dem klassischen Diskettenlaufwerk kann auch ein LS120- und ein ZIP-Laufwerk als Diskettenlaufwerk angesehen werden, auch wenn es sich dabei eigentlich um Wechselplattenlaufwerke handelt, die daher nicht am 34-poligen FDC-Connector angeschlossen werden, sondern an einen IDE-Port und demnach wie ATAPI-Einheiten (siehe auch die nachfolgenden Kapitel) behandelt werden. Diese Laufwerke gibt es auch mit anderen Schnittstellen wie SCSI oder USB, und sie unterwerfen sich damit den dort üblichen Konfigurationsmechanismen.

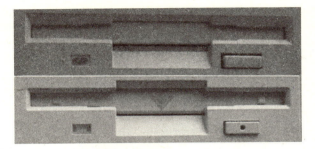

Bild 8.7: Das LS120-Laufwerk (unten) ist einem üblichen Diskettenlaufwerk auf den ersten Blick zum Verwechseln ähnlich.

Im Gegensatz zu einem ZIP-Laufwerk kann ein LS120-Laufwerk, welches mitunter auch als *A:Drive* oder auch als *Superdisk Drive Unit* bezeichnet wird, die üblichen 1,44- und 720-kByte-Disketten ebenfalls lesen und beschreiben, wobei vorzugsweise natürlich die eigenen 120 MByte-Disks zum Einsatz kommen sollten. Sowohl das übliche Diskettenlaufwerk als auch das LS120-Laufwerk sind mechanisch gleich groß. Die Eject-Taste funktioniert beim LS120-Laufwerk nicht mechanisch, sondern elektronisch, und falls sich die Diskette einmal nicht aus dem Laufwerk herausnehmen lässt, gibt es hierfür in der Mitte der Taste eine Bohrung, in die mit einem spitzen Gegenstand hineinzustechen ist.

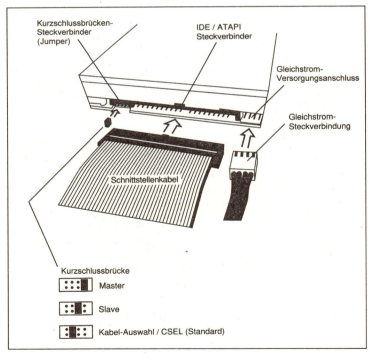

Bild 8.8: Die Konfiguration eines internen LS120-Laufwerks ist IDE-üblich, und es wird entweder als Master oder Slave »gejumpert«.

Ein ZIP-Drive ist mit den üblichen Diskettenlaufwerken nicht kompatibel und benötigt generell spezielle Speichermedien, die für ihre Kapazität verhältnismäßig teuer sind. Dies gilt gleichermaßen für die LS120-Medien, die sich preislich ungefähr auf dem gleichen Niveau bewegen.

Beide Laufwerke haben im Grunde genommen aber das klassische Diskettenlaufwerk nicht abgelöst, denn für größere Datenmengen ist ein CD-RW-Laufwerk deutlich preisgünstiger. Gleichwohl ist insbesondere das ZIP-Laufwerk aber nach wie vor sehr beliebt, weil hierfür kein Brennprozess in Gang gesetzt werden muss und die wichtigen Daten »schnell mal eben« auf die Disk gespeichert werden können. Mit dem gleichen Komfort können aber auch die Flash-Disks (siehe Kapitel 8.3) aufwarten, die immer preiswerter werden, sodass nicht nur die Tage des klassischen Diskettenlaufwerks, sondern wohl auch die der alternativen Floppy-Drives (ZIP, LS120) gezählt sind.

Dennoch soll im Folgenden kurz auf die Konfigurierung des ZIP-Laufwerks für den Parallel-Port eingegangen werden, denn ZIP-Laufwerke mit anderen Schnittstellen (IDE, SCSI, USB) verhalten sich genauso und sind dementsprechend so zu konfigurieren, wie es bei diesen Standards generell üblich ist.

8.2.1 ZIP-Laufwerk am Parallel-Port

Das Netzteil ist beim ZIP-Drive nicht mit im Gehäuse eingebaut, sondern es wird hierfür ein extra Steckernetzteil mitgeliefert, wie es auch bei Druckern, Scannern und externen Modems eine leidige Praxis ist. Ärgerlich ist dabei, dass es ständig Strom verbraucht und das Laufwerk außerdem keinen Ein-/Ausschalter besitzt. Es ist also ratsam, das Steckernetzteil aus der Steckdose zu ziehen, falls man das ZIP-Drive nicht verwendet. Die Firma IOMEGA empfiehlt aus diesem Grunde, eine Steckdosenleiste mit Schalter zu verwenden, um beide Geräte gleichzeitig einschalten zu können, was allerdings zu Problemen bei der Erkennung des ZIP-Laufwerkes führen kann.

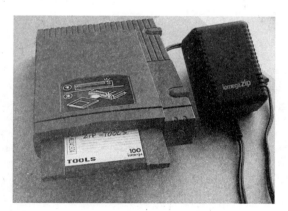

Bild 8.9: Das externe ZIP-Laufwerk mit ZIP-Disk für den Anschluss an den Druckerport und das dazugehörige Steckernetzteil

Die ZIP-Version für den Parallel-Port ist deshalb noch interessant, weil sie den Datenaustausch auch mit den älteren PCs und Notebooks ermöglicht, die keine SCSI- und auch keine USB-Schnittstelle besitzen. Sie funktioniert sogar mit alten PCs, deren Drucker-Port nur im Standard-Mode (SPP) – also nicht bidirektional – arbeiten kann. Allerdings kann dies nicht verallgemeinert werden, denn nicht nur mir sind einige ältere PCs untergekommen, bei denen das ZIP-Laufwerk nicht am Parallel-Port funktionieren wollte und auch keinerlei Abhilfe zu schaffen war.

Im einfachsten Fall und zum ersten Test wird einfach unter DOS das auf Diskette mitgelieferte Programm GUEST aufgerufen, und nach der Ermittlung des nächsten freien Laufwerksbuchstabens steht kurze Zeit später ein neues Laufwerk – das ZIP-Drive – unter dem neuen Laufwerksbuchstaben zur Verfügung. Falls sich der Parallel-Port als nicht ZIP-tauglich erweist, bleibt das Programm bei der Ermittlung des nächstmöglichen Laufwerks einfach stehen.

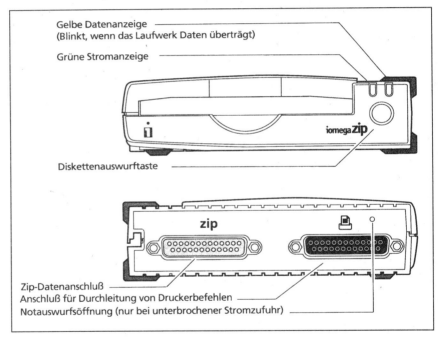

Bild 8.10: Die Bedienelemente und Anschlüsse des ZIP-Laufwerks für den Parallel-Port. Die gleichen Anschlüsse sind ebenfalls beim ZIP-Plus-Drive vorhanden und werden dann auch als SCSI-Verbindung genutzt. Falls sich die ZIP-Disk nicht mehr aus dem Laufwerk entfernen lässt, gibt es auf der Rückseite eine Öffnung, in die man mit einem spitzen Gegenstand hineindrückt.

Der Drucker-Port wird im ZIP-Drive durchgeschleift und kann somit weiterhin für einen Drucker verwendet werden. Allerdings kann dies durchaus zu Problemen bei der Druckausgabe führen, und womöglich funktioniert der Drucker dann überhaupt nicht mehr, wie es z.B. bei einigen Deskjet-Druckern der Firma Hewlett-Packard der Fall ist. Abhilfe ist in solchen Fällen dadurch zu schaffen, dass entweder nur der Drucker oder nur das ZIP-Laufwerk verwendet wird, was ein ständiges Umstecken des Kabels bedeutet. Dies sollte aber grundsätzlich nur bei ausgeschaltetem PC erfolgen! Besser ist es natürlich, wenn zwei Parallel-Ports im PC vorhanden sind und der Drucker an die zweite Schnittstelle angeschlossen werden kann.

Interessanterweise muss das ZIP-Drive gleichzeitig mit dem PC oder kurz danach eingeschaltet werden, denn andernfalls wird das Laufwerk vielfach nicht erkannt, was bedeutet, dass man ständig mit dem unhandlichen Steckernetzteil herumhantieren muss. Falls das ZIP-Laufwerk mit GUEST immer noch nicht detektiert werden kann, sollte im BIOS-Setup unter den Einstellungen für den Parallel-Port überprüft werden, ob sich hier EPP und/oder ECP einstellen lässt, und ein erneuter Versuch unternommen werden.

Eine weitere Ursache für das Nichtfunktionieren des ZIP-Laufwerks kann im Eintrag *Lastdrive* begründet liegen, der sich in der CONFIG.SYS befindet. Es muss noch ein Laufwerksbuchstabe frei sein, doch falls hier mehrere Laufwerke eingebunden werden oder Lastdrive = z angegeben ist, steht dafür keiner mehr zur Verfügung, und das Programm GUEST bleibt ebenfalls stehen.

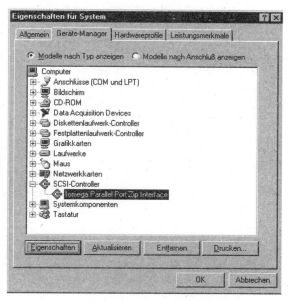

Bild 8.11: Das externe ZIP-Drive wird von Windows 95 als SCSI-Gerät behandelt.

Das externe ZIP-Drive ist intern im Prinzip ein SCSI-Gerät, und daher erscheint es nach der Installation der zum ZIP-Drive mitgelieferten Software im Geräte-Manager von Windows 95 unter den SCSI-Controllern (siehe Bild 8.11). Wie erwähnt, kann das Laufwerk in verschiedenen Modi am Parallel-Port arbeiten, und selbst wenn im BIOS-Setup ein bidirektionaler Modus wie EPP oder ECP festgelegt worden ist, stellt dies –

LS120- und ZIP-Laufwerke

zumindest nicht unter Windows 95 – sicher, dass dieser auch tatsächlich Verwendung findet und z.B. nicht der langsamste Modus (siehe *Optimierung*, weiter unten).

Betrieb mit Windows NT/2000/XP

Für Windows NT werden ebenfalls entsprechende Treiber mitgeliefert, sodass es – bis auf eine kleine Unannehmlichkeit – keine Schwierigkeiten mit dem externen ZIP-Drive gibt. Ist der Treiber für Windows NT installiert, jedoch kein ZIP-Drive angeschlossen, meldet Windows NT nämlich, dass ein Dienst nicht gestartet werden kann.

Abhilfe ist beispielsweise durch eine Änderung in der Registry möglich, und zwar unter HKEY_LOCAL_MACHINE\SYSTEM\CurrentControlSet\Services\ppa3nt. Unter dem Schlüssel *ErrorControl* ist bei der DWORD-Variable standardmäßig eine »1« eingetragen, und dieser Wert ist durch »0« zu ersetzen, woraufhin Windows NT keinen Fehler mehr detektiert, unabhängig davon, ob das Drive am Parallel-Port angeschlossen worden ist oder nicht.

Bei Windows 2000 und Windows XP gibt es dieses Problem zwar nicht mehr, allerdings ist für das ZIP-Laufwerk am Parallel-Port stets zusätzliche Software notwendig, die man sich am besten aus dem Internet bei IOMEGA besorgt. Nach der Installation der Parallel-Port-Software (und einem Neuboot) wird das ZIP-Laufwerk daraufhin auch von Windows XP automatisch erkannt, ohne diese Software hingegen nicht.

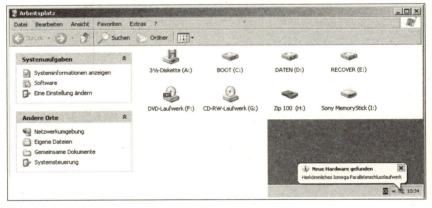

Bild 8.12: Das ZIP-Laufwerk wird unter Windows XP erkannt und steht danach als übliches Laufwerk unter dem Arbeitsplatz zur Verfügung.

Optimierung

Ist das ZIP-Laufwerk unter Windows 9x verfügbar, wobei zunächst keineswegs ersichtlich ist, welcher Mode dabei Anwendung findet, sollten die IOMEGA-ZIP-Tools von der mitgelieferten ZIP-Disk installiert werden. Dabei wird ein Programm mit der Bezeichnung *Parallelport-Beschleuniger* installiert, welches danach aufzurufen ist.

Nach der Beendigung des Programms sollte sich unter EIGENSCHAFTEN FÜR IOMEGA PARALLEL PORT ZIP INTERFACE ein entsprechender Eintrag finden, der üblicherweise – ohne Anwendung von *Parallelport-Beschleuniger* – nicht vorhanden ist. Bei der automatischen Detektierung des (optimalen) Modes, kann der PC allerdings auch hängen bleiben. Dann bleibt einem nichts anderes übrig, als mit dem standardmäßig zu Grunde gelegten Mode zu arbeiten, wobei aber sicherheitshalber noch einmal die BIOS-Einstellung für den Parallel-Port (SPP, ECP, EPP?) kontrolliert und eventuell angepasst werden sollte. Möglicherweise lässt sich der Test danach erfolgreich absolvieren.

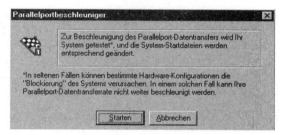

Bild 8.13: Die Detektierung der optimalen Betriebsart

Die optimale Mode-Einstellung kann eine ganz beachtliche Steigerung der Datenübertragungsrate zur Folge haben, sodass es sich lohnt, eventuell verschiedene Einstellungen auszuprobieren. Unter *Eigenschaften für Iomega Parallel Port Zip Interface* findet sich ein Feld mit den Adapter-Einstellungen, die an dieser Stelle verändert werden können. Der Eintrag *Speed* spezifiziert einen Parameter für die Geschwindigkeit, wobei 6 der höchsten und 1 der niedrigsten entspricht.

Des Weiteren ist neben der Port-Adresse, die üblicherweise 378h lautet und mit dem entsprechenden Eintrag im BIOS-Setup und unter den Windows 95-Ressourcen übereinstimmen muss, die Betriebsart – der Mode – zu bestimmen. Tabelle 8.1 zeigt die hier möglichen Variationen für das ZIP-Drive.

LS120- und ZIP-Laufwerke

Bild 8.14: Hier hat die automatische Einstellung funktioniert. Der Mode-Parameter kann oftmals noch manuell optimiert werden.

Mode	Bedeutung/Funktion
bidr	8 Bit-Übertragung in beiden Richtungen, bidirektional
epp	EPP-Mode wird erzwungen
eppecr	EPP/ECP-Erkennung erfolgt automatisch
fast	automatische Erkennung der optimalen Betriebsart
mcbidir	bidirektionaler PS/2-Mode, wie er mit dem IBM Microchannel eingeführt wurde
nibble	4 Bit-Übertragung, die langsamste Betriebsart
pc873epp	EPP-Modus für einen Super-I/O-Controller der Firma National Semiconductor
sl360	EPP-Modus für Intel-Controller
smcepp	EPP-Modus für einen Super-I/O-Controller der Firma SMC

Tab. 8.1: Festlegung der Betriebsart für ein ZIP-Laufwerk am Parallel-Port

8.3 Flash-Drives

In den letzten Jahren ist ein Halbleiterspeicher auf den Markt gekommen, der insbesondere in PDAs, Digitalkameras oder auch Handys gewissermaßen als Ersatz für Diskettenlaufwerke oder Festplatten dient: der Flash-Speicher. Die Speicherdauer der Information in einem Flash-Speicher beträgt mindestens zehn Jahre, und es wird keine Batterie für den Datenerhalt verwendet. Die Bezeichnung *Flash* ist übrigens keine Abkürzung, sondern kommt ursprünglich aus dem militärischen Bereich und soll einen Halbleiterspeicher kennzeichnen, dessen (geheimer) Inhalt sich im Ernstfall in Sekundenbruchteilen – blitzschnell – löschen lässt.

Flash-Chips werden auch für das BIOS verwendet, wobei hier typischerweise Blockgrößen von 4-16 kByte realisiert werden, wodurch einzelne Blöcke wie der Boot-Block und verschiedene Firmware-Blöcke einerseits selektierbar sind und andererseits auch vor versehentlichem Löschen geschützt werden können. Erst als es technologisch möglich wurde, die Blockgrößen auf (Laufwerks-)kompatible 512 Bytes reduzieren zu können, sind Flash-Chips nicht nur für Codespeicherungen (Firmware) interessant geworden, sondern auch für alle Anwendungen, wo bisher Disketten und Festplatten zum Einsatz gekommen sind. Festplatten sind empfindlich gegenüber Stößen und Disketten gegenüber mechanischen Beschädigungen oder Feuchtigkeit. Den in ein stabiles Gehäuse gepackten Flash-Speicherchips ohne mechanisch bewegbare Teile machen solche Umwelteinflüsse hingegen nichts aus.

Bild 8.15: In diesen unterschiedlichen Speicherkarten werden Flash-Bausteine verwendet.

Flash-Speicher werden auf den unterschiedlichen Speicherkarten wie Multimedia-Card, Compact-Flash-Card, Smart-Media-Card oder auch dem Memory-Stick verwendet. Auch wenn das Speicherprinzip stets auf dem Flash-Prinzip beruht, weichen die Abmessungen und die Interfaces dieser Typen voneinander ab und benötigen dementsprechend unterschiedliche Schreib/Lesegeräte, wenn man z.B. die Fotos einer Kamera per Memory-Stick direkt vom PC lesen möchte. Einige PCs – wie beispielsweise der Aldi-PC mit 2,6 GHz – bringen gleich entsprechende Card-Reader mit, um die Daten unterschiedlicher Cards verarbeiten zu können.

Bild 8.16: Einige aktuelle PCs verfügen über passende Schreib/Lesegeräte für unterschiedliche Flash-Speicherkarten.

Diese Flash-Drives sind nicht nur für den Datenaustausch mit Kameras, PDAs usw. geeignet, sondern sie können auch als PC-Laufwerke zum Einsatz kommen, was eine sehr praktische Angelegenheit ist, denn das Schreiben, Löschen und Kopieren der Daten geht dabei wie mit jedem anderen üblichen PC-Laufwerk vonstatten, und die Medien sind dabei klein und (fast) unverwüstlich.

Voraussetzung ist hierfür zunächst ein entsprechender Card-Reader für den PC, wobei diese Einheiten auch als externe Geräte – meist für den USB – erhältlich sind. Dabei kann man aber nicht generell davon ausgehen, dass bei einem externen Gerät auch eine Boot-Funktionalität gegeben ist, was bei standardmäßig eingebauten Readern (siehe Bild 8.16) aber Standard sein sollte. Die Treiber-Software für den Card-Reader integriert die eingesetzten Flash-Karten gewissermaßen wie ein übliches Laufwerk, sodass auch eine Formatierung durchgeführt werden kann, wobei bei Windows FAT und FAT32 für diese Laufwerke üblich sind. Einen mechanischen Schreibschutz gibt es dabei nicht, mitunter ist jedoch eine entsprechende Software im Lieferumfang des Readers mit dabei, die diese Funktion softwaretechnisch übernehmen kann. Außerdem sind auf die Flash-Karten – wie für andere Laufwerke auch – die (zusätzlichen) Windows-Tools anwendbar, um Daten vor fremden Zugriffen zu schützen oder auch zu verschlüsseln.

Windows bringt – je nach Version – ebenfalls eine Treiberunterstützung für verschiedene Flash-Cards und Reader mit, prinzipiell bereits ab Windows 98, wobei jedoch erst Windows XP mit einer überzeugenden Funktionalität und Unterstützung hierfür aufwarten kann. Damit von einer Flash-Card auch ein Boot auszuführen ist, muss das BIOS einen Card-Reader als Boot Device (siehe Bild 3.7) unterstützen, wobei es keine Rolle spielt, welcher Flash-Card-Typ dann eingesetzt wird, er muss nur zum Card-Reader passen.

Kapitel 8 · Diskettenlaufwerke und Flash-Drives

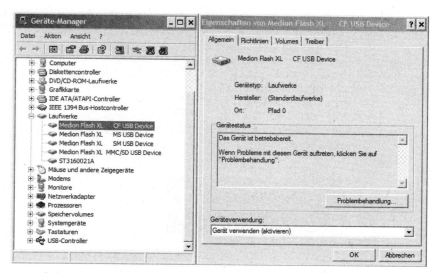

Bild 8.17: Die Flash-Karten werden unter den üblichen Laufwerken geführt und auch dementsprechend behandelt.

Des Weiteren ist eine zusätzliche Software empfehlenswert, um die Flash-Card als Boot Device einzurichten. Es geht aber auch manuell mit den üblichen Tools des jeweiligen (Windows-)Betriebssystems. Beim Aldi-PC gibt es unter ZUBEHÖR/SYSTEMPROGRAMME das Programm *Mkboottw*, welches im Handumdrehen eine Boot-Disk mit den entsprechenden Treibern anlegen kann.

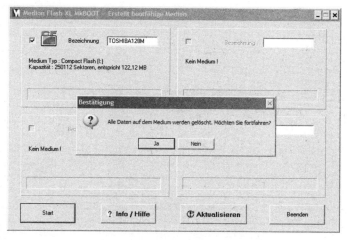

Bild 8.18: Die Compact-Flash-Card wird zum Boot Device.

Damit hat man auf der Flash-Card ein DOS parat, mit dem im Notfall die Festplatte bzw. das System wieder zu reparieren ist, z.B. um eine Virenverseuchung zu beheben, die Festplatte neu zu partitionieren oder auch um ein Festplatte-Image zurückzuschreiben. Die hierfür passenden Programme kopiert man sich natürlich für den Fall der Fälle auch noch mit auf die Flash-Card.

Wenn später von der Flash-Card gebootet wird, firmiert dieses Laufwerk im Übrigen unter A: – es kommt also wie ein übliches Diskettenlaufwerk daher –, sodass man bei einem derartigen PC tatsächlich auf dieses Laufwerk verzichten kann. Außerdem bietet sich eine *bootable Flash-Card* auch dafür an, einmal mit einem anderen Betriebssystem zu booten, ohne dass irgendwelche Veränderungen an der Festplatte vorgenommen werden müssen.

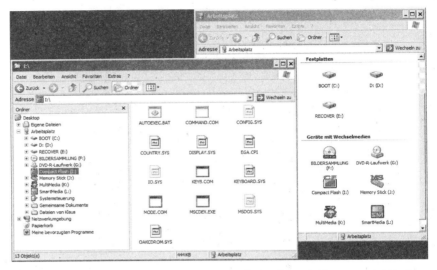

Bild 8.19: Die Flash-Karten erscheinen unter dem Arbeitsplatz als Geräte mit Wechselmedien. Die Compact-Flash-Card ist bootfähig und enthält die DOS-üblichen Files und Treiber.

Ohne einen Card-Reader kommen die USB-Flash-Drives aus, die in letzter Zeit sehr beliebt sind, was auch daran liegen mag, dass sie sehr klein sind (5-8 cm lang, 1 cm Durchmesser), bequem in die Hosentasche passen und über den USB angekoppelt werden, den heute jeder PC und jedes Notebook besitzen. Diese *USB-Drives* verwenden ebenfalls Flash-Speicher mit Kapazitäten von 16 MByte bis hin zu stattlichen 1 GByte. Demnach lassen sich hier nicht nur wichtige Daten unterbringen (Texte, Passwörter), die man gern gut aufbewahrt wissen möchte (in der Hosentasche), sondern auch gleich ein komplettes Betriebssystem, wenn das BIOS den Boot von einem USB-Gerät aus erlaubt. Der einzige Nachteil gegenüber anderen Speichern ist die relativ langsame Lese- und vor allem Schreibgeschwindigkeit (ca. 400-1000 KByte/s), was aber für alle Flash-Speicher gilt. Dies ist aber immer noch mindestens 10-mal schneller als Zugriffe auf ein Diskettenlaufwerk und sollte in der Praxis daher kaum ins Gewicht fallen. Für diese USB-Drives werden, je nach Hersteller, unterschiedliche Bezeichnungen verwendet, wie *Handydrive* (Apacer), *USBDisk* (QDI) oder auch *USB-Flash* (Neolec).

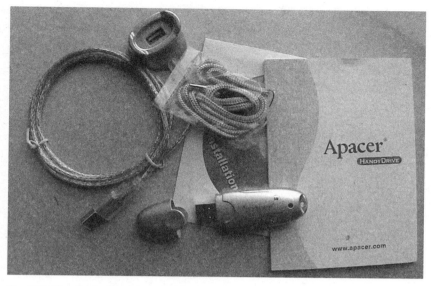

Bild 8.20: Ein USB-Handy-Drive mit Zubehör, wobei der USB-Adapter insbesondere für PCs nützlich ist, die nur über USB-Anschlüsse auf der Gehäuserückseite verfügen.

Ab Windows 2000 und demnach auch für Windows XP ist noch nicht einmal ein spezieller Treiber zu installieren, sondern es steht unmittelbar nach dem Anschluss an den USB ein Wechseldatenträgerlaufwerk zum Einsatz bereit. Das Verschlüsseln von Daten und das Einrichten eines Passwortes wird in der Regel durch mitgelieferte Software ermöglicht. Mit einen kleinen Schalter lässt sich hier auch ein Schreibschutz einschalten, und eine LED informiert über die Aktivität des USB-Flash-Drive.

Prinzipiell lässt sich ein USB-Flash-Drive genauso als bootfähiges Laufwerk einsetzen wie die Flash-Drives in einem Reader-Slot, immer vorausgesetzt, dass das BIOS hierfür eine passende Boot-Option (USB-Flash-Drive) zur Verfügung stellt.

9 Die Festplatten-Praxis

In jedem heute üblichen PC befindet sich eine Festplatte nach IDE-Standard (Integrated Drive Electronic), der über die Jahre zahlreiche Erweiterungen erfahren hat. SCSI-Festplatten, die im Gegensatz zu den preiswerteren IDE-Festplatten auch für einen Dauerbetrieb spezifiziert sind, werden heutzutage nicht mehr in übliche Arbeitsplatz-PCs eingebaut, sondern in Servern, wo eine hohe Zuverlässigkeit gefordert ist. Viele der erstmalig beim SCSI-Standard verwirklichten Funktionen sind dabei im Laufe der Zeit von IDE übernommen worden.

IDE definiert prinzipiell nur das elektrische Interface zwischen einer Festplatte und der Ansteuerelektronik, die im Chipset – meist in der Southbridge – integriert ist und in Form von (mindestens) zwei IDE-Ports auf einem Mainboard auszumachen ist. Die laufenden Erweiterungen in Form von standardisierten Befehlssätzen und schnelleren Übertragungsmodi, die für den Anwender letztendlich interessant sind, weil sie das optimale Zusammenspiel zwischen den IDE-Ports und den IDE-Festplatten bestimmen, firmieren unter ATA-Standards (Advanced Technology Attachment). In ATA-4 werden im Wesentlichen die Ultra-DMA-Modi definiert, die erstmalig auch eine (abwärtskompatible) Veränderung der physikalischen IDE-Schnittstelle bedeuten, da hier einige Signale auf eine andere Art und Weise verwendet werden als bei der traditionellen IDE-Schnittstelle.

In ATA-6 finden sich als nennenswerte Neuerungen die Definition einer 48-Bit-Adressierung sowie die Unterstützung von Akustik- und erweiterten Diagnose- sowie auch Power Management-Funktionen. Mithilfe der 48-Bit-Adressierung lässt sich theoretisch eine Festplatte mit einer Kapazität von gigantischen 128 Petabyte ansprechen, was dadurch ermöglicht wird, dass das IDE-Adressregister zweimal hintereinander gelesen wird; erst der höherwertige, dann der niederwertige Teil der Sektornummer, wofür neue ATA-Kommandos implementiert werden, aber keinerlei elektrische Veränderungen notwendig sind. Das Betriebssystem muss diese Adressierungsart allerdings ebenfalls unterstützen, was erstmalig Windows XP mit Service Pack 1 leisten kann. Mainboards, die den Ultra DMA 6-Mode mit 133 MByte/s unterstützen, sollten standardmäßig auch mit der 48-Bit-Adressierung umgehen können. Bis dahin war nur eine 28-Bit-Adressierung möglich, was in einer maximalen Kapazität von 128 GByte resultierte.

Insbesondere im Zusammenhang mit CD-ROM-Laufwerken stößt man des Öfteren auf den Begriff *ATAPI*, was für *AT Attachment Packet Interface* steht. Dies ist ein Befehlssatz für CD-ROM-Laufwerke, ZIP-Drives, CD-Brenner oder allgemein Geräte – außer Festplatten –, die am IDE-Port angeschlossen werden und gilt als Ergänzung zu ATA. ATAPI ist Bestandteil der ATA 4-Spezifikation, die nunmehr die Unterstützung von SCSI-Bus-Befehlen zwingend vorschreibt. Bei den ATAPI-Befehlen werden SCSI-Befehle, wie sie für CD-/DVD und auch andere Geräte verwendet werden, prinzipiell in ATA-Befehlen gekapselt – in entsprechende Pakete verpackt.

9.1 Betriebsarten

Eine IDE-Festplatte wird bei modernen Mainboards automatisch vom BIOS erkannt, wodurch manuelle Einstellungen – jedenfalls bei heutigen Festplatten – hierfür nicht nötig sind. Einen Blick in den BIOS-Setup zu werfen, ist im Problemfall jedoch die erste Maßnahme, bevor man den PC aufschraubt oder weitere Überprüfungen vornimmt. In Kapitel 3.8 sind die hierfür wichtigen, grundlegenden Zusammenhänge näher erläutert, während es in diesem Kapitel im Wesentlichen um die erweiterten Optionen gehen soll, was die möglichen Übertragungsarten betrifft und wie sie optimal eingestellt werden.

Die Standard-IDE-Betriebsart ist zunächst ein PIO-Mode, der im Polling-Betrieb ohne Kontrolle der korrekten Datenübernahme (Handshaking) zwischen der Festplatten- und der Mainboard-Elektronik ausgeführt wird. Die CPU des PC ist hier für jede Datenübertragung verantwortlich, während dies bei SCSI im Busmaster-DMA-Betrieb üblicherweise eigenständig vom SCSI-Hostadapter erledigt wird. Zur Beschleunigung der Datenübertragung wurden mit EIDE (Enhanced IDE) im Jahre 1995 zwei neue PIO-Modi (3, 4) und zwei neue DMA-Modi (Mode 1, 2: Multiwort) eingeführt. Welche Interrupt- und DMA-Leitungen dabei vom IDE-Interface beansprucht werden, hängt von der jeweiligen Konfiguration des Adapters ab. In der Regel kommen aber der Hardware-Interrupt 14 und der DMA-Kanal 3 für den ersten und der Interrupt 15 sowie der DMA-Kanal 5 für den zweiten IDE-Port zum Einsatz. Diese PC-Ressourcen haben sich hierfür als Standard erwiesen und können bei aktuellen Chipsets, wo sich der IDE- und der DMA-Controller sowie die weiteren Peripherie-Einheiten in der Southbridge befinden, auch entsprechend belegt werden. Wohlgemerkt *können*, denn die Einzelwort- und Multiwort-DMA-Übertragungen sind eigentlich nie von (großer) Bedeutung gewesen sind, weil hier die DMA-Zyklen wie bei ISA absolviert werden, was in der Praxis keinerlei Vorteil gegenüber einem vergleichbaren PIO-Mode erbringt.

Die einfachen IDE-Adapter, die für den ISA-Bus als Einsteckkarte vorgesehen sind, können als maximale Transferrate nicht mehr bieten als der ISA-Bus selbst, und dies sind typischerweise 4 MByte/s, sodass bald darauf der PCI-Bus als Anbindung des IDE-Interfaces an die Systemelektronik eingesetzt wurde, und hiermit sind (theoretisch) maximal 132 MByte/s möglich. Zu beachten ist, dass hiermit die Anbindung an die PC-Elektronik gemeint ist – also den Chipset –, wobei eine Southbridge sowohl einen PCI-Bus-Strang als auch ein separates IDE-Interface bietet. Die IDE-Signale und ihre grundsätzliche Funktion entsprechen zunächst jedoch nach wie vor dem alten ISA-Bus, und nur durch das Umfunktionieren einiger Signale hat man diesem Interface quasi »Dampf gemacht«, wie es für die Ultra-DMA-Betriebsarten notwendig geworden ist. Auf der anderen Seite (zur PC-Elektronik hin) muss die Southbridge die passende Bandbreite bieten können, damit die IDE-Einheiten nicht »ausgebremst« werden.

Der letzte Standard der parallelen IDE-Betriebsarten ist Ultra-DMA (UDMA), wobei diese Implementierung bei *Ultra-DMA/33* beginnt und bei den neuesten Adaptern bzw. Mainboards als *Ultra-DMA/133* realisiert wird. Hiermit sind (theoretische) Transferraten von 33 MByte/s bis zu 133 MByte/s möglich. Diese Datenraten ergeben sich jedoch – wie immer – auf dem Bus und nicht etwa direkt zwischen der PC-Elektronik und der Festplatte. Es können also immer nur solche IDE-Festplatten von einem Ultra-DMA-Modus profitieren, die diesen auch explizit unterstützen. Tabelle 9.1 zeigt die wichtigsten Daten der verschiedenen Betriebsarten mit ihren typischen Zykluszeiten (ns) und den maximalen Datenübertragungsraten (MByte/s) in der Übersicht.

Typ	Mode 0	Mode 1	Mode 2	Mode 3	Mode 4	Mode 5	Mode 6
PIO	600 ns	383 ns	240 ns	180 ns	120 ns	–	–
	3,33 MByte/s	5,22 MByte/s	8,33 MByte/s	11,11 MByte/s	16,6 MByte/s		
Einzelwort DMA	960 ns	480 ns	240 ns	–	–	–	–
	2,08 MByte/s	4,16 MByte/s	8,33 MByte/s				
Multiwort DMA	480 ns	150 ns	120 ns	–	–	–	–
	4,16 MByte/s	13,3 MBbyte/s	16,6 MByte/s				
Ultra-DMA	240 ns	160 ns	120 ns	90 ns	60 ns	40 ns	30 ns
	16,66 MByte/s	25 MByte/s	33,33 MByte/s	44 MByte/s	66 MByte/s	100 MByte /s	133 MByte/s

Tab. 9.1: Kenndaten der IDE-Übertragungsarten

9.2 Ultra-DMA

Mit Ultra-DMA sind einige elektrische Veränderungen gegenüber der Elektronik notwendig geworden, wie sie für die PIO- und die älteren DMA-Modi (Einzel, Multi-Wort) noch ausreicht. Das Verbindungskabel und die Stecker bleiben für Ultra-DMA (zunächst) unverändert, was somit auch eine Rückwärtskompatibilität ermöglicht. Das IDE-Interface und die Laufwerke müssen natürlich die entsprechenden Erweiterungen bieten, um Ultra-DMA – was im Übrigen auch unter Ultra-ATA firmiert – nutzen zu können.

Praktisch alle Chipsets ab dem 430TX für den Sockel 7 unterstützen zumindest Ultra-ATA-33 (Mode 2). Ab Ultra-ATA mit einer Transferrate größer als 33 MByte/s (Mode 3) ist ein spezielles Verbindungskabel vorgeschrieben. Es besitzt zwar ebenfalls 40-polige Stecker, das Kabel ist jedoch 80-polig, und zwischen jeder Signalleitung befindet sich eine Masseleitung. Das BIOS sollte nur dann Ultra-DMA ab dem Modus 3 zulassen, wenn ein 80-poliges Kabel eingesetzt wird, was anhand des PDIAG-Signals detektiert wird; es wird durch das 80-polige Kabel auf Masse gezogen. Das Signal PDIAG diente ursprünglich der Signalisierung, dass die Festplatten ihren Selbsttest abgeschlossen haben, was bei aktuellen Typen in dieser Form aber nicht mehr abgefragt wird.

Je nach BIOS-Version und Setup-Einstellung kann es vorkommen, dass bei der Einschaltung des UDMA-Modus und der Verwendung eines 40-poligen konventionellen IDE-Kabels eine BIOS-Meldung beim Boot erscheint wie *Secondary IDE channel no 80 conductor cable installed*, was besagt, dass beim zweiten IDE-Port kein 80-poliges Kabel installiert worden ist. Üblicherweise ist dies zwar nur als Hinweis zu betrachten, und die hier angeschlossenen Einheiten sollten trotzdem in einem langsameren Modus funktionieren.

Das Problem ist dabei allerdings, dass nicht immer unmittelbar zu erkennen ist, in welchem Modus die Festplatte und das DVD-Laufwerk sowie der CD/DVD-Writer tatsächlich arbeiten (wollen), denn möglicherweise gerät der Datenfluss zu einem Brenner durch einen zu langsamen Modus ins Stocken, was einen Abbruch des Brennvorgangs bedeuten kann. Aus diesem Grunde empfiehlt es sich für alle aktuellen IDE-Geräte, auch ein 80-poliges Kabel einzusetzen, damit ein schnellerer Modus nicht von vornherein (durch das BIOS trotz korrektem Setup) ausgeschlossen wird. Eher selten geht aus den Angaben von ATAPI-Laufwerken hervor, mit welchem maximalen Modus sie umgehen können, sodass man sich wohl oder übel auf die BIOS-Automatik (PIO oder UDMA) verlassen muss (näheres hierzu in Kapitel 9.3).

Laut Spezifikation darf das 80-polige Verbindungskabel eine maximale Länge von 46 cm und einen minimale von 13 cm besitzen. Mit UDMA wurde auch die Terminierung einiger Signalleitungen und eine Fehlererkennung eingeführt, wodurch Fehler in der Datenübertragung erkannt und die Daten erneut angefordert werden können, was fehlerhafte Daten auf der Festplatte verhindern soll, doch bei der Verwendung eines PIO-Modes im Prinzip jederzeit wieder auftreten kann, da die Daten dann von der CPU ohne irgendwelche Kontrollmechanismen auf die Platte übertragen werden.

> **ACHTUNG**
>
> Beim 80-poligen IDE-Kabel spielt die Position von Master und Slave am Kabel eine Rolle, damit die Terminierung korrekt hergestellt wird. Zu beachten ist dabei die farbliche Kennzeichnung der Anschlüsse:
>
> **Blau: Mainboard**
> **Grau: Slave**
> **Schwarz: Master**

Die Terminierung (Bus-Abschluss) hat zur Folge, dass es nicht mehr egal ist, an welcher Stelle sich Master und Slave an einem IDE-Strang befinden und welches davon nun die Terminierung herstellt und welches nicht. Ein Bussystem darf generell nur an seinen beiden Enden terminiert sein, d.h., ein Gerät, welches sich in der Mitte davon befindet, hat keine Terminierung aufzuweisen. Bei SCSI-Einheiten, wo auch dieses Prinzip eigentlich erstmalig für Laufwerke realisiert wurde, ist die Sachlage eindeutig, weil sich die Terminierung hier an den SCSI-Geräten selbst oder auch per externem Adapter herstellen lässt.

Für IDE bedeutet dies, dass der Busabschluss auf der einen Seite fest beim IDE-Anschluss auf dem Mainboard hergestellt ist, und auf der anderen Seite muss dies durch ein Laufwerk – am anderen Ende des Kabels – bewerkstelligt werden. Terminierungsmöglichkeiten findet man bei IDE-Einheiten allerdings nicht. Der Schlüssel für den korrekten Busabschluss verbirgt sich gewissermaßen im Kabel.

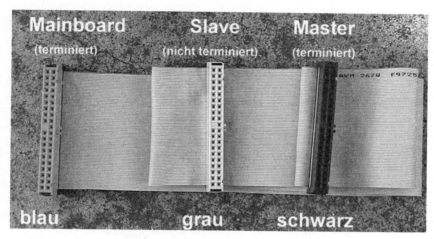

Bild 9.1: Das 80-polige Kabel für UDMA ab dem Mode 3 verfügt über farbig ausgeführte Stecker, die nicht verwechselt werden dürfen.

Die Stecker an den gebräuchlichen 80-poligen IDE-Kabeln sind farblich markiert: der blaue gehört an den Anschluss auf dem Mainboard, der schwarze an das Master-Laufwerk, und der graue Stecker in der Mitte wird mit dem Slave-Laufwerk verbunden. Die Stecker sind derart verdrahtet, dass dem Slave hiermit *Terminierung aus* und dem Master *Terminierung an* signalisiert wird. Dies erfolgt anhand des IDE-Signals *Cable Select* (CSL oder CSEL), welches einen Low-Pegel für *Drive 0* (Master) und einen High-Pegel für *Drive 1* (Slave) aufweist. Die IDE-Einheiten sind dabei nach wie vor per Jumper als Master oder als Slave zu konfigurieren, und es ist nichts weiteres festzulegen.

Falls die Stecker keine farbliche Markierung aufweisen, wie es in letzter Zeit immer häufiger der Fall ist, ist mitunter eine Beschriftung an den Anschlüssen vorhanden. Es kommt auch vor, dass selbst diese fehlt, aber auch dann ist eine Zuordnung möglich: Der Anschluss für den IDE-Port des Mainboards weist das längere Kabelende auf, der Slave wird an den mittleren Stecker und der Master an den äußeren Stecker angeschlossen. In der Praxis stellt sich dies mitunter für den Einbau der Geräte aber als ungewohnt oder auch umständlich heraus, denn ein IDE-Kabel wird in einem Tower-Gehäuse (der genaue Typ spielt keine Rolle) traditionell vom Mainboard-Anschluss zur Festplatte geführt, die im unteren Teil des Gehäuses montiert ist, und von dort wird das Kabel typischerweise zum

Ultra-DMA

CD/DVD-Laufwerk verlegt, welches sich in einem 5,25-Zoll-Einbauschacht im oberen Teil des Gehäuses befindet. Dann ist das CD/DVD-Laufwerk aber als Master festzulegen (die Festplatte als Slave), weil die Terminierung an diesem Ende eingeschaltet sein muss.

Eine Vertauschung der Stecker kann hier also fatale Folgen haben, und falls lediglich eine Festplatte angeschlossen werden soll, gehört sie an den äußeren Anschluss, der mittlere Anschluss bleibt frei. Auch ein Mix von neueren IDE-Einheiten und älteren IDE-Einheiten, die noch auf die traditionelle Verwendung des PDIAG- (Kabelerkennung) und des CSL-Signals (Drive-Erkennung) bestehen, kann dafür verantwortlich sein, dass kein UDMA möglich ist.

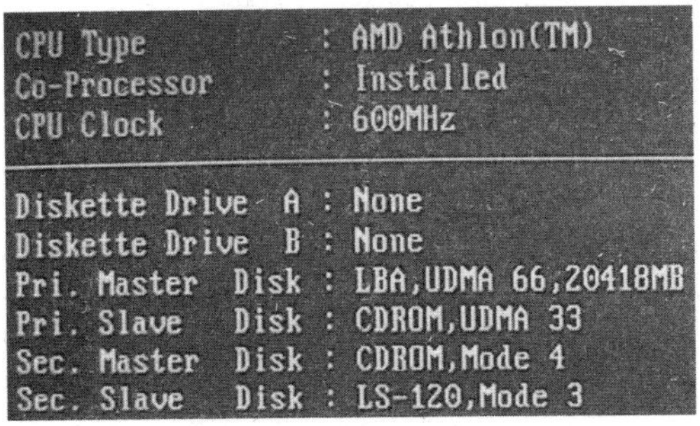

```
CPU Type          : AMD Athlon(TM)
Co-Processor      : Installed
CPU Clock         : 600MHz

Diskette Drive  A : None
Diskette Drive  B : None
Pri. Master Disk  : LBA,UDMA 66,20418MB
Pri. Slave  Disk  : CDROM,UDMA 33
Sec. Master Disk  : CDROM,Mode 4
Sec. Slave  Disk  : LS-120,Mode 3
```

Bild 9.2: Bei diesem PC zeigt das BIOS beim Boot die jeweils verwendeten IDE-Betriebsarten für die einzelnen Laufwerke an.

Wie bereits erwähnt, ist dies für den Anwender aber nicht unmittelbar zu erkennen, denn nicht jedes BIOS zeigt den detektierten Modus beim Boot an, und je nach Windows-Version erlangt man mehr oder weniger Informationen über die jeweilige Betriebsart, bzw. man muss den DMA-Modus auch erst explizit einschalten, wie etwa bei Windows 9x. Die im Teil 5 vorgestellte IDE-Analyse-Schaltung kann hierüber jedoch genaueren Aufschluss bieten. Wichtig ist auf jeden Fall ein aktueller Treiber für den IDE-Controller, der letztendlich dafür verantwortlich ist, welcher Modus überhaupt genutzt werden kann. Unter den EIGENSCHAFTEN bei den IDE-Kanälen (Erweiterte Einstellungen) sind bei Windows 2000 und Windows XP die entsprechenden Informationen zutage zu fördern (nicht bei den Laufwerken selbst!).

Generell zielen die immer höheren Datenübertragungsraten zunächst auf die Festplatten ab, d.h., sobald ein neuer ATA-Modus als Standard definiert worden ist, stehen auch schon kurz darauf Festplatten zur Verfügung, die sich aktuellerweise als *U-133-kompatibel* (Ultra DMA 133) ausgeben. CD- und DVD-Laufwerke sowie entsprechende Brenner ziehen fast unmerklich nach, weil hierfür üblicherweise kein IDE-Übertragungsmode als Leistungskriterium angegeben wird, sondern eine Speed-Klasse wie 8x oder vielleicht auch 52x. Stand der Dinge ist zurzeit bei diesen Laufwerken der Ultra-DMA-Modus mit 33 MByte /s, sodass hierfür prinzipiell noch nicht einmal ein 80-poliges Kabel notwendig ist. Aus diesem Grunde ist in einem aktuellen PC beim zweiten IDE-Kanal meist kein 80-poliges, sondern ein konventionelles 40-poliges für das DVD-Laufwerk oder auch den Brenner eingebaut.

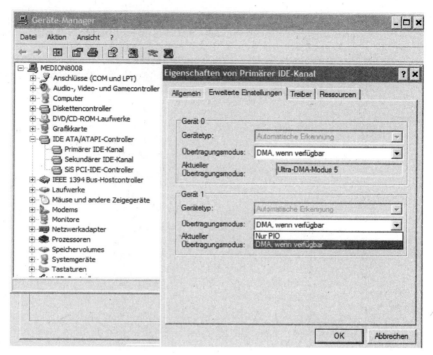

Bild 9.3: Der Master am primären IDE-Kanal (Festplatte) verwendet den Ultra-DMA-Modus 5, und der Slave (DVD-Laufwerk) sollte statt eines PIO-Modus ebenfalls einen DMA-Modus benutzen.

Generell ist UDMA einem PIO-Mode aber vorzuziehen, auch wenn es möglicherweise von der theoretischen Datenübertragungsrate (siehe Tabelle 9.1) her auf dasselbe hinauslaufen sollte, denn ein UDMA-Modus verursacht – dank Busmaster-DMA – weitaus weniger CPU-Last als ein PIO-Mode, wie es beispielsweise für das ruckelfreie Abspielen von DVD-Videos notwendig ist.

Je nach Alter des Mainboards bzw. des BIOS wird mit dem BIOS-Setup nur eine Untermenge der heutzutage üblichen IDE-Betriebsarten zur Verfügung gestellt, und außerdem gibt es immer wieder Kapazitätsbeschränkungen im Zusammenspiel des BIOS mit Festplatten, was in Kapitel 3.8.1 behandelt ist. Durch ein BIOS-Update kann jedoch der eine oder andere IDE-Mode neu hinzukommen, und möglicherweise kann dadurch auch eine bestehende Kapazitätslimitierung behoben werden. Aufgrund der unterschiedlich ausgeführten Elektronik lässt sich aber kein Mainboard, welches lediglich PIO-Modes kennt, per BIOS-Update auf UDMA-Betriebsarten erweitern. Aus dem gleichen Grunde gibt es auch keine Aufrüstmöglichkeit über den UMDA-Mode 2 hinaus, wenn die Mainboard-Elektronik hierfür nicht explizit ausgelegt ist.

Falls eine neue Festplatte eingesetzt werden soll, deren Kapazität vom BIOS her nicht voll ausgenutzt werden kann, gibt es als Abhilfe – neben einem BIOS-Update – mehrere Möglichkeiten: eine separate IDE-Controller-Karte oder zusätzliche Software. Die Anschaffung einer extra IDE-Controller-Karte (Firma Promise, Future Domain o. ä.) mit eigenem BIOS, die parallel zu dem auf dem Mainboard vorhandenen Controller arbeitet, hat natürlich Kosten zur Folge, stellt sich aber als beste Lösung dar. Der Controller auf dem Mainboard verwendet die im System-BIOS enthaltene, ältere IDE-Unterstützung, während an den separaten Controller die »hochkapazitive« neue Festplatte anzuschließen ist.

Von den Festplattenherstellern gibt es (meist kostenlos) noch spezielle DiskManager-Software, die sich nach der Installation im Master-Boot-Record der Festplatte niederlässt und die IDE-BIOS-Funktionen durch eigene ersetzt. Da diese Software noch vor dem Laden des Betriebssystems aktiviert wird, ist bei seiner Installation zu beachten, dass diese nicht von der Boot-Diskette oder -CD zu starten ist, sondern über den DiskManager. Entsprechende Programme sind *DiscWizard*, *IDEnhancer*, *EZ-Drive*, *MaxBlast* oder auch der *DiskManager* der Firma Ontrack, die zuweilen auch gleich mit der Festplatte auf Diskette oder CD ausgeliefert werden. Dabei ist außerdem wichtig, dass einige dieser Tools herstellerspezifisch sind, also nur mit bestimmten Festplatten eines Herstellers funktionieren. Darüber hinaus wird man die DiskManager-Software nicht ohne Weiteres wieder los, wenn diese erst einmal im Boot-Record ihren Platz gefunden hat.

Wer also mit seiner Festplatte nebst DiskManager auf ein moderneres Mainboard umzieht, dessen BIOS die Platte auch optimal nutzen kann, wird die Festplatte neu formatieren müssen. Den Boot-Record könnte man zwar auch ohne Datenverlust neu schreiben, allerdings wird die Festplatte durch die Umsetzung mit dem DiskManager mit anderen Parametern betrieben, die nicht mit denen des aktuelleren BIOS identisch sind. Demnach kann man die Verwendung eines DiskManagers eigentlich nur als Notlösung betrachten.

9.3 IDE-BIOS-Einstellungen und Treiber

Neben den grundlegenden IDE-Einstellungsmöglichkeiten bieten aktuelle BIOS-Versionen zahlreiche weitere Optionen für Festplatten und ATAPI-Geräte, die an die beiden IDE-Ports angeschlossen werden können.

Einige Mainboards besitzen neben den zwei üblichen Anschlüssen (Primary IDE, Secondary IDE) zwei weitere für einen schnellen Ultra-ATA-Modus oder auch noch vier *Ultra ATA 133 RAID-Connectoren*. RAID steht für **Redundant Array of Independent Discs**, und es lassen sich hier maximal acht Festplatten anschließen, die zusammengenommen ein *Disc Array* bilden. Üblicherweise können derartige IDE-Disc-Array-Controller mindestens zwei verschiedene RAID-Betriebsarten mit den Bezeichnungen RAID-0 (Disk Stripping) und RAID-1 (Mirroring) realisieren, in denen die Festplatten nach vorheriger Konfiguration betrieben werden können.

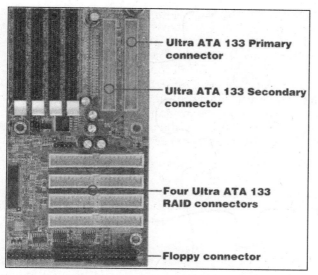

Bild 9.4: Bei diesem Mainboard gibt es neben den standardmäßig vorhandenen zwei IDE-Ports (Ultra ATA 133) noch vier Anschlüsse für die Realisierung eines RAID-Arrays.

Bei RAID-0 werden die Daten ohne Redundanz über die vorhandenen Festplatten verteilt, wodurch ein schnellerer Zugriff möglich ist, weil alle Festplatten quasi gleichzeitig nutzbar sind. Allerdings wird die Fehlertoleranz hiermit nicht geringer, sondern höher, weil die Wahrscheinlichkeit, dass eine von acht Festplatten ausfällt, höher ist, als wenn nur eine einzige zum Einsatz kommen würde.

RAID-1 ist die einfachste Form für eine erhöhte Sicherheit, die durch Redundanz realisiert werden kann. Dabei werden die Festplatten als »Spiegelplatten« (Mirror = Spiegel) verwendet, und daher ist RAID-1 auch unter der Bezeichnung *Disk Mirroring* bekannt. Die Daten werden immer gleichzeitig auf mindestens zwei Festplatten gespeichert. Fällt eine aus, läuft das System weiter, da die Daten noch auf der zweiten vorhanden sind. Die effektive Kapazität des Arrays wird dabei um die Hälfte reduziert, weil die Daten exakt dupliziert werden müssen.

Die entsprechenden IDE-Optionen sind wieder auf unterschiedlichen BIOS-Setup-Seiten zu finden, wobei sie oft unter den *Integrated Peripherals* (siehe Bild 9.5) oder im *BIOS Features Setup* oder auch zusammenfasst auf einer speziellen Seite (siehe Bild 9.7) abgelegt sind.

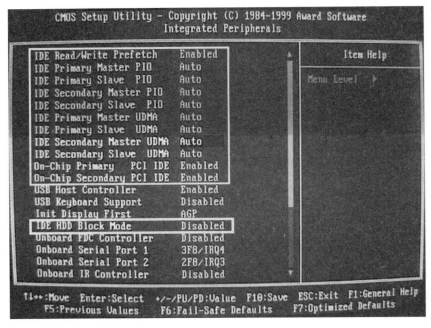

Bild 9.5: Einstellungsmöglichkeiten für IDE finden sich hier im Integrated Peripherals Setup.

Die IDE-Schnittstellen sind natürlich nur dann aktiviert, wenn der dazugehörige Eintrag wie *Onboard Primary PCI IDE* für den ersten Port und *Onboard Secondary PCI IDE* für den zweiten Port eingeschaltet ist. Mitunter – wie beispielsweise bei einem Award-BIOS im Phoenix-Layout – ist diese Einstellungsmöglichkeit auch etwas schwerer zu finden, und zwar unter *Advanced/Chip Configuration/Onboard PCI Enable*. Üblicherweise wird sich die Festplatte als Master am Primary- und ein CD/DVD-Laufwerk als Master am Secondary-Port befinden, sodass beide Menüpunkte auf *Enabled* zu schalten sind. Beim Award-BIOS im Phoenix-Layout gibt es hierfür nur einen Punkt, bei dem *Both* zu selektieren ist, damit beide IDE-Ports aktiviert sind.

Wenn die angeschlossenen IDE-Geräte beim Boot wie erwartet angezeigt werden, sollte man zusätzlich eine Optimierung dahingehend vornehmen, dass nur diejenigen IDE-Ports im BIOS-Setup aktiviert werden, an denen sich auch tatsächlich Geräte befinden. Dort, wo es möglich ist, sollte die Auto-Einstellung außerdem durch die Angabe des jeweils passenden Modes ersetzt werden. Diese Vorkehrungen ersparen dem BIOS beim Boot das erneute »Abklappern« aller Ports und die neue Ermittlung der passenden Betriebsart, was einiges an Zeitersparnis mit sich bringt.

Bei fast jedem aktuellen BIOS-Setup gibt es die Möglichkeit, einen PIO-Mode oder einen UDMA-Mode nicht nur für einen IDE-Port wählen zu können, sondern auch separat jeweils für Master und Slave. Während ein PIO-Mode (0-4) auch manuell festgelegt werden kann, sind für UDMA die Einstellungen *Disabled* und *Auto* möglich. Wichtig ist es, dass bei geeigneten Festplatten im BIOS-Setup auf jeden Fall UDMA aktiviert wird, denn andernfalls wird Windows später meist nur einen PIO-Modus zur Verfügung stellen.

Bild 9.6: Die Anzeige der IDE-Laufwerke beim Boot, wobei dieses BIOS leider die Anzeige, welcher Modus jeweils verwendet wird, schuldig bleibt.

Je nach Mainboard und Chipset-Treiber ist es zwar auch möglich, dass die jeweilige BIOS-Einstellung hierfür ignoriert wird und trotz PIO-Vorgabe unter Windows DMA auftaucht, allerdings kann man sich keineswegs immer darauf verlassen, und funktionieren muss dies dann auch nicht unbedingt. Aus diesem Grunde fährt man bei aktuellen IDE-Einheiten am besten, wenn sowohl PIO als auch UDMA auf AUTO gestellt werden. Dies kann nur in Kombination mit älteren IDE-Laufwerken zu Problemen führen, sodass man diese dann vorzugsweise am zweiten IDE-Port anschließt und bei Bedarf manuelle (PIO-Mode-)Einstellungen vornimmt.

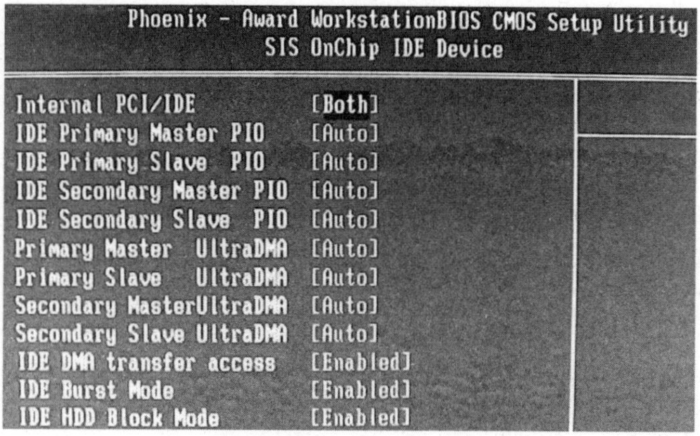

Bild 9.7: Bei aktuellen IDE-Einheiten führt die Auto-Einstellung in der Regel zur korrekten Detektierung des jeweiligen Modus.

Generell empfiehlt sich die Aufteilung von älteren und neueren IDE-Laufwerken auf die beiden Ports, denn auch wenn immer wieder behauptet wird, dass sich die Geräte leistungstechnisch gesehen nicht mehr gegenseitig ausbremsen können und das BIOS bzw. Windows stets für die jeweils maximal mögliche Betriebsart eines einzelnen Laufwerks Sorge trägt, gilt dies eigentlich nur dann, wenn der Controller (Chipset), die Laufwerke und das Betriebssystem gewissermaßen dem gleichen technischen Entwicklungstand entsprechen. Wie es in Kapitel 9.2 erklärt ist, bestehen ältere IDE-Laufwerke, die an einem UDMA-tauglichen Kabel angeschlossen sind, möglicherweise auf die traditionelle Signalverarbeitung aus der UDMA-Vorzeit, was nicht nur den Datentransfer ins Straucheln bringen, sondern sogar für das komplette Nichtfunktionieren des jeweiligen Ports verantwortlich sein kann. Des Weiteren hat die Einschaltung von DMA bei einigen Windows-Versionen (Windows 95/98) zur Folge, dass ältere CD-ROM- oder auch ein ZIP-Laufwerk nicht mehr funktionieren wollen.

Ein BIOS kann außerdem einen UDMA-Modus größer als 2 verweigern, wenn am betreffenden Port kein 80-poliges Kabel verwendet wird. Diese Praxis zeigt, dass die BIOS-Hersteller bei der Abfrage aber unterschiedlich verfahren, und zwar nicht nur, ob eine entsprechende Anzeige erscheint, sondern es ist auch gut möglich, dass das BIOS überhaupt keine derartige Detektierung ausführt. Dann kann durchaus der Fall auftreten, dass eine Festplatte aufgrund einer zu optimistischen Einstellung überstrapaziert wird, was zumindest mit Datenverlusten einhergehen kann.

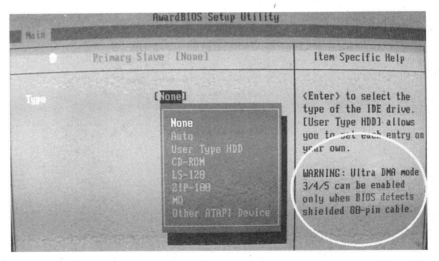

Bild 9.8: Dieses BIOS überprüft, ob ein Kabel für die schnelleren UDMA-Modi installiert ist.

Neben der entsprechenden Einstellung im BIOS-Setup ist es wichtig, dass auch das verwendete Betriebssystem die Geräte optimal unterstützt, und dazu gehören nun einmal aktuelle Treiber, die man aber meist nicht auf der zum Mainboard mitgelieferten CD findet – weil diese bereits wieder als veraltet anzusehen sind –, sondern auf der Internetseite des Mainboard-Herstellers. Diese Treiber sind nicht etwa für die IDE-Laufwerke selbst notwendig, sondern für die betreffenden IDE-Controller, die diese steuern. Aus diesem Grunde gibt es auch keine speziellen Treiber für diese oder jene Festplatte oder ein bestimmtes CD- oder DVD-ROM-Laufwerk. Die mit dem jeweiligen (Windows-)Betriebssystem automatisch zur Verfügung gestellten Treiber können natürlich nur für diejenigen Einheiten vorgesehen sein, die zum Zeitpunkt der Betriebssystementwicklung bekannt waren. Für alles, was danach an spezieller Hardware (z.B. Chipset, Controller) auf den Markt kommt, werden die aktuellen Treiber vom Mainboard-Hersteller benötigt.

Ein typisches Anzeichen dafür, dass mit dem Treiber für die IDE-Controller etwas nicht stimmt, ist, dass eine oder auch alle Festplatten nur im MS-DOS-Kompatibilitätsmodus arbeiten, was gleichermaßen auch für SCSI und andere Laufwerke gilt, wobei dann natürlich ein anderer Controller dafür verantwortlich ist. Als Erstes sollte im Windows-Geräte-Manager nachgesehen werden, ob sich hier die entsprechenden IDE-Festplatten-Controller-Treiber ohne Fehlermarkierung finden lassen. In Bild 9.9 ist erkennbar, dass der Festplattenlaufwerk-Controller mit dem Ausrufezeichen versehen und demnach auch nicht funktionsfähig ist. Abhilfe lässt sich im einfachsten Fall dadurch schaffen, dass der Controller-Eintrag gelöscht wird. Beim daraufhin auszuführenden PC-Neuboot wird Windows feststellen, dass es neue Hardware (den IDE-Controller) entdeckt hat und den dazugehörigen Treiber automatisch installieren.

Bild 9.9: Bei diesem PC arbeitet die Festplatte nur im MS-DOS-Kompatibilitätsmodus, weil der Treiber für den PCI-IDE-Controller nicht korrekt installiert worden ist.

Es kann aber auch passieren, dass der mit Windows gelieferte Treiber für den auf dem Mainboard installierten Controller nicht gefunden wird oder auch nicht passend erscheint. Falls Windows bei der Controller-Überprüfung selbstständig den Treiber von Diskette oder CD anfordert, ist dies ganz klar ein Zeichen dafür, dass Windows von Hause aus keine Unterstützung für diesen Controller bietet und diesen daher vom Mainboard- bzw. Chipset-Hersteller benötigt. Windows kann bei der automatischen Identifizierung jedoch auch auf die Nase fallen und einen falschen Treiber installieren, sodass dieser dann manuell nachzuinstallieren ist.

Bleibt der Controller-Eintrag nach der Treiberinstallation aber nach wie vor mit dem gelben Ausrufezeichen versehen, sind als Nächstes die Ressourcen zu überprüfen, die der oder die IDE-Controller belegen. Der IRQ 14 ist dem ersten und der IRQ 15 dem zweiten IDE-Controller vorbehalten, und sie sollten nicht von einer anderen Einheit belegt werden, was insbesondere für ältere PC gilt, wo das Interrupt-Sharing (siehe Kapitel 7.6.4) nicht möglich ist.

Außerdem kann sich im PC eine ISA-Karte befinden, die auf einen dieser Interrupts gejumpert ist, oder diese IRQs sind im BIOS-Setup (PnP/PCI Configuration-Seite) fälschlicherweise manuell einer PCI-Karte zugewiesen worden. Im BIOS-Setup sind daher diese Einstellungen zu überprüfen, und dabei sollte nicht vergessen werden, dass die entsprechenden Controller dort auch eingeschaltet (Enabled) sein müssen.

Bild 9.10: Hier sind die korrekten Treibereinträge für die beiden IDE-Controller vorhanden, wobei bei diesem PC optional noch der Treiber für das Bus-Mastering (DMA) installiert werden könnte.

Des Weiteren sollten bei den Windows 9x-Versionen die CONFIG.SYS (Device ...) und die AUTOEXEC.BAT dahingehend überprüft werden, ob an diesen Stellen möglicherweise ein alter Laufwerkstreiber geladen wird, denn derartige Treiber haben nichts in diesen Konfigurationsdateien für Windows zu suchen. Dies gilt generell und daher auch für CD-ROM-Laufwerke, falls es sich nicht um ein uraltes Modell handelt, für das Windows 9x keinen eigenen Treiber parat hat.

9.3.1 IDE-Optionen

Es gibt eine Reihe von Optionen für die IDE-Controller und damit für die dort angeschlossenen Festplatten und ATAPI-Laufwerke. Nachfolgend sollen die wichtigsten Optionen kurz erläutert werden.

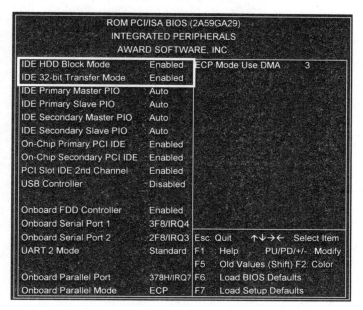

Bild 9.11: In diesem BIOS-Setup sind lediglich zwei spezielle IDE-Optionen einschaltbar.

32-Bit-Transfer Mode und IDE-Burst Mode

Die IDE-Schnittstelle ist zwar nur 16-Bit-breit ausgeführt, sie unterstützt jedoch einen 32-Bit-Transfer-Modus und bündelt so die Daten in größeren Portionen, was eine Beschleunigung der Datenübertragung zur Folge hat. Diese Option wird von allen aktuellen Festplatten unterstützt und sollte daher auch eingeschaltet werden. Nur bei älteren IDE-Modellen können hiermit Probleme auftreten, und dann ist *Disabled* festzulegen. Entsprechendes gilt für die Verwendung des *IDE Burst Mode*.

Delay IDE Initial <sec> oder Delay for HDD

Die Erkennung von IDE-Festplatten kann um eine vorzugebende Zeitspanne (typisch 0-15s) verlängert werden, was nur noch für ältere, langsame Festplattenmodelle notwendig ist und daher mit 0 eingestellt werden sollte. Es kann aber durchaus sinnvoll sein, diese Option für andere Geräte (ATAPI) zu aktivieren – wie ein ZIP- oder CD-ROM-Laufwerk, die an einem IDE-Port angeschlossen sind und nicht vom BIOS erkannt werden.

IDE HDD Block Mode und Multi Sector Transfer

Die Daten einer IDE-Festplatte lassen sich in Blöcken (512 Bytes) statt einzeln übertragen, was einen Geschwindigkeitszuwachs bei der Datenübertragung zur Folge haben sollte. Vielfach lässt sich der Blockmodus entweder nur ein- oder abschalten (enable, disable), aber es gibt auch BIOS-Versionen, bei denen explizit eine Blockanzahl (Multi Sector Transfer) angegeben werden kann.

Die mögliche Anzahl der Blöcke (2–32) ist von der eingesetzten Festplatte abhängig und geht im Grunde genommen nur aus den Unterlagen zur Festplatte hervor. Falls diese Daten nicht bekannt sind, was wohl in der Mehrzahl der Fälle so sein wird, lässt man diese Einstellung am besten so wie sie ist, denn sie ist ohnehin nur für DOS wirksam und kann unter Windows außerdem für ernsthafte Probleme (z.B. beim Brennen von CDs) verantwortlich sein.

Mit der Einstellung *Disabled* ist man bei einem BIOS, welches keine explizite Vorgabe der Blockanzahl erlaubt, auf der sicheren Seite, denn aktuelle BIOS-Versionen stellen automatisch fest, mit welchen Daten die Festplatte den Blockmodus unterstützen kann, und Probleme mit älteren IDE-Festplatten sind dabei auch nicht zu befürchten. Bei vorhandenem Multi-Sector-Transfer-Eintrag ist die Option *Maximum* zu wählen, damit das BIOS den passenden Wert automatisch aus dem Konfigurationsbereich der Festplatte ausliest.

IDE Read/Write Prefetch

Die Prefetch-Funktion verarbeitet gewissermaßen eine bestimmte Anzahl von Daten im Voraus, die in einem Prefetch-Buffer für die Festplatte vorgehalten werden. Üblicherweise ist dieser Punkt auf *Enabled* zu setzen, und nur dann, wenn des Öfteren Schreib- und/oder Lesefehler bei der (älteren) Festplatte auftreten, sollte diese Funktion abgeschaltet werden.

S.M.A.R.T

Diese Abkürzung steht für *Self Monitoring Analysis and Reporting Technology*, und bezeichnet eine interne Überwachungsfunktion einer Festplatte. Im Grunde genommen unterstützen alle modernen Festplatten diese ganz nützliche Funktion, die daher auch im BIOS-Setup einzuschalten ist. In einer S.M.A.R.T-unterstützenden Festplatte werden einige Festplattenparameter – wie beispielsweise die Drehzahl des Spindelmotors – mit Sensoren gemessen und mit vorgegebenen Sollwerten verglichen.

S.M.A.R.T liefert lediglich zusätzliche Informationen über den »Gesundheitszustand« von Festplatten, bietet also keinen automatischen Korrekturmechanismus und daher auch keinen Schutz vor einem Laufwerksausfall. Für die Anzeige und Auswertung der S.M.A.R.T-Informationen wird zusätzliche Software benötigt, beispielsweise die Monitoring-Software (System Health, Supervisory), die sich oftmals auf der zum Mainboard gehörenden CD befindet und optional zu installieren ist. Testprogramme wie die Norton Utilities bedienen sich ebenfalls der S.M.A.R.T-Daten und können diese auswerten.

Zusätzliche IDE-Controller

Die Einschaltungsmöglichkeit der optionalen IDE-Controller (separates Ultra-ATA, RAID) ist mitunter recht versteckt im BIOS-Setup untergebracht, und die jeweilige Bezeichnung hierfür lässt auch nicht immer sofort erkennen, was eigentlich gemeint ist. Beim Award-Medallion-BIOS beispielsweise weist die Angabe *Onboard PCI ATA Chip Enable* unter ADVANCED/CHIP CONFIGURATION den separaten IDE-Controller aus.

Bild 9.12: Mithilfe des zusätzlichen Controllers der Firma Promise bietet das Mainboard (hier Asus A7V) neben den üblichen vier IDE-Anschlussmöglichkeiten die Unterstützung für maximal vier Ultra ATA 100-Festplatten.

Falls die zusätzlichen IDE-Ports nicht verwendet werden, ist man gut beraten, den dazugehörigen Controller abzuschalten, weil die Detektierung von Laufwerken (die aber gar nicht vorhanden sind) doch eine geraume Zeit dauert. Üblicherweise wird für die zusätzlichen IDE-Ports ein extra Chip (z.B. von Promise oder HighPoint) verwendet, und die hierfür zuständigen Routinen sind mit im System-BIOS integriert, wobei aber eine eigene BIOS-Anzeige die an diesem Controller detektierten Laufwerke ausweist. Derartige IDE-Adapter gibt es natürlich auch als PCI-Adapterkarten, die dann auf ihrer Platine ein eigenes BIOS bieten.

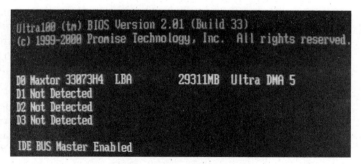

Bild 9.13: Die ATA-100-Festplatte wurde erkannt und mit dem korrekten Mode initialisiert.

9.4 Pflege und Einrichtung

Beim Erwerb eines Komplett-PC ist die Festplatte mit dem jeweilgen Betriebssystem eingerichtet, sodass für den Anwender kein Grund bestehen mag, sich näher mit ihr zu beschäftigen. Dabei wird allerdings oft vergessen, dass die Daten auf der Festplatte keineswegs sicher sind und im Prinzip jederzeit beschädigt werden oder auch komplett verschwinden können. Virenverseuchung, Probleme von Betriebssystemen, instabile Software und natürlich auch Anwenderfehler sind die eine Seite der Gefahr, während die andere Seite im Prinzip in einer Festplatte selbst begründet liegt. Schließlich handelt es sich bei einer Festplatte in wesentlichen Teilen (der Datenaufzeichnung) um ein mechanisch arbeitendes System, welches empfindlich auf Erschütterungen und Temperaturschwankungen reagieren kann.

9.4.1 Datensicherung

Fällt eine Festplatte während der Garantiezeit aus, erhält man zwar einen Ersatz, doch die wichtigen Daten sind verschwunden. Dieser Schaden wiegt dabei oftmals höher als der Anschaffungswert einer Festplatte. Eine Datensicherung ist daher wichtig, wobei man hierfür aber kein allgemein gültiges Verfahren anführen kann, da die Datenbestände und auch Arbeitsumgebungen der PC-Anwender zu unterschiedlich sind. Welche Daten wichtig sind und welche nicht, muss letztlich jeder für sich selbst entscheiden und hierfür eine eigene Backup-Strategie entwickeln.

Das Mindeste ist die Sicherung der eigenen »Werke« wie der Texte, Zeichnungen, Präsentationen oder auch der selbst geschriebenen Programme. Am wenigsten Aufwand entsteht, wenn man sich grundsätzlich angewöhnt, unmittelbar nach der Fertigstellung eines Projektes dieses gleich noch einmal auf einer zweiten Festplatte, einer CD-R/DVD-R oder einem anderen Medium (ZIP, Tape) oder auf einem anderen PC – über ein Netzwerk – abzuspeichern. Je mehr Kopien man sich anfertigt, desto besser. Es macht jedoch keinen Sinn, die Daten am gleichen Ort aufzubewahren. Feuer-, Wasser- oder andere Schäden könnten sie schließlich allesamt vernichten, wodurch nichts an Datensicherheit gewonnen wäre. Einen Datensatz in der Firma und einen zur Sicherheit daheim oder auch bei Freunden und Bekannten aufzubewahren, ist sicher keine schlechte Idee.

Ob man eine Komplettsicherung des PC-Systems durchführt – nebst des Betriebssystems und aller Programme –, muss man, wie erwähnt, für sich selbst entscheiden. Erstens ist dies meist ein zeitaufwändiger Vorgang, und zweitens ist es auch nur bei regelmäßiger Durchführung sinnvoll, damit im Ernstfall nicht womöglich Datenbestände wiederhergestellt werden, die seit Wochen nicht mehr dem aktuellen Stand entsprechen. Alle modernen Betriebssysteme bieten jedoch die Funktion eines individuell konfigurierbaren Backups, der automatisiert und beispielsweise auch außerhalb der Arbeitszeit durchgeführt werden kann.

Wer sich nicht scheut, sein System bei einem eventuellen Festplatten- oder auch anderen PC-Schaden neu einrichten zu müssen, beschränkt sich bei der Datensicherung daher auf seine eigenen Werke und fertigt hierfür eine CD oder DVD an. Da zu einem PC die Original-CDs oder -DVDs des Betriebssystems gehören, macht es im Problemfall zwar etwas Arbeit, das System neu aufzuspielen, allerdings empfiehlt sich dies ohnehin nach einiger Zeit einmal, weil sich doch immer einiges an Datenmüll ansammelt und das System womöglich durch verschiedene Treiberinstallationen auch nicht mehr optimal zu funktionieren scheint.

Gleichwohl ist eine Neuinstallation immer eine recht radikale Aktion, und in der Praxis trifft man immer wieder auf (recht mutige) Zeitgenossen, die das Betriebssystem »platt machen« und dann nicht wissen, wie sie es wieder installieren können. Näheres hierzu ist in Kapitel 9.4.4 zu finden. Außerdem wird immer wieder unterschätzt, was man im Laufe der Zeit eigentlich an individuellen Windows-Einstellungen vorgenommen hat und welche Programme sich als unverzichtbar erwiesen haben, die nicht zum Windows-Standardlieferumfang gehören. Der Zeitaufwand, der für die Herstellung der gewohnten Windows-Umgebung mit allen notwendigen Programmen erforderlich ist, sollte demnach nicht unterschätzt werden und vor einer Neuinstallation stets mit beachtet werden.

Problematisch kann ein Wechsel des Betriebssystems werden, wenn man etwa statt Windows XP lieber wieder Windows 98SE einsetzen oder auch den umgekehrten Weg einschlagen oder vielleicht auch ganz etwas anderes (Linux) als Betriebssystem installieren möchte. Wichtig ist es daher *vor* einem Betriebssystemwechsel genau zu überprüfen, ob hierfür auch die passenden Chipset- und Gerätetreiber existieren. Späteren Enttäuschungen, dass es für den älteren Scanner beispielsweise keinen Windows XP-Treiber gibt und für die neuere Grafikkarte keinen Windows 98-Treiber, kann damit vorgebeugt werden.

9.4.2 Festplattenpflege

Neben der Datensicherung sollte die Festplatte außerdem regelmäßig gepflegt werden. Das Programm *ScanDisk* ist die Microsoft-Standardanwendung für die Erkennung und Korrektur von Festplattenfehlern, womit hier Fehler in der Datenstruktur gemeint sind, wie verlorene Cluster oder Programmfragmente, die sich keinem Programm mehr zuordnen lassen, und nicht etwa Festplattenfehler, die in einem hardwaretechnischen Phänomen begründet liegen. Eine regelmäßige Anwendung von *ScanDisk* ist ein wichtiger Schritt zu einer aufgeräumten Festplatte, gefolgt von einem Programm zur Aufhebung der Fragmentierung. *ScanDisk* ist sowohl bei DOS als auch bei allen Windows-Ausgaben in entsprechenden Versionen mit dabei.

Wird eine Festplatte mit der Zeit immer langsamer, ist das ein Zeichen dafür, dass die Festplatte einmal »aufgeräumt« werden sollte. Die Daten werden auf der Platte nicht nacheinander in benachbarte Cluster; (1 Cluster = mehrere – je nach Festplattengröße – Sektoren) geschrieben, sondern dorthin, wo gerade noch Platz ist. Durch das Löschen einer Datei entstehen auf der Platte freie Cluster, die beim nächsten Speichern mit verwendet werden. Passen die neuen Daten nun nicht genau in diese freien Cluster – und das ist in der Regel der Fall –, werden sie auf mehrere verteilt, die sich aber irgendwo an den unterschiedlichsten Positionen auf der Plattenoberfläche befinden. Dadurch entsteht die Fragmentierung, d.h., eine Datei wird nicht in zusammenhängenden Clustern abgelegt. Je häufiger Daten gelöscht werden, desto stärker ist die Platte fragmentiert und desto länger dauert es, bis eine Datei komplett gelesen werden kann. Die Fragmentierung ist ein ganz normaler Vorgang, der prinzipiell bei allen Festplatten- und Diskettentypen auftritt.

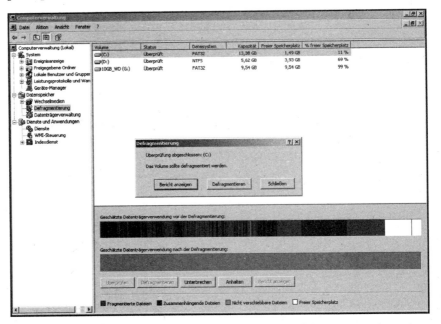

Bild 9.14: Die Defragmentierung kann bei Windows XP sowohl für FAT-32 als auch für das NTFS-Format durchgeführt werden.

Bei der Defragmentierung werden die Daten auf der Platte so angeordnet, dass sie in benachbarten Clustern zu liegen kommen, wodurch die Zugriffszeit wieder optimiert wird. Ein Defragmentierungsprogramm gibt es ab Windows 95 standardmäßig dazu, allerdings ist bei Windows NT 4.0 keines dabei. Die (damalige) Microsoft-Argumentation, dass hier schließlich mit NTFS und nicht mit dem FAT-Format gearbeitet werden soll, bedeutet allerdings nicht, dass eine Festplatte mit NTFS nicht ebenfalls fragmentiert wird, wenn auch nicht so stark wie bei einem FAT-Format. Ab Windows 2000 ist aber auch ein Defragmentierungsprogramm (Diskkeeper) für das NTFS-Format standardmäßig mit dabei.

9.4.3 Fehlerbehebung und Kühlung

An einer Festplatte kann der typische Anwender im Prinzip nichts reparieren. Auf jeden Fall sollten beim Nichtfunktionieren einer Festplatte die Anschlusskabel kontrolliert werden und auch ein falsch herum aufgestecktes Datenkabel kann für eine »Festplattenstille« verantwortlich sein. Wer beim Abziehen der Kabel nicht vorsichtig genug vorgeht, schafft es auch, die Anschlussstifte zu verbiegen, und beim Wiederanschluss des Steckers kann sich ein Pin dann total verbiegen oder sogar abbrechen, sodass kein elektrischer Kontakt mehr gegeben ist. Abhilfe ist dann mitunter kaum mehr möglich, es sei denn, man versucht, den Pin wieder anzulöten oder ihn (oder ein etwas längeres Drahtende) in den Stecker einzusetzen, in der Hoffnung, dass dadurch wieder ein Kontakt hergestellt wird.

Der Fall, dass eine Festplatte – quasi klanglos – von heute auf morgen ihren Dienst verweigert, ist eher nicht die Regel. Vielmehr kündigt sich ihr baldiges Ende schon eine Weile vorher durch bis dahin nicht aufgetretene Geräusche an. Klappern, schaben, rattern, Heulgeräusche und ständige Datenausfälle sind die typischen Anzeichen für eine nicht mehr zu reparierende Festplatte. Wer bis zu diesem Zeitpunkt noch keine Datensicherung angefertigt hat, wird es dann meist auch nicht mehr schaffen und dieses Versäumnis (hoffentlich) nicht noch einmal begehen.

Bild 9.15: Hier war jemand zu brutal beim Anschließen des IDE-Kabels: Ein Teil des Anschlusses und sogar ein Kontaktpin sind abgebrochen.

Falls überhaupt kein Laufwerksgeräusch von der Festplatte zu hören ist, liegt zunächst der Verdacht nahe, dass sie keine Spannung erhält, was man am Anschluss aber leicht mit einem Multimeter nachmessen kann. Ist hiermit alles in Ordnung, kann es sein, dass die Festplatte elektronisch abgeschaltet worden ist, was aufgrund einer unzulässig hohen Stromaufnahme passiert, weil die Festplatte defekt ist, oder es liegt ein Falschanschluss vor, und das BIOS reagiert darauf ebenfalls mit einer Abschaltung. Kann Letzteres ausgeschlossen werden und ist an der Festplatte ohnehin nichts mehr zu verderben, ist mitunter noch eine »Schocktherapie« für das Anlaufen der Platte möglich. Eine gewissermaßen »festgefahrene« Festplatte wird dann im laufenden Betrieb auf dem Tisch kurz angehoben und fallen gelassen, denn durch diesen mechanischen »Schock« kann sie durchaus wieder loslaufen, sodass sie kurzzeitig wieder funktioniert und man die wichtigen Daten kopieren kann.

Festplattenfehler liegen vielfach in einem mechanischen Problem begründet, wie z.B. dass der Kopf festgeklemmt ist oder in eine Position gerutscht ist, aus der er aus eigener Kraft nicht wegkommt. Derartige Fehler lassen sich nach dem Aufschrauben einer Festplatte relativ leicht erkennen und mit etwas Geschick durch die Bewegung des Kopfes oder anderer mechanischer Teile vielleicht so weit beheben, sodass tatsächlich noch ein paarmal Daten von der Platte gelesen werden können. Prinzipiell darf eine Festplatte aber niemals unter normalen Raumbedingungen geöffnet werden, denn damit ist sie auf jeden Fall defekt. Der Staub der Umgebung setzt sich sofort auf die Plattenoberflächen und sorgt damit für deren Unlesbarkeit durch den empfindlichen Schreib-/Lesekopf. Nur in geeigneten Reinräumen, über die spezielle Firmen zur Datenrettung verfügen, werden defekte Festplatten zur Reparatur geöffnet. Dort gelingt es durchaus, von einer geöffneten Festplatte Daten zu lesen.

Eine andere bewährte Methode, um im Notfall von einer defekten Festplatte noch Daten zu kopieren, besteht darin, sie stark herunterzukühlen, wodurch die Mechanik ein anderes Verhalten als bei Normaltemperatur aufweist. Ob dies funktioniert, probiert man einfach dadurch aus, indem die Festplatte zunächst für 5-10 Minuten in den Kühlschrank gelegt wird. Sind daraufhin Daten zu lesen, ist man auf gutem Weg und kann den Kühlvorgang entsprechend verlängern bzw. mehrere Kühl-Lesevorgänge durchführen. Sowohl die Schocktherapie als auch diese Kühlmethode mögen vielleicht etwas befremdlich wirken, die Praxis hat jedoch gezeigt, dass dies tatsächlich oftmals funktioniert. Eine von Eisbeuteln umgebene defekte Festplatte, die zum Schutz vor dem Wasser in eine Plastiktüte eingepackt wurde, hat beispielsweise noch eine Stunde lang funktioniert, was ausgereicht hat, um ein komplettes Image (mit Drive Image, siehe Kapitel 9.4.4) der Festplatte anzufertigen.

Generell ist bei diesen Rettungsmethoden zu beachten, dass die defekte Festplatte nicht als Boot-Festplatte eingesetzt wird, weil sie nicht nur übermäßig beansprucht werden, sondern das hierauf befindliche Betriebssystem auch versagen würde, sodass dann kein Kopieren der wichtigen Daten mehr möglich wäre.

Falls ein PC nach längerer Betriebszeit Datenausfälle bei einer Festplatte zeigt, kann dies auch eine behebbare Ursache haben: Die Festplatte wird womöglich zu heiß, was natürlich insbesondere an heißen Tagen auftreten kann. Dies tritt insbesondere bei Festplattentypen auf, die mit 10.000 oder gar 15.000 Umdrehungen pro Minute arbeiten. Erst in jüngster Zeit haben dies auch einige Festplattenhersteller bemerkt und versehen ihre Festplatten mit einem entsprechenden Aufkleber, der besagt, dass die Festplatte eine Kühlung verlangt. Wie diese auszulegen ist, wird allerdings meist nicht verraten. Außerdem kann sich ein derartiger Vermerk auch in der zur Festplatte gehörenden Kurzanleitung befinden, die nicht immer vom Händler mitgeliefert wird. Im Allgemeinen kann festgestellt werden: Je schneller eine Festplatte dreht, desto heißer wird sie auch.

Bild 9.16: Ein einfacher Kühler, der in einen Einschub unter der Festplatte montiert werden kann.

Beim Einbau einer Festplatte sollte generell darauf geachtet werden, dass sie nicht direkt unter- oder auch oberhalb eines anderen Gerätes sitzt. Es sollte, wenn möglich, immer ein Einschubplatz dazwischen frei bleiben, damit die Luft zirkulieren kann. Wird eine Festplatte im Betrieb so heiß, dass man sich fast die Finger daran verbrennt, ist auf jeden Fall eine Kühlung anzuraten. Hierfür gibt es im Fachhandel spezielle Einschübe für den 5,25-Zoll-Einbauschacht. Dieser Einschub, der einen Lüfter beherbergt, wird unter die besagte Festplatte gesetzt, damit sie durch den Luftstrom entsprechend gekühlt wird.

9.4.4 Die Einrichtung der Festplatte

Nach der korrekten Detektierung der Festplatte durch das BIOS muss sie als Nächstes partitioniert – in logische Laufwerke aufgeteilt – und dann gemäß dem zu verwendenden Betriebssystem formatiert werden. Prinzipiell sind zwei grundsätzliche Ausgangssituationen gegeben: Es wird eine neue Festplatte eingebaut, die auch das Betriebssystem aufnehmen soll, oder es wird eine zweite Festplatte hinzugefügt, die zusätzlich zur »Systemplatte« für Programme und Daten eingesetzt werden soll. Der zweite Fall ist der einfachere, weil hier unmittelbar nach dem Boot des Systems die entsprechenden Windows-Tools zum Partitionieren und Formatieren der zusätzlichen Festplatte verwendet werden können.

Es kann auch Sinn machen, das bereits bestehende System auf die neuere, schnellere und meist auch größere Festplatte zu kopieren, wofür sich in der Praxis insbesondere die Programme der Firma PowerQuest (Partition Magic, Drive Image, Drive Copy) als nützlich erwiesen haben. Dadurch entfällt natürlich das Einrichten der Hardware-Einheiten (Treiber) und der bereits installieren Software, sodass im Grunde genommen nicht anderes als ein Kopiervorgang durchzuführen ist.

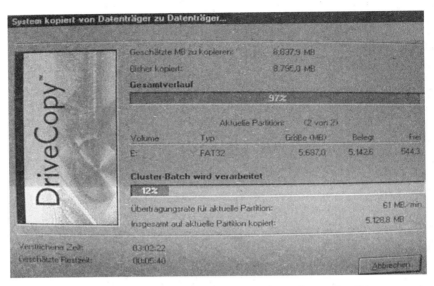

Bild 9.17: Das Programm Drive Copy ist für das Kopieren kompletter Partitionen und Laufwerksinhalte geeignet.

Bei allen aktuellen PCs ist der Boot von der CD möglich, die für die Installation des Betriebssystems vorgesehen ist. Die hierfür notwendigen Schritte werden in Abhängigkeit vom jeweiligen Betriebssystem auf die einzusetzende Festplatte angewendet, was in den meisten Fällen auch problemlos funktioniert. Bevor jedoch ein Betriebssystem von Grund auf – und nicht von einer anderen Windows-Version aus (Update) – installiert wird, sollte überprüft werden, ob dieser CD-Boot auch tatsächlich funktioniert, weil dies bei älteren PCs unter Umständen nicht möglich ist.

Die Anfertigung von Boot-Disks (Disketten, Flash, CD) ist generell eine Aktion, die sicherheitshalber für den Notfall durchgeführt werden und üblicherweise unmittelbar nach der Installation des Betriebssystems erfolgen sollte. Mit den Boot-Disks ist es auch möglich, einen anderen PC zu starten und nicht nur denjenigen, mit dem diese Disks erstellt worden sind. Voraussetzung ist allerdings, dass sich die Hardware dabei nicht grundlegend voneinander unterscheidet (z.B. SCSI- statt IDE-Laufwerke), und am besten handelt es sich auch um die gleiche Windows-Version.

Falls zuvor bereits ein Betriebssystem auf der Festplatte vorhanden war, kann es passieren, dass die Installation nicht fortgeführt wird, weil sich die Installationsroutine am bereits existierenden Dateisystem stört. Demnach ist die Festplatte zuvor nicht nur komplett zu löschen, sondern – damit die Festplatte wieder quasi fabrikfrisch daherkommt – auch das existierende Dateisystem zu entfernen, was durch eine Funktion erledigt wird, die Bestandteil der so genannten *Partitionierungssoftware* ist.

Das Programm *fdisk* ist standardmäßig von Microsoft für die Partitionierung von Festplatten vorgesehen und quasi ein Relikt aus alten DOS-Zeiten. Daneben gibt es durchaus leistungsfähigere Programme für diese Aufgabe wie z.B. *Partition Magic*, welches außerdem zerstörungsfrei arbeitet, also nicht zwangsläufig die bereits auf der Platte vorhandenen Daten beim Anlegen und Verändern von Partitionen löscht. Ist die Festplatte im BIOS-Setup angegeben, aber noch kein Betriebssystem auf der Festplatte installiert, erhält man nach der Anwahl der Festplatte beispielsweise mit C: die folgende Meldung. Dabei wird vorausgesetzt, dass das Betriebssystem zuvor von der Diskette oder einem anderen Laufwerk (CD, Flash) gebootet wurde:

UNGÜLTIGE LAUFWERKSANGABE oder

DRIVE NOT READY ERROR

Die Festplatte ist zwar vorhanden und angemeldet, d.h., das BIOS weiß von ihrer Existenz, doch das Betriebssystem noch nicht. Die Festplatte muss daher partitioniert und anschließend formatiert werden. Zur Partitionierung wird für DOS das Programm *fdisk* verwendet, welches sich meist auf der MS-DOS-Diskette Nr. 2 befindet. Ist bereits eine ältere DOS-Version auf der Festplatte vorhanden und wurde von dieser gebootet, muss auch die alte Version von *fdisk* verwendet werden, weil sonst eine Fehlermeldung wie »Falsche DOS-Version« ausgegeben wird. Nach dem Aufruf von *fdisk* erscheint das Hauptmenü des Festplatten-Installationsprogramms.

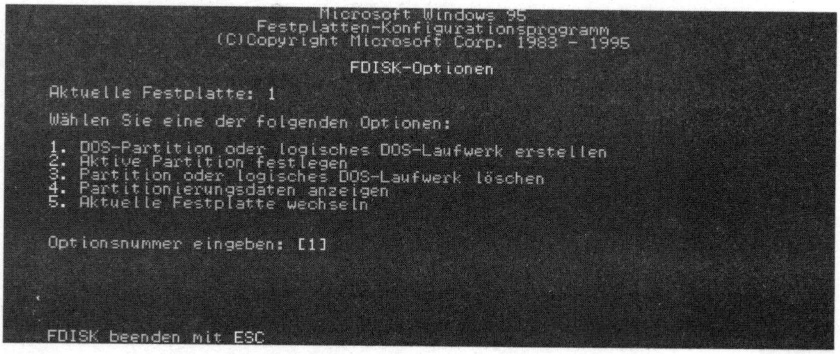

Bild 9.18: Der FDISK-Hauptbildschirm

Dieser traditionelle Weg, der sogar einen Umweg bedeutet, weil zunächst DOS und später eine Windows-Version zu installieren ist, mutet möglicherweise altbacken und auch umständlich an, gleichwohl funktioniert er eigentlich immer, sodass selbst noch die DOS-Boot-Disketten von Bedeutung sind. Dabei sollte nicht vergessen werden, den CD-ROM-Laufwerkstreiber auch parat zu haben, damit die Installation später von CD aus weitergeführt werden kann. Auch wenn MS-DOS-CD-ROM-Treiber mittlerweile aus der Mode gekommen sind, wird man zumindest auf den Internetseiten der Hersteller fündig und es gibt sogar einige universelle (Oak, Mitsumi), die mit allen möglichen CD- und auch DVD-Laufwerken zurechtkommen.

Windows bis zur Me-Version besitzt ebenfalls ein fdisk-Programm, welches sich im Windows-Verzeichnis im Unterverzeichnis COMMAND befindet. Beide Programmversionen (DOS und Windows 9x/Me) arbeiten im Prinzip auf die gleiche Art und Weise. Bei Windows 2000 und Windows XP gibt es *fdisk* nicht mehr, stattdessen sind die entsprechenden Funktionen zum Partitionieren und Formatieren in der SYSTEMSTEUERUNG unter VERWALTUNG/COMPUTERVERWALTUNG/DATENSPEICHER zu finden. Wie hiermit umzugehen ist, wird später erläutert.

Was nun als Erstes zu tun ist, hängt davon ab, ob bereits Partitionen angelegt worden sind oder nicht. Ist dies der Fall, wird als Erstes die Nummer 3 angewählt (Löschen einer Partition oder eines logischen Laufwerks), wodurch die Partition und alle sich hier befindlichen Daten gelöscht werden. Ist die Platte in mehrere Partitionen aufgeteilt, sind die anderen entsprechend zu löschen. Hat man hingegen eine neue, unbenutzte Festplatte im PC, muss man natürlich gar nichts löschen, sondern ruft gleich den Punkt 1 ERSTELLEN EINER DOS-PARTITION ODER EINES LOGISCHEN LAUFWERKS auf.

Auch wenn Partitionsdaten angezeigt werden, kommt es vor, dass die Daten und Partitionen einer Festplatte nicht mit *fdisk* gelöscht werden können. Dies ist in der Regel dann der Fall, wenn hier ein für DOS bzw. Windows 9x/Me unbekanntes Format vorhanden ist, wie z.B. eines von Linux oder auch NTFS (ab Windows NT). Die Programme bei Windows 2000/XP und auch Partition Magic sind jedoch in der Lage, auch mit »unbekannten« Formaten umgehen und die Festplatte daraufhin neu organisieren zu können. Auf der beiliegenden CD ist das Programm *xfdisk* zu finden, welches statt *fdisk* verwendet werden kann und über dessen Funktionen hinausgeht.

Wichtig ist die Anzeige AKTUELLE FESTPLATTE. Der Menüpunkt (5) zur Umschaltung auf eine andere Festplatte erscheint nur dann, wenn sich mehrere funktionsfähige davon im PC befinden. Es ist unbedingt darauf zu achten, dass man auch die gewünschte Festplatte selektiert hat, um nachfolgend nicht womöglich die falsche Platte einzurichten und damit alle Daten zu löschen.

Erscheint wider Erwarten keine zweite Festplatte, wird man mit *fdisk* nicht weiterkommen, und es ist der BIOS-Setup zu überprüfen. Unter Windows muss die neue Festplatte zumindest im Geräte-Manager auftauchen. Wenn dem so ist, sie jedoch nicht unter ARBEITSPLATZ vorhanden ist, ist sie nur nicht partitioniert und formatiert.

Nach der Anwahl des entsprechenden Menüpunktes (1) erscheint die wichtige Frage, ob der maximal verfügbare Speicherplatz für die primäre DOS-Partition verwendet werden soll. Bei einem »Ja« wäre es nachfolgend nicht möglich, mehrere logische Laufwerke anzulegen, da die primäre Partition immer nur einem einzigen Laufwerk zugeordnet werden kann. Sollen also mehrere davon angelegt werden, ist diese Frage zu verneinen. Nachfolgend wird dann einzeln angegeben, über welche Größe die einzelnen Partitionen verfügen sollen.

Durch die Betätigung der [Esc]-Taste kommt man, wenn es im jeweiligen Menü angegeben ist, immer zum FDISK-Optionen-Menü (Hauptmenü) zurück und kann gegebenenfalls eine falsch angelegte Partition wieder löschen. Die Eingaben sind dabei wie üblich mit der Eingabetaste zu bestätigen, damit der nächste, für die jeweilige Aktion sinnvolle Bildschirm erscheint.

Nach kurzer Zeit wird die Meldung ausgegeben, dass die primäre Partition (PRI DOS) erstellt worden ist, und soll diese auch gleichzeitig die aktive Partition sein, indem sie das Betriebssystem enthalten und demnach auch von ihr aus gebootet werden soll, wird sie mit dem Menüpunkt 2 als solche festgelegt.

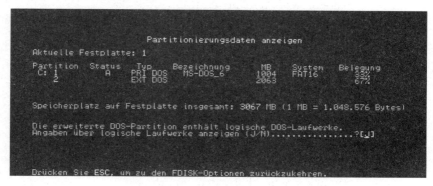

Bild 9.19: Diese Festplatte besitzt eine Gesamtkapazität von 3 GByte und ist in eine primäre bootfähige DOS-Partition von 1 GByte sowie eine erweiterte DOS-Partition, welcher der restliche Speicherplatz zugeteilt wurde, aufgeteilt.

Der restliche Speicherplatz wird dann der erweiterten DOS-Partition zugewiesen. Im nächsten Schritt wird die erweiterte Partition (EXT DOS) beispielsweise zwei Laufwerken (D:, E:) zugeteilt.

Das Erstellen der logischen Laufwerke erfolgt durch die Anwahl des entsprechenden Menüpunktes (1). Falls man sich die einzelnen Daten zum Abschluss noch einmal im Überblick anschauen möchte, geschieht dies durch die Anwahl des Menüpunktes (4) aus dem FDISK-Hauptmenü, nachdem man den Partitionierungsvorgang abgeschlossen hat. Nach Betätigung der [Esc]-Taste kommt man vom FDISK-Hauptmenü zum DOS-Prompt zurück, woraufhin z.B. die DOS-Installation absolviert werden kann.

Mit dem Aufruf SETUP vom Laufwerk A: meldet sich das DOS-Setup-Programm, welches feststellen wird, dass die Festplattenlaufwerke noch nicht formatiert worden sind, und diesen Vorgang als Nächstes vorschlägt. Das DOS-Setup-Programm wird nun – nach Bestätigung – der Reihe nach die einzelnen Festplattenlaufwerke formatieren und das Laufwerk C: zugleich bootfähig machen. COMMAND.COM und die weiteren Systemdateien (MSDOS.SYS und IO.SYS) werden hierhin kopiert, und nachfolgend wird das komplette DOS installiert.

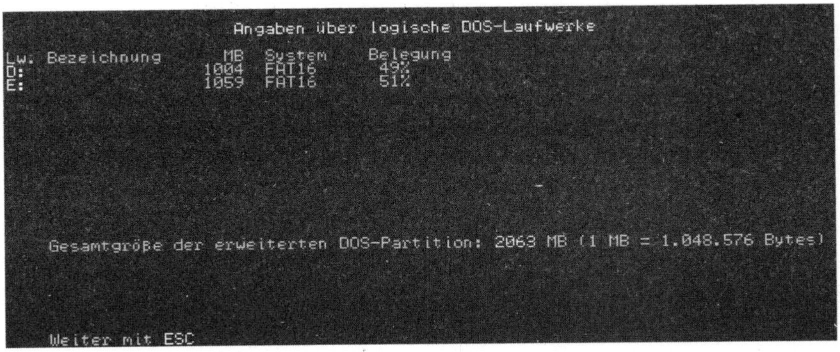

Bild 9.20: Die erweiterte DOS-Partition enthält zwei logische Laufwerke (D: und E:).

Die beschriebene Vorgehensweise zum Einrichten von Festplatten gilt für DOS und Windows 95 (Release 1 mit FAT-16). Windows 95 mit FAT-32 (OEM Release 2) wird demgegenüber vom Hersteller installiert, wobei die Verwendung eines parallel dazu arbeitenden DOS standardmäßig nicht vorgesehen ist. Für die FAT-32-Partitionierung ab Windows 98 gibt es eine neue Version von *fdisk*, die im Prinzip wie das FAT-16-Pendant arbeitet, allerdings mit dem wichtigen Unterschied, dass bei der Detektierung einer Festplatte mit einer Kapazität von mehr als 504 MByte automatisch nachgefragt wird, ob FAT-32 unterstützt werden soll, und außerdem sind dann auch Partitionen größer als 2 GByte möglich. Wird dieser Vorschlag akzeptiert, ist dies mit den von Microsoft mitgelieferten Tools nicht wieder rückgängig zu machen. Ein Programm wie *Partition Magic* kann allerdings FAT-32 in FAT-16 und auch umgekehrt konvertieren.

Mit Windows 2000 wurde das doch etwas antiquiert wirkende *fdisk* durch leistungsfähigere Tools zur Festplatteneinrichtung und -pflege ersetzt, was demnach auch auf Windows XP zutrifft. Die COMPUTERVERWALTUNG unter VERWALTUNG in der SYSTEMSTEUERUNG enthält unter DATENSPEICHER Programme für die Defragmentierung und die DATENTRÄGERVERWALTUNG. Letzteres bietet nach dem Start zunächst eine Übersicht über die jeweilige Festplattenaufteilung und die dabei verwendeten Datenformate (FAT-16, FAT-32, NTFS usw.). Bild 9.21 ist zu entnehmen, dass der Datenträger 0 (Festplatte mit 20 GByte) über eine FAT32-Partitition (C:) und eine NTFS-Partition (D:) verfügt, während der Datenträger 1 (10 GByte) drei nicht zugeordnete Partitionen besitzt, wovon zwei über ein *unbekanntes* Format verfügen. Daher ist dieser Festplatte auch noch kein Laufwerksbuchstabe zugewiesen worden.

Kapitel 9 · Die Festplatten-Praxis

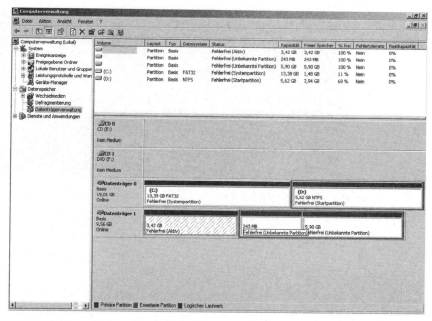

Bild 9.21: Die Datenträgerverwaltung hat ab Windows 2000 das Programm fdisk abgelöst.

Nach dem Anklicken der jeweiligen Partition und der Betätigung der rechten Maustaste stehen unmittelbar die benötigten Funktionen zum Löschen und Anlegen von Partitionen sowie logischen Laufwerken zur Verfügung. Der Ablauf einer Festplattenkonfigurierung ist dabei im Prinzip der gleiche wie mit *fdisk*, d.h., nach der Partitionierung sind logische Laufwerke zu erstellen, die nachfolgend formatiert werden können, wobei Windows XP hier wahlweise FAT-32 und NTFS zur Auswahl stellt. Es werden dabei immer nur diejenigen Optionen angeboten, die eine logische Weiterführung der zuvor absolvierten Schritte darstellen, sodass im Grunde genommen auch nicht viel falsch gemacht werden kann.

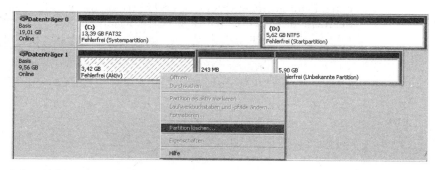

Bild 9.22: Das Löschen der unbekannten Partition

Nach der Formatierung der neuen Festplatte wird sie daraufhin unter dem ARBEITSPLATZ auftauchen. Auch hier ist beim Anlegen von Partitionen zu beachten, dass eine zweite neue Festplatte, die lediglich als zusätzlicher Datenträger unter dem auf der ersten Festplatte installierten Betriebssystem fungieren soll, als erweiterte Partition und nicht als primäre festzulegen ist, denn andernfalls verfügt man über zwei primäre Partitionen, was mit Boot-Problemen einhergehen kann.

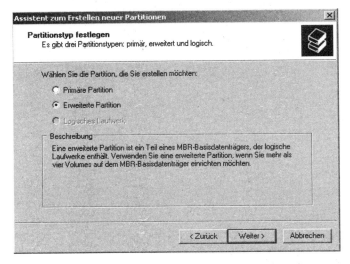

Bild 9.23: Da die neue Festplatte neben einer bereits vorhandenen Boot-Festplatte verwendet werden soll, ist eine erweiterte Partition zu wählen.

10 Laufwerkskontrolle – CD- und DVD-Laufwerke

Sowohl CD- als auch DVD-ROM-Laufwerke und entsprechende »Brenner« werden meist mit IDE-Interface angeboten und sind in den PCs als Standard anzusehen. Wie bei den IDE-Festplatten erläutert, ist auch bei diesen Laufwerken der Master/Slave-Topologie Rechnung zu tragen. Üblicherweise befindet sich die Festplatte als Master am ersten IDE-Port, ein DVD-Laufwerk ist hier als Slave konfiguriert, und ein Brenner wird als Master am zweiten IDE-Port angeschlossen. Demnach ist bei dieser heutzutage üblichen IDE-Konfiguration ein weiteres optionales Laufwerk (LW) als Slave an der sekundären IDE-Schnittstelle möglich.

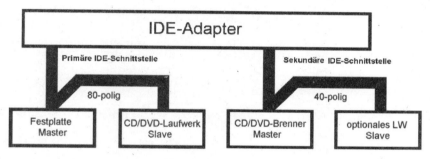

Bild 10.1: Die IDE-Laufwerkszuordnung bei einem aktuellen PC

Es macht dabei keinen Unterschied, ob es sich dabei *nur* um Laufwerke oder um einen »Writer« für CD und/oder DVD handelt. Auch Windows behandelt einen Brenner zunächst wie ein übliches CD-ROM-Laufwerk, und die Schreibfunktionalität wird vom Brennprogramm zur Verfügung gestellt und nicht von Windows selbst.

In Kapitel 9.2 wurde bereits darauf hingewiesen, dass aktuelle Laufwerke und Brenner lediglich den UDMA-Modus 2 und keine höheren UDMA-Betriebsarten unterstützen, sodass für deren Anschluss prinzipiell kein 80-poliges IDE-Kabel notwendig ist, sondern nur für die Festplatte ab Ultra-ATA mit 44 MByte/s. Da ein IDE-Kabel von einem Gerät zum anderen verlegt wird, ist auch das Slave-Laufwerk (siehe Bild 10.1) mit dem 80-poligen Kabel verbunden, sodass auch ein geeignetes (zukünftiges) CD/DVD-Laufwerk die schnelleren UDMA-Modi nutzen könnte. Auf jeden Fall sollte für diese Laufwerke UDMA im BIOS und in Windows konfiguriert werden. Spezielle Treiber für dieses oder jenes CD/DVD-Laufwerk gibt es nicht, sondern der jeweilige IDE-Controller und der dazugehörige Treiber sind gewissermaßen für die Erkennung und die korrekte Funktion der angeschlossenen CD/DVD-Laufwerke verantwortlich.

10.1 Konfigurierung und Anschluss

Bei ATAPI-CD-ROM-Laufwerken ist im Prinzip nichts weiter im BIOS-Setup festzulegen, außer dass der jeweilige IDE-Port natürlich aktiviert sein muss und nicht auf *Disabled* geschaltet sein darf. Allerdings erzielen einige CD-ROM-Laufwerke nicht immer ihre maximale Performance, wenn der *AutoMode* im BIOS eingeschaltet ist, sodass sich die optimale Betriebsart dann oftmals nur durch Ausprobieren ermitteln lässt, wenn der Laufwerkshersteller hierfür nicht die entsprechenden Daten (welcher PIO- oder UDMA-Mode?) preisgibt.

Unter DOS/Windows 3.x findet man für ein übliches CD-ROM-Laufwerk einen speziellen Treibereintrag in der CONFIG.SYS und in der AUTOEXEC.BAT den notwendigen Gerätetreiber MSCDEX. Diese Eintragungen werden üblicherweise automatisch mit dem zum Laufwerk gehörenden Install-Programm in diese beiden Dateien geschrieben. Im Folgenden sind hierfür drei unterschiedliche Beispiele angegeben:

1. Mitsumi-CD-ROM-Laufwerk mit spezieller Controller-Karte: Die Angaben ab *P:300* legen die Daten für die Controller-Karte wie I/O-Adresse, IRQ- und DMA-Kanal fest.
2. ATAPI-CD-ROM-Laufwerk am IDE-Controller
3. SCSI-CD-ROM-Laufwerk, wofür generell zunächst der ASPI-Treiber zu laden ist

CONFIG.SYS:

```
1. DEVICE=C:\CDROM\MTMCDE.SYS /D:MSCD001  /P:300 /A:0 /M:20 /T:6 /I:10
2. DEVICE=C:\CDROM\ATAPI.SYS /D:MSCD000
3. DEVICE=C:\SCSI\ASPI4DOS.SYS /D
   DEVICE=C:\SCSI\ASPICD.SYS /D:ASPICD0
```

AUTOEXEC.BAT:

```
1. C:\WINDOWS\MSCDEX /D:MSCD001 /M:12 /L:F
2. C:\WINDOWS\MSCDEX /D:MSCD000 /M:12 /L:F
3. C:\WINDOWS\MSCDEX /D:ASPICD0 /M:12 /L:F
```

Während des Boot-Vorgangs wird einem CD-ROM-Laufwerk automatisch immer der letzte Laufwerksbuchstabe des Systems (beispielsweise hinter den Festplattenlaufwerken als G:) zugeordnet.

Für SCSI-CD-ROM-Laufwerke ist üblicherweise ein ASPI-Treiber (oder DOSCAM-Treiber) notwendig. Das *Advanced SCSI Programming Interface* stellt eine Softwareschnittstelle für SCSI-Bus-Geräte dar und wird immer dann benötigt, wenn andere Geräte und nicht ausschließlich zwei Festplatten am SCSI-Bus verwendet werden sollen, wie beispielsweise auch ein Scanner oder ein Tape Drive. Erst nach dem Laden von ASPI (ASPI4DOS) kann bei diesem Beispiel der dazugehörige CD-ROM-Treiber (ASPICD.SYS) geladen werden.

Derartige Treibereinträge haben ab Windows 95 eigentlich nichts in den beiden Konfigurationsdateien zu suchen, denn Windows sollte – wie eingangs erwähnt – die Laufwerke mithilfe des Windows-Treibers für die IDE-Controller ansprechen. Lediglich bei älteren Laufwerken, die sich nicht als Windows-ATAPI-kompatibel erweisen, kann man hiermit (im Notfall) auch den DOS-basierten Windows-Versionen die Laufwerke zur Verfügung stellen, die dann aber nicht in der Systemsteuerung auftauchen.

Der Anschluss des Stromversorgungs- und des IDE-Kabels ist genauso durchzuführen wie bei den IDE-Festplatten. Besonderheiten sind eigentlich auch nur wieder bei älteren Modellen und SCSI-Laufwerken zu beachten. Einige ältere IDE-CD-ROM-Laufwerke werden zwar an einen IDE-Port angeschlossen, da sie jedoch nicht ATAPI-konform ausgelegt sind, wird hierfür ein herstellerspezifischer Treiber benötigt, was ebenfalls für CD-ROM-Laufwerke gilt, die an einer eigenen speziellen Controller-Karte (wie bereits erwähnt) betrieben werden müssen. Insbesondere die Firmen Mitsumi, Sony und Panasonic haben in der Vergangenheit einige derartige Lösungen im Programm gehabt, die nicht zu IDE und auch nicht untereinander kompatibel sind. Außerdem fallen auch die ersten ZIP-Laufwerke für IDE ebenfalls in diese Kategorie.

Auf einigen älteren Sound-Karten finden sich auch Anschlüsse für diese drei verschiedenen CD-ROM-Laufwerksinterfaces, die im Grunde genommen nur ein leicht abgewandeltes IDE-Interface darstellen. Ein *richtiges* IDE-Interface für den Anschluss eines CD-ROM-Laufwerkes ist möglicherweise auch noch auf einigen Sound-Karten zu finden, wobei sich dieses leider nicht immer abschalten lässt und Windows 9x immer wieder veranlasst, einen Treiber hierfür anzufordern. Nach Möglichkeit sollte von der Verwendung dieser herstellerspezifischen und der IDE-Laufwerksschnittstellen auf Sound-Karten kein Gebrauch gemacht werden, denn sie funktionieren nicht mit jedem als geeignet erscheinenden CD-ROM-Laufwerk und aktuelle Treiber gibt es hierfür meist auch nicht.

> **ACHTUNG**
> Der Cable-Select-Jumper löst bei IDE-Laufwerken unterschiedliche Funktionen aus, und auch wenn er immer wieder bei CD/DVD-Laufwerken und auch Festplatten zu finden ist, sollte er keinesfalls gesetzt werden, sondern stattdessen entweder nur der Master- oder der Slave-Jumper.

Wie die Einstellung als Master oder Slave beim jeweiligen IDE-Laufwerk auszusehen hat, kann leider nicht verallgemeinert werden, da die Hersteller dies unterschiedlich handhaben. Meist ist der entsprechende Jumper jedoch auch direkt an der Laufwerksrückseite beschriftet, oder man muss das Handbuch zum CD-ROM-Laufwerk hierfür zu Rate ziehen. Mitunter ist neben den Steckbrücken für Master und Slave – es darf immer nur ein Jumper gesteckt werden – auch einer für *Cable Select* (CSEL, CS) bei allen möglichen IDE-Laufwerken finden. Dieser sollte keinesfalls verwendet werden, denn seine Funktion stammt noch aus der veralteten, ursprünglichen IDE-Standardisierung und kann den gesamten IDE-Port am Funktionieren hindern.

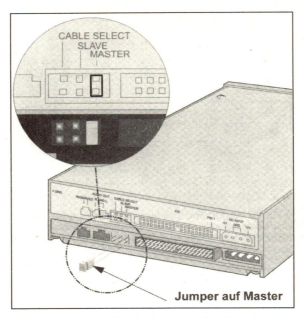

Bild 10.2: Das Laufwerk wird hier als Master konfiguriert.

Diese manuellen (Jumper-)Einstellungen sollte man vorzugsweise immer vor dem Einbau des Laufwerks vornehmen, da man später unter Umständen nur schwer an diese Einstellungselemente wieder herankommt. Selbst im Fehlerverdachtsfall, wenn die Jumper-Stellung kontrolliert werden soll, kommt man oftmals nicht um einen Ausbau des Laufwerks umhin.

Beim Einbau eines CD-ROM-Laufwerks sollte man auch an den Audio-Anschluss zur Sound-Karte denken, der des Öfteren vergessen wird. Ohne diesen Anschluss können zwar Sound-Dateien wie MIDI oder WAVE wiedergegeben werden, die quasi als Klangdaten im Datenstrom vom CD-ROM-Laufwerk enthalten sind, es wird jedoch beim Abspielen von üblichen Audio-CDs kein Ton zu hören sein. Dieser Audioanschluss ist mittlerweile standardisiert (MPC-Standard), und nur bei älteren Modellen sind mitunter noch Adapterkabel für die Audio-Verbindung zwischen Laufwerks- und Sound-Anschluss notwendig.

Bei aktuellen Laufwerken und Windows XP lässt sich in der Systemsteuerung die Option DIGITALE WIEDERGABE FÜR DEN CD-PLAYER AKTIVIEREN anklicken, was dafür sorgt, dass auch die Musikdaten einer CD digital über das IDE-Kabel transferiert werden können, sodass dieses Audioverbindungskabel im Prinzip nicht mehr notwendig ist. Diese Anschlussmöglichkeit schadet jedoch auch nicht, zumal diese digitale Option nicht mit allen CD/DVD-Laufwerken funktioniert.

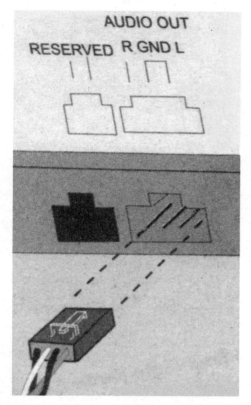

Bild 10.3: Die Belegung des Audio-MPC-Anschlusses ist standardisiert, sodass für die Verbindung eines CD/DVD-Laufwerks mit einer Sound-Karte keine speziellen Adapterkabel mehr notwendig sind.

10.2 DVD-Laufwerke und Brenner

Die DVD-ROM-Laufwerke haben vielfach bereits die CD-ROM-Laufwerke abgelöst, und es gibt hier in der Handhabung und bei der Konfiguration keinerlei Unterscheide zwischen beiden Typen. Das Gleiche gilt für Brenner, die im Allgemeinen genauso zu konfigurieren (Master oder Slave) und anzuschließen sind wie alle anderen IDE-Laufwerke auch, denn in den meisten Fällen sind die Writer für die IDE-Schnittstelle ausgelegt.

Eine »DVD-Scheibe« hat zwar die gleichen Maße wie eine gewöhnliche CD-ROM (12 cm Durchmesser), kann demgegenüber jedoch mindestens 4,7 GByte (maximal sogar 17 GByte) enthalten und fasst somit die siebenfache Datenmenge. Ein DVD-Laufwerk kann – muss aber nicht zwangsläufig – mit zwei Lasern unterschiedlicher Wellenlänge ausgestattet sein, um somit die Rückwärtskompatibilität zur CD-ROM und auch zur wiederbeschreibbaren CD-RW (ReWriteable) herstellen zu können. Ein DVD-Laufwerk sollte daher auch die üblichen standardisierten CD-Formate lesen können. In der Regel kann man aber nur bei den aktuellen DVD-Laufwerken davon ausgehen. Gleichwohl gibt es auch hier die von CD-ROM-Laufwerken her bekannten Unverträglichkeiten – eine CD ist lesbar, eine andere hingegen nicht –, bei DVD-Laufwerken jedoch im verstärkten Ausmaß. Die gegenüber einer CD-ROM erhöhte Datendichte hat (fast zwangsläufig) zur Folge, dass Verschmutzungen (Fingerabdrücke) oder leichte Beschädigungen (Kratzer) sich hier stärker bemerkbar machen können, was erhöhte Anforderungen an die interne Fehlerkorrektur der DVD-Laufwerke stellt.

Bei genauerer Betrachtung gibt es für DVDs kaum nennenswerte neue Anwendungen – es ist nur ein speichergewaltiger Datenträger –, wenn man einmal von den DVD-Spielfilmen absieht. Hierfür sind die *Regionalcodes* eingeführt worden. Mithilfe dieser Codes soll verhindert werden, dass beispielsweise eine Video-DVD der Region 1 (USA) auf einem DVD-Player aus der Region 2 (Europa und Japan) wiedergegeben werden kann. Dies erlaubt eine unterschiedliche Preisgestaltung durch die DVD-Video-Hersteller und behindert entsprechende Im- und Exporte, die wohl niedrigere Preise zur Folge hätten.

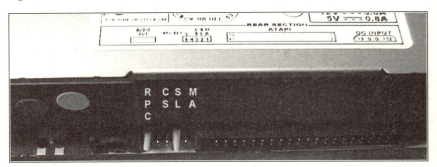

Bild 10.4: Der linke Jumper legt hier die RPC-Phase fest. Wenn er gezogen wird, wird der interne Zähler für den Regionalcode erst aktiviert.

Die Regionalcode-Prüfung – *Regional Playback Control* (RPC) – gibt es in zwei Varianten: DVD-Laufwerke nach RPC-Phase-1 speichern intern keinen Regionalcode, während Geräte nach RPC-Phase-2 intern einen Zähler verwenden, der die Anzahl der Regionalcode-Wechsel registriert, wobei nach maximal fünf Wechseln das Laufwerk fest auf den zuletzt eingestellten Code fixiert ist und nicht mehr geändert werden kann.

Die ersten DVD-Laufwerke sind entweder fest auf die – ungefährlicher erscheinende – RPC-Phase-1 eingestellt oder lassen sich auch per Jumper hierauf einstellen. Meist ist diese Steckbrücke bei den Master/Slave-Jumpern zu finden, vielfach nicht beschriftet und auch nicht im Handbuch zum Laufwerk erwähnt. Im Internet ist die entsprechende Information jedoch leicht zu beschaffen.

Bei RPC-Phase-1 speichert nur die Playersoftware die Anzahl der Wechsel, was leicht zu manipulieren ist, beispielsweise durch eine Neuinstallation oder auch Veränderungen in der Registry. Seit dem Jahr 2000 dürfen aus lizenzrechtlichen Gründen eigentlich nur noch DVD-Laufwerke verkauft werden, die nach RPC-2 arbeiten, was aber nichts daran ändert, dass immer noch universelle DVD-Laufwerke im Handel zu finden sind, die sich auch entsprechend konfigurieren lassen.

TIPP

> Bei einigen DVD-Laufwerken gibt es einen (undokumentierten) Jumper, der einen Einfluss auf die Regionalcode-Einstellung hat. Ob er zu stecken oder zu ziehen ist, damit das Laufwerk danach die Codewechsel nicht mehr registriert, hängt jedoch vom jeweiligen Typ ab.

Die Einstellung des festzulegenden Regionalcodes erfolgt bei den Programmen etwas unterschiedlich. Es ist üblich, dass bereits während der Installation eine entsprechende Frage erscheint, welcher Code festgelegt werden soll, doch das lässt sich auch noch nachträglich verändern. Wie bereits erwähnt, wird der Wechsel des Codes jedoch (zumindest) von der Playersoftware protokolliert, sodass typischerweise weitere fünf Veränderungen möglich sind.

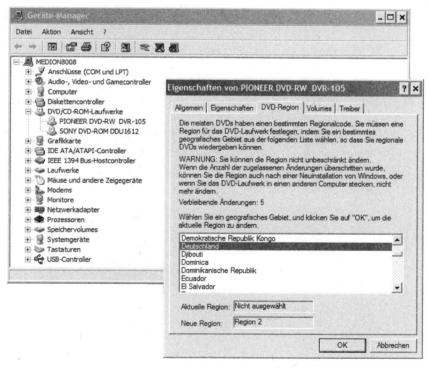

Bild 10.5: Bei den Eigenschaften der DVD/CD-ROM-Laufwerke lässt sich der Regionalcode (DVD-Region) für diejenigen DVDs einstellen, die auf die Festlegung eines bestimmten Codes bestehen.

Die DVD-Materie stellt sich als etwas unübersichtlich dar, insbesondere weil die Hersteller bei den wiederbeschreibbaren DVDs (DVD-RW, DVD+RW, DVD-RAM) unterschiedliche Wege beschreiten und nicht immer zweifelsfrei ersichtlich ist, wie es mit der Kompatibilität untereinander und zu den herkömmlichen CD-Medien (ROM, R, R/W) bestellt ist.

Die Firma Pioneer hat schon seit einiger Zeit DVD-R(W)-Writer in ihrem Programm, die in Japan den höchsten Marktanteil haben, während insbesondere in Europa ein anderes System favorisiert wird, und zwar DVD+R oder auch DVD+RW, wie sich die wiederbeschreibbare Variante nennt. Dieses System ist eine Entwicklung von Philips und Sony, gemäß einer eigenen Spezifikation, wobei DVD-R(W) offiziell vom DVD-Forum standardisiert worden ist.

Dabei ist das »+« in der Bezeichnung zur Abgrenzung gegenüber dem Konkurrenzprodukt mit »–« wichtig. Vom technischen Standpunkt aus betrachtet ist der Unterschied zwischen Minus- und Plus-DVD äußerst gering, denn schließlich sollen beide nach dem Schreibvorgang in üblichen DVD-Laufwerken lesbar sein. Lediglich das verwendete Schichtmaterial ist unterschiedlich sowie das Format für die Schreibsynchronisierung von Medium und Laufwerk. Im Grunde genommen sprechen rein technische Gründe weder gegen das eine noch gegen das andere Verfahren. Das dritte wiederbeschreibbare DVD-System ist *DVD-RAM* der Hersteller Hitachi, Panasonic und Toshiba. DVD-RAM hat seine Bestimmung aber in erster Linie als Backup-Lösung gefunden und spielt beim Rennen um die universell zu beschreibende DVD eigentlich keine Rolle mehr.

Mittlerweile existieren auch DVD-Writer – beispielsweise von Sony, NEC und Philips –, die sowohl das DVD-Minus- als auch das DVD-Plus-Format schreiben können, und einige wenige Modelle (z.B. von LG) beherrschen außerdem das Schreiben von DVD-RAM. Gemein ist diesen universellen DVD-Brennern, dass sie preislich über den Modellen liegen, die nur ein einziges DVD-Schreibformat kennen.

Bild 10.6: Einer der wenigen DVD-Brenner, der sowohl DVD+RW und DVD–RW sowie auch DVD-RAM schreiben kann, stammt von der Firma LG.

Ein Problem haben aber sowohl DVD-Plus als auch DVD-Minus; es hapert immer noch mit der Kompatibilität zu den üblichen DVD-Laufwerken und auch den -Playern der Stereoanlage. Interessanterweise liegt die eigentliche Ursache vielfach aber nicht in den Brennern selbst begründet, sondern in der Brennsoftware. Daher ist diesem Punkt eine besondere Aufmerksamkeit zu schenken, denn wie es auch bei den CD-Writern der Fall ist, ist die Brennsoftware und nicht das Betriebssystem für die Schreibfunktionalität verantwortlich. Ohne die hierfür passende Software treten DVD-Brenner lediglich als übliche DVD- oder CD-ROM-Laufwerke unter Windows in Erscheinung.

Prinzipiell sind die gleichen Brennprogramme (Nero, WinOnCD usw.) für wiederbeschreibbare DVDs nutzbar, wie sie auch für die beschreibbaren CD-Medien zum Einsatz kommen, denn die DVD-Medien stellen sich gegenüber der Brennsoftware nur als übergroße CD-R(W)s dar. Selbstverständlich muss die Brennsoftware die jeweiligen DVD-Brenner auch explizit unterstützen. Die Vorgehensweise zum Brennen sowie die möglichen Formate sind die gleichen wie bei den CD-R(W)s, die ebenfalls von den aktuellen DVD-Brennern beschrieben werden können. In der Regel wird zu einem DVD-Brenner auch entsprechende Brennsoftware mitgeliefert, und diese sollte auch verwendet werden, denn sie stellt sicher, dass der jeweilige DVD-Brenner damit zurechtkommt. Für die Anfertigung einer DVD mit Grafik-, Foto-, Audio- und Videodaten, Extras und verschiedenen Sprachspuren, die in verschiedene Kapitel aufgeteilt und mit Navigationselementen und Vorschauoptionen versehen werden kann, werden spezielle Authoring-Programme (z.B. MyDVD von Sonic) benötigt, wobei diese Funktionalität in letzter Zeit auch verstärkt mit in die üblichen Brennprogramme einfließt.

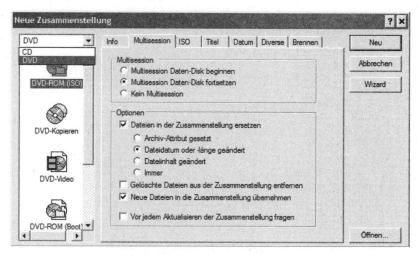

Bild 10.7: Alle üblichen Brennprogramme (hier Nero-Burning-ROM) können auch DVDs beschreiben.

Ähnliche Kompatibilitätsprobleme wie bei den selbstbeschreibbaren DVDs waren zwar schon bei den ersten CD-RW-Brennern aufgetreten, was sich erst im Laufe der Zeit gebessert hat, gleichwohl sind die Fälle, in denen sich eine selbst erstellte DVD in einem üblichen DVD-Laufwerk nicht lesen lässt, weitaus häufiger, sodass einige Hersteller von DVD-Brennern – wie beispielsweise Hewlett-Packard – im Internet sogar Listen darüber führen, welche Laufwerke die selbst erstellten DVDs lesen können (sollen). Firmware-Updates bei den DVD-Laufwerken und -Brennern können möglicherweise auch Leseprobleme beheben, was für den Anwender im Grunde genommen aber als Zumutung erscheint.

Die ersten erschwinglichen DVD-Plus-Brenner aus dem Jahre 2001, wie z.B. der HP DVD100i, haben – zumindest aus meiner Erfahrung – fast nur DVDs produziert, die lediglich sie selber lesen können, aber kaum ein anderes DVD-Laufwerk. Die Hoffnung, dass ein DVD-Brenner, den die Firma Medion in einem Aldi-PC verbaut, derartige Probleme nicht hervorruft, war hingegen nicht vergebens, und die mit dem Pioneer DVR-105 (DVD-Minus) erstellten DVDs konnten bisher mit all denjenigen DVD-Laufwerken problemlos verarbeitet werden, die sich gegen die mit dem HP-Brenner produzierten DVDs verweigert haben.

Auch wenn immer behauptet wird, dass es prinzipiell keinen Unterschied macht, welches der beiden Formate zur Anwendung kommt und über 90 % aller DVD-Laufwerke damit zurechtkommen sollen (aber wohl nicht die gleichen Modelle), kann ich dies aus der Praxis nicht bestätigen. Selbst unter dem Gesichtspunkt, dass der Pioneer DVR-105 das neuere Modell ist, kann dies eigentlich keine Entschuldigung für die DVD-Plus-Fraktion bedeuten. Neuere DVD-Plus-Modelle sind wahrscheinlich nicht mehr derart unverträglich, aber wer ein funktionierendes Format für sich gefunden hat, sollte auch dabei bleiben, was gleichermaßen für die einzusetzenden Rohlinge gilt. Interessanterweise wird bei einigen DVD-Laufwerken die Funktionalität, dass das DVD+R(W)-Format ebenfalls gelesen werden kann, explizit ausgewiesen, was bestimmt nicht grundlos erfolgt.

10.3 Fehlerbehebung

Bei einem elektrischen Fehler eines CD- oder DVD-ROM-Laufwerks lässt sich in der Regel – wie bei den Festplatten auch – vom Anwender nichts mehr richten. Solche Fehler sind jedoch eher selten. Vielmehr sind hier vielfach die Mechanik und die Optik die Übeltäter, und eine zu hohe Temperatur kann insbesondere ältere Brenner aus dem Tritt bringen, sodass auch hierfür eine (zusätzliche) Kühlung angebracht sein kann, wie es bei den Festplatten erläutert ist.

10.3.1 Lesefehler beseitigen

Typisch sind allerdings Lesefehler, wobei zu beachten ist, ob sich bestimmte »Scheiben« von vornherein nicht lesen lassen oder ob sich eine »Leseschwäche« erst im Laufe der Zeit einstellt. Das Spektrum von CD- und DVD-Medien ist mittlerweile so groß, dass es im Grunde genommen nie auszuschließen ist, dass einige davon in einem bestimmten Laufwerk nicht lesbar sind, wenn man einmal von gewollten »Leseverhinderungen« (Kopierschutz) absieht.

Mit der Zeit entstehende Lesefehler lassen den Schluss zu, dass die Leseoptik mittlerweile verunreinigt ist. Das Reinigen der Linse schafft dann oftmals Abhilfe. Einige CD-ROM-Laufwerke verfügen über eine automatische Linsenreinigung, bei den anderen sollte im dazugehörigen Handbuch angegeben sein, wie sich die Linse reinigen lässt. Falls hier kein entsprechender Hinweis zu finden ist und das Laufwerk keine oder nur noch bestimmte CDs lesen kann und man eigentlich schon vor dem Entschluss steht, ein neues zu kaufen, sollte man sich nicht scheuen, das CD/DVD-ROM-Laufwerk aufzuschrauben und nach der Linse Ausschau zu halten, die sich meist auch sehr einfach finden lässt. Ein Wattestäbchen, mit etwas Reinigungsflüssigkeit benetzt, wird auf der Linse mehrmals hin- und herbewegt, wodurch sie wieder sauber werden sollte.

Bild 10.8: Die Reinigung der Linse bei einem CD-ROM-Laufwerk mit einem Wattestäbchen, das mit Spiritus benetzt ist

10.3.2 Mechanische Fehler

Neben der Reinigung der Linse gibt es noch weitere Dinge, die an einem CD-ROM-Laufwerk gewartet werden können. Im Laufe der Zeit kann sich an den Rollen im Laufwerk Schmutz (auch Abrieb) ansammeln, der ebenfalls mit Reinigungsflüssigkeit – oder Spiritus – zu entfernen ist. Der Effekt, der bei verunreinigten Rollen auftreten kann, ist derselbe wie bei einer verschmutzten Linse, nämlich Lesefehler, wobei das Laufwerk oftmals auch ungewohnte Laufgeräusche von sich gibt.

TIPP

Treten nach einiger Zeit Leseprobleme bei einem CD/DVD-ROM-Laufwerk auf, was zunächst nur bei einigen »Scheiben« auffällt, später dann bei weiteren, liegt dies in der Mehrzahl der Fälle an einer verschmutzten Linse, die man leicht selbst reinigen kann.

Diese Geräusche und ein starkes Ruckeln können aber auch darauf hindeuten, dass die Mechanik im Laufe der Zeit irgendwie »klapperig« geworden ist. Auch in diesem Fall ist Selbsthilfe möglich, denn einige Teile der Mechanik sind gefettet, und dieses Fett wird irgendwann durch die Bewegungen ungünstig verteilt, was zum Knarren oder auch Ruckeln der Laufwerksmechanik führt. Falls im Laufwerk an den relevanten Stellen kein Fett mehr zu finden ist, wird an diesen Stellen etwas – nicht zu viel – handelsübliches Schmierfett aufgetragen. Es gibt natürlich auch speziellere Fettsorten, wie sie auch in Tape-Decks angewendet werden, doch sind diese meist nicht so einfach zu beschaffen, und zumindest zum Test kann man sich auch mit Vaseline behelfen, was genauso gut funktioniert.

Eine richtig »ausgejuckelte« Mechanik lässt sich natürlich auch nicht mit Fett reparieren, wobei insbesondere der CD-Schlitten, der schon mal einen schädlichen Schlag mit dem Knie erhalten kann, wenn der Tower-PC mit geöffneten CD-Schlitten unter dem Schreibtisch steht, gefährdet ist. Nach einem derartigen Zusammentreffen des Anwenders mit dem Laufwerk ist es oftmals mechanisch derart beschädigt, dass sich eine Reparatur nicht mehr lohnt. Ein Blick in das Laufwerksinnere lässt den Schaden dann meist unmittelbar erkennen. Abgebrochene Plastikteile sind nicht zu beschaffen, höchstens vielleicht noch »abgefahrene« Zahnräder, die generell einem unerfreulichen Verschleiß unterliegen, sodass schon viele CD/DVD-Laufwerke allein aus diesem Grunde ersetzt werden mussten.

10.3.3 Laufwerke außer Kontrolle

CD/DVD-Brenner sollen in erster Linie natürlich nicht Daten lesen, sondern Daten schreiben. Da die Writer teurer sind als reine CD/DVD-Laufwerke, sollte man es sich angewöhnen, den Writer besonders sorgsam zu behandeln und hier nicht alle möglichen Scheiben einlegen, die das CD/DVD-ROM-Laufwerk möglicherweise nicht lesen kann, in der Hoffnung, dass der Writer hiermit klarkommt. Es kann nämlich passieren, dass eine CD oder DVD derart beschädigt ist, dass sie aus der Kontrolle des Laufwerks gerät, d.h., die »Scheibe« dreht sich immer schneller, bis sie in tausend Stücke zerspringt. Eigentlich sollte dies nicht vorkommen, gleichwohl hat fast jeder PC-Praktiker hiermit schon Bekanntschaft machen müssen. Wer beim (undefinierten) Hochlaufen der CD aus Panik den Eject-Knopf am Laufwerk drückt, sollte in Deckung gehen, denn die CD bzw. Teile davon können einem direkt entgegenfliegen, was eine äußerst gefährliche Angelegenheit sein kann, und man muss sich eigentlich wundern, warum dieses Phänomen vielfach völlig unbekannt ist. In einer solchen gefährlichen Situation sollte der PC sofort ausgeschaltet werden.

ACHTUNG: Falls sich ein CD/DVD-Laufwerk plötzlich immer schneller als gewohnt dreht, was meist mit bisher unbekannt hohen Vibrationen einhergeht, kann die »Scheibe« im Laufwerk zerspringen, weil das Laufwerk die Kontrolle darüber verloren hat.

Warum eine »Scheibe« überhaupt derartig außer Kontrolle gerät, lässt sich nicht zweifelsfrei ermitteln, es kann ein mechanischer oder sogar ein logischer Fehler (geknackter Kopierschutz auf einer selbst gebrannten Sicherheitskopie) vorliegen, der die Korrektur des Laufwerks völlig aus dem Tritt bringt, die vielleicht auch nicht optimal ist. Ob man vom Hersteller während der Garantiezeit Ersatz für den Brenner erhält, dessen Innenleben mit CD-Stückchen durchsetzt ist, ist keineswegs sicher, und dann bleibt einem nicht anderes übrig, als ihn selbst vorsichtig mit einem Pinsel und einer Pinzette zu reinigen. Einen Staubsauger zu verwenden oder auch nur ein einfaches Ausschütteln ist eher nicht zu empfehlen, da die Teile in recht ungünstige Positionen gelangen können, wo man sie nicht sieht und auch nicht wegnehmen kann. Einen CD-Brenner von AOpen habe ich jedenfalls schon mehrere Male dieser Prozedur unterziehen müssen; er funktioniert immer noch.

10.3.4 Typische Writer-Probleme

Die CD- und DVD-Brennerei stellt sich in der Praxis vielfach nicht so einfach dar, wie es propagiert wird, denn bei diesem Prozess sind verschiedene PC-Komponenten und Software-Aspekte zu berücksichtigen. Dabei können schon einmal ein paar CDs »verschossen« werden, bis die Daten wie gewünscht auf das Medium geschrieben worden sind.

Fast alle aktuellen Brenner sind für IDE mit UDMA 2 vorgesehen, und es schadet dennoch nichts, wenn man es vermeidet dieses Gerät mit einem, welches nur einen PIO-Mode beherrscht, an einem IDE-Port zu kombinieren, denn ungünstige IDE-Gerätekombinationen, können das System immer noch derart ausbremsen, dass es zum gefürchteten *Buffer Underrun* kommen kann. Nach dieser Fehlermeldung wird der Schreibvorgang abgebrochen, womit der Rohling unbrauchbar geworden ist. Grundsätzlich darf es im Datenstrom zum Laser keine Unterbrechung geben, und die Daten müssen kontinuierlich übertragen werden, wobei der interne Cache die als Blöcke gesendeten Daten zwischenspeichert und sie anschließend in der passenden Form zum Schreiblaser sendet.

Im Laufe der Zeit sind in den Writern einige Vorkehrungen getroffen worden, damit dieser äußerst ärgerliche Buffer Underrun-Fehler möglichst nicht mehr auftreten kann. Hierzu zählt eine Funktion mit der Bezeichnung *BURN Proof*, die mittlerweile in (fast) allen aktuellen Brennern implementiert ist und wofür auch Bezeichnungen wie *Lossless Linking* oder *Smart-X-Technology* verwendet werden. Hiermit ist es möglich, den Schreibvorgang beim Leerlaufen des Laufwerks-internen Cache-Speichers kontrolliert unterbrechen zu können, und nach dem Eintreffen neuer Daten wird (fast) an der gleichen Stelle mit dem Schreiben fortgefahren.

Mittlerweile sind IDE, Brenner und CPUs so leistungsfähig, dass ein Brennvorgang neben anderen Arbeiten am PC ausgeführt werden kann. Dies gilt aber nicht für ältere Modelle, bei denen der PC nach dem Start eines Brennvorgangs am besten nicht anderweitig benutzt werden sollte, weil andernfalls ein Buffer Underun auftritt. Es sollte im Problemfall aber auch bei neueren Modellen zum Test kein anderes Programm verwendet werden, um somit auf die Ursache des Versagens schließen zu können. Falls bei alleiniger Verwendung des Brennprogramms ein Schreibabbruch ausgelöst wird, dieser Vorgang in der Simulation zuvor jedoch einwandfrei geklappt hat, ist der Brenner nicht defekt, sondern es hapert meist mit der Konfiguration (Mode, IDE-Treiber, instabiles Windows).

Außerdem ist für einwandfreie Ergebnisse dem Rohlingtyp große Beachtung zu schenken. Der ursprüngliche CD-R-Typ bietet 650 MByte bzw. 75 Minuten an Aufzeichnungskapazität und sollte eigentlich von jedem Brenner »geschluckt« werden können. Allein die farblich glänzende (Aufzeichnungs-)Schicht, die bei den ersten Typen goldfarben war, was auch heutzutage noch einen universell einsetzbaren Rohling ausweist, kann bereits dafür verantwortlich sein, dass der Brenner hiermit nicht zurechtkommen will. Mittlerweile ist die Schicht bei den Standardtypen silberfarben, und in der Regel sind damit ebenfalls keine Probleme zu erwarten. Die etwas älteren Brenner scheitern jedoch vielfach an den grün- und blaufarbenen Typen, sodass dieser Sachverhalt bei der Auswahl eines Rohlings mit zu beachten ist.

TIPP

Nicht jeder als geeignet erscheinender Rohling harmoniert auch optimal mit einem bestimmten Brenner. Daher ist vielfach ein Ausprobieren mehrerer Rohlinge angeraten, und wenn man einen (preiswerten) Typ gefunden hat, der auch mit allen verfügbaren Laufwerken funktioniert, bleibt man erst einmal dabei. Aus diesem Grunde ist es eher nicht ratsam, gleich eine Spindel mit 50 Rohlingen zu erwerben, wenn nicht ausprobiert worden ist, ob dieser Typ für das eigene »PC-Umfeld« auch tatsächlich geeignet ist.

Es gibt auch CD-Rohlinge mit »Überlänge«. Dazu zählen im Grunde genommen all diejenigen, die eine Kapazität von über 650 MByte bieten. Als noch »recht verträglich« stellen sich die CD-Rs mit 700 MByte (80 Minuten) heraus, wobei eine hiermit erstellte Audio-CD aber bereits nicht in jedem CD-Player korrekt laufen will. Kritischer sind Rohlinge mit 800 MByte (90 Minuten) oder sogar 870 MByte (99 Minuten). Wer vorhat, derartige Typen einzusetzen, begibt sich auf ein recht unsicheres Gebiet. Vielfach finden sich auf derartigen CDs zwar Angaben darüber, welche Brenner mit welcher Firmware-Version und welchem Brennprogramm hiermit zurechtkommen sollen, eine Garantie ist dies jedoch keinesfalls, und ob ein bestimmtes CD/DVD-Laufwerk diese CD dann auch lesen kann, steht auf einem ganz anderen Blatt.

Alle aktuellen CD- und DVD-Brenner führen in ihrer Firmware eine Liste mit bekannten Rohlingen, die eine optimale Einstellung des Laser-Verhaltens und der erlaubten Schreibgeschwindigkeit ermöglicht. Die Brennerprogramme können diese Informationen auswerten und stellen daraufhin automatisch die optimalen Schreibparameter für den eingelegten Rohling ein. Dieser ist nicht komplett leer, sondern enthält einige Angaben über den jeweiligen Typ und auch den Hersteller.

Ein Brenner kann anhand dieser Liste auch von sich aus die Annahme bestimmter Rohlinge verweigern und wirft den für ihn unbekannten Rohling dann einfach wieder aus. Für die Praxis bedeutet dies, dass der preiswerte Rohling unter Umständen nicht mit dem neuen Brenner zu verwenden ist, während ein älterer Brenner damit klaglos umzugehen vermag. Daher kann es durchaus notwendig werden, die Firmware des Brenners zu aktualisieren, damit sich ein bestimmter Rohling daraufhin verarbeiten lässt.

magnum

Teil 4

Optimierung und Fehlerbehebung

Auch wenn ein PC in der Regel funktioniert, gibt es immer noch etwas zu verbessern. Diverse Optionen für eine optimale Anpassung oder Aufrüstmaßnahmen werden in diesem Teil vermittelt. Viele Informationen zur Fehlerbehebung, das sogenannte Troubleshooting, bringen noch mehr Schwung in den eigenen PC.

11 Features Setup und SCSI

Bei jedem BIOS-Setup gibt es eine Reihe von Optionen, die quasi für sich allein stehen und bei denen es sich daher aus der Sicht der Hersteller wohl nicht lohnt, dafür eine extra Setup-Seite anzulegen. Diese Optionen lassen sich prinzipiell im *Bios Features Setup* oder auch im *Advanced BIOS Features Setup* finden. In diesem Kapitel werden dabei nur diejenigen Einstellungsmöglichkeiten erläutert, die nicht in den anderen Kapiteln behandelt sind.

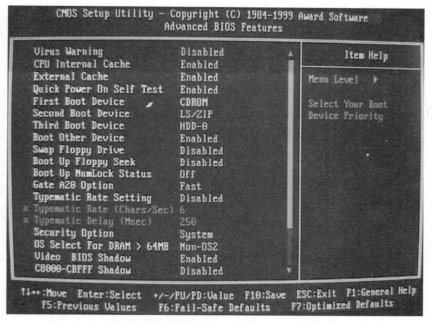

Bild 11.1: Im Advanced BIOS Features Setup findet sich mitunter ein Sammelsurium unterschiedlicher Optionen.

11.1 Virus Warning

Der Boot-Sektor der Festplatte ist besonders durch Virenbefall gefährdet, da hier abgelegte Viren den Datenträger total zerstören können, sodass dann oftmals nichts anderes als eine Neuformatierung übrig bleibt. Einen gewissen Schutz vor diesem Virentypus bietet die Einschaltung von *Virus Warning* (bei einigen BIOS-Versionen auch als *BootSector Virus Protection* o. ä. bezeichnet), die man deshalb auch verwenden sollte. Dies sollte jedoch passieren, bevor überhaupt die erste Software installiert wird, denn ein späteres Einschalten kann schon *zu* spät sein, da sich dann möglicherweise bereits ein Virus eingeschlichen hat, der nicht mehr als solcher detektiert werden kann.

Die BIOS-Warning-Funktion beruht nämlich darauf, dass nach der Installation des Betriebssystems, welches den Boot-Sektor naturgemäß verändert, dieser Zustand als *virenfrei* angesehen wird und jede Software, die danach diesen Sektor manipulieren will, als möglicher Virenbefall gemeldet wird. Das BIOS-Virenerkennungsprogramm kann sich beispielsweise auch dann melden, wenn Speichermanager-Programme oder Netzwerksoftware installiert oder ausgeführt werden. Die Meldung des BIOS-Virus-Checker sieht dann beispielsweise wie folgt aus:

```
BootSector Write !!!
Possible VIRUS: Continue (Y/N)?
```

Bei der Installation eines Betriebssystems wird sich der BIOS-interne Virenchecker meist ebenfalls auf diese Art und Weise melden (wollen). Windows 9x aber bleibt bei der Installation ohne Fehlermeldung vielfach einfach hängen, wenn der Zugriff auf den Boot-Sektor durch den Virenchecker nicht zugelassen wird. Da der BIOS-Virenchecker keinen echten Schutz gegen Computerviren darstellt, sondern lediglich einen möglichen Befall des Boot-Sektors bemerkt, reicht dieser Schutz natürlich nicht aus, und man sollte stets einen möglichst aktuellen Virenscanner parat haben.

TIPP

Der BIOS- interne Virenchecker überwacht lediglich den Boot-Sektor der Festplatte und hat ansonsten nichts mit einem üblichen Virenscanner zu tun. Auch das BIOS selbst ist bei vielen Mainboards nicht vor einem Virenbefall geschützt, denn nur bei einigen Boards (meist älteren) ist zunächst ein Jumper zu setzen, damit auf das BIOS schreibend zugegriffen werden kann, wie es eben für einen BIOS-Update notwendig ist. Im Grunde genommen kann bei einem derartig ungeschützten BIOS jedes Programm hier hineinschreiben, und danach ist das BIOS zerstört.

11.2 Gate A20 Option

Die Funktion zur Umschaltung vom Real Mode (8086-CPU, DOS-Modus) in den Protected Mode ist mittlerweile schon über 15 Jahre alt und taucht hin und wieder mit unterschiedlichen Bezeichnungen selbst bei neuen Mainboards in den BIOS-Setups auf, obwohl sie eigentlich schon längst nicht mehr zeitgemäß ist. Hierfür sind auch Bezeichnungen wie *Port 92* oder *Fast A20 G* zu finden. Ist ein derartiger Punkt im BIOS-Setup vorhanden, kann die Methode der Gate-A20-Umschaltung festgelegt werden, wobei die Voreinstellung *Fast* nicht verändert werden sollte, denn die Normalstellung bringt nur Leistungseinbußen mit sich, weil dann für die Umschaltung der Tastatur-Controller und nicht der Chipset verwendet wird.

- Fast (A20 wird vom Chipsatz gesteuert)
- Normal (A20 wird vom Keyboard-Controller gesteuert)

11.3 Keyboard Features

In den meisten BIOS-Setups sind oftmals mehrere Einstellungsmöglichkeiten für das Tastaturverhalten implementiert. Bei einem Award-BIOS (mit Phoenix-Layout) gibt es hierfür sogar eine extra Seite (Main/Keyboard Features).

Bild 11.2: Die Optionen für die Tastatureinstellung sind bei diesem BIOS an zentraler Stelle zusammengefasst.

Die festzulegenden Parameter gelten gewissermaßen für alle installierten Programme und sind im Folgenden mit den jeweiligen Voreinstellungen (default) angegeben, wie sie standardmäßig vorkommen.

- Typematic Rate Programming oder Typematic Rate Setting: Disabled
- Typematic Rate (Chars/Sec): 10
- Typematic Rate Delay (msec): 250

Ist der Menüpunkt *Typematic Rate Programming* auf *Disabled* geschaltet, haben die beiden weiteren Angaben keine Bedeutung, da sie nicht aktiviert sind. Erst mit *Enabled* werden die unter *Typematic Rate Delay* und unter *Typematic Rate* anzugebenden Parameter aktiviert.

Typematic Rate Delay ist diejenige Zeit in Millisekunden, die bei einem Tastendruck verstreichen muss, bis das gedrückte Zeichen wiederholt dargestellt werden kann. *Typematic Rate* legt hingegen die Geschwindigkeit der Zeichenwiederholung in Zeichen pro Sekunde fest.

Betriebssysteme wie Windows 9x bieten eigene Feinabstimmungsmöglichkeiten für die Tastatur. Die dort getätigten Einstellungen »überschreiben« quasi die des BIOS-Setups und gelten somit für alle Programme, die unter Windows 9x ausgeführt werden. Daher wird man eher selten an den Typematic-Parametern (außer vielleicht für die Verwendung von DOS) etwas ändern wollen und dies bei Bedarf bequemer und einfacher unter Windows erledigen.

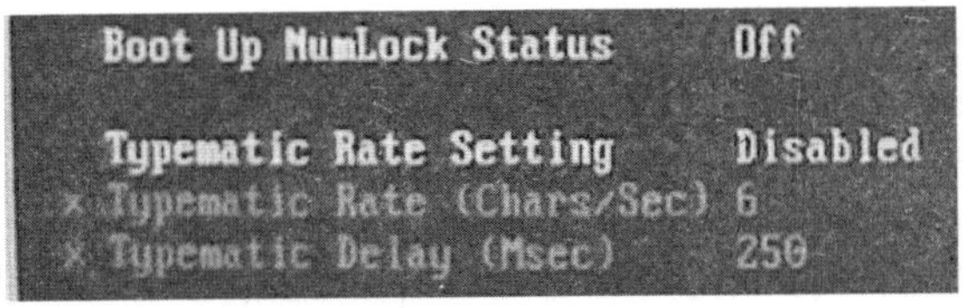

```
Boot Up NumLock Status      Off
Typematic Rate Setting      Disabled
x Typematic Rate (Chars/Sec)  6
x Typematic Delay (Msec)      250
```

Bild 11.3: Optionen für die Tastatureinstellung im BIOS Features Setup

11.3.1 Boot Up Num Lock Status

Dies ist eine weitere Option für die Tastatur (siehe Bild 11.2). Der rechte Block einer üblichen Tastatur kann entweder für die Eingabe von Zahlen verwendet werden oder mit den Pfeil- und Bildtasten zur Cursorsteuerung. Die Umschaltung zwischen beiden Betriebsarten erfolgt über die [Num]-Taste auf der Tastatur. Ist Num (Number) eingeschaltet, leuchtet die entsprechende Anzeige auf der Tastatur, und der Tastenblock dient zur Zahleneingabe. Wird gewünscht, dass diese Betriebsart sofort nach dem Booten eingestellt wird, was natürlich auch mit der [Num]-Taste jederzeit wieder rückgängig gemacht werden kann, wird der Menüpunkt *Boot Up Num Lock Status* auf ON geschaltet.

11.4 Security Option

Der PC kann mit einem Passwort geschützt werden, was in der Regel über einen extra Eintrag im BIOS-Setup-Hauptmenü (z.B. Password Setting) erfolgt. An dieser Stelle (Security Option, siehe Bild 11.1) kann hingegen festgelegt werden, ob eine Passwortabfrage bei jedem Booten (System) oder nur beim Aufruf des BIOS-Setups (Setup) erfolgen soll. Diese Security-Option ist generell der einfachste und wirksamste Weg, den PC vor fremden Zugriffen zu schützen. Bei einigen BIOS-Versionen (siehe Bild 11.4) kann auch ein User- und ein Supervisor-Password festgelegt werden. Das erste ist dabei dasjenige, welches bei jedem Boot einzugeben ist, und das zweite dient dem Zugang zum BIOS-Setup.

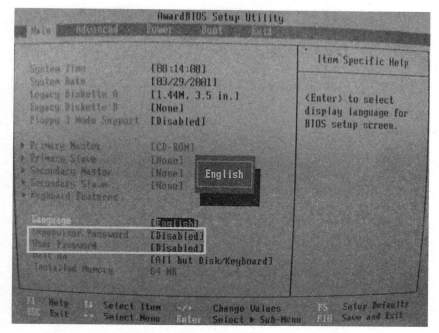

Bild 11.4: Die Festlegung der beiden möglichen Passwörter. Bei diesem BIOS – so scheint es zumindest – kann auch die Sprache umgeschaltet werden, allerdings ist lediglich Englisch implementiert.

11.5 Event Log Configuration

Diese Option ist eher selten anzutreffen (z.B. bei Systemen mit AMI- oder auch Award-Medallion-BIOS) und erlaubt die Protokollierung der Boot-Vorgänge, wobei diese Daten in einem Bereich des Flash-BIOS abgespeichert werden.

Diese Funktion ist für die Fehlersuche ganz nützlich, und es kann mit ihr auch festgestellt werden, ob sich ein Unbefugter am PC zu schaffen gemacht hat, auch wenn ein Passwort festgelegt worden ist, an dem der »Eindringling« schließlich gescheitert ist. Es sind die folgenden Einstellungen und Funktionen möglich:

- **Event Log:** Kennzeichnet, dass Speicherplatz für die Aufzeichnung vorhanden ist.

- **Event Log Validity:** Kennzeichnet, dass der Event Log-Inhalt gültig ist.

- **View Event Log:** Anzeige des Event Log festlegen.

- **Clear All Event Logs:** Einstellung festlegen, ob die aufgezeichneten Daten nach dem nächsten Boot gelöscht werden sollen oder nicht.

- **Event Logging:** Hier kann eingestellt werden, ob die Daten aufgezeichnet werden sollen oder nicht.
- **Mark Events As Read:** Erlaubt die Festlegung, dass nur bestimmte oder alle Events aufgezeichnet werden sollen.

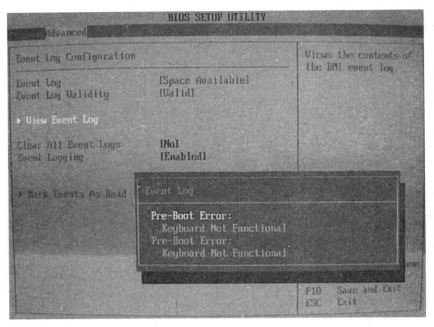

Bild 11.5: Der Boot Log fördert hier zutage, dass die Tastatur beim letzten Start nicht funktioniert hat.

11.6 SCSI – Small Computer System Interface

Bei einigen Mainboards ist ein SCSI-Hostadapter integriert, und dementsprechend findet man dafür im BIOS auch diverse Einstellungsmöglichkeiten, die wieder – in Abhängigkeit vom BIOS- und Mainboard-Typ – an unterschiedlichen Stellen (Advanced, Onboard, extra Seite) im BIOS-Setup zu finden sind.

Standard sind bei SCSI die Controller der Firmen Adaptec (AHA) und Symbios Logic, wobei deren ältere Modelle auch unter der Bezeichnung NCR firmieren. Die Firma Symbios Logic hatte vor einigen Jahren die SCSI-Abteilung der Firma NCR übernommen. Es macht daher keinen prinzipiellen Unterschied, ob im BIOS-Setup NCR oder Symbios auftaucht, gemeint sind dann stets die Symbios-Controller, sodass man Support und Informationen zu den NCR-Controllern von Symbios Logic erhält, die wiederum zur Firma LSI gehört. Während man SCSI-Chips von Symbios Logic auf Einsteckkarten unterschiedlicher Hersteller findet, werden Einsteckkarten mit Chips von Adaptec nur von Adaptec selbst hergestellt. Direkt auf Mainboards ist in der Mehrzahl der Fälle ebenfalls ein Symbios-Chip zu finden, während bei Mainboards der Firmen Iwill und AOpen Chips von Adaptec dominieren.

Bild 11.6: Dieses Mainboard der Firma Gigabyte verfügt neben den üblichen IDE-Schnittstellen über zwei Ultra 160-Kanäle.

Verbreiteter als *SCSI Onboard* ist jedoch eine separate SCSI-Einsteckkarte, die als PCI-Bus-Version ausgeführt ist. Die SCSI Onboard-Lösungen sind elektrisch ebenfalls an den PCI-Bus angeschlossen, und daher macht es in der Praxis für die Konfiguration keinen relevanten Unterschied, welche der beiden Möglichkeiten gegeben ist. Während sich bei *SCSI Onboard* die SCSI-Einstellungsmöglichkeiten im System-BIOS selbst befinden, besitzt eine SCSI-Hostadapter-Karte ein eigenes BIOS, welches für den Setup mit einer bestimmten Tastenkombination, die am Monitor beim Boot angezeigt wird, aufgerufen werden kann.

Die Bezeichnung *Hostadapter* impliziert, dass er, im Gegensatz zu einem einfachen SCSI-Controller, wie er beispielsweise zu Scannern oder auch zu CD-Brennern mitgeliefert wird, ein eigenes BIOS besitzt und daher auch die Boot-Fähigkeit für SCSI-Festplatten zur Verfügung stellt. Bei einer Vielzahl von BIOS-Versionen befindet sich die Unterstützung von Symbios-Hostadaptern mit im System-BIOS. Wenn sich der entsprechende SCSI-Chip nicht mit auf dem Mainboard befindet, kann er auch über eine relativ preiswerte PCI-Einsteckkarte im System integriert werden. Diese Karte benötigt dann kein eigenes BIOS, da das System-BIOS die Hostadapterfunktionalität zur Verfügung stellt.

Wichtig ist dabei, dass die SCSI-Boot-Funktionalität nie bei zwei Adaptern (Onboard und Hostadapter-Einsteckkarte) gleichzeitig aktiviert sein darf, da sich diese Routinen dann bereits beim PC-Boot ins Gehege kommen können und kein SCSI-Bus-Gerät funktionieren wird. Dementsprechend wäre die Option SYMBIOS SCSI BIOS laut Bild 11.7 auf *Disabled* zu schalten, falls sich im PC auch noch eine separate PCI-Hostadapter-Karte befindet, die ein eigenes BIOS besitzt, und hier wäre dann der BIOS-Support zu aktivieren.

Uneinheitlich ist es geregelt, wenn das System-BIOS neben einem SCSI-Controller auch einen separaten zusätzlichen IDE-Controller (Promise o. ä.) unterstützt. Damit dann ein Boot von SCSI über einen (externen, nicht den Onboard) Hostadapter funktioniert, ist im BIOS-Setup dennoch der Boot-BIOS-Support zu aktivieren, anderenfalls drängelt sich ein IDE-Controller in der Boot-Reihenfolge vor, und die Kontrolle wird dann nicht an den SCSI-Controller übergeben. Ob und wie die Steuerung tatsächlich von einem Onboard-SCSI-Controller an einen SCSI-Hostadapter, der sich in einem PCI-Slot befindet, übergeben werden kann, ist allerdings nicht einheitlich geregelt, sodass möglicherweise etwas »Ausprobiererei« angesagt ist.

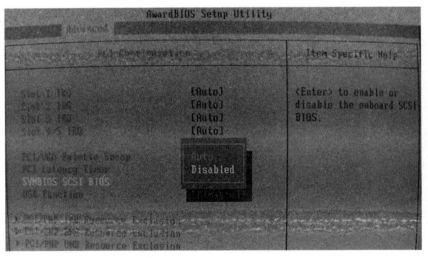

Bild 11.7: In diesem BIOS-Setup kann die Unterstützung für verschiedene Symbios-SCSI-Controller eingeschaltet werden. Er muss sich dabei nicht zwangsläufig auf dem Mainboard selbst befinden, sondern kann auch auf einer Einsteckkarte lokalisiert sein, die kein eigenes SCSI-BIOS benötigt, weil die entsprechende Unterstützung hier im System-BIOS mit untergebracht ist.

Der frühere Geschwindigkeitsvorteil von SCSI-Festplatten gegenüber den IDE-Festplatten ist mittlerweile nicht mehr gegeben, und wer außer Festplatten und einem CD/DVD-Laufwerk keine weiteren Geräte im PC benötigt, braucht im Grunde genommen auch kein SCSI, was sich jedoch ganz schnell ändert, wenn weitere, auch externe Geräte angeschlossen werden sollen, denn weder der Parallel-Port noch der USB bieten eine vergleichbare Performance, und bei Servern führt aufgrund der hohen Zuverlässigkeit (fast) kein Weg an SCSI vorbei. Typischerweise wird SCSI daher heutzutage meist mit auf Serverboards (siehe Bild 11.6) integriert.

SCSI ist von Hause aus Busmaster-fähig, was bedeutet, dass der Hostadapter von der CPU nur den Auftrag für eine Datenübertragung erhält und der eigentliche Vorgang daraufhin quasi zeitgleich zu anderen CPU-Aufgaben vom Hostadapter absolviert wird. Bei IDE wird standardmäßig ein PIO-Mode verwendet, d.h., die CPU des PC ist für die Datenübertragung zuständig, und erst mit UDMA kann IDE leistungstechnisch gesehen für übliche Laufwerke hier aufschließen.

Da SCSI von Anbeginn für den gleichzeitigen Betrieb mehrerer Geräte ausgelegt worden ist, kann kein Gerät ein anderes in der Datenübertragungsgeschwindigkeit »ausbremsen«, wie es bei IDE beispielsweise durch ein CD-ROM-Laufwerk als Slave an einer Master-Festplatte durchaus möglich ist. Ein SCSI-Gerät kann seine Datenübertragungsphase unterbrechen (disconnect) und dann den Bus für andere Geräte freigeben, während es beispielsweise gerade die Daten vom internen Puffer zur Platte schreibt. Ist dieser Vorgang beendet, nimmt das SCSI-Gerät die Verbindung dann automatisch wieder auf (reconnect).

11.6.1 Zur Orientierung – SCSI-Standards

Mittlerweile existieren unterschiedliche SCSI-Implementierungen und die verschiedensten SCSI-Geräte, was SCSI für den Anwender einerseits immer unübersichtlicher macht, andererseits lässt sich SCSI äußerst universell einsetzen und ist nicht auf den Einsatz im PC beschränkt, sondern gilt auch bei anderen Computerarchitekturen als Standard und wird im Grunde genommen von jedem Betriebssystem unterstützt. Da für den Anwender nicht immer leicht zu erkennen ist, welcher SCSI-Auslegung ein bestimmtes Gerät entspricht, wird im Folgenden eine kurze Übersicht der am Markt üblichen Implementierungen gegeben.

- **Standard-SCSI:** Asynchrone 8-Bit breite Datenübertragung mit Handshake, d.h., es findet eine Kontrolle der Datenübernahme per Hardware-Protokoll statt.

- **Fast-SCSI:** Synchrone 8-Bit breite Datenübertragung ohne Handshake.

- **Fast-20-SCSI oder Ultra-SCSI:** Synchrone 8-Bit breite Datenübertragung ohne Handshake und eine Erhöhung der Taktfrequenz gegenüber Fast-SCSI.

- **Wide-SCSI:** Die Bus-Breite wird gegenüber Standard-SCSI auf 16 oder 32 Bit erweitert.

- **Differential-SCSI:** Jedes SCSI-Bus-Signal wird auf zwei Leitungen (RS485-Standard) übertragen statt in Bezug auf die Masse (GND),

SCSI – Small Computer System Interface

was zu einer erhöhten Störunempfindlichkeit führt, sodass auch größere Kabellängen möglich sind. Diese Implementierung gibt es sowohl in 8- als auch in 16-Bit-Auslegung. Differential-SCSI ist wie auch 32-Bit-Wide-SCSI bei PCs nicht verbreitet und kommt meist bei speziellen Workstations (IBM, Sun, HP) zum Einsatz.

- **Ultra 2 oder Low Voltage Differential SCSI (LVDS):** Arbeitet mit einem geringeren Signalpegel gegenüber der Differenzial-Auslegung und ist auch abwärtskompatibel zu Standard-, Fast- und Ultra-SCSI in der *nicht differenziellen* Ausführung. Üblich ist Ultra 2 in der 16-Bit-Variante (Wide-SCSI). Beim Anschluss eines einzigen SCSI-Gerätes, welches nicht einer Ultra-Ausführung entspricht – wie beispielsweise Fast-SCSI – schaltet der Ultra 2-Controller alle angeschlossenen Geräte in den langsameren Fast-SCSI-Modus.

- **Ultra 160:** Verdoppelt noch einmal die Datentransferrate auf theoretische 160 MByte/s gegenüber LVDS, was dadurch erreicht wird, dass die Datenübertragung auf beiden Flanken des Taktsignals stattfindet. Dieses Verfahren funktioniert analog zum DDR-RAM und dem Systembus der Athlon-CPUs.

- **Ultra 320 SCSI:** Nutzt wie der Vorgänger beide Taktflanken zur Datenübertragung, nunmehr allerdings mit dem doppelten Takt von 80 MHz. Um Effekte wie Reflexionen, Rauschen, Übersprechen und ganz allgemein Störungen bei diesen hohen Datenraten in den Griff zu bekommen, ist von den Herstellern einerseits ein beträchtlicher elektronischer Aufwand zu betreiben und andererseits sind spezielle SCSI-Rundkabel für die Geräteverbindungen erforderlich.

Fast-, Ultra(2)-, Ultra 160-, Ultra 320 und Wide-SCSI – auch in Kombination – finden bei Festplatten ihre Anwendungen, während andere Peripherie meist der traditionellen 8-Bit-Standardauslegung entspricht, was auch in der Regel für die meisten externen SCSI-Bus-Geräte wie beispielsweise Scanner gilt.

Es ist es natürlich wichtig, dass die verschiedenen SCSI-Realisierungen kombinierbar sind, was in der Praxis auch tatsächlich der Fall ist und letztendlich auf die verbindlichen Standards zurückzuführen ist. Beispielsweise funktioniert eine Fast-SCSI-Festplatte auch an einem Ultra-SCSI-Adapter, ohne jedoch Ultra-SCSI selbst nutzen zu können, was nur einer entsprechenden Ultra-SCSI-Festplatte vorbehalten bleibt. Die Abstimmung darüber, welche Betriebsart vom betreffenden Gerät beherrscht wird, findet nach einem Reset des Bussystems statt und wird als *Sync Negotiation* bezeichnet, was in einem SCSI-BIOS-Setup als (abschaltbare) Option auftauchen kann.

TIPP Zur Orientierung von SCSI, wie es bei PCs zum Einsatz kommt, kann man eine 8-Bit breite Ausführung, wofür ein 50-poliges Kabel zum Einsatz kommt, und eine 16-Bit breite Ausführung, bei der ein 68-poliges Kabel verwendet wird, unterscheiden. Die 16-Bit-Variante wird allgemein auch als *Wide-SCSI* und die 8-Bit-Variante als *Narrow-SCSI* bezeichnet. Maximal sind bei einer 8-Bit breiten Implementierung 8 und bei einer 16-Bit breiten 16 Geräte zu verwenden, wenn man den Hostadapter dabei als SCSI-Gerät mitrechnet.

Für die 8-Bit-SCSI-Verbindungen wird ein 50-poliges und für Wide-SCSI (Ultra2, Ultra160, Ultra 320) ein 68-poliges Kabel eingesetzt. Das entsprechende Kabel wird jeweils von Gerät zu Gerät verlegt, und es gibt hier keine Leitungsverdrehungen wie beispielsweise beim Kabel für die Diskettenlaufwerke.

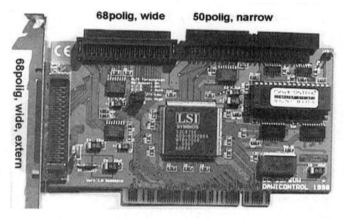

Bild 11.8: Ein typischer Hostadapter mit zwei internen (wide, narrow) und einem externen Anschluss (wide) am Slotblech. In der Regel ist es nicht möglich, alle drei Anschlüsse gleichzeitig verwenden zu können.

Im Zusammenhang mit dem Übergang vom Standard-SCSI- auf den Wide-SCSI-Bus gibt es eine Vielzahl von Anschlüssen, Kabeln, Zwischenstücken und Terminierungsadaptern, sodass man gleich beim Kauf eines Hostadapters oder SCSI-Bus-Gerätes an die entsprechenden zusätzlichen Komponenten denken sollte, die den Gesamtpreis des Systems ganz beträchtlich in die Höhe treiben können.

11.6.2 Grundsätzliche Konfiguration

Unabdingbar für den Einsatz unterschiedlicher SCSI-Bus-Geräte ist ein SCSI-Hostadapter, der entweder als separate PCI-Einsteckkarte oder auf dem Mainboard – also *Onboard* – ausgeführt ist. Ab Ultra 160 stößt man beim PCI-Bus (132 MByte/s) bereits an die Grenze der maximal möglichen Datenübertragungsrate, sodass der übliche PCI-Bus spätestens für Ultra 320 nicht mehr ausreicht und PCI-X notwendig wird. PCI-X ist eine zum konventionellen PCI-Bus abwärtskompatible Lösung und entspricht der PCI-64-Bit-Auslegung, arbeitet demgegenüber jedoch mit einem maximalen Bustakt von 133 MHz, was somit zu einer theoretischen Datenübertragungsrate von 1 GByte/s führt.

Bild 11.9: Bei dieser SCSI-Festplatte gibt ein Aufkleber an, dass mit den Jumpern 2–4 die SCSI-Bus-Adresse (ID Bit 2-ID Bit 0) und mit dem Jumper 6 die Terminierung ein- oder abgeschaltet werden kann.

Jedem SCSI-Bus-Gerät lässt sich über DIP-Schalter oder Jumper eine SCSI-Adresse zuweisen. Einige SCSI-Bus-Geräte sind allerdings auch in der Lage, vom Hostadapter automatisch eine SCSI-Bus-Adresse zu beziehen (SCAM), was jedoch nicht in jeder Kombination von SCSI-Geräten fehlerfrei funktioniert, sodass SCAM im Zweifelsfall lieber nicht verwendet werden sollte und im Hostadapter-Setup abzuschalten ist.

Ein Bussystem wie SCSI ist dadurch gekennzeichnet, dass die Signale an den beiden *Bus-Enden* mit Abschlusswiderständen versehen werden müssen. Bei SCSI bedeutet dies, dass die beiden Geräte, die sich jeweils als letzte am Bus-Strang befinden, einen Bus-Abschluss herstellen müssen, was üblicherweise durch so genannte Terminierungsarrays in den Geräten selbst realisiert wird. Die LVDS-Einheiten (Ultra 2, Ultra 160, Ultra 320) besitzen allerdings intern keinerlei Terminierungsmöglichkeiten, und daher müssen hier externe Terminatoren oder entsprechend terminierte Kabel verwendet werden.

> **ACHTUNG** Für jedes SCSI-Bus-Gerät ist eine Adresse festzulegen, was meist über Jumper erfolgt. Darüber hinaus ist an den Geräten, die sich jeweils an den SCSI-Busenden befinden, eine Terminierung herzustellen.

Es wird dabei auch zwischen *aktiver* und *passiver* Terminierung unterschieden. Bei der passiven Terminierung werden Widerstandsarrays verwendet, die entweder gesteckt oder aus dem Gerät entfernt werden müssen, während bei der aktiven Terminierung spezielle Bausteine (z.B. Dallas DS21S07A) eingesetzt werden, die meist per Software ein- oder abzuschalten sind, was somit die Konfigurierung maßgeblich erleichtert.

Die Terminierung eines Hostadapters kann im SCSI-BIOS-Setup per Software ein- oder ausgeschaltet werden, und ein Auto-Modus ist hier in der Regel ebenfalls selektierbar. Diese Automatik sollte selbstständig erkennen, ob die Terminierung ein- oder ausgeschaltet werden muss, was jedoch insbesondere bei externen SCSI-Geräten nicht immer problemlos funktioniert, zunächst aber einfach daran zu erkennen ist, dass das externe Gerät nicht detektiert wird. Daher ist in solchen Fällen die passende Einstellung manuell zu treffen, und bei einem externen Gerät, welches sich logischerweise an einem Bus-Ende befindet, darf der Bus-Abschluss nicht vergessen werden.

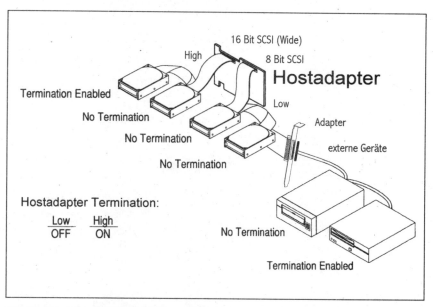

Bild 11.10: Die Terminierung bei der Verwendung unterschiedlicher Geräte bei einem kombinierten Narrow/Wide-SCSI-Hostadapter

Besonderer Beachtung für die korrekte Terminierung bedürfen Hostadapter, die sowohl Wide- als auch Narrow-SCSI unterstützen und auch noch einen externen Anschluss besitzen. Es können in der Regel nicht alle drei Anschlüsse (extern 68-polig, intern 68-polig, intern 50-polig) gleichzeitig verwendet werden, da die beiden SCSI-Bus-Stränge bei einem derartigen Adapter (siehe Bild 11.8) nicht unabhängig voneinander arbeiten. Tabelle 11.1 zeigt die Kombinationsmöglichkeiten und die jeweils richtige Terminierung.

Geräte am Anschluss	Wide Low	Termination High
68 Pin, nur intern	On	On
68 Pin, nur extern	On	On
68 Pin, intern und extern	Off	Off
50 Pin, nur intern	On	On
50 Pin und 68 Pin intern	Off	On
50 Pin und 68 Pin extern	Off	On

Tab. 11.1: Bei einem kombinierten SCSI-Adapter arbeiten die beiden SCSI-Bus-Stränge nicht unabhängig voneinander, sodass hier nur die angegebenen Kombinationen möglich sind.

Die hier nur kurz erläuterte grundsätzliche Konfiguration gilt generell für alle PC-üblichen SCSI-Bus-Realisierungen, d.h., die Zuweisung einer individuellen SCSI-Bus-Adresse und die Herstellung der korrekten Terminierung sind stets zu beachten und entsprechend durchzuführen. Erst wenn diese Arbeiten ordnungsgemäß absolviert wurden, macht es Sinn, sich mit den Optionen im BIOS-Setup und den optimalen Einstellungen näher zu befassen. Falls der PC nicht booten sollte und auch keine SCSI-Meldung erscheint, stimmt auf jeden Fall etwas nicht mit der grundlegenden Konfiguration.

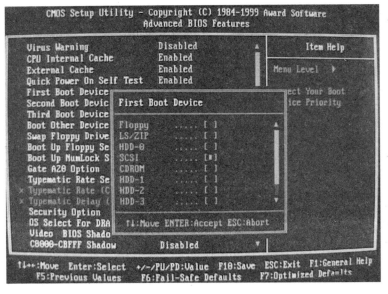

Bild 11.11: Der Boot soll von einer SCSI-Festplatte aus stattfinden.

Es wurde bereits erwähnt, dass die Boot-Reihenfolge bei den BIOS-Versionen unterschiedlich gehandhabt wird, und zwar insbesondere dann, wenn sich neben dem Standard-IDE-Controller noch ein weiterer IDE-Controller (ATA133, RAID) auf dem Mainboard befindet bzw. eine entsprechende IDE-Karte in einem PCI-Slot eingebaut ist. Falls von einer SCSI-Festplatte gebootet werden soll ist, ist diese Option auf jeden Fall im BIOS-Setup zu aktivieren, womit die Sachlage eigentlich klar sein sollte. Allerdings können sich die entsprechenden IDE-Initialisierungsroutinen dennoch in der Abfolge vor den SCSI-Boot »drängeln«, was zur Folge haben kann, dass bei einem IDE-Problem (!) der Boot nicht mehr bis zum SCSI-Boot weiterläuft, der POST demnach zum Stillstand kommt. Zum Test sollten dann alle IDE-Controller im BIOS-Setup abgeschaltet werden, und spätestens dann muss auch eine SCSI-BIOS-Meldung mit der Detektierung der angeschlossenen SCSI-Einheiten erscheinen. Natürlich ist dies keine Lösung, wenn neben SCSI- auch IDE-Geräte zum Einsatz kommen sollen, sodass zunächst das IDE-Problem bewältigt werden muss.

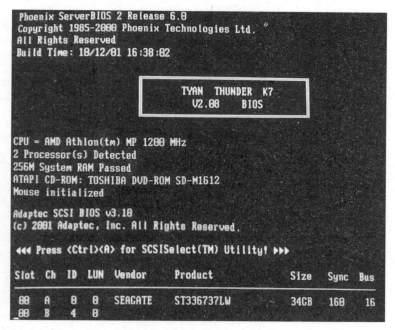

Bild 11.12: Nach der Initialisierung der IDE-Laufwerke (hier nur ein ATAPI-CD-ROM-Laufwerk) wird die Ultra 160-SCSI-Festplatte vom Adaptec SCSI-BIOS detektiert.

In den meisten Fällen ist es zwar so, dass zunächst eine PC-übliche BIOS-Anzeige, gefolgt von der SCSI-Anzeige, am Monitor abgebildet wird, allerdings kann es auch genau umgekehrt sein, d.h., zunächst muss die SCSI-Adaptermeldung erscheinen, was oftmals bei Serverboards mit integriertem SCSI-Adapter (siehe Bild 11.6) der Fall ist. Demnach kann hier eine fehlerhafte SCSI-Konfiguration durchaus dafür verantwortlich sein, dass der Monitor schwarz bleibt.

11.6.3 BIOS-Einstellungen

Im BIOS-Setup des PC werden für SCSI-Festplatten keinerlei Daten eingetragen, sondern NOT INSTALLED – also keine Festplatte im PC installiert. Die Festplattenparameter werden stattdessen vom SCSI-Hostadapter »aus der Platte gelesen« und selbsttätig aktiviert.

Für bootfähige SCSI-Festplatten sollte die Adresse 0 oder die Adresse 1 (per Jumper) eingestellt werden, denn einige Hostadapter (meist ältere) unterstützen keine anderen Adressen für den SCSI-Boot bei Festplatten. Ohne zusätzliche Treiber-Software unterstützt ein SCSI-Hostadapter typischerweise lediglich Festplatten, und für alle weiteren Devices wird später – je nach Betriebssystem – ein entsprechender Treiber benötigt. Bei aktuellen Hostadaptern ist es allerdings auch möglich, dass außerdem vom SCSI-CD-ROM-Laufwerk gebootet werden kann, wie es den Erläuterungen zum Hostadapter-Setup entnommen werden kann.

Stand der Technik sind SCSI-Hostadapter für den PCI-Bus, die ohne Jumper komplett per SCSI-BIOS-Setup konfiguriert werden. Die Konfiguration beschränkt sich dabei auf SCSI-spezifische Festlegungen, während die Vergabe der PC-Ressourcen (Adressen, IRQ, DMA) automatisch durch das PCI-BIOS (Plug&Play) erfolgt. Nach dem Einbau eines PCI-SCSI-Hostadapters sollte sich zunächst das SCSI-BIOS melden, und falls bereits Geräte angeschlossen sind, sollten diese ebenfalls detektiert werden, was – wie erwähnt – eine korrekte Adressenvergabe und Terminierung voraussetzt.

Bild 11.13: Sowohl der Hostadapter als auch alle daran angeschlossenen Geräte werden beim Boot des PC erkannt. Mit der Tastenkombination »[Strg]+ [A]« wird der SCSI-BIOS-Setup aufgerufen.

Wie der Setup für das SCSI-BIOS aufzurufen ist und was sich dort im Einzelnen festlegen lässt, hängt vom jeweiligen Hersteller ab, wobei die notwendige Tastenkombination üblicherweise am Bildschirm angezeigt wird (siehe Bild 11.13), falls dies nicht vorher im Setup abgeschaltet worden ist, was bei einigen Versionen möglich ist. Bei Adaptec-Hostadaptern wird nach dem Erscheinen der SCSI-BIOS-Meldung »»» Press <Ctrl> <A> for SCSI SelectTM Utility !««« und der Betätigung der Tasten [Strg] und [A] der SCSI-BIOS-Setup aufgerufen. Der erste Bildschirm bietet hier zwei Optionen, und mit der [Esc]-Taste kann man den Setup auch gleich wieder beenden:

- Configure/View Host Adapter Settings
- SCSI Disk Utilities

Nach der Anwahl der *SCSI Disk Utilities* werden alle angeschlossenen und erkannten SCSI-Bus-Geräte mit ihren jeweiligen SCSI-Adressen angezeigt, was somit der erste Schritt zur Überprüfung der Einstellungen sein sollte. Wird eine Festplatte an dieser Stelle selektiert, erscheinen wieder zwei Optionen, und zwar *Format Disk*, was man nur im Notfall anwenden sollte, denn der Inhalt der Festplatte wird danach komplett gelöscht, weil hier eine Low-Level-Formatierung durchgeführt wird, und *Verify Disk Media*. Diese Option ist ebenfalls nur bei einem Verdacht auf einen Schaden der SCSI-Festplatte anzuwenden, denn sie führt zu einer Überprüfung der Festplattenoberfläche, was bei einer größeren Festplatte schon mal eine Stunde dauern kann. Allerdings kann der Test auch während der Laufzeit abgebrochen werden.

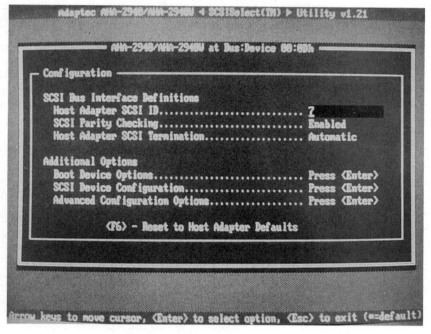

Bild 11.14: Der erste Bildschirm des Configuration-Setup beim einem Adaptec-Hostadapter

Die *Configure/View Host Adapter Settings* bieten eine Vielzahl an Einstellungsmöglichkeiten. Welche Einträge man hier findet und was sie im Einzelnen bedeuten, ist im Folgenden anhand der typischen Optionen, wie sie bei Adaptec-Hostadaptern vorkommen, erläutert, was auch für Modelle anderer Hersteller zutreffend ist, da Adaptec einen Standard vorgibt, an dem sich andere Hersteller orientieren, auch wenn sich die Optionen auf unterschiedlich benannten Seiten wiederfinden lassen.

SCSI – Small Computer System Interface

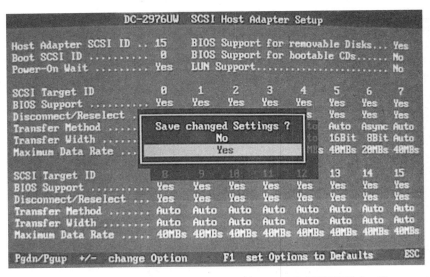

Bild 11.15: Die SCSI-Einstellungen werden beim Hostadapter DC-2976UW der Firma DawiControl alle auf einer Seite vorgenommen.

Mittlerweile wird der SCSI-BIOS-Setup bei einigen Modellen (z.B. AHA-2940AU) auch in deutscher Sprache präsentiert, was die Einstellungen durchaus erleichtern kann, manchmal jedoch auch eher zur Verwirrungen führt, da sich für die SCSI-Terminologie kaum passende deutsche Bezeichnungen finden lassen, die zudem nicht missverständlich sind.

SCSI Bus Interface Definitions

Host Adapter SCSI ID	Angabe der SCSI-Bus-Adresse für den Hostadapter, üblicherweise die 7.
SCSI Parity Checking	Diese Fehlererkennung ist meist eingeschaltet, sollte jedoch nur dann verwendet werden, wenn alle angeschlossenen SCSI-Bus-Geräte diese Option auch unterstützen. Mit Ultra 160 wurde die CRC-Fehlererkennung eingeführt, die möglicherweise ebenfalls festgelegt werden kann, was aber ausschließlich für Ultra 160- und Ultra 320-fähige Geräte zu verwenden ist und daher in Kombination mit anderen SCSI-Geräten zu Problemen führen kann.
Host Adapter Termination	Einschalten der Terminierung im Hostadapter. Die Voreinstellung ist *Automatic* (2940U) und *Low On, High On* beim 2940UW.

Tab. 11.2: Die wichtigsten Optionen für den SCSI-BIOS-Setup (Forts.)

Additional Options – Boot Device Options

Boot Target ID	Angabe der SCSI-Bus-Adresse für die Boot-Festplatte, üblicherweise 0 oder 1.
Boot LUN Number	Ein SCSI-Bus-Gerät kann prinzipiell mehrere Logical Units (logische Einheiten) beinhalten, wie es beispielsweise bei RAID-Systemen der Fall ist. Üblicherweise entspricht ein SCSI-Gerät aber einer einzigen LUN, sodass hier 0 zu stehen hat.

Tabelle 11.2: Die wichtigsten Optionen für den SCSI-BIOS-Setup (Forts.)

Additional Options – SCSI Device Configuration

Initiate Sync Negotiation	Ist hier *Yes* (Enabled) angegeben, wird davon ausgegangen, dass das Gerät selbst bekannt geben kann, ob der asynchrone oder der synchrone Übertragungsmodus unterstützt wird. Für ein älteres SCSI-Bus-Gerät ist diese Option auf *No* (Disabled) zu schalten.
Initiate Wide Negotiation	Ist hier *Yes* (Enabled) für das betreffende Gerät angegeben, versucht der Adapter automatisch festzustellen, ob die Datenübertragung in 8- oder 16-Bit-Breite erfolgen kann. Ist über einen Adapter am Wide-Anschluss ein älteres 8-Bit-SCSI-Bus-Gerät angeschlossen, ist dieser Punkt auf *No* (Disabled) zu schalten.
Maximum Sync Transfer Rate	Die Voreinstellung sollte nur dann für ein Gerät herabgesetzt werden, wenn es im Betrieb Probleme bereitet, weil es diese hohe Transferrate nicht unterstützt, was insbesondere für externe Geräte gilt.
Enable Disconnection	Diese Einstellung hat einen gewissen Einfluss auf die SCSI-Bus-Performance und steht nur dann auf *No*, wenn sich ein einziges Gerät am SCSI-Bus befindet. Bei *Yes* wird es dem jeweiligen Gerät ermöglicht, sich bei Nichtbenutzung aus dem SCSI-Datenverkehr »auszuklinken«, was eine schnellere Datenübertragung zur Folge haben kann.
Send Start Unit Command	Üblicherweise starten die SCSI-Bus-Geräte automatisch nach dem Einschalten und benötigen kein Start-Kommando (Disabled). Bei einigen Festplatten, wie sie in Workstations eingesetzt werden, kann per Jumper festgelegt werden, dass sie erst nach einem Start-Kommando hochlaufen, was im PC-Bereich jedoch eher unüblich ist.

Tabelle 11.2: Die wichtigsten Optionen für den SCSI-BIOS-Setup (Forts.)

Additional Options – Advanced Configuration Options

Plug and Play SCAM Support	*SCSI Configured AutoMatic* (SCAM) ist die Plug&Play-Funktion für SCSI-Bus-Geräte, die automatisch eine Adresse zugewiesen bekommen können. In der Praxis können mit SCAM jedoch bei bestimmten Gerätekombinationen Probleme auftreten, sodass diese Option im Zweifelsfall abgeschaltet werden sollte.
Host Adapter BIOS	Normalerweise ist hier *Yes* (Enabled) angegeben und der Hostadapter daher bootfähig. Falls sich zwei bootfähige SCSI-Bus-Hostadapter im PC befinden, ist bei einem das BIOS auf *Disabled* zu schalten.
Support Removable Disks under BIOS as fixed Disks	Dies ist eine Einstellung für Wechselplatten mit mehreren Optionen, wobei hier *Boot Only* als Voreinstellung zu finden ist. Dies bedeutet, dass nur eine bootfähige Wechselplatte als Festplatte behandelt wird. Mit *All Disks* gilt dies für alle Devices und mit *Disabled* für keines.
Extended BIOS Translation for DOS Devices > 1 GByte	Die Unterstützung für Festplatten unter DOS mit einer Kapazität größer als 1 GByte wird mit dieser Option eingeschaltet, was auch der üblichen Voreinstellung entspricht.
Display <Ctrl A> Message during BIOS Initialization	Soll aus irgendeinem Grunde keine Meldung zum Aufruf des SCSI-BIOS-Setups erscheinen, wird dieser Punkt auf *Disabled* geschaltet.
Multiple LUN Support	Diese Einstellung gilt nur für SCSI-Geräte, die aus mehreren LUNs bestehen (siehe auch *Boot LUN Number*).
BIOS Support for more than 2 Drives	Die übliche Einstellung ist *Enabled*, wodurch maximal sieben Festplatten direkt (ohne Treiber) verwaltet werden können.
BIOS Support for bootable CD-ROM	Die Unterstützung eines bootfähigen CD-ROM-Laufwerkes wird hier eingeschaltet. Die CD-ROM muss aber speziell hierfür ausgelegt sein.
BIOS Support for Int 13 Extensions	Über den Software-Interrupt 13 werden unter DOS die Festplattenzugriffe gesteuert, und *Enabled* bedeutet hier, dass eine Unterstützung für Festplatten mit mehr als 1024 Zylindern gegeben ist.
Verbose/Silent Mode	Diese Option ist typischerweise erst bei Ultra 160-Adaptern zu finden, und bei der Aktivierung von *Silent* wird das betreffende SCSI-Bus-Gerät beim Boot des PC nicht angezeigt.
Domain Validation	Ab Ultra 160-Adaptern wird durch Einschaltung dieser Option automatisch die optimale Transferrate für jedes angeschlossene Gerät ermittelt und eingestellt.

Tabelle 11.2: Die wichtigsten Optionen für den SCSI-BIOS-Setup (Forts.)

Für externe SCSI-Bus-Geräte (z.B. Scanner) ist es vielfach notwendig, die *Transfer Rate* (Sync., Async. Auto) und die *Transfer Width* (8, 16 Bit, Auto) explizit für das jeweils angeschlossene Gerät festzulegen, weil die SCSI-Automatik des BIOS und das Gerät sich andernfalls nicht über die jeweilige Betriebsart verständigen können, was zur Folge hat, dass das betreffende Gerät bereits beim Boot nicht erkannt wird.

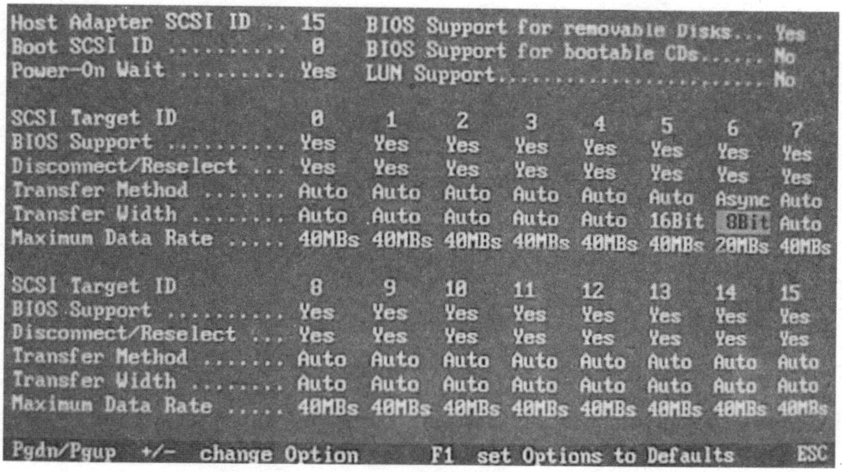

```
Host Adapter SCSI ID .. 15      BIOS Support for removable Disks... Yes
Boot SCSI ID .......... 0       BIOS Support for bootable CDs..... No
Power-On Wait ......... Yes     LUN Support....................... No

SCSI Target ID            0     1     2     3     4     5     6     7
BIOS Support ........... Yes   Yes   Yes   Yes   Yes   Yes   Yes   Yes
Disconnect/Reselect ... Yes   Yes   Yes   Yes   Yes   Yes   Yes   Yes
Transfer Method ....... Auto  Auto  Auto  Auto  Auto  Auto  Async Auto
Transfer Width ........ Auto  Auto  Auto  Auto  Auto  16Bit 8Bit  Auto
Maximum Data Rate ..... 40MBs 40MBs 40MBs 40MBs 40MBs 40MBs 20MBs 40MBs

SCSI Target ID            8     9    10    11    12    13    14    15
BIOS Support ........... Yes   Yes   Yes   Yes   Yes   Yes   Yes   Yes
Disconnect/Reselect ... Yes   Yes   Yes   Yes   Yes   Yes   Yes   Yes
Transfer Method ....... Auto  Auto  Auto  Auto  Auto  Auto  Auto  Auto
Transfer Width ........ Auto  Auto  Auto  Auto  Auto  Auto  Auto  Auto
Maximum Data Rate ..... 40MBs 40MBs 40MBs 40MBs 40MBs 40MBs 40MBs 40MBs

Pgdn/Pgup  +/-  change Option       F1  set Options to Defaults      ESC
```

Bild 11.16: Bei externen Geräten (hier mit der ID6) ist es vielfach notwendig, die jeweilige Betriebsart manuell festzulegen.

Nach der Beendigung des SCSI-Setups und der Abspeicherung der Konfiguration ist das SCSI-System noch nicht uneingeschränkt einsetzbar, denn – wie erwähnt – können üblicherweise nur Festplatten und möglicherweise ein CD-ROM-Laufwerk zum Boot eingesetzt werden. Entsprechende Treiber-Software für DOS, Windows, Linux und andere Systeme sollte daher unbedingt zum Lieferumfang des Adapters gehören. Wie diese Software zu installieren ist, hängt auch wieder vom jeweiligen Hersteller ab, und sie sollte sich auf einer Diskette oder auf einem Netzlaufwerk befinden, denn an ein SCSI-CD-ROM-Laufwerk kommt man zu diesem Zeitpunkt noch nicht heran.

Bei Windows ist es jedoch nicht unbedingt notwendig, zusätzliche Treiber zu installieren, weil Windows die meisten bereits standardmäßig mitbringt. Nach dem »Hochlaufen« von Windows wird die neue Hardware – der Hostadapter – erkannt und im Bedarfsfall nunmehr der Windowseigene bzw. der meist aktuellere Treiber des Hostadapter-Herstellers *von Diskette* installiert.

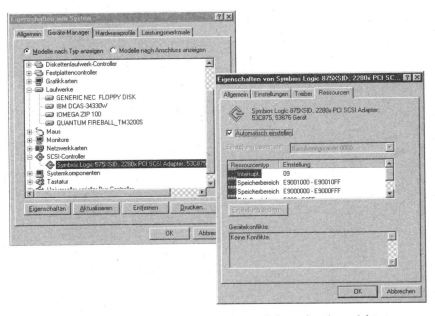

Bild 11.17: Der Symbios-Hostadapter ist unter Windows 98 korrekt eingerichtet, sodass auch beide SCSI-Festplatten unter »LAUFWERKE« zur Verfügung stehen.

Für alle Nicht-Windows-Betriebssysteme – wie z.B. DOS – ist eine separate Treiberinstallation notwendig, die mit *Dosinst* oder *Install* oder ähnlich aufgerufen wird. Je nach Setup-Programm lassen sich hier verschiedene Treiber bestimmen, die geladen werden sollen und vom Programm dann automatisch in die CONFIG.SYS und in die AUTO-EXEC.BAT geschrieben werden.

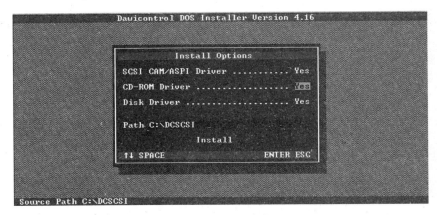

Bild 11.18: Zu den SCSI-Hostadaptern der Firma Dawicontrol gibt es das Programm Dosinst, mit dessen Hilfe sich die für DOS notwendigen Treiber installieren lassen.

Der SCSI CAM/ASPI-Treiber ist die Voraussetzung für alle weiteren Treiber, die auf dieser Softwareschnittstelle aufsetzen, wie der CD-ROM-Driver oder auch der Disk-Driver, der jedoch nicht für die Festplatten benötigt wird, denn diese werden direkt vom SCSI-BIOS unterstützt, sondern für Wechselplatten. Wer keine derartigen Platten verwendet, sollte diesen Treiber daher auch nicht laden. Wie die einzelnen Treiber jeweils heißen, ist herstellerabhängig, und als Beispiel werden nachfolgend die Treiber für einen Hostadapter (DC-2976UW) der Firma Dawicontrol angegeben:

- **CONFIG.SYS:**

    DEVICEHIGH=C:\DCSCSI\DC2976.SYS

    DEVICEHIGH=C:\DCSCSI\CDROM.SYS /D=CDROM001

    DEVICEHIGH=C:\DCSCSI\DISKDRV.SYS

- **AUTOEXEC:BAT:**

    LOADHIGH MSCDEX /D:CDROM001

Den einzelnen Treibern können unter Umständen verschiedene Aufrufparameter (z.B. DISKDRV /R=x) »mit auf den Weg« gegeben werden, um bestimmte Geräteoptionen einstellen zu können, die jedoch herstellerabhängig sind und in der Anleitung zum Adapter beschrieben sein sollten, was ebenfalls für die möglicherweise mitgelieferten Tools zur Formatierung verschiedener Laufwerke, zur Performance-Messung oder für den Backup gilt.

12 Power Management

Die Power Management-Funktionen zielen im Allgemeinen darauf ab, dass bei eingeschaltetem, aber momentan nicht benutztem PC einige PC-Komponenten komplett ab- oder in einen Stromsparmodus geschaltet werden können. Um tatsächlich Strom einsparen zu können, müssen zahlreiche Komponenten wie das Netzteil des PC, der Monitor, die CPU, die Festplatte und das Mainboard explizit mit dem BIOS hierfür ausgelegt sein. Da es bei einem PC geradezu eine Unmenge an Kombinationsmöglichkeiten von unterschiedlicher Hard- und Software gibt, stellt sich das Power Management in der Regel immer noch als etwas problematisch und auch uneinheitlich dar. Vielfach werden diese Funktionen bei einem PC überhaupt nicht verwendet, um so einer Reihe von Problemen von vornherein aus dem Weg zu gehen, wie später noch erläutert wird. Außerdem sind die vom BIOS und den Betriebssystemen zur Verfügung gestellten Funktionen teilweise auch von zweifelhaftem Nutzen, wenn man tatsächlich beabsichtigt, Strom einzusparen. Der größte Stromspareffekt bei einem Monitor ergibt sich natürlich dadurch, dass er bei längerer Nichtbenutzung einfach abgeschaltet wird, was vielfach mehr Sinn macht, als sich mit der Vielzahl der möglichen Optionen allein für einen Monitor zu beschäftigen.

Gleichwohl sind unter dem Stichwort *Power Management* aber auch für die Praxis relevante Optionen zu finden, wie z.B. die Möglichkeit, dass der PC hochfährt, wenn auf dem angeschlossenen Modem ein Fax »eintrudelt«. Manchmal wäre es auch wünschenswert, dass die oftmals störende Zeitspanne, die der PC für das Booten benötigt, abgekürzt werden könnte. Dieser Boot-Vorgang kann insbesondere bei der Verwendung mehrerer SCSI-Einheiten allein mehrere Minuten andauern, anschließend sind die Programme und Daten, mit denen man zuletzt gearbeitet hat, wieder zu laden und erst dann ist man endlich wieder an der Stelle der letzten Bearbeitung angekommen.

Den PC einfach per Knopfdruck aus der aktiven Applikation heraus in einen möglichst Strom sparenden Schlaf zu versetzen und genauso einfach wieder zum Leben zu erwecken, um dann unmittelbar mit der Arbeit ohne lästiges Neubooten weitermachen zu können, ist sicher eine sehr wünschenswerte Funktion. Bei Notebooks ist Stromsparen geradezu unabdinglich, denn der Akku sollte natürlich möglichst lang vorhalten, sodass die beschriebene Funktion hier schon seit langer Zeit ohne Probleme anwendbar ist. Warum dies bei üblichen PCs nicht so einfach zu realisieren ist, liegt ganz einfach in der Universalität eines PC begründet, wo die Hardware nicht unveränderlich ist wie bei einem Notebook. Wie es noch genau bei ACPI erläutert wird, kann allein eine einzige bestimmte Hardware-Einheit – z.B. eine Einsteckkarte oder ein (unzulänglicher) Gerätetreiber – das gewünschte Power Management verhindern.

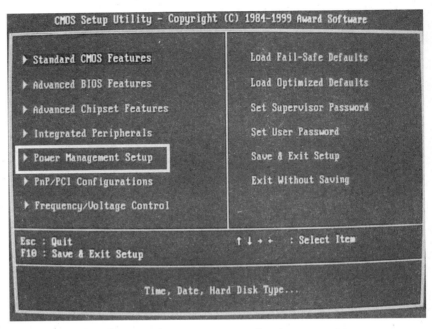

Bild 12.1: Im BIOS-Setup gibt es meist eine extra Seite für das Power Management, was sich dahinter an Optionen verbirgt, kann aber recht unterschiedlich sein.

Gewissermaßen als Power-Management-Nebeneffekt kann auch die Tatsache gewertet werden, dass ein PC, der nicht ständig unter »Volldampf« arbeiten muss – obwohl er eigentlich nur darauf wartet, dass der Anwender eine Aktion ausführt –, im Innern nicht so heiß wird, was der Stabilität und auch der Lebensdauer des PC zugute kommen kann.

Typischerweise kann man die folgenden Mechanismen unterscheiden, die gemeinhin unter *Power Management* beim PC firmieren:

- Einfache Abschaltfunktionen für einzelne Einheiten (Festplatte, Monitor). Im BIOS-Setup werden hierfür bestimmte Abschaltzeiten vorgegeben.
- Kombinierte Power-Management-Stufen (Doze, Standby, Suspend), die bei Aktivierung im BIOS-Setup gleich mehrere PC-Einheiten betreffen.
- Unterschiedliche CPU-Stromsparfunktionen (Taktreduzierung, Sleep Mode), die im BIOS bestimmt werden können.
- Spezielle BIOS-Funktionen (z.B. DPMS) für den Monitor.
- Unterschiedliche »Aufwachmechanismen« (Events: über Schnittstellen, Geräte, IRQs), die im BIOS-Setup festzulegen sind.

- Einfache Abschaltfunktionen in Windows (unter Systemsteuerung/ Energieverwaltung) für Festplatte und Monitor. Geräte »wachen« durch die Betätigung der Maus und/oder der Tastatur wieder auf.

- *Advanced Power Management* (APM) mit verschiedenen Stufen, welches im BIOS eingestellt wird und unabhängig vom Betriebssystem arbeiten kann. Üblicherweise übernimmt aber das Betriebssystem einige der APM-Funktionen.

- *Advanced Configuration and Power Management* (ACPI), welches im BIOS-Setup zu aktivieren ist und ab Windows 98SE unterstützt wird. ACPI ist die intelligenteste Form des Power Managements, wie man es bei Notebooks gewohnt ist. Das Power Management ist hiermit erstmalig in standardisierter Form vom BIOS in das Betriebssystem verlagert worden.

Diese Aufstellung macht deutlich, dass die unterschiedlichsten Features unter dem Begriff *Power Management* (PM) auftauchen können, was zunächst einmal vom Baujahr des Mainboards bzw. der BIOS-Version abhängt. Die Spannbreite reicht von simplen Abschaltvorgängen für einzelne Einheiten bis hin zu Gesamtkonzepten wie ACPI, die recht tief greifende Veränderungen in der Hard- und Software gegenüber einfacheren PM-Funktionen voraussetzen.

Was die ganze Sache mitunter noch etwas unübersichtlicher macht, ist die Tatsache, dass man sowohl im BIOS-Setup als auch unter Windows verschiedene Energiesparfunktionen aktivieren kann und dann nicht immer klar ist, wer nun eigentlich die Festplatte abgeschaltet hat: das BIOS oder Windows. Dass sich dabei Windows und BIOS durchaus in die Quere kommen können, bleibt daher auch nicht aus.

12.1 Einfache Stromsparfunktionen

Nach dem Einschalten des PC taucht bei einem Award-BIOS in der Regel in der rechten oberen Bildschirmecke ein Energy Star-Symbol auf, welches zunächst darauf hinweist, dass im BIOS irgendeine Form von Power Management verwirklicht ist. Die amerikanische Energy Star-Organisation hat mit eher mäßigem Erfolg versucht, einen gewissen Standard auf diesem Gebiet zu etablieren, der sich eigentlich eher im Logo als in einheitlichen Funktionen niedergeschlagen hat.

Bild 12.2: Das Energy-Symbol signalisiert, dass das BIOS eine Form des Power Managements unterstützt.

In Bild 12.3 wird zunächst an einem recht simplen Beispiel gezeigt, welche einfacheren Optionen im BIOS-Setup für das Power Management zu finden sein können. Für die einzelnen Komponenten wird im BIOS-Setup ein spezieller Mode mit einer Zeitvorgabe (typisch von 1 Minute bis 1 Stunde) eingestellt, der nach der festgelegten Zeit, wenn keinerlei PC-Aktionen stattfinden, vom BIOS aktiviert wird. Nach Betätigung einer Taste auf der Tastatur oder auch dem Auftreten eines Events (dazu später mehr) schaltet der PC wieder in den Normalbetrieb um.

Für die CPU sind prinzipiell zwei verschiedene Mechanismen denkbar. Alle Prozessoren ab dem 486-Mikroprozessor (mit einem »S« in der Bezeichnung) besitzen einen eingebauten Stromsparmode. Dieser darf im BIOS aber nur dann eingeschaltet werden, wenn eine derartige CPU auch tatsächlich eingebaut ist. Für alle anderen älteren CPUs wird vom BIOS her einfach der Takt reduziert (z.B. auf 8 MHz), denn geringerer Takt bedeutet auch geringere Stromaufnahme der CPU. Dieses Verfahren funktioniert mit jeder CPU, da sie nicht selbst über einen Stromsparmode verfügen muss.

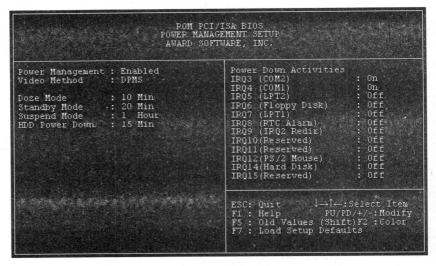

Bild 12.3: Hier finden sich im BIOS-Setup für das Power Management nur grundlegende Optionen, die man auch komplett mit »Disabled« abschalten kann.

Die Stromreduzierung für den Monitor kann nur bei einem hierfür ausgelegten Typ mit Power Saving-Funktion (siehe Kapitel 12.5) effektiv ausfallen. Dabei werden vom BIOS nach der im BIOS-Setup festgelegten Zeit die Synchronisierungssignale (V-Sync, H-Sync) über die Grafikkarte kurzzeitig abgeschaltet, woraufhin sich der Monitor entweder komplett abschaltet oder seine Stromaufnahme reduziert. Solch ein Monitor sollte jedoch auf jeden Fall DPMS-kompatibel sein (Device Power Management System), denn ein einfacher Monitor kann durch das Pulsen der Synchronisierungssignale beschädigt werden.

> **ACHTUNG:** Ältere Monitore können nicht mit dem DPMS-Mode umgehen. Sie können daher durch das Pulsen der Signale ernsthaft beschädigt werden.

Ist der Punkt *HDD Power Down* aktiviert, erhält die IDE-Festplatte nach der festgelegten Zeit vom BIOS den definierten IDE-Power-Down-Befehl, wodurch sie sich automatisch in den Standby Mode schaltet. Alle IDE-Festplatten (ca. ab 1993) sollten eigentlich in der Lage sein, den IDE-Power-Down-Befehl auszuführen, was in der Praxis jedoch leider nicht immer der Fall ist. Für SCSI-Festplatten kann *HDD Power Down* allerdings nicht verwendet werden.

In den Setups sind drei übliche Power-Management-Stufen zu finden:

- **Doze Mode:** Die Stromaufnahme der CPU wird nach Ablauf der eingestellten Zeit um ungefähr 80 % reduziert.

- **Standby Mode:** Die Stromaufnahme der CPU wird nach Ablauf der eingestellten Zeit um ungefähr 92 % reduziert. Bei Einstellung DPMS für den Monitor wird die Stromaufnahme entsprechend verringert.

- **Suspend Mode:** Die Stromaufnahme der CPU wird nach Ablauf der eingestellten Zeit um ungefähr 90 % reduziert, und bei Einstellung DPMS für den Monitor wird die Stromaufnahme des Monitors in Abhängigkeit vom jeweiligen Typ reduziert. Des Weiteren wird die Festplatte in den Sleep Mode versetzt oder auch komplett abgeschaltet.

Der PC kann nicht nur durch die Betätigung einer Taste auf der Tastatur in die »normale« Betriebsart zurückversetzt werden, sondern ebenfalls durch extern auftretende Ereignisse (Events), die über die üblichen Interrupts abgewickelt werden. Eine Maus ist beispielsweise an die Schnittstelle COM1 oder COM2 angeschlossen, der in der Regel der Interrupt 4 bzw. 3 zugeordnet ist. Für eine PS/2-Maus ist hingegen der IRQ 12 standardmäßig zuständig. Nach Aktivierung (On) des entsprechenden Menüpunktes kann der PC daraufhin durch den dazugehörigen Interrupt, der durch die Bewegung der Maus ausgelöst wird, wieder »zum Leben erweckt« werden.

Des Weiteren können, je nach BIOS-Typ und sofern dies am entsprechenden Menüpunkt eingeschaltet worden ist (On), auch andere PC-Einheiten wie die Echtzeituhr (RTC) oder ein Diskettenlaufwerk den PC wieder einschalten.

Externe Events für die LPT-Schnittstelle (Line Printer, Druckerschnittstelle) können nur dann verarbeitet werden, wenn sie für den bidirektionalen Betrieb (EPP, EPC) konfiguriert ist und nicht die Normaleinstellung festgelegt wurde. Als externe Events für die COM-Ports sind neben einer Mausbetätigung auch eingehende Anrufe von einem Modem denkbar.

Bild 12.4: Mit Vorsicht zu genießen: Der Wake On LAN-Anschluss funktioniert in der Praxis nicht immer wie vorgesehen.

Unterstützt eine Netzwerkkarte die Funktion *Wake On LAN*, kann der PC auch per Netzwerk »wieder ins Leben gerufen werden«, wofür eine extra Kabelverbindung zwischen der Karte und dem Mainboard (siehe Bild 12.4) notwendig ist. In der Praxis hat sich aber herausgestellt, dass dieser *Wake On LAN-Anschluss* nicht von allen Herstellern auf die gleiche Art und Weise verdrahtet wird und daher einige Mainboards mit bestimmten Netzwerkkarten (z.B. Asus-Board mit SMC-Netzwerkkarte) nicht zurechtkommen, was sich in abenteuerlichen Phänomenen bemerkbar machen kann, wie z.B., dass Windows NT beim Boot mit einem blauen Bildschirm hängen bleibt, nur weil die Wake On LAN-Verbindung mit dem zur Netzwerkkarte gehörenden Kabel hergestellt wurde, aber keinerlei Wake On LAN-Optionen aktiviert worden sind. Auf jeden Fall sollte das Verbindungskabel, welches zur Netzwerkkarte mitgeliefert wird, verwendet werden und nicht ein vermeintlich identisches.

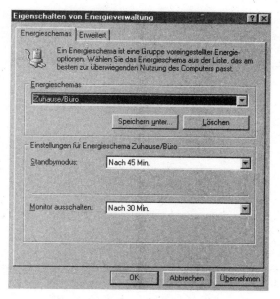

Bild 12.5: Ab Windows 98 gibt es standardmäßig die Energieverwaltung. Unter »Erweitert« findet sich die Option, ob die Batterieanzeige in der Taskleiste angezeigt werden soll, was nur für Notebooks von Bedeutung ist, sowie die Möglichkeit, ein Passwort für die Reaktivierung des PC festlegen zu können.

Ab Windows 98 findet man über SYSTEMSTEUERUNG/EIGENSCHAFTEN VON ENERGIEVERWALTUNG die Möglichkeit, verschiedene Energieschemata (Zuhause/Büro, Tragbarer Computer/Laptop, Immer an) auswählen und konfigurieren zu können. Die Konfiguration »Immer an« bedeutet allerdings nicht, dass der PC ständig an bleibt, sondern es sind hier, wie bei den beiden anderen Modi bestimmte Zeiten festzulegen; es ist also nur eine (vielleicht unglückliche) Namensgebung.

Die einfachen Stromsparfunktionen beschränken sich beim Monitor darauf, dass er nach einer festzulegenden Zeit abgeschaltet und der Standby-Modus aktiviert werden kann. Der Standby-Modus steht aber nur dann zur Verfügung, wenn das Power Management im BIOS-Setup auf *Enabled* (siehe Bild 12.3) eingestellt worden ist. Die Abschaltmöglichkeit des Monitors ist aber auch dann unter Windows gegeben, wenn diese Funktion im BIOS-Setup auf *Disabled* eingestellt ist.

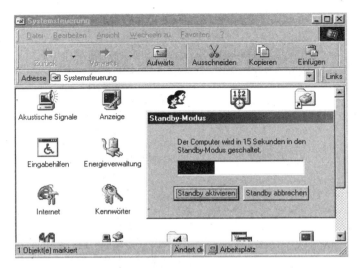

Bild 12.6: Nach der unter Windows festgelegten Zeit, in der keinerlei PC-Aktivitäten stattgefunden haben, schaltet sich der PC automatisch in den Standby-Modus.

TIPP

> Die Power-Management-Einstellungen im BIOS-Setup gelten im Prinzip für alle Betriebssysteme. Je nach Windows-Version werden diese Einstellungen jedoch überschrieben bzw. ignoriert, und es gelten dann die jeweiligen Einstellungen, die unter Windows getroffen worden sind.

Im Windows-Standby-Modus wird die CPU heruntergetaktet und auch der Monitor abgeschaltet, was üblicherweise durch einen dreimaligen Piepton des PC signalisiert wird. Die aktuelle Windows-Umgebung wird dabei in das RAM geschrieben, und das Netzteil läuft (meist wie gewohnt) weiter. Durch eine Tasten- oder auch Mausbetätigung wacht der PC dann wieder auf, was umso schneller geht, je schneller die CPU und je größer das RAM ausgelegt sind. Unabhängig davon kann der Monitor auch früher abgeschaltet werden, wie es in Bild 12.5 als Einstellung zu erkennen ist.

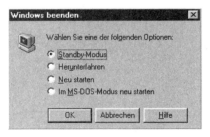

Bild 12.7: Statt den PC herunterzufahren oder neu zu starten, ist auch der Standby-Modus beim Beenden von Windows verfügbar.

12.2 Advanced Power Management

Mit Windows 98 ist die *Energieverwaltung* um die Möglichkeit der Festplattenabschaltung erweitert worden. Nunmehr wird auch das *Advanced Power Management* (*APM*) unterstützt. Da sich bei den Stromsparfunktionen, die im BIOS-Setup zu konfigurieren sind, lange Zeit kein allgemeiner Standard herauskristallisiert hat, haben Intel und Microsoft das *Advanced Power Management* definiert, welches die einzelnen Stromsparstufen (Standby, Suspend, Off, siehe Kapitel 12.1) nun verbindlich definiert. Wenn sich im BIOS-Setup eine Bezeichnung wie *PM Control by APM* finden lässt, kann man hier auf *Yes* schalten, um APM zu aktivieren, wodurch die Kontrolle des Power Managements dann Windows übertragen wird.

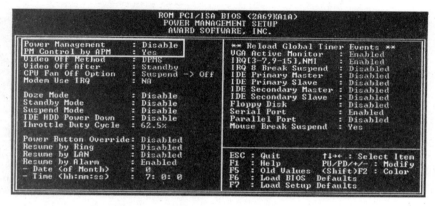

Bild 12.8: Das übliche Power Management kann abgeschaltet und stattdessen APM aktiviert werden.

Für Windows hat die Aktivierung von APM zur Folge, dass sich in der Systemsteuerung unter SYSTEMKOMPONENTEN der Eintrag UNTERSTÜTZUNG FÜR ADVANCED POWER MANAGEMENT finden lässt. Eine nachfolgende Abschaltung von APM im BIOS-Setup ändert dann nichts mehr, denn einmal aktiviert, behält Windows das APM und die entsprechenden Funktionen bei. Eine Deaktivierung ist dann nur noch unter Windows möglich. In der Praxis ist APM jedoch gegenüber den herstellerspezifischen Power-Management-Implementierungen in den BIOS-Setups kein echter Fortschritt, denn in den meisten Fällen lässt sich diese Funktionalität auch dort konfigurieren. APM fasst nur die möglicherweise einzeln vorhandenen Optionen zusammen und stellt sie nunmehr als Standard für Windows zur Verfügung.

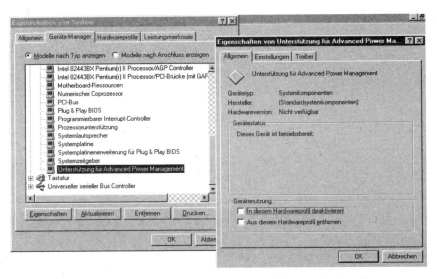

Bild 12.9: Das Abschalten von APM kann durch die Deaktivierung im Hardware-Profil erfolgen; die BIOS-Einstellung hat keinen Einfluss mehr.

12.3 Advanced Configuration and Power Management Interface

Eine Weiterentwicklung von APM ist *Advanced Configuration and Power Management Interface* (*ACPI*), das ebenfalls eine Entwicklung von Microsoft, Intel und auch Toshiba ist, wobei Toshiba hier sein Know-how der Stromsparmechanismen, wie sie diese Firma schon seit längerer Zeit in Notebooks realisiert, eingebracht hat. Bei ACPI ist *allein* das Betriebssystem – vorzugsweise Windows 2000/XP – für das Power Management zuständig. Diese Funktionalität des Betriebssystems wird auch als *Operating System Directed Power Management* (*OSPM*) bezeichnet.

Wer mit Windows arbeitet, kennt sicher das Problem, dass das System auch einmal abstürzen kann, und dies kann für die Hardware dann mit ACPI/OSPM problematisch werden. Weil damit die verwaltende Instanz praktisch abhanden gekommen ist, kann das Betriebssystem beispielsweise keine Überhitzung der CPU mehr feststellen, sie kann dadurch zerstört werden und der PC prinzipiell auch komplett abbrennen. Der ACPI-Standard sieht hierfür keinerlei Schutzmaßnahmen vor, was den Mainboard-Herstellern wohl auch zu gefährlich erscheint, sodass sie neben ACPI eigene Schutzschaltungen in Hardware vorsehen, was jedoch wieder keinem allgemein gültigem Standard entspricht.

TIPP

> APM arbeitet im Prinzip wie ACPI, es fehlen lediglich die Funktionen SPR (Suspend To RAM) und STD (Suspend To Disk), sodass diese beiden Funktionen das eigentlich Neue darstellen. APM und ACPI »werkeln« neben dem bisher üblichen Power Management, welches dann in Funktion tritt, wenn der PC unbeschäftigt ist. Aufgrund der Vielzahl an Optionen im BIOS-Setup und der möglichen Kombinationsmöglichkeiten hat es sich in der Praxis bewährt, dass man sich für einen einzigen Mechanismus entscheidet: Power Management, APM oder ACPI und diesen anschließend seinen Ansprüchen anpasst.

Einmal davon abgesehen, sollen sich mit ACPI ab Windows 98 die nützlichen Eigenschaften, wie sie bei Notebooks schon lange üblich sind, auch dem PC erschließen. Dazu gehören insbesondere die Funktionen *Suspend to RAM und Suspend to Disk,* die dafür Sorge tragen, dass der aktuelle Systemzustand »festgehalten« und abgespeichert werden kann. *Suspend to RAM* funktioniert zwar prinzipiell auch schon mit APM, allerdings ist hier das Zusammenwirken der verschiedenen Optionen, und welche Funktion das BIOS und welche Windows übernimmt, nicht standardisiert, sodass man hierfür in den BIOS-Setups auch die unterschiedlichsten Bezeichnungen findet.

Die interessanteste Option von ACPI für die Praxis ist ohnehin *Suspend to Disk,* bei der der Systemzustand vollständig auf die Festplatte geschrieben wird und sich der PC danach auch tatsächlich komplett abschaltet. Zur Reaktivierung ist er per Taster an der PC-Frontplatte wieder einzuschalten, was aber nur mit ATX-Systemen funktioniert, denn den älteren Mainboards im Baby-AT-Format (BAT-Boards) fehlen hierfür die technischen Voraussetzungen.

Neben den Stromsparfunktionen des BIOS löst ACPI auch noch die bisher übliche Plug&Play-Funktion des BIOS ab, was recht drastische Veränderungen im allgemeinen Hardware-Aufbau und -Management zur Folge hat. ACPI funktioniert im Prinzip so, dass das BIOS eine Tabelle im RAM zur Verfügung stellt, die eine genaue Beschreibung des Systems enthält. Windows bedient sich dieser Tabelle und verwaltet die Hardware (Ressourcen, unterstützte Stromsparfunktionen) dementsprechend. Für die spezielle ACPI-Funktionalität werden außerdem neue Register und ein ACPI-BIOS benötigt, welches im Grunde genommen eine Erweiterung eines Plug&Play-BIOS darstellt und daher in den gleichen Chips residiert. Bild 12.10 zeigt das Zusammenspiel der einzelnen Einheiten mit ACPI.

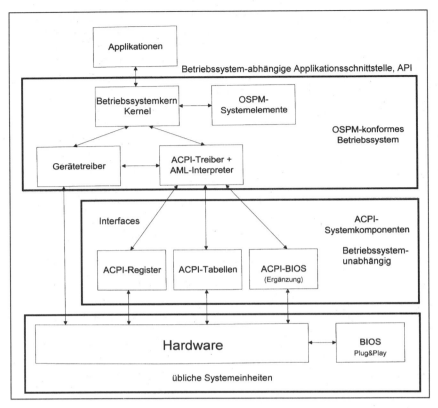

Bild 12.10: ACPI verändert die Verwaltung der Hardware recht grundlegend.

Das OSPM-fähige Betriebssystem hat zunächst die Tabelle im RAM zu interpretieren, wofür intern ein AML-Interpreter zum Einsatz kommt, denn die Tabelle ist in einer bestimmten Syntax (ACPI Machine Language, AML) aufgebaut. AML ist eine Programmiersprache, die weder Betriebssystem- noch hardwareabhängig ist und mit der sich die Funktionen der Mainboards steuern lassen. Der ACPI-unterstützende Teil des BIOS ist in der *ACPI Maschine Language* geschrieben und nicht im üblichen Assembler-Code (native Code). Des Weiteren sind spezielle ACPI-Treiber notwendig, die wie AML feste Bestandteile ab der Windows 98-Version sind.

ACPI kennt vier grundlegende Stufen des Power Managements, die in Tabelle 12.1 angegeben sind. Das Anhalten der CPU wird vom Chipset mit einem speziellen Signal (STPCLK) durchgeführt. Genau genommen werden lediglich die Prozessor-Register eingefroren, wodurch der Stromverbrauch drastisch sinken kann. Je nach dem Verhältnis von High- zu Low-Pegel-Zeit des STPCLK-Signals, was man im BIOS-Setup unter einem Eintrag wie *Manual Throttle Ratio* oder *Throttle Duty Cycle* (siehe Bild 12.8) einstellen kann, verringert sich der CPU-Stromverbrauch. Diese Funktion – auch als *Speed Step Technology* bezeichnet – kommt auch dann automatisch durch ACPI gesteuert zum Einsatz, wenn die CPU beispielsweise zu heiß wird. Im S1-Modus werden der Monitor und die Festplatte abgeschaltet; das Netzteil bleibt eingeschaltet, die CPU und die Caches (L1, L2) bleiben initialisiert. Ob auch der CPU-Lüfter im S1-State weiterlaufen soll, kann oftmals bei einem eigenen Menüpunkt im BIOS-Setup festgelegt werden.

Bezeichnung	Funktion/Wirkung
S1	Die CPU wird vom Chipset angehalten (schnelle Reaktivierung).
S2	Die CPU und der Cache werden vom Chipset angehalten.
S3	Suspend To RAM: wie S2. Zusätzlich werden Teile der Mainboard-Elektronik abgeschaltet, und PCI-Karten halten einen Minimalbetrieb aufrecht.
S4	Suspend To Disk: Der Systemzustand wird auf der Festplatte gespeichert; der PC kann abgeschaltet werden.

Tab. 12.1: Die ACPI Power Management-Zustände

In der zweiten ACPI-Stufe werden zusätzlich die beiden Caches eingefroren, sodass das Aufwachen aus diesem Zustand etwas länger dauert, weil der Register- und Cache-Inhalt erst wieder restauriert werden muss. Im S3-Zustand werden Teile der Mainboard-Elektronik abgeschaltet, und geeignete PCI-Karten schalten teilweise ebenfalls ab, wobei sie mit einer Hilfsspannung des PC-Bus weiterversorgt, also nicht komplett abgeschaltet werden.

Das RAM hält den fixierten Systemzustand fest, sodass es über eine Standby-Versorgung weiterhin mit Strom versorgt werden muss. Bei älteren ATX-Systemen kann dies zu Problemen führen, wie etwa, dass der PC nicht mehr aufwacht, weil die Standby-Versorgung möglicherweise unterdimensioniert ist. Damit das RAM nicht die Daten verliert, weil es kein externes Refresh-Signal mehr erhält, arbeitet das RAM im Self Refresh-Modus.

TIPP

Für die Verwendung von ACPI-S3 wird eine 5V-Standby-Spannung benötigt. Das Netzteil muss hierfür laut ATX-Spezifikation 2.01 mindestens 500 mA liefern können, ältere ATX-Netzteile bieten jedoch oftmals nur 100 mA, sodass der S3-Modus möglicherweise nicht funktioniert. Einige Mainboards verlangen 720 mA oder sogar noch mehr Strom über die Standby-Leitung.

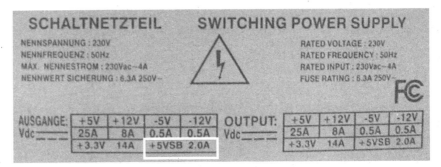

Bild 12.11: Wichtig ist eine ausreichend dimensionierte Standby-Versorgung, wobei man diese Angabe meist direkt auf dem PC-Netzteil findet. Obiges Netzteil liefert hierfür zwei Ampere.

Der größte Stromspareffekt ergibt sich mit dem S4-Modus *Suspend to Disk*, bei dem der Systemzustand auf der Festplatte gespeichert wird und sich der PC abschaltet. Ein Aufwachen per Event (LAN, Modem) ist daher aus dem S4-Zustand nicht möglich. Viele Mainboards bieten im BIOS-Setup diese Funktion allerdings auch gar nicht an, sondern typischerweise lediglich die Modi S1 und S3. Generell gilt, dass je niedriger das Energieniveau absinkt, desto länger dauert auch die Regenerierung des Systems. Der S3-Zustand stellt gewissermaßen einen praktikablen Kompromiss aus möglichst niedrigem Stromverbrauch und Geschwindigkeit bei der Systemwiederherstellung dar.

Laut ACPI-Spezifikation ist außerdem eine *neue* Echtzeituhr vorgesehen, mit deren Hilfe sich der PC zu bestimmten Zeiten automatisch einschalten lassen kann. Die Möglichkeit, den PC durch Events (Modem, LAN) wieder aufwecken zu können, gab es schon vor ACPI, was nunmehr aber explizit vorgeschrieben ist. Der Anforderungskatalog seitens der Hard- und Software ist für ACPI ganz beachtlich, wie es auch die Aufstellung *Voraussetzungen für ACPI* in Kurzform zeigt.

Voraussetzungen für ACPI:

- ACPI-BIOS: bieten alle aktuellen PCs
- OSPM-fähiges Betriebssystem: ab Windows 98, besser ist Windows Me oder Windows 2000/XP
- ACPI-fähige Gerätetreiber für das OSPM-fähige Betriebssystem: abhängig vom Typ und Hersteller der Hardware-Einheiten
- ACPI-konformer Chipset mit Power Management Timer (3,579 MHz): bieten alle aktuellen PCs
- Echtzeituhr für die zeitgesteuerte Einschaltfunktion: bieten alle aktuellen PCs
- Spezieller Sleep- oder üblicher Power-Taster: ab ATX-Systemen
- ATX-Netzteil mit einer Standby-Versorgung von mindestens 500 mA: ab ATX-Standard 2.01

- Mindestens einen Sleep-Modus: bieten alle aktuellen PCs
- Interrupt-Mechanismus für die Detektierung externer Ereignisse: bieten alle aktuellen PCs
- Optional eine schaltbare Power-LED (aus: PC abgeschaltet, blinkt: Sleep-Modus, an: Normalbetrieb): abhängig vom Gehäuse- und Mainboard-Hersteller
- Optional eine Message-LED, eine Siebensegment-Anzeige oder auch ein LCDisplay für die Anzeige von eingetroffenen Nachrichten (Fax, E-Mail): abhängig vom Gehäuse- und Mainboard-Hersteller
- Optional ACPI-konforme PCI-Einsteckkarten, die einen Stromsparmodus unterstützen: je nach Typ und Hersteller
- Optional sind externe Geräte wie Modems oder Drucker, die ebenfalls ACPI-konforme Schlafzustände unterstützen.

Das größte Problem stellen nach wie vor die Gerätetreiber beispielsweise für Grafik-, Netzwerk- oder auch Sound-Karten dar, denn wenn sie nicht für ACPI ausgelegt sind, kann ein einziger ungeeigneter Treiber dafür verantwortlich sein, dass das System nicht mehr aus dem Tiefschlaf erwacht.

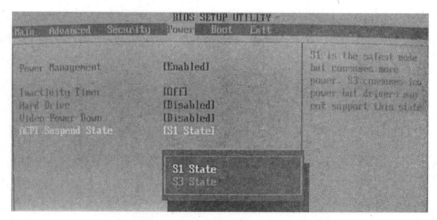

Bild 12.12: Bei diesem BIOS-Setup wird auf die Gefahr des S3-Modus (drivers may not support this state) hingewiesen, sodass vielfach nur der S1-Modus im BIOS-Setup zur Verfügung steht.

Einen Anhaltspunkt, ob die Treiber für ACPI geeignet sind oder nicht, bieten zertifizierte (signierte) Treiber für Windows Me und Windows 2000/XP, eine Garantie für die Funktionstüchtigkeit ist dies aber leider auch nicht. Zur Feststellung, inwieweit der PC eine ACPI-Unterstützung bietet, gibt es von Microsoft das nützliche Programm ACPIView. Je nach Konfigurationszustand des PC kann man mit diesem Tool fehlende Treiber für ACPI nachinstallieren. Prinzipiell sind hierfür mindestens die nachfolgend genannten notwendig, die dann im Geräte-Manager von Windows 98 auftauchen sollten:

- ACPI BIOS oder auch ACPI-Bus: für die Kommunikation mit dem ACPI-Teil des BIOS
- ACPI System Button: für die Kontrolle der Power- und Suspend-Taste
- Composite Power Source: für das Abschalten des PC
- SCI IRQ Used by ACPI: für die Verwaltung des System Management-Interrupts
- System Board Extension for ACP bzw. Systemplatinenerweiterung für ACPI: ist der Treiber für die ACPI-Register des Chipsets

Probleme wie beispielsweise, dass der PC einfach nicht in den Sleep- oder Standby-Modus wechseln mag oder nicht korrekt wieder starten kann, sind leider immer noch typische ACPI-Merkmale, sodass dieser Modus unter Windows 98 noch recht problematisch sein kann.

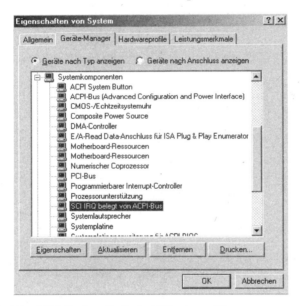

Bild 12.13: Die ACPI-Bestandteile bei Windows Me

TIPP

Auch wenn das BIOS kein *Suspend To Disk* bietet, kann diese Funktion unter Windows Me und Windows 2000/XP – passende ACPI-Treiber vorausgesetzt – eingesetzt werden, was dort als *Ruhezustand* bezeichnet wird.

ACPI wird man bei Windows 98 nur wieder los, indem der ACPI-Schlüssel in der Registry manuell auf »0« gesetzt wird. Außerdem müsste die ACPI-Unterstützung im BIOS ebenfalls wieder abgeschaltet werden können, was aber bei einigen Mainboards überhaupt nicht möglich ist. In diesem Fall lässt sich die BIOS-ACPI-Funktion nur mit Windows 98 aktivieren, aber nicht wieder ohne weiteres rückgängig machen; erst mit Windows Me und Windows 2000 hat sich dies zum Besseren gewendet.

Bild 12.14: Die Energieoptionen bei Windows Me

Das Aufwecken aus dem Ruhezustand wird durch die Betätigung der Power-Taste am PC ausgelöst, wobei es zunächst so aussieht, als wenn ein üblicher PC-Boot stattfindet, weil das BIOS wie sonst auch initialisiert und der Boot-Sektor gelesen wird, sodass bei vorhandenem Boot-Manager möglicherweise nicht Windows Me, sondern das andere auf der Festplatte befindliche Betriebssystem gestartet wird, was von der Voreinstellung des Boot-Managers abhängt. Danach erscheint jedoch unmittelbar die Meldung *Rückkehr zu Windows*, und das System ist dann sehr schnell in dem gleichen Zustand verfügbar, wie es vor dem Ruhezustand der Fall war.

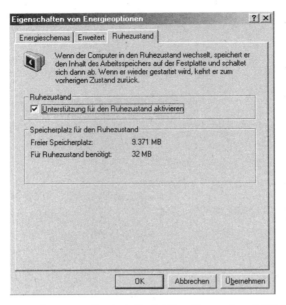

Bild 12.15: Im Ruhezustand wird die PC-Konfiguration ACPI-konform auf die Festplatte geschrieben.

Von einem einigermaßen funktionierenden ACPI kann man eigentlich erst ab Windows 2000 ausgehen. Bei Windows XP – wofür die Hersteller dann auch fleißig passende Treiber geschrieben haben – kommt es mit ACPI in der Praxis eher selten zu Problemen, was auch daran liegt, dass aktuelle Mainboards mit den erweiterten Interrupt-Fähigkeiten des APIC-Modus (siehe Kapitel 7.6.6) umgehen können, wodurch der Umstand, dass alle PCI-Einheiten den gleichen Interrupt-Kanal verwenden (müssen), entschärft wird, was sich als »Knackpunkt« bei Windows 2000 und der vor ca. drei Jahren aktuellen Hardware herausgestellt hat.

Bei einem erworbenen Komplett-PC sollte man heutzutage davon ausgehen können, dass ACPI korrekt funktioniert. Allerdings muss im Prinzip nur eine einzige Komponente – wie z.B. eine Grafikkarte – nachträglich ersetzt werden, und wenn dann der dazugehörige Treiber nicht auf aktuellem ACPI-Stand ist, funktioniert damit bereits die Funktion *Suspend to Disk* (Ruhezustand) oder auch eine andere ACPI-Funktion nicht mehr. Diesem Umstand ist demnach bei der Erweiterung mit zusätzlichen PCI-Karten (TV, Video, Controller) unbedingt Rechnung zu tragen, wenn die ACPI-Funktionen (weiterhin) verwendet werden sollen.

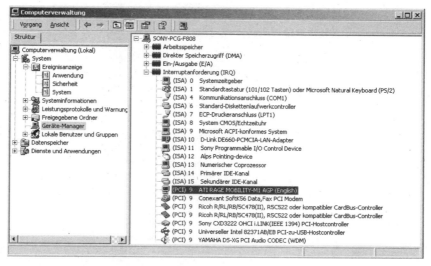

Bild 12.16: Bei aktiviertem ACPI verwendet Windows 2000 für alle PCI-Einheiten den selben IRQ (hier die Nummer 9).

Wer bei Windows XP den Ruhezustand vermisst, muss beim Ausschalten des Computers die Shift-Taste (Umschalttaste, ⇧) beim Anklicken des Standby-Symbols gedrückt halten, damit der aktuelle Systemzustand auf die Festplatte geschrieben wird und sich der PC daraufhin abschaltet. Interessanterweise funktioniert dies nicht immer, und der PC reagiert mitunter überhaupt nicht bzw. wechselt stattdessen in den Standby-Modus. Dies scheint dann der Fall zu sein, wenn man aus einer Anwendung heraus (z.B. Office) versucht, diese Ausschaltung vorzunehmen. Wird dies hingegen direkt vom Desktop ausgeführt – die Programme sind zwar weiterhin geöffnet, aber minimiert –, funktioniert es.

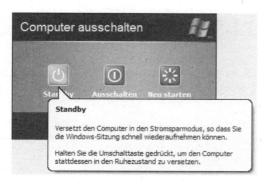

Bild 12.17: Das Ausschalten des PC in den Ruhezustand bei Windows XP

12.4 BIOS-Optionen für den Power-Management-Setup

In den Setups lassen sich mitunter eine Vielzahl von unterschiedlichen Stromsparfunktionen aktivieren, deren Funktionen und Zusammenspiel nicht immer deutlich werden. Tabelle 12.2 gibt hierzu eine Orientierungshilfe.

BIOS-Setup-Eintrag	Bedeutung/Funktion
AC Back Function	Mit der Einstellung »Power On« startet der PC nach einer Spannungsunterbrechung (z.B. Stromausfall) automatisch.
AC Power Loss Restart	Bei »Enabled« startet der PC nach einer Spannungsunterbrechung (z.B. Stromausfall) automatisch.
AC97 Logic Resume	Enabled: Ein AC97-Modem (Software-Modem, meist mit kleiner Einsteckkarte im AMR-Slot auf dem Mainboard integriert) kann den PC z.B. bei Empfang eines Fax einschalten.
ACPI I/O Device Node	Aktivierung der ACPI-Einheiten des Mainboards.
ACPI Sleep Type oder ACPI Suspend Type oder ACPI Sleep State	Festlegung des ACPI-Modus, meist sind hier S1(POS: Power On Sleep) und S3 (STR: Suspend To RAM) möglich. Nur selten findet man hier auch S4 (STD: Suspend To Disk).
ADLIB Ports Access	Bestimmt, dass kein Suspend-Modus aktiviert wird, wenn Zugriffe auf die Ports einer Adlib-kompatiblen Soundblaster-Karte stattfinden.
CPU Fan Off Option	Legt fest, ob der CPU-Lüfter im Suspend-Modus abgeschaltet werden soll. Dies ist eine nicht ganz ungefährliche Option, denn es ist nicht einheitlich geregelt, ob die CPU dabei nicht doch überhitzt wird.
CPU Sleep Pin Enable	Die Voreinstellung »Enable« sollte nicht verändert werden, da alle aktuellen CPUs das Power Management unterstützen.
Doze Mode	Angabe, nach welcher Zeitspanne der PC in den Doze-Modus schalten soll. Voraussetzung ist hierfür in der Regel, dass beim Eintrag »Power Management« die Einstellung »User Define« aktiviert worden ist.
FDC/HDC/LPT/COM Ports Access	Legt mit der Einstellung »Monitor« fest, dass, solange das Diskettenlaufwerk, die Festplatte, der Drucker oder Geräte an den COM-Ports aktiv sind, kein Umschalten in den Suspend-Modus stattfindet.
Green PC Monitor Power State	Angabe, in welchen Stromsparmodus sich ein DPMS-fähiger Monitor begibt. Möglich sind hier meist »Off«, »Standby« und »Suspend«. Die passende Einstellung hängt von den typischen Pausenzeiten des Anwenders ab.

Tab. 12.2: Optionen für das Power Management, APM und ACPI

BIOS-Setup-Eintrag	Bedeutung/Funktion
IDE Access	Solange eine IDE-Einheit aktiv ist, wird ein Umschalten in den Suspend-Modus nicht zugelassen.
IDE HDD Power Down	Zeitangabe, wann die IDE-Festplatten abgeschaltet werden sollen.
KB & PS/2 Mouse Access	Legt fest, ob die Betätigung der PS/2-Tastatur oder der PS/2-Maus den aktiven Stromsparmodus beenden kann. Wenn dies gewünscht wird, ist hier »Monitor« zu aktivieren, was bedeutet, dass die entsprechenden Signale überwacht werden (Monitoring).
Manual Throttle Ratio	Der Eintrag legt fest, wie lange die CPU per STPCLK-Signal angehalten wird bzw. sie den CPU-Takt erhält. Dieses Verhältnis von Low-zu-High-Pegel bestimmt somit die Stromaufnahme der CPU. Je geringer dieser Wert gewählt wird, desto höher ist die Stromaufnahme.
MIDI Ports Access	Bestimmt, dass kein Suspend-Modus aktiviert wird, wenn Zugriffe auf die MIDE-Ports einer Sound-Karte stattfinden
Modem Use IRQ	Angabe des Interrupt-Kanals für die Aufweckfunktion des PC durch ein Modem.
PIRQ[x] IRQ Active	Überwachung (Monitoring) von Interrupt-Kanälen, die von bestimmten Einheiten verwendet werden. Solange sie aktiv sind, findet keine Umschaltung in den Suspend-Modus statt. Dies ist insbesondere bei einer SCSI-Adapterkarte sinnvoll, denn SCSI-Einheiten entziehen sich den üblichen Power-Management-Einstellungen im BIOS-Setup.
PM Control by APM	Mit der Einstellung »Yes« wird das Power Management durch APM ausgeführt.
Post Video On S3 Resume	Bei Aktivierung wird das BIOS der Grafikkarte nach dem Aufwachen aus dem S3-Zustand aktiviert und ein »Power On Self Test« (POST) durchgeführt. Diese Funktion sollte nur dann eingeschaltet werden, wenn die Grafikkarte andernfalls nicht funktioniert.
Power Button Override	Aktivierung der Funktion »ACPI Power Button Override«. Wird der Netztaster länger als vier Sekunden betätigt, schaltet die Software in einen ACPI-Stromsparmodus.
Power Down Activities	Je nach BIOS sind hiermit verschiedene Quellen anzugeben, die den PC wieder aus dem Schlaf wecken können.

Tab. 12.2: Optionen für das Power Management, APM und ACPI (Forts.)

BIOS-Optionen für den Power-Management-Setup

BIOS-Setup-Eintrag	Bedeutung/Funktion
Power Management	Mögliche Optionen sind: Disable, wobei dann bei einigen BIOS-Versionen auch APM und ACPI (!) ausgeschaltet sind. Die Einstellung »Max Saving« wirkt bereits nach kurzer Zeit, schaltet die Festplatte und den Monitor ab und taktet die CPU herunter. »Min Saving« geht den anderen Weg und deaktiviert die Einheiten erst später und hält den PC daher länger aktiv. Bei »User Define« kann man die Daten für die Deaktivierung der Einheiten selbst festlegen.
Reload Global Timer Events	Je nach BIOS sind hiermit verschiedene Quellen anzugeben, die, solange sie aktiv sind, ein Umschalten in den Suspend-Modus nicht zulassen.
Reset IDE on S3 Resume	Die IDE-Festplatten erhalten bei »Enabled« nach der Wiederkehr aus dem S3-State ein zusätzliches Reset-Signal, was meist aber nicht erforderlich ist.
Resume by Alarm	Automatisches Einschalten des PC nach einer festgelegten Zeit. Je nach BIOS sind hier verschiedene Optionen wie Everyday, By Date oder Time möglich.
Resume by LAN	Enabled: Einschalten des PC über das Netzwerk erlauben. Nützlich für Server, die rund um die Uhr laufen.
Resume by Ring	Mit Enabled wird der PC eingeschaltet, wenn das an einem COM-Port befindliche Modem die Ring-Leitung (Klingeln) aktiviert.
RI Resume	Mit »Enabled« wird der PC eingeschaltet, wenn das an einem COM-Port befindliche Modem die Ring-Leitung (Klingeln) aktiviert.
SB/MSS Audio Ports Access	Bestimmt, dass kein Suspend-Modus aktiviert wird, wenn Zugriffe auf eine Soundblaster-Karte stattfinden.
SMBUS Resume	Enabled: Automatisches Einschalten des PC, wenn eine Einheit am System Management Bus aktiv wird. Zurzeit ist aber keine geeignete Einheit (außer vielleicht einem Monitor) bekannt, bei der dieser Eintrag nutzbringend auf »Enabled« zu schalten wäre.
Standby Mode	Angabe, nach welcher Zeitspanne der PC in den Standby-Modus schalten soll. Voraussetzung ist hierfür in der Regel, dass beim Eintrag »Power Management« die Einstellung »User Define« aktiviert worden ist.
Suspend Mode	Angabe, nach welcher Zeitspanne der PC in den Suspend-Modus schalten soll. Voraussetzung ist hierfür in der Regel, dass beim Eintrag »Power Management« die Einstellung »User Define« aktiviert worden ist.

Tab. 12.2: Optionen für das Power Management, APM und ACPI (Forts.)

BIOS-Setup-Eintrag	Bedeutung/Funktion
Suspend To RAM Capability	Bei der Einstellung AUTO wird überprüft, ob die Standby-Leitung für den S3-Zustand einen ausreichenden Strom liefern kann, was man daher auch einstellen sollte.
Suspend Type	Angabe des Suspend-Modus, der entweder »Power On Suspend« lautet, wobei die CPU unverändert weiterarbeitet, oder »Stop Grant«, bei der ihr Zustand eingefroren wird.
System Thermal	Sollte aktiviert sein, damit der Suspend-Modus automatisch unterbrochen wird, wenn die CPU zu heiß wird.
Throttle Duty Cycle	Dieser Eintrag legt fest, wie lange die CPU per STPCLK-Signal angehalten wird bzw. sie den CPU-Takt erhält. Dieses Verhältnis von Low-zu-High-Pegel bestimmt somit die Stromaufnahme der CPU. Je geringer dieser Wert gewählt wird, desto höher ist die Stromaufnahme.
USB KB/MS Wakeup From S3	Legt fest, ob die Betätigung einer USB-Tastatur oder einer USB-Maus den Suspend-Modus beenden kann. Wenn dies gewünscht wird, ist hier »Monitor« zu aktivieren, was bedeutet, dass die entsprechenden Signale überwacht werden (Monitoring).
Video Off After	Angabe, bei welchen Stromsparfunktionen der Monitor abgeschaltet wird. Möglich sind hier NA (niemals), Doze (bei allen), Standby (Standby und Suspend) und Suspend (nur Suspend).
Video Off Method	Festlegung des Monitor-Abschaltmechanismus. Aktuelle Monitore unterstützen DPMS, was man daher auch einschalten sollte. Nur ältere Modelle schalten intern erst dann in einen Energiesparmodus, wenn hier »Blank Screen« angegeben wird oder zusätzlich die V- und H-Sync.-Signale abgeschaltet werden.
Wake On LAN	Enabled: Einschalten des PC über das Netzwerk erlauben. Nützlich z.B. auch bei Servern, die rund um die Uhr laufen und sich außerhalb der Geschäftszeit in einem Strom sparenden Mode bewegen sollen.
Wake on RTC Timer	Automatisches Einschalten des PC nach einer festgelegten Zeit. Je nach BIOS sind hier verschiedene Optionen wie »Everyday«, »By Date« und »Time« möglich.

Tab. 12.2: Optionen für das Power Management, APM und ACPI (Forts.)

Im BIOS-Setup müssen sich ACPI-Optionen nicht unbedingt auf der Power-Management-Seite befinden. Es ist bei einem Award-BIOS durchaus möglich, dass sich auf der PNP/PCI-Configuration-Seite auch Einstellungsmöglichkeiten für ACPI finden lassen, wie z.B. *ACPI I/O Device Node*.

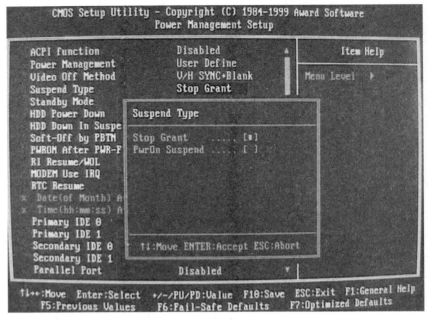

Bild 12.18: Angabe des Suspend-Typs, der »Power On Suspend« lautet, wobei die CPU unverändert weiterarbeitet, während ihr Zustand bei der Einstellung »Stop Grant« eingefroren wird

Bei dem Einstellen der passenden Optionen sollte man daran denken, dass das Power Management auch mit Nachteilen bei der täglichen Arbeit verbunden sein kann. Einer dieser Nachteile kann beispielsweise dann eintreten, wenn mathematische Berechnungen oder das Rendering von Grafiken auszuführen ist. Je nach Konfiguration kann sich eine Power Management-Stufe aktivieren und die CPU »trödelt« dann nur noch vor sich hin, statt schnell zu rechnen.

Eine weitere Anwendung, bei der auf Stromsparfunktionen verzichtet werden sollte, ist das Brennen von CDs oder DVDs. Bei den aktuellen BIOS-Versionen kann man zwar entsprechende Vorkehrungen treffen, damit das Power Management nicht störend in Erscheinung tritt, allerdings kommt man dann nicht umhin, sich genauestens mit den einzelnen Optionen zu beschäftigen, wobei es leider auch keine Seltenheit ist, dass diese oder jene Option im Setup einfach nicht korrekt funktioniert und dann die Hoffnung bleibt, dass ein BIOS-Update hier Abhilfe schaffen kann.

12.5 Die Stromsparmodi der Monitore

Anstatt irgendwelche Bildschirmschonerprogramme laufen zu lassen, die zwar ganz nett anzusehen sind, aber unter Umständen sogar die Festplatte bemühen, damit die Animationen nachgeladen werden können, ist es besser, den Monitor bei Nichtbenutzung einfach abzuschalten. Da der

Monitor eines PC ein besonders hoher Stromverbraucher ist, ist hier auch der richtige Ansatzpunkt, um wertvolle Energie zu sparen. Dabei gilt generell: Je größer der Bildschirm, desto größer der Stromspareffekt, der durch einen »Hardware-Bildschirmschoner« erreicht werden kann.

Interessant ist in diesem Zusammenhang, welchen Einfluss das Abschalten des Monitors auf seine Lebensdauer hat. Eine IBM-Studie kam zu dem Ergebnis, dass eine Stunde Brenndauer der Bildröhre etwa dem viermaligen Ein- und Ausschalten des Monitors entspricht. Daraus kann man demnach schließen: Bei einer mehr als viertelstündigen Arbeitspause *schont* man den Monitor, wenn man ihn abschaltet.

Energiesparschaltungen sind in Monitoren mittlerweile Standard. Hierfür gibt es eine schwedische Richtlinie von der NUTEK, was übersetzt für *Swedish National Board for Industrial and Technical Development* steht. Eine amerikanische Initiative nennt sich Energy Star, und das dazugehörige Logo wird man nach dem Einschalten des PC oftmals als BIOS-Meldung erkennen können. Allerdings bezieht sich Energy Star nicht direkt auf den Monitor, sondern zunächst auf PC-interne Energiesparmaßnahmen, wie das Herunterschalten der CPU oder die Abschaltung der Festplatte bei zeitweiliger Nichtbenutzung.

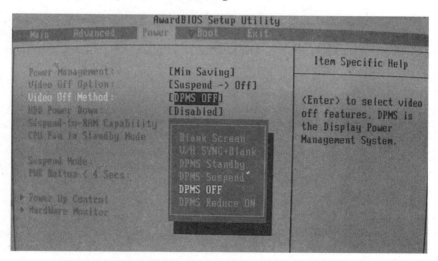

Bild 12.19: Die jeweilige Methode für den Stromsparmodus des Monitors ist mit Bedacht zu wählen.

Am Monitor selbst ist mitunter zwischen dem NUTEK- und dem VESA DPMS-Modus umzuschalten. Die VESA hat das *Display Power Management Signaling* definiert, das die Stufen *On*, *Standby*, *Suspend* und *Off* kennt. Im BIOS-Setup kann der DPMS-Modus explizit festgelegt werden, damit der Monitor hierauf entsprechend reagieren kann. Dabei ist zu beachten, dass der Monitor ebenfalls DPMS-kompatibel sein muss, denn er könnte durch die von der Grafikkarte gelieferten, gepulsten Signale zur Steuerung der Monitorenergiesparmaßnahme ernsthaft beschädigt werden.

TIPP Die beiden Stromsparmodi der NUTEK und der VESA (DPMS) sind nicht identisch. Bei der Konfigurierung eines Grafiksystems muss beachtet werden, welcher Modus vom Monitor unterstützt wird. Monitore, die keinen Stromsparmode kennen, können durch die Einschaltung eines Stromsparmodus beschädigt werden.

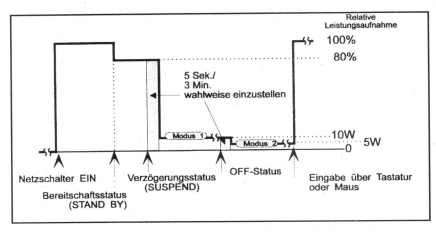

Bild 12.20: Die einzelnen Stufen der Energiesparverfahren nach VESA-DPMS

Der NUTEK-Energiesparmodus funktioniert demgegenüber leicht abgewandelt und kennt keine Standby-Stufe. Werden jedoch die Abschaltzeiten entsprechend der jeweiligen individuellen Arbeitsweise eingestellt, ergeben sich zwischen beiden Energiesparmodi keine relevanten Unterschiede. Der NUTEK-Modus ist weniger im PC-Bereich, sondern eher bei Apple Macintosh-Rechnern üblich und setzt für die Aktivierung einen Blank Screen – einen schwarz geschalteten Monitor – voraus; es darf also kein sich bewegender Bildschirmschoner festgelegt werden.

12.5.1 Monitor Plug&Play

Die VESA definierte den DDC (Display Data Channel), einen Kommunikationsweg zwischen Grafikkarte und Monitor, um dem Monitor Plug&Play-Fähigkeiten zu verleihen. Ein DDC-Monitor kann der Grafikkarte seine Daten mitteilen und die Konfiguration des Grafiksystems dadurch vereinfachen. Es existieren mehrere DDC-Varianten, wobei DCC1 die einfachste Ausführung darstellt, da hierfür kein zusätzliches Kabel benötigt wird. Es werden die Anschlüsse des üblichen Standard-VGA-Anschlusses verwendet.

Der Monitor sendet ununterbrochen 128 kByte-Datenblöcke (EDID, Extended Display Identification), wobei die vertikale Synchronisation als Taktsignal fungiert. Es findet nur eine unidirektionale Kommunikation zur Identifizierung des Monitors statt, damit eine passende Auflösung gewählt werden kann. Für DDC1 sind lediglich ein entsprechender Monitor und ein Treiberprogramm (VBE) notwendig, welches ab Windows 95 Bestandteil eines DDC-fähigen Monitortreibers ist. Unter den *Standardbildschirmtypen* findet man beispielsweise den DDC-Universaltreiber *Plug&Play Bildschirm* (VESA DDC).

DDC2 arbeitet in zwei Richtungen (bidirektional) und verwendet hierfür einen speziellen Bus – den Access-Bus –, der im Prinzip dem I^2C-Bus der Firma Philips entspricht. Der I^2C-Bus ist in fast jedem CD-Player oder auch Fernseher zu finden und wird dort für die interne Kommunikation der einzelnen Schaltungseinheiten verwendet. Der *System Management Bus* auf dem Mainboard, mit dem z.B. auch das EEPROM auf den Speichermodulen ausgelesen oder die Monitoring-Funktion (Temperatur, Lüfterdrehzahl) ausgeführt wird, entspricht ebenfalls dem I^2C-Bus. Die BIOS-Setup-Option *SMBUS Resume* (siehe Tabelle 12.2) könnte möglicherweise für das Einschalten des PC zum Einsatz kommen, wenn der Monitor eingeschaltet wird. Stattdessen wird für die Monitorkonfigurierung jedoch meist der USBus verwendet.

Bild 12.21: Dieser Monitor fungiert auch als USB-Hub und schaltet einen USB-Eingang (vom Mainboard, links) auf vier Ports.

Die internen Monitorparameter lassen sich damit bequem per Software einstellen, wobei ein derartiger Monitor meist auch als USB-Hub (Verteiler) dienen kann, da er über mehrere Ports verfügt. Daneben existiert eine ganze Reihe von Monitoren, die sich mithilfe der RS232-Schnittstelle konfigurieren lassen, was jedoch nichts mit dem *Display Data Channel* zu tun hat, da es sich hier um herstellerspezifische Lösungen handelt, und davon gibt es eine ganze Reihe, sodass für derartige Monitore immer ein spezieller Treiber für das jeweilige Betriebssystem zur Verfügung stehen muss.

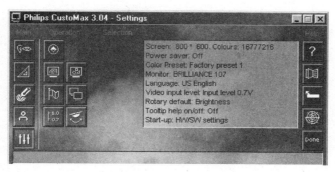

Bild 12.22: Die Monitorparameter lassen sich komfortabel über eine USB-Verbindung zwischen PC und Monitor festlegen.

12.6 Notebook-Besonderheiten

Portable Computer, die mit einem Akku arbeiten, wie z.B. Notebooks verfügen praktisch seit Anbeginn über ein Power Management und auch über die Funktion, den aktuellen PC-Zustand auf die Festplatte schreiben zu können, was durch eine bestimmte Tastenkombination (meist `Fn` + `F12`) oder auch durch das Schließen (Herunterklappen des Display-Teils) des Notebooks erfolgt. Jeder Hersteller hat hier jedoch in der Zeit vor ACPI seinen eigenen Mechanismus entwickelt und zum Einsatz gebracht, während im Grunde genommen alle aktuellen Notebooks nur noch ACPI verwenden.

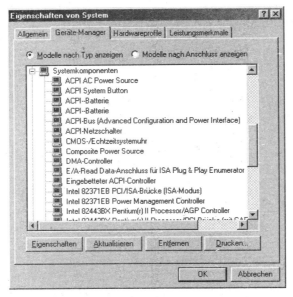

Bild 12.23: ACPI unter Windows 98 bei einem Notebook, wobei sich hier gegenüber einem Standard-PC weitere (ACPI-Batterie) oder auch abweichende Optionen (eingebetteter ACPI-Controller) finden lassen

Vielfach gibt es bei Notebooks keinen üblichen BIOS-Setup, sondern nur die Möglichkeit, unter Windows grundlegende Einstellungen verändern zu können. Dies ist auch prinzipiell kein Nachteil, da Einsteckkarten (z.B. Modem, Netzwerk) hier auf PCMCIA- bzw. Card-Bus-Basis arbeiten und während des laufenden Betriebes hinzugefügt oder entfernt werden können, was von Windows entsprechend verwaltet wird. Ressourcen-Probleme gibt es bei einem Notebook eigentlich nicht, und außer einer Speicheraufrüstung wird man auch keine weiteren Veränderungen an der Hardware-Ausstattung vornehmen (können).

Unter EIGENSCHAFTEN VON ENERGIEVERWALTUNG lässt sich ein Notebook wie ein Standard-PC für den Standby-Modus (Suspend To RAM) und auch den Ruhezustand (Suspend To Disk) konfigurieren, wobei hierfür auch unterschiedliche Bezeichnungen – je nach Notebook-Hersteller – verwendet werden. Gleichwohl verbergen sich stets diese beiden Mechanismen dahinter. Üblicherweise gibt es bei aktuellen Notebooks aber noch weitere Möglichkeiten, bestimmte Hardware-Einheiten (Audio, PCMCIA-Karten) in ihrer Stromaufnahme zu beeinflussen, wie es bei Standard-PCs in dieser Form nicht immer möglich ist.

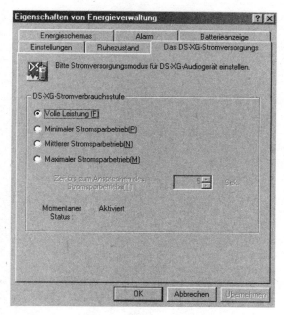

Bild 12.24: Die Stromaufnahme des Soundchips kann bei diesem Notebook noch genauer eingestellt werden.

Für die Speicherung des aktuellen PC-Zustands (geöffnete Programme, aktivierte Netzwerkverbindungen usw.) kommen zwei Verfahren in Betracht: Speicherung in einer versteckten Datei auf der Systempartition oder in einer eigenen Partition, die hierfür ausschließlich verwendet wird. Letzteres ist auf jeden Fall die sicherere Methode, denn die versteckte Datei kann mit Viren befallen oder auch anderweitig beschädigt werden. Bei einem Standard-PC mit installiertem Windows Me oder Windows 2000/XP wird der Systemzustand im Übrigen im versteckten Verzeichnis _restore der Systempartition abgelegt.

Bild 12.25: Das Notebook schreibt den Systemzustand auf die Festplatte in eine eigene Partition.

Für die Erstellung einer eigenen Partition für die Systemspeicherung wird ein spezielles Programm benötigt, denn es handelt sich dabei um eine Non-DOS-Partition, und auch sonst ist sie im Aufbau nicht mit den anderen üblichen Dateiformaten (FAT 32, NTFS) identisch. Sie erhält auch keinen Laufwerksbuchstaben und ist somit für den Anwender und die üblichen Betriebssysteme unsichtbar. FDISK kann sie also auch nicht sehen, und wer sein Notebook komplett neu installiert hat, wird dann meist auch keine Suspend To Disk-Funktionalität mehr vorfinden.

Der Hersteller des Notebooks sollte nicht nur die Möglichkeit vorsehen, dass ein »zerschossenes« System wiederhergestellt werden kann, sondern auch die Partition für die Systemspeicherung. Leider ist dies aber selbst bei Notebook-Markenherstellern (Sony, Dell) nicht immer der Fall. Bei den relativ preisgünstigen No-Name-Modellen kommt es nicht einmal selten vor, dass nach relativ kurzer Zeit kein Akku mehr für das Notebook erhältlich ist, geschweige denn eine Speichererweiterung oder eine neue Display-Beleuchtung, weil es den Hersteller bereits nicht mehr gibt und es mit der Austauschbarkeit von Hardware unterschiedlicher Hersteller auf dem Notebook-Sektor generell nicht weit her ist.

ACHTUNG

Die Datensicherung ist bei einem Notebook noch wichtiger als bei einem Standard-PC, da bei einem Notebook eine Reihe spezieller Treiber verwendet werden, die Windows nicht standardmäßig kennt und die oftmals nur schwer zu beschaffen sind. Aus diesem Grunde ist es auch immer ein gewisses Risiko, das auf dem Notebook vorhandene Betriebssystem durch ein anderes zu ersetzen.

Die Unsitte, zum Notebook kein vollständiges, neu installierbares Betriebssystem nebst allen speziellen Treibern mitzuliefern, ist mittlerweile dank Microsoft auch bei Komplett-PCs üblich, und wer die mitgelieferte Wiederherstellungs- oder Rücksicherungs-CD auf sein System losgelassen hat, wird sich möglicherweise nicht schlecht wundern, wenn alle Installationen und Daten, die der Anwender selbst vorgenommen hat, verschwunden sind, denn es wird der Zustand der Auslieferung wiederhergestellt. Zuweilen gibt es noch nicht einmal eine CD zum Notebook, sondern die Wiederherstellungsdaten sind vom Hersteller auf der Festplatte abgelegt worden.

Wer für den Fall der Fälle vorbeugen will, sollte daher möglichst bald nach dem Kauf sein komplettes System sichern, was recht schnell und komfortabel mit dem Programm *Drive Image* der Firma *Power Quest* funktioniert, welches das komplette System in einer (optional) komprimierten) Datei speichert. Diese kann nach einem DOS-Neuboot (von Diskette) dann zurückgeschrieben werden, und das System ist wieder verfügbar. Diese Datei kann – je nach System – eine ganz beachtliche Größe aufweisen und sollte am besten auf eine CD gebrannt werden. Der Datentransport zum Brenner-PC kann im einfachsten Fall per PC-Direktverbindung über eine Standardschnittstelle (parallel, seriell) erfolgen, falls keine Netzwerkverbindung zur Verfügung steht.

In diesem Zusammenhang ist es natürlich wichtig, dass man an den Treiber für das CD-ROM-Laufwerk des Notebooks denkt, damit ein nachfolgendes Zurückspielen von CD überhaupt möglich ist. Ein Start im MS-DOS-Modus (von Windows aus) sollte die hierfür notwendigen Treiber zutage fördern, und die Anfertigung einer Startdiskette ist ohnehin eines der ersten Dinge, die man unter Windows (auf einem Notebook erst recht) durchführen sollte.

```
PHDISK 3.1s -- Phoenix NoteBIOS 4.0(tm) Save to Disk Preparation Utility
Copyright (c) Phoenix Technologies Ltd. 1995-98.  All rights reserved.

Usage:PHDISK [options]
  /CREATE (/FILE or /PARTITION) -- Create STD file or partition
  /DELETE (/FILE or /PARTITION) -- Delete existing STD file or partition
  /INFO                         -- Information on STD disk area(s)
  /REFORMAT /PARTITION          -- Reformat existing STD partition
  /RAMn                         -- Give a value of RAM to n (n:MB)
  /NOWAIT                       -- Not key input wait at time of completion
  /NOREBOOT                     -- Not Reboot at time of completion

This utility configures a hard disk to utilize the Phoenix NoteBIOS 4.0
Save to Disk feature.  Please refer to your user manual for information
regarding Save to Disk.
```

Bild 12.26: Die Erstellung der Auslagerungsdatei oder der Partition erfolgt mit dem Programm phdisk.

Einen gewissen Standard für die Erstellung einer eigenen Partition oder auch Auslagerungsdatei auf der Systempartition für die Systemspeicherung im Suspend To Disk Mode stellt das Programm *phdisk* dar, welches sich vielfach im Verzeichnis *windows-command* finden lässt, auch wenn der Notebook-Hersteller hierauf keinen Hinweis angibt. Dieses Programm stammt von der Firma Phoenix, die der bekannteste Hersteller für Notebook-BIOS-Versionen ist. Das Programm ist dabei unter DOS (Starten von Windows aus) zu verwenden und funktioniert nicht in einem Windows-Fenster. Die Größe dieser speziellen Partition entspricht üblicherweise der des Systemspeichers und ist bei einer Speichererweiterung entsprechend zu vergrößern.

TIPP

Ein Programm für die Erstellung und Verwendung einer Auslagerungsdatei oder -partition wird bei vielen Standard-PCs auf der dem Mainboard beiliegenden CD mitgeliefert, wie beispielsweise SUS2DISK (Suspend To Disk Utility), was somit auch einem üblichen PC diese nützliche Funktion zur Verfügung stellt.

Üblicherweise kann bereits die Power-Management-Software des BIOS während des *Power On Self Tests* die Auslagerungspartition überprüfen, und falls hiermit etwas nicht in Ordnung sein sollte (Partition zu klein oder beschädigt), wird eine Fehlermeldung wie *Miser partition lost, run PHDISK* ausgegeben, sodass dieses Programm dann auch als Nächstes zum Einsatz kommen sollte.

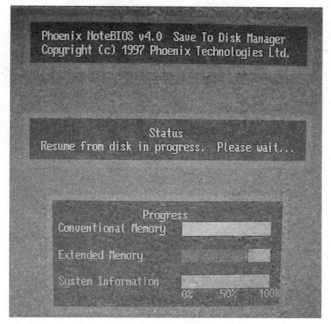

Bild 12.27: Durch die Betätigung der Power-Taste am Notebook wird der letzte Systemzustand in Sekundenschnelle wieder von der Festplatte aus hergestellt.

13 CMOS-RAM- und BIOS-Update

Ab dem AT (ab 286-CPU) werden die im BIOS-Setup vorgenommenen Einstellungen in einem RAM – dem CMOS-RAM – gespeichert. Dieser Chip ist traditionell mit einem Uhrenbaustein (Real Time Clock, RTC) in einem Gehäuse kombiniert. Im Original-IBM-AT ist dies der Typ MC146818 der Firma Motorola, der in sehr vielen Computern zu finden ist und dessen Funktion auch in den aktuellsten Chipsets nachgebildet wird.

Da der Inhalt des CMOS-RAMs nach dem Ausschalten des PC verloren gehen würde, ist ein Akku oder eine Batterieknopfzelle zur Spannungsversorgung des Chips auf dem Mainboard vorhanden.

Bild 13.1: Der Uhr-/RAM-Baustein MC146818 (hier HD146818P) benötigt zum Datenerhalt einen Akku sowie eine Ladeschaltung.

Eine Ladeschaltung sorgt bei eingeschaltetem PC für das Aufladen des Akkus. Näheres zum Akku selbst und den verschiedenen CMOS-RAM-Bausteinen findet sich im folgenden Kapitel. Das RAM verfügte ursprünglich über 50 Bytes zum Speichern der BIOS-Konfiguration und 14 Bytes für die interne Uhrenfunktion, also über eine Gesamtspeicherkapazität von 64 Bytes.

Die beiden I/O-Adressen 70h und 71h werden zur Kommunikation mit dem Baustein verwendet. Die erste Adresse stellt den so genannten *Index-Port* dar. An diese Stelle wird die gewünschte, zu selektierende Adresse des CMOS-RAMs geschrieben, während die Adresse 71h den dazugehörigen *Data Port* darstellt, also den zu schreibenden oder zu lesenden Wert.

Im Laufe der Zeit ist das CMOS-RAM in seiner Funktionalität und damit auch Kapazität erweitert worden, was jedoch von System zu System (EISA-, PS/2-, PCI-PC) und auch in Abhängigkeit vom jeweiligen Hersteller unterschiedlich ausfallen kann. Die einzelnen Bytes und deren Bedeutung, wie sie für viele unterschiedliche PC-Typen gelten, zeigt Tabelle 13.1.

Byte	Bedeutung
00h	Sekunden der Uhr, Bit 7 nur lesbar
01h	Sekunden der Alarmzeit
02h	Minuten der Uhr
03h	Minuten der Alarmzeit
04h	Stunden der Uhr: 00–23: 24 Stunden-Anzeige 01–12: AM-Anzeige 81–92: PM-Anzeige
05h	Stunden der Alarmzeit
06h	Wochentag (01 = Sonntag)
07h	Tag des Monats (01–31)
08h	Monat (01–12)
09h	Jahr (00–99)
0Ah	Statusregister A: Bit 7: Time Update (nur lesbar) Bit 6–4: Time Base (010b = 32,755 kHz) Bit 3–0: Interrupt Rate Selection 0000b: keine 0011b: 122 µs 0110b: 976,56 µs 1111b: 500 µs
0Bh	Statusregister B: Bit 7: Cycle Update Enable (1) Bit 6: Periodic Interrupt Enable (1) Bit 5: Alarm Interrupt Enable (1) Bit 4: Update Ended Interrupt Enable (1) Bit 3: Square Wave Output Enable (1) Bit 2: Data Mode, 0: BCD, 1: binär (1) Bit 1: 24/12 Hour Selection, 1: 24h (1) Bit 0: Daylight Saving Enable (1)
0Ch	Statusregister C (nur lesbar): Bit 7: Interrupt Request Flag (IRQ8) Bit 6: Periodic Interrupt Flag Bit 5: Alarm Interrupt Flag Bit 4: Update Ended Flag

Tab. 13.1: Die Register des CMOS-RAMs und der Echtzeituhr

Byte	Bedeutung
0Dh	Statusregister D (nur lesbar): Bit 7: Battery Good Status (1)
0Eh	Diagnostic Status Byte
0Fh	Reset Code
10h	Diskettenlaufwerke: Bit 7–4: erstes Laufwerk Bit 3–0: zweites Laufwerk 0h: kein LW 1h: 360 kB, 5,25« 2h: 1,2 MB, 5,25« 3h: 720 kB, 3,5« 4h: 1,44 MB, 3,5« 5h: 2,88 MB, 3,5«
11h	Reserviert (PS/2) oder AMI-BIOS: Keyboard Typematic Data Bit 7: 1-Enable Typematic Bit 6–5: Typematic Delay 00b: 250ms 01b: 500 ms 10b: 750 ms 11b: 100 ms Bit 4–0: Typematic Rate 00000b: 300 char/s -11111b: 20 char/s
12h	Festplattendaten: Bit 7–4: erste Festplatte Bit 3–0: zweite Festplatte 00h: keine 01–0Eh: Type 1–14 0Fh: Type 16–255
13h	Reserviert (PS/2) oder AMI-BIOS: Advanced Setup Bit 7: Mouse Enabled Bit 6: Memory Test > 1MB Bit 5: Clicks during Memory Test Enable Bit 4: Enable Memory Parity Check Bit 3: Display KEY FOR SETUP Bit 2: User Data (IDE) at Memory Top Bit 1: F1 Key pressed on Boot Error

Tab. 13.1: Die Register des CMOS-RAMs und der Echtzeituhr (Forts.)

Byte	Bedeutung
14h	Geräte-Byte: Bit 7–6: Anzahl der Diskettenlaufwerke 00b: 1 LW 01b: 2 LW 10b: 3 LW (nicht immer) 11b: 4 LW (nicht immer) Bit 5–4: Grafikkartentyp 00h: EGA, VGA 01b: 40 x 25 CGA 10b: 80 x 25 CGA 11b: MDA Bit 3: Display Enabled Bit 2: Keyboard Enabled Bit 1: Coprozessor Enabled Bit 0: Diskettenlaufwerke Enabled
15h	Base Memory Size Low Byte in kByte
16h	Base Memory Size High Byte in kByte
17h	Extended Memory Size Low Byte in kByte
18h	Extended Memory Size High Byte in kByte
19h	Erster Festplattentyp (Extended) 0–Fh: nicht verwendet 10–FFh: Type 16–255 oder MCA-Slot 1 ID (PS/2)
1Ah	Zweiter Festplattentyp (Extended) 0–Fh: nicht verwendet 10–FFh: Type 16–255 oder MCA-Slot 0 Adapter ID (PS/2)
1Bh	Erste Festplatte Type 47 (LSB), Zylinder oder MCA-Slot 1 Adapter ID (PS/2)
1Ch	Erste Festplatte Type 47 (MSB), Zylinder oder MCA-Slot 1 Adapter ID (PS/2)
1Dh	Erste Festplatte Type, Kopfanzahl oder MCA-Slot 2 Adapter ID (PS/2)
1Eh	Erste Festplatte Type 47, Write Precompensation (LSB) oder MCA-Slot 2 Adapter ID (PS/2)

Tab. 13.1: Die Register des CMOS-RAMs und der Echtzeituhr (Forts.)

Byte	Bedeutung
1Fh	Erste Festplatte Type 47, Write Precompensation (MSB)
	oder MCA-Slot 2 Adapter ID (PS/2)
20h	Erste Festplatte Typ 47, Control Byte Bit 7–6: immer 1 Bit 5: Bad Sector Map Bit 4: immer 0 Bit 3: mehr als 8 Köpfe Bit 2–0: immer 0
	oder Phoenix-BIOS: erste Festplatte Typ 48, Zylinder (LSB)
	oder MCA-Slot 3 Adapter ID (PS/2)
21h	AMI-BIOS: erste Festplatte Type 47, Landing Zone (LSB)
	oder PHOENIX-BIOS: erste Festplatte Typ 48, Zylinder (MSB)
	oder POS Byte 2 (PS/2)
22h	AMI-BIOS: erste Festplatte Type 47, Landing Zone (MSB)
	oder PHOENIX-BIOS: erste Festplatte Typ 48, Kopfanzahl
	oder POS Byte 3 (PS/2)
23h	AMI-BIOS: erste Festplatte Type 47, Anzahl Sectors per Track
	oder PHOENIX-BIOS: erste Festplatte Typ 48, Write Precompensation (LSB)
	oder POS Byte 4 (PS/2)
24h	AMI-BIOS: zweite Festplatte Type 47, Zylinderanzahl (LSB)
	oder PHOENIX-BIOS: erste Festplatte Typ 48, Write Precompensation (MSB)
	oder POS Byte 5 (PS/2)
25h	AMI-BIOS: zweite Festplatte Type 47, Zylinderanzahl (MSB)
	oder PHOENIX-BIOS: erste Festplatte Typ 48, Parking Zone (LSB)
26h	AMI-BIOS: zweite Festplatte Type 47, Kopfanzahl
	oder PHOENIX-BIOS: erste Festplatte Typ 48, Parking Zone (MSB)
27h	AMI-BIOS: zweite Festplatte Type 47, Write Precompensation (LSB)
	oder PHOENIX-BIOS: erste Festplatte Typ 48, Sectors per Track
28h	AMI-BIOS: zweite Festplatte Type 47, Write Precompensation (MSB)
29h	AMI-BIOS: zweite Festplatte Type 47, Control Byte

Tab. 13.1: **Die Register des CMOS-RAMs und der Echtzeituhr (Forts.)**

Byte	Bedeutung
2Ah	AMI-BIOS: zweite Festplatte Type 47, Landing Zone (LSB)
2Bh	AMI-BIOS: zweite Festplatte Type 47, Landing Zone (MSB)
2Ch	AMI-BIOS: zweite Festplatte Type 47, Sectors per Track
2Dh	AMI-BIOS: Configuration Options Bit 7: Weitek Coprocessor installed (1) Bit 6: Floppy Drive Seek Bit 5: Boot Order, 0: C dann A 1: A dann C Bit 4: Boot Speed, 0: Low, 1: High Bit 3: External Cache Enable (1) Bit 2: Internal Cache Enable (1) Bit 1 Fast Gate A20 after Boot (1) Bit 0: Turbo Switch On (1)
2Eh	Standard CMOS Checksum (MSB)
2Fh	Standard CMOS Checksum (LSB)
30h	Extended Memory Size in kByte (LSB), (festgestellt durch POST)
31h	Extended Memory Size in kByte (MSB), (festgestellt durch POST)
32h	Jahrhundert (Uhr) in BCD (19) oder Configuration CRC (LSB), PS/2
33h	Information Flag oder Configuration CRC (MSB), PS/2
34h	AMI-BIOS: Shadow RAM & Password Bit 7–6: Password 00b: Disable 01b: Enable 10b: reserviert 11b: On Boot Bit 5: C8000 Shadow (1) Bit 4: CC000 Shadow (1) Bit 3: D0000 Shadow (1) Bit 2: D4000 Shadow (1) Bit 1: D8000 Shadow (1) Bit 0: DC000 Shadow (1)

Tab. 13.1: Die Register des CMOS-RAMs und der Echtzeituhr (Forts.)

Byte	Bedeutung
35h	AMI-BIOS: Shadow RAM Bit 7: E0000 Shadow (1) Bit 6: E4000 Shadow (1) Bit 5: E8000 Shadow (1) Bit 4: EC000 Shadow (1) Bit 3: F0000 Shadow (1) Bit 2: C0000 Shadow (1) Bit 1: C4000 Shadow (1) Bit 0: reserviert oder Phoenix-BIOS: zweite Festplatte Typ 48, Zylinderanzahl (LSB)
36h	Phoenix-BIOS: zweite Festplatte Typ 48, Zylinderanzahl (MSB)
37h	Phoenix-BIOS: zweite Festplatte Typ 48, Kopfanzahl oder Jahrhundert (Uhr), PS/2
38h-3Dh	AMI-BIOS: verschlüsseltes Passwort
38h	Phoenix-BIOS: zweite Festplatte Typ 48, Write Precompensation (LSB)
39h	Phoenix-BIOS: zweite Festplatte Typ 48, Write Precompensation (MSB)
3Ah	Phoenix-BIOS: zweite Festplatte Typ 48, Parking Zone (LSB)
3Bh	Phoenix-BIOS: zweite Festplatte Typ 48, Parking Zone (MSB)
3Ch	Phoenix-BIOS: zweite Festplatte Typ 48, Sectors per Track
3Eh	AMI-BIOS: Extended CMOS Checksum (MSB)
3Fh	AMI-BIOS: Extended CMOS Checksum (LSB)
40h	Reserviert, Modell Number Byte
41h	Erstes Byte der Serial Number oder bei älteren Versionen (z.B. AMI-HiFlex): Bit 7–6: IOR/IOW Wait States Bit 5–4: 16 Bit DMA Wait States Bit 3–2: 8 Bit DMA Wait States Bit 1: EMR Bit Bit 0: DMA Clock Source
42h-43h	Zweites und drittes Byte der Serial Number oder bei älteren Versionen (z.B. AMI-HiFlex): reserviert
44h	Viertes Byte der Serial Number oder bei älteren Versionen: Bit 4: NMI Power Fail Bit 3: NMI Local Timeout

Tab. 13.1: Die Register des CMOS-RAMs und der Echtzeituhr (Forts.)

Byte	Bedeutung
45h	Fünftes Byte der Serial Number oder bei älteren Versionen: Bit 7–6: AT Bus 32 Bit Delay Bit 5–4: AT Bus 16 Bit Delay Bit 3–2: AT Bus 8 Bit Delay Bit 1–0: AT Bus I/O Delay
46h	Sechstes Byte der Serial Number oder bei älteren Versionen: Bit 7–6: AT Bus 32 Bit Wait States Bit 5–4: AT Bus 16 Bit Wait States Bit 3–2: AT Bus 8 Bit Wait States Bit 1–0: AT Bus Clock Source
47h	Checksumme (CRC-Byte)
48h	Jahrhundert-Byte
49h	Date Alarm
4Ah	Extended Control Register 4A
4Bh	Extended Control Register 4B
4Ch-4Dh	Reserviert
4Eh	RTC Address 2
4Fh	RTC Address 3
50h	Extended RAM Address (MSB)
51h	Extended RAM Address (MSB) oder bei älteren Versionen (z.B. AMI-HiFlex): Bit 7: Bank 0/1 RAS Precharge Bit 6: Bank 0/1 Access Wait States Bit 7: Bank 0/1 Wait States
52h	Reserviert
53h	Extended RAM Data Port oder bei älteren Versionen: Bit 7: Bank 2/3 RAS Precharge Bit 6: Bank 2/3 Access Wait States Bit 7: Bank 2/3 Wait States
54h-5Dh	Reserviert
5Eh	RTC Write Counter
5Fh-7Fh	Reserviert

Tab. 13.1: Die Register des CMOS-RAMs und der Echtzeituhr (Forts.)

Aktuelle CMOS-RAM-Versionen verfügen üblicherweise über einen gesamten Speicherbereich von 256 Byte, der sich wie folgt aufteilt:

- 00h–0Fh: Daten der Real Time Clock, 16 Bytes
- 10h–2Fh: ISA-Konfigurationsdaten (Legacy Devices), 32 Bytes
- 30h–3Fh: BIOS-spezifische Daten, 16 Bytes
- 40h–7Fh: Extended CMOS-Data, 64 Bytes
- 80h–FFh: Extended System Configuration Data (ESCD)

13.1 CMOS-RAM-Bausteine und Akkus

Wichtig für den Datenerhalt des CMOS-RAMs ist seine einwandfreie *Pufferung*, während der PC ausgeschaltet ist, also die Spannungsversorgung des Chips, für die ein Akku oder auch eine Batterie vorgesehen ist. In Bild 13.1 ist der dazugehörige Akku zu erkennen, der bei älteren Mainboards meist leicht zu finden ist, weil er mit einer hellblauen Ummantelung versehen ist.

Die Spannung des Akkus oder der Batterie muss mindestens 3V (typisch bis 3,6V) betragen, damit der Inhalt des CMOS-RAMs nicht verloren geht, was durchaus vorkommt, wenn der PC über längere Zeit nicht eingeschaltet wurde und der Akku bereits etwas altersschwach ist. In diesem Fall sind die Einstellungen, die im BIOS-Setup vorgenommen wurden, auf die Default-Werte (Voreinstellungen) zurückgesetzt worden, und die Uhr funktioniert ebenfalls nicht korrekt.

Hat der Computer einmal sein Gedächtnis verloren und ist ein neuer BIOS-Setup durchzuführen, deutet dies auf einen mittlerweile gealterten Akku oder auch einen Fehler in der Ladeschaltung hin. Vielfach ist ein »müder« Akku unmittelbar zu erkennen, wenn sich beispielsweise an den Polen Kristalle gebildet haben oder sie auch grün/blau angelaufen sind. Ein eindeutiges Indiz für einen defekten Akku ist dies allerdings nicht, gleichwohl sollten die Kontakte von den Verschmutzungen befreit werden, wozu man am besten etwas Kontaktspray und ein Wattestäbchen o. Ä. verwendet.

Die Überprüfung des Akkus kann leicht mit einem Voltmeter vorgenommen werden; die beiden Pole sind entsprechend mit »+« und »–« beschriftet. Die Spannungsmessung muss aber bei ausgeschaltetem PC durchgeführt werden, denn andernfalls würde der Akku durch das PC-Netzteil (über das Mainboard) gespeist werden, und man misst die Ladespannung und nicht die des Akkus selbst.

Stellt man fest, dass der Akku tatsächlich eine zu geringe Spannung aufweist, kann man ihn relativ einfach ersetzen. Er ist in Elektronikläden wie beispielsweise Conrad Elektronik erhältlich. Ein geübter »Löter« mag sich nicht scheuen, auf dem Mainboard herumzulöten und den defekten Akku herauszuhebeln, doch davor sei gewarnt, denn ein Mainboard ist in Mehrlagentechnik ausgeführt (Multilayer, die Leiterbahnen befinden sich nicht nur auf den beiden Platinenseiten, sondern auch übereinander in mehreren Lagen, typischerweise 4-fach-Multilayer). Sehr leicht könnten bei dieser Prozedur darunter liegende Leiterbahnen beschädigt werden, und das Mainboard wäre damit unwiederbringlich defekt.

Besser ist es, die Kontakte, die auf dem Mainboard festgelötet sind, nicht anzugehen, sondern sie stehen zu lassen und den Akku einfach mit einem Seitenschneider abzukneifen. Auf diese beiden Kontakte lötet man den neuen Akku einfach auf, wobei natürlich unbedingt die richtige Polung beachtet werden muss.

Falls der Ersatz des Akkus (längerfristig gesehen) nicht zum Erfolg geführt hat und der PC immer noch sein »Gedächtnis verliert«, liegt vermutlich ein Fehler in der Ladeschaltung vor. Hier sollte sich nur ein geübter Bastler heranwagen, wobei meist eine defekte Diode oder ein Kondensator, die sich in unmittelbarer Nähe des Akkus befinden, die »Übeltäter« sind.

Nicht immer befindet sich auf dem Mainboard ein Akku für das CMOS-RAM, sondern es kann durchaus auch eine Batterie (Lithium) zum Einsatz kommen, die oftmals im Gehäuse mit Klettband festgeklebt ist. Das Ersetzen der Batterie lässt sich dann sehr einfach ohne »Löterei« durchführen.

Bild 13.2: Bei diesem Mainboard wird kein Akku, sondern eine Batterie zur »Pufferung« des CMOS-RAMs verwendet. Im Fehlerfall ist sie problemlos auszutauschen.

Für den Uhr/RAM-Baustein MC146818 werden noch einige externe Bauelemente benötigt: ein Quarz, der den Takt für die Uhr erzeugt, und die Bauelemente für die erwähnte Ladeschaltung sowie der Akku. Aus diesem Grund ist dieser Baustein schon seit längerer Zeit nicht mehr auf Mainboards zu finden, sondern der Typ DS1287 der Firma Dallas oder auch ein ähnlicher, wie der DS12886, der DS12887, der Bq328MT der Firma Benchmarq oder auch der ODIN OEC12C887(A), um nur die gebräuchlichsten Typen zu nennen.

Diese Chips beinhalten eine Batterie, die für einen Datenerhalt von mindestens zehn Jahren sorgt. Sie benötigen keine externen Bauelemente und verfügen prinzipiell über die gleichen Funktionen wie der MC146818.

Kapitel 13 · CMOS-RAM- und BIOS-Update

Wie erwähnt, ist die Funktionalität des CMOS-RAMs im Laufe der Zeit erweitert worden, und es hängt somit vom Mainboard-Typ und auch der BIOS-Version ab, welcher der genannten Bausteine verwendet wird, die nicht immer untereinander kompatibel sind.

Dallas	Benchmarq	Odin
DS1287	-	-
DS1287A	-	-
DS12887	bq3287MT	OEC12C887
DS12887A	bq3287AMT	OEC12C887A

Tab. 13.2: Die CMOS-RAM-Bausteine für die Speicherung des BIOS-Setups mit interner Echtzeituhr und Batterie

Der Nachteil dieser Bausteine besteht darin, dass man bei einem vermeintlichen Batterieproblem im Prinzip gleich das komplette Mainboard »abschreiben« kann. Einige Typen lassen sich allerdings öffnen, sodass die Batterie ausgetauscht werden kann. Falls man das Gehäuse nicht mit einem Schraubendreher – ohne größere Gewalt – aufhebeln kann, hat man leider Pech gehabt und muss sich einen neuen Chip besorgen, was eine beschwerliche Angelegenheit sein kann, denn er ist – wenn überhaupt – nur bei den offiziellen Distributoren der jeweiligen Firmen (Dallas, Benchmarq, ODIN) erhältlich und meist nicht beim Mainboard-Hersteller.

Bild 13.3: Dieser Baustein enthält das CMOS-RAM, die Uhr und auch die Batterie. Auf dem Mainboard ist daher keine weitere Peripherie für diesen Chip nötig.

Auf den meisten neuen Mainboards wird man allerdings keinen speziellen Baustein als CMOS/Clock-Chip entdecken können. In diesem Fall ist er im Chipsatz selbst integriert, wie beispielsweise im PIIX4 (Chip 82371, PCI-ISA-Bridge). Im PIIX4 sind neben dem CMOS-RAM (256 Byte) und der Real Time Clock zahlreiche weitere Elemente enthalten, wie beispielsweise die beiden DMA- (8237) und Interrupt-Controller (8259) sowie der Timer (8254), zwei USB-Ports und ein EIDE-Controller für Festplatten.

Zum Erhalt der Dateninformation (BIOS-Setup) wird bei diesen Boards kein Akku, sondern eine (etwas größere) Knopfzellenbatterie verwendet, die eine Spannung von typisch 3V liefert. Als Lebensdauer werden hierfür drei Jahre angegeben; meist findet sich allerdings überhaupt keine Angabe im Manual zum Mainboard, und spätestens dann ist auch ein Austausch der Zelle nötig, wenn man BIOS-Setup-Speicherproblemen aus dem Weg gehen will.

Bild 13.4: Bei neueren Mainboards wird für die »Pufferung« des CMOS-RAMs, welches sich in der Southbridge befindet, oftmals eine Knopfzellenbatterie verwendet.

13.2 Löschen des Passworts und des kompletten CMOS-RAMs

In einigen Fällen ist es nötig, das CMOS-RAM zu löschen, wofür es im Wesentlichen zwei Gründe gibt:

- Der PC ist im BIOS-Setup aus irgendeinem Grund völlig »verkonfiguriert« worden und startet nicht mehr korrekt.
- Man hat das Passwort vergessen, kann daher den PC nicht starten und kommt auch nicht an den BIOS-Setup heran.

Der erste Fall tritt in der Praxis seltener auf und ist eher bei nicht ausgereiften BIOS-Versionen möglich. Gleichwohl kommt er vor und stellt sich als sehr ärgerlich dar, denn der PC ist nicht mehr einzusetzen, was auch auf den zweiten Fall zutrifft. Die Lösung des Problems ist in beiden Fällen gleich: Das CMOS-RAM muss gelöscht werden.

Der PC kann vielfach mit einem Passwort geschützt werden, was meist über den Punkt *Password Setting* im BIOS-Setup erfolgt. Des Weiteren kann unter *Security Option* oder einem ähnlich lautenden BIOS-Setup-Eintrag festgelegt werden, ob eine Passwortabfrage bei jedem Booten (System) oder nur beim Aufruf des BIOS-Setups (Setup) erfolgen soll. Diese *Security Option* ist der einfachste Weg, den PC vor fremden Zugriffen zu schützen.

Allerdings hat es auch schon »liebe Kollegen« gegeben, die nur so aus Spaß ein PC-Passwort festgelegt haben – welches man natürlich nicht kennt –, oder man hat ein gebrauchtes Mainboard mit aktiviertem Passwort erworben oder man hat es auch schlicht einfach vergessen, was schon mal vorkommt, wenn das Passwort nur für den BIOS-Setup aktiviert worden ist.

13.2.1 Löschen des Passworts

Falls es allein darum geht, das Passwort zu verändern, damit man (wieder) an den PC herankommt, könnten zunächst die vom BIOS-Hersteller vorgesehenen Default-Passwords ausprobiert werden. Diese Passwörter können gewissermaßen als Generalpasswörter angesehen werden, was bedeutet, dass sie auch dann funktionieren, wenn der Anwender ein ganz anderes Passwort festgelegt hat, was aber nicht allgemein gilt. Diese Default-Passwörter können möglicherweise auch nur dann aktiv sein, wenn im BIOS-Setup zwar *Password Enable* aktiviert, aber kein neues eingegeben worden ist. Die bekanntesten *Default Passwords* sind in Tabelle 13.3 angegeben, wobei die Groß- und Kleinschreibung und auch die englisch/amerikanische Tastenbelegung zu beachten ist.

Auf einigen Mainboards gibt es einen Jumper mit einer Bezeichnung wie *Clear Password*, und wenn der Jumper (für einige Minuten) in die entsprechende Position gesetzt wird, wird nur das Passwort und nicht der komplette CMOS-RAM-Inhalt (siehe folgendes Kapitel) gelöscht.

Beim Award-BIOS wird nicht direkt das Passwort abgespeichert, sondern lediglich eine 2-Byte-Prüfsumme, und aus diesem Grunde sind prinzipiell mehrere Möglichkeiten gegeben, bei denen die Eingabe als gültiges Passwort interpretiert wird.

Das BIOS ermittelt beim Boot eine Prüfsumme über die Daten im CMOS-RAM und vergleicht diese mit der im CMOS-RAM abgelegten Checksumme (2E, 2F, siehe Tabelle 13.1). Falls diese Werte nicht übereinstimmen, werden automatisch die BIOS-Default-Daten ohne Passwort geladen. Demnach kann einfach ein beliebiges Byte in das CMOS-RAM geschrieben werden, um diesen Effekt auszulösen, was natürlich nur dann funktionieren kann, wenn der PC bootet, das Passwort also nur für den BIOS-Setup festgelegt wurde. Eine Veränderung der CMOS-RAM-Checksumme kann mit dem DOS-Programm DEBUG beispielsweise wie folgt ausgeführt werden:

```
debug
o 70, 2E
o 71, 0
q
```

Ein weiteres Verfahren, welches nach dem gleichen Prinzip (Checksumme stimmt nicht) ausprobiert werden kann, beruht darauf, dass die aktuelle Hardware-Konfiguration verändert wird. Beispielsweise entfernt man ein Speichermodul, und beim erneuten Hochlaufen des PC erscheint die Meldung *CMOS Mismatch – Press F1 for Setup*, wodurch man bei einigen Versionen auch ohne Passwortabfrage in den Setup gelangt und das Passwort abschalten (Disabled) kann. Dieses Verfahren funktioniert nicht bei allen PCs, oftmals aber bei PCs mit einem AMI-BIOS.

Allgemein	Phoenix	AMI	Award
aLLy	BIOS	A.M.I	aLLy
awkaward	CMOS	ami	ALFAROME
BIOSTAR	phoenix	AMI	Award
CONDO	PHOENIX	AMI?PW	AWARD
HLT		AMI?SW	AWARD SW
lkwpeter		AMI_SW	AWARD?SW
LKWPETER		AMIBIOS	AWARD_PS
SER		BIOS	AWARD_PW
setup		HEWITT RAND	AWARD_SW
SKY_FOX		LKWPETER	awkward
Sxyz		PASSWORD	BIOSTAR
SZYX			BIOSTAR
Wodj			j256
Achtung: Groß- und Kleinschreibung und englisch/amerikanische Tastenbelegung beachten! (siehe Kapitel 3.1)			j262
			J256
			J262
			J64
			Q_127&z
			589589
			589721

Tab. 13.3: Bekannte Default-Passwords

Alternativ kann auch ein Programm wie KILLCMOS verwendet werden, welches sich neben weiteren Programmen auf der beiliegenden CD befindet. Dieses Programm ist, wie auch die manuelle Veränderung mit DEBUG, natürlich nicht ungefährlich (möglicherweise erneute Eingabe der Setup-Parameter), es funktioniert leider auch nicht mit allen Mainboards und ist gewissermaßen nur für den absoluten Notfall vorgesehen.

13.2.2 Löschen des kompletten CMOS-RAM-Inhalts

Das Passwort löscht man mit Sicherheit, wenn gleich der komplette Inhalt des CMOS-RAMs gelöscht wird. Hierfür ist auf einigen Mainboards ein spezieller Jumper vorgesehen, und wenn dieser für einige Zeit von der Position *Normal* in die Position *Discharge* oder *Clear* gebracht wird, wird der gesamte CMOS-RAM-Inhalt auf die Standardwerte zurückgesetzt. Es ist keine Seltenheit, dass der Jumper bis zu 30 Minuten in der Discharge-Stellung stecken muss, bis das CMOS-RAM sein Gedächtnis verloren hat, und es auch schon Fälle gegeben hat, wo es mehrere Tage gedauert hat. Bei einigen Mainboards (siehe Bild 13.5) gibt es auch nur eine Stellung, d.h., der Jumper ist nur zu stecken und nicht umzustecken. Nach dieser Prozedur ist der Jumper natürlich wieder zu entfernen bzw. in die Ursprungsstellung zu bringen.

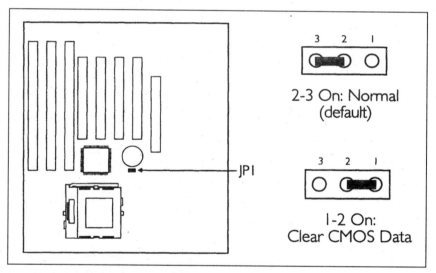

Bild 13.5: Bei diesem Mainboard wird der Jumper JP1 umgesetzt, woraufhin das CMOS-RAM gelöscht wird.

Es kommt jedoch auch vor, dass kein entsprechender Jumper auf dem Mainboard vorgesehen ist, was das Löschen des Passworts erschweren kann. Wird das CMOS-RAM in diesem Fall von einem externen Akku gespeist, wird dieser einfach vom Anschluss des Mainboards abgezogen. Entsprechendes gilt für Mainboards, die mit einer Batterie (Knopfzelle) arbeiten.

Es ist ebenfalls möglich, dass der Akku auf das Mainboard gelötet ist. In diesen Fall kneift man einen Kontakt ab und lötet ihn nach einiger Zeit wieder an. Auch dabei muss man eine Weile abwarten (Stunden?), und wer diese Prozedur bei abgehängter Batterie – und natürlich bei ausgeschaltem PC – beschleunigen will, verbindet den Power- mit dem Masseanschluss des Chips über einen 10 kOhm-Widerstand auf dem Mainboard. Bei welchen Bausteinen dies funktioniert und welche Pins zu überbrücken sind, ist in Tabelle 13.4 angegeben.

Firma	Typ	Pins kurzschließen
Benchmarq	BQ3258S	12 + 20
Benchmarq	BQ3287AMT	12 + 21
C&T	P82C206	12 + 32
Dallas	DS12885S	12 + 20
Hitachi	HD146818AP	12 + 24
Motorola	MC146818AP	12 + 24
OPTI	F82C206	3 + 26
Samsung	KS82C6818A	12 + 24

Tab. 13.4: Bei abgetrennter Batterie bzw. bei abgetrenntem Akku können diese Pins mithilfe eines Widerstandes überbrückt werden, damit der Chip endlich sein Gedächtnis verliert.

Falls ein Baustein wie der *Dallas DS12887* auf dem Mainboard vorhanden ist, greift keine dieser Methoden, denn die Batterie befindet sich – wie im vorherigen Kapitel erläutert – im Baustein selbst und kann meist nicht herausgenommen werden. Die Typen mit einem A in der Bauteilbezeichnung (siehe Tabelle 13.2) besitzen allerdings einen RAM-Clear-Anschluss am Pin 21, der auf Masse gelegt werden kann, wodurch der RAM-Inhalt dann gelöscht ist. Diese Prozedur führt man am besten mit ausgebautem Baustein aus, falls er sich in einem Sockel befindet und sich somit vom Mainboard entfernen lässt.

Nach dem Löschen des CMOS-RAMs muss man sich die Mühe machen, alle vorherigen Eintragungen wieder im BIOS-Setup einzugeben, oder es wird zuvor ein entsprechendes Tool (auf beiliegender CD) eingesetzt, das ermöglicht, die festgelegten BIOS-Setup-Parameter abzuspeichern und auch wieder zu laden.

13.3 BIOS-Speicherchips

In jedem PC befinden sich ein oder mehrere ROMs (bis zu vier auf einigen älteren Boards), die die grundlegende Software für die Kommunikation des Betriebssystems mit der Hardware enthalten: das BIOS. Der Inhalt der ROMs ist nicht veränderbar. Wird einmal eine neue Version benötigt, die beispielsweise neuere Laufwerke unterstützt, müssen die

Bausteine ausgetauscht werden. Befinden sich zwei ROMs im System, ist das eine meist mit EVEN oder LOW und das andere mit ODD oder HIGH bezeichnet.

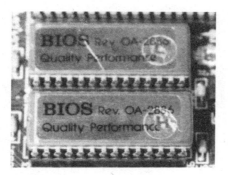

Bild 13.6: Bei älteren Mainboards befindet sich das BIOS in zwei Speicherbausteinen, deren Inhalt sich nicht vom Anwender verändern lässt.

Das EVEN-ROM wird mit den geraden Adressen (den unteren) und das ODD-ROM mit den ungeraden Adressen des Mikroprozessors angesteuert. Neuere Mainboards verwenden üblicherweise nur einen einzigen Speicherbaustein für das BIOS, der über einen 8-Bit-Bus, der auch als X-Bus oder *Peripheral Bus* bezeichnet wird, an die Southbridge angeschlossen ist. Bei älteren Mainboards findet eine 16- (zwei ROMs) oder sogar eine 32-Bit breite (vier ROMs) Verbindung mit dem Systembus statt, was seit den PCI-Designs aber in dieser Form nicht mehr praktiziert wird. Vielmehr ist man gewissermaßen zur traditionellen 8-Bit breiten BIOS-Chip-Anbindung zurückgekehrt, weil die BIOS-Routinen bei aktuellen Betriebsystemen ohnehin nur für die Initialisierung und den Boot benötigt werden.

Auf den Mainboards befindet sich heutzutage ein einziges *EEPROM* (Electrically Erasable Programmable Read Only Memory) oder ein Flash-Speicher; beide Typen sind elektrisch löschbar. Die »normalen« ROMs sind demgegenüber nicht löschbar, da das Programm praktisch in den Chip »eingebrannt« ist. Die elektrisch löschbaren Speicherbausteine kann man sich vereinfacht gesehen als Kombination aus einem RAM, welches sowohl gelesen als auch beschrieben werden kann, und einem Nur-Lese-Speicher (ROM) vorstellen, dessen Inhalt demnach nach dem Abschalten der Versorgungsspannung erhalten bleibt.

Mithilfe von UV-Licht eines speziellen Löschgerätes sind hingegen die EPROMs löschbar, die ein Fenster besitzen, welches meist mit dem BIOS-Aufkleber (siehe Bild 13.6) zugedeckt ist, und ebenfalls als BIOS-Speicherbausteine verwendet werden. Letzteres trifft jedoch nur für ältere Mainboards zu, denn die Flash-Memories enthalten außerdem Plug&Play-Informationen, die vom System automatisch aktualisiert werden, was bei der Verwendung von PROMs oder EPROMs nicht möglich ist.

Aus diesem Grund lässt sich zwar der Inhalt eines Flash-Speichers – per speziellem Programmiergerät – prinzipiell auch in ein EPROM programmieren, allerdings wird nachfolgend der Plug&Play-Mechanismus nicht korrekt funktionieren. Wenn sich ein BIOS während der Initialisierung des PC als Plug&Play-Version zu erkennen gibt, kann man mit Sicherheit davon ausgehen, dass ein Flash-Speicher auf dem Mainboard für das BIOS verwendet wird.

Die Flash-Speicher sind eine Weiterentwicklung der EEPROMs und verwenden daher im Prinzip auch die gleiche Technologie. Die zusätzliche Dekodierlogik, mit der sich der Inhalt blockweise und nicht immer nur komplett ändern lässt (wie z.B. bei EPROMs), ein Zustandsautomat (State Machine) für die Programmierung und Ladungspumpen für die Erzeugung der Programmierspannung sind in einem EEPROM teilweise und bei einem Flash-Speicher komplett im Baustein selbst integriert. Die EEPROMs benötigen daher – je nach Typ – ein wenig Zusatzlogik, die auf dem Mainboard realisiert ist, während Flash-Memories ohne diese auskommen. Wie Bild 13.7 zeigt, verfügen die Flash-Speicher über unterschiedliche Bauformen, wobei der oberste Baustein sich in einer Fassung befindet, was im Notfall (defektes BIOS) ganz nützlich sein kann, da der Chip dann austauschbar ist.

Bild 13.7: Verschiedene Bauformen von Flash-Speichern, die das BIOS enthalten

Ob sich auf dem Mainboard ein EEPROM oder ein Flash-Speicherbaustein befindet, ist daher für ein BIOS-Update (siehe Kapitel 13.6) im Prinzip nicht weiter von Bedeutung. Wichtig ist jedoch – neben der Unterstützung durch ein geeignetes Writer-Programm – die Programmierspannung, die entweder 12V oder 5V beträgt, was vom jeweiligen Bausteintyp abhängig ist. Tabelle 13.5 zeigt eine Reihe verschiedener EEPROM- und Flash-Typen mit den jeweils definierten Programmierspannungen, wobei eigentlich alle neueren mit 5V arbeiten.

Hersteller	Typ	Programmierspannung
AMD	Am28F010	12V
AMD	Am28F010A	12V
AMD	Am29F010	5V
Atmel	AT28C010	5V
Atmel	AT28MC010	5V
Atmel	AT29CC010	5V
Atmel	AT29LC010	5V
Catalyst	CAT28F010	12V
Catalyst	CAT28F010V5	5V
Fujitsu	28F010	12V
Hitachi	HN28F101	12V
Hitachi	HN29C010	12V
Hitachi	HN29C010B	12 V
Hitachi	HN58C1000	5V
Hitachi	HN58C1001	12V
Hitachi	HN58V1001	12V
INTEL	A28F010	12V
INTEL	28F001BX-B	12V
INTEL	28F001BX-T	12V
INTEL	28F010	12V
Mitsubishi	M5M28F101FP	12V
Mitsubishi	M5M28F101P	12V
Mitsubishi	M5M28F101RV	12V
Mitsubishi	M5M28F101VP	12V
SEEQ	DQ28C010	5V
SEEQ	DQM28C010	5V

Tab. 13.5: Wiederbeschreibbare Speichertypen, wie sie auf Mainboards für das BIOS zum Einsatz kommen.

Hersteller	Typ	Programmierspannung
SEEQ	DQ28C010A	5V
SEEQ	DQ47F010	12V
SEEQ	DQ48F010	12V
SGS Thomson	M28F010	12V
SGS Thomson	M28F1001	12V
Texas Instruments	TMS28F010	12V
Texas Instruments	TMS29F010	5V
Winbond	W27F010	12V
Winbond	W29EE011	5V
XICOR	X28C010	5V
XICOR	XM28C010	5V

Tab. 13.5: Wiederbeschreibbare Speichertypen, wie sie auf Mainboards für das BIOS zum Einsatz kommen. (Forts.)

Vielfach unterstützt ein Mainboard nur einen bestimmten wiederbeschreibbaren Speichertypen für das BIOS und damit entweder nur 5V oder nur 12V. Es gibt jedoch auch Ausnahmen, und dann findet sich auf dem Mainboard ein Jumper, der mit *Flash ROM Voltage Selector* oder ähnlich bezeichnet ist und – je nach Stellung – beide Programmierspannungen zur Verfügung stellen kann.

Ein Flash-PROM ist intern in Blöcke aufgeteilt, die je nach Hersteller eine unterschiedliche Größe aufweisen können. Für ein BIOS macht man sich diesen Umstand zunutze und teilt die BIOS-Software ebenfalls in Blöcke auf. Wie dies beispielsweise bei einem Standardtyp wie dem 28F001BX-T der Firma Intel aussehen kann, ist in Tabelle 13.6 angegeben.

Adressen/Hex	Größe	Anwendung
FE000-FFFFF	8 kByte	Boot-Block
FD000-FDFFF	4 kByte	Plug&Play-Speicherbereich, ESCD
EC000-FCFFF	4 kByte	OEM-Logo für Anzeige
E0000-FBFFF	112 kByte	System-BIOS

Tab. 13.6: Die typische Belegung eines Flash-PROMs (128 kByte x 8 Bit)

Der Boot-Block enthält – wie es der Name andeutet – Informationen für den Boot-Vorgang des PC, der separat zur eigentlichen BIOS-Software im Flash-PROM geführt wird. Sowohl der Boot-Block als auch die weiteren BIOS-Routinen müssen aufeinander abgestimmt sein (Versionsnummer), und bei der Vielzahl der möglichen Versionen kann der Fall auftreten, dass auch der Boot-Block mit aktualisiert werden muss. Für diesen Fall enthält ein modernes Flash-Writer-Programm einen speziellen Menüpunkt, wie es in Kapitel 13.6.4 genau erläutert ist.

Bei PCs, die nicht mit einem Flash-Speicher als BIOS-Chip arbeiten, sondern in der Regel mit einem EPROM (Typ 27512, 64 kByte x 8 Bit), ergibt sich ein Vorteil für das Hochladen von Treibern, da ein Flash-Speicher mindestens die doppelte Kapazität aufweist (128 kByte x 8 Bit) und dementsprechend 64 kByte zusätzlich belegt. Insbesondere in der Übergangszeit von den Mainboards mit EPROM zu denen mit Flash-Speicher und der Verwendung von DOS/Windows 3.x hat dies zu Problemen geführt, denn was zuvor problemlos »hochgeladen« werden konnte (Sound-Karten-, Netzwerk- und SCSI-Treiber), passte nun nicht mehr gemeinsam in den Bereich oberhalb des Arbeitsspeichers. Dies hatte zur Folge, dass das Betriebssystem aus Speichermangel nicht mehr starten konnte. Glücklicherweise hat sich dies ab Windows 95, das eigene Treiber (32 Bit) für diese Komponenten mitbringt, geändert, denn es lädt diese erst dann, wenn der Boot-Vorgang des Betriebssystems eingesetzt hat, und nicht wie bei DOS vorher via CONFIG.SYS und AUTOEXEC.BAT.

13.4 Shadow-RAM für das BIOS

Wie zuvor erläutert, verwenden aktuelle PCs im Gegensatz zu einigen älteren Modellen stets nur einen einzigen BIOS-Baustein, der über den X-Bus angesteuert wird. Dieser ist in einer Datenbreite von nur 8 Bit ausgeführt, was bedeutet, dass jeder Zugriff auf das BIOS demnach in 8-Bit-Breite erfolgt. Daher ist in den BIOS-Setups vorgesehen, dass der BIOS-Inhalt in ein *Shadow-RAM* kopiert werden kann. Das Shadow-RAM ist ein spezieller Bereich im PC-Arbeitsspeicher (Adapterbereich), auf den bei allen 486-CPUs in einer Breite von 32 Bit und ab den Pentium-PCs mit 64 Bit zugegriffen wird, was eine beschleunigte Datenausgabe gegenüber dem Transfer direkt aus dem BIOS-ROM zur Folge hat.

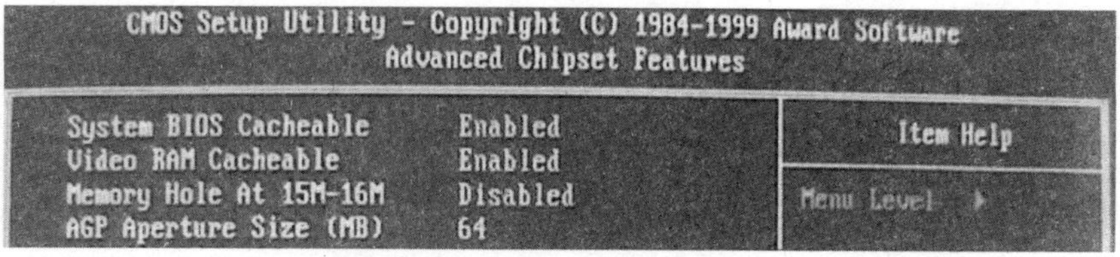

```
CMOS Setup Utility - Copyright (C) 1984-1999 Award Software
                    Advanced Chipset Features

  System BIOS Cacheable        Enabled              Item Help
  Video RAM Cacheable          Enabled
  Memory Hole At 15M-16M       Disabled          Menu Level  ▶
  AGP Aperture Size (MB)       64
```

Bild 13.8: An dieser Stelle kann ein Shadow-RAM für das System- und auch das Video-BIOS eingeschaltet werden.

Diese beschleunigte Verarbeitung der BIOS-Routinen ist aber nur unter DOS von spürbarem Gewinn, denn moderne Betriebssysteme wie Windows greifen nur in Ausnahmefällen auf die BIOS-Software zu, da sie eigene leistungsfähigere Software mitbringen. Das Einschalten von

Shadow-RAM kann aber ganz nützlich sein, wenn es darum geht, ein defektes BIOS wieder zu reparieren, was in Kapitel 13.6.8 behandelt wird. Generell schadet es zumindest nichts, wenn Shadow-RAM sowohl für das System-BIOS als auch für das Video-BIOS, das dem BIOS auf einer Grafikkarte entspricht, eingeschaltet wird, denn dadurch kann sich die Geschwindigkeit beim Boot des Betriebssystems erhöhen.

Im BIOS-Setup ist die entsprechende Option zum Einschalten von Shadow-RAM meist in einem erweiterten Setup zu finden, wie beispielsweise im *BIOS Features Setup* oder auch *Advanced Chipset Features Setup*. Darüber hinaus gibt es meist auch gleich noch mehrere Shadow-RAM-Bereiche (siehe Bild 13.9), die theoretisch eingeschaltet werden könnten, was aber nicht ganz ungefährlich ist, sodass außer dem System- und dem Video-BIOS lediglich *Shadow RAM* konfiguriert werden sollte. Bei anderen BIOS-Chips – wie beispielsweise auf einem SCSI-Adapter – ist nämlich die Kenntnis notwendig, in welchem Bereich sich dieses BIOS jeweils befindet, was aber nicht allgemein standardisiert ist.

Je nach BIOS-Version kann auch mit dem Eintrag *System BIOS Cacheable* die Einschaltmöglichkeit von Shadow-RAM für das System-BIOS gemeint sein, was aber nichts am Prinzip ändert, es ist nur eine andere – vielleicht etwas unglückliche – Bezeichnung.

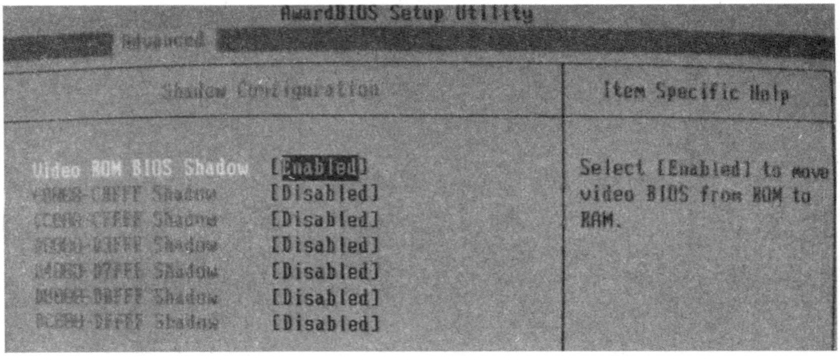

Bild 13.9: Dieses Award-BIOS bietet die Möglichkeit verschiedene Shadow-RAM-Bereiche aktivieren zu können.

13.5 BIOS-Identifizierung

Nach dem Einschalten des PC werden auf dem Monitor (links unten) bis zu drei Zeilen abgebildet, die nähere Informationen zur BIOS-Version und den implementierten Funktionen preisgeben *können*. Diese Zeilen müssen nicht zwangsläufig vorhanden sein, es können auch einige fehlen, oder es sind auch nur Teile der im Folgenden erläuterten Angaben zu finden.

13.5.1 Award-BIOS

Auf den BIOS-Setup-Seiten findet sich oben (im Kopf) manchmal ebenfalls eine Bezeichnung aus einer Zahlen-Buchstaben-Kombination, die ebenfalls beim Boot des PC aufgeblendet werden kann, beispielsweise eine Bezeichnung wie 2A69KA1A bei einem Award-BIOS, was in diesem Fall die folgende Bedeutung hat:

2A69KA1A

2A69K: Chipsatz, Intel 440BX-Chipset für Pentium II

A1: Der Hersteller des Mainboards ist ABit

A: Die Modellnummer des Herstellers (AB-BX6)

Die folgenden Tabellen zeigen einige Beispiele für Hersteller- und Chipset-Kennzeichnungen, wie sie bei einem BIOS der Firma Award üblich sind.

1. Zeichen	Versionsnummer/BIOS-Typ:	
	1	BIOS vor Version 4.2
	2	Elite BIOS, Version 4.5
	3	Power BIOS, Version 5.0
	4	Card Ware PCMCIA
	5	CAM SCSI BIOS
	6	Medallion BIOS, Version 6
2. Zeichen	Bus-Typ:	
	1	ISA
	2	PS/2
	3	EISA
	4	EISA/ISA
	A	ISA/PCI
	B	EISA/PC
	C	ISA/
	D	EISA/
	E	PCI/PnP

Tab. 13.7: Identifizierung der Award-BIOS-Nummern

BIOS-Identifizierung

3. Zeichen	CPU-Typ:	
	4	486
	5	Pentium I
	6	ab Pentium II
	9	neuer Typ
	U	universeller Typ
4.–5. Zeichen	Chipsatz, siehe Tabelle 13.8	
6.–7. Zeichen	Hersteller, siehe Tabelle 13.9	
8.–12. Zeichen	Entwicklungsstand/Land und herstellerabhängig:	
	A	USA
	B	für den Endverbraucher
	C	Prototyp
	D	endgültig

Tab. 13.7: Identifizierung der Award-BIOS-Nummern (Forts.)

Code	Chipset
214I8	SiS 85C471
214I9	SiS 85C471E
214X2	UMC 491
215UM	OPTi 82C546/82C597
2A431	Cyrix MediaGx Cx5510
2A432	Cyrix GXi Cx5520
2A434	Cyrix GXm Cx5530
2A496	Intel Saturn
2A498	Intel Saturn II
2A499	Intel Aries
2A4IB	SiS 496/497
2A4KC	Ali 1439/45/31

Tab. 13.8: Beispiele für die Kennzeichnung von Chipsets beim BIOS-Hersteller Award

Code	Chipset
2A4KD	Ali 1487/1489
2A4L4	VIA 486A/482/505
2A4L6	VIA 496/406/505
2A4UK	OPTI-802G-822
2A4X5	UMC 8881E/8886B
2A597	Intel Mercury
2A59A	Intel Natoma, Neptune
2A59C	Intel Triton FX
2A59F	Intel Triton II HX
2A59G	Intel Triton VX
2A59I	Intel Triton TX
2A5C7	VIA VT82C570
2A5G7	VLSI VL82C594
2A5GB	VLSI VL82C541/VL82C543
2A5IA	SiS 501/02/03
2A5IC	SiS 5501/02/03
2A5ID	SiS 5511/12/13
2A5IE	SiS 5101-5103
2A5IF	SiS 5596/5597
2A5IH	SiS 5571
2A5II	SiS 5582/5597/5598
2A5IK	SiS 5591
2A5IM	SiS 530
2A5KB	ALI 1449/61/51
2A5KE	ALI 1511
2A5KF	ALI 1521/23
2A5KI	ALI IV+ M1531/M1543

Tab. 13.8: Beispiele für die Kennzeichnung von Chipsets beim BIOS-Hersteller Award

BIOS-Identifizierung

Code	Chipset
2A5KK	ALI Aladdin V
2A5L7	VIA VT82C570
2A5L9	VIA VT82C570M
2A5LA	VIA Apollo VP1, VT82C580VP
2A5LC	VIA Apollo VP2, AMD640
2A5LD	VIA VPX Chipset, VXPro+
2A5LE	VIA Apollo (M)VP3
2A5LH	VIA Apollo VP4
2A5UI	OPTI 82C822/596/597
2A5UL	OPTI 82C822/571/572
2A5UM	OPTI 82C822/546/547
2A5X7	UMC 82C890
2A5X8	UMC UM8886BF/UM8891BF/UM8892BF
2A5XA	UMC 890C
2A69H	Intel 440FX, Pentium II/Pentium Pro
2A69J	Intel 440LX/EX, Pentium II
2A69K	Intel 440BX, Pentium II
2A69L	Intel Camino 820
2A69M	Intel Whitney 810
2A69N	Intel Banister, Mobile
2A6IL	SiS 5600
2A6IN	SiS 620
2A6KL	ALI M1621/1543C
2A6KO	ALI M1631/M1535D
2A6LF	VIA Apollo Pro, 691/596
2A6LG	VIA Apollo Pro Plus, 692/596
2A9KG	ALI 6117 /M1521//M1523

Tab. 13.8: Beispiele für die Kennzeichnung von Chipsets beim BIOS-Hersteller Award

Code	Chipset
2AG9H	Intel Neptune, ISA
2B59A	Intel Neptune, EISA
2B69D	Intel Orion
2C4I7	SiS 461
2C4I8	SiS 471B/E
2C4I9	SIS 85C471B/E/G
2C4J6	Winbond-83C491
2C4K9	ALI 14296
2C4KC	ALI 1439/45/31
2C4L2	VIA 82C486A
2C4L6	VIA VT496G
2C4S0	AMD Elan 470
2C4UK	OPTI 82C895/82C602
2C4X2	UMC UM82C491/82C493
2C4X6	UMC UM498F/496F
6A69R	Intel Solano 815 (Sockel 370)
6A6KT	ALI Magic 1 (Athlon)
6A6LK	VIA VT8317, KX-133 (Athlon)
6A6LL	VIA VT8605, Grafik Onboard (Sockel 370)
6A6LM	VIA VT8363, KT-133 (Athlon)
6A6LU	VIA Apollo Pro266 (Sockel 370)
6A6LV	VIA VT8366/VT8233 (Athlon)
6A6S2	AMD 751 (Athlon)
6A6S6	AMD 760 (Athlon)

Tab. 13.8: Beispiele für die Kennzeichnung von Chipsets beim BIOS-Hersteller Award

BIOS-Identifizierung

Code	Hersteller
A0	Asus(tek)
A1	ABit
A2	ATrend
A3	Aquarius
AB	Aopen
AK	Advantech
B0	Biostar
C2	Chicony
C3	Chaintech
D1	DTK
D2	Digital
D4	DFI
D7	Daewoo
E1	Elitegroup, ECS
E6	Elonex
F0	First International Computer, FIC
G0	Gigabyte
G3	Gemlight Computer
H0	PC-Chips, Hsin Tech
I3	Iwill
J1	Jetway
J3	J-Bond
K0	Kapok Corporation
L1	Lucky Star Technology
LB	Leadtek
M3	Mitac

Tab. 13.9: Beispiele für die Kennzeichnung der Mainboard-Hersteller beim BIOS-Hersteller Award

Code	Hersteller
M4	MicroStar International, MSI
M8	Mustek
N5	NEC
P1	PC-Chips
P4	Asus(tek)
P6	Pro-Tech
Q1	QDI
R0	Rise Computer
S2	Soyo
S5	Shuttle
SH	Luckytech Technology
SX	Supermicro
T0	Twinhead
T5	Tyan Computer
TG	Tekram
TL	Transcend
U3	UMAX
U4	Unicorn Computer
U6	Unitron
V3	VTech
V6	Vobis
Z1	Zida

Tab. 13.9: Beispiele für die Kennzeichnung der Mainboard-Hersteller beim BIOS-Hersteller Award (Forts.)

13.5.2 AMI-BIOS

Die Entschlüsselung des Mainboard-Herstellers und des Chipsets bei einem BIOS der Firma AMI weicht leider von der, wie sie zuvor für Award gezeigt ist, ab. Wie bereits erwähnt, müssen auch nicht alle Zeichen und Zeilen zwangsläufig vorhanden sein. Im Zweifelsfall orientiert man sich am besten an den Bindestrichen, die die einzelnen Zeichenfolgen innerhalb einer Zeile (maximal drei) voneinander separieren.

Insbesondere bei einem AMI-BIOS sind aber anhand der Zeichenfolge einige besondere Eigenschaften der BIOS-Implementierung erkennbar, wie es in den folgenden Tabellen angegeben ist. Beispielsweise fördert die Nummer 51-0102-1117-00101111-060196- SiS5571-F die folgenden Eigenschaften zutage:

5: Pentium CPU

1: 128 kByte BIOS

0102: BIOS-Versionsnummer

1117: Hersteller ist ATrend

00101111: keine POST-Error-Anzeige, CMOS-RAM nicht initialisieren, Gate-A20-Steuerung per Keyboard-Controller, keine PS/2-Mausunterstützung, F1-Tastenabfrage, Floppy-Fehleranzeige, Fehleranzeige der Grafikkarte, Tastaturfehleranzeige

06: BIOS-Herstellung im Juni

01: BIOS-Herstellung am Montag

96: BIOS-Herstellung im Jahr 1996

SiS5571: Chipset 5571 der Firma SiS

F: Versionsnummer des Keyboard-Controllers

Code	Hersteller
1101	SUNLOGIX INC.
1102	SOYO TECHNOLOGY
1107	DATAEXPERT
1112	AQUARIUS SYSTEMS
1114	IWILL
1116	CHICONY
1117	ATREND
1121	FIRST INTERNATIONAL COMPUTER, FIC

Tab. 13.10: Beispiele für die Kennzeichnung von Mainboard-Herstellern bei einem AMI-BIOS

Code	Hersteller
1122	MICROSTAR
1124	TEKRAM
1128	CHAINTECH
1131	ELITEGROUP
1135	ACER
1136	SUN
1159	TWINHEAD
1169	MICROSTAR
1190	Chips & Technologies
1199	GIGABYTE
1210	RISE
1223	BIOSTAR
1241	MUSTEK
1247	ABIT COMPUTER
1256	LUCKY STAR
1276	JET WAY
1292	ASUS(TEK)
1353	J-BOND
1371	ADI
1396	TATUNG
1484	MITAC
1519	EPOX
1593	ADVANTECH
1628	DIGITAL
1655	KINGSTON
1743	MITAC

Tab. 13.10: Beispiele für die Kennzeichnung von Mainboard-Herstellern bei einem AMI-BIOS (Forts.)

BIOS-Identifizierung

Code	Hersteller
1770	ACER
1868	SOYO
6105	Dolch computer systems
6156	Genoa
6389	Supermicro
8003	QDI
8045	VTech/Pc-Partner
428054	Pine

Tab. 13.10: Beispiele für die Kennzeichnung von Mainboard-Herstellern bei einem AMI-BIOS (Forts.)

Position	Bedeutung		
1	CPU-Typ:		
		?	8086, 8088
		?	80286
		?	80386
		X	80386SX
		4	80486
		5	Pentium
2	BIOS-Typ:		
		0	64 kByte
		1	128 kByte
3	–		
4–7	Versionsnummer: XXXX		
8	–		
9–14	Referenznummer: XXXXXX oder 9–12: Herstellerkürzel		
15	–		
16	POST-Error-Anzeige?		
		0	Nein
		1	Ja
17	CMOS-RAM beim Boot initialisieren?		

Tab. 13.11: Die Bedeutungen der ersten BIOS-Identifikationszeile bei einem AMI-BIOS

Position	Bedeutung
	0 Nein
	1 Ja
18	Gate A20-Steuerung per Keyboard-Controller?
	0 Nein
	1 Ja
19	PS/2-Mausunterstützung?
	0 Nein
	1 Ja
20	Auf F1-Tastenabfrage bei Fehler warten?
	0 Nein
	1 Ja
21	Floppy-Fehleranzeige?
	0 Nein
	1 ja
22	Fehleranzeige der Grafikkarte?
	0 Nein
	1 Ja
23	Tastaturfehler anzeigen?
	0 Nein
	1 Ja
24	–
25–26	Monat der BIOS-Herstellung
27–28	Tag der BIOS-Herstellung
29–30	Jahr der BIOS-Herstellung
31	–
32–39	Chipset- oder BIOS-Identifikation
40	–
41	Versionsnummer des Keyboard-Controllers

Tab. 13.11: Die Bedeutungen der ersten BIOS-Identifikationszeile bei einem AMI-BIOS

Position	Bedeutung
1–2	Pin-Nummer des Keyboardcontrollers für die Taktumschaltung
3	Taktfrequenz
	0 Niedrig
	1 Hoch
4	–
5	Wechsel der Taktfrequenz durch Chipsatz möglich?
	0 Nein
	1 Ja
6	–
7–10	Registeradresse zum Einschalten der hohen Taktfrequenz
11	–
12–13	Datenwert zum Einschalten der hohen Taktfrequenz
14	–
15–16	Maskenwert zum Einschalten der hohen Taktfrequenz
17	–
18–21	Registeradresse zum Einschalten der niedrigen Taktfrequenz
22	–
23–24	Datenwert zum Einschalten der niedrigen Taktfrequenz
25	–
26–27	Maskenwert zum Einschalten der niedrigen Taktfrequenz
28	–
29–30	Pin-Nummer des Keyboardcontrollers für Turbo-Mode

Tab. 13.12: Die Bedeutungen der zweiten AMI-BIOS-Identifikationszeile (optional)

Position	Bedeutung
1–2	Pin-Nummer des Keyboardcontrollers für Cache-Steuerung
3	Wird Cache-Controller mit High-Signal eingeschaltet?

Tab. 13.13: Die Bedeutungen der dritten AMI-BIOS-Identifikationszeile (optional)

Position	Bedeutung
	0 Nein
	1 Ja
4	–
5	Wird High-Signal vom Cache-Controller verwendet?
	0 Nein
	1 Ja
6	–
7–9	Cache-Verwaltung durch Chipset?
	0 Nein
	1 Ja
10	–
11–12	Adresse zum Einschalten des Cache
13	–
14–15	Datenwert zum Einschalten des Cache
16	–
17–20	Maskenwert zum Einschalten des Cache
21	–
22–23	Adresse zum Ausschalten des Cache
24	–
25–26	Datenwert zum Ausschalten des Cache
27	–
28–29	Maskenwert zum Ausschalten des Cache
31	Pin-Nummer zum Zurücksetzen des Memory-Controllers
32	–
33	Modifiziertes Flag des BIOS

Tab. 13.13: Die Bedeutungen der dritten AMI-BIOS-Identifikationszeile (optional) (Forts.)

Auf der dem Buch beiliegenden CD sind einige Programme zu finden, die genaue Angaben zum BIOS und zum Chipset liefern.

13.6 System-BIOS-Update

Bei allen heutigen PCs ist es üblich, dass sich das BIOS in einem Flash-Speicherbaustein befindet, der im Gegensatz zu einem ROM per spezieller Software, die in der Regel auf einer Diskette oder CD zum Mainboard mitgeliefert wird, neu beschrieben werden kann. Der Vorteil ist der, dass eine notwendige Aktualisierung des BIOS-Inhalts relativ einfach durchgeführt werden kann, was in früheren Zeiten oftmals sehr beschwerlich war, da die »gebrannten ROMs« – wenn überhaupt – meist nur unter großen Mühen vom Hersteller des BIOS zu beziehen waren.

Seit Flash-Speicher für das BIOS verwendet werden, kann man allerdings feststellen, dass es von diesem Zeitpunkt an geradezu eine Flut von BIOS-Updates gibt, was wohl auch daran liegt, dass die BIOS-Versionen unter immensem Zeitdruck entwickelt werden müssen und sich dadurch Fehler einschleichen, die durch (schnell) folgende Versionen wieder zu bereinigen sind. Dieser Umstand ist auch der häufigste Grund dafür, warum sich ein BIOS-Update überhaupt empfiehlt. Auf den Internetseiten der Mainboard-Hersteller ist meist zu jeder BIOS-Version eine Datei zu finden, die näher beschreibt, was im Einzelnen bei den verschiedenen Versionen geändert worden ist.

Hersteller	http://www.	Hersteller	http://www.
ABit	abit.com	FIC	fica.com
AOpen	aopen.com.tw	Freetech	elito.com
Asustek	asuscom.de	Gigabyte	giga-byte.com
ATrend	atrend.com.tw	Intel	intel.com
Biostar	biostar.com.tw	Iwill	iwill.com.tw
Chaintech	chaintech.com.tw	MSI	msi-computer.de
DFI	dfiweb.com	QDI	qdi.nl oder qdigrp.com
Elitegroup	ecs.com	Siemens Nixdorf	sni.de
Epox	epox.com	Soyo	soyo.com

Tab. 13.14: Internetadressen einiger bekannter Mainboard-Hersteller, bei denen auch BIOS-Updates verfügbar sind

Man sollte sich davor hüten, »nur so aus Spaß« die BIOS-Software zu aktualisieren, denn es kann durchaus passieren, dass danach gar nichts mehr funktioniert, weil der PC ohne korrektes BIOS »tot« ist. Falls man mit der Funktion der vorhandenen BIOS-Version zufrieden ist, sollte man daher keinen weiteren Gedanken auf das BIOS-Update verschwenden. Eine Garantie dafür, dass eine neue BIOS-Version besser funktioniert als die vorige, kann ohnehin niemand geben.

Das »Neubrennen« des BIOS scheint mittlerweile bereits so selbstverständlich zu sein wie eine Treiberaktualisierung für Windows, und PC-Fehler werden nur zu oft fälschlicherweise dem BIOS zugeschrieben. Einige Hersteller (z.B. Gigabyte, MSI) tragen bereits dem Umstand Rechnung, dass aufgrund zahlloser »zerschossener« BIOS-Chips Support von ihnen verlangt wird, und statten Mainboards mit zwei BIOS-Chips (Dual BIOS) aus, damit die »PC-Tuning-Experten« noch einen weiteren Versuch haben. In der Regel werden diese Mainboards jedoch nur mit einem BIOS-Chip geliefert, und der zweite muss extra bestellt werden. Bei der Firma MSI beherbergt hingegen ein einziger BIOS-Chip (z.B. SAFE BIOS 810) gleich zwei BIOS-Versionen.

Bild 13.10: Einige Mainboards, wie hier eines der Firma Gigabyte, können mit zwei BIOS-Chips ausgestattet werden.

Ein BIOS-Update ist also nur dann zu empfehlen, wenn eine neuere BIOS-Version vom Hersteller vorliegt, die gegenüber der aktuell eingebauten Version um Funktionen erweitert worden ist oder bei der auch einige Fehler der vorherigen Version »ausgebügelt« worden sind. Am einfachsten bringt man in Erfahrung, ob eine neue Version vorliegt, indem die Internetseite des Mainboard-Herstellers (nicht die des BIOS-Herstellers) angewählt wird, von der die benötigte Version bezogen werden kann.

Neben der reinen Fehlerbeseitigung gibt es weitere Gründe, die für ein BIOS-Update sprechen, beispielsweise wenn noch nicht vom BIOS unterstützte Festplatten-Modes mit der neueren Version zur Verfügung stehen oder aber eine optimalere Speicherkonfigurierung möglich ist. Oder die Unterstützung einer aktuelleren CPU wird von einer neueren BIOS-Version geboten, wie es z.B. beim Technologiesprung vom Pentium II zum Pentium III der Fall ist. Die BIOS-Version muss aber explizit für das vorhandene Mainboard (Chipset) ausgelegt sein, und keinesfalls darf eine vermeintlich *ähnliche* Version verwendet werden. Außerdem kann auch ein BIOS-Update nicht zaubern und Funktionen zutage fördern, für die die Hardware nicht elektrisch ausgelegt ist.

> **ACHTUNG:** Wenn ein PC ohne Probleme funktioniert, sollte kein BIOS-Update durchgeführt werden, da dies stets einen schwer wiegenden Eingriff in den PC bedeutet, der auch nachteilige Auswirkungen haben kann.

13.6.1 Die Programmierung

Jeder Mainboard-Hersteller stellt eigene Programme und Tools für die Durchführung eines BIOS-Updates zur Verfügung, wobei es keine Seltenheit ist, dass ein bestimmtes Programm auch nur für eine bestimmte Mainboard-Revision bestimmt ist. Einen allgemeinen Standard gibt es hier nicht, und es ist darauf zu achten, dass man auch genau die für das jeweilige Mainboard passende Software zur Verfügung hat.

Besonders einfach zu Handhaben sollen die so genannten *Live BIOS-Updates* sein, wie sie beispielsweise von Firmen wie Asus, Abit oder auch Intel im Internet zur Verfügung gestellt werden. Hiermit ist es möglich, eine neue BIOS-Version für sein Mainboard aus dem Internet zu laden, sobald sie verfügbar ist, und ein nachfolgendes *Flashen* (Neuschreiben des BIOS-Inhalts) ist hiermit ebenfalls möglich. Da dies jedoch unter Windows erfolgt, erscheint diese Vorgehensweise aber gefährlicher, als wenn die BIOS-Aktualisierung unter DOS durchgeführt wird, denn falls Windows dabei abstürzt, ist das BIOS und damit der PC nicht mehr funktionsfähig.

Die zuverlässigere Methode ist daher, ein BIOS-Update unter DOS durchzuführen: Dazu muss zunächst eine DOS-Startdiskette angefertigt werden, was man unter Windows in einer DOS-Box (format a:/s) erledigen kann oder auch über SYSTEMSTEUERUNG/SOFTWARE/STARTDISKETTE (mit Minimalkonfiguration starten, bei Windows Me). Es sollte dabei eine vollständige Formatierung der Diskette – also kein Quick-Format – durchgeführt werden. Auf diese Diskette sind dann noch die Programme und Daten des Mainboard-Herstellers, die man sich am besten aus dem Internet besorgt hat, zu kopieren.

Im Prinzip könnten auch alle benötigten Dateien auf die Festplatte kopiert werden, allerdings kann es vorkommen, dass man bei missglückter Programmierung nicht mehr an die Daten herankommt, was natürlich auch für das Diskettenlaufwerk gilt, aber unwahrscheinlicher ist. Außerdem hat man für den Fall der Fälle immer noch die Daten auf der Diskette parat. Mit einem entsprechenden Programmiergerät (siehe Kapitel 13.6.7) könnte das Flash-PROM dann noch mit den Daten der Diskette programmiert werden.

> **ACHTUNG:** Die Programmbezeichnungen und Dateinamen für das BIOS-Update unterscheiden sich von Hersteller zu Hersteller und sind darüber hinaus vom jeweiligen Mainboardtyp abhängig.

Ein Programm, das die Programmierung des Flash-Speichers durchführt, ist beispielsweise *AWDFlash.exe* der Firma Award oder auch ein *Flash Memory Writer* der Firma Asus, wenn es sich um ein Mainboard dieser Firma handelt.

Für Mainboards, die mit einem AMI-BIOS arbeiten, heißt das entsprechende Writer-Programm beispielsweise *AMIFlash.exe*, und je nach BIOS- oder Mainboard-Hersteller können diese Programme auch anders lautende Bezeichnungen führen. In der Regel werden die folgenden Dateien benötigt, die man auf der Startdiskette mit unterbringt:

- **PFLASH.EXE** – ist das Flash Memory Writer-Programm.
- **README oder FILELIST.TXT** – ist eine Textdatei mit Anleitungen und zusätzlichen Informationen zur Software.
- **TX5Ixxxx** – ist die BIOS-Datei der vorhandenen BIOS-Version. Es kann auch der Fall sein, dass diese Datei erst noch herzustellen ist, wie es im Folgenden noch erläutert wird.

Der Programmiervorgang ist in den meisten Fällen ohne Probleme durchführbar, was von einigen älteren Versionen (meist aus der Anfangszeit der Flash-Speicherprogrammierung auf Mainboards, ab ca. 1993) allerdings nicht immer behauptet werden kann. Wie erwähnt, sollten aber immer gute Gründe für eine Neuprogrammierung vorliegen, denn sie kann auch völlig »daneben gehen«, und eine erneute Möglichkeit der Programmierung ist meist nicht gegeben. Nur relativ wenige Mainboards wie beispielsweise einige der Firma Intel besitzen die überaus hilfreiche Funktion *BIOS-Recovery*, die es erlaubt, bei einer fehlgeschlagenen Programmierung wieder ein funktionierendes BIOS herzustellen.

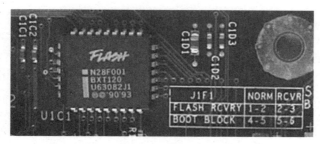

Bild 13.11: Das Flash-PROM enthält das System-BIOS. Daneben sieht man die Beschriftung für den nützlichen Jumper, der die BIOS-Recovery-Funktion (Flash RCVRY) auslöst, falls das BIOS-Update doch nicht funktioniert hat.

Vor der Programmierung sollte zunächst ein Jumper auf dem Mainboard gesucht werden, der – wenn vorhanden – zwei Stellungen kennt, die als *Enable Programming* und *Disable Programming/Normal Read* o. ä. bezeichnet sind. Die letztere Stellung ist für den Normalbetrieb des Mainboards vorgesehen, und daher muss der Jumper in die Stellung *Enable Programming* gesetzt werden, damit die Programmierung nachfolgend durchgeführt werden kann. Nach Absolvierung dieses Vorgangs sollte man aber nicht vergessen, den Jumper wieder in die Normalstellung zurückzusetzen. Über die jeweilige Jumper-Stellung sollte auch das Manual zum Mainboard Auskunft geben oder eine mitgelieferte README-Datei.

Bei vielen Mainboards gibt es diesen Jumper nicht, was die Angelegenheit zwar vereinfacht – der PC muss gar nicht erst aufgeschraubt und auch kein Jumper gesucht werden –, es bedeutet aber leider auch, dass im Grunde genommen jederzeit das Flash-BIOS beschrieben werden kann, und mittlerweile gibt es Viren (z.B. CIH-Virus), die genau dies praktizieren, wodurch der PC unbrauchbar wird.

In einigen BIOS-Setup-Versionen findet sich auch ein Menüpunkt (meist im BIOS Features Setup) wie *BIOS Update: Disabled*, der zunächst auf *Enabled* zu schalten ist, damit nachfolgend eine BIOS-Aktualisierung durchgeführt werden kann. Einen Virus-Schutz wie ein Jumper bietet diese Funktion allerdings nicht.

Der PC wird für den Update-Vorgang im Real Mode (DOS) gestartet, also ohne das Laden irgendwelcher Speichermanager (HIMEM.SYS, EMM386) und keinesfalls in einem Windows-Mode. Wie zuvor erläutert, startet man den PC am besten von einer Diskette aus, die außer dem System auch keine CONFIG.SYS-Datei enthält und bei der in der AUTOEXEC.BAT lediglich der Tastaturtreiber (Keyb gr) geladen wird. Auf der Diskette sollten sich des Weiteren das Flash-Writer-Programm und die neue BIOS-Datei befinden, die, wenn sie aus dem Internet bezogen wurde, möglicherweise noch zu dekomprimieren (zu entpacken) ist.

Eine komplette BIOS-Datei hat in der Regel eine Größe von 128 kByte (131.072 Byte) und passt daher auch problemlos mit auf die Diskette. Falls die BIOS-Datei aber kleiner sein sollte, stimmt mit ihr etwas nicht, und man sollte noch einmal überprüfen, ob man tatsächlich die richtige (Binär-)Datei erwischt hat und ob sie auch in entpackter Form vorliegt.

Die aktuellen Flash-Writer-Programme verweigern automatisch ihren Dienst und geben eine entsprechende Fehlermeldung aus, falls beim Start dennoch irgendwelche Treiber geladen werden, die die korrekte Programmierung verhindern könnten. Dieses leisten die älteren Flash-Writer-Programme nicht immer, was somit auch zur Folge haben kann, dass der Flash-Speicher nicht korrekt zu programmieren ist und der PC anschließend nur noch ein schwarzes Bild auf dem Monitor produziert.

13.6.2 Festhalten der aktuellen BIOS-Setup-Einstellungen

Damit von der Diskette gebootet werden kann, ist im BIOS-Setup möglicherweise zunächst das Booten vom Laufwerk A: oder die festgelegte Boot-Reihenfolge (A:, C:) entsprechend zu ändern. Außerdem ist es keine schlechte Idee, den aktuellen BIOS-Setup festzuhalten, denn nach dem BIOS-Update sind alle manuell vorgenommen BIOS-Einstellungen erneut durchzuführen, was recht zeitaufwändig sein kann, wenn man hier an die Einstellungen für den Speicher und die Ressourcenverteilung im Plug&Play-Setup denkt.

Die mühsamste Methode ist es, wenn man sich die (wichtigen) BIOS-Einstellungen notiert, die zweitbeste besteht darin, einen Ausdruck durchzuführen, und am einfachsten geht es, wenn der aktuelle Setup in einer Datei gesichert werden kann, wie es mithilfe einiger Programme möglich ist, die sich auf der beiliegenden CD befinden. Dabei soll aber nicht verschwiegen werden, dass dies nicht immer einwandfrei funktioniert, sodass zuvor ausprobiert werden sollte, ob das Sichern und Zurückschreiben auch tatsächlich wie gewünscht klappt. Das Kernproblem ist bei derartigen Programmen, dass die BIOS-Bezeichnung nach dem Update eine andere ist als zuvor und das Zurückschreiben daher nicht immer möglich ist. Einige BIOS-Versionen bieten zudem die Möglichkeit den aktuellen Setup unter einem Punkt wie *Save User Defaults* im Flash-PROM abspeichern zu können, und später können die Einstellungen mühelos mit *Load User Defaults* wieder zurückgeladen werden.

Wer es aber lieber schwarz auf weiß haben will – was auch völlig ohne Nebenwirkungen ist –, sollte die BIOS-Setup-Einstellungen einfach ausdrucken. Durch die Tastenbetätigung ⟦↑⟧ + ⟦Druck⟧ (Print Screen) wird der aktuelle Bildschirminhalt auf dem am Parallel-Port angeschlossenen Drucker ausgegeben, was aber nur dann funktioniert, wenn der PC zuvor einmal »hochgelaufen« ist, der Drucker vom PC also initialisiert worden ist.

TIPP

Das Ausdrucken der BIOS-Setup-Seiten funktioniert nur dann durch die Tastenbetätigung ⟦↑⟧ + ⟦Druck⟧, wenn der PC den Drucker zuvor freigegeben – initialisiert – hat.

13.6.3 Desktop Management Interface

Einige Mainboards (z.B. von Asus) unterstützen das *Desktop Management Interface* (*DMI*). Hierfür ist eine *DMI Configuration Utility* notwendig, die sich meist auf der dem Mainboard beiliegenden CD befindet. Mit diesem Programm (DMICFG2.EXE o. ä.) ist der Zugriff auf den Parameterbereich des BIOS-Chips möglich, und die interessanten Informationen wie der CPU-Typ, die Speichereinstellungen und auch die genauen Daten der implementierten BIOS-Version lassen sich hiermit sichtbar machen.

Diese Utility verwaltet eine *Management Information Format Database*, die gesichert sowie geladen werden kann und außerdem eine BIOS-Default-Einstellung parat hat. Hiermit ist es also möglich, die BIOS-Einstellungen zu speichern, um sie später (nach einem BIOS-Update) wieder zurückschreiben zu können, und selbst ein BIOS-Update lässt sich hiermit durchführen. Aus diesem Grund sollte das Programm DMICFG nicht unter Windows, sondern im DOS-Modus verwendet werden.

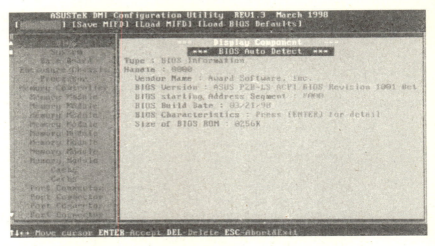

Bild 13.12: Mithilfe der DMI Configuration Utility lassen sich die genauen BIOS-Angaben einsehen sowie BIOS-Einstellungen speichern und zurückschreiben.

Da ein aktuelles BIOS im Parameter-Block noch etwas Platz aufweist, können neben den Hardware-Festlegungen mit der DMI-Utility auch zusätzliche Daten hier hineingeschrieben werden, wie beispielsweise eine eigene Seriennummer, ein PC-Name oder eine Inventarisierungsnummer, wodurch der PC individuell und damit einmalig und eindeutig identifizierbar wird. Das DMI-Programm ist recht einfach zu bedienen, und bevor man daran geht, etwas Neues zu schreiben, sollten die aktuellen Festlegungen in einer Datei (Save MFID + Dateibezeichnung) abgespeichert werden. Die geänderten Daten werden zunächst in die Datenbank übernommen, und erst beim Verlassen des Programms (Save Data Enter «Y») werden die Daten in den Speicher geschrieben.

13.6.4 Durchführung des Updates

Für den Start des BIOS-Update wird das Writer Programm (PFLASH.EXE o. ä.) von der vorbereiteten Diskette gestartet, woraufhin beispielsweise eine Anzeige erscheint, wie es in Bild 13.13 zu erkennen ist. Falls unter der Angabe *Flash Type* die Bezeichnung *unknown* auftaucht, ist entweder gar kein Flash-Speicher oder solch ein Typ auf dem Mainboard eingebaut, der nicht mit dem vorhandenen Flash-Writer-Programm zusammenarbeiten kann.

Unter *Current BIOS Revision* sollte sich ebenfalls eine sinnvoll erscheinende Bezeichnung finden lassen und nicht #FFFF oder Ähnliches, was ebenfalls darauf hindeutet, dass man das Programm gleich wieder durch die Betätigung der Esc-Taste verlassen sollte, da sich keine Programmierung durchführen lässt.

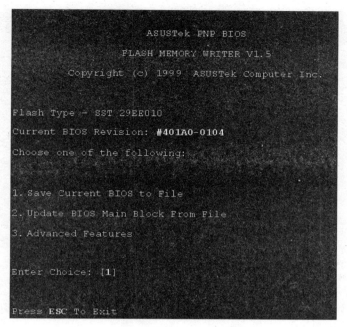

Bild 13.13: Die Anzeige eines Flash-Writer-Programms zur Aktualisierung des BIOS-Inhalts. Als Erstes sollte das im Chip vorhandene BIOS gesichert werden.

Eine Anzeige wie in Bild 13.13 ist daher der erste Schritt für eine erfolgreiche BIOS-Neuprogrammierung. Bevor diese aber durchgeführt wird, sollte zunächst die im Speicherbaustein vorhandene Version in eine Datei geschrieben werden (Menüpunkt 1), wofür automatisch das aktuelle Verzeichnis der Diskette verwendet wird. Falls die neue Version doch nicht so wie gewünscht arbeiten sollte, kann die vorherige wieder »zurückgespielt« werden. Als Name für die Datei sollte eine möglichst aussagekräftige und wiedererkennbare Bezeichnung verwendet werden, wie z.B. die BIOS-Versionsnummer.

Die Programmierung des Flash-Bausteins wird dann durch den Punkt *Update BIOS Main Block From File* (Punkt 2 in Bild 13.13) ausgelöst, und die zu programmierende Datei muss sich auch hier im aktuellen Verzeichnis der Diskette befinden. Nach der Anwahl dieser Funktion erscheint die Frage nach dem Dateinamen des BIOS-Files, der an dieser Stelle anzugeben ist. Es sind maximal acht Zeichen plus Extension (.bin, .awd) möglich. Nach Betätigung der ⏎-Taste wird das BIOS daraufhin aktualisiert, und falls keine Fehlermeldung erscheint, ist das Schlimmste bereits überstanden.

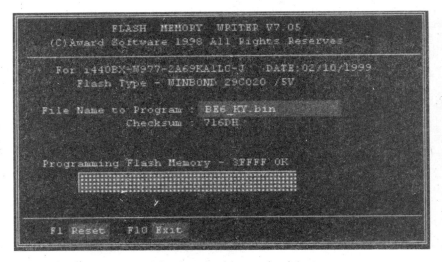

Bild 13.14: Der Update-Vorgang wurde ohne Probleme absolviert.

Erscheint jedoch eine Fehlermeldung, ist Gefahr im Verzug, und der PC sollte jetzt keinesfalls neu gestartet oder ausgeschaltet werden. Stattdessen ist ein erneuter Programmierversuch durchzuführen. Gelingt dies ebenfalls nicht, sollte nun mit der auf der Diskette gesicherten (alten) BIOS-Version noch ein Versuch unternommen werden. Bei erneutem Fehlschlag bleibt nur noch die Möglichkeit, dass sich der Jumper (Enable Programming) nicht in der richtigen Stellung befindet. Da der PC jedoch nicht ausgeschaltet werden darf, ist er bei laufendem PC in die richtige Stellung zu setzen, wobei natürlich äußerste Vorsicht geboten ist.

Hat alles nichts gefruchtet, muss der PC nunmehr ausgeschaltet werden, und man hat möglicherweise ein ernsthaftes Problem erzeugt, was im Übrigen auch bei scheinbar korrekt verlaufendem Update auftreten kann – der PC versagt jeglichen Dienst. Glück im Unglück, wenn das Mainboard den Recovery-Modus (siehe Kapitel 13.6.7) beherrscht. Es kann aber auch der folgende, nicht ganz so tragische Fall auftreten, dass die Programmierung durch die folgende Meldung (zunächst) unterbrochen wird:

```
Boot Block of New BIOS is different from old one !!!
Please Use 'Advanced Features' to Flash whole BIOS
```

Der Boot-Block enthält – wie es der Name andeutet – Informationen für den Boot-Vorgang des PC, der separat zur eigentlichen BIOS-Software im Flash-PROM geführt wird. Sowohl der Boot-Block (siehe auch Tabelle 13.6) als auch die weiteren BIOS-Routinen müssen aufeinander abgestimmt sein (Versionsnummer), und bei der Vielzahl der möglichen Versionen kann der Fall auftreten, dass auch der Boot-Block mit aktualisiert werden muss, wie es der obigen Fehlermeldung zu entnehmen ist, die auch mit der Meldung *Boot Block Error* o. ä. in Erscheinung treten kann.

Für diesen Fall enthält ein Flash-Writer-Programm einen speziellen Menüpunkt, der sich meist unter den *Advanced Features* verbirgt und nach dem Aufruf die in Bild 13.15 gezeigten Optionen bietet. Falls das verwendete Flash-Writer-Programm diesen Punkt allerdings nicht zur Verfügung stellen sollte, ist man zunächst am Ende des vermeintlichen BIOS-Update angelangt, und das Programm sollte mit der [Esc]-Taste beendet werden.

Nur wenn der Hersteller (des Mainboards oder des BIOS) ein neueres, zum Mainboard passendes Writer-Programm auf seinem Internetserver bieten kann, ist ein späterer, erneuter Programmierversuch anzuraten, andernfalls sollte man lieber die Finger davon lassen.

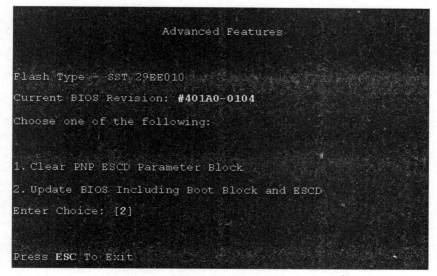

Bild 13.15: Die Advanced Features eines Flash-Writer-Programms erlauben das Löschen der aktuellen Plug&Play-Parameter und ein komplettes BIOS-Update.

Durch Anwahl des Punktes 2 wird das BIOS inklusive des Boot-Blockes komplett neu programmiert. Dabei sind die gleichen Dinge zu beachten, wie es zuvor bei der Aktualisierung des BIOS ohne den Boot-Block beschrieben worden ist. Dieses Update führt hier auch zur Löschung des *Extended System CMOS DataRAMs (ESCD)*, der die (Ressourcen-) Informationen über die verwendeten Plug&Play-Devices enthält.

Dieser Parameterblock lässt sich auch einzeln mithilfe des ersten Menüpunktes löschen. Die Anwendung dieser Funktion, die im Grunde genommen nichts mit einem BIOS-Update oder einer Neuprogrammierung zu tun hat, kann sich als äußerst nützlich erweisen, wenn der PC aus irgendwelchen Gründen mit bestimmten Plug&Play-Devices nicht zurechtkommt und daher nicht mehr korrekt starten kann. Dieser erweiterte CMOS-RAM-Bereich liegt nicht etwa im üblichen CMOS-RAM (kombiniert mit dem Kalender-/Uhren-Chip), sondern im BIOS-Flash-Memory, und dieser Bereich wird durch die Anwahl des genannten Punktes gelöscht.

Die ESCD-Parameter, die sich in diesem erweiterten Bereich befinden, werden nachfolgend beim Neuboot – in Abhängigkeit von den jeweils eingesetzten Plug&Play-Devices – wieder automatisch neu geschrieben. Der Update-Vorgang lässt sich meistens am Monitor durch die Meldung *Updating ESCD* beobachten und meist auch im BIOS-Setup explizit aktivieren.

Die Neuprogrammierung des BIOS-Bausteins wird, je nach Hersteller des Flash-Writers, unterschiedlich dargestellt, wobei oftmals eine Fortschrittsanzeige in Form eines Laufbalkens erscheint, die mit der Meldung *Programming Flash Memory - OK* beendet ist. Durch Betätigung der [Esc]-Taste wird das Writer-Programm beendet, und nach einem Neustart des PC sollte nunmehr das neue BIOS aktiviert sein.

13.6.5 Der Neustart

Der nun folgende Neustart ist dabei als *Kaltstart* auszuführen, also durch Aus- und Wiedereinschalten des PC. Im Gegensatz zum Warmstart (Tastenkombination [Strg]+[Alt]+[Entf]) führt immer nur ein kompletter Reset (Kaltstart) des PC zu einer vollständigen Neuinitialisierung des Systems.

Entgegen der landläufigen Meinung erfolgt nach der Betätigung der Reset-Taste am PC keineswegs eine vollständige Neuinitialisierung des PC , was allerdings auch davon abhängt, wie die Hardware der angeschlossenen Einheiten jeweils realisiert wurde, also in welcher Art und Weise deren Hardware auf den Reset-Impuls reagiert.

Nach dem Erscheinen der (neuen) BIOS-Meldung ist zunächst der BIOS-Setup auszuführen, und dabei sind die Standardwerte mit *Load Setup Defaults* aufzurufen (z.B. mit der [Del]- bzw. [Entf]-Taste). Dieser Vorgang verhindert, dass Einträge der alten BIOS-Version möglicherweise falsch interpretiert werden und aktiviert zunächst alle grundlegenden Einstellungen. Wenn so weit alles in Ordnung ist, wird der PC wieder ausgeschaltet und der Jumper (Disable Programming/Normal Read) – soweit vorhanden – wieder in die Normalstellung gebracht. Danach folgt ein vollständiger Boot des PC, und man geht erst jetzt daran, die einzelnen BIOS-Setup-Einträge zu optimieren, also die *Setup Defaults* durch die manuellen Einstellungen wieder zu ersetzen oder die zuvor per Programm gesicherten Einstellungen wieder zu aktivieren.

Es kommt durchaus vor, dass für ein und dasselbe Mainboard BIOS-Versionen verschiedener Hersteller verfügbar sind, beispielsweise von den Firmen Award und AMI. Unter Umständen ist es sinnvoll, hier einen Wechsel vorzunehmen, wobei zuvor eine Kontrolle der jeweiligen Features – in der Regel anhand einer README-Datei oder als Text auf dem Internetserver der betreffenden Firma – vorzunehmen ist. Es muss dabei beachtet werden, dass auch das passende Flash-Writer-Programm zum Einsatz kommt, was bedeutet, dass beispielsweise bei einem installierten AMI-BIOS auch ein Flash-Writer von AMI verwendet werden muss, um das BIOS der Firma Award damit zu programmieren. Entsprechendes gilt auch in umgekehrter Konstellation.

Vorgehensweise zum BIOS-Update in Kurzform:

1. Genau überlegen, ob ein Update überhaupt sinnvoll ist.
2. Überprüfen des Flash- oder des EEPROM-Typs auf dem Mainboard.
3. Handbuch dahingehend zu Rate ziehen, welche Flash-Typen zum Einsatz kommen können.
4. Neue BIOS-Version und eventuell Flash-Writer – am besten aus dem Internet – besorgen.
5. Eventuell Jumper für die richtige Programmierspannung (5V oder 12V) setzen.
6. Kontrollieren, ob das Mainboard/BIOS einen *Recovery Mode* beherrscht, was eine gewisse Sicherheit bei nachfolgenden Problemen während der Programmierung bietet.
7. Boot-Diskette mit allen benötigten Dateien anfertigen.
8. Im BIOS-Setup die Boot-Reihenfolge auf A:, C: ändern.
9. In der Praxis hat es sich gezeigt, dass ein BIOS-Setup mitunter scheitert, wenn die Caches eingeschaltet sind, sodass man diese sicherheitshalber vor dem »Flashen« im BIOS-Setup abschaltet.
10. Festhalten der aktuellen BIOS-Setup-Einstellungen (z.B. Ausdrucken der einzelnen Seiten).
11. Wenn vorhanden, den Jumper auf dem Mainboard in die Stellung *Enable Programming* setzen oder im BIOS-Setup den Eintrag *BIOS Update* auf *Enabled* schalten.
12. PC von Diskette starten und das Flash-Writer-Programm aufrufen.
13. Nur fortfahren, wenn sowohl der auf dem PC befindliche BIOS-Baustein als auch die BIOS-Version richtig erkannt werden.
14. Den aktuellen BIOS-Inhalt in einer Datei sichern.
15. Starten der Neuprogrammierung, wobei möglicherweise die *Advanced Features* (Update BIOS Including Boot Block) aktiviert werden müssen.
16. Beenden des Flash-Writer-Programms und PC-Kaltstart ausführen.
17. BIOS-Setup aufrufen und *Load Setup Defaults* aktivieren.
18. Wenn vorhanden, den Jumper und/oder den BIOS-Setup-Eintrag (BIOS-Update: Disabled) wieder in die Normalstellung zurücksetzen.
19. PC neu starten und die (optimierten) Einstellungen im BIOS-Setup vornehmen.

Bei einigen BIOS-Versionen (z.B. bei Intel-Boards) kann man sich das Notieren oder das Ausdrucken der aktuellen BIOS-Setup-Einstellungen für die spätere Wiedereinstellung sparen. Es ist möglich, die aktuelle Einstellung unter *Exit* und mit *Save Custom Defaults: Yes* abzuspeichern und später nach dem Update einfach wieder zu laden (Load Custom Defaults).

13.6.6 BIOS-Update bei Mainboards mit Firmware-Hub

Alle neueren Mainboards mit Intel-Chipset verwenden einen Firmware-Hub (82802xx), der auch das System-BIOS enthält. Es handelt sich dabei ebenfalls um einen Flash-Speicher, der jedoch mindestens einem 4 MBit-Typ (512 kByte) entspricht und dann in acht Blöcken zu je 64 kBits organisiert ist. Diese Blöcke werden »scheibchenweise« im Speicherbereich 960k–1024k des PC eingeblendet und sind einzeln zu beschreiben, zu löschen und zu sichern (hardware-based locking), was eine höhere Sicherheit gegenüber den üblichen Flash-Speichern bieten kann. In der Praxis hat sich bisher jedoch kein Vorteil gegenüber den bisher üblichen Flash-BIOS-Versionen feststellen lassen. Vielmehr scheint die im Firmware-Hub implementierte stärkere Modularisierung eher für andere Anwendungen (dazu später mehr) verwendet zu werden, wie die Möglichkeit, nur einzelne BIOS-Module ersetzen oder auch ein selbst gestaltetes BIOS-Logo »brennen« zu können.

Adressen/Hex	Block/Größe	Anwendung
80000–7FFFF	Block 7, 64 kByte	Boot-Block
70000–6FFFF	Block 6, 64 kByte	
60000–6FFFF	Block 5, 64 kByte	System-BIOS
50000–4FFFF	Block 4, 64 kByte	
40000–4FFFF	Block 3, 64 kByte	
30000–3FFFF	Block 2, 64 kByte	
20000–2FFFF	Block 1, 64 kByte	8 kByte: Parameter-Block 2 8 kByte: Parameter-Block 1 48 kByte: reserviert
10000–1FFFF	Block 0, 64 kByte	Back-Up, Recovery-Daten

Tab. 13.15: Die Aufteilung eines 4 MBit-Firmware-Hubs

In den beiden Parametersektionen des Blocks 1 sind die Plug&Play-Daten (ESCD), die Daten für das Logo und verschiedene Kenndaten (Versions-, Produktnummern) untergebracht. Der Block 0 enthält dabei eine Kopie dieser Daten für den Recovery-Mode und kann nicht überschrieben werden.

Im Firmware-Hub (im Block 1) sind außerdem die Register für die mit dem Pentium III eingeführte – und umstrittene – Security-Architecture untergebracht (RNG, Randon Number Generator). Die mit dem RNG erzeugte Kennung ist für jeden Pentium III einmalig und erlaubt somit prinzipiell auch die Identifizierung eines bestimmten PC und damit eines Anwenders, was einigen Datenschutzorganisationen doch etwas zu weit ging, sodass Intel daraufhin die Empfehlung an die BIOS- und Mainboard-Hersteller ausgegeben hat, dass die Einschaltung dieser Seriennummer in den BIOS-Setups standardmäßig auf *Disabled* statt auf *Enabled* zu stehen hat.

Intel bietet für das Update – wie andere Hersteller auch – zwei Möglichkeiten an: entweder von Windows aus mithilfe der *Intel Express Update Utility*, wobei mindestens Windows 98 installiert sein muss, mit einer Serverversion von Windows NT oder Windows 2000 funktioniert es nicht, oder auch auf die althergebrachte Methode mit einer Diskette unter DOS, was bei Intel unter *Flash Memory Update Utility* firmiert. Beide Verfahren bieten prinzipiell die folgenden Möglichkeiten:

- Überprüfung dahingehend, ob das neu einzuspielende BIOS zum Mainboard bzw. zum installierten BIOS konform ist.
- Aktualisierungsmöglichkeit des BIOS-Boot-Blocks und des eigentlichen BIOS-Codes, wobei eine versehentliche Zerstörung des Boot-Blocks verhindert wird.
- Separate Aktualisierung des BIOS-Boot-Blocks möglich.
- Veränderung der Sprache für den BIOS-Setup (maximal 32 möglich).
- Aktualisierungsmöglichkeit einzelner BIOS-Module (z.B. SCSI, Grafik).
- Möglichkeit, ein spezielles BIOS-Boot-Logo einzuspielen.

Intel hat zwar einige Schutzmechanismen beim BIOS-Update eingebaut, gleichwohl erscheint es doch ein unnötiges Wagnis zu sein, die BIOS-Aktualisierung unter Windows durchzuführen. Außerdem kann der Update-Vorgang auch direkt von der Intel-Internetseite ausgelöst werden (Run from Current Location), sodass zusätzlich das Internet (Modem, ISDN) mit ins Spiel kommt. Wer noch nicht genug von Fehlermeldungen hat und sich auch noch beim BIOS-Update mit neuen Windows-Fehlermeldungen wie *Windows OS is fragmented* oder *FAT file systems trigger ScanDisk* herumärgern will, kann die Intel-Seite unter http://developer.intel.com/design/motherbd/xxx aufsuchen und sich ein eigenes Bild davon machen. Zum Zeitpunkt der Drucklegung dieses Buches funktioniert das Intel-Express-Update-Verfahren nur mit Intel-Mainboards und nicht mit denen anderer Hersteller, die auf ihren Boards ebenfalls einen aktuellen Intel-Chipset einsetzen.

Die übliche Methode unter Verwendung einer DOS-Boot-Diskette, auf die die nötigen Daten für das BIOS-Update kopiert werden, funktioniert auch bei Intel-Boards oder anderen Mainboards mit einem Firmware-Hub, wie es zuvor unter »Vorgehensweise zum BIOS-Update in Kurzform« erläutert ist, und man wird in der Handhabung keinen relevanten Unterschied zu einem üblichen Flash-Vorgang feststellen können.

13.6.7 Recovery-Modus

Wie bereits erläutert, gibt es bei einigen Mainboards einen Recovery-Jumper, der es ermöglicht, ein BIOS nach einem fehlgeschlagenen Update wieder zum Leben zu erwecken. Dies gelingt jedoch nur, wenn das BIOS über einen nicht löschbaren Boot-Block (Non Erasable Boot Block Area) verfügt.

Function / Mode	Jumper Setting	Configuration
Normal	1-2	Das BIOS verwendet die aktuelle Konfiguration für den Bootvorgang.
Configure	2-3	Nach dem POST wird der BIOS-Setup automatisch aufgerufen, optionale Einstellungen sind nun möglich.
Recovery	none	Durchführung der BIOS-Wiederherstellung.

Bild 13.16: Bei aktuellen Intel-Mainboards kennt der Jumper für das BIOS sogar drei Stellungen, wobei in der Stellung »CONFIGURE« das Maintenance-Menü zugänglich wird, was für die »gefährlicheren« Speicher- und CPU-Einstellungen zuständig ist.

In der Regel kann man davon ausgehen, dass ein aktuelles BIOS diese nützliche Funktion aufweist, auch wenn sich kein spezieller Jumper finden lässt. Wenn ein BIOS-Update zur Katastrophe geführt hat, kann man ohnehin nichts verderben und daher auch diesen Recovery-Versuch wagen, wofür wieder eine spezielle Boot-Diskette mit Flash-Programm und BIOS-Daten notwendig ist.

Üblicherweise ist auf der Internetseite des Mainboard-Herstellers beschrieben, was sich im Einzelnen auf einer Recovery-Diskette zu befinden hat. Bei einigen Mainboards mit einem AMI-BIOS reicht es aus, die gewünschte, zu schreibende Datei in *amiboot.rom* umzubenennen und beim PC-Start die Tastenkombination [Strg] + [Pos1] zu betätigen. Bei anderen BIOS-Versionen kann dies anders aussehen. Bei der Firma Award heißt das Flash-Programm beispielsweise AWDFLASH.EXE, das die folgenden Optionen kennt:

```
AWDFLASH    [<FLASH>  [PATH] [FILENAME]] [/Py,Pn]
            [<SAVE>   [PATH] [FILENAME]] [/Sy,Sn]
            [<CLEAR   CMOS>  [/CC]]
            [<CLEAR   PnP>   [/CP]]
```

Demnach können mit diesem Programm verschiedene Aktionen durchgeführt werden und ein BIOS in einer Datei gesichert (SAVE), aus einer Datei neugeschrieben (FLASH) oder auch das CMOS-RAM oder der Plug&Play-Bereich (ESCD) gelöscht werden. Die einzelnen Kommandos sind nicht anzugeben, sondern die Kürzel und Dateinamen (FILE) und möglicherweise auch ein Pfad (PATH), wobei man jedoch alle notwendigen Daten im gleichen Verzeichnis wie das Flash-Programm vorliegen haben sollte, wodurch sich diese Angabe erübrigt. Die Kürzel haben die folgenden Bedeutungen und stellen die auslösenden Elemente für das Flash-Programm dar:

```
/Py: Program BIOS Yes
/Pn: Program BIOS No
/Sy: Save BIOS Yes
/Sn: Save BIOS No
/CC: Clear CMOS
/CP: Clear Plug&Play
```

Wenn man auf der Diskette nun die folgende Zeile in die Datei AUTOEXEC.BAT aufnimmt, wird der Inhalt der Datei BIOSOLD.BIN in das BIOS »geflasht«.

```
AWDFLASH.EXE BIOSOLD.BIN /Py
```

Beim Recovery-Vorgang ist meist keinerlei Aktivität auf dem Monitor zu beobachten, denn die *Non Erasable Boot Block Area* ist relativ klein, sodass in diesem Bereich auch nur die wichtigsten Funktionen für die BIOS-Wiederherstellung untergebracht sind und dabei auch keine Grafikunterstützung zur Verfügung gestellt wird. Unter Umständen kann jedoch eine alte ISA-Karte dabei ein Bild produzieren.

Wenn also nichts auf dem Monitor zu erkennen ist, kann nur auf den PC-Speaker und die LED des Diskettenlaufwerks geachtet werden, um den Wiederherstellungsprozess zu beobachten. Dieser Vorgang dauert meist mehrere Minuten, sodass man nicht ungeduldig werden sollte, um die Situation nicht wieder zu verschlimmern. Der Vorgang ist dann beendet, wenn zwei Beeps ertönen und die LED des Diskettenlaufwerks erlischt.

Wer Besitzer einer PCI-POST-Code-Karte ist, kann den Recovery-Vorgang auch mit dieser Karte verfolgen, da dabei ebenfalls POST-Codes (siehe auch Kapitel 15.3) ausgegeben werden, was sich als sehr schöne Kontrollmöglichkeit darstellt.

Post-Code	Recovery-Stufe
E0	Initialisierung des Diskettenlaufwerk-Controllers, Auspacken der komprimierten Recovery-Daten im Shadow-Speicher (F000:0000), Initialisierung der Interrupt- und DMA-Controller
E8	Initialisierung zusätzlicher Recovery-Module
E9	Initialisierung des Diskettenlaufwerks
EA	Versuch, vom Diskettenlaufwerk zu booten, Kontrolle an den Boot-Sektor übergeben.

Tab. 13.16: Die POST-Codes beim BIOS-Recovering (AMI/Intel-BIOS)

Post-Code	Recovery-Stufe
EB	Booten vom Diskettenlaufwerk gescheitert, suchen nach einem ATAPI-Device
EC	Versuch, vom ATAPI-Device zu booten, Kontrolle an den Boot-Sektor übergeben
EF	Boot-Versuche gescheitert, Ausgabe von Beeps, erneuter Boot-Versuch ab Code E9

Tab. 13.16: Die POST-Codes beim BIOS-Recovering (AMI/Intel-BIOS) (Forts.)

Falls eine Reihe von gleichmäßigen Tönen zu vernehmen ist, ist das BIOS-Recovering leider fehlgeschlagen, und einer der letzten Auswege ist dann ein externes Programmiergerät, welches die entsprechende BIN-BIOS-Datei (*.bin) lesen und mit dessen Hilfe man ein neues BIOS brennen kann.

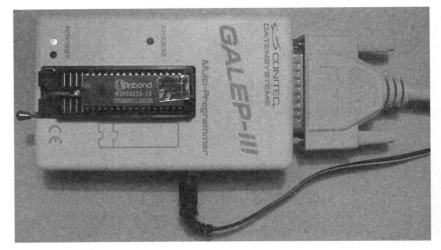

Bild 13.17: Dieses Programmiergerät wird über die Parallelschnittstelle an einen PC angeschlossen und erlaubt das Auslesen, Verändern und Programmieren unterschiedlicher Speichertypen, wie auch der BIOS-Flash-Speicher.

Für den gelegentlichen Heimgebrauch ist ein derartiges Gerät jedoch wohl zu teuer (ab ca. 300 €), aber vielleicht gibt es im Bekanntenkreis ein entsprechendes Gerät. Programmierte BIOS-Chips sind meist auch vom Mainboard-Hersteller zu beziehen, wobei sich die Preise hierfür zwischen 15–50 € bewegen.

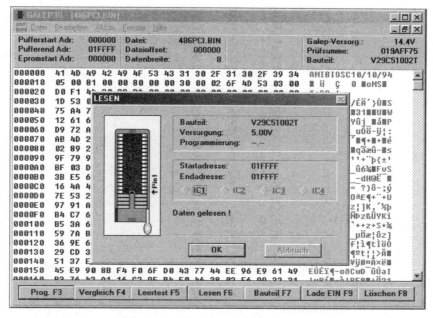

Bild 13.18: Die Binärdatei wird in das Programmiergerät geladen, der passende Chip ausgewählt, und in Sekunden ist er neu programmiert.

13.6.8 BIOS-Rettung für Unerschrockene

Unerschrockene Anwender können auch noch ein anderes Verfahren zur Rettung ausprobieren, wofür man allerdings ein zweites Mainboard mit identischem BIOS-Chip benötigt. Außerdem muss der Chip in einer Fassung sitzen und darf nicht direkt auf dem Mainboard festgelötet sein, wie es beispielsweise bei dem Typ in Bild 13.11 der Fall ist.

Das Prinzip beruht nun darauf, dass man das »zerschossene« BIOS mithilfe eines funktionierenden PC neu beschreibt. Beim intakten PC lockert man zunächst den BIOS-Chip derart, dass er sich später leicht (ohne Werkzeug) herausziehen lässt. Der PC wird gestartet und im BIOS-Setup das Shadow-RAM für das System-BIOS aktiviert, damit der PC nach dem Entfernen des BIOS-Chips weiterläuft.

Mit der Boot-Diskette, auf der sich die benötigten Daten für das Update befinden, wird der PC nun neu gestartet und das Flash-Programm aufgerufen, mit dem das aktuelle BIOS auf der Diskette gesichert wird. Dann kommt der große Augenblick: Der BIOS-Chip wird aus dem Sockel herausgezogen und der mit dem »zerschossenen« BIOS eingesetzt. Wenn man dabei vorsichtig verfährt, wird der PC ungehindert weiterlaufen, und nun kann das auf Diskette gesicherte BIOS in den BIOS-Chip »geflasht« werden, womit der Vorgang beendet sein sollte.

Bild 13.19: Der BIOS-Chip wird aus der Fassung so weit herausgehebelt, dass er nachfolgend im laufenden Betrieb mühelos herausgezogen werden kann.

13.7 Andere BIOS-Chips aktualisieren

Neben dem System-BIOS gibt es in einem PC auch auf Einsteckkarten verschiedene BIOS-Typen, wobei dies am häufigsten bei Grafik- und Controller-Karten (IDE, SCSI) der Fall ist. Entsprechende Firmware befindet sich außerdem in Geräten wie CD-ROM-Laufwerken, Druckern, Scannern, Modem- und ISDN-Adaptern oder auch »Netzwerkverteilern« wie Hubs und Switches.

Bei externen Geräten ist es generell üblich, dass hier eine Firmware am Werke ist, denn im Innern befindet sich ein Mikroprozessor, der seine Befehle und Daten schließlich irgendwoher erhalten muss, damit er überhaupt aktiv und das Gerät damit einsatzbereit wird und auf die Daten der jeweiligen Schnittstellen (RS232, Parallel, Netzwerk) reagieren kann. Der Grund für ein Update derartiger Firmware liegt allein in der Fehlerbeseitigung, wobei diese Fehler eigentlich derartig schwer wiegen, dass das betreffende Gerät nicht in der vom Hersteller spezifizierten Art und Weise arbeiten kann. In solchen Fällen ist das Gerät zum Händler oder Hersteller zurückzuschicken, und dem Anwender kann es egal sein, ob dann in der Werkstatt ein Bauteil ausgetauscht wird oder ob sich der Fehler tatsächlich durch ein Firmware-Update beheben lässt.

```
→ HP NetServers - HP NetRAID-4M Disk Controller Firmware        2001-03-26
  Update
  HP Netserver - Technical Support - Hot News - HP NetServers - HP    → find similar
  NetRAID-4M Disk Controller Firmware Update
  http://netserver.hp.com/netserver/support/ hot_news/bpn03780.asp

→ HP NetServer - Toptools Remote Control Card Bootable          2001-03-30
  Firmware Update
  HP Netserver - Technical Support - Hot News - HP NetServers - HP    → find similar
  NetRAID-4M Disk Controller Firmware Update
  http://netserver.hp.com/netserver/support/ hot_news/lpn10012.asp

→ hp netserver - technical support - hot news - new Firmware    2001-03-26
  & mode page for the Quantum ...
  HP NetServer - Technical Support - Hot News - New Firmware &        → find similar
  Mode Page for the Quantum Viking Hard Disk D3583C
  http://netserver.hp.com/netserver/support/ hot_news/bpn02887.asp

→ HP Architecture Homepage                                      2000-04-11
  Homepage of the Architecture Practice Area of PGC at Hewlett
  Packard. This page contains information about how to architect      → find similar
  software and firmware systems, how to document software
  architectures using UML, how to document use ...
  http://www.architecture.external.hp.com/

→ hp netserver - technical support - hot news - hp remote       2001-03-26
  assistant - Firmware upgrade available
  HP Netserver - Technical Support - Hot News - HP Remote Assistant   → find similar
  - Firmware Upgrade Available
  http://netserver.hp.com/netserver/support/ hot_news/bpn02647.asp

→ HP NetServer - Configuration Issues with the HP NetRAID 1M    2001-03-26
  (P3410A) and 2M (P3411A and P3475A)
  HP Netserver - Technical Support - Hot News - HP NetServers - HP    → find similar
  NetRAID-4M Disk Controller Firmware Update
  http://netserver.hp.com/netserver/support/ hot_news/bpn04048.asp

                                                    2951 results    1-10 ▶
```

Bild 13.20: Die Suche nach dem Begriff »Firmware« fördert bei Hewlett-Packard im Internet immerhin 2951 Einträge zutage, wobei Firmware-Updates in erster Linie für Netzwerkkomponenten und (netzwerkfähige) Laserdrucker zur Verfügung gestellt werden.

ACHTUNG

> Eine Firmware-Aktualisierung von Geräten ist prinzipiell mit den gleichen Gefahren wie ein Update des System-BIOS verbunden, auch wenn die aktuellen Flash-Programme – sogar unter Windows und per Webbrowser – eine immer sicherere Aktualisierung ermöglichen. Es sollte stets mit dem Hersteller des Gerätes genau geklärt werden, ob und warum ein Firmware-Update notwendig ist und was er an Service bietet, falls es schief gehen sollte.

Die Realisierungen der jeweiligen Firmware-Speicher sind dabei von Gerät zu Gerät und von Hersteller zu Hersteller völlig unterschiedlich. Es ist auch nicht immer ein Flash-Speicher eingebaut, der relativ einfach neu beschrieben werden kann, sondern oftmals muss der Firmware-Baustein auch ausgetauscht werden, was dem Händler oder der Werkstatt vorbehalten bleibt.

Andere BIOS-Chips aktualisieren

EPROM/BIOS		[Zum Seitenanfang]
BIOS-Matrix für AHA 2940AU		
Ihr BIOS weist Version 1.21 oder 1.30 auf	Dann können Sie auf Version 1.32 aktualisieren.	Wenden Sie sich an die technische Unterstützung von Adaptec um ein neues EPROM zu bekommen.
Ihr BIOS weist Version 1.34.2 auf	Dies ist das Produktionsrelease für eine neue AHA-2940AU-Version.	Dieses BIOS ist nicht mit dem ursprünglichen Produktionsrelease des AHA2940AU kompatibel.

OS/2	[Zum Seitenanfang]
Datei: 7800OS2.EXE **Datum:** 22.02.1999 **Größe:** 218.794 **Beschreibung:** 7800 Familiy Manager Set 3.02.2-Treiber für OS/2 2.x, Warp.	

Bild 13.21: Die Firma Adaptec stellt im Internet ebenfalls eine beachtliche Anzahl an BIOS-Updates für ihre Produkte (z.B. für SCSI-Hostadapter) zur Verfügung. Beim AHA2940AU ist das Update offensichtlich etwas problematisch, da man sich hierfür an die technische Unterstützung von Adaptec wenden soll.

Das Aufspielen von Treiber-Updates gehört insbesondere bei Windows-Betriebssystemen zu den üblichen Arbeiten, wobei nicht immer klar ersichtlich ist, was denn nun gegenüber der vorherigen Treiber-Version geändert worden ist. Wenn man beherzigt, nur dann ein Soft-Update auszuführen, wenn etwas im Argen liegt oder neue oder verbessere Funktionen, die auch benötigt werden, nach dem Update zur Verfügung stehen, gilt dies in verstärktem Maße für die Aktualisierung der Firmware eines Gerätes.

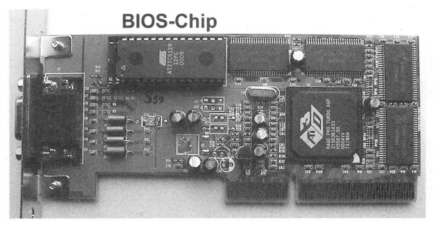

Bild 13.22: Diese Grafikkarte der Firma ATI verwendet keinen Flash-Baustein als BIOS-Chip sondern ein ROM, dessen Inhalt nicht veränderbar ist.

Aktuelle Treiber oder auch die verschiedenen Windows-Service Packs haben die primäre Aufgabe, Fehler »auszubügeln«, auch wenn dies nicht immer den Anschein hat. Allerdings kann der Hersteller beim Programmieren der jeweiligen Software auch nicht immer vorhersehen, welche Probleme sich in Kombination mit anderen Einheiten zeigen werden, die ein Update erfordern. Es gibt zwar genaue Microsoft-Spezifikationen, die der technischen Entwicklung aber teilweise hinterherhinken, wie es immer wieder mit DirectX passiert, wenn man hier an die rasante Entwicklung bei den Grafikkarten denkt. Die neuesten Grafik-Chips bieten möglicherweise weitaus mehr Funktionen für den Spiele-Freak, als dies mit dem standardisierten DirectX möglich ist, sodass die Hersteller gewissermaßen um diese Software-Schnittstelle auf eigene Art und Weise herumprogrammieren, wodurch einige Spiele gar nicht oder nur unbefriedigend funktionieren.

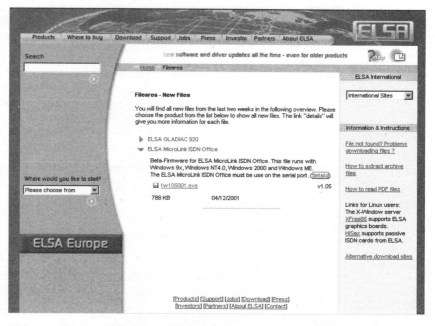

Bild 13.23: Nicht nur für Grafikkarten der Firma ELSA, sondern auch für deren Modems und ISDN-Adapter gibt es Firmware-Updates.

Lassen sich Fehler oder auch neue Funktionen, die in der Hardware quasi schon »lauern«, nicht durch ein Treiber-Update beheben, kann ein Firmware-Update durchaus eine Lösung sein, wie es bei aktuellen Grafikkarten leider nicht unüblich ist. So mag es nicht verwundern, dass fast alle bekannten Hersteller von Grafikkarten auf ihren Internetseiten neben den Treibern auch Firmware-Updates bereitstellen. Oftmals sind die ergiebigeren Seiten allerdings die internationalen und nicht die deutschen. Das genaue Studium der jeweiligen Angaben auf den Internetseiten und der Readme-Dateien, die beim Download der Firmware meist mitgeschickt werden, ist absolute Pflicht, wenn tatsächlich die begründete Aussicht besteht, durch ein Update eine Verbesserung zu erreichen.

Die Vorgehensweise für das BIOS-Update unterscheidet sich dabei – wie zuvor erwähnt – sehr stark, sodass es keinen Sinn macht, hier ein Vorgehensmuster anzugeben. Gemein ist den meisten Updates für Grafikkarten allerdings, dass hier, wie beim Update des System-BIOS, eine DOS-Diskette mit dem Flash-Programm und dem zu programmierenden Binärfile anzuraten ist. Die Flash-Programme sind für Grafikkarten mittlerweile so ausgereift, dass eine Reihe von Überprüfungen – wie beispielsweise des Chips und des BIOS-Typs – stattfinden, die den Anwender auf Probleme aufmerksam machen. Beim einer auftretenden Fehlermeldung wie *wrong BIOS-Version* sollte ein Flash-Vorgang natürlich nicht ausgeführt werden, denn wie beim System-BIOS kann es auch »daneben gehen«, und damit ist die Grafikkarte dahin. Die BIOS-Chips sind bei vielen aktuellen Grafikkarten außerdem auch nicht gesockelt, sodass der Chip nicht anderweitig, z.B. mit einem Programmiergerät oder einer zweiten identischen Grafikkarte, programmiert werden könnte.

Für CD-ROM-Laufwerke und insbesondere CD-Writer gibt es von einigen Herstellern im Internet auch Firmware-Updates, wobei die Internetseite des Herstellers Ahead, der insbesondere durch das Brennprogramm *Nero Burning ROM* bekannt ist, hier eine recht gute Link-Sammlung zu den einzelnen Herstellern der CD-Brenner bietet. Üblicherweise sind BIOS-Updates nur für ältere CD-Brenner sinnvoll, wenn sie bestimmte Modi (z.B. DAO) nicht unterstützen.

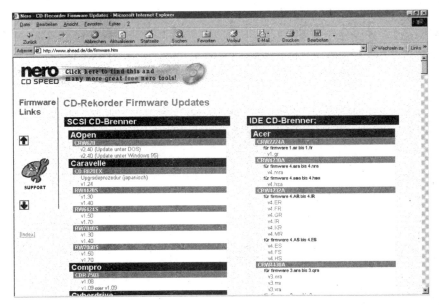

Bild 13.24: Die Internetseite der Firma Ahead bietet eine Vielzahl von Links für das Firmware-Update von CD- und DVD-Writern.

Vielfach sind bestimmte Brenner unterschiedlicher Hersteller hardwaretechnisch völlig baugleich und unterscheiden sich lediglich in der Firmware, sodass das preisgünstigere Modell beispielsweise keine 80-Minuten-Rohlinge verwenden kann, das teurere Modell hingegen schon. Mit der notwendigen Kenntnis der Brennerdetails ist es somit im Prinzip kein Problem, durch ein Firmware-Update seinem CD-Brenner Funktionen hinzuzufügen, die eigentlich den teureren Modellen vorbehalten sind.

Zuweilen gibt es außer verschiedenen Gerätekennungen, die das BIOS beim Boot anzeigt, gar keinen technischen Unterschied zwischen (vermeintlich) unterschiedlich aufgebauten CD-Brennern. Ähnliches ist auch bei IDE-Controllern (z.B. Abit Hot Rod, Promise Ultra 100) möglich, die von Hause aus als IDE-Controller »geflasht« sind und sich per Update zu einem RAID-Controller mausern, der eigentlich doppelt so teuer ist. Wer kein versierter PC-Bastler ist, sollte von solchen Aktionen allerdings Abstand nehmen. Relativ gefahrlos ist es, wenn der Originalinhalt des Speichers mit einem Programmiergerät gesichert werden kann.

> Insbesondere bei Brennern und IDE-Controllern ist es durch einem Firmware-Update möglich, Funktionen zutage zu fördern, die eigentlich den teureren, aber baugleichen Modellen vorbehalten sind. Im Internet sind zahlreiche Seiten und Newsgroups zu finden, die sich mit derartigen – von den Herstellern natürlich nicht gewünschten – Tuning-Maßnahmen beschäftigen. Solche Aktionen sind aber stets mit dem Risiko verbunden, dass das Gerät anschließend möglicherweise überhaupt nicht mehr funktioniert und die Herstellergarantie damit erloschen ist.

Geräte, die extern an den PC angeschlossen werden, also über eine Schnittstelle wie den seriellen Port (Modems), den Parallel-Port (Drucker) oder auch über ein Netzwerk (Switches, Netzwerkdrucker), werden bei Bedarf auch über die jeweilige Schnittstelle neu programmiert. Somit hat nicht nur der eigentliche (Windows-)PC, sondern auch die Einstellung der Ports und die Kabelverbindung einen Einfluss auf diesen Vorgang. Ein Modem, welches z.B. über den seriellen Port einwandfrei funktioniert, kann beim BIOS-Update aufgrund eines Kabels von schlechter Qualität oder einer zu großen Kabellänge streiken, sodass der Flash-Vorgang aus diesem Grunde nicht erfolgreich verläuft.

Bei einer Verbindung über ein Netzwerk, welches in der Regel nicht exklusiv dem zu aktualisierenden Gerät zur Verfügung steht, gilt dies im verstärkten Maße, da hier während des Update-Vorgangs ein anderes Netzwerk-Device in die Quere kommen kann und der Datenfluss dadurch ins Stocken gerät. Trotz der Verlockung, dass ein Firmware-Update für einen Netzwerk-Switch einfach und bequem per Webbrowser erledigt werden kann, sollte das Netzwerk und der hier stattfindende Datenverkehr beachtet werden.

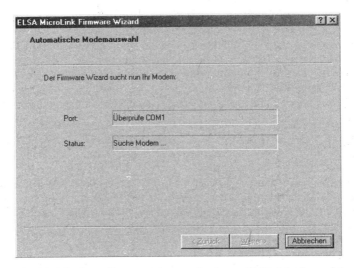

Bild 13.25: Die PC-Schnittstellen werden nach einem ELSA-Modem abgesucht.

Aus diesem Grunde ist bei den meisten Netzwerkeinheiten ebenfalls die ungefährlichere Variante möglich, wie das Update per RS232-Schnittstelle vorzunehmen zu können, wofür sich ein an die RS232-Schnittstelle angeschlossenes Notebook mit geladenem Windows-Hyperterminal empfiehlt. Es funktioniert aber auch ohne Windows (z.B. mit einem älteren Notebook) unter DOS mit einem DOS-Terminal-Programm, wie beispielsweise *Term90* vom Norton Commander. Vielfach ist ein Firmware-Update bei Netzwerkdruckern sowie Hubs und Switches nur deshalb notwendig, damit der neueste Internet Explorer daraufhin auf das betreffende Gerät für die Verwaltung und Konfiguration über ein Netzwerk zugreifen kann. Darauf kann man meist auch verzichten, zumal dies aus Sicherheitsaspekten ohnehin nicht empfehlenswert ist.

14 Das Grafiksystem

Als *Grafiksystem* wird hier die Grafikkarte und der dazugehörige Monitor verstanden. Diese beiden Komponenten müssen zur Erzielung der bestmöglichen Darstellungsqualität aufeinander abgestimmt sein. Dies ist jedoch nicht immer einfach durchzuführen, da es sich nun einmal um zwei unterschiedliche Einheiten handelt, welche von zahlreichen Herstellern angeboten werden, die auch nicht immer unmissverständliche Daten angeben und häufig unterschiedliche Vorgehensweisen für die Konfigurierung vorsehen.

Dem Monitor wird oftmals nicht die Aufmerksamkeit geschenkt, die er eigentlich verdient, denn ähnlich wie bei einer Stereoanlage, die mit relativ schlechten Lautsprecherboxen ausgestattet ist, verhält es sich mit einem PC und seinem Ausgabemedium – dem Monitor. Die beste 3D-Grafikkarte ist herausgeschmissenes Geld, wenn der Monitor die gelieferten Daten nicht adäquat weiterverarbeiten kann.

Ein erwiesenermaßen guter Monitor, der aktuelle Bildwiederholfrequenzen in den gewünschten Bildgrößen flackerfrei und ohne Bildstörungen zu produzieren vermag und sich dabei auch noch komfortabel einstellen lässt, wird technologisch gesehen mit ziemlicher Sicherheit mehrere CPU- und Grafikkarten-Generationen »überleben«. Daher ist es auch keine Seltenheit, dass viele ältere Monitore, die einmal gut und teuer waren, wie beispielsweise von Herstellern wie EIZO, Miro oder Sony, auch noch nach 10 Jahren klaglos ihren Dienst verrichten, während es den Anschein hat, dass neuere Monitore vielfach gerade mal die Garantiezeit überstehen. Eine Reparatur lohnt sich aus Kostengründen in der Regel aber nicht, sodass es vorteilhaft ist, wenn man selbst feststellen kann, ob der Monitor tatsächlich defekt ist oder ob hier andere Ursachen für ein Nichtfunktionieren vorliegen.

14.1 Kein Bild

Bleibt der Monitor nach dem Einschalten des PC komplett dunkel, unterscheidet sich die weitere Vorgehensweise bei der Fehlersuche zunächst dadurch, ob dieser Zustand plötzlich oder nach einem Eingriff in die Hard- oder Software oder nach einem Transport des PC aufgetreten ist.

Im letzteren Fall kann dies zuallererst bedeuten, dass der Monitor gar nicht richtig angeschlossen wurde. Ein (rauer) Transport des PC kann generell Wackelkontakte oder auch eine aus dem Slot herausgerutschte Einsteckkarte zur Folge haben, wie es in Kapitel 4 erläutert ist. Sind am PC zuvor irgendwelche Umbauarbeiten vorgenommen worden, kann letztlich alles Mögliche passiert sein, auch wenn nur im BIOS-Setup falsche Einstellungen vorgenommen wurden.

Für die weitere Vorgehensweise ist es zunächst am günstigsten, wenn der Monitor als Fehlerquelle auszuschließen ist. Leuchtet die Power-Anzeige am Monitor nicht, ist zunächst das Monitorkabel vom PC-Anschluss der

Grafikkarte abzuziehen. Wenn das Kabel nicht fest mit dem Monitor verbunden ist, sollte es auch hier entfernt werden. Der Grund für diese Aktion ist der, dass der Monitor durch eine fehlerhafte Grafikkarte oder auch eine schadhafte Verbindung unverträgliche Signale erhält, die ihn veranlassen abzuschalten.

Das Netzkabel des Monitors sollte außerdem in die Steckdose gesteckt werden und nicht etwa am PC angeschlossen sein. Wer die Warnung in Kapitel 4 nicht gelesen hat, der sei an dieser Stelle noch einmal daran erinnert, dass die Verwendung der geschalteten Netzbuchse am PC nicht ungefährlich ist und durchaus zur Zerstörung eines Monitors führen kann.

Nach dem erneuten Einschalten des Monitors sollte idealerweise die Power-LED leuchten, und bei aktuellen Monitoren wird außerdem ein Text auf dem Bildschirm erscheinen, wie *Signal Missing, Signalfehler* oder ähnlich, was auch in Ordnung wäre, da zurzeit keine Verbindung zur Grafikkarte besteht.

Es kann durchaus eine Weile dauern, bis die Power-LED leuchtet – sich der Monitor also wieder »beruhigt« hat –, wenn er zuvor irgendwelche Eingangssignale erhalten hat, die ihn zur Abschaltung bewogen haben. Man sollte daher vor dem Wiedereinschalten des Monitors durchaus ein paar Minuten abwarten.

Falls sich beim Monitor jedoch gar nichts tut, ist man bereits am Ende der Fehlersuche angelangt, denn der Monitor ist defekt. An einem Monitor lässt sich vom Laien überhaupt nichts reparieren, außer vielleicht dem Ersatz einer defekten Sicherung, die sich jedoch meist im Inneren des Monitors befindet.

Funktioniert der Monitor nur dann, wenn er keine Signalverbindung zur Grafikkarte hat, sind als Nächstes das Verbindungskabel und die Anschlüsse an der Grafikkarte und am Monitor genauer auf Beschädigungen hin zu untersuchen. Insbesondere beim 15-poligen DSUB-Anschluss kommt es immer wieder vor, dass hier ein Anschlusspin verbogen oder sogar abgebrochen ist.

TIPP

Es kommt nicht einmal selten vor, dass ein Anschlusspin am Stecker, der in die Buchse der Grafikkarte bzw. des Monitors gehört, verbogen oder angebrochen ist.

Bei diesem Test sollte ein möglicherweise vorhandener Monitorumschalter, der es erlaubt, den Monitor an zwei PCs betreiben zu können, nicht verwendet, sondern lediglich eine einzige Verbindung zwischen Grafikkartenanschluss und Monitor hergestellt werden. Dieser Umschalter oder auch eines der Verbindungskabel könnte natürlich ebenfalls defekt sein, was bei dieser Gelegenheit auch als Fehlerquelle zu entlarven wäre.

Hat diese Untersuchung bisher nichts Neues ergeben, ist der PC aufzuschrauben und die Grafikkarte auf ihren ordentlichen Sitz im Slot hin zu überprüfen. Ein kritischer Blick auf andere Karten, die man versuchsweise bei dieser Gelegenheit entfernen könnte, ist dabei auch ganz hilfreich. Bei einer Onboard-Grafik entfällt dieser Schritt natürlich.

Vorausgesetzt, dass das Netzteil funktioniert und das Mainboard auch mit Spannung versorgt wird, müsste der Monitor zumindest jetzt irgendetwas anzeigen. Ist dies nicht der Fall, kann an dieser Stelle eigentlich nur wieder eine POST-Code-Karte weiterhelfen, deren Anzeige womöglich an einem bestimmten Punkt stehen bleibt, der absolut nichts mit der Grafik zu tun hat. Hiermit ließe sich nun ein Fehler genauer lokalisieren, der z.B. in der Mainboard-Elektronik mit CPU, Speicher und Chipset begründet liegt.

Die POST-Code-Karte könnte an dieser Stelle jedoch auch einen Grafikkartenfehler ausweisen, womit sich hier die Wege zur weiteren Fehlersuche trennen würden. Als grobe Orientierung wären nun entweder das Mainboard oder aber die Grafikkarte defekt. Die in Teil 5 erläuterten Beep-Codes (siehe Kapitel 15.2) bieten möglicherweise ein (zusätzliches) Indiz dafür, wo der Fehler liegen könnte. Läuft der POST jedoch ohne Fehler durch, ist es nicht ganz so tragisch, denn der Fehler kann in einem nicht korrekten Anschluss oder in einer völlig falschen Einstellung des Monitors begründet liegen. Möglicherweise ist der falsche Eingang gewählt worden oder die Helligkeitseinstellung wurde komplett »heruntergedreht«.

Falls der Monitor zuvor an einem anderen PC oder an einem völlig anderen Computersystem angeschlossen war, kann es durchaus passieren, dass die im Monitor abgespeicherten Daten für den neuen PC absolut nicht passend sind und deswegen auch kein Bild erscheint. Die Monitore mit internem Mikroprozessor stellen von Haus aus einige werksseitig voreingestellten Grafik-Modi zur Verfügung, und im Handbuch sollte angegeben sein, welche dies im Einzelnen sind. Den DOS-Modus mit einer Auflösung von 640 x 480 Bildpunkten und einer Bildwiederholfrequenz von 60 Hz (Horizontalfrequenz 31,5 kHz) sollte jeder Monitor als Minimum unterstützen können. Diesen Modus wird die Grafikkarte als Erstes automatisch für die Ausgabe der BIOS-Meldung aktivieren, was auch bei einem »verkonfigurierten« Monitor funktionieren sollte. Wird dennoch kein Bild auf den Monitor projiziert, obwohl er definitiv in Ordnung ist und an einem anderen PC problemlos funktioniert, ist mit ziemlicher Sicherheit die Grafikkarte defekt.

In diesem Zusammenhang tritt auch immer wieder der Fall auf, dass ein unleserliches Bild (starke Streifen o. Ä.) erscheint, welches sich entweder dann beruhigt, wenn das Betriebssystem geladen wird oder überhaupt nicht. Daraus kann man schließen, dass die Grafikkarte Signale an den Monitor sendet, die er nicht mehr verarbeiten kann. Dann liegt der Verdacht nahe, dass die Grafikkarte mit einem anderen, höherwertigen Monitor konfiguriert wurde, bzw. dass an der Grafikkarte nunmehr ein leistungsschwächerer Monitor als zuvor angeschlossen worden ist. Bei einigen (älteren) Grafikkarten wird die Grafikeinstellung in einen Speicherbaustein (EEPROM) auf der Karte hineingeschrieben, und diese wird dann beim Neustart des PC automatisch wieder aktiviert. Ein Rückgängigmachen dieser Einstellung ist bei einem unleserlichen Bild jedoch nicht möglich, sodass die Grafikkarte auf einem anderen PC mit besserem Monitor wieder in die Einstellung gebracht wird, die jeder PC-Monitor mindestens verarbeiten kann. Zeigt der Monitor nach dem Einschalten des PC ein Bild und werden die Systeminformationen (vom BIOS) angezeigt, sind der Monitor und die Grafikkarte prinzipiell in Ordnung, was natürlich noch lange nicht bedeuten muss, dass die Bildschirmdarstellung bei dem nachfolgend zu ladenden Betriebssystem zur Zufriedenheit ausfallen muss (siehe Kapitel 14.4).

14.2 Die richtige Verbindung

Für die Verbindung des Monitors mit dem PC stellt sich die 15-polige VGA-Buchse als Standard dar. Falls der Monitor zusätzlich über weitere Anschlüsse verfügt, sollte überprüft werden, ob es hier möglich ist, einen bestimmten Eingang wählen zu können, wie beispielsweise VGA oder BNC. Dies kann anhand eines Schalters, der sich mitunter recht unscheinbar auch auf der Rückseite des Monitors befinden kann, bewerkstelligt werden oder bei neueren Monitoren anhand des OnScreen-Menüs. Ist hier der falsche Eingang selektiert worden, wird der Monitor – außer seinem Menü – auch nichts anzeigen können.

Es gibt auch Monitore mit mehreren Eingängen, die eigenständig bestimmen wollen, welcher PC sein Signal auf den Monitor abbilden darf, wobei vorausgesetzt wird, dass nur einer der PCs augenblicklich ein Signal liefert, was letztendlich bedeutet, dass nur einer davon eingeschaltet sein darf. Ähnliche (etwas fragwürdige) Automatiken können eine Bildschirmanzeige auch verhindern, wenn ein weiteres Verbindungskabel lediglich am Monitor angeschlossen, also auf der anderen Seite offen ist, was eigentlich nie der Fall sein sollte.

TIPP

> Bei einem Monitor, der praktischerweise über mehrere Eingänge verfügt, damit er an zwei PCs gleichzeitig angeschlossen werden kann, gibt es in der Regel eine Umschaltungsmöglichkeit, wobei zu beachten ist, ob hier auch der richtige Eingang selektiert worden ist.

14.2.1 VGA-Anschluss

Der VGA-Anschluss (Video Graphics Array) hat sich über die Jahre vom Erscheinungsbild her nicht verändert, allerdings wurden im Laufe der Zeit einige Signale hinzugefügt oder auch umfunktioniert, was von außen kaum zu erkennen ist, aber insbesondere beim Zusammenspiel von Monitoren und Grafikkarten unterschiedlicher Baujahre für Probleme sorgen kann.

Ältere Grafikkarten wie MDA, CGA oder EGA übertragen die Daten nicht in analoger Form wie es bei VGA der Fall ist, sondern digital, was bedeutet, dass ein aktueller Monitor nicht für die Verbindung mit diesen »Oldtimern« geeignet ist. Obwohl für die älteren Typen damals ein 9-poliger DSUB-Anschluss als Standard eingeführt wurde, hat es in der Übergangszeit von EGA zu VGA auch einen 9-poligen DSUB-Anschluss für VGA gegeben, was Unstimmigkeiten zur Folge hatte, da dies eine Verwechslungsgefahr mit dem digitalen EGA-Anschluss hervorrufen kann. Einige der damaligen Grafikkarten verfügten sogar über beide Anschlussvarianten, wobei der 9-polige für den (digitalen) EGA- und der 15-polige für den (analogen) VGA-Modus vorgesehen ist. Über DIP-Schalter wird dann auf der Karte der jeweilige Grafikmodus festgelegt, was entweder die Aktivierung der Signale für die EGA- oder die VGA-Buchse zur Folge hat.

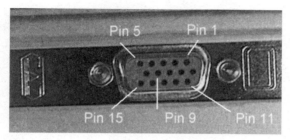

Bild 14.1: Der VGA-Anschluss bei einer Grafikkarte.

Kontakt Nr.	VGA	S-VGA	VESA	VESA II
1			Rot	
2			Grün	
3			Blau	
4	Monitor-ID-Bit	Monitor-ID-Bit 2	Monitor-ID-Bit	Masse
5	nicht belegt	Selbsttest	nicht belegt	DDC-Masse
6			Rot-Masse	
7			Grün-Masse	
8			Blau-Masse	
9	kein Pin	kein Pin	kein Pin	DDC, 5V
10			Synchronisationsmasse	
11	Monitor-ID-Bit	Monitor-ID-Bit 0	Monitor-ID-Bit	Masse
12	Monitor-ID-Bit	Monitor-ID-Bit 1	Monitor-ID-Bit	DDC, SDA
13			horizontale Synchronisation	
14			vertikale Synchronisation	
15	Monitor-ID-Bit	Monitor-ID-Bit 3	nicht belegt	DDC, SCL

Tab. 14.1: Die Signale des VGA-Anschlusses können unterschiedlich belegt sein.

Die richtige Verbindung

Dies mag für aktuelle Monitore und Grafikarten zwar nicht (mehr) von Bedeutung sein, allerdings rührt aus der EGA-VGA-Zeit und den hierfür erhältlichen Adaptern und Kabeln auch die Tatsache, dass an den meisten VGA-Steckern eines Monitorkabels, welches auf die entsprechende Buchse des Grafikkartenanschlusses gehört, der Pin 9 fehlt, d.h. nicht als Kontakt ausgeführt ist. Dies wurde so gelöst, damit sich nur elektrisch passende Verbindungen zwischen Grafikkarte und Monitor herstellen lassen, und der Pin 9 ist an der Buchse der Grafikkarte verschlossen. Zwar wird dies bei den meisten Grafikkarten heutzutage nicht mehr praktiziert, allerdings fehlt der Pin 9 bei den Anschlusskabeln der Monitore, und es kommt immer wieder vor, dass der Stecker nicht auf die Buchse passen will, weil dieser Anschlussstift und das Gegenüber – die Buchse – nicht passen wollen, also der Stift ausgeführt und der Buchsenkontakt verschlossen ist. Wer keine der älteren PC-Grafikkomponenten verwendet, darf diesen Stift am Kabel abkneifen.

Viele Grafikkarten können ältere Modi wie EGA emulieren, d.h. statt einer analogen VGA-Signalausgabe auf digitale Signale umschalten, falls der Monitor hierfür geeignet ist. Aktuelle Monitore können dies – wie zuvor erwähnt – allerdings nicht. Außerdem gibt es Unverträglichkeiten, weil der VGA-Anschluss elektrisch unterschiedlich belegt sein kann. Dies wurde in erster Linie durch die VESA verursacht, die verschiedene Plug&Play-Mechanismen definiert hat, damit sich der Monitor gegenüber der Grafikkarte – mehr oder weniger automatisch – identifizieren kann.

Der ursprüngliche VGA-Anschluss kennt vier Monitor-ID-Bits, die vom angeschlossenen Monitor auf Masse gezogen werden können, damit eine Unterscheidung zwischen einem EGA- und einem VGA-Monitor möglich ist. Seit der technologischen Ablösung von EGA durch VGA in den späten Achtzigerjahren verzichten die Hersteller aber auf diese Funktion und implementieren stattdessen mit diesen hierfür ursprünglich vorgesehenen Anschlüssen (4, 11, 12, 15) eine Funktion mit der Bezeichnung *DDC*. Der *Display Data Channel* stellt einen Kommunikationsweg zwischen Grafikkarte und Monitor dar, um dem Monitor Plug&Play-Fähigkeiten zu verleihen. Ein DDC-Monitor kann der Grafikkarte seine Daten mitteilen und somit die Konfiguration des Grafiksystems vereinfachen.

Es existieren aber zwei DDC-Varianten, wobei DCC1 die einfachste Ausführung ist. Der Monitor sendet dabei über den Anschluss 12 ununterbrochen 128 kByte-Datenblöcke (EDID, Extended Display Identification), wobei die vertikale Synchronisation (Pin 14) als Taktsignal fungiert. Dabei findet nur eine unidirektionale Kommunikation zur Identifizierung des Monitors statt, damit eine passende Auflösung gewählt werden kann. Für DDC1 sind lediglich ein entsprechender Monitor und ein Treiberprogramm (VBE) notwendig, welches ab Windows 95 Bestandteil eines DDC-fähigen Monitortreibers ist. Unter den STANDARDBILDSCHIRMTYPEN findet man beispielsweise den DDC-Universaltreiber PLUG&PLAY BILDSCHIRM (VESA DDC).

DDC2 arbeitet demgegenüber in zwei Richtungen (bidirektional) und verwendet hierfür einen speziellen Bus – den Access-Bus –, der im Prinzip dem I^2C-Bus der Firma Philips entspricht, genauso wie der SMB auf dem

Mainboard, der für das Auslesen der Parameter bei Speichermodulen und für das Monitoring (Temperatur, Lüfter) zum Einsatz kommt. Das Taktsignal (SCL) vom diesem Bus befindet sich am Anschluss 15 und das Datensignal (SDA) am Anschluss 12. Außerdem ist Pin 5 mit dem hierfür notwendigen Massesignal belegt, und erstmalig kann auch der bisher nicht verwendete Pin 9 verwendet werden, der zusätzlich 5V führt. *Kann* wohlgemerkt, denn für die DDC-Funktion selbst ist er eigentlich nicht notwendig, und mir ist bisher auch noch kein Monitor untergekommen, der auf dieses Signal besteht oder es verwendet.

Allerdings kann bei einem aktuellen Monitor kein Bild zustande kommen, wenn die Pins 5, 12, und 15 nicht korrekt verdrahtet sind. Dies tritt in der Praxis durchaus auf, wobei auch die Grafikkarte für die nicht korrekte DDC-Abwicklung verantwortlich sein kann.

Von älteren Monitoren und VGA-Grafikkarten wird DDC jedoch nicht unterstützt, sodass die entsprechenden DDC-Leitungen (siehe Tabelle 14.1) nicht belegt sind oder für eine herstellerspezifische Monitoridentifizierung verwendet werden, was zu Problemen führen kann. Falls sich der Monitor unter Windows nicht als VESA-DDC-kompatibles Modell einrichten lässt, sind die entsprechenden Parameter manuell einzustellen, und es ist ein anderer Monitortreiber zu verwenden.

> Nicht jeder Monitor, der »Plug&Play« in seiner Bezeichnung führt, verwendet auch DDC, denn es gibt auch einige herstellerspezifische Monitoridentifizierungsmechanismen.
>
> DDC funktioniert nur mit der VGA-Buchse und nicht mit den BNC-Anschlüssen.

Der Anschluss 5 kann ab dem Super-VGA-Standard (XGA) auch für die Auslösung eines Monitor-Selbsttests verwendet werden, was insbesondere IBM-Grafiksysteme praktizieren. Falls kein Bild auf dem Monitor erscheint, kann es auch daran liegen, dass an diesem Anschluss das – hier heutzutage eigentlich übliche – Massesignal verlangt wird. Generell können unstimmige Masseverhältnisse für das Nichtzustandekommen eines Monitorbildes verantwortlich sein. Wie es in Tabelle 14.1 angegeben ist, gibt es mehrere Masseleitungen, die jeweils mit einem Farbsignal und auch mit der Synchronisation korrespondieren (sollten); es sind also getrennte Masseleitungen. Bei billigen Verbindungskabeln wird dies allerdings nicht immer in der vorgesehenen Art und Weise realisiert, was auf jeden Fall beim Monitoranschluss zu beachten ist. Vielfach ist das Kabel mit dem Monitor fest verbunden, sodass keine Chance besteht, ein unzulängliches Kabel anzuschließen, von der Herstellung einer Kabelverlängerung einmal abgesehen. Minderwertige Kabel können nicht nur dafür verantwortlich sein, dass gar kein Bild erscheint, sondern sie können auch für eine »matschige« Bildschirmdarstellung sorgen.

Dies gilt im verstärkten Maße auch für die Ansteuerung von Flachbildschirmen und Beamern (Projektoren) über Notebooks, sodass oftmals erst nachträglich hergestellte Massebrücken im Anschlusskabel Abhilfe schaffen. Der Pin 5 sollte sich stets auf Massepotenzial befinden, und eine Brücke von diesem Anschluss an den Pin 10 (Synchronisationsmasse) im Stecker hat schon wahre Wunder bewirkt und nach längerem Experimentieren dafür gesorgt, dass das Notebook auch mit einem Beamer funktioniert.

»Vortragenden« ist das Problem sicher nicht unbekannt: Bei einem Notebook funktioniert die Beamer-Ansteuerung, bei einem anderen hingegen nicht, wobei hier insbesondere Notebooks von Apple, Dell und Gericom immer wieder unangenehm auffallen. Zu lange Kabel oder auch Kabel von schlechter Qualität können prinzipiell die Ursache dafür sein, allerdings wissen wohl nur die Hersteller selbst, warum das VGA-Signal ihrer Notebooks (und auch einiger Grafikkarten) mitunter nicht dem Standard entspricht. Dieser lässt den Herstellern bei genauerer Betrachtung aber auch einen zu großen Freiraum, denn die Anschlussimpedanz von 75 Ohm ist lediglich für die Farb- und nicht für die Synchronisierungssignale als bindend definiert worden.

Diese Impedanz ist für eine optimale Signalverarbeitung notwendig, d.h., der Ausgangswiderstand der VGA-Ausgangsstufe muss genauso groß sein wie der Eingangswiderstand des Monitors und zudem mit 75 Ohm der Kabelimpedanz entsprechen. Insbesondere bei modernen TFT-Bildschirmen und auch Notebooks sind die Eingangs- bzw. die Ausgangsstufen bezüglich Impedanz und Pegel jedoch keineswegs einheitlich ausgelegt, was insbesondere auf die Synchronisationssignale zutrifft, die sich bei Darstellungsproblemen meist als *die* problematischen Signale darstellen. Prinzipiell sind alle möglichen Impedanzen denkbar, wobei sich neben 75 Ohm ein Wert von 10 kOhm als Standard erwiesen hat, und einige Monitore (siehe Bild 14.2) bieten hierfür sogar eine Umschaltungsmöglichkeit. Idealerweise ist der gesamte Signalweg zwischen Grafikkarte und Monitor mit einer Impedanz von 75 Ohm realisiert, was für die drei Farb- und die zwei Synchronisierungssignale mit den entsprechenden korrespondierenden Massesignalen gilt.

Leider findet man die Impedanzangaben zu einem Monitor nicht immer und bei einer Grafikkarte fast nie, sodass diese Angelegenheit nach wie vor etwas nebulös wirkt und das, obwohl der VGA-Standard und die VESA-Erweiterungen nun schon mehr als 15 Jahre auf dem Buckel haben. In der Praxis kommt man daher vielfach nicht um das Ausprobieren herum.

14.2.2 BNC-Anschluss

Neben dem VGA-Anschluss besitzen einige Monitore auch BNC-Anschlüsse, meist zusätzlich zum 15-poligen DSUB-Anschluss. Falls dieser Anschluss an der Grafikkarte nicht vorhanden ist, wird ein Adapterkabel benötigt, welches auf der einen Seite den 15-poligen Anschluss für die Grafikkarte besitzt und auf der anderen fünf BNC-Stecker zur Verbindung mit dem Monitor. Es kostet im Fachhandel ca. 15–20 €.

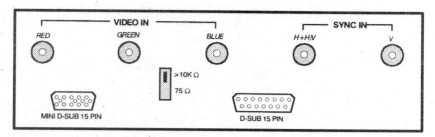

Bild 14.2: Dieser Monitor besitzt gleich drei verschiedene Anschlussmöglichkeiten: zwei unterschiedliche DSUB 15- und fünf einzelne BNC-Anschlüsse. Über das Bedienpanel des Monitors wird festgelegt, welcher der Anschlüsse zum Einsatz kommen soll.

Grafikkarten mit BNC-Anschlüssen sind im typischen PC-Bereich kaum mehr zu finden, sondern vorwiegend im professionellen Bereich (z.B. für CAD) üblich. Signaltechnische Unverträglichkeiten, die zuvor im Zusammenhang mit dem VGA-Anschluss erläutert wurden, gibt es bei einer BNC-Verkabelung eher selten, zumal Hersteller, die bei ihren Monitoren auch BNC-Anschlüsse einbauen, sich offenbar über die passenden Impedanzen etwas mehr Gedanken gemacht haben und möglicherweise auch eine Anpassung hierfür vorsehen (siehe Schalter in Bild 14.2).

Die einzelnen BNC-Leitungen führen die Signale rot, grün, blau (RGB), horizontale und vertikale Synchronisation. Üblicherweise wird nur ein Synchronisierungssignal (meist horizontal) verwendet, was allerdings vom jeweiligen Monitor abhängig ist, der unter Umständen die Information für die vertikale Synchronisation aus einem Farbsignal (meist rot) gewinnt.

Entsprechende Verbindungskabel sollten zum Monitor gehören, was allerdings nicht immer der Fall ist und daher beim Kauf des Monitors beachtet werden sollte. Ein erfreulicher Nebeneffekt bei Monitoren, die sowohl einen DSUB-Anschluss als auch BNC-Anschlüsse besitzen, ist der, dass sich zwei PCs einen Monitor teilen können. Der eine Monitor ist daher über DSUB, der andere über BNC – eventuell mit Adapterkabel – zu verbinden, und am Monitor kann die entsprechende Umschaltung vorgenommen werden.

14.2.3 DVI und TV-Out

Viele aktuelle Grafikkarten verfügen über einen zusätzlichen *digitalen Connector*, der für den Anschluss von Flüssigkeitskristall-Monitoren (LCD, TFT) gedacht ist. Diese Monitore arbeiten intern rein digital. Daher macht es im Prinzip keinen Sinn, das Signal auf der Grafikkarte per RAMDAC in analoge Signale umzusetzen und per Kabel zum TFT-Monitor zu übertragen, der das analoge Signal dann intern wieder zurück in ein digitales umsetzt. Diese Signalumsetzung könnte man sich also sparen, wobei eine Grafikkarte, die sowohl den analogen VGA- als auch den digitalen DFP-Anschluss besitzt, mit beiden Monitortypen (Röhre, TFT) umgehen kann.

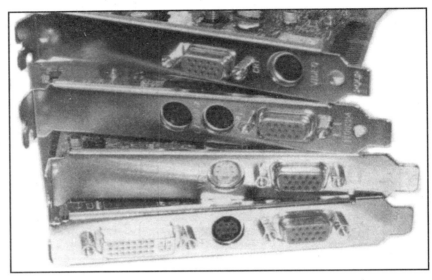

Bild 14.3: Einige der aktuellen Grafikkarten verfügen neben dem obligatorischen VGA-Anschluss oftmals über eine digitale Schnittstelle (untere Karte) für die Verbindung mit TFT-Displays und über einen TV-Out-Anschluss.

Es gibt zwar verschiedene dieser digital arbeitenden Monitorschnittstellen, wobei sich mittlerweile aber das *Digital Visual Interface* (DVI) als Standard herauskristallisiert hat. Es gibt das DVI in zwei unterschiedlichen Ausführungen: mit 24 Kontakten und mit 29 Kontakten, wobei die letztere Ausführung auch die analogen VGA-Signale führt, sodass hiermit, und per geeignetem Kabel, weiterhin auch ein Röhrenmonitor betrieben werden kann.

Des Weiteren besitzen aktuelle Grafikkarten vielfach einen TV-Out-Ausgang, um einen Fernseher anschließen zu können. Üblich sind dabei zwei unterschiedliche Verbindungen: *S-Video* an einem 4-poligen Mini-DIN-(Hosiden) und *Composite-Video* an einem Cinch-Anschluss. Erstere Verbindung ist dabei zu bevorzugen, da hier das Luminanz- und das Chrominanz-Signal auf zwei getrennten Leitungen übertragen wird, die beiden anderen Kontakte führen das jeweils korrespondierende Massesignal. Demnach werden hier nicht einzelne Farbsignale plus der dazugehörigen Synchronisation übertragen, sondern im Chrominanz-Signal (C) ist die Farbart der zu übertragenden Farbwerte enthalten. Das Luminanz-Signal repräsentiert hierfür die Helligkeitsinformation (Y), was einem gewöhnlichen Schwarz-Weiß-Fernsehbild entspricht. Bei einem Cinch-Anschluss gibt es hingegen nur eine Signalleitung, d.h., die gesamte Videoinformation steckt im Composite-Video-Signal, was gegenüber S-Video zu einer schlechteren Bildqualität führt.

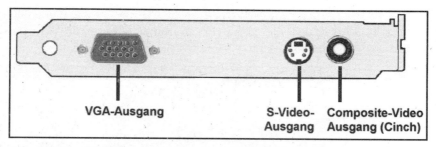

Bild 14.4: Die üblichen Grafik- und Videoanschlüsse bei einer Grafikkarte.

Am Fernseher ist für beide Varianten ein SCART-Adapterkabel notwendig, falls er nicht unmittelbar über geeignete Buchsen verfügt, was aber eher selten der Fall ist. Das hiermit auf den Fernseher projizierte Bild ist generell von minderer Qualität, und einen üblichen Fernseher als »großen Monitor« zu verwenden, scheitert ohnehin an der gegenüber einem Monitor wesentlich schlechteren Auflösung und Bildwiederholrate. Daher ist TV-Out lediglich für die Wiedergabe von Videos (VCD, S-VCD, DVD) über einen Fernseher einsetzbar, und um eine verträgliche Qualität zu erreichen, muss oftmals mit der Bildauflösung unter Windows etwas herumexperimentiert werden, d.h., sie muss meistens heruntergesetzt werden.

ACHTUNG Die Video-Ausgänge einer Grafikkarte sind tatsächlich lediglich für die Wiedergabe von Videos über einen Fernseher geeignet und keinesfalls für die Nutzung des Fernsehers als Monitor.

Der SCART-Anschluss – auch als *Euro-AV* bezeichnet – eines Fernsehers oder auch Videorecorders kennt prinzipiell auch getrennte Farbsignale (RGB) plus der erforderlichen Synchronisationsimpulse, was die beste Bildqualität in voller Videobandbreite liefern würde. Typische Grafikkarten bieten diese Signale jedoch nicht, und nur bei DVD-Playern ist mitunter ein entsprechender SCART-Anschluss vorhanden, der dann vorzugsweise statt Composite-Video mit einem voll verdrahtetem SCART-Kabel verwendet werden sollte.

Die Audio-Verbindung ist von der Sound-Karte des PC ebenfalls mithilfe eines SCART-Adapterkabels an den Fernseher zu führen. Einige PCs – nicht aber eine übliche Grafikkarte – verfügen auch über eine 8-polige S-Video-Buchse, bei der das Audiosignal ebenfalls mitgeführt wird. Des Weiteren können sowohl die 4-polige Hosiden-Buchse als auch der Cinch-Anschluss als Eingänge bei einem PC vorgesehen sein, wenn die Grafik-, TV- oder auch eine spezielle Video-Grabber-Karte für das Aufnehmen von analogen Videosignalen geeignet ist.

Bild 14.5: Adapter für den SCART-Anschluss, um hiermit die Video- und Audio-Signale in einen Fernseher oder Videorecorder einspeisen zu können

14.3 Die passende Grafikeinstellung

Alle neueren Monitore arbeiten intern mit einem eigenen Mikroprozessor, der zum einen für eine digitale Bedienung des Monitors mithilfe von Tasten sorgt, um die vom Benutzer festlegbaren Parameter einstellen zu können. Zum anderen können die konfigurierten Daten im Monitor selbst abgespeichert werden, wobei hier üblicherweise gleich mehrere Einstellungen – für verschiedene Auflösungen – möglich sind. Bei aktuellen Monitoren wird die Abspeicherung der selektierten Parameter meist automatisch nach Beendigung des OnScreen-Menüs vorgenommen, während bei älteren Monitoren die Speicherung erst nach der Betätigung einer Taste oder einer Save-Option stattfindet. Die gespeicherten Einstellungen können dann per Knopfdruck oder automatisch durch die Veränderung der Auflösung beim Programmwechsel aktiviert werden.

Was von diesem oder jenem Monitor oder auch einer bestimmten Grafikkarte zu halten ist, soll nicht Gegenstand dieses Kapitels sein, dazu gibt es einfach zu viele Typen, vielmehr geht es hier um die grundlegenden Dinge im Zusammenspiel des Monitors mit einer Grafikkarte, was schon für sich allein genommen eine Reihe von Problemen aufwerfen kann, die gelöst werden wollen. Zunächst beschreiben verschiedene Daten eines Monitors seine Qualität:

- Bildschirmdiagonale (typisch: 14–21 Zoll)
- Größe der Lochmaske (typisch: 0,31–0,21 mm)
- Maximale Auflösung (typisch: 640 x 480 bis 1280 x 1024 Bildpunkte)
- Maximale Horizontalfrequenz (typisch: 31,5–130 kHz)

- Maximale Vertikalfrequenz (typisch: 60–120 Hz)
- Maximale Pixelrate (typisch: 25–160 MHz)

Während an den beiden ersten Daten nichts zu ändern ist, da sie mit dem jeweiligen Monitortyp manifestiert sind, lassen sich die Auflösung und die Vertikalfrequenz, die auch als *Bildwiederholfrequenz* bezeichnet wird, in bestimmten Bereichen konfigurieren, wobei die zuvor genannten Parameter aber nicht unabhängig voneinander sind.

Trotz Monitor-Plug&Play und auch entsprechender Schutzschaltungen in den Monitoren passiert es immer wieder, dass ein Monitor mit zu hohen Frequenzen betrieben wird, was die Grafikkarte zwar problemlos leisten kann, nicht aber der verwendete Monitor, sodass er auf Grund dessen elektrisch beschädigt wird, was damit meist auch sein Ende bedeutet, da sich eine Monitorreparatur aus Kostensicht meist nicht mehr lohnt.

> **ACHTUNG** Es ist nach wie vor möglich, einen Monitor durch die Ansteuerung mit zu hohen Frequenzen elektrisch zu zerstören.

Windows kann zwar – je nach Grafiksystem und Version – eine Warnung ausgeben, wenn die angegebenen Daten nicht passend erscheinen. Dies kann stimmen oder aber auch nicht, was von der jeweiligen Windows-Version und auch den Treibern abhängt. Bekanntlich ist es nicht unüblich, dass man Windows-Warnmeldungen (irgendwann) nicht mehr ernst nimmt und es besser weiß, was bei anderen Komponenten jedoch kaum zu elektrischen Schäden führen kann, bei einem Monitor jedoch nach wie vor möglich ist. Aus diesem Grunde sind die Grafikeinstellungen stets mit Bedacht zu wählen, und es ist zumindest ein Blick in das Handbuch zum Monitor zu werfen, damit er nicht überstrapaziert wird. Auch wenn der Monitor bei zu hohen Werten nicht sofort aussteigen sollte, kann dies nach einiger Betriebszeit passieren. Vorher kündigt sich dies oftmals durch sporadische Bildstörungen sowie auch akustisch vernehmbares leichtes »Knacken« oder »Britzeln« an, bevor sich die Hochspannung »verabschiedet«. Die allgemeine Annnahme, dass hohe Werte für eine bessere Leistung sorgen, ist bei Monitoren leider fehl am Platze, und insbesondere »Gamer« übertreiben es oftmals mit der eingestellten Auflösung sowie der Bildwiederholfrequenz. Der gewünschte Detailreichtum einer hohen Auflösung ist prinzipiell konträr zu hohen Bildwiederholfrequenzen.

Bildröhre	maximale Auflösung (horizontal x vertikal)	Standard
14 Zoll	640 x 480 Bildpunkte	VGA
15 Zoll	800 x 600 Bildpunkte	SVGA

Tab. 14.2: Je nach Größe des Monitors empfehlen sich unterschiedliche maximale Auflösungen.

17 Zoll	1024 x 768 Bildpunkte	XGA
19–20 Zoll	1280 x 1024 Bildpunkte	SXGA
21 Zoll	1600 x 1280 Bildpunkte	UXGA
21 Zoll und größer	2048 x 1536 Bildpunkte	QXGA

Tab. 14.2: Je nach Größe des Monitors empfehlen sich unterschiedliche maximale Auflösungen. (Forts.)

Eine sinnvolle Auflösung sollte sich zunächst stets an der jeweiligen Monitorgröße (siehe Tabelle 14.2) orientieren. Bei typischen PC-Anwendungen (Office-Programmen) empfiehlt sich eher eine niedrigere Auflösung und eine hohe Bildwiederholfrequenz, damit kein unangenehmes Bildflackern zu verzeichnen ist, während sich bei Spielen höhere Auflösungen bei einer niedrigeren Bildwiederholfrequenz bewährt haben. Bei (Action-)Spielen sind ohnehin schnelle Bildwechsel das »Salz in der Suppe«, sodass eine Einstellung von 60 Hz keinen negativen Eindruck vermittelt, während dies bei vorwiegend stillstehenden Bildern wie z.B. bei Word unerträglich erscheint.

In der Praxis führen diese gegenteiligen Anforderungen oftmals dazu, dass beide Parameter (Auflösung, Bildwiederholfrequenz) hoch eingestellt werden. Bei den Optionen der Grafikkarte wäre es daher wünschenswert, wenn sich für diese beiden grundsätzlich verschiedenen PC-Anwendungen unterschiedliche Kombinationen festlegen ließen, die automatisch – je nach momentanem PC-Einsatz – in Kraft treten könnten. Dies ist meist aber nicht ohne Weiteres möglich, und statt irgendwelcher Übertaktungsoptionen und ähnlichem sollten die Grafikkartenhersteller nicht allein die Spiele-Performance als Maß der Dinge im Auge haben, sondern vielleicht auch einmal daran denken, dass der PC möglicherweise auch noch als »Arbeitsgerät« verwendet werden soll.

Bild 14.6: Monitorgrößen im Vergleich

In Tabelle 14.2 sind neben den Bildgrößen auch die Standards mit angegeben, die für diese Auflösungen stehen, d.h., genau genommen spezifiziert VGA nur eine Auflösung von 640 x 480 Bildpunkten. Im Laufe der Zeit ist dies durch S-VGA (Super) oder XGA (eXtended) zu höheren Auflösungen getrieben worden, wobei sich diese Bezeichnungen aber nicht allgemein etabliert haben, sodass es auch zahlreiche herstellerspezifische Bezeichnungen für höhere Auflösungen, als Standard-VGA es bietet, gibt. Heutzutage steht die Angabe VGA gewissermaßen nur als Synonym für eine PC-kompatible Grafikkarte und lässt demnach keine Aussage bezüglich der maximalen Auflösung zu.

Der in Tabelle 14.2 dargestellte Zusammenhang zwischen der Größe der Bildröhre und der maximalen Auflösung resultiert nicht etwa (allein) aus ergonomischen Erwägungen, sondern er lässt sich auch einfach ausrechnen, wenn man den Punktabstand der Bildröhre dabei mit in Betracht zieht. Die im Monitor realisierte Lochmaske muss letztendlich so viele Löcher zur Verfügung stellen können, wie es die gewünschte Auflösung erfordert. Wenn man von einer (eher groben) Lochmaske mit Löchern von 0,31 mm ausgeht, ergibt sich die folgende Berechnung für eine gewünschte Auflösung von 1024 x 768 Bildpunkten:

```
Bildbreite = horizontale Auflösung x Punktabstand = 1024 x 0,31 = 31,7 cm
```

Der Monitor müsste demnach über eine Breite von ca. 32 cm verfügen, was mit einem 17-Zoll-Monitor zu erreichen wäre. Eine Auflösung von 1600 x 1280 Bildpunkten und einer üblicheren Lochgröße von 25 mm führt hingegen zu einer Breite des Monitors von 40 cm, was erst von 21-Zoll-Monitoren geboten werden kann.

Zu beachten ist bei den Angaben zur Bildschirmgröße generell, dass hiermit stets die Bildschirmdiagonale gemeint ist. Die Abbildungsfläche fällt dabei noch etwas kleiner aus, weil es bei einem Röhrenmonitor konstruktionsbedingt stets einen nicht nutzbaren Rand gibt, der von Hersteller zu Hersteller mehr oder weniger breit sein kann, sodass sich selbst innerhalb einer Klasse (z.B. 17 Zoll) die Darstellungsfläche verschiedener Monitore unterscheidet.

14.3.1 Bildflackern?

Neben der Bildschirmgröße sind Bildwiederholfrequenz und Zeilenfrequenz weitere entscheidende Größen eines Monitors, die auch seine mögliche Auflösung bestimmen. Die Bildwiederholfrequenz (vertikale Frequenz) gibt an, wie oft das Bild pro Sekunde aufgebaut wird. Sie sollte mindestens 75 Hz betragen, was üblicherweise nicht mehr als Bildflackern wahrgenommen wird. Es gibt jedoch auch Anwender, die das Bild erst ab 85 Hz – also einem 85-maligen Bildaufbau pro Sekunde – als angenehm empfinden und damit auch über längere Zeit ohne Kopfschmerzen arbeiten können.

Je höher die Bildwiederholfrequenz und die Auflösung sind, desto höher muss auch die Zeilenfrequenz sein. Die Zeilenfrequenz (horizontale Frequenz) ist das Maß für die Geschwindigkeit, mit der der Strahl eine Zeile durchläuft. Als Orientierung kann die folgende Formel dienen, die einen Anhaltswert für die minimal erforderliche Zeilenfrequenz bei verschiedenen Auflösungen und Bildwiederholfrequenzen ergibt:

```
Zeilenfrequenz = Zeilenanzahl x Bildwiederholfrequenz
```

Für eine Auflösung von 1280 x 1024 mit einer Bildwiederholrate von 75 Hz ist demnach ein Monitor mit einer Zeilenfrequenz von mindestens 96 kHz (1280 x 75 Hz) nötig.

Diese beiden Frequenzgrößen sind also voneinander abhängig. Als konstanter Wert kann aber die Bandbreite eines Monitors angegeben werden, die sich wie folgt ergibt:

```
Bandbreite = Auflösung x Bildwiederholfrequenz
```

Für das zuvor genannte Beispiel gilt damit für die Bandbreite:

1280 x 1024 x 75 Hz = 98,3 MHz

Diesem Produkt wird üblicherweise ein *Overhead* von mindestens 10 % aufgeschlagen, der diejenige Zeit berücksichtigt, die für den Zeilensprung nötig ist. Die Angaben eines Monitors sollten außerdem stets als absolute Maximalwerte verstanden werden, die man sicherheitshalber nicht erreichen sollte, weil hier eine gewisse Leistungsreserve aufgrund der nicht immer präzisen Herstellerspezifikationen angebracht erscheint. Über welche Werte ein Monitor verfügen sollte, damit bei verschiedenen Auflösungen mit einer Bildwiederholfrequenz von 75 Hz gearbeitet werden kann, ist in Tabelle 14.3 angegeben.

Auflösung	Zeilenfrequenz	Bandbreite
640 x 480	38 kHz	20–25 MHz
800 x 600	48 kHz	25–30 MHz
1024 x 768	62 kHz	45–50 MHz
1280 x 1024	80 kHz	120–135 MHz
1600 x 1200	95 kHz	200–220 MHz

Tab. 14.3: Die Monitordaten für verschiedene Auflösungen bei einer Bildwiederholfrequenz von 75 Hz

Im Zusammenhang mit den Angaben zu einem Monitor trifft man neben den erläuterten Parametern des Öfteren auf den Begriff *Pixeltakt* oder *Dot-Clock*. Dies ist ein Maß für die Bildpunkte-Taktfrequenz, die angibt, wie viele Millionen Bildpunkte pro Sekunde vom Monitor verarbeitet werden können. Sie berechnet sich wie folgt:

```
Pixeltakt = Zeilenfrequenz * horizontale Auflösung
```

Mit den Daten aus Tabelle 14.3 ergibt sich für eine Auflösung von 1280 x 1024 Bildpunkten und der Zeilenfrequenz von 80 kHz ein Pixeltakt von:

Pixeltakt = 80 kHz x 1280 = 102,4 MHz

Der Wert für den Pixeltakt, der mit einem Aufschlag (ca. 25 %) für die Rückführung der Elektronenstrahlen versehen wird, sollte sich immer innerhalb der Bandbreite des Monitors befinden, um eine gute Schärfe gewährleisten zu können. Unter Berücksichtigung einer praxisorientierten Leistungsreserve ergeben sich damit die in Tabelle 14.4 angegebenen Zusammenhänge, womit deutlich wird, welch immense Steigerung des

Pixeltaktes notwendig ist, wenn die Auflösung in üblichen Schritten erhöht wird. Wie in Kapitel 14.2.1 erläutert, mag es daher nicht verwundern, dass die Verbindungskabel sowie die Eingang- bzw. Ausgangsstufe von Monitor und Grafikkarte eine sehr gute Qualität verlangen, um diese hohen Frequenzen einwandfrei verarbeiten zu können.

Auflösung	Bildwiederholfrequenz	Pixeltakt
640 x 480	60 Hz	25 MHz
640 x 480	80 Hz	35 MHz
800 x 600	70 Hz	45 MHz
1024 x 768	70 Hz	75 MHz
1280 x 1024	70 Hz	125 MHz
1600 x 1200	70 Hz	180 MHz
2048 x 1536	70 Hz	300 MHz

Tab. 14.4: Der Zusammenhang zwischen Pixeltakt und Bildwiederholfrequenz bei verschiedenen Auflösungen

Diese theoretische Werte sind leider nicht immer komplett in den Unterlagen zu einem Monitor angegeben und müssen teilweise auch erst berechnet werden. Unter Windows kann standardmäßig lediglich die Auflösung und die Bildwiederholrate, die dort auch als *Bildschirmaktualisierungsrate* bezeichnet wird, eingestellt werden. Ob sich dort weitere Optionen für den Monitor finden lassen, hängt von den jeweiligen Gerätetreibern ab, wobei insbesondere die Firmen ELSA und Matrox recht komfortable Einstellungsoptionen für Monitore mit ihren Grafikkarten bieten.

14.3.2 Flachbildschirm-Einstellungen

Bei Flachbildschirmen ist die optimale Einstellung in der Regel weitaus einfacher, zumindest dann, wenn hierfür die DVI-Verbindung verwendet wird. Für jeden TFT-Monitor ist eine Standardauflösung vom Hersteller vorgegeben, die typischerweise bei 1024 x 768 Bildpunkten liegt, was der Anzahl der vorhanden Thin-Film-Transistoren (TFT) entspricht, die beim Display für die Abbildung verantwortlich sind.

Eine höhere Auflösung ist nicht möglich, und bei kleineren Auflösungen müssen mehrere Pixel einen Bildpunkt darstellen, was nur dann einigermaßen gut funktioniert, wenn die gewünschte Auflösung einem ganzzahligen Teiler (:2, :4) der Standardauflösung entspricht. Falls dies nicht der Fall ist, sorgt ein im Monitor implementierter Interpolationsalgorithmus für unterschiedliche Helligkeiten der Pixelanteile, was – je nach Hersteller – zu mehr oder weniger guten Ergebnissen führt, in der Regel jedoch weder an die Qualität und den Kontrastreichtum eines Bildes in der Standardauflösung herankommt noch automatisch bildschirmfüllend sein muss.

Windows bringt – je nach Version – automatisch einige (wenige) Treiber für TFT-Displays mit, und generell ist es von Vorteil, wenn der Hersteller zum Display eine eigene Treiber-CD mitliefert. Dies ist bei konventionellen Monitoren eher unüblich, und darin ist auch wohl der Grund dafür zu sehen, warum selbst bekannte Monitorhersteller dies bei ihren TFT-Monitoren ebenfalls nicht praktizieren, obwohl es dringend nötig erscheint, wenn das Display über einen VGA-Anschluss betrieben werden soll.

Die allgemeine Empfehlung lautet dann, einen Standardmonitor mit 60 Hz und eine Auflösung von 1024 x 768 Bildpunkten bei 17« und 1280 x 1024 bei einem größeren Display festzulegen, woraufhin das Bild oftmals kaum erträglich wirkt. Wer dann versucht, die (internen) TFT-Monitorfestlegungen per OnScreen-Menü zu optimieren, kommt vielfach auch zu keinem besseren Ergebnis, und als letzter Ausweg bleibt lediglich die Veränderung des Windows-Erscheinungsbildes (Farben, Schriftgrößen usw.), was kaum praktikabel erscheint. Abhilfe schafft tatsächlich meist nur ein passender Treiber für das Display vom Hersteller und am besten noch ein Tool (z.B. TFTAdjust, FPAdjust), welches einen Abgleich zwischen der jeweils verwendeten Grafikkarte und dem Display erlaubt.

Bild 14.7: Das OnScreen-Menü des TFT-Monitors, der für 1280 x 1024 Bildpunkte ausgelegt ist, erlaubt einige optimierende Einstellungen.

Da ein TFT-Bildschirm völlig anders arbeitet als ein Röhrenmonitor, gibt es hier keinerlei Konvergenzprobleme oder auch Bildflackern, obwohl diese Monitore typischerweise nur mit 60 Hz arbeiten. Falls ein TFT-Monitor dennoch einmal »flimmern« sollte, hat dies einen anderen Grund als bei den Röhrenmonitoren und liegt an einer nicht korrekten Synchronisierung zwischen der Grafikkarte und der im Display befindlichen Ansteuerelektronik. Einige TFT-Monitore bieten hierfür eine Auto-Adjust-Option, vielfach muss die passende Einstellung jedoch manuell hergestellt werden. Bei Verwendung einer digitalen Schnittstelle gibt es diese Probleme hingegen nicht.

Neben ihrem höheren Preis gegenüber Röhrenmonitoren haben TFT-Displays möglicherweise aber auch noch weitere Nachteile. Bei ca. 2,5 Millionen Transistoren, aus denen sich ein 15-Zoll-TFT-Display zusammensetzt, ist es nicht unwahrscheinlich, dass einer oder auch mehrere sich nach der Herstellung des Displays als defekt herausstellen, was dazu führt, dass die betreffende Stelle stets leuchtet oder auch nie. Diese gefürchteten Pixelfehler sind herstellungsbedingt, und es ist auch nie ganz auszuschließen, dass sie erst nach einiger Zeit auftreten. Ob sich diese Fehler als störend bemerkbar machen, hängt von ihrer Position auf der Oberfläche und der Farbe des gewählten (Hintergrund-)Bildes ab. Nicht alle Hersteller spezifizieren bisher eindeutig, ab wie vielen Pixelfehlern ein Display als defekt anzusehen und damit (innerhalb der Garantiezeit) umzutauschen ist, was sich für den Anwender als echtes Ärgernis herausstellen kann.

TIPP

> Ein TFT-Monitor ist nicht unbedingt für Action-Spiele und Video geeignet, und die Bildbeeinträchtigung gegenüber einem konventionellen Monitor wird erst bei einer Response Time von 25 ms auch von kritischen Betrachtern nicht mehr als störend empfunden.

Nach wie vor kann die Darstellung bei Spielen und die Betrachtung von Videos mitunter enttäuschen, weil das Display als zu träge wirkt und die Bewegungen zu lästigen Unschärfeeindrücken führen. Ein Maß für die Umschaltgeschwindigkeit zwischen Hell und Dunkel der Pixel, welches für diese Eindrücke verantwortlich ist, wird als *Response Time* (Reaktionszeit) bei den TFT-Monitoren ausgewiesen. Je niedriger dieser Wert ausfällt, desto optimaler kommt ein TFT-Monitor an die Reaktionszeit eines analogen Monitors heran, der keine Reaktionszeit in diesem Sinne kennt. Typischerweise verfügen TFT-Monitore über eine Response Time von 50-40 ms, und aktuelle Displays schaffen hier sogar bis zu 25 ms, was auch von »Gamern« als akzeptabel angesehen wird, damit die Bilddarstellung bei Action-Spielen gegenüber einem konventionellen Monitor bei schnellen Bildwechseln nicht abfällt. Wer vorhat, ein TFT-Display für derartige Anwendungen einzusetzen, ist daher gut beraten, es vor dem Kauf daraufhin zu testen, was generell für die Anschaffung eines Monitors zu beherzigen ist.

14.4 Grafik-Troubleshooting

Viele Grafikkarten sind Windows bekannt und werden daher auch automatisch eingerichtet. Zu den meisten Grafikkarten liefert der Hersteller auch seine eigenen Treiber, was zumindest dann zwingend notwendig ist, wenn die Karte nach dem Herstellungsdatum der entsprechenden Windows-Version fertig geworden ist, denn Windows kann sie dann ja schlecht kennen. Der Plug&Play-Mechanismus von PCI und AGP sieht vor, dass sich eine neu eingebaute Grafikkarte gegenüber Windows zu erkennen gibt, und falls Windows hierfür einen passenden Treiber parat hat, wird dieser automatisch aktiviert oder Windows fordert diesen von der CD an, die der Grafikkarte beiliegt. Je nach Windows-Version ist danach noch ein Neuboot notwendig, und nun sollte die Angelegenheit erledigt sein.

Leider gehen die Grafikkartenhersteller mitunter aber etwas undurchsichtige Wege, wie ihre Grafikkarte dem System bekannt zu machen ist. Das erste Problem kann bereits dann auftreten, wenn zur Installation auf die CD verwiesen wird, denn möglicherweise wird hier gar kein Treiber von Windows gefunden, was meist daran liegt, dass sich der Treiber in einem Unterverzeichnis der CD befindet. Es sollte eine Datei mit der Endung INF sein, und oftmals muss ein wenig gesucht werden, bis die Datei auf der CD lokalisiert worden ist. Falls der jeweilige Hersteller tatsächlich den notwendigen Treiber in einem mehr oder weniger aussagekräftigen Unterverzeichnis »versteckt« hat, ist dieser Installationsweg in der Regel in dieser Form auch nicht vom Hersteller vorgesehen.

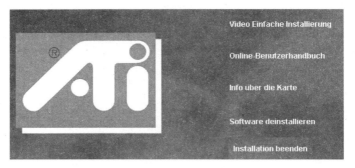

Bild 14.8: Nur mit Vorsicht anzuwenden waren eigentlich schon immer die Setup-Programme für ATI-Grafikkarten. Der erste Punkt spielt nicht etwa ein Video ab, sondern installiert neben den eigentlich nur notwendigen Treibern eine Vielzahl von (unnützer) Software.

Stattdessen ist ein Setup-Programm (siehe Bild 14.8) von der CD aufzurufen, woraufhin nicht nur der gewünschte Treiber, sondern auch weitere Daten und Programme für Windows installiert werden, was möglicherweise für darauf folgende Probleme verantwortlich sein kann, weil damit unter Umständen auch Systemdateien ersetzt und ein neues DirectX automatisch mit installiert werden.

Möglicherweise empfiehlt der Hersteller sogar *vor* dem Einbau der neuen Grafikkarte, zunächst ein Setup-Programm aufzurufen, damit die entsprechende Software für die neue Karte bereits im System verfügbar ist, weil sie andernfalls überhaupt nicht erkannt wird. Ob so oder so, beide Verfahren sind nicht empfehlenswert, was auch darauf hindeutet, dass der Hersteller das Plug&Play nicht verstanden hat und sich mit ganz speziellen Systemdateien, aus welchen Gründen auch immer, um dieses von PCI/AGP und Windows vorgesehene Installationsverfahren herummogelt.

In der Vergangenheit hat sich hier insbesondere die Firma *Diamond Multimedia* mit eigenen Installationsverfahren negativ hervorgetan, und nach wie vor praktiziert dies die Firma *ATI*, auch mit ihren neuesten Radeon-

Grafikkarten. Erschwerend kommt bei Grafikkarten mit ATI-Chips hinzu, dass nicht nur ATI selbst, sondern auch andere Hersteller (Hercules, Gigabyte, Sapphire u.a.) Grafikkarten mit ATI-Radeon-Chips herstellen und dann mehr oder weniger viele Software-Komponenten von ATI übernehmen, was sich in einem derartigen Treiber- und Software-Wirrwarr niederschlägt und eine eigentlich einfache Treiberinstallation zu einer Geduldsprobe ausarten lassen kann.

Missverständliche Angaben, falsche Bezeichnungen von Grafik-Chips und Grafikkarten sind hier leider nach wie vor Stand der Dinge, und man muss sich eigentlich fragen, wieso sich der Anwender dies bereits seit Jahren von ATI bieten lässt, die neben Nvidia der umsatzstärkste Hersteller von Grafikchips sind. Nvidia fällt es in letzter Zeit auch immer schwerer, mit ATI technologisch Schritt zu halten, und ATI schreckt auch nicht davor zurück, seine Treiber auf bestimmte Funktionen des 3D-Benchmarks (3DMark) hin zu optimieren, sodass die ATI-Radeon-Grafikkarten mittlerweile auch in den entsprechenden Publikationen für »Gamer« als das Maß der Dinge gehandelt werden, was zuvor für die verschiedenen Geforce-Modelle von Nvidia galt. Da aber nun einmal der Spielesektor als die Triebfeder der immer realistischeren 3D-Grafik gilt, scheint es so zu sein, dass der Markt eher bereit ist, eine katastrophale Installationsvorgehensweise zu akzeptieren, als das Fehlen oder die langsamere Bearbeitung einer bestimmten 3D-Option.

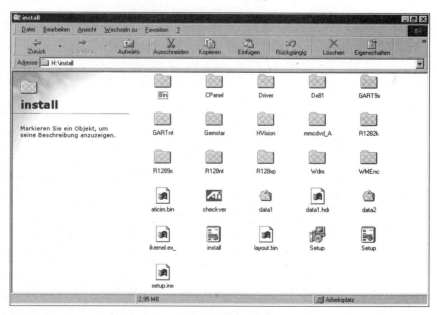

Bild 14.9: Auf den aktuellen CDs für Radeon-Grafikkarten finden sich auch Treiber für ältere ATI-Grafikkarten und allerlei Software-Beigaben.

Dem Anwender bleibt meist nicht anderes übrig, als sich darauf zu verlassen, dass das jeweilige Setup-Programm schon die passenden Files installiert. Dies will jedoch in bestimmten Hard- und Software-Kombinationen überhaupt nicht funktionieren, weil zunächst eine Standard-PCI-Grafikkarte (16 Farben, 640 x 480 Bildpunkte) erkannt wird, und nach einem Neustart soll dann daraus – über die mit dem Setup-Programm auf Festplatte installierten Daten – beispielsweise eine *Radeon 9700 Pro* unter Windows zur Verfügung stehen. In der Praxis geht nach dem Neustart außer dem abgesicherten Modus aber oftmals gar nichts mehr, was einen recht langwierigen Konfigurationsvorgang nach sich ziehen kann.

Das seit Jahren sicherste Verfahren bei ATI-Grafikkarten sowie deren Ablegern und dem damit einhergehenden (identischen) Installationsvorgang ist es, wenn nach dem Einbau der neuen ATI-Grafikkarte *nicht* das Setup-Programm aufgerufen, sondern unmittelbar nach der Detektierung der neuen Hardware durch Windows nur der passende Treiber aus einem der Unterverzeichnisse der CD selektiert wird.

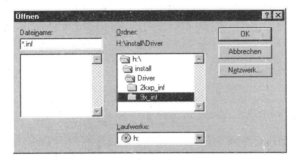

Bild 14.10: Der passende Windows 9x-Treiber für die Radeon-Grafikkarte befindet sich im Verzeichnis Install\Driver\9x_Inf, während das Verzeichnis 2kxp_inf die Treiber für Windows 2000 und auch Windows XP zur Verfügung stellt.

Am besten ist es, wenn man zuvor auf der CD das jeweilige Verzeichnis sucht, damit man nicht aus lauter Verzweiflung während der nachfolgenden Treiberinstallation den Vorgang abbricht oder nur noch auf einen Windows-Standardtreiber (VGA mit 16 Farben) ausweichen kann, womit man sich den ersten Stolperstein im System eingebaut hat, aus dem man oftmals nur schwer wieder herauskommt (abgesicherter Modus, es kann kein Treiber gefunden werden usw.). Die ATI-Tools, die teilweise auch von sehr fragwürdigem Nutzen sind (Overclocking) sowie das auf CD mitgelieferte DirectX sollten erst einmal beiseite gelassen werden. Wie bereits erwähnt, werden diese Programme und einiges mehr automatisch per Setup-Programm installiert, womit man sich möglicherweise auch sein bisher einwandfrei funktionierendes DirectX »abgeschossen« hat.

Erst wenn sich der passende ATI-Grafikkartentreiber ohne Fehlermeldung in der Systemsteuerung niedergelassen hat und das neue Grafiksystem so weit funktioniert, dass sich die gewünschte Farbqualität und Auflösung einstellen lassen, könnte man sich auch an die Installation der ATI-Tools und des mitgelieferten DirectX wagen.

DirectX ist eine spezielle Software-Schnittstelle in Windows, die insbesondere für Spiele von Bedeutung ist. Standardmäßig werden DirectX-Treiber ab Windows 98 zur Verfügung gestellt und fast jedes Spiel bringt ebenfalls eine DirectX-Version mit, die die optimale Unterstützung für das jeweilige Spiel bieten soll. Weiterhin muss eine DirectX-Version auch optimal zur Grafikkarte passen, damit sie überhaupt ihre 3D-Qualitäten ausspielen kann, und deshalb gibt es auch hierzu eine DirectX-Version. Zwangsläufig wird man deshalb mit verschiedenen DirectX-Versionen konfrontiert, die nur bedingt miteinander kompatibel sind. Falls ein Spiel eine ältere DirectX-Version verlangt, als diejenige, die mit der neueren Grafikkarte installiert wurde, kann es passieren, dass das Spiel damit nicht funktionieren will. Daher ist es wichtig, den Überblick zu behalten und nicht blindlings diese oder jene Version aufzuspielen, nur weil das jeweilige Installationsprogramm dies so vorschlägt.

TIPP

> Mit DirectX gehen in der Praxis allerlei Probleme einher, sodass zum Test und bevor eine neue Version installiert wird, das Programm *dxdiag* für die Analyse herangezogen werden sollte.

Für die Ermittlung der installierten DirectX-Version, die Diagnose und auch für die Fehlerbehebung befindet sich auf einem PC meist das Programm *dxdiag*, welches erst einmal gesucht werden muss (START/ SUCHEN/DATEIEN/COMPUTER), da es sich – je nach Windows-Version und PC-Konfiguration – an unterschiedlichen Stellen im System befinden kann. Anhand dieses DirectX-Diagnoseprogramms sollte zumindest eine problemlose Unterstützung der Grafikkarte festzustellen sein, andernfalls sind hierfür aktuellere Treiber vom Hersteller oder auch eine neue DirectX-Version notwendig. Ohne eine optimale DirectX-Unterstützung wird keine rechte Freude am neuen Spiel und/oder der Grafikkarte aufkommen.

Keine schlechte Idee ist es auch, nachdem der ATI-Treiber installiert worden ist, ein 3D-Testprogramm (auf CD) oder 3D-Spiel auszuführen. Falls der PC dabei hängen bleibt oder auch gleich komplett abstürzt, steht noch ein wenig Troubleshooting an. Zunächst ist im BIOS-Setup zu überprüfen, ob es dem AGP erlaubt ist, einen Interrupt-Kanal (IRQ) zu verwenden, der für eine 3D-Darstellung absolut, aber nicht unbedingt für eine 2D-Darstellung notwendig ist.

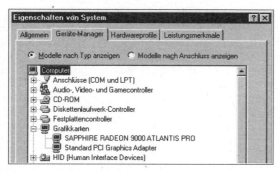

Bild 14.11: Geschafft: aus dem »Standard PCI GRAPHICS ADAPTER« ist eine »SAPPHIRE RADEON 9000« geworden.

Des Weiteren kann die Interrupt-Verteilung unter Windows (siehe auch Kapitel 7.6.4) Probleme bereiten, zumal wenn die (ATI-)Grafikkarte sich einen IRQ mit einer anderen Einheit teilen muss, was interessanterweise oftmals der für ACPI ist und häufig schief geht.

Nach Möglichkeit sollte die Grafikkarte (sicherheitshalber) einen IRQ für sich allein belegen, was aufgrund der traditionellen Knappheit an Interrupts nicht immer einfach zu bewerkstelligen ist. Dann ist es gut, wenn sich der APIC-Modus (siehe Kapitel 7.6.6) nutzen lässt, und diese Option sollte dann auch im BIOS-Setup eingeschaltet sein. Falls das Betriebssystem aber erst einmal installiert ist, bringt die APIC-Einschaltung per BIOS-Setup nichts mehr. Dies muss vor der Installation passiert sein, was daher bei einem Grafikkartentreiberproblem eine Windows-Neuinstallation bedeuten kann, damit die Interrupts neu verteilt werden können. Vorzugsweise sollte dies dann Windows XP sein, weil der APIC-Modus und ACPI hier noch am besten unterstützt werden.

TIPP

> Um Problemen mit Grafikkarten möglichst aus dem Weg zu gehen, empfiehlt es sich, dass der Grafikkarte ein IRQ exklusiv zugeordnet wird, was bei aktuellen Systemen am besten mit dem APIC-Modus unter Windows XP funktioniert.

Mithilfe des Grafikkartentreibers sollten sich die gewünschten Farbtiefen sowie Auflösungen einstellen lassen, und es sollte sich auch ein flimmerfreies Bild ergeben. Allerdings wird für einen Monitor in der Regel kein Treiber mitgeliefert, der eine optimale Einstellung ermöglicht. Neuere Monitore sollte Windows aber dank DDC automatisch erkennen und daraufhin die optimalen Werte festlegen, was aber nicht immer funktioniert. Auf der beiliegenden CD befinden sich für die Überprüfung der Bildwiederholfrequenz und anderer Monitor- und Grafikkartendaten einige Testprogramme, die auch über die eingestellte Betriebsart Auskunft geben.

Solange unter Windows 9x nur ein Standard-(VGA-)Monitor oder sogar *Unbekannter Bildschirm* eingestellt ist, lassen sich vom Grafikkartentreiber her keine höheren Auflösungen und Bildwiederholfrequenzen einstellen. Es muss also auf jeden Fall ein spezieller Monitortreiber angeben werden. Falls der gewünschte nicht von Windows automatisch zur Verfügung gestellt wird, stellt man einen ein, der dem vorhandenen Monitor bezüglich der Daten am nächsten kommt, was sich oftmals leichter sagen als durchführen lässt. Auf jeden Fall sollten die Daten des eigenen Monitors bekannt sein, was man auch im Internet in Erfahrung bringen kann, falls das Manual zum Monitor nicht mehr zu finden ist oder auch keine erschöpfende Auskunft liefert.

Kapitel 14 · Das Grafiksystem

Bild 14.12: Leider liefert nicht jeder Grafikkartenhersteller – wie hier Matrox – ausreichend viele Monitortreiber mit, mit denen sich auch die Bildwiederholfrequenz einstellen lässt.

Welcher der von Windows vorgeschlagenen Monitore dem eigenen am nächsten kommt, ist den Bezeichnungen aber nicht immer unmittelbar zu entnehmen. In Windows existieren jedoch verschiedene Dateien mit der Bezeichnung MONITORx.INF; es sind demnach die *Installation Information Files*, die die genauen Daten für die standardmäßig bekannten Monitore enthalten. Je nach Windows-Version gibt es eine unterschiedliche Anzahl an Monitor-Inf-Dateien, die sich in unterschiedlichen Verzeichnissen befinden können. Sie können auch mit dem Attribut *Versteckt* markiert sein und müssen unter Umständen erst entpackt werden, damit der Inhalt mit einem Editor lesbar ist. Bei Windows XP liegen diese Dateien im Verzeichnis \windows\I386 vor und tragen Bezeichnungen wie *Monitor.in_*; diese sind hier also erst zu entpacken. Die verschiedenen Monitordateien kann man bei Bedarf in Ruhe durchsehen und sich hier denjenigen Monitor merken, der nachfolgend unter Windows selektiert wird und bezüglich der Daten dem eigenen möglichst genau entspricht.

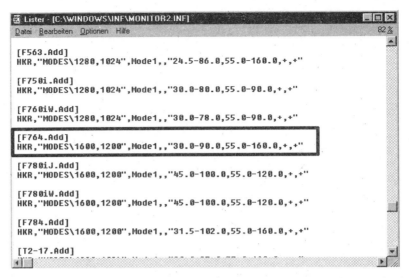

Bild 14.13: In Monitor-InFiles sind die Daten aller Monitore abgelegt, die Windows standardmäßig kennt. Für den EIZO F764 ist hier eine maximale Auflösung von 1600 x 1200 Bildpunkten, ein Horizontalfrequenzbereich von 30–90 kHz und ein Vertikalfrequenzbereich von 55–160 Hz angegeben.

Anhand des Beispiels in Bild 14.13 ist das Prinzip, wie die einzelnen Parameterangaben zu interpretieren sind, sicher nachzuvollziehen, sodass es damit eigentlich auch problemlos möglich ist, einen x-beliebigen Monitor, den Windows nicht von Hause aus kennt, optimal zu konfigurieren. Auch wenn sich diese Monitor-InFiles in ihrem Aufbau und mit ihren Attributen, in Abhängigkeit von der jeweiligen Windows-Version, voneinander unterscheiden, bieten sie gleichermaßen die Information darüber, mit welchen Daten die Monitore angesteuert werden können.

magnum

Teil 5

PC-Diagnose und -Analyse

Manchmal geht überhaupt nichts mehr. Bei besonders schwerwiegenden Fehlern hilft nur noch spezielle Hardware. In diesem Teil wird gezeigt, wie mithilfe spezieller Hilfsmittel die teilweise nicht im Handel zu finden ist, eine zuverlässige PC-Diagnose und -Analyse ermöglicht wird.

15 Fehlermeldungen analysieren

Es gibt zwar auch echte BIOS-Fehler, sie beschränken sich jedoch meist darauf, dass diese oder jene Option, die im Setup aktiviert worden ist, nicht funktioniert. In solchen Fällen wird stets ein BIOS-Update empfohlen, was in Kapitel 13.6 beschrieben ist. Wie es in Kapitel 2.2 (Power On Self Test) kurz erläutert ist, gibt es prinzipiell drei unterschiedliche Methoden, wie ein BIOS einen Fehler melden kann: per direkter BIOS-Fehlermeldung, per Beep-Code und per POST-Code.

> Für die korrekte Interpretation der verschiedenen BIOS-Fehlermeldungen (direkte BIOS-Meldung, Beep-Codes, POST-Codes) sollte eine PC-Minimalausstattung hergestellt werden, um hier Wechselwirkungen mit optionaler Hardware (externe Geräte, Einsteckkarten) auszuschließen, die möglicherweise für die Fehlerursache verantwortlich ist.

Wer grundlegenden Fehlern, den diese Fehlerdetektierungsmechanismen in der Regel ausweisen, auf die Schliche kommen will, ist schlecht beraten, dies bei einem mit zahlreichen Erweiterungskarten voll gestopften PC, an den auch noch zahlreiche Peripherie-Einheiten angeschlossen sind, bewerkstelligen zu wollen. Nicht selten sitzt man nämlich bei der Analyse der Fehlermeldungen und damit bei der darauf folgenden Fehlerbehebung einer Fehlinterpretation auf, was im Wechselspiel der einzelnen PC-Einheiten begründet liegt. Demnach sollten für die weitere Vorgehensweise nur die absolut notwendigen Einheiten im PC eingebaut sein und optionale Einheiten wie Netzwerk- oder auch spezielle Videokarten vorher aus dem PC entfernt werden.

15.1 Direkte BIOS-Fehlermeldungen

Die BIOS-Fehlermeldungen sind naturgemäß leichter zu interpretieren als die Beep- und POST-Codes. Außerdem fallen diese direkten Fehlermeldungen bei den verschiedenen BIOS-Herstellern auch nicht sehr unterschiedlich aus. Die folgende Aufstellung integriert verschiedene Versionen und gilt somit für eine Vielzahl von unterschiedlichen PCs.

Diese *non fatal errors* sind auf unterschiedliche Art und Weise zu beseitigen, wie es im Folgenden bei den einzelnen Fehlermeldungen beschrieben ist. Obwohl es *non fatal error* heißt, ist ein derartiger Fehler jedoch nicht immer einfach zu beseitigen, wenn sich beispielsweise herausstellt, dass ein Fehler im Interrupt-Controller vorliegt, denn dann kann man sich schon mal mit dem Gedanken anfreunden, dass ein neues Mainboard fällig ist. *Non fatal* gilt gewissermaßen aus der Sicht des BIOS und nicht des Anwenders.

Im Folgenden werden die entsprechenden Fehlermeldungen aufgelistet:

8042 Gate-A20 Error

Bedeutung: Die Gate-A20-Leitung kann nicht korrekt geschaltet werden, d.h., die Umschaltung zwischen Real- und Protected Mode ist nicht möglich.

Diagnose/Abhilfe: Entsprechende BIOS-Setup-Einstellung kontrollieren, in der CONFIG.SYS die Installation von HIMEM.SYS kontrollieren und gegebenenfalls den A20CONTROL- und MACHINE-Parameter ändern.

Address Line Short

Bedeutung: Eine Adressleitung ist nicht in Ordnung.

Diagnose/Abhilfe: Nicht behebbar, Fehler auf dem Mainboard bzw. im Chipsatz.

BIOS ROM Checksum Error – System Halted

Bedeutung: Die aktuell festgestellte Prüfsumme im BIOS-ROM ist nicht korrekt, und das System wird angehalten.

Diagnose/Abhilfe: Das BIOS-ROM ist defekt. Neues ROM in einem anderen identischen PC oder mit externem Programmiergerät brennen.

Bus Timeout NMI at Slot n

Bedeutung: Die Karte im Slot n erzeugt eine Zeitüberschreitung, was einen NMI ausgelöst hat.

Diagnose/Abhilfe: Die betreffende Einsteckkarten entfernen und ersetzen, möglicherweise kann die Veränderung des Bus-Timings (Wait States u. Ä.) im BIOS-Setup hier noch Abhilfe schaffen.

Cache Memory Bad

Bedeutung: Der Cache-Speicher ist defekt.

Diagnose/Abhilfe: Eventuell Jumper für externen Cache auf dem Mainboard kontrollieren, COAST-Modul ersetzen, zunächst jedoch Cache per BIOS-Setup abschalten und dann versuchsweise neu starten.

C: Drive Error oder auch D: Drive Error

Bedeutung: Das betreffende Laufwerk (Festplatte) reagiert nicht.

Diagnose/Abhilfe: BIOS-Setup ausführen und die Laufwerke automatisch erkennen lassen, Controller-Einträge und deren Ressourcen (IRQs) überprüfen, Verkabelung und Master/Slave-Konstellation kontrollieren.

CH2 Timer Error

Bedeutung: Der Timer 2 ist defekt.

Diagnose/Abhilfe: Nicht behebbar, Fehler auf dem Mainboard bzw. im Chipsatz.

CMOS Battery Low oder auch CMOS Battery Failed

Bedeutung: Der Akku des CMOS-RAMs ist leer.

Diagnose/Abhilfe: Eventuell Jumper auf dem Mainboard (Normal/ Discharge) kontrollieren, Spannung des Akkus (3,3V) überprüfen, eventuell Ladeschaltung defekt, neuen Akku einbauen.

CMOS Checksum Failure

Bedeutung: Die Checksumme des CMOS-RAM-Inhaltes weicht von der aktuell detektierten Summe ab.

Diagnose/Abhilfe: BIOS-Setup durchführen und Daten neu abspeichern, CMOS-RAM oder auch Akku defekt (siehe auch Kapitel 4.2).

CMOS Display Mismatch

Bedeutung: Es wurde eine falsche Grafikkarte detektiert.

Diagnose/Abhilfe: Der detektierte Grafikkartentyp stimmt nicht mit der BIOS-Setup-Einstellung überein, BIOS-Setup durchführen und eventuell Jumper (Color/Mono) auf dem Mainboard kontrollieren.

CMOS Memory Mismatch

Bedeutung: Die detektierte Speichergröße weicht von der im CMOS-RAM gespeicherten ab.

Diagnose/Abhilfe: BIOS-Setup durchführen, Speichermodule versuchsweise tauschen, Kontrolle der Speichermodule auf Typ und Zugriffszeit.

CMOS Options Not Set

Bedeutung: Fehler im CMOS-RAM.

Diagnose/Abhilfe: Ungültige Werte, BIOS-Setup durchführen.

CMOS Time and Date Not Set

Bedeutung: Die Uhrzeit und das Datum sind nicht eingestellt.

Diagnose/Abhilfe: BIOS-Setup durchführen.

Disk(ette) Boot Failure

Bedeutung: Die Diskette im Laufwerk ist nicht bootfähig.

Diagnose/Abhilfe: Diskette entfernen (Boot von C:), Diskette formatieren (FORMAT A:/s oder SYS A:).

Diskette Drive 0 Seek To Track 0 Failed

Bedeutung: Das Diskettenlaufwerk wurde nicht korrekt detektiert.

Diagnose/Abhilfe: Anschluss und Laufwerk überprüfen, das Diskettenlaufwerk, das Kabel oder der Controller sind defekt, zunächst das Laufwerk zum Test im BIOS-Setup abschalten.

Diskette Drive Reset Failed

Bedeutung: Das Diskettenlaufwerk reagiert nicht.

Diagnose/Abhilfe: Anschluss und Laufwerk überprüfen, das Diskettenlaufwerk, das Kabel oder der Controller sind defekt, zunächst das Laufwerk zum Test im BIOS-Setup abschalten.

Diskette Read Failure – Strike F1 To Reboot

Bedeutung: Vom Diskettenlaufwerk kann nicht gelesen werden.

Diagnose/Abhilfe: Keine Diskette eingelegt oder sie ist defekt, neue Diskette erforderlich, zunächst das Laufwerk zum Test im BIOS-Setup abschalten oder auch vom Boot (Boot Sequence) ausschließen.

Display Switch Not Proper oder auch Display Adapter Failed

Bedeutung: Der Grafikkartentyp stimmt nicht mit dem im BIOS-Setup angegebenen Typ überein.

Diagnose/Abhilfe: Jumper auf dem Mainboard (Monochrome/Color) kontrollieren, korrekten Typ im BIOS-Setup angeben.

DMA #1 Error

Bedeutung: Fehler im 1. DMA-Controller.

Diagnose/Abhilfe: Versuchsweise den DMA-Takt im BIOS-Setup reduzieren, DMA-Controller defekt, nicht behebbar.

DMA #2 Error

Bedeutung: Fehler im 2. DMA-Controller.

Diagnose/Abhilfe: Versuchsweise den DMA-Takt im BIOS-Setup reduzieren, DMA-Controller defekt, nicht behebbar.

DMA Bus Timeout

Bedeutung: Fehler in der DMA-Übertragung.

Diagnose/Abhilfe: Ein Gerät beansprucht den Bus länger als 7,8 Mikrosekunden, versuchsweise den DMA-Takt im BIOS-Setup reduzieren.

EISA CMOS Checksum Failure und auch andere EISA-Fehler

Bedeutung: Fehler in der EISA-Konfiguration.

Diagnose/Abhilfe: EISA-PCs werden seit ca. 10 Jahren nicht mehr hergestellt und sind von PCI-PCs abgelöst worden. Am besten den PC durch ein aktuelles Modell ersetzen. Mitunter taucht eine EISA-Fehlermeldung aber auch bei einem »nicht-EISA-PC« auf, was meist auf ein Problem mit dem System-ROM oder einem ROM auf einer Erweiterungskarte hindeutet.

Extended RAM Failed

Bedeutung: Fehler im DRAM-Speicher.

Diagnose/Abhilfe: Wenn man an den BIOS-Setup herankommt, die Parameter probeweise auf die schlechtesten Werte einstellen, andernfalls Module austauschen.

Fail Safe Timer NMI Inoperal

Bedeutung: Fehler bei der Non Maskable Interrupt-Verarbeitung.

Diagnose/Abhilfe: Einsteckkarten probeweise entfernen, falls sich keine Änderung ergibt, liegt meist ein Mainboard-Defekt vor, der nicht zu beheben ist.

FDD Controller Failure

Bedeutung: Fehler im Controller für die Diskettenlaufwerke.

Diagnose/Abhilfe: Laufwerkskabel überprüfen (Pin 1 meist markiert!), Kabel nicht korrekt gedreht (A: gedreht, B: 1 zu 1), Onboard-Controller nicht korrekt gejumpert, BIOS-Setup kontrollieren, Controller ersetzen.

Gate-A20 Error

Bedeutung: Die Gate-A20-Leitung kann nicht korrekt geschaltet werden, d.h., die Umschaltung zwischen Real- und Protected Mode ist nicht möglich.

Diagnose/Abhilfe: Entsprechende BIOS-Setup-Einstellung kontrollieren, in der CONFIG.SYS die Installation von HIMEM.SYS kontrollieren und gegebenenfalls den A20CONTROL- und MACHINE-Parameter ändern.

Hard Disk Failure

Bedeutung: Es liegt ein Festplattenfehler vor.

Diagnose/Abhilfe: BIOS-Setup-Einstellung kontrollieren, probeweise von Diskette booten und versuchen, auf die Platte zuzugreifen, andernfalls Festplatte neu formatieren oder auch partitionieren (mit FDISK), Kabel und Controller kontrollieren. Falls dies nichts nützt, ist die Festplatte defekt.

Hard Disk Install Failure

Bedeutung: Die Festplatte wird nicht gefunden.

Diagnose/Abhilfe: BIOS-Setup-Einstellung für Festplatte und Controller kontrollieren (siehe auch Hard Disk Failure).

HDD Controller Failure oder auch Fixed Disk Error

Bedeutung: Fehler im Festplatten-Controller.

Diagnose/Abhilfe: Kabel überprüfen, BIOS-Setup kontrollieren.

Incorrect Drive A, B

Bedeutung: Typ des Diskettenlaufwerks stimmt nicht.

Diagnose/Abhilfe: Passenden Typ im BIOS-Setup angeben, Kabel überprüfen, eventuell Laufwerk defekt.

I/O Card Parity Error at xxxxx

Bedeutung: Fehler auf einer Einsteckkarte.

Diagnose/Abhilfe: Feststellen, welche Karte die Adresse xxxxx verwendet und gegebenenfalls ersetzen.

INTR #1 Error

Bedeutung: Fehler im Interrupt-Controller 1.

Diagnose/Abhilfe: Versuchsweise den Bustakt im BIOS-Setup reduzieren, Interrupt-Controller defekt, nicht behebbar.

INTR #2 Error

Bedeutung: Fehler im Interrupt-Controller 2.

Diagnose/Abhilfe: Versuchsweise den Bus-Takt im BIOS-Setup reduzieren, Interrupt-Controller defekt, nicht behebbar.

Invalid Boot Diskette

Bedeutung: Die Diskette im Laufwerk ist nicht bootfähig.

Diagnose/Abhilfe: Diskette entfernen (Boot von C:), Diskette formatieren (z.B. format a:/s oder sys a:).

Invalid Configuration oder auch Invalid NVRAM

Bedeutung: Ungültige CMOS-RAM Konfiguration.

Diagnose/Abhilfe: BIOS-Setup durchführen und Daten neu abspeichern, möglicherweise CMOS-RAM defekt, dann ist der Fehler meist nicht behebbar (siehe auch Kapitel 4.2.2).

KB/Interface Error

Bedeutung: Es liegt ein Tastaturfehler vor.

Diagnose/Abhilfe: Tastatur richtig anschließen (Verwechslung mit PS/2-Mausport?). Tastaturtest im BIOS-Setup abschalten, andere Tastatur probieren, 8042-Controller defekt, dann nicht behebbar, weil kaum zu beschaffen.

Keyboard Error

Bedeutung: Tastaturfehler, Tastatur nicht angeschlossen oder defekt (siehe vorherige Fehlermeldung).

Diagnose/Abhilfe: Gegenstände von der Tastatur entfernen, Taste klemmt, Tastaturtest im BIOS-Setup abschalten, andere Tastatur probieren, 8042-Controller defekt, dann nicht behebbar, weil kaum zu beschaffen.

Keyboard is Locked

Bedeutung: Der (Schlüssel-)Schalter am PC ist verriegelt.

Diagnose/Abhilfe: PC-Schlüsselschalter in On-Position (Unlocked) bringen.

Keyboard Stuck Failure

Bedeutung: Es liegt ein Tastaturfehler vor.

Diagnose/Abhilfe: Gegenstände von der Tastatur entfernen, Taste klemmt, Tastaturtest im BIOS-Setup abschalten, andere Tastatur probieren.

Memory Error, Memory Test Error und andere Memory-Fehlermeldungen

Bedeutung: Fehler im DRAM-Speicher.

Diagnose/Abhilfe: Wenn man an den BIOS-Setup herankommt, die Parameter probeweise auf die schlechtesten Werte einstellen; möglicherweise unzulässige Mischung unterschiedlicher Modultypen, Module austauschen.

NMI Error

Bedeutung: Ein nicht maskierbarer Interrupt ist unzulässigerweise aufgetreten.

Diagnose/Abhilfe: Einsteckkarten und Speichermodule überprüfen, sonst nicht behebbarer Mainboard-Fehler, tritt oftmals bei Überhitzung auf.

No Boot Device oder auch No Boot Sector

Bedeutung: Es wurde keine bootfähige Einheit gefunden.

Diagnose/Abhilfe: Boot-Reihenfolge (Boot Sequence) im BIOS-Setup überprüfen, gegebenenfalls Laufwerke mit System (z.B. format c:./s) formatieren.

No ROM BASIC

Bedeutung: Kein ROM-BASIC?

Diagnose/Abhilfe: Systemfehler, der unterschiedliche Ursachen haben kann, stammt ursprünglich vom Original-IBM-PC. Alle Fehler, für die es keine spezielle Ausgabe gibt, erzeugen diese Meldung. Eine Möglichkeit ist folgende: Es wurde eine SCSI-Festplatte verwendet, die mit einem anderen PC formatiert wurde. In diesem Fall die Festplatte neu formatieren.

No Timer Tick

Bedeutung: Kein Impuls vom Timer.

Diagnose/Abhilfe: Mainboard-Fehler, nicht behebbar.

NVRAM Cleared by Jumper

Bedeutung: Der Inhalt des CMOS-RAMs wurde gelöscht.

Diagnose/Abhilfe: Jumper auf dem Mainboard von der Discharge- in die Normalstellung setzen.

Off Board Parity Error

Bedeutung: Speicherfehler, Parity-Fehler auf einer Speichererweiterungskarte (nicht auf dem Mainboard).

Diagnose/Abhilfe: Die Einsteckkarte selbst, die verwendeten RAMs oder Module auf korrekten Sitz hin überprüfen, gegebenenfalls Parity-Check im BIOS-Setup abschalten, Timing-Parameter (z.B. Refresh, RAS) im BIOS-Setup ändern, Karte oder Bausteine ersetzen.

Offending Address not Found

Bedeutung: Es wurde ein Problem in der Adressierung detektiert.

Diagnose/Abhilfe: Kann von einer defekten Hardware-Einheit (Einsteckkarte, Mainboard, Speicher) herrühren. Karte und Module überprüfen und gegebenenfalls ersetzen. Falls keine Besserung eintritt, ist das Mainboard defekt.

On Board Parity Error

Bedeutung: Parity-Fehler im Hauptspeicher auf dem Mainboard.

Diagnose/Abhilfe: Module auf korrekten Sitz hin überprüfen, gegebenenfalls Parity-Check im BIOS-Setup abschalten, Timing Parameter (z.B. Refresh, RAS) im BIOS-Setup ändern, Bausteine auf Typ und Zugriffszeit hin überprüfen, versuchsweise die Module in anderen Steckplatz einstecken; Bausteine ersetzen.

Operation System not Found

Bedeutung: Es wurde kein Betriebssystem (kein Boot-Sektor) gefunden.

Diagnose/Abhilfe: Boot-Reihenfolge (Boot Sequence) im BIOS-Setup überprüfen, gegebenenfalls Laufwerk formatieren und Betriebssystem installieren.

Override Enabled – Defaults Loaded

Bedeutung: Fehler in der PC-Konfiguration, daher werden automatisch die BIOS-Voreinstellungen aktiviert.

Diagnose/Abhilfe: BIOS-Setup neu ausführen und die Konfiguration abspeichern. Möglicherweise steht ein Jumper auf dem Mainboard (Recovery o. ä.) nicht in der korrekten Stellung.

Parity Error ???

Bedeutung: Ein nicht lokalisierbarer Parity-Fehler ist im Systemspeicher oder im Bussystem (PCI) aufgetreten.

Diagnose/Abhilfe: Module und Karten auf korrekten Sitz hin überprüfen, gegebenenfalls Parity-Check im BIOS-Setup abschalten, Timing Parameter (z.B. Refresh, RAS) im BIOS-Setup ändern, Bausteine auf Typ und Zugriffszeit hin überprüfen, versuchsweise die Module in anderen Steckplatz einstecken; Bausteine ersetzen. Möglicherweise auch Fehler im Chipsatz, der nicht behebbar ist.

Parity Error at xxxxx

Bedeutung: Ein Parity-Fehler ist im Systemspeicher oder im Bussystem (PCI) an der Adresse xxxx aufgetreten.

Diagnose/Abhilfe: Versuchen, die Adresse einer Einheit zuzuordnen und diese dann entsprechend behandeln (siehe auch *Parity Error ???*).

Press a Key to Reboot

Bedeutung: Es ist ein Neustart notwendig, da ein (Boot-)Fehler vorliegt, was durch die Betätigung einer beliebigen Taste erfolgt.

Diagnose/Abhilfe: BIOS-Setup ausführen und Boot-Laufwerke überprüfen.

Press ESC to Skip Memory Test

Bedeutung: Manueller Abbruch des Speichertests möglich.

Diagnose/Abhilfe: Es liegt kein Fehler vor, der Speichertest kann an dieser Stelle aber durch die Betätigung der [Esc]-Taste beendet werden.

Press <F1> to Disable NMI, Press <F2> to Reboot

Bedeutung: Fehlerhafte NMI-Verarbeitung.

Diagnose/Abhilfe: Start ohne NMI möglich (Taste [F1]) oder Neuboot mit [F2]-Taste, was in den meisten Fällen aber nicht funktioniert und auf einen Mainboard-Fehler hindeutet, wenn der Speicher und die Einsteckkarten in Ordnung sind.

Press <F1> to Resume, Press <F2> to Setup

Bedeutung: Eine Einheit (Tastatur, Diskettenlaufwerk) konnte nicht identifiziert werden.

Diagnose/Abhilfe: Nach Betätigung der Taste [F1] wird der Fehler ignoriert und mit der Taste [F2] der BIOS-Setup aufgerufen, den man nun ausführen sollte.

Previous Boot Incomplete – Default Configuration Used

Bedeutung: Fehler in der PC-Konfiguration, daher werden automatisch die BIOS-Voreinstellungen aktiviert.

Diagnose/Abhilfe: BIOS-Setup neu ausführen und die Konfiguration abspeichern.

Real Time Clock Error

Bedeutung: Fehler in der Echtzeituhr.

Diagnose/Abhilfe: Kann durch das Stellen der Uhr im BIOS-Setup möglicherweise behoben werden. Falls keine Veränderung eintritt und sich der Uhrenchip im Chipset befindet, auch die Batterie kontrollieren, sonst ist das Chipset defekt; nicht behebbarer Fehler.

RAM (Parity) Error

Bedeutung: Fehler im DRAM-Speicher.

Diagnose/Abhilfe: Wenn man an den BIOS-Setup herankommt, die Parameter probeweise auf die schlechtesten Werte einstellen; möglicherweise unzulässige Mischung unterschiedlicher Modultypen, Module austauschen.

ROM Bad At xxxxx

Bedeutung: Fehler in einem BIOS-ROM.

Diagnose/Abhilfe: Einheit anhand der Adresse xxxxx (z.B. Boot-ROM einer Netzwerkkarte, SCSI-Controller) lokalisieren und die Konfiguration überprüfen. Falls die Adresse von einer Einsteckkarte verwendet wird, Karte versuchsweise ausbauen und gegebenenfalls ersetzen. Gehört die Adresse zum System-BIOS auf dem Mainboard, ist es defekt. Ist es in einem Flash-PROM abgelegt, kann ein neues BIOS Abhilfe schaffen.

Shadow RAM Failed

Bedeutung: Fehler bei der Einrichtung des Shadow-RAMs.

Diagnose/Abhilfe: Abschalten von *Shadow* im BIOS-Setup. Wenn keine Veränderung eintritt, liegt ein DRAM-Fehler vor (siehe dort). Es ist möglich, dass eine Einsteckkarte mit eigenem BIOS die Einrichtung des Shadow-RAMs verhindert, auf das man aber auch verzichten kann.

Switch Memory Failure

Bedeutung: Speicherfehler

Diagnose/Abhilfe: Eventuell Jumper für die Lokalisierung des Speichers auf dem Mainboard kontrollieren (SIMM/DIMM/EDO/SDRAM). Überprüfung der Speichermodule auf Typ und Zugriffszeit. Falls der BIOS-Setup aufgerufen werden kann, hier die Speicherparameter auf die schlechtesten Werte einstellen.

System Battery is Dead

Bedeutung: Die Batterie für das CMOS-RAM ist leer.

Diagnose/Abhilfe: Batterie ersetzen und Setup ausführen.

System CMOS Checksum Bad

Bedeutung: Die Checksumme des CMOS-RAM-Inhaltes weicht von der aktuell detektierten Summe ab.

Diagnose/Abhilfe: BIOS-Setup durchführen und Daten neu abspeichern, CMOS-RAM oder auch Akku defekt (siehe auch Kapitel 4.2).

Time-of-Day Clock Stopped

Bedeutung: Fehler in der Echtzeituhr.

Diagnose/Abhilfe: Kann durch das Stellen der Uhr im BIOS-Setup möglicherweise behoben werden. Falls keine Veränderung eintritt und sich der Uhrenchip im Chipset befindet, auch die Batterie kontrollieren, sonst ist das Chipset defekt; nicht behebbarer Fehler.

Timer Chip Counter Failed oder auch Timer Interrupt Controller Bad

Bedeutung: Fehler im Timer-Chip.

Diagnose/Abhilfe: Chipset defekt, nicht behebbar, neues Mainboard notwendig.

15.2 Beep-Fehlermeldungen

Unter der Voraussetzung, dass die Versorgungsspannungen in Ordnung sind, der Lautsprecher ebenfalls funktioniert und auch tatsächlich angeschlossen ist, kann ein Fehler oft auch anhand eines akustischen Signals (Beep-Code) ermittelt werden, der im Fehlerfall automatisch ausgegeben wird. Wie bei den POST-Codes wird auch bei den Beep-Codes – je nach BIOS-Hersteller – unterschiedlich verfahren. Es gibt dabei recht unterschiedliche Tonfolgen, die nicht immer leicht zu identifizieren sind. Der bekannteste Code ist der dreimalige kurze Ton (beep, beep, beep), der dann ertönt, wenn mit dem DRAM-Speicher etwas nicht in Ordnung ist. Tabelle 15.1 gibt einen Überblick über die gebräuchlichsten und (fast) allgemein gültigen Beep-Codes.

Signal	Bedeutung/Ursache
kein Ton	Netzteil defekt
Dauerton	Spannung des Netzteils ist nicht in Ordnung
langer Ton	DRAM-Fehler

Tab. 15.1: Allgemein gebräuchliche Beep-Codes und ihre jeweilige Bedeutung

Beep-Fehlermeldungen

Signal	Bedeutung/Ursache
langer Ton, kurzer Ton	Mainboard-Fehler
langer Ton, zwei kurze Töne	Grafik-Controller- oder Bildspeicher-Fehler
ein kurzer Ton	Laufwerks- oder Grafik-Controller-Fehler, auch DRAM-Fehler möglich
drei kurze Töne	DRAM-Fehler, der häufigste Fehler
vier kurze Töne	Fehler im Timer-Baustein
fünf kurze Töne	Prozessor-Fehler
sechs kurze Töne	Tastatur-Controller-Fehler (8042), Gate-A20-Fehler
neun kurze Töne	ROM-Fehler

Tab. 15.1: Allgemein gebräuchliche Beep-Codes und ihre jeweilige Bedeutung

Die folgenden Tabellen zeigen – nun aber nach BIOS-Herstellern aufgeteilt – die spezielleren Beep-Codes.

Signal	Bedeutung/Ursache
ein kurzer Ton	normal, kein Fehler während des POST
zwei kurze Töne	POST-Fehler, Anzeige der Ursache am Monitor
Dauerton	Netzteilfehler oder eine Einheit zieht übermäßig Strom
ein langer Ton	Speicherfehler
ein langer und ein kurzer Ton	Mainboard-Fehler oder auch Kartenfehler
ein langer und zwei kurze Töne	Grafikfehler (Mono/CGA)
ein langer und drei kurze Töne	Grafikfehler (EGA)
drei lange Töne	Tastaturfehler

Tab. 15.2: Die speziellen Beep-Codes beim Award-BIOS

Signal	Bedeutung/Ursache
ein kurzer Ton	DRAM-Refresh-Fehler
ein langer Ton	kein Fehler, normal während POST
Dauerton	Netzteilfehler oder eine Einheit zieht übermäßig Strom
zwei kurze Töne	Parity-Fehler
drei kurze Töne	Base-64k-RAM-Fehler
vier kurze Töne	Timer-Fehler
fünf kurze Töne	Prozessorfehler
sechs kurze Töne	Tastaturfehler, Gate-A20
sieben kurze Töne	Virtual-Mode-Fehler
acht kurze Töne	allgemeiner Grafikspeicherfehler
neun kurze Töne	ROM-BIOS-Checksummen-Fehler
zehn kurze Töne	Fehler im CMOS-RAM
elf kurze Töne	Fehler im Cache-Speicher oder allgemeiner BIOS-Fehler
ein kurzer und drei lange Töne	Base/Extended-Memory-Fehler
ein langer und acht kurze Töne	Grafikspeichertest nicht in Ordnung

Tab. 15.3: Die speziellen Beep-Codes beim AMI-BIOS, die auch bei aktuellen Intel-Mainboards zur Anwendung kommen

Die ausführlichsten Beep-Codes liefert das Phoenix-BIOS. Diese Codes sind aber anders als die bisher gezeigten aufgebaut. Hier bilden jeweils drei Beep-Signalfolgen einen Code, wobei keine Unterscheidung nach langen und kurzen Tönen stattfindet. Man muss dabei schon sehr genau hinhören und am besten Morse-Erfahrung haben, um die Töne korrekt interpretieren zu können.

Signal	Bedeutung/Ursache
ein, ein & drei Töne	CMOS-Fehler
ein, ein & vier Töne	ROM BIOS-Checksummen-Fehler
ein, zwei & ein Beep	Timer-Fehler
ein, zwei & zwei Töne	DMA-Initialisierungsfehler

Tab. 15.4: Die speziellen Beep-Codes des Phoenix-BIOS

Signal	Bedeutung/Ursache
ein, zwei & drei Töne	DMA-Page-Register-Fehler
ein, drei & ein Beep	RAM-Refresh-Fehler
ein, drei & drei Töne	64kB-RAM-Fehler
ein, vier & zwei Töne	Parity-Fehler, 64kB-RAM
ein, vier & drei Töne	Fail-Safe-Timer-Fehler (EISA)
ein, vier & vier Töne	NMI-Port-Fehler (EISA)
zwei, ein & ein Ton	64kB-RAM-Fehler
zwei, ein & vier Töne	64kB-RAM-Fehler
zwei, zwei & ein Ton	64kB-RAM-Fehler
zwei, zwei & vier Töne	64kB-RAM-Fehler
zwei, drei & ein Ton	64kB-RAM-Fehler
zwei, drei & vier Töne	64kB-RAM-Fehler
zwei, vier & ein Ton	64kB-RAM-Fehler
drei, ein & ein Ton	Fehler im ersten DMA-Controller
drei, ein & zwei Töne	Fehler im zweiten DMA-Controller
drei, ein & drei Töne	Fehler im ersten Interrupt-Controller
drei, ein & vier Töne	Fehler im zweiten Interrupt-Controller
drei, zwei & vier Töne	Tastatur-Controller-Fehler (8042)
drei, drei & vier Töne	Bildspeicher-Fehler
drei, vier & zwei Töne	Grafikkarten-Fehler
vier, zwei & ein Beep	Timer-Tick-Fehler
vier, zwei & zwei Töne	Shutdown-(Reset-)Fehler
vier, zwei & drei Töne	Gate-A20-Fehler
vier, zwei & vier Töne	unerwarteter Interrupt im Protected Mode aufgetreten
vier, drei & ein Beep	RAM-Test-Fehler (> 64kB)
vier, drei & zwei Töne	Fehler im Timer 2
vier, drei & vier Töne	Realtime-Clock-Fehler

Tab. 15.4: Die speziellen Beep-Codes des Phoenix-BIOS (Forts.)

Signal	Bedeutung/Ursache
vier, vier & ein Beep	serieller Port-Fehler
vier, vier & zwei Töne	paralleler Port-Fehler
vier, vier & drei Töne	mathematischer Coprozessor defekt

Tab. 15.4: Die speziellen Beep-Codes des Phoenix-BIOS (Forts.)

15.3 POST-Codes

Während des Selbsttests des PC wird jeder erfolgreich absolvierte Schritt durch die Ausgabe eines speziellen Codes an eine bestimmte I/O-Adresse (meist 80h) quittiert. Zur Anzeige dieser Codes wird eine spezielle Einsteckkarte (POST-Code-Karte) benötigt, die es ab ca. 50 € von unterschiedlichen Herstellern gibt. Auf einer POST-Code-Karte befinden sich Leuchtdioden oder – besser für die leichtere Identifizierung – Siebensegmentanzeigen, die den jeweiligen *Power On Self Test Code* abbilden. Näheres zu diesen Karten und wie man sie auch selber bauen kann ist in Kapitel 16 angegeben. Jeder Code steht für einen bestimmten Testschritt, was bedeutet, dass der betreffende Test nicht bestanden worden ist, wenn der dazugehörige POST-Code in der Anzeige stehen bleibt.

Display	BIOS Operation	Display	BIOS Operation
Amber / Amber / Amber / Amber	Power on, starting BIOS	Amber / Amber / Amber / Green	Undefined
Green / Amber / Amber / Amber	Recovery mode	Green / Amber / Amber / Green	Undefined
Amber / Green / Amber / Amber	Processor, cache, etc.	Amber / Green / Amber / Green	Undefined
Green / Green / Amber / Amber	Memory, auto-size, shadow, etc.	Green / Green / Amber / Green	Undefined
Amber / Amber / Green / Amber	PCI bus initialization	Amber / Amber / Green / Green	Undefined
Green / Amber / Green / Amber	Video	Green / Amber / Green / Green	Undefined
Amber / Green / Green / Amber	IDE bus initialization	Amber / Green / Green / Green	Undefined
Green / Green / Green / Amber	USB initialization	Green / Green / Green / Green	Booting operating system

Bild 15.1: Die Bedeutung der vier Zustandsanzeigen beim Intel-Mainboard D850GB für den Pentium 4

Bei einigen Mainboards, beispielsweise von Herstellern wie Intel (z.B. D850GB für den Pentium 4) oder MSI (z.B. K7Pro für den Athlon), befindet sich eine Schaltung für die Fehleranzeige auch gleich mit auf dem Mainboard. In der Regel wird hier anhand von vier Leuchtdioden (Diagnostic LED Function) der aktuelle Systemzustand signalisiert, wodurch auf grundlegende Fehler geschlossen werden kann.

Diese Leuchtdioden sind bei den Mainboards mitunter an recht ungünstigen Stellen montiert und leider auch nicht von außen zu erkennen, was somit (indirekt) auch deutlich macht, dass bei derartigen Diagnosearbeiten der PC ein ernsthafteres Problem hat und er auseinander zu montieren ist. Die Bedeutungen der Codes und die farbliche Signalisierung derselben sind bei den Onboard-Lösungen unterschiedlich. Hierfür ist kein allgemein gültiger Standard auszumachen, im Gegensatz zu den ausführlicheren POST-Codes, die mithilfe einer POST-Code-Karte zu detektieren sind.

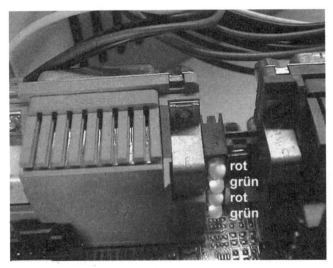

Bild 15.2: Die Diagnostic LEDs, die sich hier zwischen den Schnittstellenanschlüssen befinden, signalisieren beim K7TPro-Mainboard der Firma MSI, dass gerade der Speicher getestet wird.

Die »richtigen« POST-Codes werden üblicherweise von den verschiedenen BIOS-Herstellern wie beispielsweise AMI, Award oder Phoenix definiert, und nicht vom Mainboard- oder PC-Hersteller. Je nach BIOS-Hersteller haben die Codes unterschiedliche Bedeutungen, und sie sind zuweilen auch in den dünnen Mainboard-Heften zu finden. Prinzipiell macht es für die Analyse der POST-Codes aber keinen Unterschied, um welchen PC-Typ es sich handelt und welcher Prozessortyp (80286 bis Pentium 4 oder Athlon XP) verwendet wird.

Es kommt durchaus vor, dass ein BIOS – auch eines bekannten Herstellers – Codes ausgibt, die von denen abweichen, die in den folgenden Tabellen angegeben sind. In der Praxis stellt sich dies jedoch nicht als

Problem dar, da der Fehler meist in der Nähe der bekannten Codes liegt. Die POST-Codes einiger BIOS-Hersteller haben schon seit Jahren, und somit seit Prozessor-Generationen dieselbe Bedeutung, und neuere Testschritte wie für das BIOS-Update oder auch für ACPI werden nur zögerlich hinzugefügt bzw. veröffentlicht.

Auf den nachfolgenden Seiten finden sich die Beschreibungen der Codes für:

- die grobe Fehlerlokalisierung,
- PCs mit AMI-BIOS,
- PCs mit Award-BIOS Version 4.x,
- und PCs mit Phoenix-BIOS Release 6.

Die folgenden Tabellen zeigen lediglich die wichtigsten POST-Codes, die man in der Praxis gerne in gedruckter Form vorliegen haben möchte, da sich diese als besonders hilfreich erweisen haben. Auf der beiliegenden CD finden sich im Verzeichnis »POSTCodes« zahlreiche weitere Codes von Firmen wie Acer oder auch IBM, die am Markt jedoch nicht (mehr) so häufig anzutreffen sind und daher auf die CD »verbannt« wurden, wie auch einige ältere POST-Code-Tabellen.

Einige der Beschreibungen sind in Deutsch, andere wurden in der englischen/amerikanischen Fassung beibehalten, da sich nicht immer ein passender deutscher Ausdruck finden lässt und dadurch auch Missverständnisse entstehen könnten. Die folgende Tabelle enthält zunächst eine allgemein gehaltene Zuordnung der POST-Codes, mit deren Hilfe ein Fehler schon näher eingekreist werden kann.

Fehlertyp	AMI	Award	Phoenix
CPU	08h, C0h, 37h	01h, 02h, 1Ah, 45h	01h, 04h, 0Ah, 12h, 50h
Cache	C6h	09h, 3Eh	0Bh, 0Ch, 17h, 3Ah, 68h
DRAM	3Bh, 50h	08h, 30h-32h	20h, 2Ch, 2Eh, 5Ch, 60h
Mainboard/Chipset/Bus	04h-06h, 2Ah, 38h, 3Ch, 8Ch, ACh	03h, 08h, 20h-2Fh, BFh	06h, 08h, 0Eh, 49h, 7Ch
Laufwerke	E0h, EAh	33h, 41h, 42h	0Fh, 20h, 8Ch, 8Fh, 90h
Grafik	2Ch, 34h	05h, 0Dh, 0Eh	48h, 4Ah

Tab. 15.5: POST-Codes für eine grobe Fehlerlokalisierung

15.3.1 AMI-BIOS-Versionen Incorporated

Die Firma AMI (American Megatrends Incorporated) hat des Öfteren ihre POST-Codes umgestellt, und unter der Bezeichnung AMI-BIOS können prinzipiell drei unterschiedliche Versionen firmieren, die sich in wesentlichen Schritten voneinander unterscheiden:

- AMI HiFlex-BIOS
- AMI WIN-BIOS
- AMI-BIOS 8, Modular BIOS

Das *AMI BIOS 8* ist die neueste Version, welche erstmalig auch Testschritte für ACPI ausweist und ein so genanntes *Checkpoint Display* kennt. Nach der Initialisierung des Grafiksystems ist es hiermit möglich, dass in der rechten unteren Ecke des Monitors POST-Codes abgebildet werden können. Wenn der Mainboard-Hersteller diese Möglichkeit nutzt, ist diese Option im BIOS-Setup mitunter auch ein- und auszuschalten.

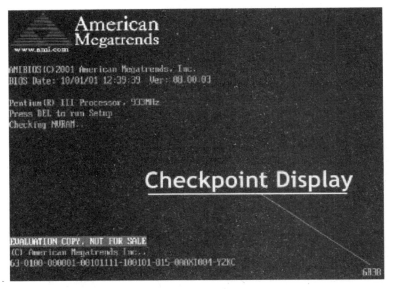

Bild 15.3: Das AMI BIOS 8 hat die Möglichkeit, POST-Codes auch auf dem Monitor abzubilden.

POST-Code	Test/Beschreibung für AMI HiFlex-BIOS
01	NMI abschalten und Register-Test starten
02	NMI ist abgeschaltet, Power-On-Delay starten
03	Power-On-Delay beendet
04	Tastaturtest
05	ROM freigeben, Shadow-RAM und Cache abschalten
06	Berechnen der ROM-BIOS-Checksumme

Tab. 15.6: POST-Codes für PCs mit AMI HiFlex-BIOS

POST-Code	Test/Beschreibung für AMI HiFlex-BIOS
07	ROM-BIOS-Checksumme ist OK
08	BAT-Kommando für Tastatur-Controller
09	BAT-Ergebnis ermitteln
0A	Kommando-Byte zum Tastatur-Controller schreiben
0B	Kommando-Byte wurde zum Tastatur-Controller geschrieben
0C	NOP-Kommando für Tastatur-Controller schreiben
0D	NOP-Kommando wurde für Tastatur-Controller geschrieben
0E	CMOS-Shutdown-Register ist OK, CMOS-Checksumme berechnen
0F	CMOS-Checksumme ist OK
10	CMOS-Initialisierung ist beendet
11	CMOS-Status-Register initialisieren
12	DMA-, Interrupt-Controller, Grafik abschalten und Port B initialisieren
13	Chipsatz initialisieren, Auto-Memory-Detection
14	Auto-Memory-Detection beendet, Beginn des Timer-Tests (8254)
15	Kanal 2 des 8253/8254-Timers OK (Testanfang)
16	Kanal 2 des 8253/8254-Timers OK (Testende)
17	Kanal 1 des 8253/8254-Timers OK (Testende)
18	Kanal 0 des 8253/8254-Timers OK (Testende)
19	Memory-Refresh gestartet
1A	Memory-Refresh, 15 µs-On/Off-Test
1B	30 µs-On/Off-Test beendet und Starten des 64 kB Base-Memory-Tests
20	64 kB Base-Memory-Test, Adressleitungen testen
21	Test der Adressleitungen ist OK
22	Parity-Test
23	64 KB-Lese-/Schreibtest
24	Anfang des Interrupt-Vektor-Tests

Tab. 15.6: POST-Codes für PCs mit AMI HiFlex-BIOS (Forts.)

POST-Code	Test/Beschreibung für AMI HiFlex-BIOS
25	Interrupt-Vektor-Tests OK, 8042-Turbo-Schalter testen
26	Lesen der 8042-I/O-Ports
27	Dateninitialisierung beendet
28	Anfang des Monochrom-Display-Tests
29	Monochrom-Display-Test beendet, Anfang des Color-Display-Test
2A	Color-Display-Test ist beendet
2B	Kontrolle an optionales Grafik-ROM übergeben
2D	Test des optionalen Grafik-ROMs beendet
2E	Falls kein EGA/VGA-Adapter vorhanden, erfolgt die Anzeige des Speichertests
2F	Kein EGA/VGA-Adapter festgestellt
30	Grafik-Speicher-Test beendet
31	Alternativer Grafik-Speicher-Test
32	Alternativer Grafik-Speicher-Test beendet
33	Vergleich des Grafik-Adapters mit der Jumper-Stellung auf dem Mainboard
34	Ende des Grafik-Tests
35	BIOS-ROM-Daten testen
36	BIOS-ROM-Daten OK
37	Cursor setzen für Power-On
38	Power-On-Anzeige
39	Neue Cursor-Position lesen und speichern, Ausgabe der BIOS-Version
3A	Ende der BIOS-Version-Ausgabe und <Hit Esc> anzeigen
3B	<Hit Esc> wird angezeigt und der Virtual-Mode-Test beginnt
40	Virtual-Mode-Test und Anfang des Grafik-Speicher-Tests
41	Grafik-Speicher Test beendet
42	Virtual-Mode für Speichertest
43	Interrupts für Diagnose freigeben

Tab. 15.6: POST-Codes für PCs mit AMI HiFlex-BIOS (Forts.)

POST-Code	Test/Beschreibung für AMI HiFlex-BIOS
44	Interrupts sind freigegeben, wenn der DIAG-Schalter auf dem Mainboard gesetzt ist
45	Speichergröße feststellen
46	Ende der Speichergröße-Tests
47	640 KB-Speichertest
48	Feststellen der Speichergröße unterhalb 1 MB
49	Speichergröße unterhalb 1 MB ermittelt und Speichergröße oberhalb 1 MB ermitteln
4A	Speichergröße oberhalb 1 MB ermittelt
4B	BIOS-ROM-Datenbereich testen
4C	Speicher unterhalb 1 MB gelöscht
4D	Speicher oberhalb 1 MB gelöscht
4E	Speichertest gestartet
4F	Anzeige der Speichergröße
50	Ermitteln der Relocation- und Shadow-RAM-Größe
51	Relocation- und Shadow-RAM-Größe ist ermittelt, Start des Speichertests oberhalb 1 MB
52	Speichertest oberhalb 1 MB beendet
53	CPU-Register und Speichergröße speichern
54	Shutdown, CPU befindet sich im Real-Mode
55	Adressleitung A20 abschalten
56	Adressleitung A20 ist abgeschaltet
57	BIOS-ROM-Datenbereich testen
58	<Hit Esc>-Anzeige löschen
59	<Hit Esc>-Anzeige ist gelöscht
60	DMA-Page-Register-Test ist beendet
61	Start des Tests des ersten DMA-Controllers
62	Test des ersten DMA-Controllers ist beendet

Tab. 15.6: POST-Codes für PCs mit AMI HiFlex-BIOS (Forts.)

POST-Code	Test/Beschreibung für AMI HiFlex-BIOS
63	Test des zweiten DMA-Controllers ist beendet
64	BIOS-ROM-Datenbereich testen
65	Ende des Tests des BIOS-ROM-Datenbereichs
66	DMA-Test beendet, Initialisieren der Interrupt-Controller (8259)
67	Initialisierung der Interrupt-Controller ist beendet
80	Start des Tastatur-Tests
81	Tastatur-Test erfolgreich, eventuell Anzeige eines Fehlers
82	Ende des Tastatur-Tests
83	Key-Lock-Schalter testen
84	Key-Lock-Test beendet; feststellen, ob die ermittelte Speichergröße mit der Eintragung im CMOS-RAM übereinstimmt
85	Speichertest beendet, eventuell Fehleranzeige
86	Passwort abfragen
87	CMOS-Setup aufblenden
88	CMOS-Setup beendet und Bildschirm löschen
89	Power-On-Anzeige
8A	Maus-Test und Initialisierung
8B	Anzeige <Wait..>
8C	Main- und Grafik-BIOS-Shadow-RAM initialisiert
8D	Floppy- und Festplatten-Reset
8E	Testen des Diskettenlaufwerk-Controllers
8F	Diskettenlaufwerk-Controller ist initialisiert
90	Test, ob Festplatte vorhanden
91	Festplatten-Test beendet
92	Festplatten-Setup beendet
93	BIOS-ROM-Datenbereich testen
94	BIOS-ROM-Datenbereich-Test beendet

Tab. 15.6: POST-Codes für PCs mit AMI HiFlex-BIOS (Forts.)

POST-Code	Test/Beschreibung für AMI HiFlex-BIOS
95	Speicher für Festplatten-Typ 47 (User Typ) reservieren
96	Reservierung beendet
97	Feststellen, ob ein ROM ab Adresse C800 vorhanden ist
98	Kontrolle an ROM übergeben
99	ROM-Test
9A	Timer und Parallel-Port-Basis-Adressen sind festgelegt
9B	RS232-Basis-Adressen sind festgelegt
9C	Anfang der Coprozessor-Initialisierung
9D	Der Coprozessor ist initialisiert
9E	Extended-Tastatur-Test (Num-Lock)
9F	Extended-Tastatur-Test ist beendet
A0	Tastatur ID-Kommando
A1	Tastatur ID-Flag-Reset
A2	Cache-Speicher-Test
A3	Eventuell Fehleranzeige
A4	Tastatur-Typematic-Rate festlegen
A5	Memory-Wait-States-Programmierung beendet
A6	Bildschirm löschen
A7	NMI und Parity freigegeben
A8	Feststellen, ob ein ROM ab Adresse E000 vorhanden ist
A9	Kontrolle wurde an ROM übergeben
AA	Initialisierung des ROMs ist beendet
00	Anzeige der System-Konfiguration und Kontrolle an Interrupt 19h (Boot Loader) übergeben

Tab. 15.6: POST-Codes für PCs mit AMI HiFlex-BIOS (Forts.)

POST-Code	Test/Beschreibung für AMI Win-BIOS
01	Reserviert
02	Reserviert
03	NMI ist abgeschaltet
04	Reserviert
05	Software Reset/Power-On erkannt, Cache wird abgeschaltet
06	POST-Code wird aktiviert
07	POST-Code ist aktiviert, CPU und CPU-Datenbereich initialisieren
08	CPU- und CPU-Datenbereich sind initialisiert, CMOS-RAM-Checksumme berechnen
09	CMOS-Checksumme ist berechnet, CMOS-RAM wird initialisiert
0A	CMOS ist initialisiert, CMOS-Statusregister wird für Datum und Zeit initialisiert
0B	CMOS-Statusregister ist initialisiert
0C	Tastatur-Controller (8042), Ausgabe der BAT-Kommandos an den Controller
0D	BAT-Kommandos sind ausgegeben, BAT-Kommandos werden überprüft
0E	Tastatur-Controller-BAT ist überprüft
0F	Tastatur-Initialisierung beendet
10	Tastatur-Kommando Byte wird geschrieben
11	Test, ob INS-Taste während Power-On gedrückt ist
12	Test der INS-Taste beendet, DMA- und Interrupt-Controller werden abgeschaltet
13	DMA- und Interrupt-Controller sind abgeschaltet, Grafikausgabe ist abgeschaltet, Chipsatz wird initialisiert
14	Reserviert
15	Chipsatz ist initialisiert, Anfang des 8254-Timer-Tests
16–18	Reserviert
19	8254-Timer-Test OK, Memory-Refresh testen

Tab. 15.7: POST-Codes für PCs mit AMI Win-BIOS

POST-Code	Test/Beschreibung für AMI Win-BIOS
1A	Memory-Refresh-Line ist geschaltet, 15 µs ON/OFF-Time wird getestet
20	Memory-Refresh-Periode von 30 µs ist abgeschlossen, Hauptspeicher (64k) wird initialisiert
21–22	Reserviert
23	Basisspeicher 64KB ist initialisiert, BIOS-Stack wird gesetzt
24	Anfang der Interrupt-Vektor-Initialisierung
25	Interrupt-Vektor-Initialisierung beendet, Port (8042) für Turbo-Switch lesen
26	Turbo-Switch-Test ist beendet
27	Initialisierung vor dem Setzen des Grafikmodus
28	Anfang der Grafikmoduseinstellung
2A	Bussysteme initialisieren
2B	Kontrolle wird an anderes BIOS übergeben (Netzwerk, Grafik)
2C	Test, ob Grafik-ROM (EGA/VGA) vorhanden ist
2D	Grafik-ROM-Test ist beendet
2F	EGA/VGA nicht gefunden, Anfang des Grafikspeichertests
30	Grafikspeichertest beendet, andere Grafikkarte detektieren
31	Alternativer Grafikspeichertest
32	Alternativer Grafikspeichertest beendet
34	Grafiktest beendet, Setzen des Grafikmodus
35	Reserviert
36	Reserviert
37	Grafikmodus gesetzt, Anzeige der Power-On-Message
38	Bussysteme initialisieren
39	Bus-Initialisierungsfehler anzeigen
3A	Cursor-Position lesen und speichern, Anzeige der Hit-DEL-Message
3B	Vorbereitung des Speichertests im virtuellen Modus
40	Descriptor-Tabelle wird vorbereitet

Tab. 15.7: POST-Codes für PCs mit AMI Win-BIOS (Forts.)

POST-Code	Test/Beschreibung für AMI Win-BIOS
41	Reserviert
42	Descriptor-Tabelle ist vorbereitet, virtuellen Speichermodus einschalten
43	Virtueller Modus ist eingeschaltet, Interrupts zum Testen einschalten
44	Interrupts sind eingeschaltet
45	Daten für Speichertest initialisieren, Speichergröße ermitteln
46	Speichergröße ist ermittelt
47	Pattern sind zum Test in den erweiterten Speicher geschrieben
48	Testpattern werden in den Hauptspeicher geschrieben
49	Speicher unter 1 MB ermitteln
4A	Reserviert
4B	Speicher über 1 MB ermitteln, Speicher unter 1 MB löschen
4C	Speicher unter 1 MB ist gelöscht, Speicher über 1 MB wird gelöscht (Software Reset)
4D	Speicher über 1 MB ist gelöscht, Speichergröße wird gesichert (Software Reset)
4E	Speichertest gestartet (Hardware Reset), 64 KB-Blöcke testen
4F	Speichertest/Initialisierung unter 1 MB beendet, Grafikspeicher wird initialisiert
51	Grafikspeicher ist initialisiert, Speicher über 1 MB testen
52	Speicher über 1 MB ist getestet, Speichergröße wird gesichert
53	Speichergröße und CPU-Register sind gesichert, Real-Modus wird eingestellt
54	Shutdown beendet, CPU ist im Real Mode, Gate-A20 und Parity/NMI werden abgeschaltet
57	Gate-A20 und Parity/NMI sind abgeschaltet, Speicherkonfiguration wird initialisiert (Shadow-RAM, Relocation)
58	Verfügbare Speichergröße ist festgelegt, Löschen der Hit-DEL-Message
59	Wait-Message anzeigen, Anfang des DMA- und Interrupt-Controller-Tests
60	DMA-Seiten-Register-Test beendet

Tab. 15.7: POST-Codes für PCs mit AMI Win-BIOS (Forts.)

POST-Code	Test/Beschreibung für AMI Win-BIOS
62	DMA 1. Basisregister getestet
65	DMA 2. Basisregister getestet
66	DMA Initialisierung beendet, Interrupt-Controller (8259) initialisieren
67	Interrupt-Controller ist initialisiert
7F	Erweiterte NMI-Funktionen einschalten
80	Anfang des Tastaturtests, Test, ob Taste gedrückt
81	Tastatur-Reset, gedrückte Taste gefunden, Test des Tastatur-Controllers
82	Tastatur-Controller-Test beendet, Command-Byte schreiben
83	Command-Byte ist geschrieben, weitere Tastatur-Controller-Initialisierung
84	Test, ob ermittelte Speichergröße mit dem CMOS-RAM übereinstimmt
85	Test, ob ein Passwort gesetzt ist
86	Passwort überprüft, Setup vorbereiten
87	Setup ist vorbereitet, Ausführung des CMOS-Setups
88	CMOS-Setup beendet, Bildschirm gelöscht
89	Power-On-Message ausgeben
8B	Grafik-BIOS ins RAM kopieren
8C	Grafik-BIOS ist kopiert, optionalen Setup vorbereiten
8D	Optionaler Setup absolviert
8E	Testen der Bus-Maus
8E	Initialisieren der Maus, Harddisk-Controller zurücksetzen
8F	Harddisk-Controller ist zurückgesetzt
90	Reserviert
91	Floppy-Setup, Harddisk-Setup ausführen
92–93	Reserviert
94	Harddisk-Setup beendet, Speicher setzen
95	Speicher initialisiert, Bus auf C8000h initialisieren (z.B. SCSI)

Tab. 15.7: POST-Codes für PCs mit AMI Win-BIOS (Forts.)

POST-Code	Test/Beschreibung für AMI Win-BIOS
96	Reserviert
97	C800h-Initialisierung beendet, optionaler ROM-Test
98	Optionaler ROM-Test beendet
99	Setup-Timer initialisieren
9A	Setzen der Drucker- und seriellen Basisadressen
9B	Drucker- und serielle Basisadressen gesetzt, andere Initialisierungen
9C	Coprozessor-Initialisierung
9D	Coprozessor ist initialisiert
9E	Erweiterte Tastatur und Ziffernblock testen
9F	Erweiterte Tastatur und Ziffernblock sind getestet, Tastatur-ID ausgeben
A0	Tastatur-ID-Flag wird zurückgesetzt
A1	Cache-Speicher testen
A2	Cache-Speicher ist getestet
A3	Tastaturrate einstellen
A4	Wait States einstellen
A5	Bildschirm löschen, Parity/NMI einschalten
A6	Reserviert
A7	Parity und NMI sind eingeschaltet
A8	Kontrolle an E000h übergeben
A9	Kontrolle zurückgeben
AA	Konfiguration anzeigen
AB	INT 13 Module (Laufwerk-Controller) in das Shadow-RAM laden
AC	Signal für Multiprozessor-Support auslösen
AD	CGA-Grafik in das Shadow-RAM laden, wenn vorhanden
B0	Konfiguration wird angezeigt
B1	Code kopieren
00	Kontrolle an Interrupt 19 (Boot Loader) übergeben

Tab. 15.7: POST-Codes für PCs mit AMI Win-BIOS (Forts.)

Das AMI-BIOS der Version 8 bietet recht ausführliche POST-Schritte (Checkpoints), wobei die Codes bei einem normalen Boot jedoch nicht in einer numerischen Reihenfolge durchlaufen werden. Des Weiteren liefert dieses BIOS auch Informationen während eines Recovery-Vorgangs bzw. BIOS-Updates und außerdem zum aktuellen ACPI-Status, was sich beides in der Praxis als sehr nützlich erweist.

POST-Code	Test/Beschreibung für AMI-BIOS 8
03	NMI, Parity, EGA-Grafik und DMA-Controller abschalten, BIOS initialisieren
04	CMOS-RAM-Checksumme überprüfen, eventuell Default-Werte laden und Passwort löschen, Setzen der CMOS-Setup-Variablen, grundlegende Interrupt-Initialisierung
05	Initialisierung des Interrupt-Systems
06	IRQ0 als System-Timer und POST INT 1Ch-Handler initialisieren
08	Initialisierung der CPU und Keyboard-Controller programmieren
C0	CPU-Start, Cache abschalten, APIC initialisieren
C1	Boot-Strap-Informationen setzen
C2	Boot-Strap für POST setzen
C5	CPU weiter initialisieren
C6	Cache wieder einschalten
C7	Ersten CPU-Test beenden
0A	Keyboard-Controller initialisieren
0B	PS/2-Maus detektieren
0C	Tastatur detektieren
0E	Test anderer Eingabegeräte, Module (Sprache, Logo) dekomprimieren, Steuerung von POST INT09 Handler über IRQ1 aktivieren
13	Initialisierung der Chipset-Register
24	Dekomprimieren und Initialisieren von speziellen (plattformspezifischen) BIOS-Modulen
30	System Management Interrupt (SMI) initialisieren
2A	Bussysteme initialisieren (ISA, PCI, AGP)

Tab. 15.8: POST-Codes für PCs mit AMI-BIOS 8

POST-Code	Test/Beschreibung für AMI-BIOS 8
2C	Optionale ROMs initialisieren (Grafik)
2E	Initialisierung aller Output-Devices (Speaker)
31	Speicher zuweisen
33	Ausgabefenster für BIOS-Text setzen
37	BIOS-Anzeige (CPU, Tastaturkürzel für BIOS-Setup)
38	Initialisierung weiterer Bussysteme und der Onboard-Devices
39	Initialisierung der DMA-Controller
3A	Initialisierung der Echtzeituhr (RTC)
3B	Test des installierten Speichers und Anzeige der Kapazität, gedrückte Del- oder Esc-Taste für Beendigung des Speichertests überprüfen
3C	Initialisierung weiterer Chipset-Register
40	Parallel-Ports, Serial-Ports und weitere Ports detektieren
50	Memory-Hole programmieren, wenn im Setup aktiviert
52	Speichergröße aktualisieren
60	Tastatur programmieren (Num-Lock, Typematic Rate)
75	Interrupt 13 initialisieren
78, 7A	Optionale ROMs initialisieren
7C	ESCD-Inhalt in NVRAM speichern
84	POST-Fehler speichern (Log Errors)
85	BIOS-Fehleranzeige und Abfrage (Setup, Exit, Continue)
87	BIOS-Setup aufrufen
8C	Initialisierung weiterer Chipset-Register
8D	ACPI-Tabelle aufbauen, wenn aktiviert
8E	ACPI-Parameter programmieren, NMI ein- oder ausschalten
90	Fortführung der SMI-Initialisierung
A0	Passwort überprüfen, wenn aktiviert
A1	Boot vorbereiten (Clean Ups)

Tab. 15.8: POST-Codes für PCs mit AMI-BIOS 8 (Forts.)

POST-Code	Test/Beschreibung für AMI-BIOS 8
A2	Microsofts IRQ-Routing-Tabelle initialisieren
A4	Runtime-Language-Modul für ACPI initialisieren
A7	Systemkonfiguration anzeigen
A8	CPU für Boot vorbereiten
A9	Auf Tastatureingabe warten, wenn nötig
AA	POST INT 1CH und INT09h deinstallieren
AB	Interrupt-19-Boot vorbereiten
AC	Ende der POST-Initialisierung und der -Chipset-Register
B1	ACPI-Kontext speichern
00	Kontrolle an Interrupt 19 (Boot Loader) übergeben
	Boot-Block (im Flash)
D1	Tastatur überprüfen und ob der Power-Management-Suspend-State beendet werden soll
D0	Umschalten auf Flat-Memory-Mode (4 GByte), Gate A20 ist aktiviert, Checksumme überprüfen
D2	Cache vor dem Speichertest abschalten, Test ob Flat-Memory-Mode aktiviert ist
D3	Speichergröße ermitteln, Cache wieder einschalten
D4	512 KB-DRAM- und 8 MB-Cache-Speicher testen
D5	Boot-Block wird vom ROM in das DRAM kopiert
D6	Überprüfung ob BIOS-Recovery notwendig ist, Checksumme des Main-BIOS ermitteln
D7	CPUID (CPU-Kennung) in Register zurückladen
D8	Run-Time-Modul wird im DRAM dekomprimiert
D9	Main-BIOS in das DRAM kopieren
DA	Kontrolle zum üblichen BIOS-POST zurückgeben
	Boot-Block-Recovery (BIOS-Update)
E0	Diskettenlaufwerk-Controller initialisieren, die komprimierten Recovery-Daten werden im Shadow-Speicher (F000:0000) ausgepackt, Interrupt- und DMA-Controller initialisieren, L1-Cache einschalten

Tab. 15.8: POST-Codes für PCs mit AMI-BIOS 8 (Forts.)

POST-Code	Test/Beschreibung für AMI-BIOS 8
E9	Versuch, von Diskette zu booten
EA	ATAPI-Hardware initialisieren, Versuch, von ATAPI-Devices (CD-ROM) zu booten
EB	ATAPI-Hardware abschalten, zurück zu Schritt E9
EF	ATAPI-Lesefehler, zurück zu Schritt EB
F0	Suche nach Recovery-File im Laufwerkshauptverzeichnis
F1	Recovery-File wurde nicht gefunden
F2	FAT lesen und analysieren
F3	Lesen des Recovery-Files (Cluster für Cluster)
F5	L1-Cache abschalten
FA	Überprüfung der Gültigkeit des gelesenen Recovery-Files mit dem Inhalt im Flash-Speicher
FB	Flash-Chip für das Schreiben vorbereiten
F4	Größe des Recovery-Files passt nicht zum vorhandenen Flash-Chip
FC	Löschen des Flash-Blocks
FD	Programmieren des Flash-Blocks
FF	Flash-Chip wurde erfolgreich aktualisiert, ATAPI-Hardware abschalten, CPUID in Register zurückschreiben
	ACPI Checkpoints
AC	ACPI-Mode-Initialisierung
AA	System läuft im ACPI-Mode
01, 02, 03, 04, 05	PC geht in einen Sleep-State S1, S2, S3, S4 oder S5
10, 20, 30, 40, 50	PC wacht aus einem Sleep-State wieder auf

Tab. 15.8: POST-Codes für PCs mit AMI-BIOS 8 (Forts.)

15.3.2 Award-BIOS-Versionen

Von aktueller Bedeutung bei PCs mit einem BIOS der Firma Award ist das ISA/EISA/PCI-BIOS der Version 4, was bereits von der Bezeichnung her verdeutlicht, dass es sich dabei gewissermaßen um ein gewachsenes BIOS – von ISA über EISA zu PCI – handelt. Hierfür sind im Laufe der Zeit immer wieder einige Ergänzungen vorgenommen worden, die mit in die folgende Tabelle eingeflossen sind.

Beim Award-BIOS hat bisher keine radikale Veränderung der POST-Codes stattgefunden. Allerdings hat nicht nur Award selbst, sondern auch die Mainboard-Hersteller haben mehr oder weniger viele Codes ergänzt und in ihrer Bedeutung verändert, was nicht verwundert, weil es für fast jeden Chipset auch eine Award-BIOS-Version gibt. Aus diesem Grunde existiert prinzipiell eine Vielzahl von Award-BIOS-Versionen, die sich durch eine entsprechende Zahl hinter der Versionsnummer 4 voneinander unterscheiden lassen. Grundlage ist dabei jedoch die Version 4, und für die PC-Analyse sind die möglicherweise fehlenden Codes eigentlich nicht von Bedeutung, zumal die Mainboard-Hersteller so gut wie nie ihre eigenen Code-Ergänzungen oder auch -Abwandlungen bekannt geben, sodass sich Tabelle 15.9 auch als gemeinsamer Nenner der Award-4.x-Versionen darstellt.

Darüber hinaus kann ein Award-BIOS aber auch unter einem Phoenix-BIOS firmieren, sodass dann das folgende Kapitel zu Rate zu ziehen ist.

POST-Code	Test/Beschreibung für Award ISA/EISA/PCI-BIOS 4.x
00	Reserved
01	Processor Test 1, init (Code CA), Processor Status (IFLAGS) Verification,
	Test the following Processor Status Flags: carry, zero, sign, overflow
	The BIOS will set each of these Flags, verify they are set, then turn each Flag off and verify it is off
02	Processor Test 2, test Processor Registers
03	Initialize Chips, initialize Timer, DMA- and Interrupt-Controller
04	Test Memory Refresh Toggle
05	Blank Video, initialize Keyboard, early Keyboard Initialization
06	EPROM Checksum, checksum BIOS EPROM, sign on message, evaluation message and F000:E000 to F000:EFFF area
07	Test CMOS Interface and Battery Status, detects bad Battery

Tab. 15.9: POST-Codes für PCs mit Award ISA/EISA/PCI-BIOS Version 4.x

POST-Code	Test/Beschreibung für Award ISA/EISA/PCI-BIOS 4.x
08	Setup low Memory, early Chipset initialization (Code C2)
	Chipset Initialization (Code BF), Size external Cache
	Memory Configuration (Code CI)
	Test and clear first 256 KB Memory
09	Early Cache Initialization
	Test external Cache
	Cyrix-CPU Initialization
0A	Setup Interrupt Vector Table, initialize Interrupt Vectors
0B	Test CMOS RAM Checksum, if bad, load BIOS-Defaults
0C	Initialize Keyboard
0D	Initialize Video Interface, detect and initialize Video Adapter
0E	Test Video Memory, if CGA or MONO, test Video
	Setup Shadow RAM
	Setup Screen for POST messages
0F	Test DMA Controller #0
10	Test DMA Controller #1
11	Test DMA Page registers
12–13	Reserved
14	Test Timer 0 Counter 2
15	Test 8259-1 Mask Bits
	Verify 8259 Channel 1 masked interrupts by alternately turning off and on the Interrupt Lines
16	Test 8259-2 Mask Bits
	Verify 8259 Channel 2 masked interrupts by alternately turning off and on the Interrupt Lines
17	Test 8259 Interrupt Functionality
	Turn off Interrupts, then verify no Interrupt Mask Register is on
18	Test Stuck NMI Bits, (Parity I/O Check), force an Interrupt and verify that Interrupt occurred
19	Test Stuck NMI Bits (Parity I/O Check), verify NMI can be cleared

Tab. 15.9: POST-Codes für PCs mit Award ISA/EISA/PCI-BIOS Version 4.x   (Forts.)

POST-Code	Test/Beschreibung für Award ISA/EISA/PCI-BIOS 4.x
1A	Display CPU Clock
1B–1E	Reserved
1F	Set EISA Mode
20	Enable Slot 0, initialize Mainboard
21–2F	Enable Slots 1–15
30	Size Base (256 KB–640 KB) and Extended Memory (>1 MB)
31	Test Base and Extended Memory, this will be skipped in EISA Mode and can be skipped with ESC-Key in ISA Mode
32	Test EISA Extended Memory, this will be skipped in EISA Mode and can be skipped with ESC-Key in ISA Mode
33	IDE auto detect, get IDE Parameters
34–3B	Reserved
3C	Setup enabled, enter Setup Message
3D	Initialize and install PS/2 Mouse
3E	Setup Cache Controller (internal and external)
3F	Reserved, Setup Shadow RAM
40	Display Virus Protect
41	Initialize Floppy Drive and Controller
42	Initialize Hard Disk Drive and Controller
43	Detect and initialize Serial/Parallel Ports
44	Reserved
45	Detect and initialize Math Coprocessor
46	Reserved
47	Reserved, set Speed for Boot
48–4D	Reserved
4E	Manufacturing POST Loop or Display Message
4F	Security Check
50	Write CMOS and calculate Checksum, clear Screen

Tab. 15.9: POST-Codes für PCs mit Award ISA/EISA/PCI-BIOS Version 4.x   (Forts.)

POST-Code	Test/Beschreibung für Award ISA/EISA/PCI-BIOS 4.x
51	Pre-boot enable, enable Parity Checker, enable NMI
52	Initialize Option ROMs (C8000 to F7FFF)
53	Initialize Time Value in 40h BIOS Area
54–5F	Reserved
63	Boot Attempt, boot via INT 19
B1	Unclaimed NMI, display »Press F1 to disable NMI«, F2 reboot
BF	Chipset Initialization
C0	Turn off Chipset Cache, OEM specific Cache control
D0–DF	Debug, use POST Codes during Development
E0	Reserved
E1–EF	Setup Pages
FF	Boot

Tab. 15.9: POST-Codes für PCs mit Award ISA/EISA/PCI-BIOS Version 4.x (Forts.)

15.3.3 Phoenix-BIOS-Versionen

Von der Firma Phoenix gibt eine Reihe von BIOS-Versionen, die unterschiedliche POST-Codes ausgeben. Ab den BIOS-Versionen für den PCI-Bus – also mit Plug&Play-Funktionalität – ist aber auch hier eine Vereinheitlichung festzustellen, wie es in Tabelle 15.10 angegeben ist. Ein Zeit lang hat insbesondere die Firma Intel für ihre Mainboards ein Phoenix-BIOS eingesetzt, welches sich aber nicht als solches zu erkennen gibt, sondern unter *Intel-BIOS* firmiert. In Computern von Hewlett-Packard oder auch Dell ist in der Mehrzahl der Fälle ebenfalls ein Phoenix-BIOS am Werke, auch wenn es nicht unmittelbar den Anschein hat.

Seit dem Zusammenschluss von Award und Phoenix ist die Angelegenheit noch etwas unübersichtlicher geworden, denn ein Award-BIOS kann auch in einem Phoenix-Layout daherkommen, was dann als *Award Medallion BIOS* bezeichnet wird. Darüber hinaus gibt es ein *Phoenix Award Workstation BIOS*, sodass weder vom BIOS-Erscheinungsbild noch von der Ausgabe der POST-Codes zweifelsfrei festzustellen ist, was einen erwartet und man sich unter Umständen sowohl mit den Award-BIOS- (siehe Tabelle 15.9) als auch den Phoenix-BIOS-POST-Codes beschäftigen muss. Nach meiner Erfahrung halten sich aber alle neueren Award-BIOS-Versionen an die POST-Codes, die in Tabelle 15.10 angegeben und ursprünglich von Phoenix definiert worden sind.

POST-Code	Test/Beschreibung für Phoenix-BIOS Release 6
02	Verify Real Mode
03	Disable NMI
04	Get CPU Type
06	Initialize System Hardware
08	Initialize Chipset Registers with initial POST Values
09	Set in POST Flag
0A	Initialize CPU Registers
0B	Enable CPU Cache
0C	Initialize Cache to initial POST Values
0E	Initialize I/O Components
0F	Initialize IDE Controllers
10	Initialize Power Management
11	Load alternate Registers with initial POST values
12	Restore CPU control word during warm boot
14	Initialize Keyboard Controller
16	BIOS ROM Checksum
17	Initialize Cache before memory autosize
18	Timer Initialization
1A	DMA Controller Initialization
1C	Reset Programmable Interrupt Controller
20	Test DRAM Refresh
22	Test 8742 Keyboard Controller
24	Set ES Segment Register to 4 GB
26	Enable A20 line
28	Autosize DRAM
29	Initialize POST Memory Manager
2A	Clear 512 KB Base RAM

Tab. 15.10: POST-Codes für PCs mit Phoenix-BIOS Release 6

POST-Code	Test/Beschreibung für Phoenix-BIOS Release 6
2C	RAM failure on address line xxxx
2E	RAM failure on data bits xxxx, low byte of Memory Bus
2F	Enable Cache before system BIOS shadow
30	RAM failure on data bits xxxx, high byte of Memory Bus
32	Test CPU Bus Clock Frequency
33	Initialize Dispatch Manager
34	Test CMOS RAM
36	Warm start shut down
37	Reinitialize the Chipset
38	Shadow System BIOS ROM
39	Reinitialize the Cache
3°	Autosize Cache
3C	Configure Advanced Chipset Registers
3D	Load alternate Registers with CMOS Values
40	Set Initial CPU Speed
42	Initialize Interrupt Vectors
44	Initialize BIOS Interrupts
45	POST Device Initialization
46	Check ROM Copyright Notice
47	Initialize Manager for PCI Option ROMs
48	Check Graphic Configuration against CMOS
49	Initialize PCI Bus and Devices
4A	Initialize all Video Adapters in System
4C	Shadow Video BIOS ROM
4B	Quiet Boot Start (optional)
4E	Display BIOS Copyright Notice
50	Display CPU Type and Speed

Tab. 15.10: POST-Codes für PCs mit Phoenix-BIOS Release 6 (Forts.)

POST-Code	Test/Beschreibung für Phoenix-BIOS Release 6
51	Initialize EISA Board
52	Test Keyboard
54	Set Key Click if enabled
56	Enable Keyboard
58	Test for unexpected Interrupts
59	Initialize POST Display Service
5A	Display prompt »Press F2 to enter SETUP«
5B	Disable CPU Cache
5C	Test RAM between 512 KB and 640 KB
60	Test Extended Memory
62	Test Extended Memory Address Lines
64	Jump to User Patch 1
66	Configure Advanced Cache Registers
67	Initialize Multi Processor APIC
68	Enable external and CPU Caches
69	Setup System Management Mode Area
6A	Display external L2 Cache Size
6B	Load Custom Defaults (optional)
6C	Display Shadow Message
6E	Display high address for UMB Recovery
70	Display Error Messages
72	Check for Configuration Errors
74	Test Real Time Clock
76	Check for Keyboard Errors
7C	Set up Hardware Interrupt Vectors
7E	Test Coprocessor if present
80	Disable Onboard I/O Ports and IRQs

Tab. 15.10: POST-Codes für PCs mit Phoenix-BIOS Release 6 (Forts.)

POST-Code	Test/Beschreibung für Phoenix-BIOS Release 6
82	Detect and install external RS232 Ports
83	Configure external IDE Controllers
84	Detect and install external Parallel Ports
85	Initialize ISA PnP Devices
86	Reinitialize Onboard I/O Ports
88	Initialize BIOS Data Area
87	Configure optional Devices
88	Initialize BIOS Data Area
89	Enable NMIs
8A	Initialize Extended BIOS Data Area
8B	Test and Initialize PS/2 Mouse
8C	Initialize Floppy Controller
8F	Determine number of ATA Drives (optional)
90	Initialize Hard Disk Controllers
91	Initialize Local Bus Hard Disk Controller
92	Jump to User Patch 2
93	Build MPTABLE for Multi Processor Boards
94	Disable A20 Address Line
95	Install CD ROM for Boot
96	Clear huge ES Segment Register
97	Fixup Multi Processor Table
98	Search for Option ROMs
99	Check for SMART Drive (optional)
9A	Shadow Option ROMs
9C	Set up Power Management
9D	Initialize Security Engine (optional)

Tab. 15.10: POST-Codes für PCs mit Phoenix-BIOS Release 6 (Forts.)

POST-Code	Test/Beschreibung für Phoenix-BIOS Release 6
9E	Enable Hardware Interrupts
9F	Determine number of ATA and SCSI Drives
A0	Set Time of Day
A2	Check Key Lock
A4	Initialize Keyboard Typematic Rate
A8	Erase F2 Prompt
AA	Scan for F2 Key Stroke
AC	Enter SETUP
AE	Clear Boot Flag
B0	Check for Errors
B2	POST done, prepare to boot Operating System
B4	One short Beep before Boot
B5	Terminate Quiet Boot (optional)
B6	Check Password (optional)
B8	Clear global Descriptor Table
B9	Prepare Boot
BA	Initialize DMI Parameters
BB	Initialize PnP Option ROMs
BC	Clear Parity Checkers
BD	Display Multi Boot Menu
BE	Clear Screen (optional)
BF	Check Virus and Backup Reminders
C0	Try to boot with INT 19
C1	Initialize POST Error Manager
C2	Initialize Error Logging
C3	Initialize Error Display Function

Tab. 15.10: POST-Codes für PCs mit Phoenix-BIOS Release 6 (Forts.)

POST-Code	Test/Beschreibung für Phoenix-BIOS Release 6
C4	Initialize System Error Handler
C5	PnP Dual CMOS (optional)
C6, C7	Initialize Notebook Docking (optional)
C8	Force Check (optional)
C9	Extended Checksum (optional)
D0	Interrupt Handler Error
D2	Unknown Interrupt Error
D4	Pending Interrupt Error
D6	Initialize Option ROM Error
D8	Shutdown Error
DA	Extended Block Move
DC	Shutdown Error
Boot-Block (Flash PROM)	
E0	Initialize the Chipset
E1	Initialize the Bridge
E2	Initialize the CPU
E3	Initialize System Timer
E4	Initialize System I/O
E5	Check Force Recovery Boot
E6	Checksum BIOS ROM
E7	Go to BIOS Code
E8	Set Huge Segment
E9	Initialize Multi Processor
EA	Initialize OEM special Code
EB	Initialize PIC and DMA
EC	Initialize Memory Type

Tab. 15.10: POST-Codes für PCs mit Phoenix-BIOS Release 6 (Forts.)

POST-Code	Test/Beschreibung für Phoenix-BIOS Release 6
ED	Initialize Memory Size
EE	Shadow Boot Block
EF	System Memory Test
F0	Initialize Interrupt Vectors
F1	Initialize Clock
F2	Initialize Video
F3	Initialize System Management Mode
F4	Output one Beep before Boot
F5	Boot to Mini DOS
F6	Clear huge Segment
F7	Boot to Full DOS

Tab. 15.10: POST-Codes für PCs mit Phoenix-BIOS Release 6 (Forts.)

16 POST-Code-Testkarten

Die Fehlersuche in einem PC kann zu einer langwierigen Angelegenheit werden. Ob das Problem am Mainboard selbst, am Prozessor oder am Speicher oder vielleicht auch an einer Einsteckkarte liegt, lässt sich vielfach nur durch Tauschen einzelner Komponenten aufspüren. Doch wer hat schon alle möglichern Einzelteile in genügender Menge auf Vorrat? Ein nahezu unentbehrliches Werkzeug für die Fehlersuche ist eine Analyse- und Testkarte, eine so genannte POST-Code-Karte, die in diesem Buch schon des Öfteren erwähnt wurde.

POST-Code-Karten oder auch allgemein Testkarten für den PC, die teilweise auch mehr können, als allein die Codes anzuzeigen, gibt es von BIOS-Firmen wie AMI und Award oder auch Mainboard-Herstellern wie QDI-Legend, um nur einige zu nennen. Wie es im vorherigen Kapitel bereits erwähnt wurde, verfügen auch einige Mainboards über die Möglichkeit, grundlegende Systemfehler über Leuchtdioden (LED Diagnostic) ausweisen zu können, wobei deren jeweilige Bedeutung jedoch von Mainboard zu Mainboard unterschiedlich ausfällt, und außerdem sind diese Lösungen eher als etwas grobe Fehlerlokalisierung zu gebrauchen. Neuere BIOS-Versionen von AMI oder auch Award/Phoenix zeigen möglicherweise auch POST-Codes am Monitor an, wenn diese Funktion vom Mainboard-Hersteller freigeschaltet wurde, was aber eher selten der Fall ist. Hierzu muss allerdings bereits eine Reihe von grundlegenden Systemeinheiten (Bussysteme, Grafik) funktionieren, damit der Monitor überhaupt ein Bild produzieren kann. Die ausführlichste und sicherste Methode ist daher die POST-Code-Analyse mithilfe einer POST-Code-Karte, die die in Kapitel 15.3 angegebenen und quasi standardisierten, vom BIOS-Hersteller definierten Codes an einer bestimmten I/O-Adresse ausgeben.

Die Anzeige von POST-Codes ist nicht nur im PC-Bereich üblich, sondern man findet derartige Diagnose-Anzeigen auch bei speziellen Workstations, wie etwa einigen RISC 6000-Modellen der Firma IBM. Die Visualisierung von POST-Codes und die Überprüfung auf das Vorhandensein der Spannungen sowie des Bustaktes und weiterer Bus-Signale sind ungemein hilfreiche Funktionen bei der Reparatur, dem Umbau und auch der Entwicklung von eigener Hard- und Software für den PC. Da die im Handel zu erwerbenden POST-Code- oder auch Analyse-Karten nicht den gewünschten Funktionsumfang besaßen, wurden im Laufe der Zeit verschiedene POST-Code- und andere Testkarten selbst entwickelt, die in diesem und dem folgenden Kapitel ausführlich erläutert werden.

16.1 Adressen für den Empfang von POST-Codes

Die Ausgabe von POST-Codes wird seit dem IBM-XT praktiziert, sodass nur beim Original IBM-PC aus dem Jahre 1982 diese Möglichkeit generell nicht gegeben ist. Für die Ausgabe der Codes werden unterschiedliche I/O-Adressen verwendet. Die I/O-Adresse 80h ist mittlerweile aber diejenige, über die die meisten Hersteller ihre POST-Codes preisgeben.

Bei PCI gibt es meines Wissens hierfür sowieso keine andere Adresse, sodass nur bei älteren Systemen wie ISA oder EISA möglicherweise eine andere Adresse hierfür zum Einsatz kommt.

Nicht unerwähnt soll bleiben, dass einige PC-Markenhersteller wie HP/Compaq oder auch Dell sich – trotz der Verwendung einer Standard-BIOS-Version von einem der drei bekannten Hersteller – die Mühe gemacht haben, die Ausgabe von POST-Codes zu deaktivieren, wahrscheinlich aus dem Grunde, damit eine PC-Reparatur nur bei ihnen selbst durchgeführt werden kann. Es kommt auch vor, dass die Ausgabe von POST-Codes erst im BIOS-Setup eingeschaltet werden muss (generate test codes o. ä.), was aber nur bei relativ wenigen BIOS-Setups notwendig ist.

Typische Adressen für den Empfang der POST-Codes:

- ISA-, EISA- und PCI-Computer mit AMI-BIOS: 80h
- Award-BIOS: 80h
- Award-BIOS bei älteren Mainboards: 280h
- Phoenix-BIOS: 80h
- Quadtel-BIOS: 80h
- Compaq Computer: 84h
- Olivetti-Computer: 387h
- IBM XT/AT: 60h
- IBM PS/2-30: 90h und 190h
- MicroChannel-PCs: 680h und 3BCh
- Weitere mögliche Adressen sind: 300h (EISA, IBM-Computer) und 280h

16.2 ISA-POST-Code-Karte

Auf der POST-Code-Karte für den ISA-Bus ist jede beliebige I/O-Adresse im Bereich von 000h bis 3FFh per DIP-Schalter einstellbar. Dadurch lassen sich die Daten beliebiger Ports darstellen und nicht nur die POST-Codes. Wird beispielsweise die Adresse 3F8h eingestellt – dies ist die Adresse des Datenregisters der ersten seriellen Schnittstelle –, kann auf der Anzeige verfolgt werden, welche Daten zur Schnittstelle gesendet werden.

Da für den Betrieb der Karte keinerlei Software benötigt wird, ist die Datenausgabe ausschließlich vom Anwenderprogramm abhängig und wird nicht durch eine zusätzliche Hard- oder Software beeinflusst. Daher ist diese POST-Code-Karte ein sehr nützliches Hilfsmittel, um auch Fehler bei Schnittstellen und Einsteckkarten aufzudecken. Die grundlegende Frage, ob der Fehler an der Hard- oder der Software liegt, ist damit schnell beantwortet.

Kapitel 16 · POST-Code-Testkarten

Bild 16.1: Die POST-Code-Karte ist eine universelle Testkarte für alle PCs mit einem ISA-Slot.

Für das Testen selbst entwickelter Hard- und Software kann das Anwenderprogramm in den meisten Fällen aus der Entwicklungsumgebung heraus im Single-Step abgearbeitet werden. Die Kontrolle der Daten ist dann auf der Siebensegmentanzeige problemlos durchführbar. Doch wie kann man die Daten interpretieren, die durch eine Software generiert werden, auf die man keinen direkten Zugriff (kein Quellprogramm) hat? Die Daten werden nur so vorbeisausen, und die zu analysierenden Bytes sind nicht erkennbar. Abhilfe schafft hier der Hardware-Step, der auf dieser POST-Code-Karte realisiert ist. Mit einem Schalter kann zwischen zwei Betriebsarten gewählt werden. Im Run-Modus läuft die Software wie üblich ungehindert ab. Im Step-Mode hingegen kann jede Software angehalten werden. Eine Taste ermöglicht dann den nächsten Step. Dies funktioniert mit jedem Programm, sei es in der Initialisierungsphase, bei der man sich einmal in Ruhe anschauen möchte, was während des Boot im Einzelnen abläuft, oder sogar für das Verlangsamen eines Computerspiels.

Die POST-Code-Karte kann jedoch noch mehr. Das Vorhandensein der Versorgungsspannungen wird über vier Leuchtdioden detektiert. Dadurch ist die Kontrolle der Spannungen auch ohne ein Voltmeter möglich, und ein Netzteil- oder Verdrahtungsfehler kann leicht festgestellt werden. Mithilfe einer weiteren Leuchtdiode wird der Bustakt visualisiert.

Mit Jumpern kann hierfür festgelegt werden, in welchen Zeitabständen die dazugehörige Leuchtdiode blinken soll. Der Takt lässt sich dadurch in unterschiedlich schnellen Systemen zur Anzeige bringen, da durch den Jumper festgelegt wird, um welchen Faktor der Takt heruntergeteilt wird.

ISA-POST-Code-Karte

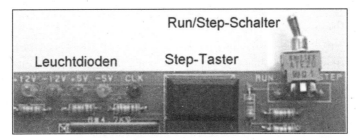

Bild 16.2: Die Spannungen und der Bustakt (CLK) des PC werden über Leuchtdioden angezeigt. Mit einem Schalter kann vom Run- in den Step-Mode geschaltet werden. Gesteppt wird dann mit jedem Druck auf den Taster.

Die Eigenschaften und Funktionen der POST-Code-Karte im Überblick:

- Anzeige der POST-Codes eines PC durch Siebensegmentanzeigen im Hex-Code
- Einstellbare I/O-Adresse im Bereich von 000h–3FFh
- Anzeige der eingestellten I/O-Adresse durch Siebensegmentanzeigen im Hex-Code
- Anschlussmöglichkeit für eine externe Anzeige, die man beispielsweise an der PC-Front montieren kann
- Daten beliebiger I/O-Ports sind darstellbar
- Step-Modus
- Kontrolle der Versorgungsspannungen durch LEDs
- Visualisierung des Bustaktes durch LED
- ISA/EISA-Kompatibilität
- Verwendung von Standardbauelementen

16.2.1 Schaltungsbeschreibung

Die Karte verwendet die folgenden Leitungen des ISA-Bus (PC-Slot), wobei die anderen Signale des ISA-Bus hier nicht weiter relevant sind:

D0–D7 (Pins A2–A9): Die acht Datenleitungen.

IORE (Pin A10): Input/Output Channel Ready (IO CH RDY), durch ein Low werden die Buszyklen verlängert. Der Systembus kann angehalten werden.

AEN (Pin A11): Address Enable, ist der Ausgang High, hat der DMA-Controller die Kontrolle über den Systembus. Bei einem Low hat der Prozessor die Kontrolle.

A0–A9 (Pins A31–A22): Die Adressleitungen für die Dekodierung des I/O-Bereiches.

IOW (Pin B13): Input Output Write, mit einem Low werden Daten zur Karte geschrieben.

CLK (Pin B20): Bus Clock (BCLK), der ISA-Bustakt von 8 MHz.

+ 5V, -5V, +, 12, -12 (Pins B3, B5, B9, B7): Die Spannungsanschlüsse.

GND (Pins B1, B10, B31): Die Ground-Anschlüsse (Masse).

Die Daten des ISA-Bus werden an den Daten-Flip-Flop-Baustein 74ALS574 (Latch) geführt. Der Baustein ist immer aktiviert, da der Enable-Eingang (EN, Pin 1) auf Ground gelegt ist. Mit einer ansteigenden Signalflanke am Clock-Eingang (CI, Pin 11) werden die Daten in den Baustein übernommen und bleiben so lange gespeichert, bis die nächste ansteigende Flanke erscheint. Die Flanke wird aus der Adressen-Dekodierung gewonnen.

Die Adressen (A9–A0) und die Signale IOW und CLK werden über die Bus-Transceiver- Bausteine 74LS245 an die Adressenvergleicher-Bausteine 74LS688 und 74LS85 geführt. Für die eigentliche Funktion sind die Transceiver nicht nötig. Sie werden hier als Treiber (Buffer) verwendet, damit die Bus-Signale nicht unnötig belastet werden. Im Prinzip hätten hier auch die Buffer 74LS244 verwendet werden können, doch ihre Pinbelegung erschien für das Layout dieser Platine nicht so günstig.

Die vom ISA-Bus ankommenden Adresssignale werden mit derjenigen Adresse verglichen, die mit den DIP-Schaltern eingestellt worden ist. Es werden 10 Schalter benötigt, und der Schalterblock setzt sich aus einem 8- und einem 4-poligen DIP-Schalter zusammen, wobei zwei Kontakte nicht belegt sind. Hier wurde der 4-polige Typ gewählt, weil er im Gegensatz zu einem 2-poligen in jedem Bastlerladen erhältlich ist.

In der On-Stellung sind die Schalter an Masse geschaltet, dies entspricht einem Low. In der Off-Stellung hingegen liegen die Eingänge der Adressenvergleicher-Bausteine jeweils über einen 4,7 kΩ-Widerstand an +5V, dies entspricht einem High. Für acht Widerstände kommt ein Widerstandsarray (RN1) zum Einsatz, welches 8 einzelne Widerstände enthält. Wahlweise ist auch der 10-polige Array-Typ mit Widerständen einsetzbar. Für die beiden übrigen Pull-up-Widerstände werden einzelne Bauelemente (R6, R7) verwendet.

Die Zuordnung der Adressleitungen zu den einzelnen Schaltern ist in Tabelle 16.1 angegeben.

ISA-POST-Code-Karte

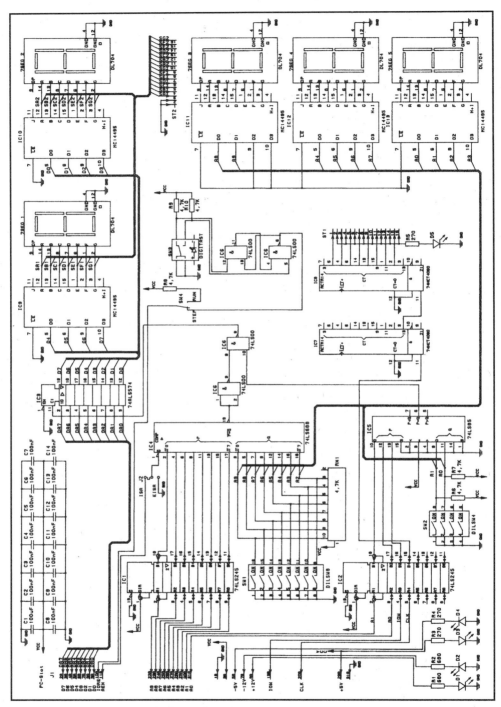

Bild 16.3: Die Schaltung der ISA-POST-Code-Karte

Die Adressleitungen A9 bis A2 werden im Baustein 74LS688 mit den Schalterstellungen des Schalters 1 (SW1) verglichen. Des Weiteren wird das Signal AEN an den Eingang /G (Enable) geführt.

	Schalter 2						Schalter 1				
DIP-Schalter Nr.	4	3	2	1	8	7	6	5	4	3	2	1
Adressleitung	X	X	A0	A1	A2	A3	A4	A5	A6	A7	A8	A9
Schalterstellung für Adresse 80h	X	X	On	On	On	On	On	On	On	Off	On	On
Pegel	X	X	0	0	0	0	0	0	0	1	0	0
entspricht	0						8				0	
Schalterstellung für Adresse 3F8	X	X	On	On	On	Off	Off	Off	Off	Off	Off	Off
Pegel	X	X	0	0	0	1	1	1	1	1	1	1
entspricht	8						F				3	

Tab. 16.1: Die Schalterstellungen für die Adresse 80h, wie sie in Bild 16.1 zu erkennen ist, und die Einstellungen für die Adresse 3F8

Nur wenn sich dieses Signal auf Low befindet, findet eine I/O-Übertragung statt, und dann ist auch die anliegende Adresse gültig. In EISA-Systemen, in denen diese Karte ebenfalls verwendet werden kann, ist AEN jedoch auch bei einer I/O-Operation Low. Daher befindet sich ein Jumper auf der Platine, mit dem das AEN-Signal permanent auf Low gesetzt werden kann. Das AEN-Signal wird dann nicht ausgewertet. Für die hier beschriebenen Anwendungsfälle ist dies zulässig.

Die Adressleitungen A1 und A0 werden im Baustein 74LS85 mit den Schalterstellungen des Schalters 2 (SW2) verglichen. In den Vergleich wird ebenfalls das Schreibsignal IOW mit einbezogen. Ist es Low, werden Daten geschrieben, und dann ist die anliegende Adresse gültig, und der Ausgang des 74LS85 (P=Q, Pin 6) geht auf High.

Der Ausgang des Vergleichers 74LS688 geht dagegen auf Low, wenn der Adressenvergleich positiv ausfällt. Aus diesem Grunde wird dieses Signal mit einem Gatter des 74LS00 (IC6) invertiert. Das Ausgangssignal des 74LS85 und das invertierte Ausgangssignal (High) des 74LS688 werden mit einem zweiten Gatter des 74LS00 verknüpft.

Die Gatter des 74LS00 sind NAND-Gatter (Nicht-Und), und der Ausgang wird nur dann Low, wenn sich beide Eingänge auf High-Potenzial befinden. Dies ist bei dieser Interface-Schaltung der Fall, wenn:

1. die eingestellte Adresse mit der gesendeten übereinstimmt,
2. zur Karte geschrieben wird (IOW=Low),

3. das Signal AEN=Low ist oder AEN mit dem Jumper auf Low gesetzt worden ist.

Das hieraus erzeugte High – oder genauer die ansteigende Flanke des Signals – steuert die Datenübernahme mit dem Baustein 74ALS574.

Die gültigen Daten gelangen an die Bausteine MC14495 (IC9, IC10). Dies sind Siebensegment-Treiber, die auch die hexadezimale Darstellung (A, b, C, d, E, F) der Daten erlauben. Das interne Latch der Treiber wird aus Geschwindigkeitsgründen (es ist zu langsam) nicht verwendet. Daher befindet sich der Eingang LE (Latch Enable) bei allen Siebensegment-Treibern jeweils auf Low.

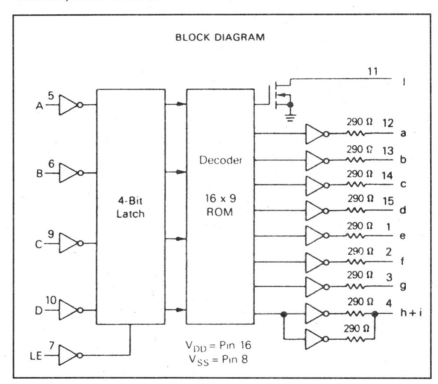

Bild 16.4: Das Innenleben des MC14495

Für die Datenanzeigen (7SEG1, 7SEG2) wird der handelsübliche Typ DL704 mit gemeinsamer Kathode (Pin 4, 12) verwendet.

Die eingestellte I/O-Adresse (A0–A9) wird mithilfe von drei weiteren Treibern (IC11, IC12, IC13) ebenfalls auf Siebensegmentanzeigen (7SEG3, 7SEG4, 7SEG5) dargestellt. Diese drei Treiber und die dazugehörigen Anzeigen können auch fortgelassen werden, falls die Adressenanzeige nicht gewünscht wird.

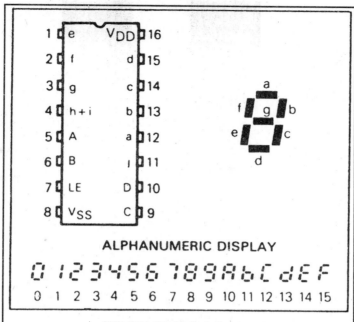

Bild 16.5: Mit dem Baustein MC14495 werden die Siebensegmentanzeigen angesteuert, die damit auch die hexadezimale Darstellung der Daten beherrschen.

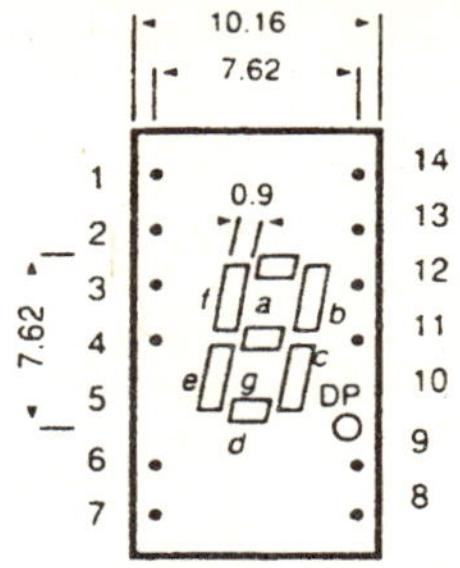

ISA-POST-Code-Karte

```
Pin Nr.:    Funktion:

  1         Anode f
  2         Anode g
  3         frei
  4         gem. Kathode
  5         frei
  6         Anode e
  7         Anode d
  8         Anode c
  9         DP
 10         frei
 11         frei
 12         gem. Kathode
 13         Anode b
 14         Anode a
```

Bild 16.6: Als Siebensegmentanzeigen können die handelsüblichen Typen mit gemeinsamer Kathode wie MAN74A, DL304 und DL704 verwendet werden.

Die am Slot anliegenden Spannungen (+5V, -5V, +12V, -12V) werden über vier Leuchtdioden (D1–D4) angezeigt. Für die 12V-Spannungen ist je ein Vorwiderstand von 680Ω, für die 5V-Spannungen je einer von 270 notwendig.

16.2.2 Bustaktsignal

Eine weitere Leuchtdiode (D5) blinkt im Bustakt. Damit sie auch blinkt und nicht, da der Takt (theoretisch) 4-12 MHz betragen kann, ständig leuchtet, wird dieser mithilfe zweier 74HCT4060-Bausteine heruntergeteilt. Bis zu einem Bustakt von 4 MHz kann zwar auch der Typ CD4060 verwendet werden, doch besser ist auf jeden Fall der schnellere Typ 74HCT4060, weil er auch ein Eingangssignal von 87 MHz noch verarbeiten könnte.

Kapitel 16 · POST-Code-Testkarten

Ausgang Pin-Nr.	Teilung durch	Jumperkontakt-Nr.
5	16	1
4	32	2
6	64	3
14	128	4
13	256	5
15	512	6
1	1024	7
2	2048	8

Tab. 16.2: Teilereinstellungen zur Anzeige des Bustaktes

Mit dem ersten Teiler (IC7) wird die Eingangsfrequenz, die am Pin 11 anliegt, um den Faktor 4096 heruntergeteilt. Bei einem Bustakt von 8,3 MHz beträgt die Eingangsfrequenz für den zweiten Teiler (IC8) damit ca. 2 kHz. Mit einem Jumper (ST1) kann das Teilerverhältnis des zweiten 74HCT4060 festgelegt werden. In Tabelle 16.2 sind die möglichen Teilungen angegeben.

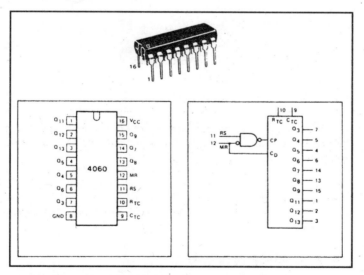

Bild 16.7: Mit dem Baustein 74HCT4060 wird der Bustakt heruntergeteilt.

Mit den auf der Platine vorgesehenen Teilermöglichkeiten kann in jedem PC der ISA-Bustakt – je nach Wunsch – schneller oder langsamer blinkend angezeigt werden. Für die Fehleranalyse bei einem Mainboard ist das Taktsignal eine besonders wichtige Messgröße. Ist kein Bustakt festzustellen, kann dies an der Takterzeugungsschaltung liegen, die meist aus einem Quarz, der mit 14,318 MHz arbeitet, und einem PLL-Baustein besteht.

In der Regel kann zumindest bei ISA-Designs davon ausgegangen werden, dass, wenn kein ISA-Bustakt vorhanden sein sollte, die CPU auch nicht läuft. Sie ist dann möglicherweise nicht richtig eingestellt oder auch defekt.

Bild 16.8: Der Quarz und der PLL-Baustein (ICS9159) sind für die Takterzeugung auf einem Mainboard zuständig.

Auf älteren Mainboards kann die Umschaltung vom Normal- in den Turbomodus weitere Aufschlüsse über das Taktsignal liefern. Auf diesen Mainboards befinden sich dann meist zwei Quarze (oder auch Quarzoszillatoren), wobei einer für den Normal- und einer für den Turbo-Mode zuständig ist. Ist die Leuchtdiode auf der Platine in keiner Jumperstellung zum Blinken zu bringen, kann angenommen werden, dass ein Fehler in der Takterzeugungsschaltung vorliegt. Ist der Takt in einer bestimmten Schalterstellung jedoch vorhanden, ist einer der Quarzoszillatoren defekt, die sich meist einfach austauschen lassen, da sie in einzelnen Sockeln eingesetzt sind.

16.2.3 Step-Modus

Für den Step-Modus sind auf der Platine ein Schalter und ein Taster vorgesehen. Befindet sich der Schalter in der Stellung RUN, ist die freilaufende Betriebsart eingestellt. Das Bus-Signal IO CHECK READY (IORE) ist in diesem Fall über den Widerstand R8 auf +5V gelegt.

Wird der Schalter in die Position STEP umgeschaltet, ist der Step-Mode eingestellt. Der Systembus wird in diesem Fall mit einem Low an IO

CHECK READY angehalten. Durch Druck auf den Taster (Digitaster) wird der Bus durch ein Low wieder freigegeben, und der PC läuft weiter.

Die beiden dem Taster nachgeschalteten NAND-Gatter des IC6 dienen der Tastenentprellung, wodurch gewährleistet wird, dass durch einen Tastendruck ein sauberes Signal erzeugt wird, welches nicht durch die mechanischen Schalteigenschaften des Tasters beeinträchtigt wird.

Es sei darauf hingewiesen, dass der Step-Mode asynchron mit dem Systemtakt läuft. Dies ist nicht anders zu realisieren, da am ISA-Slot kein geeigneteres Signal als IO CHECK READY zur Verfügung steht, um das System anhalten und wieder freigeben zu können. Durch einen einzigen Tastendruck wird also nicht um einen Prozessor-Befehl weitergeschaltet, sondern, je nach Anwendung, gleich um mehrere. In der Praxis hat sich das jedoch nicht als gravierender Nachteil herausgestellt. Mit ein wenig Übung beim »gefühlvollen« Tasten kann jedes zu analysierende Byte zur Anzeige gebracht werden.

16.2.4 Externe Anzeige

Die Anschlüsse für die Datenanzeigen (7SEG1,7SEG2) sind zusätzlich auf eine Steckerleiste (ST2) geführt. Somit ist es möglich, die Anzeigen auf eine extra Platine zu setzen und die elektrische Verbindung zwischen POST-Code-Karte und Anzeigeplatine über diese Steckerleiste herzustellen. Auch für diese externe Anzeige gibt es eine fertige Platine (siehe CD), die im Übrigen auch an die PCI-POST-Code-Karten passt.

Bild 16.9: Die externe Anzeigeplatine für die POST-Code-Karten

Wird die Anzeigeplatine beispielsweise an der PC-Frontplatte (in einem 5,25-Zoll-Abschnitt) montiert, hat man stets den Zustand des PC im Auge, was nicht nur für den PC-Boot hilfreich ist, sondern – geeignetes BIOS vorausgesetzt – auch Aufschluss über ACPI oder den Stand der Dinge bei einem BIOS-Update liefert. Die beiden Displays auf der Platine müssen bei Verwendung einer externen Anzeige jedoch entfernt werden.

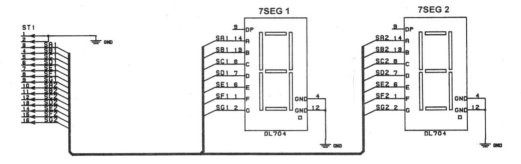

Bild 16.10: Die Schaltung der externen Anzeigeplatine

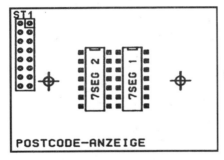

Bild 16.11: Der Bestückungsplan der POST-Code-Anzeige-Platine. Die Stekkerleiste ist von der Lötseite her zu montieren, damit die Anzeige beispielsweise an einer PC-Frontplatte zu befestigen ist.

16.2.5 Zusammenbau der Karte

Der Zusammenbau der Schaltung dürfte auch für den ungeübten Bastler kein großes Problem sein. Zu beachten ist lediglich, dass die integrierten Schaltungen (ICs) richtig herum eingesetzt werden. Der Punkt auf den Bausteinen oder die Kerbe am Baustein kennzeichnen immer den Anschluss 1 bzw. die Oberseite des Bausteins.

Für das Widerstandsarray kann ein 9- oder ein 10-poliger Typ eingesetzt werden. Der gemeinsame Anschluss befindet sich auf der Platine links und ist durch Kreuze markiert. Das Array muss immer rechtsbündig eingesetzt werden. Findet der 10-polige-Typ Verwendung, liegt der zusätzliche, nicht verwendete Widerstand beidseitig an +5V.

Damit die Bauteile nicht herausfallen oder mit einer Zange festgehalten werden müssen, sollten sie aufgrund ihrer verschiedenen Bauhöhen in der folgenden Reihenfolge bestückt und eingelötet werden:

1. Die Widerstände.
2. Die 100nF-Kondensatoren: die Kondensatoren sind nicht gepolt, daher spielt es keine Rolle, wie herum sie eingesetzt werden.
3. Die IC-Fassungen: auf die Kerben der Bausteine und Sockel und den Pin 1 achten (siehe Bild 16.12).
4. Das Widerstandsarray: auf den gemeinsamen Anschluss achten, rechtsbündig einsetzen.
5. Die Leuchtdioden: die Kathode (der kurze Draht) ist dort, wo sich im Schaltplan der Strich im Symbol befindet.
6. Den Miniatur-Kippschalter: falls nicht einer für die Platinenmontage (um 90º gedrehte Anschlüsse) eingesetzt wird, sind noch drei Verbindungsdrähte einzulöten, und der Schalter ist auf der Platine festzukleben.
7. Die Stiftleisten und der Taster.
8. Der Kondensator 100µF (C1).
9. Einsetzen der ICs, DIP-Schalter und der Siebensegmentanzeigen.

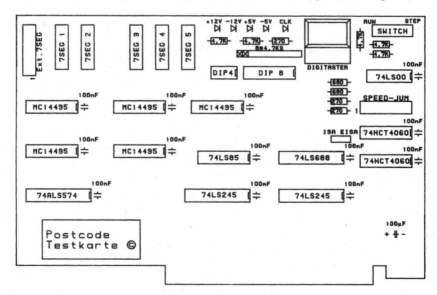

Bild 16.12: Der Bestückungsplan der ISA-POST-Code-Karte

Bevor die Bauelemente in die Sockel eingesetzt werden, sollte man die Karte einmal probeweise in den PC einstecken, um festzustellen, ob beim Löten eventuell ein Kurzschluss produziert wurde.

Verhält sich der PC mit der Karte noch genauso wie vorher, ist das Schlimmste überstanden. Dass der PC durch einen Kurzschluss auf einer Einsteckkarte zerstört wird, ist sehr unwahrscheinlich, da das Netzteil sofort abschaltet, wenn der Kurzschluss zwischen den Versorgungsspannungen und Masse liegt. Ein Kurzschluss zwischen anderen Leitungen führt gegebenenfalls zu einem Fehlverhalten des PC, welches sich dadurch äußert, dass der PC nicht mehr bootet. In so einem Fall bleibt nichts anderes übrig, als alle Lötstellen auf Kurzschlüsse untereinander zu überprüfen.

Bezeichnung	Wert	Bauteil
Digitale Bauelemente		
IC1, IC2	74LS245	Bus-Transceiver
IC3	74ALS574 oder 74HC(T)574	Daten-Latch
IC4	74LS688	8 Bit-Adressenvergleicher
IC5	74LS85	4 Bit-Adressenvergleicher
IC6	74LS00	4-fach NAND-Gatter
IC7, IC8	CD74HCT4060	Zähler/Teiler-Chip
IC9–IC13	MC14495	Siebensegment-Treiber
Widerstände		
R1–R2	680	Widerstand
R3–R5	270	Widerstand
R6–R10	4,7 k	Widerstand
RN1	4,7 k (9- oder 10-polig)	Widerstandsarray
Kondensatoren		
C1	100 µF	Kondensator, Elko
C2–C14	100 nF	Keramik-Kondensator
Optisches		
7SEG1–7SEG5	MAN74 oder DL304 oder DL704	Siebensegmentanzeige mit gemeinsamer Kathode
D1–D5	LEDs, 3mm-Typ	Leuchtdioden, Farben nach Wahl

Tab. 16.3: Stückliste für die ISA-POST-Code-Karte

Kapitel 16 · POST-Code-Testkarten

Bezeichnung	Wert	Bauteil
Mechanisches		
IC-Fassungen	1 x 8-polig, 6 x 14-polig, 9 x 16-polig, 3 x 20-polig	
DIP-Schalter	1 x 4-polig, 1 x 8-polig	
Kippschalter	Miniatur 1 x Um für Platinenmontage	
Taster	Digitast-Mini	
Stiftleisten	2 Leisten mit 2 x 8 Kontakten, 1 Leiste mit 3 Kontakten	
Jumper	Kodierstecker 2-polig	

Tab. 16.3: Stückliste für die ISA-POST-Code-Karte (Forts.)

Die Bauelemente laut Tabelle 16.3 kosten zusammen ca. 30–40 €. Der teuerste Posten sind die Siebensegment-Treiber (MC14495), die pro Stück für ca. 4 € erhältlich sind. Etwas preiswerter wird es, wenn keine IC-Fassungen verwendet werden. In der vorherigen Aufstellung wird davon ausgegangen, dass nicht nur für die digitalen Bauelemente Fassungen eingesetzt werden, sondern auch für die Siebensegmentanzeigen. Dem ungeübten Löter seien diese Fassungen dringend empfohlen.

Die Karte muss auch nicht unbedingt voll bestückt werden. Wird eine Anzeige der Adressen nicht gewünscht, können drei Siebensegmentanzeigen und die dazugehörigen Treiber entfallen. Die DIP-Schalter können ebenfalls wegfallen, wenn lediglich die POST-Codes angezeigt werden sollen. Dann sind entsprechende Brücken in die Platine einzulöten.

Bild 16.13: Die Testkarte im Werkstatteinsatz

Auf der beiliegenden CD befindet sich die Bezugsquelle für die Platine sowie das Programm POSTCODE, mit dem die Funktion der Karte überprüft werden kann. Die Daten 00h bis FFh werden hierfür auf die Adresse 80h geschrieben. Es handelt sich dabei lediglich um ein Programm zur Überprüfung der Kartenfunktion. Zum Betrieb der POST-Code-Karte wird natürlich keine zusätzliche Software benötigt.

16.3 ISA-Testkarte mit Mikrocontroller und LCD-Anzeige

Eine weitere Eigenentwicklung ist eine Testkarte mit eigenem Mikrocontroller, die weit mehr Funktionen bietet als eine einfache POST-Code-Karte. Durch den hier verwendeten 8098-Mikrocontroller von Intel werden nicht einfach die POST-Codes dargestellt, sondern die Fehler erscheinen im Klartext, beispielsweise DRAM Error, auf einem LC-Display.

Hierfür sind in einem EPROM die gebräuchlichsten Code-Tabellen abgelegt, und auf der Karte ist hierfür per DIP-Schalter der jeweilige BIOS-Typ einstellbar. Da der Mikrocontroller über einen integrierten A/D-Umsetzer (10 Bit) verfügt, ist es auch kein Problem, die vier PC-Versorgungsspannungen genau zu messen und die Ergebnisse ebenfalls auf der LCD abzubilden.

Schaltungsdetails sind im Folgenden hierfür nicht angegeben, weil die Schaltung recht aufwändig ist und die Erläuterungen zum Mikrocontroller sowie des hier arbeitenden Assemblerprogramms doch den Rahmen dieses Buches sprengen würden. Gleichwohl mag die Idee, die hier zugrunde liegt, interessant sein, denn wichtig ist allein der Empfang der POST-Codes, was letztendlich anhand einer simplen Interface-Elektronik zu bewerkstelligen ist, wie es im vorherigen Kapitel für ISA und im folgenden für PCI erläutert ist. Durch den Einsatz eines handelsüblichen Mikrocontrollers ist aus diesen Port-Informationen – und auch optional durch die Messung bestimmter Bus-Signale – eine Vielzahl von nützlichen Informationen über das PC-Verhalten mit (Bedienungs-)Komfort zu gewinnen.

Mithilfe zweier Taster und der LCD ist eine menügeführte Aktivierung der einzelnen Testfunktionen der Analyse-Karte gegeben. Neben dem ISA-Bustakt können verschiedene wichtige ISA-Signale (z.B. SBHE, AEN) gemessen werden, und des Öfteren war hiermit festzustellen, dass eine bestimmte 16-Bit-ISA-Karte fälschlicherweise nur als 8-Bit-Karte angesprochen wurde.

Ein weiteres Feature ist die Überwachung der einzelnen Interrupt- und auch DMA-Kanäle, also ob ein bestimmter Kanal verwendet wird und wann dies jeweils der Fall ist. Dies wird anhand eines *-Symbols neben dem entsprechenden IRQ- oder DMA-Kanal auf dem Display gekennzeichnet.

Kapitel 16 · POST-Code-Testkarten

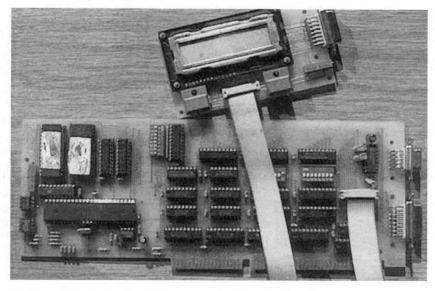

Bild 16.14: Recht aufwändig in der Schaltungstechnik ist diese Testkarte, die dafür jedoch eine Fehlerausgabe im Klartext auf der LCD, die Visualisierung von Interrupt- und DMA-Aktivitäten und auch eine echte Spannungsmessung bietet.

Die Eigenschaften und Funktionen der ISA-Testkarte mit LC-Display im Überblick:

- Klartextausgabe der POST-Codes über ein zweizeiliges LC-Display
- Wahlmöglichkeit von acht verschiedenen BIOS-Versionen für die POST-Code-Interpretierung
- Portadressen sind im Bereich von 0000h–FFFFh selektierbar
- Menügeführte Funktionsauswahl per Bedienpanel
- Genaue Messung der Spannungen am ISA-Bus
- Messung des ISA-Bustaktes
- Überwachung von Interrupt- und DMA-Kanälen
- Kontrollmöglichkeit für 16-Bit-Zugriff
- ISA/EISA-Kompatibilität
- Ausgabe der Messdaten über RS232-Schnittstelle

Die auf der Karte implementierte RS232-Schnittstelle ist für die Ausgabe der Testergebnisse auf einem Terminal bzw. auf einem zweiten PC vorgesehen, was eine komfortable Analyse der zu überprüfenden PCs ermöglicht. Des Weiteren dient diese Schnittstelle dem Einspielen von POST-Code-Tabellen im ASCII-Format (z.B. 1F: DRAM ERROR), deren Schritte dann auf dem Display erscheinen sollen. Es sind maximal acht unterschiedliche Tabellen zu verwenden.

16.4 POST-Code-Karten für den PCI-Bus

Der ISA-Bus soll als Slotsystem laut Microsoft und Intel generell von den Mainboards verschwinden, und bereits in der PC98/99-Spezifikation von Microsoft gibt es daher auch keine ISA-Slots mehr, sondern nur noch PCI-Slots und einen AGP-Steckplatz. Eine Vielzahl von ISA-Karten und passenden Mainboards mit ISA-Slots gibt es zwar immer noch, gleichwohl hat der ISA-Bus keine Zukunft mehr, sodass es Sinn macht, eine POST-Code-Karte für den PCI-Bus zu realisieren.

Spezielle Funktionen (z.B. Darstellung beliebiger I/O-Ports, Single Step) wie bei der ISA-POST-Code-Karte gibt es bei der im Folgenden erläuterten PCI-POST-Code-Karte nicht, denn sie ist allein für die Anzeige der POST-Codes ausgelegt, und das PCI-Interface sollte außerdem so einfach wie möglich gehalten werden.

Die Eigenschaften und Funktionen der PCI-POST-Code-Karte im Überblick:

- Anzeige aller POST-Codes
- Kontrolle der Versorgungsspannungen durch LEDs
- Funktioniert auch bei Takt-abgeschalteten PCI-Slots
- Externes Display-Modul anschließbar
- Verwendung von Standardbauelementen
- Einfache PCI-Interface-Schaltung

Bild 16.15: Die erste Version der per Lochrasterplatine aufgebauten PCI-POST-Code-Karte von der Vorder- und von der Rückseite

16.4.1 PCI-Bus-Interface

Eine POST-Code-Karte oder auch eine andere Karte für den ISA-Bus zu entwickeln, ist relativ leicht durchzuführen, und außerdem lassen sich hierfür Standardbausteine einsetzen, die praktisch in jedem Elektronikladen erhältlich sind.

Der PCI-Bus arbeitet demgegenüber mit 33 MHz und in einer Bitbreite von 32 Bit – statt mit 8 MHz und 8 Bit wie der ISA-Bus –, und es gibt hierfür genaue Vorschriften von der *PCI-Special Interest Group* (PCI-

SIG), über welche Funktionalität PCI-Karten generell zu verfügen haben und wie sie elektrisch und mechanisch auszulegen sind.

Der Kernpunkt für PCI-Karten ist dabei, dass sie einen *Configuration Space* besitzen müssen, der den PCI-Richtlinien entsprechend in einer PCI-Karte zu implementieren ist, damit sie vom BIOS und dem Plug&Play-fähigen Betriebssystem automatisch erkannt und konfiguriert werden kann, d.h. entsprechende PC-Ressourcen zugewiesen bekommt. Für den Aufbau von PCI-Karten werden aus diesem Grunde spezielle Chips eingesetzt, die über entsprechende Register für den Configuration-Space verfügen und das PCI-Protokoll absolvieren können.

Jede PCI-konforme Einheit verfügt über einen eigenen Konfigurationsbereich, wobei die hier festgelegten Parameter in der Regel während des Boot-Vorganges oder nach einem System-Reset aus einem externen EEPROM auf der PCI-Karte gelesen werden.

00h	Device ID (02–03h)		Vendor ID (00h–01h)	
04h	Status-Register (06h–07h)		Command-Register (04h–05h)	
08h	Class Code (0Ah–0Bh)			Revision ID (08h)
0Ch	BIST (0Fh)	Header Type (0Eh)	Latency Timer (0Dh)	Cache Line Size (0Ch)
10h	Base Address Register 0			
14h	Base Address Register 1			
18h	Base Address Register 2			
1Ch	Base Address Register 3			
20h	Base Address Register 4			
24h	Base Address Register 5			
28h	Reserviert			
2Ch	Reserviert			
30h	Expansion ROM Base Address (Erweiterungs-ROM)			
34h	Reserviert			
38h	Reserviert			
3Ch	Max-Lat	Min-Gnt	Interrupt Pin	Interrupt Line

Tab. 16.4: Der Aufbau des Headers im PCI-Konfigurationsbereich

Dieser Konfigurationsraum wird in einen Header-Bereich und in einen geräteabhängigen Bereich unterteilt. PCI-Geräte müssen generell nur diejenigen Register unterstützen, die für ihre Funktion benötigt werden. Der Konfigurationsbereich muss dabei zu jeder Zeit und nicht nur beim Booten adressierbar sein. Vorgeschrieben ist für jedes PCI-Device der Header-Bereich von 64 Bytes, während die weiteren 192 Bytes geräteabhängig sind und von den Herstellern für eigene Funktionen eingesetzt werden können. In diesem Bereich befinden sich beispielsweise bei einem PCI-Mainboard die Register für die Cache- und die DRAM-Speichersteuerung, für die Bridges und zahlreiche weitere.

16.4.2 Schaltungstechnik für die PCI-POST-Code-Karte

Für eine Karte, die im Grunde genommen nur am PCI-Bus »lauschen« soll, wie es die Aufgabe einer POST-Code-Karte ist, vereinfacht sich die ganze Sache jedoch erheblich, denn sie darf natürlich selbst keine PC-Ressourcen belegen und (muss oder darf) demnach auch keinen Configuration-Space besitzen.

Man muss nur wissen, an welcher Adresse die POST-Codes auf dem PCI-Bus ausgegeben werden und in welcher Bit-Breite dies geschieht. Die Ausgabe der POST-Codes auf dem PCI-Bus erfolgt ebenfalls über die Adresse 80h, und zwar ebenfalls in einer Breite von 8 Bit, wie es auch beim ISA-Bus der Fall ist. Jetzt muss einfach nur eine Interface-Schaltung für den PCI-Bus mit einer Anzeige aufgebaut werden, und fertig ist die PCI-POST-Code-Karte.

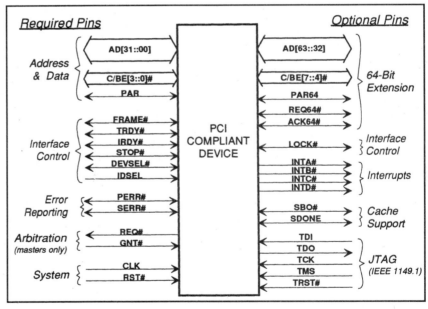

Bild 16.16: Die PCI-Bus-Signale im Überblick (# kennzeichnet, dass die Signale als Low-Aktiv zu verstehen sind)

So einfach wie beim ISA-Bus ist es aber nun auch wieder nicht, denn der PCI-Bus arbeitet in gemultiplexter Form, was bedeutet, dass über die gleichen Leitungen (AD31-0) die Adressen (Adressphase) und danach die Daten (Datenphase) übertragen werden. Des Weiteren gibt es hier auch keine Signale wie beispielsweise IOW (Input Output Write) oder MEMR (Memory Read), die explizit für die Selektierung des IO- oder des Speicherbereiches verwendet werden.

Auf dem PCI-Bus werden stattdessen Bus-Kommandos übertragen, wofür die Signale C/BE3-0 vorgesehen sind. In einer Adressphase werden auf den C/BE3-0-Leitungen (Command/Byte Enable) Buskommandos gesendet, deren Bedeutungen in der folgenden Tabelle angegeben sind.

C/BE3-0	Kommando
0000	Interrupt Acknowledge
0001	Special Cycle
0010	I/O Read
0011	I/O Write
0100	Reserviert
0101	Reserviert
0110	Memory Read
0111	Memory Write
1000	Reserviert
1001	Reserviert
1010	Configuration Read
1011	Configuration Write
1100	Memory Read Multiple
1101	Dual Address Cycle
1110	Memory Read Line
1111	Memory Write and Invalidate

Tab. 16.5: Die PCI-Bus-Kommandos in der Übersicht.

In der Datenphase hingegen kennzeichnen die C/BE3-0-Leitungen, welche der 4 x 8 Datenleitungen gerade gültige Daten führen. Ist beispielsweise BE0 gleich Low und sind alle anderen Byte-Enable-Leitungen auf High-Potenzial, befindet sich lediglich auf den Datenleitungen D0–D7 ein gültiges Datenbyte.

Die Unterscheidung zwischen Daten- und Adressphase findet mithilfe des PCI-Signals *Frame* statt. In der Adressphase ist es Low und in der Daten-

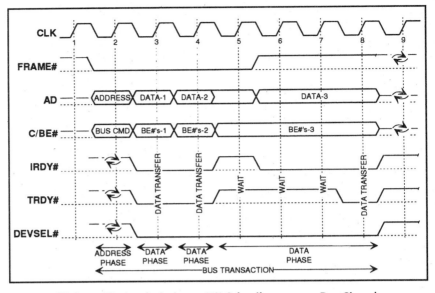

Bild 16.17: Das spezifizierte Timing bei einem PCI-Schreibvorgang. Das Signal »Frame« ist Low in der Adressphase und High in der Datenphase. Nur bei einem Burst-Zyklus bleibt FRAME auch in der Datenphase (DATA-1, DATA-2) auf Low-Pegel.

phase High. Des Weiteren wird das Signal IRDY (Initiator Ready) zur Signalisierung der Tatsache verwendet, dass die Datenphase abgeschlossen ist und eine Adressphase folgt (High). In der Datenphase ist *Frame* dabei stets Low. Damit ergibt sich für eine einfache PCI-Interface-Dekodierung, die nur für Schreibzugriffe ausgelegt ist, der folgende Signalzusammenhang:

Adressphase:

```
FRAME = Low
IRDY  = High
CBE0  = High
CBE1  = High
CBE2  = Low
CBE3  = Low
```

Mit diesen Pegeln der CBE-Signale wird ein I/O-Write gekennzeichnet.

Datenphase:

```
FRAME = High
IRDY  = Low
CBE0  = Low
CBE1  = High
CBE2  = High
CBE3  = High
```

Mit diesen Pegeln der CBE-Signale wird eine 8-Bit-Datenübertragung gekennzeichnet.

Weitere PCI-Bus-Signale, außer natürlich den AD0–AD7-Signalen, werden für das POST-Code-Karten-Interface nicht benötigt. Ein Taktsignal wird also nicht mit in die Dekodierung einbezogen, was auch nicht notwendig ist, aber von einigen Herstellern von POST-Code-Karten durchaus praktiziert wird. Das Problem dabei ist, dass das BIOS bei einigen Mainboards den Takt für diejenigen PCI-Slots abschaltet, die nicht mit einer PCI-Karte belegt sind. Eine POST-Code-Karte gibt sich aber nicht als PCI-Karte aus, da sie quasi nur am Bus lauscht und das BIOS daher keinerlei Kenntnis über ihr Vorhandensein erhält. Derartige POST-Code-Karten können demnach bei einigen Mainboards überhaupt nichts anzeigen.

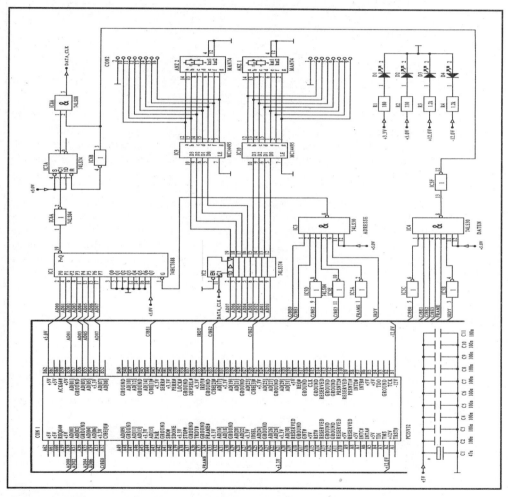

Bild 16.18: Die Schaltung der PCI-POST-Code-Karte

Wie es aus dem Schaltplan (siehe Bild 16.18) zu erkennen ist, werden jeweils mit einen 8-fach NAND (74LS30) die erläuterten Signale einmal für die Adresse und einmal für die Daten ausdekodiert, wobei bei einigen Signalen nach der zuvor genannten Pegelzuordnung mehrere Inverter in Form des Bausteins 74LS04 nötig sind (die Signale des PCI-Bus sind als Low-aktiv zu interpretieren!).

Am Ausgang (Pin 8) des Bausteins IC3 liegt dann ein Low, wenn die zuvor genannte Pegelzuordnung (Adressphase, ADRESSE in der Schaltung) gegeben ist. Des Weiteren muss zu diesem Zeitpunkt die Adresse 80h auf dem PCI-Bus anliegen.

Für deren Dekodierung wird wie bei der ISA-POST-Code-Karte ein Baustein vom Typ 74LS688 (IC1) eingesetzt, der hier aber fest auf die Dekodierung der Adresse 80h verdrahtet ist (Eingänge Q0–Q7). Dieses Ausgangssignal wird invertiert (IC6A, 74LS04) und setzt mit der ansteigenden Flanke das Daten-Flip-Flop vom Typ 74LS74 (IC7A).

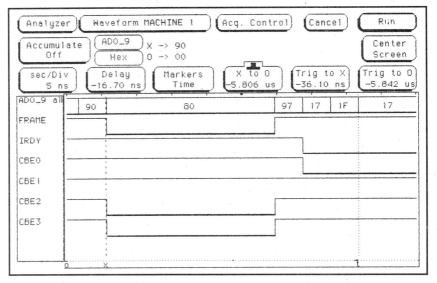

Bild 16.19: Das Timing in der Adressphase, aufgenommen mit einem Logic Analyser HP1662

Die Datenphase wird ebenfalls mit einem 74LS30 (IC4) sowie zwei vorgeschalteten Invertern (IC5B, IC5C) aus dem PCI-Datenstrom dekodiert. Für das Durchschalten der Daten vom PCI-Bus (AD00–AD07) ist das 8-fach-Daten-Flip-Flop vom Typ 74HC574 zuständig, welches dies bei einer Low-High-Signalflanke des CLK-Signals durchführt.

Das DATA_CLK-Signal wird aus einer AND-Verknüpfung mit dem Baustein 74LS08 (IC8A) aus dem »Datenphasensignal« und dem High-Signal des gesetzten Flip-Flops (74LS74, IC7A) generiert. Die POST-Code-Daten werden somit auf die Hex-Treiber (MC14495, IC9, IC10) und die nachgeschalteten Siebensegmentanzeigen gegeben, wobei ab hier das gleiche Prinzip wie bei der ISA-POST-Code-Karte gilt und hier auch die gleiche Anzeigeplatine mit den beiden Siebensegmentanzeigen angeschlossen werden kann.

Im nächsten Schritt muss das Daten-Flip-Flop wieder zurückgesetzt werden, wofür das mit IC6B (74LS04) invertierte »Datenphasensignal« verwendet wird, und der Vorgang beginnt daraufhin von vorn.

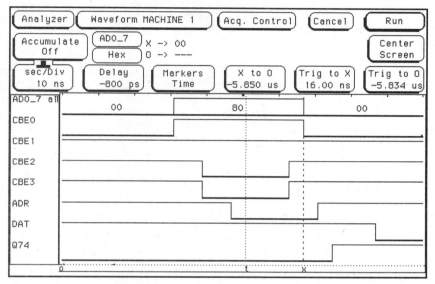

Bild 16.20: Das Detektieren der Adressen- und der Dateninformation sowie das Setzen des Flip-Flops (Q74)

Über vier Leuchtdioden werden die Versorgungsspannungen des PCI-Bus angezeigt, wobei die 3,3V aber nur bei ATX-Boards vorhanden sind, die entsprechende LED (D1) bei einem BAT-Board also nicht leuchten wird.

Die PCI-POST-Code-Karte stellt sich schaltungstechnisch gesehen als nicht besonders kompliziert dar, und es werden auch keinerlei spezielle Bausteine verwendet. Wie es beschrieben ist, kommen tatsächlich auch nur übliche TTL-Bausteine zum Einsatz, mit denen das PCI-Bus-Timing bei 33 MHz problemlos zu bewältigen ist. Bei höheren Taktraten sollten jedoch die schnelleren F-Typen statt der LS-Typen verwendet werden, womit man dann auch bei einem PCI-Bus-Takt von 66 MHz noch auf der sicheren Seite ist. Wichtig ist dabei, dass dann nur die beiden 74LS30- durch 74F30-Chips ersetzt werden, alle anderen Bausteine entsprechen weiterhin der LS- bzw. der HC-Technologie (74HC574, IC2).

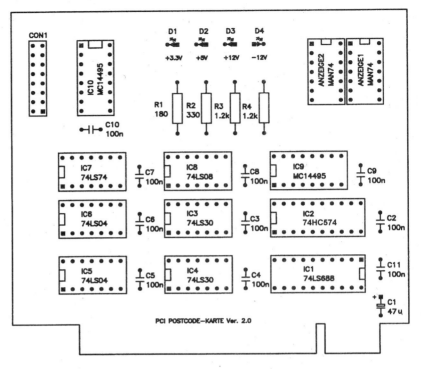

Bild 16.21: Der Bestückungsplan für die PCI-POST-Code-Karte mit MC14495-Hex-Decoder

Die Schaltung zeigt auch, dass selbst ein PCI-Bus-Interface ohne die Verwendung relativ komplizierter PCI-Chips oder PLDs zu realisieren ist. Man könnte glatt auf die Idee kommen, auch noch das I/O-Read-Signal (siehe Tabelle 16.5) auszudekodieren und die feste Adresseneinstellung beim 74LS688 durch einen DIP-Schalter zu ersetzen, womit man ein prima 8-Bit-PCI-Bus-Interface realisiert hätte und seine alte ISA-Schaltung im Nu auf PCI portieren könnte. Dies hätte dann natürlich nichts mehr mit Plug&Play zu tun und würde allen derartige Bestrebungen nach einfacher konfigurierbaren PCs zuwiderlaufen, gleichwohl es ist so schön einfach und zudem noch preiswert.

Der Aufbau der PCI-POST-Code ist noch einfacher und kostengünstiger als der der ISA-POST-Code-Karte, denn spezielle Funktionen wie den Step-Mode oder eine veränderbare I/O-Adresse gibt es hier ja nicht. Für die Bestückung sollte man sich an die Vorgehensweise und Reihenfolge halten, wie es bei der ISA-POST-Code-Karte erläutert worden ist.

Der Preis für die Bauelemente beläuft sich dabei auf ca. 20 € (ohne Platine) und die Bezugsquellen sind, wie bereits erwähnt, auf der dem Buch beiliegenden CD angegeben. Die folgende Tabelle führt die notwendigen Bauelemente an, die auch für die Version mit PALs aus dem nächsten Kapitel gültig ist.

Bezeichnung	Wert	Bauteil
Digitale Bauelemente		
IC1	74LS688	8 Bit-Adressenvergleicher
IC2	74ALS574 oder 74HC(T)574	Daten-Latch
IC3, IC4	74LS30 oder besser 74F30	8-fach NAND-Gatter
IC5, IC6	7474LS04	6-fach Hex-Inverter
IC7	74LS74	2-fach Flip-Flop
IC8	74LS08	4-fach AND-Gatter
IC9, IC10	MC14495 oder PAL 16L8-15CN*	Siebensegment-Treiber oder PAL*
Widerstände		
R1	180	Widerstand
R2	330	Widerstand
R3, R4	1,2 k	Widerstand
R5-R18	270 (nur PAL-Version)*	Widerstand
Kondensatoren		
C1	47–100 µF	Kondensator, Elko
C2-C11	100 nF	Keramik-Kondensator
Optisches		
ANZeige1, ANZeige2	MAN74 oder DL304 oder DL704	Siebensegmentanzeige mit gemeinsamer Kathode
D1-D4	LEDs, 3mm-Typ	Leuchtdioden, Farben nach Wahl
Mechanisches		
IC-Fassungen	8 x 14-polig, 2 x 16-polig, 2 x 20-polig (MC14495-Version) 8 x 14-polig, 4 x 20-polig (PAL-Version)*	
Stiftleisten	1 Leiste mit 2 x 8 Kontakten	
Jumper	Kodierstecker 2-polig	

Tab. 16.6: Stückliste für die PCI-POST-Code-Karten (* für PAL-Version)

Für den Aufbau eigener Schaltungen gibt es auch PCI-Prototyp- bzw. -Adapterplatinen, die streng genommen zwar nicht den Vorschriften des PCI-Standards entsprechen, gleichwohl für den Aufbau einer nur am Bus »lauschenden« Karte mit einfachster Schaltungstechnik geeignet sind. In Bild 16.15 ist der Prototyp der ersten PCI-POST-Karte gezeigt, wo nur der PCI-Slot einer PCI-Adapterkarte verwendet wird (der Rest wurde abgesägt), der dann auf eine übliche Lochrasterplatine geschraubt wurde. Es ist natürlich auch denkbar, den PCI-Slotanschluss von einer defekten PCI-Karte abzusägen, und man kann dann hiermit genauso verfahren.

16.4.3 Hex-Decoder mit PALs

Wie erläutert, werden sowohl auf der ISA- als auch auf der PCI-POST-Code-Karte Standardbauelemente verwendet, die in fast jedem Elektronik- und Versandgeschäft wie z.B. Conrad Elektronik oder auch Reichelt Elektronik recht preisgünstig zu erwerben sind. Einzig der Siebensegment-Decoderbaustein MC14495, der für die hexadezimale Anzeige der POST-Codes notwendig ist, ist im Handel mitunter schwer zu beschaffen und wird laut dem Hersteller Motorola auch nicht mehr produziert.

Derlei Abkündigungen von Bauelementen gibt es in letzter Zeit immer häufiger, wobei es keine Seltenheit ist, dass dieser oder jener Baustein plötzlich wieder in ausreichender Stückzahl verfügbar ist, wie es bei dem MC14495 nun schon seit mehreren Jahren der Fall ist. Entsprechende Alternativen, die auch die Zeichen A-F darstellen können, gibt es zwar – wie beispielsweise den Typ TIL311 der Firma Texas Instruments – gleichwohl ist es um die Verfügbarkeit derartiger Hex-Decoder generell eher schlecht bestellt.

Daher wurde eine Version der PCI-POST-Code-Karte entwickelt, die statt der beiden MC14495-Chips zwei PALs (Programmable Array Logic) verwendet. Diese Chips bilden nunmehr den entsprechenden Decoder nach und sind zudem auch noch preisgünstiger als die Motorola-Chips.

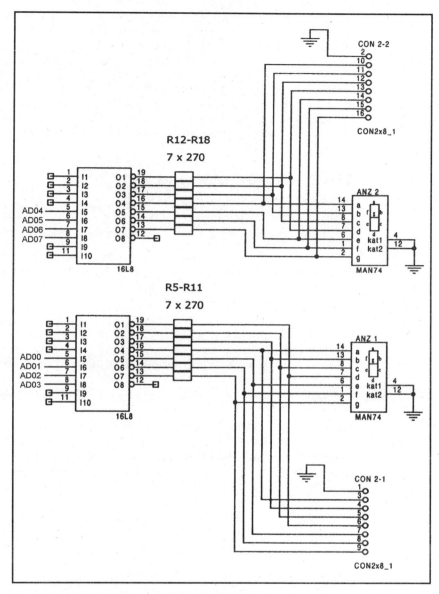

Bild 16.22: Der geänderte Schaltungsteil für die PAL-Version

Die zuvor erläuterte PCI-POST-Code-Karte wurde schaltungstechnisch gesehen daher nur geringfügig verändert, sodass bei gleicher Funktionalität statt der beiden Hex-Decoder zwei PALs vom Typ 16L8-15 (z.B. von Texas Instruments) verwendet werden. Der Nachteil ist allerdings, dass diese PALs erst als Siebensegment-Decoder programmiert werden müssen, wofür ein entsprechendes Programmiergerät (siehe auch Kapitel 13.6) benötigt wird.

POST-Code-Karten für den PCI-Bus

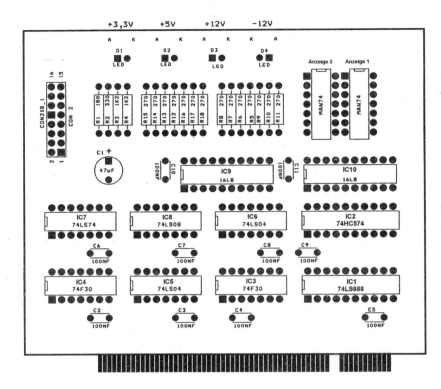

Bild 16.23: Der Bestückungsplan für die PCI-POST-Code-Karte mit PALs

Außerdem sind nun zusätzlich 14 Widerstände (R5–R18) für die Spannungsbegrenzung notwendig, die bei der vorherigen Version im Hex-Treiber integriert sind. Das Listing für die Programmierung der beiden PALs ist im Folgenden angegeben, die mit diesem Inhalt auch für andere Zwecke als Siebensegmenttreiber eingesetzt werden könnten. Das File ist ebenfalls auf der CD zu finden.

PAL-Listing:

```
TITLE 7SEG1
PATTERN 7SEG1
REVISION 1.0
AUTHOR KLAUS DEMBOWSKI
COMPANY TUHH-HLT
DATE 12.9.2000
CHIP GATES PAL16L8
;PIN 1  2  3  4  5  6  7  8  9  10
     NC NC NC NC AE BE CE DE NC GND

;PIN 11 12 13 14 15 16 17 18 19 20
     NC NC G  F  E  A  B  C  D  VCC
```

```
EQUATIONS
CASE ( DE, CE, BE, AE )
BEGIN

   #D1:
      BEGIN
      A=0 B=1 C=1 D=0 E=0 F=0 G=0 ; DISPLAY 1
      END

   #D2:
      BEGIN
      A=1 B=1 C=0 D=1 E=1 F=0 G=1 ; DISPLAY 2
      END

   #D3:
      BEGIN
      A=1 B=1 C=1 D=1 E=0 F=0 G=1 ; DISPLAY 3
      END

   #D4:
      BEGIN
      A=0 B=1 C=1 D=0 E=0 F=1 G=1 ; DISPLAY 4
      END

   #D5:
      BEGIN
      A=1 B=0 C=1 D=1 E=0 F=1 G=1 ; DISPLAY 5
      END

   #D6:
      BEGIN
      A=1 B=0 C=1 D=1 E=1 F=1 G=1 ; DISPLAY 6
      END

   #D7:
      BEGIN
      A=1 B=1 C=1 D=0 E=0 F=0 G=0 ; DISPLAY 7
      END

   #D8:
      BEGIN
      A=1 B=1 C=1 D=1 E=1 F=1 G=1 ; DISPLAY 8
      END

   #D9:
      BEGIN
      A=1 B=1 C=1 D=1 E=0 F=1 G=1 ; DISPLAY 9
      END

   #D10:
      BEGIN
      A=1 B=1 C=1 D=0 E=1 F=1 G=1 ; DISPLAY A
      END
   #D11:
      BEGIN
      A=0 B=0 C=1 D=1 E=1 F=1 G=1 ; DISPLAY b
      END
```

```
#D12:
   BEGIN
   A=1 B=0 C=0 D=1 E=1 F=1 G=0 ; DISPLAY C
   END

#D13:
   BEGIN
   A=0 B=1 C=1 D=1 E=1 F=0 G=1 ; DISPLAY d
   END

#D14:
   BEGIN
   A=1 B=0 C=0 D=1 E=1 F=1 G=1 ; DISPLAY E
   END

#D15:
   BEGIN
   A=1 B=0 C=0 D=0 E=1 F=1 G=1 ; DISPLAY F
   END

OTHERWISE:
   BEGIN
   A=1 B=1 C=1 D=1 E=1 F=1 G=0 ; DISPLAY O
   END
END

SIMULATION
TRACE_ON A B C D E F G

;SELECT DISPLAYS
SETF /DE /CE /BE /AE
SETF /DE /CE /BE AE
SETF /DE /CE BE /AE
SETF /DE /CE BE AE

SETF /DE CE /BE /AE
SETF /DE CE /BE AE
SETF /DE CE BE /AE
SETF /DE CE BE AE

SETF DE /CE /BE /AE
SETF DE /CE /BE AE
SETF DE /CE BE /AE
SETF DE /CE BE AE

SETF DE CE /BE /AE
SETF DE CE /BE AE
SETF DE CE BE /AE
SETF DE CE BE AE

TRACE_OFF
```

Bild 16.24: Adapterplatinen mit den als Hex-Decoder programmierten PALs ersetzen den MC14495-Chip.

Damit die ISA-POST-Karte, die über eine höhere Funktionalität als die der PCI-Bus-Version verfügt, bei Bedarf auch weiterhin nachgebaut werden kann (sowie auch die Platinenversion, die den MC14495 benötigt), sind kleine Adapterplatinen (siehe Bild 16.24) vorgesehen, die die als Hex-Decoder programmierten PALs aufnehmen können und direkt in die Sockel für den MC14495 passen.

Bild 16.25: Die PCI-POST-Code-Karte (PAL-Version) im Werkstatteinsatz

17 Analyse-Karten

Die Einstellung der verschiedenen Frequenzen – der Takte – für CPU, Speicher und die Bussysteme geht bei aktuellen Mainboards mehr oder weniger automatisch vonstatten. Allerdings gibt es immer wieder Probleme mit Einsteckkarten, sei es vom Typ PCI, AGP oder auch ISA, und wer weiß schon genau, mit wie viel MHz die einzelnen Bussysteme tatsächlich arbeiten. Für eine Überprüfung wird ein Frequenzzähler benötigt, der nicht zu den preisgünstigsten Geräten gehört und dessen Anschaffung sich für den PC-Heimwerker daher meist auch nicht lohnt. Als praktische und günstige Alternative bietet sich eine spezielle Frequenzmesskarte für PCs an, die im folgenden Kapitel beschrieben wird.

Das IDE-Interface für den Anschluss von Festplatten und ATAPI-Laufwerken ist im Laufe der Zeit, elektrisch betrachtet, eher minimal verändert worden, gleichwohl sind hierfür mittlerweile zahlreiche unterschiedliche Betriebsarten möglich, wobei sich der Anwender darauf verlassen muss, dass die Optionen, die er per BIOS-Setup und/oder Windows-Einstellung hierfür vorgenommen hat, auch tatsächlich greifen. Wer genau wissen will, ob das Laufwerk die optimale Betriebsart verwendet, kann hierfür eine IDE-Analyse-Schaltung einsetzen, die sich sehr einfach nachbauen lässt und in Kapitel 17.2 erläutert ist.

17.1 Analyse-Karte für die Messung der Bustakte

Wer eine (neue) CPU in seinen PC einbaut, muss sich mit der Einstellung des Systemtaktes und des Multiplikationsfaktors beschäftigen, damit der Prozessor seinen vorgeschriebenen Takt erhält. Indes haben diese Festlegungen, wie es in Kapitel 5.2 erläutert ist, auch einen Einfluss auf die Bustakte (PCI, AGP, ISA). Mithilfe des Handbuches zum Mainboard sollte es eigentlich kein Problem sein, je nach Systemtakt (66, 100, 133 MHz) auch die Bustakte (eventuell mit zusätzlichem Jumper) korrekt festzulegen, auch wenn die Hersteller hierfür unterschiedliche Möglichkeiten anbieten. In der Praxis stellt sich jedoch heraus, dass die Angaben im Manual zu den Bustakten oder auch der Aufdruck auf dem Mainboard – wenn überhaupt vorhanden – vielfach einfach nicht stimmen, und man kann dann stundenlang nach einem Fehler suchen, wenn der PC nicht so will, wie er eigentlich soll.

Es wäre also eine echte Hilfe bei den üblichen PC-Bastelarbeiten, wenn die jeweiligen Bustakte zweifelsfrei ermittelt werden könnten. Entsprechende »Messkarten«, die genau für diese Aufgabe ausgelegt sind, gibt es bisher nicht, sodass eine einfache Frequenzmesskarte entwickelt wurde, die selbstverständlich ohne CPU-Beteiligung funktionieren muss. Aus diesem Grunde lässt sich die Schaltung nicht nur in einem PC, sondern auch als eigenständiges Gerät für alle möglichen Frequenzmessungen einsetzen.

Analyse-Karte für die Messung der Bustakte

Bild 17.1: Die aufgebaute Frequenzmesskarte

Eigenschaften der Frequenzmesskarte:

- Messung des PCI-, des ISA- und des AGP-Taktes
- Maximale Messfrequenz 100 MHz
- Genauigkeit bis zu 10 Hz
- Die Schaltung kann auch als eigenständiger Frequenzzähler mit zusätzlichen Funktionen wie Detektierung von Ereignissen, Zeitintervallmessung oder der Messung von Periodendauern eingesetzt werden.
- Externes Display mit hoher Auflösung anschließbar, kann an der PC-Front montiert werden
- Verwendung handelsüblicher Bauelemente

Die Schaltung wurde mit einer Platine realisiert, die in einen PCI-Slot hineinpasst, und für den ISA- und den AGP-Slot sind zwei kleine Adapterplatinen entwickelt worden, die die Taktsignale jeweils auf eine Klemme führen und von dort mit einer abgeschirmten Koaxialleitung (z.B. ein kurzes Netzwerkkabel, RG58) mit dem BNC-Anschluss der Messkarte verbunden werden können.

Die Umschaltung zwischen den zwei möglichen Eingangsquellen (PCI direkt, ISA und AGP über Adapterkarten) erfolgt einfach per Jumper, was bei keinem getesteten Mainboard zu unerwünschten Nebeneffekten führte, während eine zunächst realisierte elektronische Umschaltung mit einem erhöhten Hardware-Aufwand einherging und sich zudem als störanfällig entpuppte.

Bild 17.2: Adapterplatinen für die Messung des AGP- und das ISA-Bus-Taktes

Bei dieser Karte ist den hohen Frequenzen Rechnung zu tragen, und daher sind in der Applikation zwei Messzweige aufgebaut worden: einmal intern für die Messung des PCI-Bustaktes und einmal extern für den ISA- oder den AGP-Bustakt, der extern über den BNC-Anschluss zugeführt wird. Nur so ist es zu realisieren, dass der eine Schaltungsteil sehr nah am PCI-Bustaktanschluss und der andere dicht am BNC-Anschluss sitzen kann, denn längere Verbindungen, die als Antennen wirken, beeinflussen die Signalqualität in unerwünschter Weise.

Bild 17.3: Soll es noch genauer sein, kann eine externe Anzeige angeschlossen werden, die hier den genauen ISA-Bustakt anzeigt.

Wie es in Bild 17.1 zu erkennen ist, werden nur vier Displays für die Anzeige verwendet, was zu einer Anzeige in MHz wie 33.33 (PCI) oder 08.33 (ISA) führt. Auf der Platine ist eine Pfostenleiste vorgesehen, an die eine externe Anzeigeplatine mit sieben Anzeigen angeschlossen werden kann, was zu einer höher aufgelösten Anzeige führt, sodass sich dann sogar noch 10 Hz (!) detektieren lassen.

17.1.1 Schaltungsbeschreibung

Das wesentliche Bauelement der Schaltung ist der Baustein ICM7226 der Firma Harris (Intersil u. a.), der in einem 40-poligen DIP-Gehäuse angeboten wird, wodurch er sich relativ einfach verdrahten lässt. Er erlaubt standardmäßig eine Frequenzmessung von bis zu 10 MHz, und es gibt ihn in zwei unterschiedlichen Versionen: Als A-Typ mit gemeinsamer Anode für die direkt anzuschließenden Siebensegmentanzeigen und als B-Typ für Anzeigen mit gemeinsamer Kathode. In der gezeigten Applikation kommt der ICM7226B zum Einsatz, und es lassen sich dadurch die gleichen Anzeigen (z.B. DL704, DL304, MAN74A) wie bei den PCI-POST-Code-Karten aus dem vorherigen Kapitel einsetzen.

Mit maximal 10 MHz kommt man allerdings nicht weit, sodass eine Frequenzteilung notwendig wird. Der Chip selbst arbeitet mit einem Takt von 10 MHz, der durch eine externe Oszillatorschaltung mit zwei Kondensatoren (30 pF), einem Widerstand von 22 MΩ und einem 10 MHz-Quarz, die an die Pins 35 und 36 anzuschließen sind, erzeugt wird. Beim Probeaufbau zeigt sich jedoch, dass die Schaltung recht kritisch reagieren kann und zuweilen nicht funktioniert, weil die Oszillatorschaltung nicht immer sicher anschwingt.

Daher sollte sicherheitshalber ein Quarzoszillator von 10 MHz verwendet werden, der auf kurzem Wege an den Pin 35 anzuschließen ist, wodurch man weder den Toleranzen der externen Bauelemente noch der Verdrahtung besondere Beachtung schenken muss, denn die 10 MHz stehen nach dem Anschluss der Masse (GND) und der 5V-Versorgung an den Quarzoszillator unmittelbar zur Verfügung.

Der ICM7226 besitzt einen Referenzoszillator, der die externe Quarzfrequenz über den Anschluss OSC.OUTPUT (Pin 38) nach außen schickt und sie über den Pin 33 (OSC.INPUT) wieder einlesen kann. Dies lässt sich einfach dazu ausnutzen, die Frequenz dieser »Signalschleife« herunterzuteilen, was man ebenfalls für das zu messende Eingangssignal (INPUT A, Pin 40) durchführt, damit das Messergebnis wieder direkt – wie standardmäßig vorgesehen – ohne irgendwelche Berücksichtigung des Teilungsfaktors auf der Siebensegmentanzeige abzulesen ist.

Für die Frequenzteilung werden jeweils drei Flip-Flops vom Typ 74F74 verwendet, wodurch sich eine Teilung pro Chip von jeweils durch zwei, insgesamt also durch acht, ergibt. Damit kann theoretisch eine externe Frequenz von 80 MHz gemessen werden, was sowohl für die PCI-Bus- als auch für die AGP-Taktfrequenz ausreicht. Erfreulicherweise kann der ICM7226 jedoch noch etwas mehr als die spezifizierten maximalen 10 MHz auflösen, und mit der gezeigten Schaltung ließen sich daher durchaus an die 100 MHz (!) messen. Danach ist aber auf jeden Fall Schluss, was in der Teilungsschaltung begründet ist.

Bei derart hohen (UKW-)Frequenzen müssen für die Frequenzteilung auf jeden Fall die schnellen F-Typen (Fast) der TTL-Reihe verwendet werden, und damit es keine unerwünschten Timing- und Pegel-Effekte gibt, verwendet man am besten für alle TTL-Chips die gegenüber LS oder HCT nicht wesentlich teureren Typen der F-Reihe. Wer über 100 MHz hinaus will, ist mit der TTLogik aber am Ende und muss sich mit der etwas gewöhnungsbedürftigen ECL-Technik beschäftigen; für die erste Teilerstufe wäre dann ein Baustein wie der Typ ECL-11C90 notwendig.

Kapitel 17 · Analyse-Karten

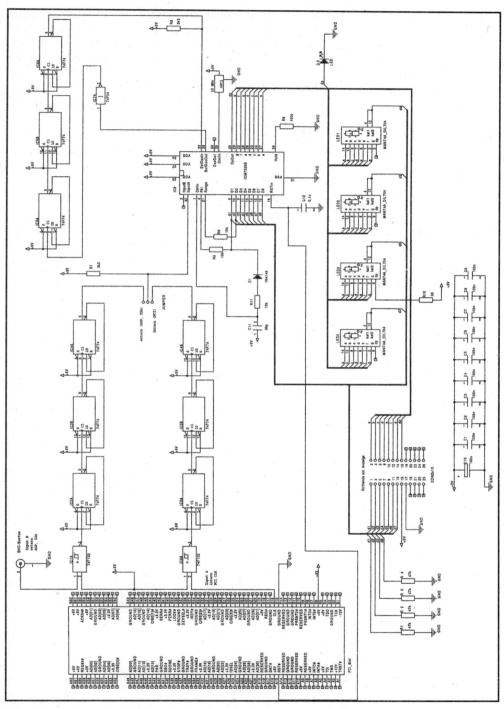

Bild 17.4: Die Schaltung der Frequenzmesskarte

Bei diesen relativ hohen Frequenzen kommt der Verdrahtung der Schaltung eine besondere Bedeutung zu, denn es müssen generell kürzeste Leitungswege eingehalten werden, was natürlich ganz besonders für die erste Teilerstufe (die die volle Eingangsfrequenz abbekommt) zu berücksichtigen ist.

Ein Schmitt-Trigger (74F132) vor der Teilerstufe sorgt für ein möglichst sauberes TTL-Signal, und wer die Möglichkeit hat, mit einem teuren Oszilloskop das AGP-Taktsignal näher betrachten zu können, wird feststellen, dass es mit einem klassischen TTL-Signal von der Form her nicht mehr viel gemein hat und hier eher der Hochfrequenztechniker als der Digital-Freak gefordert ist.

Wie erwähnt, ist beim Schaltungsaufbau den relativ hohen Frequenzen Rechnung zu tragen, und daher sind in der Applikation zwei »Messzweige« aufgebaut worden: einmal *intern* für die Messung des PCI-Bustaktes und einmal *extern* für den ISA- oder den AGP-Bustakt, der extern über den BNC-Anschluss zugeführt wird. Nur auf diese Art und Weise ist es zu erreichen, dass der eine Schaltungsteil sehr nah am PCI-Bustaktanschluss und der andere dicht am BNC-Anschluss sitzen kann, denn längere Verbindungen, die als Antennen wirken, beeinflussen die Signalqualität negativ.

Weniger empfindlich – maximal *nur* 10 MHz – sind dann die heruntergeteilten Frequenzsignale, sodass an dieser Stelle gefahrlos ein Jumper zum Einsatz kommen kann, der das jeweilige Eingangssignal auf den Eingang (Pin 40) des Zählerbausteins legt. Das Stecken des Jumpers, der sich aus Gründen des Layouts (kurze Leitungswege) in der unteren Hälfte der Platine befinden muss, erschien verbesserungswürdig, und daher wurde ein Umschalter (einfacher Kippschalter) eingebaut, der sich oben an der Platine befindet.

Dieser Schalter aktiviert entweder den Schmitt-Trigger (IC1A) für das externe oder den für das interne Signal (IC9A, PCI-Bustakt), indem der entsprechende Anschluss (Pin 2 bei IC1A, Pin 1 bei IC9A) auf Masse gelegt wird und der jeweils andere, nicht geschaltete Pin über einen Widerstand von 4,7 kΩ an 5V liegt.

Dies macht den Jumper aber noch nicht überflüssig, und die zwei Ausgangssignale nach den beiden Teilerketten (IC4A, IC4B) werden daher auf je ein NAND-Gatter (74F03) geführt, die dann ebenfalls vom Kippschalter bedient werden können. Wichtig ist, dass die Gatter über einen Open-Collector (der Typ 74F03 und nicht etwa der 74F00) verfügen, d.h. eine Wired-Or-Schaltung mit dem Widerstand R7 (an INPUT A des ICM7226) zu realisieren ist.

Je nach Kippschalterstellung wird dann entweder das interne oder das externe Messsignal auf den Eingang des Frequenzzählers gelegt. Was sich in der Handhabung gegenüber dem Jumperstecken als praktisch erweist, hat in der Praxis jedoch einige Probleme bereitet, was sich darin äußerte, dass diese Art der »Umschalterei« bei einigen Mainboards zu korrekten Messergebnisse führte, bei anderen hingegen nicht zuverlässig funktionierte.

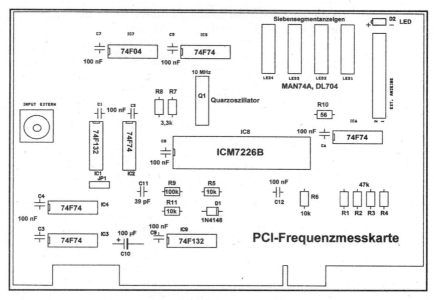

Bild 17.5: Der Bestückungsplan der Frequenzmesskarte

Dieses Phänomen liegt zum einen in einer unterschiedlich guten Signalqualität der Mainboards begründet, und zum anderen kann die »PC-Umgebung« (Netzteil, Grafikkarte, Positionen der Einsteckkarten) einen nicht unerheblichen Einfluss ausüben. Durch eine Veränderung des Widerstandes R7 ließ sich dies zwar anpassen, gleichwohl erscheint es kaum praktikabel, ständig den Widerstandswert verändern zu müssen, sodass der Schalter im endgültigen Layout nicht verwendet wird. Die Umschaltung erfolgt also per Jumper, was dann bei keinem getesteten Mainboard zu unerwünschten Nebeneffekten führte.

17.1.2 Zähler-Betriebsarten

Der ICM7226 bietet eine Reihe unterschiedlicher Funktionen neben der hier verwendeten Frequenzmessung. Er kann auch Ereignisse detektieren und zur Zeitintervallmessung oder Messung der Periodendauer eingesetzt werden, und mithilfe des zweiten Eingangs (INPUT B) sind außerdem Frequenzvergleichsmessungen möglich.

Für die entsprechende Konfigurierung und damit die Einstellung der gewünschten Betriebsart gibt es die Anschlüsse Ctrlin (Pin 1), Fkt (Function, Pin 4) und Range (Pin 21). Diese Eingänge werden mit den Datenleitungen (D1-D8) über Widerstände und Dioden entsprechend der Tabelle verbunden.

Die Datenleitungen liefern als Ausgänge im Multiplexbetrieb die Informationen zur Steuerung der Siebensegmentanzeigen (Digit), d.h., sie bestimmen, für welche der maximal acht Anzeigen die Daten gerade bestimmt sind, wobei die Signale a-g die Segment-Informationen führen. Im laufenden Betrieb arbeiten die Datenleitungen aber auch als Eingänge

Analyse-Karte für die Messung der Bustakte

für die Einstellung der gewünschten Betriebsart (Function), des Messbereichs (Range) und diverser Testfunktionen (Ctrlin).

Eingang	Funktion	Digit
Function, Pin 4	**Frequenz**	**D1**
	Periode	D8
	Frequenzverhältnis	D2
	Zeitintervall	D5
	Zähler	D4
	Oszillator-Frequenz	D3
Range, Pin 21	0,01s pro 1 Zyklus	D1
	0,1s pro 10 Zyklen	**D2**
	1s pro 100 Zyklen	D3
	10s pro 1000 Zyklen	D4
	Externe Range-Einstellung	D5
Control Input, Pin 1	Display aus	D4 und Hold
	Display testen	D8
	1 MHz-Takt	D2
	Externer Oszillator-Takt	**D1**
	Externer Dezimalpunkt	D3
Dezimalpunkt, Pin 20	Anschluss an das jeweilige Digit	

Tab. 17.1: Die Festlegung der Betriebsart erfolgt durch das Verbinden der Eingänge mit den Digit-Leitungen. Die für die Schaltung verwendeten Einstellungen sind in der Tabelle fett gedruckt.

Der Bereich wird so festgelegt, dass in 0,1 Sekunden 10 Messzyklen erfolgen. Hierfür ist D2 über einen 10 kΩ-Widerstand an den Range-Pin anzuschließen. Damit der Chip als Frequenzzähler arbeitet, ist D1 mit dem Function-Pin über einen 10 kΩ-Widerstand zu verbinden. Da D1 aber noch einmal benötigt wird, und zwar für die Festlegung (Ctrlin), dass ein externer Oszillatortakt (der in der Schaltung, wie erläutert, heruntergeteilt wird) zum Einsatz kommt, ist neben dem obligatorischen Widerstand noch die Diode 1N4148 notwendig.

Wer den ICM7226 als universelles Gerät mit üblichen Bedienungselementen einsetzen möchte, kann vor den Function-, Range- und den Dezimalpunkt-Eingang je einen Widerstand, gefolgt von einem Drehschalter, einsetzen, der auf die in der Tabelle angegebenen Digits schaltet. Nachdem die Platine in ein Gehäuse eingebaut worden ist, können an der Frontplatte die gewünschten Bedienelemente (Drehschalter, Tasten) montiert werden, womit man ein nützliches Labormessgerät für (fast) alle üblichen Frequenzmessaufgaben zur Verfügung hat, was für die hier vorgestellte Applikation jedoch nicht nötig ist.

Wie es aus dem Schaltplan (siehe Bild 17.3) zu entnehmen ist, werden nur die Digits D7–D4 verwendet, was zu einer Anzeige in MHz wie 33.34 (PCI) oder 08.33 (ISA) führt. Die Signale der unteren Digits, die auch die Betriebsart laut Tabelle festlegen, dürfen aber nicht »schweben«, was normalerweise automatisch durch die Belastung der jeweiligen Siebensegmentanzeige verhindert wird. Wenn jedoch die Anzeige für D1 (Einstellung: Frequenzmessung und externer Referenz-Oszillatortakt) nicht bestückt wird, ist auf jeden Fall ein Pull-Down-Widerstand von 47 kΩ notwendig, der an die Schaltungsmasse gelegt wird, was entsprechend für alle anderen Digits (R11–R14 im Schaltplan) gilt. Andernfalls wird man den Chip nicht zum Laufen bekommen, und er zeigt alles Mögliche an, nur nicht die richtige Frequenz.

Auf der Platine ist eine Pfostenleiste (CON 2 x 13 Kontakte) vorgesehen, an die eine externe Anzeigeplatine mit sieben Anzeigen angeschlossen werden kann, was zu einer höher aufgelösten Anzeige führt, sodass sich dann sogar noch 10 Hz detektieren lassen. Die Pull-Down-Widerstände (R1–R4) sind dann natürlich nicht zu bestücken.

17.1.3 Bestückung und Inbetriebnahme

Alle Bauelemente sind im Elektronikfachhandel zu haben, wobei der ICM7226 mit ca. 20 Euro den teuersten Posten darstellt. Mit Rücksichtnahme auf die relativ hohen Frequenzen wurde die Schaltung ohne IC-Fassungen aufgebaut; unkritisch ist es aber, wenn für die Siebensegmentanzeigen und den ICM7228 entsprechende Sockel eingesetzt werden.

Bezeichnung	Wert	Bauteil
Digitale Bauelemente		
IC1	74F132	4-fach NAND-Gatter mit Schmitt-Trigger-Eingängen
IC2–IC6	74F74	2-fach Flip-Flop
IC7	74LS04	6-fach Hex-Inverter
IC8	ICM7226B	8 Digit Zähler/Timer
IC9	74F132	4-fach NAND-Gatter
Widerstände		
R1–R4	47 kΩ	Widerstand
R5, R6, R11	10 kΩ	Widerstand
R7, R8	3,3 kΩ	Widerstand
R9	100 kΩ	Widerstand
R10	56 Ω	Widerstand

Tab. 17.2: Stückliste für die Frequenzmesskarte

Bezeichnung	Wert	Bauteil
Kondensatoren		
C1–C9, C12	100 nF	Keramik-Kondensator
C10	100 µF	Kondensator, Elko
C11	39 pF	Keramik-Kondensator
Diverses		
7SEG1–7SEG4	MAN74 oder DL304 oder DL704	Siebensegmentanzeige mit gemeinsamer Kathode
D1	1N4148	Diode
D2	LED, 5 mm-Typ	Leuchtdiode, rot
Q1	Quarzoszillator, 10 MHz	Quarzoszillator
Mechanisches		
Stiftleisten	1 Leiste mit 2 x 13 Kontakten, 1 Leiste mit 3 Kontakten	
Jumper	Kodierstecker 2-polig	
Stecker	Koaxialstecker für Platinenmontage	

Tab. 17.2: Stückliste für die Frequenzmesskarte (Forts.)

Der Pin, an den die Leuchtdiode D3 angeschlossen ist, steuert normalerweise den Dezimalpunkt (dp). In der Applikation dient die LED aber dazu, die Aktivität des Chips zu signalisieren, und falls auf der Anzeige einmal nichts erscheinen sollte, ist dies ganz klar ein Anzeichen dafür, dass der Fehler am Eingangssignal liegt (f > 100 MHz, kein TTL-Pegel) und der Chip selbst so weit funktioniert.

Als Reset-Signal (Pin 19) wird das entsprechende Signal des PCI-Bus verwendet. Falls die Platine in ein Gehäuse eingebaut werden soll, bringt man stattdessen einen Taster gegen Masse an, um den ICM7226 gegebenenfalls in seinen Ausgangszustand versetzen zu können, was jedoch nur sehr selten nötig ist, und er »resetet« automatisch beim Anlegen der Versorgungsspannung von 5V.

Bei einigen Mainboards kann man beim Messen des PCI-Bustaktes auf das Phänomen stoßen, dass der betreffende Slot offensichtlich nicht getaktet wird, weil die Anzeige dunkel bleibt. Dies ist aber kein Fehler der Schaltung, sondern liegt darin begründet, dass das BIOS bei denjenigen PCI-Slots den Takt abschaltet, in denen sich scheinbar keine PCI-Karte befindet, wie es bereits bei der PCI-POST-Code-Karte erläutert wurde. Die Frequenzmesskarte ist natürlich keine »richtige« PCI-Karte, die den PCI-Configuration-Space und damit Plug&Play unterstützt, sodass das BIOS sie auch nicht als solche erkennen kann. Es ist im Grunde genommen nur ein »Lauscher« am Taktsignal, wie es vergleichbar auch bei einer PCI-POST-Code-Karte der Fall ist, die sich dem BIOS ebenfalls nicht zu erkennen gibt.

Schaltungstechnisch gesehen wäre es zwar möglich, dem BIOS eine Belegung des PCI-Slots (mit der Frequenzmesskarte) vorzugaukeln, der Aufwand erscheint dafür jedoch als zu hoch. Da die Frequenzmesskarte für ihre Funktion neben dem Takt- und dem Reset-Signal lediglich die Spannungsversorgung, die nicht abgeschaltet wird, aus dem Slot bezieht, kann der PCI-Bustakt natürlich an einem Slot nachgemessen werden, in welchem irgendeine PCI-Karte steckt, die vom BIOS erkannt wird.

Hierfür ist das Signal dann extern über den BNC-Anschluss zuzuführen und mithilfe eines Kabels vom Kontakt B16 des PCI-Bus-Slots abzunehmen. Mit einer üblichen Messspitze kommt man jedoch meist nicht in die seitlichen, sehr kleinen Kontaktlöcher am PCI-Bus-Slot hinein, sodass hier am besten ein dünnes Drahtende hineingesteckt wird, wo dann eine Messklemme angeschlossen werden kann. Alle anderen Kontaktierungsmöglichkeiten – wie z.B. Kabel anlöten oder PCI-Busadapter – erscheinen demgegenüber als zu gefährlich und auch als zu aufwändig.

Bild 17.6: Der Fehler ist mit der Frequenzmesskarte schnell gefunden: Der AGP-Slot läuft hier mit unzulässigen 88,84 MHz, sodass es nicht verwundert, warum die AGP-Grafikkarte streikt.

Die Abschaltung der Takte bei nicht belegten ISA- oder AGP-Slots konnte beim Test mit aktuellen Mainboards jedoch nicht festgestellt werden. Dies wäre jedoch auch kein Problem, denn man könnte sich dann genauso wie beim PCI-Bus behelfen. Falls der AGP im 8x-Modus arbeiten sollte, reicht der geringere Pegel möglicherweise nicht aus, um das NAND-Gatter (IC1A) der Eingangsstufe durchzusteuern, sodass dann im BIOS-Setup ein möglichst geringer Modus eingestellt werden sollte, was aber nichts an der Frequenz ändert.

17.2 IDE-Analyse-Schaltung

Üblicherweise gibt es auf Mainboards zwei IDE-Anschlüsse (primärer, sekundärer IDE-Port), und demnach können in der Master/Slave-Konstellation maximal vier Laufwerke verwendet werden. Dabei sind jedoch unterschiedliche PIO- und DMA-Betriebsarten für die einzelnen Laufwerke möglich, wie es in Kapitel 9 erläutert ist.

Durch die Analyse von lediglich drei IDE-Signalen lässt sich jedoch recht einfach feststellen, in welchem Modus ein IDE-Port aktuell betrieben wird bzw. in welcher Betriebsart gerade ein IDE-Datentransfer stattfindet. Hierfür wurde eine kleine Schaltung aufgebaut, die über drei Leuchtdioden den IDE-Datentransfer visualisiert und in den Signalweg eines IDE-Ports geschaltet werden kann, wofür auf der Platine zwei 40-polige Pfostenstecker (Stiftleisten) vorgesehen sind.

Bild 17.7: Die aufgebaute IDE-Analyse-Schaltung

17.2.1 Schaltungsbeschreibung

Ein aktives DIOR-Signal (Low-Pegel) weist einen Lesevorgang im PIO-Modus aus. Das Signal wird auf einen invertierenden Schmitt-Trigger (74HCT14) geführt und über eine Diode zu einem zweiten invertierenden Schmitt-Trigger, der für das Durchschalten der dazugehörigen LED (PIO: rot) zuständig ist. Durch die RC-Kombination (100 nF, 1 MΩ) an Vcc wird die Leuchtdauer der LED etwas verlängert, weil die Impulse auch sehr kurz sein können, was möglicherweise kaum zu erkennen wäre.

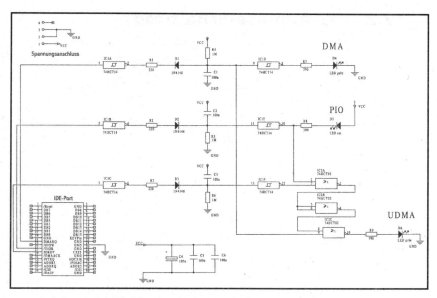

Bild 17.8: Der Schaltplan für die IDE-Analyse

Die beiden anderen Signalwege für die Kennzeichnung einer DMA- (gelbe LED) und einer UDMA-Betriebsart (grüne LED) sind vergleichbar aufgebaut.

Ein aktives DMARQ-Signal (High-Pegel) ist zunächst ein Indiz für einen aktiven DMA-Transfer, wobei dies prinzipiell einer vom Typ *Einzelwort*, *Multiwort* oder *UDMA* sein kann, falls die gelbe LED leuchtet.

Interessant ist natürlich die UDMA-Betriebsart, und für die eindeutige Identifizierung derselben wird das Signal IORDY hinzugenommen, welches als Takt für Lesezugriffe im UDMA-Modus fungiert. Auch DIOR kommt hier noch als HSTROBE mit ins Spiel. Diese drei Signale (DMARQ, IORDY, HSTROBE) werden mit NOR-Gattern (74HCT02) entsprechend logisch verknüpft, und wenn die grüne LED leuchtet, ist dies ein eindeutiges Zeichen dafür, dass Lesen und Schreiben in einem UDMA-Modus stattfindet.

Welcher dies nun ist, also Mode 0 mit 16 MByte/s oder maximal 133 MByte/s im Mode 6, lässt sich aber kaum an der »Flackerfrequenz« der LED feststellen. Je seltener dabei jedoch die rote und die gelbe LED aufleuchten, desto schneller werden die Daten »am Stück« übertragen.

Durch die Messung der tatsächlichen Taktfrequenz wäre zwar der jeweilige UDMA-Mode genau zu bestimmen, was die Schaltung jedoch weitaus komplizierter machen würde, sodass hierauf verzichtet wurde. Die Analyse eines Zyklus bei minimal 30 ns sowie die Aufteilung in die sieben verschiedenen UDMA-Betriebsarten erfordert doch einigen Aufwand.

17.2.2 Bauelemente und Einsatz

Alle Bauelemente sind im Elektronikfachhandel (Conrad, Reichelt) zu haben, und die Kosten dürften sich dabei auf wenige Euro belaufen.

Bezeichnung	Wert	Bauteil
Digitale Bauelemente		
IC1	74HCT14	6-fach Hex-Inverter
IC2	74HCT02	4-fach NOR-Gatter
Widerstände		
R1–R3	220 Ω	Widerstand
R4–R6	1 MΩ	Widerstand
R7–R9	390 Ω	Widerstand
Kondensatoren		
C1–C3, C5–C6	100 nF	Keramik-Kondensator
C4	100 µF	Kondensator, Elko
Dioden		
D1–D3	1N4148	Diode
D4	LED, 5 mm-Typ	Leuchtdiode, gelb
D5	LED, 5 mm-Typ	Leuchtdiode, rot
D6	LED, 5 mm-Typ	grün
Mechanisches		
Stiftleisten	2 Leisten mit 2 x 40 Kontakten	
Stecker	5,25-Zoll-Laufwerksanschluss	

Tab. 17.3: Stückliste für die IDE-Analyse-Schaltung

Die Applikation ist derart einfach, dass sie auch auf einer Lochrasterplatine aufgebaut werden kann. Die Schaltung wird über einen üblichen Spannungsanschluss (5,25-Zoll-Typ) mit 5V versorgt, wie er auch für die Laufwerke zum Einsatz kommt, sodass der Anschluss kein Problem darstellt.

Wie erwähnt, wird bei der Platine die IDE-Verbindung durchgeschleift, sodass der Testadapter direkt in den Signalweg eines IDE-Ports geschaltet werden kann. Die Kabelverbindung sollte dabei aber so kurz wie möglich gehalten werden, wobei beim Test jedoch auch mit der maximal zulässigen (Gesamt-)Kabellänge keine Gerätestörungen aufgetreten sind.

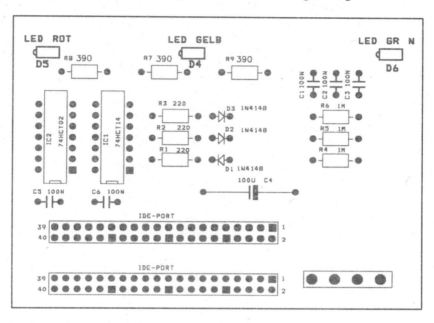

Bild 17.9: Der Bestückungsplan

Falls an dem zu testenden Port zwei IDE-Einheiten angeschlossen sind, ist natürlich zu beachten, dass dann das Timing beider Einheiten erfasst wird. Durch gezielte Kopiervorgänge mit dem zu überprüfenden Laufwerk lässt sich jedoch eine Identifizierung bzw. Unterscheidung erzielen.

Natürlich kann man für den Test auch das nicht benötigte Laufwerk abklemmen oder die Einheit im BIOS-Setup abschalten. Wenn alle drei LEDs aufleuchten oder auch nur kurz die PIO-LED, ist dies kein Grund zur Besorgnis, denn auch im UDMA-Mode werden hin und wieder Register im PIO-Mode abgefragt. Wichtig ist aber, dass die UDMA-LED bei Datentransfers tatsächlich munter vor sich her flackert.

Bild 17.10: Die Karte im Betrieb

magnum

Anhang

Auf der CD-ROM zum Buch finden Sie nützliche Tools rund um das Thema BIOS und Troubleshooting.

Die Fehlersuchbäume im Anhang B runden dieses Buch ab und sind hilfreich bei der Fehlersuche.

A CD-ROM zum Buch

Zum Buch gehört diese CD mit nützlichen Tools rund um das Thema BIOS und darüber hinaus. Einige der Programme sind Shareware, und falls sich herausstellt, dass sich bestimmte Programme als unentbehrliche Tools darstellen, die Sie des Öfteren benutzen, gebietet es die Fairness, dass Sie sich dann beim jeweiligen Autor registrieren lassen bzw. die jeweilige Vollversion erwerben.

Beachten Sie bitte auch die einzelnen Readme-Dateien zu den Programmen, die genauere Informationen über die jeweils unterstützten Betriebssysteme und den jeweiligen Funktionsumfang bieten.

3D-Tools:

Das Standardprogramm für den Test von 3D-Funktionen (3DMark03), die DirectX-Versionen 7 und 8.1 (Version 9 gibt es nur als Download bei Microsoft) sowie der äußerst nützliche DirectX-Buster für das Aufräumen und Anpassen der DirectX-Konfiguration.

BIOS-Identifizierung:

Programme für die genaue Identifizierung von BIOS-Versionen und Mainboards.

BIOS-Save:

Programme zum Abspeichern und Zurückladen von BIOS-Setup-Einstellungen.

CD&DVD-Tools:

Fast unverzichtbare Programme für die Überprüfung von CD- und DVD-Laufwerken sowie deren Medien. Außerdem Programme für Audio-Copy und die DVD-Regional-Code-Einstellung.

CMOS-Loeschen:

Programme zum Löschen des CMOS-RAM-Inhalts. Achtung: einige VirenChecker detektieren KILLCMOS als Virus!

Festplatten-Tools:

Tools für die Ermittlung von Festplattenparametern, Daten zu älteren Festplattentypen, XFDISK als leistungsfähigerer Ersatz von Microsofts FDISK sowie NTFS für Windows 98, um NTFS-partitionierte Festplatteninhalte von Windows 9x aus lesen zu können.

Grafik-Tools:

Programme für die Überprüfung von Monitoren (Flimmer) und Grafikkarten. PowerStrip und Riva-Tuner eignen sich außerdem für das Tuning von Grafikkarten mit unterschiedlichen Radeon-, Geforce- oder auch Kyro-Chips (PowerStrip).

Mainboard-Tools:

Programm für die PC-Stressmessung (BurnIn Test) zur Aufdeckung von Stabilitätsproblemen. Verschiedene Tools für das Auslesen und die Überwachung von Mainboard-Parametern wie Spannungen, Temperaturen und Lüfterdrehzahlen. CPU-Cool kann außerdem über den SMB die Daten der SDRAM-EEPROMs auslesen und den FSB-Takt manipulieren.

Password-Cracks:

Programme für die Ermittlung und Aushebelung von BIOS-Passwörtern.

Phoenix-Tools:

Drei Programme für die Anzeige, den Test und die Manipulierung von Plug&Play-Daten ESCD, ROMs).

POST-Codes:

Eine Sammlung von POST-Codes älteren und neueren Datums.

POST-Karten:

Hinweise, Testprogramm (DOS, W9x) und PAL-Listings zu den POST-Code-Karten.

Testprogramme:

Verschiedene Testprogramme (AMI-Diag, Sandra, Dr. Hardware) für die PC-Diagnose, die man immer wieder benötigt.

Treiber:

Treiber für aktuelle Grafikkarten(-Chips), Mainboards (VIA, Intel) und das ZIP-Drive für den Parallelport.

TweakBIOS:

Das Standardprogramm für die Manipulierung von verborgenen BIOS-Optionen.

B Fehlersuchbäume

Der Anhang bietet für die wichtigsten PC-Bestandteile praktische Fehlersuchbäume, mit deren Hilfe es auch dem Einsteiger möglich ist, PC-Fehler ermitteln und beseitigen zu können. Besonderer Wert wurde dabei auf die logische Abfolge der Analysierungsschritte gelegt, wie sie sich letztendlich aus der Praxis ergeben und die daher – bei entsprechender Beachtung – zu einer verlässlichen Diagnose führen.

B.1 Netzteil

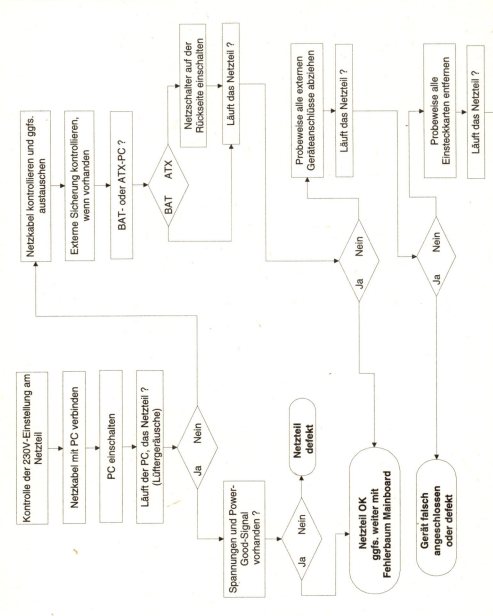

Anhang B · Fehlersuchbäume

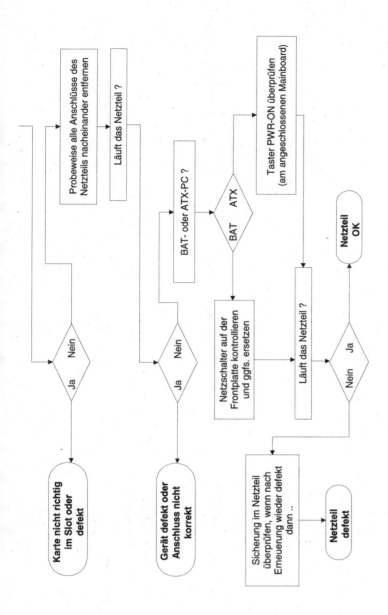

B.2 Mainboard

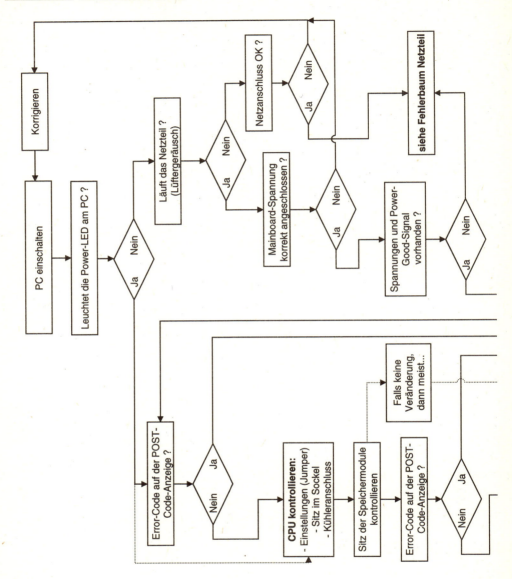

Anhang B · Fehlersuchbäume

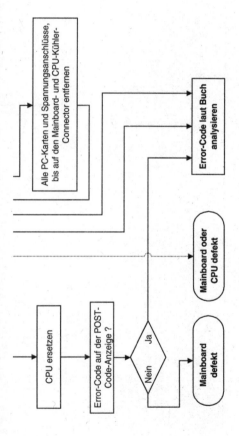

B.3 Maus

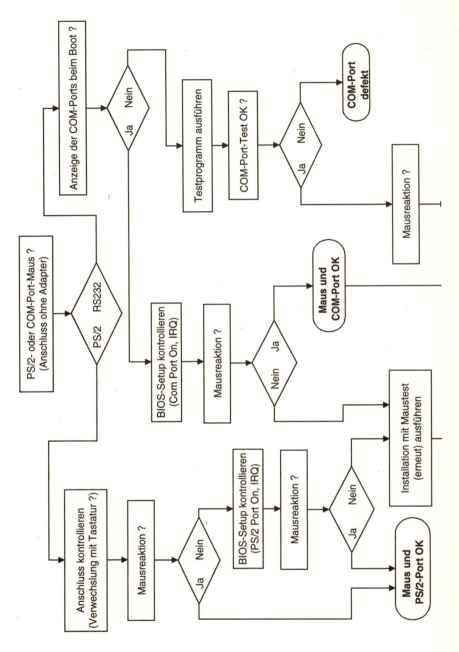

Anhang B · Fehlersuchbäume

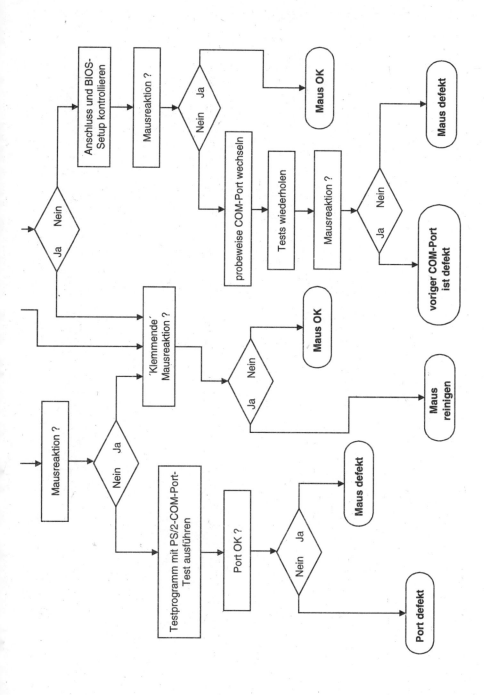

B.4 Diskettenlaufwerk

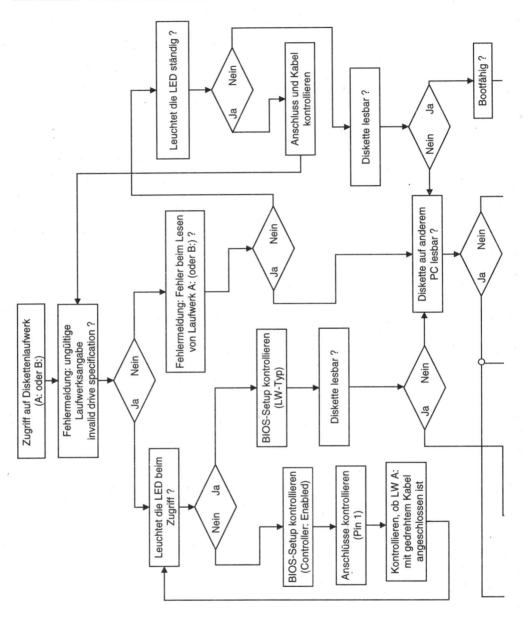

Anhang B · Fehlersuchbäume

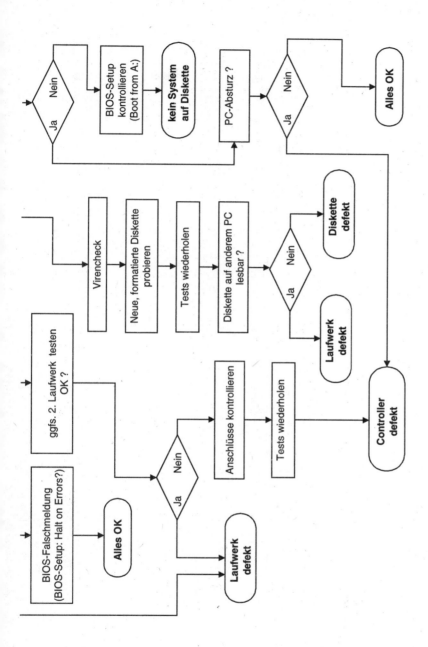

B.5 IDE-Festplatte

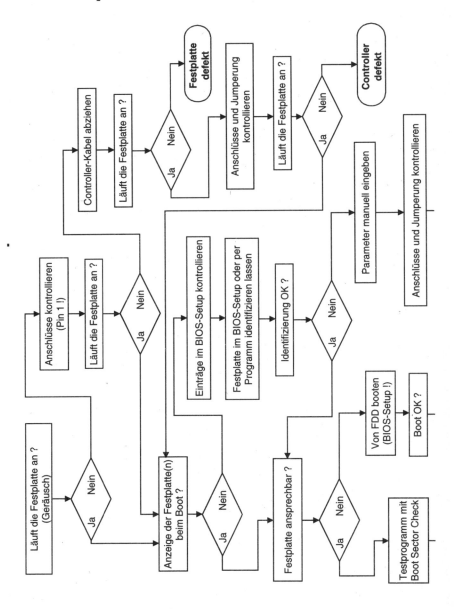

Anhang B · Fehlersuchbäume

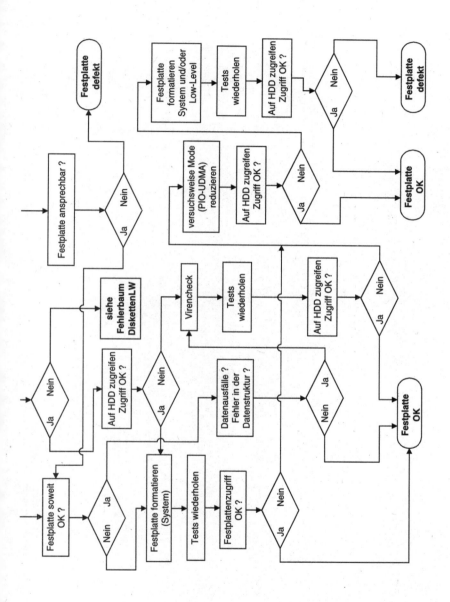

635

B.6 SCSI

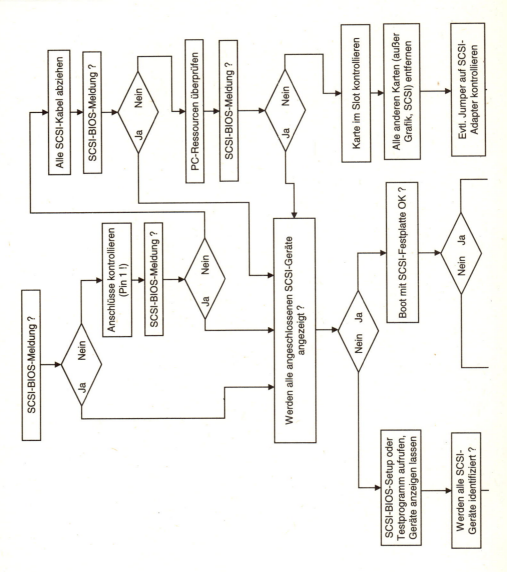

Anhang B · Fehlersuchbäume

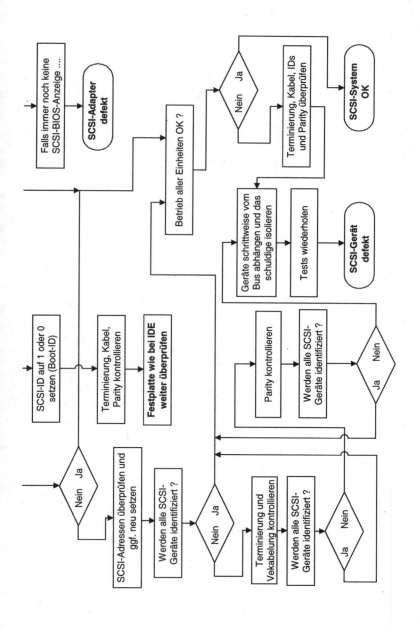

B.7 CD-ROM-Laufwerk

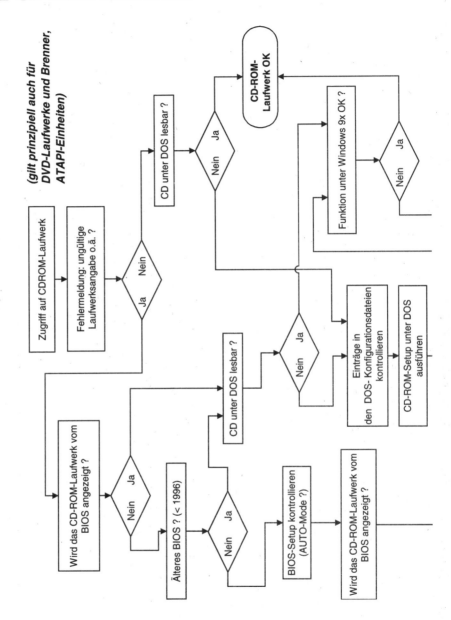

Anhang B · Fehlersuchbäume

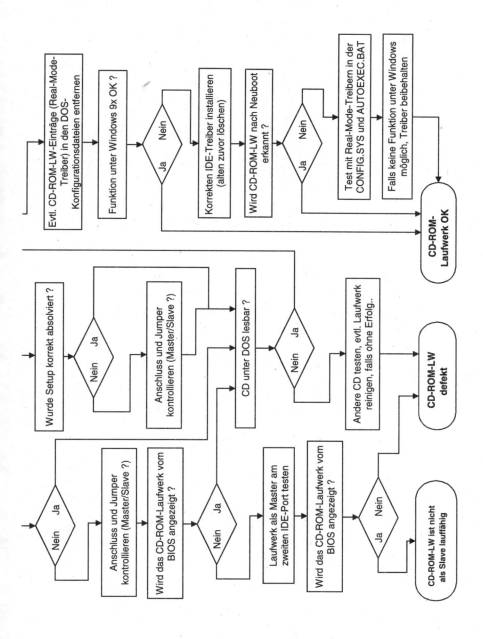

B.8 ZIP-Laufwerk

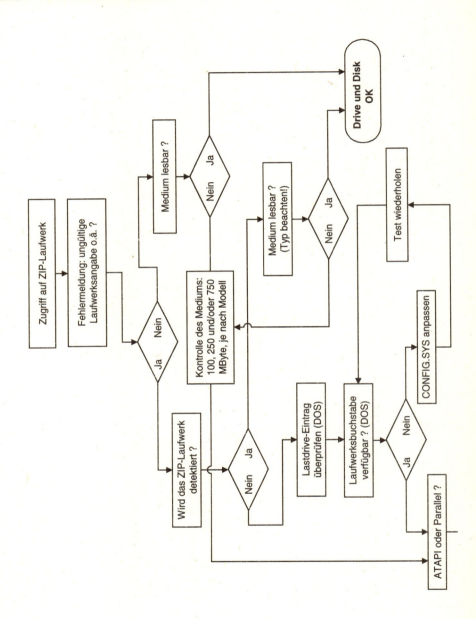

Anhang B · Fehlersuchbäume

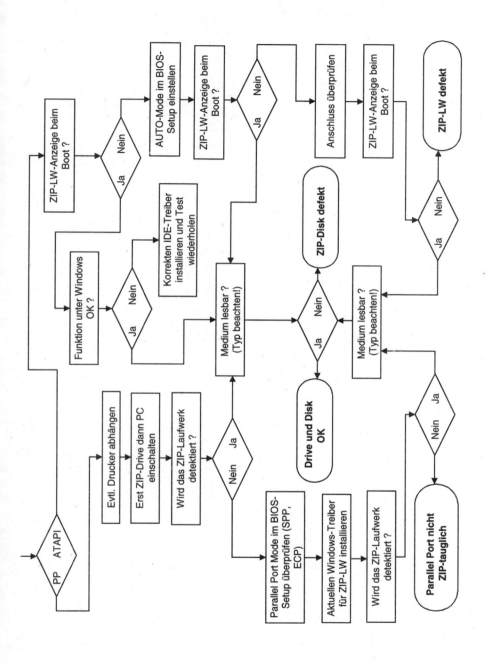

B.9 Grafiksystem

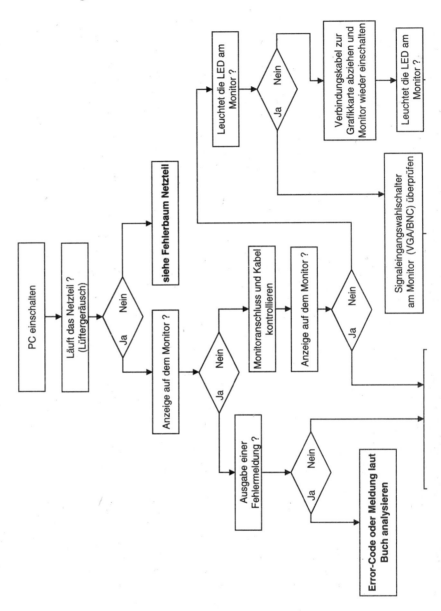

Anhang B · Fehlersuchbäume

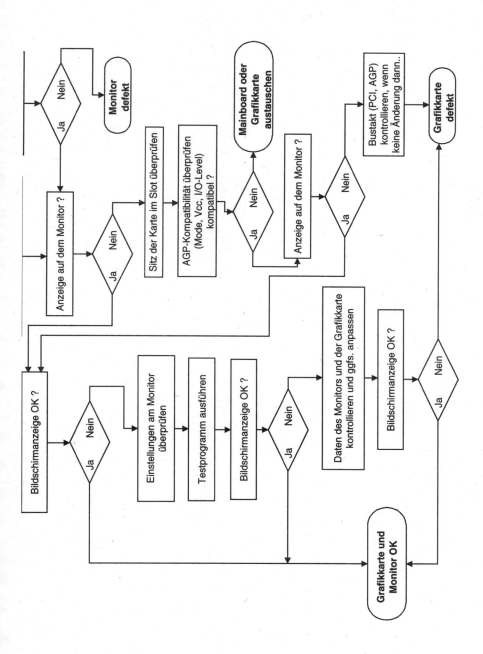

Stichwortverzeichnis

!

1st available IRQ 260, 269
1T Command Rate 220
32-Bit-Transfer Mode 345
3D-Anwendungen 242
48-Bit-Adressierung 118
   für IDE 331
5V-Standby-Leitung 151
8042 Gate-A20 Error
   BIOS-Fehlermeldung 526

A

A\:Drive 318
Abschaltfunktionen in Windows
   Power Management 405
AC Back Function
   Power Management 422
AC Power Loss Restart
   Power Management 422
AC97 Logic Resume
   Power Management 422
Access-Bus 429, 502
ACPI 92
ACPI I/O Device Node
   Power Management 422, 425
ACPI Machine Language, AML
   Power Management 414
ACPI Power Management-
   Zustände 415
ACPI Sleep State
   Power Management 422
ACPI Sleep Type
   Power Management 422
ACPI Suspend Type
   Power Management 422
ACPI unter Windows 98 430
ACPI-Funktionalität 413
ACPI-Funktionen 267
ACPI-Voraussetzungen 416
Adapterplatinen 603
   für CPUs 161
Adaptersegment 23
Additional Options
   Advanced Configuration Options,
      SCSI 398
   Boot Device Options, SCSI 397
   SCSI Device Configuration,
      SCSI 397
Address Line Short
   BIOS-Fehlermeldung 526
ADLIB Ports Access
   Power Management 422
Adresseneinstellung 575
Adressleitungen 575
Advanced BIOS Features Setup 379
Advanced Chipset Features 225
Advanced Chipset Setup 96
Advanced Configuration and Power
   Management 405
Advanced Configuration and Power
   Management Interface 267
   ACPI 289, 412
Advanced Features
   BIOS-Update 481
Advanced Peripheral
   Configuration 295
Advanced Power Management 405
   APM 411
Advanced Programmable Interrupt
   Controller 288
Advanced SCSI Programming
   Interface 362
Advanced Technology
   Attachment 331
   Packet Interface 112

Stichwortverzeichnis

AEN-Signal 575
AGP 3.0-Standard 248
   Aperture Size (MB) 248
   Bustakt 607
   Einstellungen 242, 247
   Fast Write 249
   Grafikkarten 136, 257
   Kartenhalterung 136
   Master 1 WS Read 249
   Master 1 WS Write 249
   Mode 248
   Modi 243
   Pro 247
   Pro-Grafikkarte 246
   Slot 606
   Standards 244
   Steckplatz 588
   Taktfrequenz messen 608
   Transfermode 244, 248
   zu CPU-Taktverhältnis 196
Akku 451
   für das CMOS-RAM 445
Aldi-PC 264, 289, 304
Allocate IRQ to PCI VGA 269
AMI (American Megatrends
   Incorporated) 84
AMI BIOS 542
AMI-BIOS 219
AMI-BIOS-Update 475
AMI-BIOS-Versionen 541
AMI-HiFlex-BIOS 85
AMI-WIN-BIOS 86
Amplitude Shift Keyed IR 298
AMR-, CNR- oder ACR-Karte 307
AMR-Slot 308
Analyse-Karten 605
Anschlüsse
   vertauschungssicher 133
Anschlusskabel
   für Diskettenlaufwerk 311
Antispion 72
Anzeigeelemente 149
Anzeigepanel 137
APIC-Bus 289
APIC-Modus 288, 520
Apple Macintosh 428

Application Hang 68, 69
ASPI-Treiber 362
Assign IRQ to VGA 269
AT Attachment Packet Interface 331
ATA-100-Festplatte 347
ATAPI 36
ATAPI Removable Media Device 116
ATAPI-Befehle 331
ATAPI-CD-ROM-Laufwerke 362
ATAPI-Einheiten 292, 317
ATAPI-Geräte 112
ATAPI-Laufwerke 605
ATA-Spezifikation 118
Athlon
   kühlen 171
   montieren 158
   Systeme 146
   XP 164
   XP-3200 186
ATI-Grafikkarten 516, 517
ATX-Gehäuse 163
ATX-Mainboard-Anschluss 143
ATX-Mainboards 200
ATX-Modelle 133
ATX-Netzteil 142, 144
   läuft nicht an 150, 151
ATX-Spezifikation 151
ATX-Systeme 143
Audio-CD 364, 374
Audio-MPC-Anschluss 365
Audioverbindung 364
Auslagerungsdatei 434
Authoring-Programme 369
Auto Configuration
   Speicher-Setup 211
   with Fail Save 104
   with Optimal Settings 104
Auto Detect DIMM/ PCI Clk 218
Auto-Detection 114
AUTOEXEC.BAT 39, 40, 41, 362
   für Windows 3.x 24
   Inhalt 20
Automatik-Stellung
   CPU-Spannung 185
AUTOSCAN
   macht Probleme 46

Award 86, 103
Award Medallion BIOS 560
Award Workstation BIOS 87
Award-BIOS-Versionen 557
Award-Medallion-BIOS 88, 98, 108, 121, 124, 298

B

Backup 348
Backup-Strategie 348
Bandbreite
 für Grafiksystem 512
Bank Interleaving 220
Bank x/y DRAM
 Speicher-Setup, SDRAM 222
Bank x/y DRAM Timing
 Speicher-Setup, SDRAM 220
Basic Input Output System 17
BAT-Mainboard 141
BAT-Netzteil 149
BAT-Standard 133
Beep-Codes 499, 535
Beep-Fehlermeldungen 535
Befestigungsmechanismen für Kühler 170
Benchmark-Programm 181
Betriebsspannung
 für CPUs 182
BF-Jumper 177
 Stellungen 175
BF-Pins (Bus Frequency) 174
Big-SIMMs 200
Bilddiagonale 511
Bildflackern 511
Bildpunkte 511
 Taktfrequenz 512
Bildschirmschoner 426
Bildwiederholfrequenz 497, 499, 509, 511, 512
BIN-BIOS-Datei 488
BIOS 90
BIOS Configuration Package 84
BIOS Features Setup 97, 109, 339, 379

BIOS ROM Checksum Error – System Halted
 BIOS-Fehlermeldung 526
BIOS Setup
 Standard 97
BIOS Support
 for bootable CD-ROM, SCSI 398
 for Int 13 Extensions, SCSI 398
 for more than 2 Drives, SCSI 398
BIOS Update 476
BIOS-ACPI-Funktion 419
BIOS-Anzeige 95
BIOS-Aufgaben 81
BIOS-Automatik 334
BIOS-Chip
 aktualisieren 490
 BIOS-Update 490
BIOS-Config
 Jumper 218
BIOS-Fehler 525
BIOS-Fehlermeldungen 525
BIOS-Hersteller 81, 535, 540
BIOS-Identifikationszeile 470
BIOS-Identifizierung 458
BIOS-Inhalt 457
BIOS-Interrupts 90, 91
BIOS-Interrupt-Vektoren 91
BIOS-Kennzeichnung
 Praxis 464
BIOS-Logo brennen
 BIOS-Update 484
BIOS-Meldung
 Praxis 482
BIOS-Programmierung 474
BIOS-Recovery 475
BIOS-Rettung 489
BIOS-ROM 83, 457
BIOS-Routinen 457
BIOS-Setup 93, 321, 448
 aufrufen 101
 für Festplatten 332
 Memory 122
 Mikroprozessoren 191
 Parameter für den Speicher 210
 Power Management 404
 Überblick 94

Stichwortverzeichnis

BIOS-Software 472
BIOS-Software-Interrupts 93
BIOS-Speicherchips 452
BIOS-Update 437
   in Kurzform 483, 486
BIOS-Virus-Checker 380
Blue Screen 64, 68
BNC-Anschluss 504, 607
Boot
   bei Windows 9x 45
Boot Log 384
Boot LUN Number
   SCSI 397
Boot Sequence 110
Boot Target ID
   SCSI 397
Boot Up Floppy Seek 109
Boot Up Num Lock Status 382
Boot With P&P OS 266
Boot-BIOS-Support 386
Boot-Block 456, 480
Boot-Devices 111
Boot-Disk 327, 354
Boot-Quelle 110
Boot-Record 338
BootSector Virus Protection 379
Boot-Sektor 42
   Virus-Check 379
Boot-Vorgang 18, 121
   Windows 9x 36
   Windows NT 61
Brenner 361
Brennprogramme 369
Buffer Underun 373
Buffered SDRAMs 203
Build-Tool 58
BURN Proof 373
Burst Access 215
Burst Mode 241
Burst Timing 215
Bus Timeout NMI at Slot n
   BIOS-Fehlermeldung 526
Buskommandos 591
Bussysteme 239

Bustakt
   bei ISA 578
   in Abhängigkeit vom Mainboard-Takt 252
   messen 605
Bustaktsignal messen 578
Byte Mode 295

C

C Drive Error, BIOS-Fehlermeldung 526
Cable Select 335
   Jumper 363
Cache Memory Bad
   BIOS-Fehlermeldung 526
Cacheable Areas 230
Cache-Betriebsarten 229
Cache-Fehler 235
Cache-RAM 228
Cache-Speicher 228, 235
Cache-Speicherdaten bei den verschiedenen CPUs 229
Cache-Speichergröße 231
Cache-Tag-RAM 229
Card-Reader 304, 326
Cartridge-Design 157
CAS Latency, CL 219
Case Modding 316
CASSIST 28
CD- und DVD-Laufwerke 361
CD-Aufzeichnungskapazität 374
CD-Brenner
   Update 494
CD-Player 429
CD-Rohlinge 374
CD-ROM-Laufwerke 362, 371
CD-ROM-Laufwerksinterfaces 363
CD-RW, ReWriteable 366
CD-Writer 369
   Update 494
Celeron 157
   einbauen 160
Central Processing Unit 155

Centronics 294
CE-Zeichen 132
CH2 Timer Error
   BIOS-Fehlermeldung 526
Checkpoint Display 542
Chipsatz 96
Chipset Features Setup 97, 191, 240, 242
   Speicher-Setup 213
Chipsets 204
Chrominanz-Signal 506
CHS 117
Cinch-Anschluss 506
Clear NVRAM 269
Clear NVRAM on Every Boot 269
Clock Spread Spectrum 196
CMOS Battery Failed
   BIOS-Fehlermeldung 527
CMOS Battery Low
   BIOS-Fehlermeldung 527
CMOS Checksum Failure
   BIOS-Fehlermeldung 527
CMOS Display Mismatch
   BIOS-Fehlermeldung 527
CMOS Memory Mismatch
   BIOS-Fehlermeldung 527
CMOS Options Not Set
   BIOS-Fehlermeldung 527
CMOS Time and Date Not Set
   BIOS-Fehlermeldung 527
CMOS-Chips 131
CMOS-RAM 28, 105, 437, 481
   Bausteine 437, 445
   Chip 166
   Inhalt löschen 451
   Ladeschaltung 437
   löschen 448
   Register 438
   Typen 447
COAST (Cache On A Stick) 237
COAST-Modul 236
CODEPAGE 39
Column Address Strobe 215

COMMAND.COM 38, 48
   für Windows 9x 38
Compact Flash 110
Compaq 84
Compatible Mode 295
COM-Ports 297
Composite-Video 506, 507
CONFIG.SYS 36, 38, 40, 41, 362
   für Windows 3.x 24
   Inhalt 19
Configuration Manager 74
Configuration Mode 265
Configuration Space 589
Configurations-Setup 395
Configure Mode
   Jumper 191
Configure/View Host Adapter Settings
   SCSI 395
Controller-Anschluss
   (Diskettenlaufwerke) 314
Controller-Einstellungen 108, 119
Controller-Kabel 312, 315
Core/BusRatio 174
   Mikroprozessoren 173
Core-Spannung 198
   CPU-Spannung 185
COUNTRY.SYS 38
CPU
   Betriebsspannungen 182
   konfigurieren 155
   Spannungseinstellungen 182
   überprüfen 155
CPU (Central Processing Unit) 82
CPU Buffer 241
CPU Clock Ratio 195
CPU Fan Off Option
   Power Management 422
CPU in a Box 170
CPU Operating Speed 193
CPU Power Supply 198
CPU Sleep Pin Enable
   Power Management 422
CPU Soft Menu 159, 184, 191, 193

CPU To DRAM Write Buffer 241
CPU To PCI Write Buffer 241
CPU-Kühlung 164
CPU-Parameter festlegen 191
CPU-Taktfrequenz 228
CRIMM-Steckplatinen (Continuity RIMM) 205

D

Date 105
Dateien, temporäre 21
Datenausfälle bei einer Festplatte 352
Datensicherung 348
Datenträgerverwaltung 67, 358, 359
Datenübertragungsrate
   ZIP-Laufwerk 323
Datenübertragungsraten
   IDE 336
DDC (Display Data Channel) 428, 502
DDC-Varianten 428, 502
DDK 58
DDR-DIMMs 204
DDR-SDRAM-Module 205, 236
DDR-SDRAMs 224
Decoupled Refresh 214
   Speicher-Setup 211
Defragmentierung 350
Defragmentierungsprogramm 350
Deinstallation
   in der Registry 54
Delay for HDD 345
Delay IDE Initial 345
Desktop Management Interface 477
Device Configuration Space (PCI) 590
Device Power Management System 406
Device-Befehl 19
DEVICEHIGH 24
DFP-Anschluss 506
Diagnose des PC-Netzteils 138
Diagnostic LED Function 540
Die-Temperatur 166
Differential-SCSI 387
Digital Visual Interface (DVI) 506

Digitale Wiedergabe für den CD-Player 364
DIMM (Double In Line Memory Module) 201
DIM-Module 235
DIMM-Steckplätze 201
DIP-Schalter 81, 174, 501, 585, 596
DIP-Schalterstellungen für CPUs 179
Direct Draw 242
Direct Memory Access 281
Direct RAMBus Clock
   Speicher-Setup, RDRAM 225
DirectX 493, 516
DirectX-Diagnoseprogramm 519
DirectX-Version 519
Discharge-Jumper 451
Disk Mirroring 339
Disk Stripping 338
Disk(ette) Boot Failure
   BIOS-Fehlermeldung 527
Diskette Drive 0 Seek To Track 0 Failed
   BIOS-Fehlermeldung 527
Diskette Drive Reset Failed
   BIOS-Fehlermeldung 528
Diskette Read Failure – Strike F1 To Reboot
   BIOS-Fehlermeldung 528
Diskettenlaufwerk 106, 311
   Fehlermöglichkeiten 312, 314
   Swap 109
DiskManager-Software 338
Display Message during BIOS Initialization
   SCSI 398
Display Adapter Failed
   BIOS-Fehlermeldung 528
Display Data Channel 429
Display Power Management Signaling 427
Display Switch Not Proper
   BIOS-Fehlermeldung 528
Display-Gerätetreiber 20
Display-Treiber 22
DMA #1 Error
   BIOS-Fehlermeldung 528

Stichwortverzeichnis

DMA #2 Error
  BIOS-Fehlermeldung 528
DMA Bus Timeout
  BIOS-Fehlermeldung 528
DMA-Betriebsart 281
DMA-Controller 281
DMA-Kanäle 281
  bei einem PCI-PC 282
DMA-Übertragung, PCI-Bus 282
DMAx used by ISA 269
DMI Configuration Utility 478
Domain Validation 398
DOS
  Datenbereich 23
  Wege 43
DOS-Befehle 40
DOS-Funktionen 93
DOS-Interrupt-Vektoren 93
DOS-Modus 43
DOS-Partition 358
  anlegen 356
DOSSTART.BAT 45
DOS-Systemkonfiguration 36
DOS-Treiber für Windows NT 59
Dot-Clock 512
Double Data Rate
  Athlon 189
Double Data Rate SDRAMs, DDR-SDRAM 204
Doze Mode 407
  Power Management 422
DRAM Burst Refresh
  Speicher-Setup, SDRAM 220
DRAM CAS Timing Delay
  Speicher-Setup 211
DRAM Idle Timer
  Speicher-Setup 212
DRAM Integrity Mode
  Speicher-Setup 212
  Speicher-Setup, RDRAM 225
DRAM Page Mode
  Speicher-Setup 212
DRAM Precharge Wait State 214
  Speicher-Setup 212
DRAM R/W Leadoff Timing 215
  Speicher-Setup 212
DRAM RAS to CAS Delay 216
  Speicher-Setup 212
DRAM RAS# Precharge Time 214
  Speicher-Setup 212
DRAM Read
  Speicher-Setup 212
DRAM Read Burst Timing 215
  Speicher-Setup 212
DRAM Read Pipeline
  Speicher-Setup 212
DRAM Read WS Options
  Speicher-Setup 212
DRAM Refresh Rate 214
  Speicher-Setup 212
DRAM Speculative Leadoff 215, 216
  Speicher-Setup 212
DRAM Speed Selection
  Speicher-Setup 212
DRAM Timing
  Speicher-Setup 212
DRAM Wait State
  Speicher-Setup 212
DRAM Write
  Speicher-Setup 213
DRAM Write Burst Timing 215
  Speicher-Setup 213
DRAM Write WS Options
  Speicher-Setup 213
DRAM-Module 211
DRAM-Optionen 211
DRAM-Speicher versagt 233
DRAM-Timing 208
DSUB-Anschluss
  für Monitore 504
  für VGA 500
Dual BIOS 473
Dual Channel DDR 206
Dual-Boot 48
Dual-Channel-DDR 224
DVD+Brenner 370
DVD+RW 368
DVD-Laufwerk 334, 365
DVD-Minus 369
DVD-Player 507
DVD-Plus 368, 369
DVD-R(W)-Writer 368

DVD-RAM 368
DVD-ROM-Laufwerk 112
DVDs 368
dxdiag 519

E

(E)IDE-Festplatten 113
E/A-Adressen 276
ECC-Prüfung 231
Echtzeituhr 447
ECL-Technik 608
EDID (Extended Display
    Identification) 428, 502
EEPROM 453
EGA 500, 502
    Bildschirmtreiber 21
EIDE-Controller 283
EIDE-Kanäle 112
Ein-/Ausgabe-Bereich 276
Einstellungsdaten, Athlon und
    Duron 188
EISA CMOS Checksum Failure
    BIOS-Fehlermeldung 528
EISA-Fehler
    BIOS-Fehlermeldung 528
Electrically Erasable Programmable
    Read Only Memory 453
Emergency Recovering Unit (ERU) 26
EMM386.EXE 19
EMMM386
    für Windows 9x 35
EMV 132
Enable Disconnection
    SCSI 397
Enable Programming Jumper 475
Energiesparmodi 428
Energiesparschaltungen 427
Energieverwaltung von Windows
    Power Management 409
Energy Star 427
    Power Management 405
Enhanced Capability Mode 295
Enhanced-IDE-Spezifikation 117
Enumerator 74
Ereignisanzeige 68

Error Correction Code 217
ESCD 268, 481
ESCD-Bereich 268
ESCD-Parameter 482
ESCD-Update 268
Euro-AV 507
Event Log Configuration 383
Events 407
    Power Management 404
Extended BIOS Translation for DOS
    Devices > 1 Gbyte
    SCSI 398
Extended CHS 115
Extended Parallel Port 295
Extended RAM Failed
    BIOS-Fehlermeldung 529
Extended System CMOS
    DataRAM 268
    Praxis 268, 481
Extended System Configuration Data
    (ESCD) 445
External Clock 194, 252

F

Fail Safe Timer NMI Inoperal
    BIOS-Fehlermeldung 529
Fail-Safe-Funktion 173
Fast A20 G 380
Fast EDO Leadoff 215
    Speicher-Setup 213
Fast-20-SCSI 387
    oder Ultra-SCSI 387
Fast-SCSI-Festplatte 388
FAT, File Allocation Table 17
FAT16 33
FAT32-Dateisystem 33
FAT32-Partitionierung 358
FAT-Format 350
Fax-Modem
    einschalten 151
FDC/HDC/LPT/COM Ports Access
    Power Management 422
FDD Controller Failure
    BIOS-Fehlermeldung 529
FDISK 354, 355

Features Setup 379
Fehler
   beim Anschluss 132
Fehleranalyse
   unter DOS 41
Fehlerbehebung bei CD/DVD-
   Laufwerken 370
Fehlererkennungsmechanismus
   (ECC) 232
Fehlermeldungen 525
Festplatte 348, 351
   einrichten 353
   formatieren 358
   Wärmeabfuhr 353
Festplattenfehler 349, 352
Festplattenpflege 348
Festplattenpraxis 331
Festplattenreparatur 351
Files-Angabe 20
Firmware 325
   BIOS-Update 491
Firmware-Hub
   BIOS-Update 484
Firmware-Speicher 491
Firmware-Updates 493
First-Level-Cache 228
Fixed Disk Error
   BIOS-Fehlermeldung 529
Flachbildschirm-Einstellungen 513
Flash 325
Flash Memory Update Utility 485
Flash Memory Writer 474
   Programm 475
Flash ROM Voltage Selector 456
Flash Writer-Programme 268
Flash-BIOS 383
Flash-Card 110, 326
   als Boot Device 327
Flash-Drives 311, 325, 326
Flash-PROM 456
   Boot-Block 457
   Praxis 475
Flash-PROM-Boot-Block
   Praxis 480
Flash-Speicher 454, 472
Flash-Speicherprogrammierung 475

Flash-Typen
   Übersicht 454
Flash-Writer-Programm 476, 479
   BIOS-Update 482
Floppy Disc Controller 314
Floppy Disk Controller 292, 311
Floppy-Optionen 108
Force Update ESCD 268, 269
Fragmentierung 349
   aufheben 350
Frequenzgrößen
   für Monitore 512
Frequenzmesskarte 606, 609
Front Size Bus (FSB) 189
FSB-Angabe 206

G

GART-Treiber (Graphics Address
   Remapping Table)
   AGP 243
Gate A20 Option 380
Gate-A20 Error
   BIOS-Fehlermeldung 529
Geforce-Modelle 517
Gehäuse 139
   NLX 139
Geräte-Manager 43, 66, 272
Gerätetreiber
   Power Management 417
   virtuelle 49
   VxD 76
Grafikchip 242
Grafik-Controller 304
Grafikeinstellungen 508
Grafikkarte 120
   BNC-Anschlüsse 505
   Kühlkörper 138
   Signalverbindung 498
Grafikkartentreiber 520
Grafikkartentyp 20
Grafikmodus 501
Grafiksystem 497
Grafik-Troubleshooting 515
Green PC Monitor Power State
   Power Management 422

H

Halt On 121
Halterungen
　für Pentium II 156
Hard Disk Failure
　BIOS-Fehlermeldung 529
Hard Disk Install Failure
　BIOS-Fehlermeldung 529
Hard Disk Utility 97
Hard Disks 112
Hardware
　initialisieren 17
Hardware Abstraction Layer
　(HAL) 62
Hardware Tree 74
Hardware-Analyse
　bei Windows NT 63
Hardware-Einstellungen
　für Windows 3.x 28
Hardware-Festlegungen
　bei Windows NT 61
Hardware-Monitoring 98, 164
Hardware-Umgebung 136
Hauptspeicher 232
HDD Controller Failure
　BIOS-Fehlermeldung 529
HDD Power Down 407
Heat Spreader 168
Hex-Decoder 598
Hidden Refresh 214
　Speicher-Setup 213
HiFlex-BIOS 84
High-Speed-Übertragung 303
HIMEM.SYS 19, 35
Hitzeverteilungsblech 168
Horizontalfrequenz 499
Hosiden 506
Host Adapter BIOS
　SCSI 398
Host Adapter SCSI ID
　SCSI 396
Host Adapter Settings 395
Host Adapter Termination
　SCSI 396
Hostadapter 385
Human Interface Devices 302

I

I/O APIC 289
I/O APIC Logic 288
I/O Card Parity Error at xxxxx
　BIOS-Fehlermeldung 530
I/O Recovery Time 239
I/O-Übertragung 575
I2C-Bus 254, 429
IDE Access
　Power Management 423
IDE Controller 292
IDE Hard Disk Detection 97
IDE HDD Block Mode 346
IDE HDD Power Down
　Power Management 423
IDE Read/Write Prefetch 346
IDE-Analyse-Schaltung 336, 616
IDE-BIOS-Einstellungen 338
IDE-Burst Mode 345
IDE-Controller 119, 344
　Update 495
IDE-Datentransfer 616
IDE-Festplatten 116, 281
　Praxis 407
IDE-Festplatten-Controller-
　Treiber 343
IDE-Laufwerkszuordnung 361
IDE-Optionen 345
IDE-Ports, zusätzliche 347
IDE-Power-Down-Befehl 407
IDE-Schnittstellen 340
IDE-Terminierung 335
IDE-Übertragungsarten 333
IEEE1284
　Druckerschnittstelle 294
IEEE1394-Controller 305
Incorrect Drive A, B
　BIOS-Fehlermeldung 530

Industry Standard Architecture 82
INF-Dateien 78
INI-Dateien 25
   Hardware-Festlegungen 25
Initiate Sync Negotiation
   SCSI 397
Initiate Wide Negotiation
   SCSI 397
Installed Memory 122
Integrated Head Spreader, IHS 168
Integrated Peripherals 107, 119, 292, 339
Intel Express Update Utility 485
Intel-BIOS 560
Intel-Mainboard D850GB 539
Internet Explorer 31, 35
Internet-Zugang 73
Interrupt-Controller 282, 284
Interrupt-Kanal 285, 519
   bei ISA 286
Interrupts
   allgemeine 90
   Hardware 90
   im APIC-Modus 291
   Software 90
Interrupt-Sharing 108, 285, 287
Interrupt-Verarbeitung
   Funktionsweise 90, 283
INTR #1 Error
   BIOS-Fehlermeldung 530
INTR #2 Error
   BIOS-Fehlermeldung 530
Invalid Boot-Diskette
   BIOS-Fehlermeldung 530
Invalid Configuration
   BIOS-Fehlermeldung 530
Invalid NVRAM
   BIOS-Fehlermeldung 530
IO.SYS 36
IR-Controller 298
IrDA 298
IrDA-Standardisierung 298
IRQ-Holder für PCI-Steuerung 266

IRQx used by ISA 270
IRQ-Zuordnungstabellen 266
ISA Bus Clock 240
ISA Configuration Utility (ICU) 265
ISA MEM Block Base 270
ISA-Buseinstellungen 239
ISA-Bustakt 240
ISA-Interrupts 257
ISA-Karten 239
   Probleme 26
ISA-Plug&Play 27
   Unterstützung 258
ISA-POST-Code-Karte 570, 594
ISA-Testkarte 586

J

Jumper
   BIOS Config 218
Jumperfree-Modus 192
Jumperless Configuration 191
Jumperstellungen
   Mikroprozessoren 176

K

K7 CLK-CTL Select 195
Kaltstart 482
KB & PS/2 Mouse Access
   Power Management 423
KB/Interface Error
   BIOS-Fehlermeldung 530
Keepout Area 163, 169
Kernel Mode 77
Keyboard Error
   BIOS-Fehlermeldung 530
Keyboard Features 381
Keyboard is Locked
   BIOS-Fehlermeldung 531
Keyboard Stuck Failure
   BIOS-Fehlermeldung 531
Knopfzelle 451
Knopfzellenbatterie 448

Kommandointerpreter   38
Kommandos
   für PCI   591
Komplettsicherung   348
Konfiguration speichern   124
Konfigurationsdateien   38
   für DOS   19, 22, 24
   von Windows 9x   38
Konfigurationsraum
   PCI   589
Kühlbleche   168
Kühlkörper montieren   159, 168
Kühlung   163
   für Festplatten   350

L

LAN-Controller   304
LAN-Desk-Manager   100
Landezone
   bei Festplatten   113
Language   123
Lastdrive   20
Lastdrive-Eintrag   321
Latency Timer   258, 270
Laufwerke außer Kontrolle   372
Laufwerkskontrolle   361
Laufwerkstyp
   Setup   106
LED Diagnostic   569
Legacy Devices   306
Legacy ISA   263
Legacy-DMA-Kanal   261
Legacy-Interrupt   261
Legacy-Modus   289
Leuchtdioden   595
Linux   290
Live BIOS-Updates   474
Load BIOS Defaults   104
Load Custom Defaults   105
Load Setup Defaults   104
   BIOS-Update   482
Load Setup/BIOS Defaults   97
Load User Defaults   477
LOADHIGH   24
Logical Block Addressing   115, 117

Logical CHS   118
Low-Level-Formatierung   395
LPT-Schnittstelle
   Power Management   408
LS120-Laufwerk   107, 318
Lüfter   139
Luftzirkulation   316
Luminanz-Signal   506
Luna   72
LVDS
   SCSI   388

M

Mainboard
   ATX   144
   Mikroprozessoren einstellen   179
Mainboard-Elektronik   178
Mainboard-Hersteller   95, 472
Mainboard-Komponenten   276
Mainboard-Takt   174, 177
   Mikroprozessoren   175
Maintenance-Menü   218
   Jumper   218
Management Information Format
   Database   477
Manual Throttle Ratio
   Power Management   423
Masseleitungen (GND, Ground)   140
Maus   43
Maustreiber
   COM-Ports   297
Maximum Sync Transfer Rate
   SCSI   397
Medallion-BIOS   87
Memory   122
Memory Error   210
   BIOS-Fehlermeldung   531
Memory Hole At 15M-16M   226
Memory Resource   270
Memory Stick   110
Memory Test Error
   BIOS-Fehlermeldung   531
Memory-Fehlermeldungen
   BIOS-Fehlermeldung   531
Memory-Stick   326

Microsoft 83
MIDI Ports Access
   Power Management 423
Mirroring 338
Miser partition lost, run PHDISK
   Power Management 435
MODE-Befehl 21
Modem
   Power Management 408
   Update 496
Modem Use IRQ
   Power Management 423
Modem-Controller 304
Monitor 497, 510, 521
   Fehlersuche 498
   Power Management 426
   Power-Anzeige 497
   Typen 511
Monitoranschluss
   am Netzteil 132
Monitorauflösung 509, 511
Monitordaten 512
Monitor-InFiles 522
Monitorkabel 497
Monitor-Plug&Play 509
MPEG 2-Daten
   USB 299
MSCDEX 45, 362
MS-DOS
   unter Windows NT 60
MSDOS.SYS 18, 36, 41, 46
   Funktionen 46
Multi Sector Transfer 346
Multiple LUN Support
   SCSI 398
Multiplexbetrieb 611
Multiplier Factor 195

N

NAND-Gatter 575
Narrow-SCSI 389, 391
NCR xyz 270
Nero-Burning-ROM 369
Netzbuchse 148
   geschaltete 132

Netzkabel 130
   für Monitor 498
Netzschalter 147
   Typen und Schaltweg 148
Netzspannungswahlschalter 130
Netzteil 129, 139
   Abschaltung 150
   Reparatur 151
Netzteilspannungen 140
Netzwerkkarte 26
Neustart 482
Nibble Mode 295
Nicht maskierbarer Interrupt
   (NMI) 286
NLX-Gehäuse 139
NMI Error
   BIOS-Fehlermeldung 531
No Boot Device
   BIOS-Fehlermeldung 531
No Boot Sector
   BIOS-Fehlermeldung 531
No ROM BASIC
   BIOS-Fehlermeldung 531
No Timer Tick
   BIOS-Fehlermeldung 532
Non Erasable Boot Block Area
   BIOS-Update 486
Northbridge 138
Northbridge-Lüfter 173
Notebook, Power Management 403
NT-Diagnose 273
NTFS-Partition 358
Num-Taste 382
NUTEK 427
NUTEK-Energiesparmodus 428
Nvidia 517
NVRAM Cleared by Jumper
   BIOS-Fehlermeldung 532

O

Off Board Parity Error
   BIOS-Fehlermeldung 532
Offboard PCI IDE Card 270
Offending Address not Found
   BIOS-Fehlermeldung 532

On Board Parity Error
   BIOS-Fehlermeldung   532
Onboard AHA BIOS   270
Onboard Devices   119, 292
Onboard Parallel Mode   294
Onboard PCI ATA Chip Enable   347
Onboard PCI Enable   340
Onboard Primary PCI IDE   340
Onboard Secondary PCI IDE   340
Onboard-Controller   107
Onboard-Einheiten   304
Onboard-Grafik   499
Onboard-Komponenten   293
OnScreen-Menü   500, 514
Operating System Directed Power
   Management   412
Operation System not Found
   BIOS-Fehlermeldung   532
Original Equipment Manufacturer
   (OEM)   32
OS Select for DRAM > 64 MB   226
OS/2 Onboard Memory > 64 M   226
Oszillatorschaltung   608
Override Enabled – Defaults Loaded
   BIOS-Fehlermeldung   532

P

Page Idle Timer
   Speicher-Setup, SDRAM   220
PAL   598
PAL-Listing   600
Parallel-Port   293, 321
   Beschleuniger   323
   Einstellungen   323
Parameter
   für Festplatten   113
Parameter-Block
   BIOS   481
Parity Error ???
   BIOS-Fehlermeldung   533
Parity Error at xxxxx
   BIOS-Fehlermeldung   533

Partition
   anlegen   356
   für die Systemspeicherung, Power
      Management   432
   unbekannte   359
Partition Magic   34, 58
Partitionierungssoftware   354
Passive Release   242
Password   97
   Defaults   449
Password Setting   448
Passwort   382, 448, 449
   löschen   449
PATH-Angabe   21
PC
   funktioniert nicht   129
   Gewährleistung   129
   Kartensitz   134
   neuer ist defekt   129
PC-Boot   95
PC-Fehler
   bei EIDE-Festplatten   331
   Cache-Speicher   235
   kein Bild   497
   mit Grafikkarte   499
   Monitor   497
   Netzteilschalter   147
   Wackelkarten   137
PC-Fehlverhalten   236
PCI   27
PCI Buffer   241
PCI Bursting   241
PCI Bus IRQ Steering   266
PCI Configuration   240
PCI Configuration Setup   97, 256, 258
PCI IDE IRQ Map To   270
PCI Interrupt Mapping   270
PCI Posted Write Buffer   241
PCI Streaming   241
PCI To DRAM Write Buffer   241
PCI-Adapterkarten   347
PCI-BIOS   394
PCI-Bus   591

PCI-Bus-Eeinstellungen 240
PCI-Bus-Enumerator 74
PCI-Bus-Interface 588, 596
PCI-Bus-Signale 590, 593
PCI-Bus-Takt 292, 595
PCI-Bustaktanschluss 607
PCI-Datenstrom 594
PCI-I/O-Funktionen 92
PCI-IDE-Controller 343
PCI-Interface-Dekodierung 592
PCI-Interrupts 257, 286, 287
PCI-IRQ-Triggermethode 258
PCI-ISA-Bridge 447
PCI-Messages 291
PCI-Optimierungsoptionen 241
PCI-POST-Code-Karte 581, 588, 590, 599
PCI-Protokoll 589
PCI-Prototypkarten 598
PCI-Richtlinien 589
PCI-Schreibvorgang 592
PCI-Slot IDE 2nd Channel 240
PCI-X 251, 389
PC-Netzteil 134, 148
   Kabel und Anschlüsse 149
   Reparaturversuche 152
   schaltet ab 133
   Sicherung defekt 153
PC-Netzteilspannungen 138
PC-Ressourcen 271
   für FDC 316
PC-Ressourcenvergabe 260
PC-Werkstatt 131
PDIAG 336
PDIAG-Signal 333
Peer Concurrency 241
Pentium 4 163
Pentium 4-Kühlkörper 163
Pentium 4-Mainboard 145
Pentium-CPUs 173
Pentium-Mainboard 201
Pentium-Prozessor 201
Pentium-Rating 181
Performance Rating 181
Peripheral Bus 453
Personal Digital Assistants (PDA) 298

Phoenix Technologies 84
Phoenix-BIOS 111, 557
   Beep-Codes 537
Phoenix-BIOS-POST-Codes 560
Phoenix-BIOS-Versionen 560
PIO-Mode 332, 387
PIRQ[x] IRQ Active
   Power Management 423
Pixelfehler
   Monitore 515
Pixeltakt 512
   Berechnung 512
Playersoftware 367
PLL-Baustein 580
PLL-Chip 251
Plug and Play SCAM Support
   SCSI 398
Plug&Play 26, 82
   Architektur 75
   Aware OS 265, 270
   BIOS-Setup 262
   Einstellungen 260
   Funktionalität 64
   für Monitor 503
   Konfigurierung 268
   Mechanismus 275, 454, 515
   Setup 255, 269
   Speicherbereich, ESCD 456
PM Control by APM
   Power Management 423
PnP BIOS Auto-Config 259, 270
   Funktion 260
   Praxis 259
PnP OS Installed 265, 270
PnP, PCI & Onboard I/O 119
PnP/PCI Configuration 240, 259, 344
PnP/PCI Configuration Setup 261
Polling-Betrieb 332
Polling-Mode 281
Port 92 380
Post Video On S3 Resume
   Power Management 423
POST-Code-Karte
   Anzeige für 581
   PCI 593
   zusammenbauen 582

POST-Codes 539
   beim BIOS-Recovering 487
   für eine grobe
      Fehlerlokalisierung 541
POST-Code-Testkarten 569
Power Button Override
   Power Management 423
Power Down Activities
   Power Management 423
Power Management 403
   Power Management 424
Power Management Setup 97
   Optionen 422
Power Management-
   Mechanismen 404
Power Management-Stufen
   Power Management 404
Power On Self Test 81, 89, 525
Power On Self Test Code 539
Power-Good-Signal 141
Power-Managementstufen 407
P-Rating
   Mikroprozessoren 181
Precharge 214
Precharge Time 214
   Speicher-Setup, SDRAM 220
Presence Detect-Signale 207
Press <F1> to Disable NMI, Press <F2> to Reboot
   BIOS-Fehlermeldung 533
Press <F1> to Resume, Press <F2> to Setup
   BIOS-Fehlermeldung 533
Press a Key to Reboot
   BIOS-Fehlermeldung 533
Press ESC to Skip Memory Test
   BIOS-Fehlermeldung 533
Previous Boot Incomplete – Default Configuration Used
   BIOS-Fehlermeldung 534
Primary Graphics Adapter 270
Privilegstufen 76
   Programmierung 76
Produktaktivierung 73
Produkt-Seriennummer 72
Programmable Array Logic 598
Programmiergerät 488
Programmierspannungen
   für Flash-PROMs 456
Programming Flash Memory 482
Protected Mode 35, 77
PS/2-Modul 233, 234
PS/2-SIMMs 200
PS-ON-Signal 149

Q

QDR-Definition 224
Quad Data Rate (QDR) 189, 206
Quanti Speed Technology 181
Quarzoszillator 580, 608
Quick Power On Self Test 314

R

Radeon-Grafikkarten 517
RAID 338
RAM (Parity) Error
   BIOS-Fehlermeldung 534
RAMBus-Chips
   Speicher-Setup, RDRAM 225
RAMBus-Speicher
   Speicher-Setup 224
RAMBus-Speicher-Optionen 225
RAMBus-Technologie 207
RAM-Clear-Anschluss 452
Random Number Generator 485
RAS Active Time
   Speicher-Setup 213
   Speicher-Setup, SDRAM 220
RAS Precharge Time (trp) 219
RAS to CAS Delay (trcd) 219
   Speicher-Setup, SDRAM 220
RDRAM Device Napdown
   Speicher-Setup, RDRAM 225
RDRAM pool B state
   Speicher-Setup, RDRAM 225
Read Around Write
   Speicher-Setup 213
README-Dateien 22
Real Time Clock Error
   BIOS-Fehlermeldung 534

Real Time Clock, RTC   437
Recovery
  Jumper   192
Recovery-Diskette
  BIOS-Update   486
Recovery-Jumper
  BIOS-Update   486
Recovery-Modus   480
  BIOS-Update   486
Recovery-Vorgang
  BIOS-Update   487
Redirection-Tabelle   291
Redundant Array of Independent
  Discs   338
Refresh   214
Refresh RAS# Assertion   214
  Speicher-Setup   213
REGEDIT   53
Regional Playback Control
  DVD   366
Regionalcode-Einstellung   367
Regionalcodes   366
Registry   53, 64
  Treiber entfernen   54
Reload Global Timer Events
  Power Management   424
Report No FDD For Win 95   227
Reserved ISA Card Memory
  Address   270
Reset Configuration Data   268, 271
Reset IDE on S3 Resume
  Power Management   424
Reset-Taste   482
Resources Controlled
  By   259, 271
Ressourcenbehandlung   280
Ressourcenparameter   26
Resume by Alarm
  Power Management   424
Resume by LAN
  Power Management   424
Resume by Ring
  Power Management   424
Rettungsmethoden für Festplatten   352
RI Resume
  Power Management   424

RIMM Module Used   225
  Speicher-Setup, RDRAM   225
RIMMs (Rambus Inline Memory
  Module)   205
RNG   485
Rohlinge mit 800 Mbyte   374
Rohlingtyp   374
ROM Bad At xxxxx
  BIOS-Fehlermeldung   534
Routing Error for Device xyz   266
Routing-Tabellen   266
Row Address Strobe   215
RPC-Phase   366
Rückkehr zu Windows   419
Rücksicherungs-CD   433
Ruhezustand   420
Rundkabel   316

S

S.M.A.R.T   346
SAFE BIOS 810   473
Save Custom Defaults   105
Save User Defaults   477
SB/MSS Audio Ports Access
  Power Management   424
SCANDISK   46
ScanDisk   349
SCART-Adapterkabel   507
Schaltnetzteil   152
Schmitt-Trigger   610
Schnappschuss   57
  vom System   56
Schnittstellenparameter   23
Schutzfolie   170
SCSI (Small Computer System
  Interface)   379, 384
SCSI Bus Interface Definitions
  SCSI   396
SCSI CAM/ASPI-Treiber
  SCSI   401
SCSI Disk Utilities   395
SCSI Onboard   385
SCSI Parity Checking
  SCSI   396
SCSI-Adapter   227

SCSI-Adresse zuweisen 390
SCSI-BIOS-Einstellungen 394
SCSI-BIOS-Setup 391, 394, 396
SCSI-Bus-Stränge 391
SCSI-CD-ROM-Laufwerke 362
SCSI-Controller 36, 274, 305
SCSI-Festplatte 392
SCSI-Hostadapter
   funktioniert nicht 178
SCSI-Implementierungen 387
SCSI-Konfiguration 389
SCSI-Schnittstelle 320
SCSI-Verbindungen 389
SDRAM 211
   Optionen für 217
SDRAM CAS Latency
   Speicher-Setup, SDRAM 220
SDRAM Configuration by SPD 218
   Speicher-Setup, SDRAM 220
SDRAM Cycle Length
   Speicher-Setup, SDRAM 221
SDRAM Drive AutoConfig 223
SDRAM ECC Setting
   Speicher-Setup, SDRAM 221
SDRAM Idle (Cycle) Limit
   Speicher-Setup, SDRAM 221
SDRAM MA Wait State 216
   Speicher-Setup, SDRAM 221
SDRAM PH Limit
   1 Cycle Speicher-Setup,
     SDRAM 223
   Speicher-Setup, SDRAM 221
SDRAM RAS Precharge Time
   Speicher-Setup, SDRAM 221
SDRAM RAS to CAS Delay
   Speicher-Setup, SDRAM 221
SDRAM RAS# Timing
   Speicher-Setup, SDRAM 221
SDRAM Tras Timing
   Speicher-Setup, SDRAM 221
SDRAM Trcd Timing
   Speicher-Setup, SDRAM 221
SDRAM TRP SRAS Precharge
   Speicher-Setup, SDRAM 221
SDRAM Trp Timing
   Speicher-Setup, SDRAM 221

SDRAM-Module 202, 209
   Kennzeichnung 209
SDRAM-Parameter 219
SDRAM-Speicher (SDRAM CLK) 253
SDRAM-Speichermodul 219
SECC2-Gehäuse 156
Second Level Cache 228
Security Option 382, 448
Security-Architecture 485
Sektorgröße 113
Selbsttest 17, 89
Self Monitoring Analysis and Reporting
   Technology 346
Self-Refresh-Modus
   Power Management 415
Send Start Unit Command
   SCSI 397
Serial Ports 293, 297
Serial Presence Detect EEPROM
   (SPD) 203
Serielle Schnittstellen 297
Service Pack 32, 64
Setup-Bildschirm 94
Shadow RAM Failed
   BIOS-Fehlermeldung 534
Shadow-RAM 24, 122, 227, 457
   BIOS-Update 489
Shared Interrupt 263
Sicherung 153, 154
   überprüfen 154
Siebensegmentanzeigen 577, 585, 594
Siebensegment-Decoder 599
Signalfehler
   bei Monitor 498
SIMM 199
SIP-Module 199
Size
   bei Festplatten 113
Slot 1 156
Slot x (using) IRQ 271
Slot x using INT#, Right/Middle/
   Left 271
Slot-1-to-370-Pin-Adapterplatine 157
Slot-Blech 134
Slot-CPUs 156
Smart-X-Technology 373

SMBUS Resume
    Power Management   424
Sockel-CPU   160
Software-Interfaces
    Programmierung   76
Software-Treiber   17
Soundblaster Live   261
Soundblaster-Emulation   282
Sound-Controller   305
Sounddateien   364
Soundkarten   279
Southbridge   282, 300, 331
Spacer   168
Spannung
    Toleranzbereiche   145
    Vorsicht   131
Spannungseinstellungen
    Mikroprozessoren   182
Spannungsversorgung   144
SPD-Revision   209
SPD-Spezifikation   209
Speed Error Halt   198
Speed Step Technology   414
Speed-Klasse   336
Speicheradressierung   215
Speicherbausteine   211
Speicherbereich   274
Speicherdetektierung,
    automatische   207
Speichereinstellungen   199
Speicherfehler erkennen   216
Speicherkapazitäten   117, 200
Speicherkarten   325
Speichermanager   19, 24
    für Windows 3.x   24
Speicher-Mischbestückung   224
Speicheroptionen
    allgemeine   226
Speichertransferleistung   224
Spread Spectrum   196
Stack   90
Standard CMOS Setup   96
Standard IDE   115
Standard SCSI   387
Standard-CMOS-Setup   101, 103, 115
Standard-Mode   320

Standard-SIMMs   200
Standby Mode   407
    Power Management   424
Standby-Modus   410, 421
    Power Management   409, 431
    Windows
        Power Management   410
Steckdose   131
Steckernetzteil   319
    für ZIP   132
Steckplätze, Slots   134
Step-Mode   571, 581
Stromreduzierung   406
Stromspareffekt   427
Stromsparfunktionen   426
    einfache   405
Super I/O-Controller   298, 306
Super Sockel 7-Definition   175
Super Sockel 7-Mainboard   175
Super Sockel 7-Mikroprozessoren   175
Super-Sockel 7   175
Super-Socket-7-Mainboard
    Einstellungen   179
Supervisor-Password   382
Supervisory-Chip   99, 100
Support Removable Disks under BIOS
    as fixed Disks
        SCSI   398
Suspend Mode   407
    Power Management   424
Suspend to Disk   413, 416
Suspend to Disk Utility   434
Suspend To RAM Capability
    Power Management   425
Suspend Type
    Power Management   425
S-Video   506
Swap Floppy Drive   109
Switch Memory Failure
    BIOS-Fehlermeldung   534
Symbios SCSI BIOS   271
Symbios-Controller   384
Symbios-Hostadapter   400
Symbios-SCSI-Controller   386
Sync Negotiation
    SCSI   388

Synchronisierungssignal 406, 505
Synchronous-DRAM 214
System Battery is Dead
   BIOS-Fehlermeldung 535
System CMOS Checksum Bad
   BIOS-Fehlermeldung 535
System Health 346
System Management Bus (SMB) 203, 251
System Monitoring 204
System Thermal
   Power Management 425
SYSTEM.DAT 45
SYSTEM.INI 260
   für Windows NT 60
   Inhalt 28
System-BIOS 385
Systemdateischutz 56
Systemfehler, grundsätzliche 129
SYSTEMINFO 50
System-Monitoring
   Chips 99
Systemtakt 173, 605
   einstellen 173
Systemwiederherstellung 56

T

Tachometerausgang 172
Takterzeugungsschaltung 580
Takt-Oszillator 250
Taktreduzierung
   Power Management 404
Taktverbindungen 194
Taktzuordnung 252
Tape Drive 362
Tastatur
   Nummernblockumschaltung 382
Tastaturbelegung
   falsch 39
Tastatureinstellungen 382
Tastaturtreiber 22, 102
Tastenentprellung 581
Temperaturfühler 165
Terminatoren 390

Terminierung 391
   Busabschluss 334
Terminierungsadapter für SCSI 389
Terminierungsarrays für SCSI 390
Terminierungsmöglichkeiten bei
   SCSI 390
Texturenspeicher 248
TFT-Bildschirm 304, 514
TFT-Monitor 513
Thermal-Diode 166
Thin-Film-Transistoren
   Monitore 513
Throttle Duty Cycle
   Power Management 414, 425
Time 105
Time-of-Day Clock Stopped
   BIOS-Fehlermeldung 535
Timer Chip Counter Failed
   BIOS-Fehlermeldung 535
Timer Interrupt Controller Bad
   BIOS-Fehlermeldung 535
Toleranzbereiche 142
Transfer Rate einstellen
   SCSI 399
Transfer Width
   SCSI 399
Translation Mode 115
TRAS Timing
   Speicher-Setup, SDRAM 222
TRCD Timing
   Speicher-Setup, SDRAM 222
Treiber, signierte 417
Treiberinstallation 19
Treiberleichen 35
Treibersignierung 66
Trigger Method 271
TTLogik 608
Turbo Frequency 194
Turbo Read Leadoff 215
   Speicher-Setup 213
Turn-Around Insertion
   Speicher-Setup 213
TV-Out 505
Typematic Rate 381
Typematic Rate Delay 381
Typematic Rate Programming 381

U

Überhitzungsschutzschaltung 166
Überprüfung
　der Treiber 51
Überspannung 142
Übertemperatur 142
Überwachungsparameter 164
UDMA-Betriebsarten 337, 361
UDMA-Modus 337, 342
Uhr/RAM-Baustein MC146818 446
Ultra 160-SCSI 388
Ultra 160-SCSI-Festplatte 393
Ultra 320 SCSI 388
Ultra2
　SCSI 388
Ultra-ATA 361
Ultra-DMA 333
Ultra-DMA/33 332
Ultra-DMA-Modus 331, 336
Uncached Speculative Write
　Combining 250
Universal Retention Modul (URM)
　PC-Umbau 158
Universal Serial Bus (USB) 299
Update BIOS Main Block 479
Update durchführen 478
Update-Vorgang, BIOS 480
Updating ESCD 268, 482
Urlader 17, 89
USB Controller 293
USB KB/MS Wakeup From S3
　Power Management 425
USB Keyboard Support Via 301
USB-Einheiten 300
USB-Flash-Drives 328
USB-Geschwindigkeitsklassen 300
USB-Keyboard-Support 301
USB-Legacy-Unterstützung 301
USB-Tastaturen 300
Use ICU 265
Use Setup Utility 265

V

Verbindungskabel für Monitore 505
Verbose/Silent Mode 398
Verify Disk Media
　SCSI 395
VESA DDC 429, 502
VGA-Anschluss 500
VGA-Buchse 501
VGA-Modus 501
Video 120
Video Graphics Array 500
Video Memory Cache Mode 249
Video Off After
　Power Management 425
Video Off Method
　Power Management 425
Videoanschlüsse 507
Videoausgänge 507
Viren 121
Virenverseuchung 348
Virtual Device Drivers (VXDs) 76
Virtual Machine Manager 49
Virus Warning 379
Voltage Identification 183

W

Wait States 216
　einschalten 233
Wake on LAN 151
　Power Management 408, 425
Wake on RTC Timer
　Power Management 425
Wärmeableit-Pads 170
Wärmeableitschicht 171
Wärmeableitung 168
Wärmeleitpaste 171
Warmstart 482
WDM-Architektur 78
Wide-SCSI 387, 389
WIN32S 35
WIN-BIOS 86

Windows 2000   30, 67, 359, 421
Windows 2000/Windows XP   65
Windows 95B   33
Windows 95B-Version
  Probleme   34
Windows 98   34, 58
  Installation   33
Windows 9x
  Boot-Menü   40
  Installation   40
  Installationsdisketten herstellen   32
  Treibereinträge   39
Windows Driver Model (WDM)   58, 75
Windows Me   53, 57
Windows Millennium   56
Windows New Technology   59
Windows NT   59, 279, 280
  erster Knackpunkt   62
Windows NT 4.0
  Architektur   63
  Boot   59
Windows NT/2000/XP   322
Windows Plug&Play   74
Windows XP   69, 71, 290
Windows XP-Treiber   70
Windows-Betriebssysteme,
  Systemvoraussetzungen   71
Windows-Boot   49
Windows-Hardware-
  Unterstützung   24
Windows-Klassisch   71
Windows-Version   32
WINICU   28
Write Back   230
Write Through   229
Write-Precompensation   113
Writer-Programm   454

X

XP-Antispy   72
XP-Faktoren   187

Y

Y2K-Problem   106

Z

Zeichensatztabelle   20, 21
Zeilenfrequenz   511
ZIP-Drive   319
ZIP-Laufwerk   73, 317
  am Parallel-Port   319
  Fehler unter Windows NT   322
  funktioniert nicht unter
    Windows   45
  wird nicht gefunden   320
Zustandsautomat (State Machine)   454

... aktuelles Fachwissen rund um die Uhr – zum Probelesen, Downloaden oder auch auf Papier.

www.InformIT.de

InformIT.de, Partner von **Markt+Technik**, ist unsere Antwort auf alle Fragen der IT-Branche.

In Zusammenarbeit mit den Top-Autoren von Markt+Technik, absoluten Spezialisten ihres Fachgebiets, bieten wir Ihnen ständig hochinteressante, brandaktuelle Informationen und kompetente Lösungen zu nahezu allen IT-Themen.

wenn Sie mehr wissen wollen ...   **www.InformIT.de**

Mit Netz und doppeltem Boden!

Dieser Grundlagentitel zeigt Ihnen, wie Sie ein Netzwerk unter verschiedenen Betriebssystemen (DOS/Windows/Linux) einrichten. Artverwandte Themen wie Internetzugriff oder gemeinsame Modem-ISDN-DSL-Nutzung werden genauso kompetent und fundiert dargestellt. Die hohe Fachkompetenz des Autors gibt Ihnen Antwort auf alle Fragen.

Von Klaus Dembowski
ISBN 3-8272-6295-X, 656 Seiten, 1 CD
€ 24,95 [D] / € 25,70 [A] / sFr 39,50

Möchten Sie für viel Wissen möglichst wenig bezahlen? Dann greifen Sie zu magnum. Kompakt, komplett, kompetent! Das praktische Handbuch für jeden! Unter **www.mut.de** finden Sie das Angebot von Markt+Technik.

Klaus Dembowski
PC-Werkstatt
ISBN 3-8272-6427-8, 1020 Seiten, 1 CD-ROM
€ 29,95 [D] / € 30,80 [A]

Im Dezember '92 erschien die erste Auflage der PC-Werkstatt. Dieses Jahr feiert das Standardwerk der Hardware sein 10-jähriges Jubiläum. Auch diese Auflage ist eine echte Werkstatt in der nicht nur am Betriebssystem herumgespielt wird. Trotz hoher Aktualität werden auch ältere PC-Techniken behandelt um auch Besitzern älterer Rechner Hilfestellung zu geben.

Möchten Sie für viel Wissen möglichst wenig bezahlen?
Dann greifen Sie zu magnum. Kompakt, komplett, kompetent!
Das praktische Handbuch für jeden!
Unter **www.mut.de** finden Sie das Angebot von Markt+Technik.

Bodybuilding für Ihren PC

Ihren PC können Sie problemlos aufrüsten und reparieren. Alles, was Sie dazu wissen müssen, vermittelt Ihnen dieses Buch, jetzt in der 14. Auflage. Lernen Sie, wie man Hardware installiert und und wie einfach Sie Probleme lösen können. Das Buch behandelt alle IBM-kompatiblen PCs. Es liefert detailliertes Wissen zu jedem einzelnen Bestandteil, Motherboards und Speichern, zu Flachbildschirmen, DVD+RW-Laufwerken, SCSI und USB 2.0. Auf CD: Tabellen mit technischen Daten, Zusatzkapitel als E-Book.

Von Scott Mueller
ISBN 3-8272-**6499**-5, 1272 Seiten, **1** CD
€ 49,95 [D] / € 51,40 [A] / sFr 77,50

Harte Fakten zu handfesten Themen: alles rund um Rechner, Monitore, Drucker & Co. Unter **www.mut.de** finden Sie das Angebot von Markt+Technik.

Zickt Ihr Windows?

Zickt Ihr Windows? Lassen Sie sich helfen. Jetzt tunen und optimieren Sie Ihr Windows XP Home endlich richtig. Ob Desktop, Taskleiste oder Registry-Hacks für Insider, mit diesen echten Tuning Tipps zu Windows XP bekommen Sie Ihr Betriebssystem in den Griff!

Von Günther Born
ISBN 3-827**2-6521**-5, 432 Seiten
€ 12,95 [D] / € 13,40 [A] / sFr 21,50

Wie schlägt das Herz des Rechners? Alles zum Thema Betriebssysteme finden Sie unter **www.mut.de**